公務人員

「高等考試三級」應試類科及科目表

高普考專業輔考小組◎整理

完整考試資訊

http://goo.gl/LaOCq4

✪普通科目

1.國文◎（作文80%、測驗20%）

2.法學知識與英文※（中華民國憲法30%、法學緒論30%、英文40%）

✪專業科目

類科	科目
一般行政	一、行政法◎ 二、行政學◎ 三、政治學 四、公共政策
一般民政	一、行政法◎ 二、行政學◎ 三、政治學 四、地方政府與政治
社會行政	一、行政法◎ 二、社會福利服務 三、社會學 四、社會政策與社會立法 五、社會研究法 六、社會工作
人事行政	一、行政法◎ 二、行政學◎ 三、現行考銓制度 四、公共人力資源管理
勞工行政	一、行政法◎ 二、勞資關係 三、就業安全制度 四、勞工行政與勞工立法
戶　政	一、行政法◎ 二、國籍與戶政法規（包括國籍法、戶籍法、姓名條例及涉外民事法律適用法） 三、民法總則、親屬與繼承編 四、人口政策與人口統計
教育行政	一、行政法◎ 二、教育行政學 三、教育心理學 四、教育哲學 五、比較教育 六、教育測驗與統計
財稅行政	一、財政學◎ 二、會計學◎ 三、稅務法規◎ 四、民法◎
金融保險	一、會計學◎ 二、經濟學◎ 三、貨幣銀行學 四、保險學 五、財務管理與投資學
統　計	一、統計學 二、經濟學◎ 三、資料處理 四、抽樣方法與迴歸分析
會　計	一、財政學◎ 二、會計審計法規◎ 三、中級會計學◎ 四、政府會計◎

法　　制	一、民法◎　二、立法程序與技術　三、行政法◎ 四、刑法　五、民事訴訟法與刑事訴訟法
法律廉政	一、行政法◎　二、行政學◎ 三、公務員法（包括任用、服務、保障、考績、懲戒、交代、行政中立、利益衝突迴避與財產申報） 四、刑法與刑事訴訟法
財經廉政	一、行政法◎　二、經濟學與財政學概論◎ 三、公務員法（包括任用、服務、保障、考績、懲戒、交代、行政中立、利益衝突迴避與財產申報） 四、心理學
交通行政	一、運輸規劃學　二、運輸學　三、運輸經濟學 四、交通政策與交通行政
土木工程	一、材料力學　二、土壤力學　三、測量學 四、結構學　五、鋼筋混凝土學與設計 六、營建管理與工程材料
水利工程	一、流體力學　二、水文學　三、渠道水力學 四、水利工程　五、土壤力學
水土保持工程	一、坡地保育規劃與設計（包括沖蝕原理） 二、集水區經營與水文學 三、水土保持工程（包括植生工法） 四、坡地穩定與崩塌地治理工程
文化行政	一、文化行政與文化法規　二、本國文學概論 三、藝術概論 四、文化人類學
機械工程	一、熱力學　二、流體力學與工程力學　三、機械設計 四、機械製造學

註：應試科目後加註◎者採申論式與測驗式之混合式試題(占分比重各占50%)，應試科目後加註※者採測驗式試題，其餘採申論式試題。

各項考試資訊，以考選部正式公告為準。

千華數位文化股份有限公司
新北市中和區中山路三段136巷10弄17號
TEL: 02-22289070　FAX: 02-22289076

公務人員

「普通考試」應試類科及科目表

高普考專業輔考小組◎整理

完整考試資訊

http://goo.gl/7X4ebR

✪普通科目

1.國文◎（作文80%、測驗20%）

2.法學知識與英文※（中華民國憲法30%、法學緒論30%、英文40%）

✪專業科目

類科	科目
一般行政	一、行政法概要※　二、行政學概要※ 三、政治學概要◎
一般民政	一、行政法概要※　二、行政學概要※ 三、地方自治概要◎
教育行政	一、行政法概要※　二、教育概要 三、教育行政學概要
社會行政	一、行政法概要※　二、社會工作概要◎ 三、社會政策與社會立法概要◎
人事行政	一、行政法概要※　二、行政學概要※ 三、公共人力資源管理
戶　政	一、行政法概要※ 二、國籍與戶政法規概要◎（包括國籍法、戶籍法、姓名條例及涉外民事法律適用法） 三、民法總則、親屬與繼承編概要
財稅行政	一、財政學概要◎　二、稅務法規概要◎ 三、民法概要◎
會　計	一、會計學概要◎　二、會計法規概要◎ 三、政府會計概要◎
交通行政	一、運輸經濟學概要　二、運輸學概要 三、交通政策與行政概要
土木工程	一、材料力學概要　二、測量學概要 三、土木施工學概要 四、結構學概要與鋼筋混凝土學概要

水利工程	一、水文學概要　二、流體力學概要 三、水利工程概要
水土保持工程	一、水土保持（包括植生工法）概要 二、集水區經營與水文學概要 三、坡地保育（包括沖蝕原理）概要
文化行政	一、本國文學概要　二、文化行政概要 三、藝術概要
機械工程	一、機械力學概要　二、機械設計概要 三、機械製造學概要
法律廉政	一、行政法概要※ 二、公務員法概要（包括任用、服務、保障、考績、懲戒、交代、行政中立、利益衝突迴避與財產申報） 三、刑法與刑事訴訟法概要
財經廉政	一、行政法概要※ 二、公務員法概要（包括任用、服務、保障、考績、懲戒、交代、行政中立、利益衝突迴避與財產申報） 三、財政學與經濟學概要

註：應試科目後加註◎者採申論式與測驗式之混合式試題(占分比重各占50%)，應試科目後加註※者採測驗式試題，其餘採申論式試題。

各項考試資訊，以考選部正式公告為準。

千華數位文化股份有限公司
新北市中和區中山路三段136巷10弄17號
TEL: 02-22289070　FAX: 02-22289076

注意！考科大變革

112年起 高普考等各類考試刪除列考公文

考試院院會於**110**年起陸續通過，高普考等各類考試國文**刪除列考公文**。**自112年考試開始適用**。

考試院說明，考量現行初任公務人員基礎訓練已有安排公文寫作課程，各機關實務訓練階段，亦會配合業務辦理公文實作訓練，故不再列考。

等別	類組	變動	新規定	原規定
高考三級、地方特考三等、司法等各類特考三等	各類組	科目刪減、配分修改	各類科普通科目均為：國文（作文與測驗）。其占分比重，分別為**作文占80%，測驗占20%**，考試時間二小時。	各類科普通科目均為：國文（作文、公文與測驗）。其占分比重，分別為作文占60%，公文20%，測驗占20%，考試時間二小時。
普考、地方特考四等、司法等各類特考四等				
初等考試、地方特考五等		科目刪減	各類科普通科目均為：**國文刪除公文格式用語**，考試時間一小時。	各類科普通科目均為：國文（包括公文格式用語），採測驗式試題，考試時間一小時。

參考資料來源：考選部

～以上資訊請以正式簡章公告為準～

千華數位文化股份有限公司
新北市中和區中山路三段136巷10弄17號
TEL: 02-22289070　FAX: 02-22289076

目次

編寫特色與高分要訣

相信很多人常常覺得，明明老師上課教的概念我都懂，應該背的法條和重要實務見解也都有花了很大心力去記憶，但為什麼在遇到考題時，總是覺得時間不夠，寫的卡卡的，往往不知道題目究竟在問什麼？選擇題的選項好像都模稜兩可，最後只好使用刪去法作答，有時甚至刪完後還剩下兩個答案可選，真是令人苦惱。而在遇到申論題，又總是不知該從何下筆，到底要怎麼寫才能形成一個精確而完整的論述，達到出題老師要的方向。其實觀念的建立只是基本功，真正重要的還是大量的題目練習，畢竟考場上要考你的不只是背誦，而是考驗你如何將所學靈活運用在生活中可能會發生的事實，遇到問題時應該如何解決，這也才是學習的真正目的。所以千萬不要只是成為一個背書機器，而是要去學著如何發揮所學，透過考題來展現自己真正的實力。

本書作為題庫書之性質，幫助你透過大量題目的反覆練習，了解國家考試之出題方向，訓練答題速度與靈敏度。如果題目做多了，不難發現國家考試要考得往往就是那幾個重點。尤其是申論題的部分，在作答上，其架構安排大致上就是依循一套模式，從概念鋪陳，輔以相關實務、學說見解，到涵攝題目，寫出理由與結論。因此題目的大量練習絕對是有必要的，務必勤於練題。也因為本書是以題庫為主，所以在每章節開頭設計有數個破題關鍵，主要是以擷取重要概念的精華，以及置入重要圖表的方式來快速掌握重點。有鑑於此，建議各位可搭配《尹析老師的行政法觀念課－圖解、時事、思惟導引》的內容一併參照，答題時如遇到不熟悉的觀念，可立即參閱複習。

在考試前所剩無幾的日子裡，除了多花心力複習經常忘記而又常考之觀念、補充最新實務見解外，對於自己過去練習過，寫起來不順，甚至是經常犯錯的題目，也是務必一讀再讀，反覆理解並記憶，直到能讓自己在考試時遇見相似題目時，能馬上條件反射而精確作答的程度。如果能夠做到這樣，便能確保在考場上表現的游刃有餘，並輕鬆獲得高分。

第一部分　關鍵統整與精選題庫

第一篇　行政與行政法之基本概念

關鍵1　行政之種類

區分標準	行政種類
行政主體	直接行政、間接行政
行政手段對人民權利義務之影響	干涉行政、給付行政
適用法規	公權力行政、私經濟行政
行政受拘束程度	羈束行政、裁量行政

關鍵2　公私法之區分與行政法之性質

一、公私法區分【110警特三等、司法四等（法警）】

區分理論	說明
利益說	以**法律所保障之利益為公義或私益**作為區分，保障公共利益之法律為公法，保障私人或個人利益之法律則為私法
	利益說之批評： 1. 公私益有時不易區分。 2. 公益與私益並非絕對相對立，私法亦具有公益性，公法規定亦在保障私人利益。

區分理論	說明
從屬說	又稱權力說或加值說，係以**法律的權力服從關係**為區分。規範上下隸屬關係者為公法；規範平等關係者為私法。
	從屬說之批評： 1. 私法亦有權力服從關係，例如親子關係、監護關係。 2. 公法亦有對等之權利義務關係，例如公法契約（行政契約）。 3. 公行政之事實行為亦非權力服從關係，例如提供資訊、清理垃圾之單純高權行為。
主體說	以**法律關係之主體**作區分。凡法律關係中有任何一方是行政主體或國家機關者為公法；反之，法律關係之主體均為私人者，為私法。
	主體說之批評： 1. 受託行使公權力之私人或團體並非行政主體，但仍受公法拘束。 2. 行政主體亦得從事私法行為，如私經濟行政行為。
新主體說	又稱特別法說、修正主體說、歸屬說或形式之特別法說，為德國多數學說所採。此說以**各法規之歸屬主體**作為區分標準，若僅國家或其他公權力主體得為法規之歸屬主體時，為公法；反之，無論是公權力主體或私人，均得適用某法規，則法規即為私法。因此有言「公法為國家之特別法，而私法則為人人之法。」
	新主體說之批評： 1. 作為歸屬主體之高權主體為何，並無法說明清楚。如認為高權是得依公法之標準而行為之能力，則陷入以所欲定義為定義之概念之錯誤。如以高權主體為國家依法設立之主體，因國家亦有依法設立私法主體之情形，例如國家依公司法設立公司，則規範私人（公司）指法律，豈不變成公法？並不合理。 2. 大部分之公法規定，同時以國家及個人為其規制對象及歸屬主體。 3. 因為歸屬說是以歸屬主體之存在為其前提，所以並不能說明據以成立高權主體（歸屬主體）之組織法之性質。 4. 就國家立於私法主體地位而為規定之法律，並不因其歸屬主體係國家而為公法。

區分理論	說明
實質的特別法說	因為新主體說未注意歸屬主體的實質意義，因此學說上予以修正，認為：**法律之歸屬主體至少有一方為高權主體，並就其所以為高權主體之地位而規定其權利、義務或組織者**，為公法。此一理論就「國家」（亦包括國家之下屬組織，以及經授予公權力之私人）此一主體添加「公權力」之實質要素，因此可稱之為「實質之特別法說」。反之，國家或其他高權主體，如立於私人地位而為財產主體或交易當事人，法律縱對其設有特別規定，亦應屬私法，例如民法第1185條有關無人繼承財產歸屬國庫之規定。

二、公私法區分實益

區別實益	公法	私法
基本權利之適用	直接適用	間接適用 （基本權第三人效力適用）
爭訟途徑	原則上應提起訴願及向行政法院提起行政訴訟	向普通法院提起爭訟
損害賠償之請求權基礎	國家賠償與損失補償	民法侵權行為
強制執行	行政法上之強制執行	民事強制執行
法律解釋原則	依法行政	私法自治

三、雙階理論

(一) 雙階理論之意義

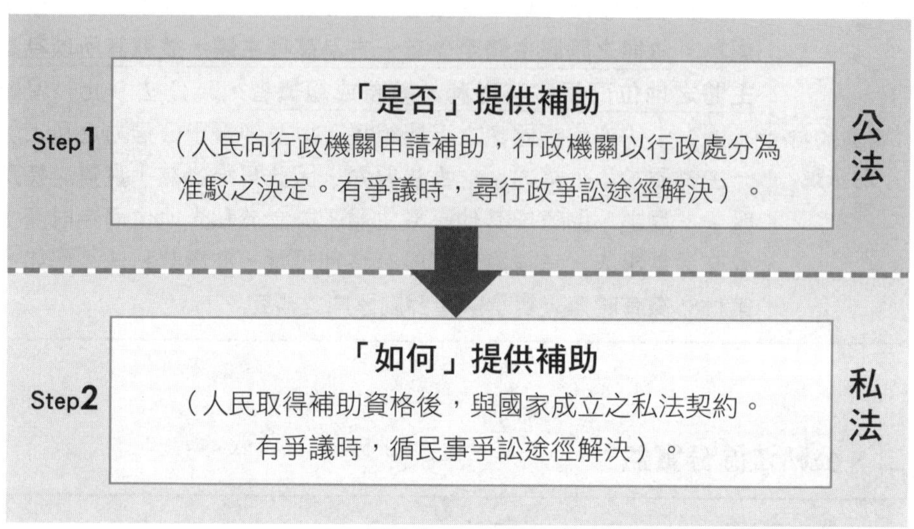

(二) 修正式雙階理論

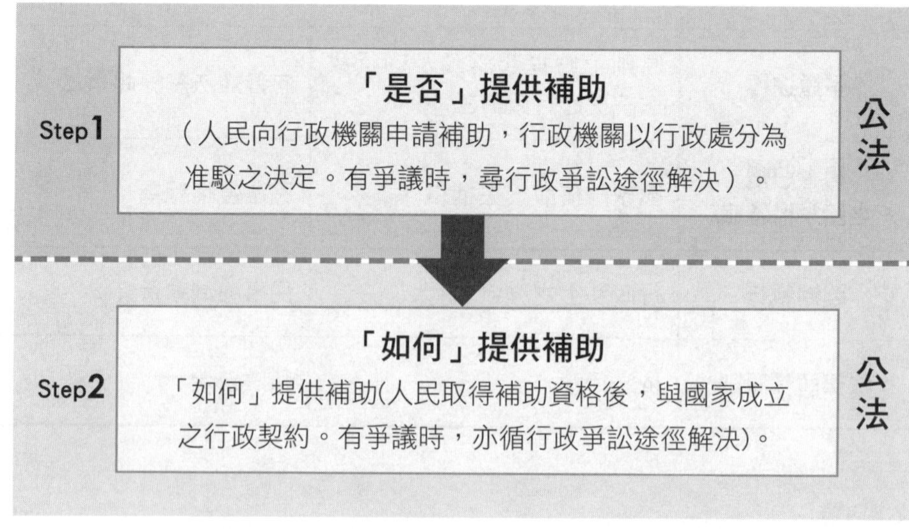

關鍵3 行政法之法源【110普考、司法四等(法警);111一般警三、普考】

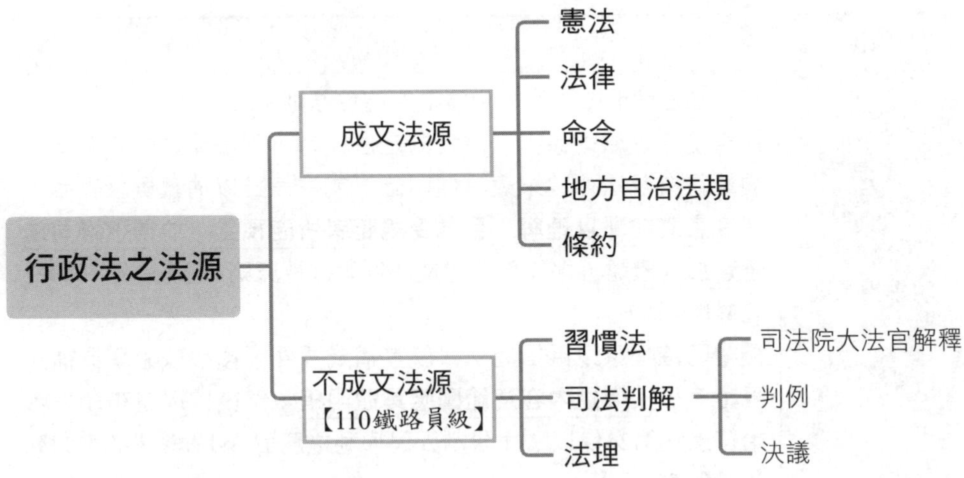

關鍵4 行政法之法律原則【110地特四等】

一、依法行政原則

原則	說明
法律優位原則	所有行政活動所依據之法規及行政機關所訂定之法規，均不得與上位階法規相牴觸。
法律保留原則【110司法四等(書記官)】	人民權利義務之限制須由立法機關以成文法律明定，不得由命令代替，若法律未明文授權或授權目的、內容及範圍不明確時，不得以行政機關訂定之行政命令限制人民之權利。 目前實務上採**層級化法律保留原則**，揭示於**司法院釋字第443號解釋**，分為**憲法保留**、**絕對法律保留**、**相對法律保留**，以及**毋庸法律保留**等四級。

二、一般原理原則【110鐵路員級、高考三級、司法四等(法警)、地特三等;111一般警三、普考】

原則	說明
明確性原則	可分為法律明確性原則及授權明確性原則。 法律明確性原則係指立法者制定法律時,就法律之規範對象、規範行為及法律效果應具體明確。或法律雖以抽象概念表示,倘其**意義非難以理解**,且為**受規範者所能預見**,並**得透過司法審查加以確認**,則要難謂違反法律明確性原則(司法院釋字第432號解釋參照)。 授權明確性原則係指倘法律就其構成要件,授權以命令為補充規定者,**授權之內容及範圍應具體明確**,然後據以發布命令,始符憲法第23條以法律限制人民權利之意旨(司法院釋字第313號解釋參照)。
平等原則	平等原則並非指絕對、機械之形式上平等,而係保護人民法律上地位的實質平等,立法機關基於憲法價值體系及立法目的,尚得斟酌規範事務性質之差異而為合理之區別對待。
比例原則	乃行政法上重要原則,係指行政機關為達成某一目的而採取的行為必須符合比例原則,使當事人所受的損失達到最小,故又稱為禁止過當原則、損害最小原則。其內涵包括適當性原則、必要性原則、衡量性原則,適當性原則係指行政行為所採取之方法應有助於行政目的之達成;必要性原則係指行政行為有多種同樣能達成目的之方法時,應選擇對人民權益損害最少者;衡量性原則,又稱「狹義比例原則」、「衡平性原則」,係指國家所採取之侵害手段,與所欲達成之目的間,不能顯失均衡,須合乎比例,也就是「殺雞焉用牛刀」、「不能以大砲打小鳥」的概念。
誠信原則	係指一切法律關係,應各就其具體的情形,依正義衡平之理念加以調整,而求其妥適正當,乃指每個人對其所為承諾之信守,而形成所有人類關係所不可或缺之信賴基礎。
有利不利一體注意原則	係指行政機關就該管行政程序,除了對當事人不利的資訊應掌握外,對當事人有利的事實或法規範也應注意並採用。

原則	說明
不當連結禁止原則	係指行政機關行使裁量權，不得逾越法定之裁量範圍，並應符合法規授權之目的。
不溯及既往原則	學說上又將之分為「真正溯及」與「不真正溯及」兩種情形。前者係指將法規適用於該法規生效前業已終結的事實，後者則係指將法規適用於過去發生，但現在仍存續尚未終結之事實。而真正溯及既往原則應禁止；反之，不真正溯及既往原則應允許。
信賴保護原則	人民對公權力行使結果所生之合理信賴，法律自應予以適當之保護，此乃 信賴保護之法理基礎。即國家機關之行為，若非基於保護或增進公共利益之必 要，不得罔顧人民對行政行為之存續所產生之信賴，使其遭受不可預知之負擔或損害。 實務上認為須有一定行政行為所產生的**信賴基礎**、當事人基於該信賴基礎有**信賴表現**，並有信**賴值得保護**之情形，亦即公共利益之衡量，始有信賴保護原則之適用（司法院釋字第525號解釋參照）。

關鍵5 主觀公權利—保護規範理論—釋字第469號

釋字第469號即針對保護規範理論作具體說明，認為判斷標準首先應視法律有無明確規定特定人得享有權利，或對符合法定條件而可得特定之人，授予向行政主體或國家機關為一定作為之請求權。若無，則應就**法律之整體結構、適用對象、所欲產生之規範效果及社會發展因素**等綜合判斷，倘可得知亦有保障特定人之意旨時，此時人民亦有該請求機關作為之主觀公權利。

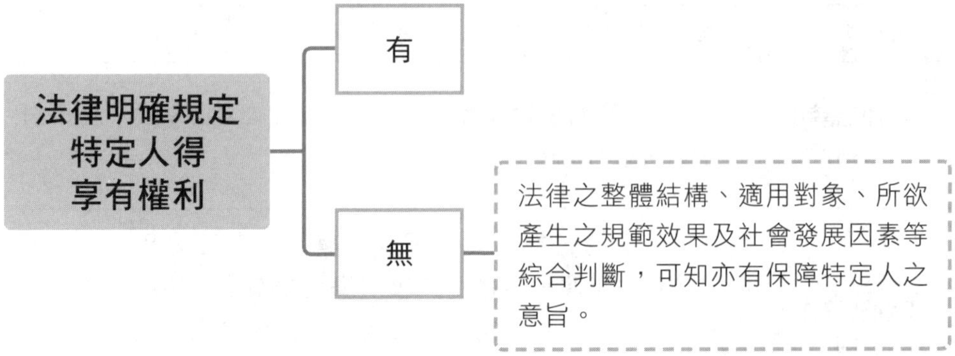

關鍵6 不確定法律概念與行政裁量

一、不確定法律概念與判斷餘地

不確定法律概念係指**法律之構成要件**而言。不確定法律概念是因為法律之構成要件，其法律用語可能因為有一般性、普遍性或抽象性，而不夠明確，因此屬與「不能定義，只能描述」之概念，從而只能從具體個案上判斷是否與該不確定法律概念合致。針對行政機關適用不確定法律概念是否正確，**法院原則上有審查之權限**。至於判斷餘地，係不確定法律概念核心領域中，行政機關享有自行判斷的餘地。倘行政機關享有判斷餘地時，法院應予尊重，不得介入審查。

二、行政裁量

行政裁量係指行政機關在法律積極明示之授權或消極默許之範圍內，得基於行政目的自由斟酌，選擇是否作成行為或如何作成行為，而**不受司法審查**。故所謂行政裁量乃**法律效果的選擇**。

試題演練

【選擇題】

第一回

( ) **1** 下列有關行政法意義之說明，何者為非？ (A)行政法為國內法 (B)行政法為公法 (C)行政法乃規定行政組織及其職權與作用之法 (D)行政法係有關司法的法規總稱。

( ) **2** 行政本質具多樣性、多義性與複雜性，故有學說指出「行政只能加以描述，而無法加以定義」，在我國現行法之制度下，下列有關我國行政概念之描述，何者錯誤？ (A)立法院內部公務人員之任免，以及立法院旁聽證之核發，均屬實質意義之行政的範疇 (B)法院處理公證及非訟事件，非屬實質意義之行政的範疇 (C)監察院行使彈劾、糾舉及審計權，非屬實質意義之行政的範疇 (D)考試院考選部舉辦國家考試之行為，非屬實質意義之行政的範疇。

( ) **3** 政府出售公營事業持股移轉民營，係屬下列何一種行政？ (A)國庫行政 (B)高權行政 (C)干預行政 (D)給付行政。

( ) **4** 關於羈束行政之敘述，下列何者錯誤？ (A)其係法令課予行政機關特定之作為義務 (B)行政機關不作為時，人民皆享有請求作為之主觀權利 (C)羈束行政下法規之遵守，屬於法律優位原則之表現 (D)法院對於羈束行政有違法與否之完全審查權限。

( ) **5** 行政機關代表國庫出售公產，係屬下列何項行為？ (A)公法 (B)公權力行為 (C)私法上契約行為 (D)行政程序。

( ) **6** 何謂公權力行政？ (A)以私法組織，所為營利行為 (B)以私法方式，達成公行政任務 (C)輔助行政任務所取得設備 (D)國家居於統治主體適用公法規定所為各種行政行為。

( ) **7** 政府為了興建高速鐵路，遂於沿線辦理土地徵收。此一徵收行為之性質為何？ (A)公法事件 (B)私法事件 (C)買賣關係 (D)事實行為。

( ) **8** 公營事業與其所屬人員間，屬於何種關係？ (A)雙方成立私法上之契約關係 (B)雙方成立公法上之契約關係 (C)究係公法關係，抑或係私法關係，由法院決定之 (D)除依法律另有規定外，其餘雙方成立私法上之契約關係。

( ) **9** 何謂「公法遁入私法」？ (A)行政機關有選擇自由任意改用公法方式 (B)公法有強制力，比私法能夠易於執行 (C)行政機關應以公法形態之作為，改採私法形態為之 (D)私法自治比較能符合當事人利益。

( ) **10** 有關行政裁量之敘述，下列何者錯誤？ (A)法院可以對行政裁量是否有瑕疵加以審查 (B)行政機關之行政裁量，應作合義務性裁量 (C)於羈束行政，行政機關仍得行使行政裁量 (D)行政裁量可區分為決定裁量與選擇裁量。

( ) **11** 有關行政訴訟之敘述，下列何者錯誤？ (A)提起撤銷訴訟前原則上應先提起訴願 (B)於撤銷訴訟中，行政法院應依職權調查證據 (C)當事人主張之事實，即使經他造自認，行政法院仍應調查其他必要證據 (D)行政訴訟法上有關強制執行之規定，同時適用於公法和私法案件。

( ) **12** 行政法作為廣義公法領域之重要部分，其與其他公法領域之關係為何？ (A)行政法與憲法之關係為行政法是母法，而憲法是子法 (B)行政法之理論發展比刑法更早 (C)行政法是作為具體化之憲法 (D)國內行政法與國際行政法各不相干，均可獨立發展。

( ) **13** 全民健康保險之保險費法律性質為何？ (A)保險契約之私法對待給付 (B)公法上金錢給付義務 (C)私法上單獨行為 (D)公法上不作為義務。

( ) **14** 一群婦人和平示威，但事先未經申請，警方命其解散，示威者不從，警方乃以棍棒毆打強力驅離之。警方行為違反下列何項原則？ (A)明確性原則 (B)必要性原則 (C)不當聯結禁止原則 (D)平等原則。

( ) **15** 關於行政裁量之概念，下列敘述何者錯誤？ (A)凡是法條中有「得」字，即屬裁量授權 (B)上級機關有權對下級行使裁量權加以

審查 (C)逾越權限或濫用權力者，構成違法裁量 (D)裁量應符合法規授權之目的。

( ) **16** 役男體格檢查表臨時記載欄或總評欄之簽註內容，檢查醫院之醫師採行之檢查程序嚴謹並無瑕疵，經實際徵兵檢查後，自應尊重專科醫師本於其醫學專業所作之診斷，醫師對役男實際病狀之診斷，屬於下列何者？ (A)行政處分 (B)判斷餘地 (C)行政裁量 (D)行政執行。

( ) **17** 關於政府採購行為之「雙階理論」，下列敘述何者正確？ (A)招標、審標、決標行為屬於私法行為，履約行為屬於公法行為 (B)履約行為屬於公權力行為 (C)招標、審標、決標行為屬於公法行為，履約行為屬於私法行為 (D)招標、審標、決標行為屬於契約行為。

( ) **18** 有關公權力行政與私經濟行政之爭議救濟，下列司法院解釋何者錯誤？ (A)釋字第89號，認為公有耕地放領於人民，其因放領之撤銷或解除所生之爭執，應由普通法院管轄 (B)釋字第115號，認為政府依實施耕者有其田條例所為之耕地徵收與放領，人民僅得依行政救濟程序請求救濟 (C)釋字第138號，認為行政機關就耕地三七五減租條例第19條所為耕地准否收回自耕之核定與調處，出租人、承租人如有不服，應循行政訟爭程序請求救濟 (D)釋字第695號，認為行政院農業委員會林務局所屬各林區管理處對於人民依據國有林地濫墾地補辦清理作業要點申請訂立租地契約未為准許之決定，具公法性質，申請人如有不服，應依法提起行政爭訟以為救濟。

( ) **19** 土地徵收之要件與補償法律不得授權行政機關以法規命令定之，是下列那一原則之適用？ (A)信賴保護原則 (B)法律保留原則 (C)平等原則 (D)公益原則。

( ) **20** 行政程序法就行政裁量如何規定其界限？ (A)行政裁量應受到政策之拘束 (B)行政裁量應考慮國際情勢 (C)行政裁量應考慮長官之意志 (D)行政裁量應受到法規授權目的之拘束。

( ) **21** 縣政府徵收土地興建市場，徵收範圍遠大於所需時，牴觸何項行政法之原則？ (A)經濟性原則 (B)必要性原則 (C)明確性原則 (D)羈束性原則。

(　　) **22** 下列何者非屬行政自我拘束原則之條件？ (A)有行政慣例存在 (B)行政慣例本身合法 (C)行政機關享有決定餘地 (D)羈束行政事項。

(　　) **23** 國家考試閱卷委員評定應考人分數，依司法院解釋，下列敘述，何者正確？ (A)屬於羈束行政 (B)原則上不受法院審查 (C)非屬法律問題 (D)應考人不得請求救濟。

(　　) **24** 地方制度法第八十三條第一項規定：「…村（里）長任期屆滿或出缺應改選或補選時，如因特殊事故，得延期辦理改選或補選。」其中所謂「特殊事故」，係使用下列何者法律概念？ (A)不確定法律概念 (B)行政裁量 (C)司法裁量 (D)立法機關裁量形成範圍。

(　　) **25** 行政程序法第120條規定，授益處分遭撤銷後之行政損失補償，屬於下列何項行政法原則之實踐？ (A)平等原則 (B)行政裁量原則 (C)信賴保護原則 (D)依法行政原則。

(　　) **26** 關於不確定法律概念解釋適用之敘述，下列何者錯誤？ (A)係利用解釋方法，將具體事件涵攝於法律構成要件 (B)原則上接受司法完全審查 (C)相較於行政裁量決定所受之司法審查，不確定法律概念解釋適用之審查密度較低 (D)不確定法律概念解釋適用可能涉及判斷餘地。

(　　) **27** 法律雖明定罰鍰之額度，如主管機關未依個案分別為適當之裁罰，一律依罰鍰之上限裁罰，縱令其罰鍰之上限未逾越法律明定得裁罰之額度，仍有違何項原則？並與法律授權主管機關行政裁量之目的不合，亦係那一種裁量瑕疵？ (A)比例原則、裁量怠惰 (B)比例原則、裁量逾越 (C)平等原則、裁量濫用 (D)平等原則、裁量逾越。

(　　) **28** 下列有關行政事件之公、私法性質的區別實益，何者錯誤？ (A)行政執行法僅適用於公法性質的行政事件 (B)國家賠償法第2條之規定不適用於私法性質的行政事件 (C)公、私法性質的行政事件，均應直接、間接受到憲法上基本權利之拘束 (D)行政機關得以行政契約設定其與人民間的私法上法律關係。

( ) **29** 徵收土地於不妨礙徵收目的之範圍內，應就損害最少之地方為之，並應盡量避免耕地。」為下列何種原則之規定？ (A)比例原則 (B)明確性原則 (C)法律保留原則 (D)法律優位原則。

( ) **30** 依行政執行法之規定，下列何者非屬公法上金錢給付義務之強制執行方法？ (A)提供擔保、限制住居 (B)拘提、管收 (C)禁止命令 (D)科處怠金。

解答與解析

（答案標示為#者，表官方曾公告更正該題答案。）

1 (D)。行政法係有關行政的法規總稱。

2 (D)。參行政程序法第3條，考試院雖非行政院，然其所屬考選部舉辦國家考試之行為，仍屬實質意義之行政的範疇，並未被行政程序法排除適用。

3 (A)。國庫行政是指國家並非居於公權力主體地位行使其統治權，而是處於與私人相當之法律地位，並在私法支配下所為之各種行為，此時國家不具有優越地位。故政府出售公營事業持股移轉民營，係屬國庫行政。

4 (B)。主觀權利之有無，須視法律是否有所規定，或是否符合保護規範理論，並非一旦行政機關不作為，人民即享有請求作為之主觀權利。

5 (C)。參司法院釋字第448號解釋（節錄）：關於因公法關係所生之爭議，由行政法院審判，因私法關係所生之爭執，則由普通法院審判。行政機關代表國庫出售或出租公有財產，並非行使公權力對外發生法律上效果之單方行政行為，即非行政處分，而屬私法上契約行為，當事人若對之爭執，自應循民事訴訟程序解決。

6 (D)。(A)私經濟行政之行政營利。(B)私經濟行政之行政私法。(C)私經濟行政之行政輔助。

7 (A)。徵收本質為行政處分，故為公法事件，且非事實行為。

8 (D)。參司法院釋字第305號解釋：公營事業依公司法規定設立者，為私法人，與其人員間，為私法上之契約關係，雙方如就契約關係已否消滅有爭執，應循民事訴訟途徑解決。

9 (C)。公法遁入私法即行政機關應以公法形態之作為，改採私法形態為之，如行政私法行為即為典型之例。

10 (C)。在羈束行政下，行政機關只能依法做成一定行政行為，不得行使行政裁量。

11 (D)。行政訴訟法上有關強制執行之規定，應適用於公法案件。私法案件應適用強制執行法。

12 (C)。行政法是作為具體化之憲法，憲法為國家根本大法，與行政法並非母法與自法關係。

13 (B)。參司法院釋字第472號解釋（節錄）：該法第11條之1、第69條之1及第87條關於強制全民參加全民健康保險之規定，係國家為達成全民納入健康保險，以履行對全體國民提供健康照護之責任所必要，符合憲法推行全民健康保險之意旨。同法第30條有關加徵滯納金之規定，係為促使投保單位或被保險人履行公法上金錢給付之義務，與前述強制納保均係實現全民健康保險之合理手段，應無逾越憲法第23條規定之必要程度。

14 (B)。所謂必要性原則，乃眾多可以達成目的之手段中，選擇最小侵害者。本題和平示威，尚有提出警告等較小侵害手段，以棍棒毆打強力驅離顯然違反比例原則之必要性原則。

15 (A)。「得」字亦得用於賦予行政機關權限，而與裁量無涉。

16 (B)。本題醫師對役男實際病狀之診斷目的，在於役男體位之判定，涉及徵兵所依據相關法規之構成要件判斷。而尊重專科醫師本於其醫學專業所作之診斷，即在於醫生就體位之判定享有判斷餘地。

17 (C)。政府採購行為之雙階理論，以決標時點區分，前者招標、審標、決標為公法行為，後者履約為私法行為。

18 (C)。依照司法院釋字第128號解釋，行政機關就耕地三七五減租條例第19條所為耕地准否收回自耕之核定與調處，出租人承租人如有不服，應循行政訟爭程序請求救濟。

19 (B)。「不得授權行政機關以法規命令定之」，即應以法律定之，此種保留予法律規定之事項，稱法律保留原則。

20 (D)。行政裁量應受到法規授權目的之拘束，參行政程序法第10條。

21 (B)。縣政府徵收土地興建市場，徵收範圍遠大於所需，顯然違反比例原則，必要性原則是指必須選擇侵害的最小手段，故本題選此。

22 (D)。(A)(B)(C)均為行政自我拘束原則之要件。(D)應改為「裁量行政事項」。

23 (B)。參司法院釋字第319號解釋（節錄）：「考試機關依法舉行之考試，其閱卷委員係於試卷彌封時評定成績，在彌封開拆後，除依形式觀察，即可發見該項成績有顯然錯誤者外，不應循應考人之要求任意再行評閱，以維持考試之客觀與公平。」

24 (A)。參司法院釋字第553號解釋（節錄）：「地方制度法第八十三條第一項規定：『直轄市議員、直轄市長、縣（市）議員、縣（市）長、鄉（鎮、市）民代表、鄉（鎮、市）長及村（里）長任期屆滿或出缺應改選或補選時，如因特殊事故，得延期辦理改選或補選。』其中所謂特殊事故，在概念上無從以固定之事故項目加以涵蓋，而係泛指不能預見之非尋常事故，致不克按法定日期改選或補選，或如期辦理有事實足認將造成不正確之結果或發生立即嚴重之後果或將產生與實現地方自治之合理及必要之行政目的不符等情形者而言。」故所謂「特殊事故」，係使用不確定法律概念。

25 **(C)**。參行政程序法第120條。

26 **(C)**。因不確定法律概念涉及法律構成要件之判斷，故相較於行政裁量決定所受之司法審查，不確定法律概念解釋適用之審查密度較高。

27 **(A)**。如主管機關未依個案分別為適當之裁罰，一律依罰鍰之上限裁罰，即屬有裁量權卻不行使之裁量怠惰，並違反比例原則。

28 **(D)**。行政機關得以行政契約設定其與人民間的私法上法律關係，則該契約之性質應為私法契約，而非行政契約，例如機關向私人團體租用場地舉辦活動即是。

29 **(A)**。自「目的之範圍內」、「損害最少」、「盡量避免」等語可知為比例原則。

30 **(D)**。行政執行法第17條、第17條之1參照。

第二回

( ) **1** 下列何者為學理上所稱之單純高權行政行為？ (A)針對違反行政法義務之行為處以罰鍰處分 (B)針對違法之集會遊行行為，強制命令解散 (C)行政機關提供颱風預測資訊 (D)行政機關核發汽車駕駛執照。

( ) **2** 政府機關因組織擴編而致辦公廳舍不敷使用，為此須向民間租用大樓，其租用之性質為下列那一項？ (A)給付行政 (B)私經濟行政 (C)高權行政 (D)行政指導。

( ) **3** 依司法院大法官釋字第448號解釋之意旨，行政機關代表國庫出售或出租公有財產之行為，性質上為： (A)行政處分 (B)公法契約 (C)私法契約 (D)行政命令。

( ) **4** 有關行政案件之公法、私法屬性區別實益之敘述，下列何者錯誤？ (A)只有公法法律關係才受憲法基本權利條款之拘束；基本權條款對於私法法律關係不生任何效力 (B)只有公法領域之行政行為才有行政程序法之適用 (C)公法屬性與私法屬性行政行為造成人民權利受損害時，人民請求賠償時之請求權基礎不同 (D)只有公法上權利之實現（公法上義務的貫徹）才適用行政執行程序；私法權利則否。

( ) **5** 下列關於行政私法行為的描述，何者錯誤？ (A)行政私法行為是指行政機關採取私法手段直接達成行政任務的行為 (B)大法官釋字第540號解釋指出：為了達成行政任務，國家可以選擇公法上行為或私法上行為，作為實施手段 (C)行政機關可以在利用與給付關係上選擇私法形態，但不得選擇私法組織形態 (D)行政私法行為仍應受行政法一般原則之拘束。

( ) **6** 有關國家從事私法行為，下列敘述何者錯誤？ (A)國家從事給付行政，可以選擇採取公法行為或私法行為作為手段 (B)國家從事給付行政，如以私法組織為之，原則上僅能配合採取私法行為 (C)國家從事給付行政，如以公法組織為之，原則上僅能配合採取公法行為 (D)國家從事干涉行政，原則上不得以私法形式為之。

( ) **7** 土地登記規則係依土地法第37條規定所訂定，在層級化法律保留原則下，其符合下列何種法律保留？ (A)憲法保留 (B)國會保留 (C)廣義法律保留 (D)無須保留。

( ) **8** 教育部基於職權所發布之命令，禁止電動玩具業容許未滿十八歲兒童及少年進入其營業場所，與下列何種原則有違？ (A)法律保留原則 (B)法律優位原則 (C)比例原則 (D)公益原則。

( ) **9** 若以附款達成非行政處分目的之其他目的，即違反下列何項原則？ (A)平等原則 (B)禁止不當聯結原則 (C)授權明確性原則 (D)法律保留原則。

( ) **10** 下列事項何者應適用法律保留原則？ (A)國營事業發布員工請假事項 (B)行政機關發布工作要點 (C)行政機關發布有關限制役男出境事項 (D)市立美術館制定開放參觀事項。

( ) **11** 以下敘述何者有誤？ (A)所有的行政領域均適用「法律優越原則」的要求 (B)所有的行政領域均適用「法律保留原則」的要求 (C)「法律優越」是「依法行政原則」的消極要求 (D)「法律保留」是「依法行政原則」的積極要求。

( ) **12** 公務人員因專案考績免職處分，須經立場公正之委員會決議，處分前應給予受處分人陳述及申辯機會，係遵行下列何原則？ (A)比例原則 (B)正當法律程序 (C)法律保留原則 (D)罪刑法定主義。

( ) **13** 下列有關「授權明確性原則」之敘述，何者不正確？ (A)理論依據來自於法律保留原則與民主原則 (B)立法者可將所有事項授權行政機關以命令來補充法律之規定 (C)授權之目的、內容、範圍必須具體明確 (D)行政機關基於法律授權所制定之命令不得增加法律所無之限制。

( ) **14** 授予利益之違法行政處分經撤銷後，行政機關對於當事人因此遭受之財產上損失給予適當補償，此為下列何種原則之實踐？ (A)公益原則 (B)信賴保護原則 (C)法律保留原則 (D)明確性原則。

( ) **15** 水污染防治法規定：事業未經許可排放事業廢水者，處新臺幣6萬元以上，30萬元以下罰鍰。新北市政府對違反上開規定之業者裁處新臺幣10萬元罰鍰。此項裁罰額度之決定係下列何項行政作為？ (A)判斷餘地 (B)行政評量 (C)行政評定 (D)行政裁量。

( ) **16** 國軍退除役官兵輔導委員會（退輔會）將國有農場土地配耕給榮民或其遺眷，不收租金，供其耕種維生，以照顧其生活。下列敘述何者正確？ (A)退輔會配耕國有農場之行為屬於公法行為，須受法治國原則之拘束 (B)退輔會與受配耕榮民之間成立私法無償借貸契約，與公行政任務無關 (C)退輔會配耕國有農場之行為屬於私法行為，惟其締約自由應受平等原則之拘束 (D)退輔會之配耕行為，係為履行照顧榮民之公行政任務，不得以私法契約為之。

( ) **17** 以下關於國家委託私人行使公權力之敘述，何者正確？ (A)必須受法律保留原則之拘束 (B)行政委託重在效率，故並無限制 (C)行政委託之費用，全由私人負擔 (D)私人受託行使公權力致使人民權益受害時，人民並無救濟機會。

( ) **18** 行政程序法第174條之1主要係依據下列那一個原則，而要求職權命令應於該法實施後二年內予以相關之修正，否則逾期失效？ (A)法律優位原則 (B)公益原則 (C)明確性原則 (D)法律保留原則。

( ) **19** 對於法律規定造成個案過苛處罰之結果，司法院釋字第641號解釋認為係違反下列何法律原則？ (A)法律保留原則 (B)罪刑法定原則 (C)明確性原則 (D)比例原則。

(　　) **20** 行政機關為行政程序時，應如何為之？ (A)本於人權保障，應僅能注意有利人民之情形，不得顧及不利人民之因素 (B)為彰顯執法之公權力，僅注意人民不利情形即為已足 (C)應就人民有利不利情形，一律注意 (D)應僅在人民提供證據之範圍內為注意。

(　　) **21** 有關行政裁量之敘述，下列何者正確？ (A)若違規情節過重，得處以法定罰鍰最高額之二倍 (B)行政機關行使裁量權應符合法規授權之目的 (C)行政機關行使裁量權得不考量比例原則 (D)行政機關基於裁量權所為之決定是否合法，不受司法審查。

(　　) **22** 下列有關行政裁量與比例原則之敘述，何者錯誤？ (A)比例原則即為一範圍廣泛之裁量權 (B)比例原則是執法者「法益衡量」應遵循之「義務」 (C)行政裁量之行使，必須符合法律授權之目的 (D)行政裁量違反比例原則，屬裁量濫用。

(　　) **23** 地方制度法第83條第1項規定：「…村（里）長任期屆滿或出缺應改選或補選時，如因特殊事故，得延期辦理改選或補選。」其中所謂「特殊事故」，係使用下列何者法律概念？ (A)不確定法律概念 (B)行政裁量 (C)司法裁量 (D)立法機關裁量形成範圍。

(　　) **24** 下列何者不是行政裁量之瑕疵？ (A)裁量逾越 (B)裁量濫用 (C)裁量收縮 (D)裁量怠惰。

(　　) **25** 行政程序法就行政裁量如何規定其界限？ (A)行政裁量應受到政策之拘束 (B)行政裁量應考慮國際情勢 (C)行政裁量應考慮長官之意志 (D)行政裁量應受到法規授權目的之拘束。

(　　) **26** 下列有關行政裁量與比例原則之敘述，何者錯誤？ (A)比例原則即為一範圍廣泛之裁量權 (B)比例原則是執法者「法益衡量」應遵循之「義務」 (C)行政裁量之行使，必須符合法律授權之目的 (D)行政裁量違反比例原則，屬裁量濫用。

(　　) **27** 下列有關行政裁量之敘述，何者錯誤？ (A)行政裁量係法律賦予行政機關在法律效果部分的行政彈性空間 (B)只要行政機關所選擇之法律效果在法律規定的範圍內時，則不生適當與否之問題 (C)行政機關於實施行政裁量時，仍須為合義務性之裁量 (D)法院仍可對行政機關之行政裁量是否有瑕疵進行審查。

( ) **28** 政府主管機關興建住宅，並以家庭為對象，而辦理出售、出租、貸款自建或獎勵民間投資興建等方式為之。其中除民間投資興建者外，如凡經主管機關核准出售、出租或貸款自建，並已由該機關代表國家或地方自治團體與承購人、承租人或貸款人分別訂立買賣、租賃或借貸契約者，此等契約為何種契約？ (A)規範公法關係的行政契約 (B)規範公法關係的民事契約 (C)規範私法關係的行政契約 (D)規範私法關係的民事契約。

( ) **29** 下列針對行政契約之要素與性質的敘述，何者錯誤？ (A)係法律行為 (B)係雙方法律行為 (C)在性質上屬私經濟行政或國庫行政行為 (D)其適用規範屬公法性質。

( ) **30** 某甲原任警局課員，距65歲退休尚有六年，其59歲時調整其職務並調薪資支領年功俸410元，二年後上級以其職務具危險性及勞力等特殊性質降低退休年齡之規定，溯及滿60歲之當年退休，計算退休金之月俸額亦同時降為390元，某甲不服，提起行政爭訟。本案該機關違反公法上何種原則？ (A)誠實信用原則 (B)比例原則 (C)公平正義原則 (D)信賴保護原則。

解答與解析 （答案標示為#者，表官方曾公告更正該題答案。）

1 (C)。單純高權行政係指行政主體放棄權力性手段，改由提供給付服務、救濟照顧等方式，增進公共利益達成國家任務之行為。故行政機關提供颱風預測資訊屬之。

2 (B)。私經濟行政乃國家立於私人的地位，適用私法規定所為的行為。故政府機關向民間租用大樓屬之。

3 (C)。司法院釋字第448號解釋（節錄）：行政機關代表國庫出售或出租公有財產，並非行使公權力對外發生法律上效果之單方行政行為，即非行政處分，而屬私法上契約行為，當事人若對之爭執，自應循民事訴訟程序解決。

4 (A)。基本權條款對於私法法律關係並非沒有效力，透過基本權第三人效力之適用，如民法誠信原則，即基本權條款對私人產生效力之方式。

5 (C)。參司法院釋字第540號解釋理由書（節錄）：國家為達成行政上之任務，得選擇以公法上行為或私法上行為作為實施之手段。其因各該行為所生爭執之審理，屬於公法性質者歸行政法院，私法性質者歸普通法院。惟立法機關亦得依職權衡酌事件之性質、既有訴訟制度之功能及公益之考量，就審判權歸屬或解決紛爭程序另為適當之設計。此種情形一經定為法律，縱事件屬性在學理上容有推求餘地，其拘束全國機關及人民之效力，並不受影響，各級審判機關自亦有遵循之義務，本院釋字第四六六號解釋亦同此意旨。
至於選項(C)行政機關可以在利用與給付關係上選擇私法形態，即應包括選擇私法組織形態。

6 **(C)**。國家從事給付行政，如以公法組織為之，亦得採取私法行為，如行政私法行為。

7 **(C)**。土地登記規則係依土地法第37條規定所訂定，足見其為法規命令，依照層級化法律保留原則，應屬相對法律保留。而選項(C)之廣義法律保留，即所謂相對法律保留。

8 **(A)**。司法院釋字第514號解釋（節錄）：教育部中華民國八十一年三月十一日台（八一）參字第一二五〇〇號令修正發布之遊藝場業輔導管理規則，係主管機關為維護社會安寧、善良風俗及兒童暨少年之身心健康，於法制未臻完備之際，基於職權所發布之命令，固有其實際需要，惟該規則第十三條第十二款關於電動玩具業不得容許未滿十八歲之兒童及少年進入其營業場所之規定，第十七條第三項關於違反第十三條第十二款規定者，撤銷其許可之規定，涉及人民工作權及財產權之限制，自應符合首開憲法意旨。相關之事項已制定法律加以規範者，主管機關尤不得沿用其未獲法律授權所發布之命令。前述管理規則之上開規定，有違憲法第二十三條之法律保留原則，應不予援用。

9 **(B)**。行政程序法第94條：「前條之附款不得違背行政處分之目的，並應與該處分之目的具有正當合理之關聯。」即禁止不當聯結原則之明文。

10 **(C)**。參司法院釋字第443號解釋（節錄）：「憲法第十條規定人民有居住及遷徙之自由，旨在保障人民有任意移居或旅行各地之權利。若欲對人民之自由權利加以限制，必須符合憲法第二十三條所定必要之程度，並以法律定之或經立法機關明確授權由行政機關以命令訂定。限制役男出境係對人民居住遷徙自由之重大限制，兵役法及兵役法施行法均未設規定，亦未明確授權以命令定之。行政院發布之徵兵規則，委由內政部訂定役男出境處理辦法，欠缺法律授權之依據，該辦法第八條規定限制事由，與前開憲法意旨不符。」
是行政機關發布有關限制役男出境事項應以法律規定或法律明確授權以命令定之，此即所謂法律保留原則。(A)(C)(D)均為層級化法律保留之毋庸法律保留之細節性、技術性事項。

11 **(B)**。在層級化法律保留原則下，針對細節性、技術性事項，毋庸法律保留。

12 **(B)**。公務人員因專案考績免職處分，須經立場公正之委員會決議，處分前應給予受處分人陳述及申辯機會，逐漸應依循一定之程序為之，故應屬正當法律程序之遵循。

13 (B)。授權明確性原則並非立法者可將「所有事項」授權行政機關以命令來補充法律之規定，此參司法院釋字第443號解釋理由書所揭示之層級化法律保留，倘涉及人民其他自由權利之限制者，如以法律授權主管機關發布命令為補充規定時，其授權應符合具體明確之原則。

14 (B)。行政程序法第120條第1項：「授予利益之違法行政處分經撤銷後，如受益人無前條所列信賴不值得保護之情形，其因信賴該處分致遭受財產上之損失者，為撤銷之機關應給予合理之補償。」為信賴保護原則之實踐。

15 (D)。事業未經許可排放事業廢水者，行政機關得在新臺幣6萬元以上，30萬元以下罰鍰之範圍內行使裁量。故新北市政府對違反上開規定之業者裁處新臺幣10萬元罰鍰之決定係行政裁量。

16 (C)。參司法院釋字第457解釋理由書（節錄）：受配耕榮民與國家之間，係成立使用借貸之法律關係。使用借貸為無償契約，屬貸與人與借用人間之特定關係。配耕榮民死亡或依借貸之目的使用完畢時，主管機關原應終止契約收回耕地，俾國家資源得合理運用。主管機關若出於照顧遺眷之特別目的，使其繼續使用、耕作原分配房舍暨土地，則應考量眷屬之範圍應否及於子女，並衡酌其謀生、耕作能力，是否確有繼續輔導之必要，使具相同法律上身分地位者，得享同等照顧，依男女平等原則，妥為規劃。

17 (A)。行政程序法第16條第1項：「行政機關得依法規將其權限之一部分，委託民間團體或個人辦理。」足見國家委託私人行使公權力，必須受法律保留原則之拘束。

18 (D)。職權命令本身無法律之授權，卻得對人民產生規範效力，違反法律保留原則。

19 (D)。參司法院釋字第641號解釋（節錄）：系爭規定修正前，依該規定裁罰及審判而有造成個案顯然過苛處罰之虞者，應依菸酒稅法第二十一條規定之立法目的與個案實質正義之要求，斟酌出售價格、販賣數量、實際獲利情形、影響交易秩序之程度，及個案其他相關情狀等，依本解釋意旨另為符合比例原則之適當處置，併予指明。

20 (C)。行政程序法第9條參照。

21 (B)。(A)裁量逾越。(C)行政行為應符比例原則，參行政程序法第7條，故行政機關行使裁量權仍應考量比例原則。(D)司法仍得審查，僅審查密度較低。

22 (A)。比例原則係行使裁量權的界限，用以限縮裁量權之行使，故並非一範圍廣泛之裁量權。

23 (A)。所謂「特殊事故」，需透過解釋加以適用，故屬不確定法律概念。

24 (C)。裁量收縮至零係指行政機關已無裁量餘地，與裁量瑕疵無涉。

25 (D)。行政程序法第10條參照。

26 (A)。比例原則之用意在於透過手段與目的之權衡，適當限縮裁量權，故比例原則並非範圍廣泛之裁量權。

27 **(B)**。縱使行政機關所選擇之法律效果在法律規定的範圍內，仍有可能發生裁量瑕疵之情形。

28 **(D)**。參司法院釋字第540號解釋（節錄）：中華民國七十一年七月三十日制定公布之國民住宅條例，對興建國民住宅解決收入較低家庭居住問題，採取由政府主管機關興建住宅以上述家庭為對象，辦理出售、出租、貸款自建或獎勵民間投資興建等方式為之。其中除民間投資興建者外，凡經主管機關核准出售、出租或貸款自建，並已由該機關代表國家或地方自治團體與承購人、承租人或貸款人分別訂立買賣、租賃或借貸契約者，此等契約即非行使公權力而生之公法上法律關係。上開條例第二十一條第一項規定：國民住宅出售後有該條所列之違法情事者，「國民住宅主管機關得收回該住宅及基地，並得移送法院裁定後強制執行」，乃針對特定違約行為之效果賦予執行力之特別規定，此等涉及私權法律關係之事件為民事事件，該條所稱之法院係指普通法院而言。對此類事件，有管轄權之普通法院民事庭不得以行政訴訟新制實施，另有行政法院可資受理為理由，而裁定駁回強制執行之聲請。

29 **(C)**。行政契約為公法行為，私經濟行政或國庫行政行為為私法行為。

30 **(D)**。甲因信賴65歲退休之年功俸計算以410元為準，故於59歲時調整其職務並調薪資支領年功俸410元，惟二年後上級以其職務具危險性及勞力等特殊性質降低退休年齡之規定，溯及滿60歲之當年退休，計算退休金之月俸額亦同時降為390元，顯然違反信賴保護原則。

第三回

(　　) **1** 國家以私法之法律形式作成行政行為者，在行政法學上稱：(A)單純高權行政　(B)國庫行政　(C)間接之國家行政　(D)直接之國家行政。

(　　) **2** 從不同觀點可得出各種各樣之行政分類，下列有關行政種類之敘述，何者錯誤？　(A)公權力行政又稱高權行政，指國家居於統治主體適用公法規定所為之各種行政行為　(B)私經濟行政亦可稱為國庫行政，國家基於私法之法律地位所為之各種行為　(C)干涉行政為公力行政常見的行方式，指行政機關為達成下令、禁止或確認等效果　(D)給付行政指有關社會保險、社會救助、生活必需品之供給等措施而言，多屬負擔處分。

( ) **3** 凡為中央行政事務而委由地方政府之機關執行者，此等行政行為稱為： (A)計畫行政 (B)直接行政 (C)間接行政 (D)給付行政。

( ) **4** 下列何者不能作為行政法關係之主體？ (A)未成年人 (B)非法人團體 (C)私法人之意思機關 (D)公法人之機關。

( ) **5** 主管機關興建國民住宅並出售給低收入家庭之行為，依大法官釋字第540號解釋意旨係屬於 (A)民事契約 (B)公法契約 (C)行政處分 (D)行政規則。

( ) **6** 依法行政原則，下列何敘述不屬之？ (A)干預行政應遵守法律保留原則 (B)法律優位與法律保留原則為依法行政原則之兩大內涵 (C)行政行為，應依據法律或一般法律原則 (D)遵守依法行政原則，故對人民為給付行政，不得授權以法規命令規範之。

( ) **7** 依司法院釋字第570號解釋，認為內政部與經濟部會同發布之玩具槍管理規則，禁止製造、輸入、販賣類似真槍之玩具槍，違反下列何原則而違憲？ (A)法律優位原則 (B)法律保留原則 (C)比例原則 (D)差別待遇禁止原則。

( ) **8** 下列關於「行政」之敘述，何者錯誤？ (A)行政組織之基本建構原則為「行政一體原則」 (B)行政活動以「公益」為其指導原則 (C)「行政規則」之制定權限來自法律之授權 (D)行政裁量權來自法律之授權。

( ) **9** 下列關於行政裁量之敘述，何者錯誤？ (A)行政裁量權來自法律之授權 (B)行政機關在法律所規定之數個措施中，得決定採用何一措施者，為「選擇裁量」 (C)行政裁量不受司法審查，所以針對行政裁量行為所提起之行政訴訟，行政法院應不受理 (D)裁量瑕疵包括裁量逾越、裁量濫用及裁量怠惰。

( ) **10** 下列關於行政機關行政裁量權之敘述，何者有誤？ (A)行政機關行使裁量權，不得逾越法定之裁量範圍，並應符合法規授權之目的 (B)行政法院對於行政機關依裁量權所為之行政處分，以其作為或不作為逾越權限或濫用權力者為限，得予撤銷 (C)行政機關行使裁量權時，以相對人之黨派屬性為依據，此種裁量之瑕疵，學理上稱之為裁量逾越 (D)建築法規定，擅自建造者，必要時得強制拆除其建築物，主管機關對於轄內違建一律強制拆除時，乃所謂的裁量怠惰。

( ) **11** 水污染防治法規定：事業未經許可排放事業廢水者，處新臺幣6萬元以上，30萬元以下罰鍰。新北市政府對違反上開規定之業者裁處新臺幣10萬元罰鍰。此項裁罰額度之決定係下列何項行政作為？ (A)判斷餘地 (B)行政評量 (C)行政評定 (D)行政裁量。

( ) **12** 依據司法院釋字第469號解釋所揭示的「保護規範理論」，關於主觀公權利之判斷，下列何者正確？ (A)公法上權利與反射利益，實際上內容相同 (B)主觀公權利之外，另外存在有客觀公權利 (C)公法上權利與反射利益在救濟關係中，沒有任何區別實益 (D)當事人是否有公法上權利，須視各該法規範是否具有保護可得特定之人民為目的。

( ) **13** 關於保護規範理論之敘述，下列何者錯誤？ (A)用以作為判斷人民依法有無主觀公權利之基準 (B)操作之目標在於認定法規除維護公益外，是否尚蘊含有保護私益之目的 (C)無論新、舊保護規範理論，皆應嚴守法條文義，不得作法規之體系與目的探求 (D)亦可作為判斷人民是否因國家之不作為而享有國家賠償請求權之基準。

( ) **14** 關於行政機關因不作為而負國家賠償責任之敘述，下列何者錯誤？ (A)行政不作為是否侵害人民權利，應借助保護規範理論來探究 (B)在裁量限縮至零時，行政機關仍不作為即屬違法 (C)法律規範目的之探求，應就法律之整體結構、適用對象、所欲產生之規範效果及社會發展因素等綜合判斷 (D)不須有故意過失，只要是行政不作為即成立國家賠償責任。

( ) **15** 下列有關行政裁量分類之敘述，何者錯誤？ (A)行政裁量可分為決定裁量與選擇裁量 (B)當交通警察面對大批違規停車的情況時，考量要開罰單或進行拖吊之決定，屬於決定裁量 (C)行政裁量亦可分為個案裁量與一般裁量 (D)一般裁量通常以行政規則之方式為之。

(　) **16** 下列有關行政裁量之敘述，何者最正確？ (A)裁量限縮至零時，行政機關無裁量權 (B)行政機關違反比例原則所作成之裁量處分為不當而非違法之處分 (C)針對裁量不當之負擔處分，處分相對人得提起撤銷訴訟救濟 (D)行政機關不得頒訂行政規則行使概括裁量。

(　) **17** 有關「新保護規範理論」，下列何者錯誤？ (A)以此理論作為界定法律利害關係第三人範圍之基準 (B)就法律之整體結構、適用對象、所欲產生之規範效果及社會發展因素等綜合判斷之 (C)非行政處分之相對人不得主張其法律上利益受有損害，請求行政救濟 (D)反射利益受損害，不許提起訴願或行政訴訟。

(　) **18** 行政法院七十九年度判字第一八五一號判決認為，在商標評定之爭訟程序未終結前，法律或事實有所變更時，應依變更後法律或事實處理，即肯定何種原則可作為行政法之一般原則？ (A)法律不溯及既往原則 (B)情事變更原則 (C)信賴保護原則 (D)比例原則。

(　) **19** 下列有關行政法規不溯及既往原則之敘述，何者錯誤？ (A)意指行政法規不適用於該法規變更或生效前業已終結之事實或法律關係 (B)人民聲請許可案件於聲請後至處理程序終結前，法規有變更，而舊法規有利於當事人且新法規未廢除或禁止所聲請之事項者，應適用舊法規 (C)授益性或非負擔性之法規，一律不得溯及既往 (D)法規之釋示與不溯及既往原則無涉。

(　) **20** 下列有關信賴保護原則之敘述，何者正確？ (A)對重要事項提供不正確資料或為不完全陳述，致使行政機關依該資料或陳述而作成行政處分者，其信賴不值得保護 (B)基於依法行政原則，行政機關知悉授益處分違法，應依職權撤銷，但應對當事人之所受損害及期待利益加以補償 (C)基於信賴保護原則及法安定性原則，所有法律及法規命令均應向後生效，不得溯及既往或另訂生效日 (D)於法律變更之情形，對規範相對人一律給予補償。

(　) **21** 下列有關行政裁量之敘述，何者錯誤？ (A)行政裁量係法律賦予行政機關在法律效果部分的行政彈性空間 (B)只要行政機關所選擇之法律效果在法律規定的範圍內時，則不生適當與否之問題 (C)行政機關於實施行政裁量時，仍須為合義務性之裁量 (D)法院仍可對行政機關之行政裁量是否有瑕疵進行審查。

( ) **22** 訂定溯及既往之法規，並未牴觸下列何者？ (A)禁止不當聯結原則 (B)既得權之保護 (C)信賴保護原則 (D)法安定性原則。

( ) **23** 國家對於人民因信賴政府機關之公權力行為而受有損害，且其信賴值得保護時，可能採取之措施不包括： (A)存續保護 (B)補償保護 (C)不溯及既往或其他過渡措施 (D)責令應負責任公務員賠償。

( ) **24** 行政行為牴觸法律優位原則之法律效果為何？ (A)具體的行政處分自始當然無效 (B)具體的行政處分例外為得撤銷 (C)抽象之行政法規經法院裁判溯及既往無效 (D)抽象之行政法規未經有權解釋機關解釋前仍然有效。

( ) **25** 下列何種情形違反法律不溯及既往之原則？ (A)將要退休之人員，因法令變動，致使未來月退休金少於依現行法令所能領得之月退休金 (B)符合現行法令可升等為大學副教授之講師，因法令變動，未來僅能升等為較副教授低一階之助理教授 (C)退休時獲頒清廉獎之公務員，因於在職期間犯貪污罪並經司法裁判確定，故依法剝奪其清廉獎 (D)大學醫學院畢業生考取醫師者，因法令變動，提高醫師應考資格為碩士，故遭剝奪其醫師資格。

( ) **26** 關於「法規不溯及既往之原則」，下列敘述何者錯誤？ (A)區分為「真正溯及既往」與「不真正溯及既往」兩類型 (B)類型區分之標準是以「過去發生之法律關係或事實終結與否」為斷 (C)理論之依據來自於對人民之信賴利益保障及法安定性之要求 (D)對人民不利之負擔性法規，原則上可溯及既往適用。

( ) **27** 下列行政裁量與不確定法律概念區別之敘述，何者有誤？ (A)裁量係對法律效果之選擇；不確定法律概念存於構成要件事實之中 (B)於法定裁量範圍內之各種選擇皆屬合法；多種判斷之可能，僅有一種屬於正確 (C)由於行政機關具有專業判斷餘地，故法院對之完全不予審查 (D)法院對於行政裁量，原則上不審查，瑕疵裁量則例外受審查。

(　　) **28** 行政程序法第4條規定，行政行為應受法律及一般法律原則之拘束。關於其內涵，下列敘述何者錯誤？ (A)本條主要指出，法治國家中立法權與行政權關係的基本原則 (B)本條所指「法律」，不限於形式意義的法律，而且包括行政規則 (C)本條規定即為依法行政原則 (D)本條意旨包含法律優位原則及法律保留原則。

(　　) **29** 稅捐稽徵法有關未為物之保全前，不得對欠稅人為限制出境處分之規定，係基於下列何種一般法律原則？ (A)比例原則 (B)法律保留原則 (C)平等原則 (D)法明確性原則。

(　　) **30** 某行政機關首長要求所屬公務員辦理人民依法申請案件，必須在3個工作天內完成。但該機關卻於受理某位民眾甲之申請案後，無故一反往常均於3天內完成之作法，遲延至第10個工作天才完成。請問該事件之處理違反何種法律原則？ (A)法律優位原則 (B)法律保留原則 (C)行政自我拘束原則 (D)行政便宜原則。

解答與解析

(答案標示為#者，表官方曾公告更正該題答案。)

1 (B)。題幹所述為國庫行政之定義。

2 (D)。給付行政指有關社會保險、社會救助、生活必需品之供給等措施而言，多屬受益處分。

3 (C)。中央行政事務而委由地方政府之機關執行，而非自己執行，故應為間接行政而非直接行政。

4 (C)。行政主體以得獨立行使行政法上權利及負擔行政法上義務者為限，故私法人意思機關不得為該主體。倘若改為「私法人」則可。

5 (A)。司法院釋字第540號界解釋（節錄）：上開條例第21條第1項規定：國民住宅出售後有該條所列之違法情事者，「國民住宅主管機關得收回該住宅及基地，並得移送法院裁定後強制執行」，乃針對特定違約行為之效果賦予執行力之特別規定，此等涉及私權法律關係之事件為民事事件，該條所稱之法院係指普通法院而言。

6 (D)。參司法院釋字第443號解釋理由書所揭示層級化法律保留原則，並無此種限制。

7 (B)。參司法院釋字第570號解釋（節錄）：中華民國八十一年十二月十八日經濟部及內政部會銜修正發布之玩具槍管理規則（已廢止），其第八條之一規定：「玩具槍類似真槍而有危害治安之虞者，由內政部公告禁止之」。內政部乃於八十二年一月十五日發布台（八二）內警字第八二七〇〇二〇號公告（已停止適用）：「一、為維護公共秩序，確保社會安寧，保障人民生命財產安全，自公告日起，未經許可不得製造、運輸、販賣、攜帶或公然陳列類似真槍之玩具槍枝，如有違反者，依社會秩序維護法有關條文處罰」，均係主管機關基於職權所發布之命令，固有其實際需要，惟禁止製造、運輸、販賣、攜帶或公然陳列類似真槍之玩具槍枝，並對違反者予以處罰，涉及人民自由權利之限制，應由法律或經法律明確授權之命令規定。上開職權命令未經法律授權，限制人民之自由權利，其影響又非屬輕微，與憲法第二十三條規定之法律保留原則不符，均應不予適用。

8 **(C)**。「行政規則」之制定來自權限或職權，行政程序法第159條參照。

9 **(C)**。司法仍得就是是否有裁量瑕疵、裁量收縮至零等情形進行審查。

10 **(C)**。行政機關行使裁量權時，以相對人之黨派屬性為依據，乃屬為不相關之考量，構成裁量濫用。

11 **(D)**。新北市政府在新臺幣6萬元以上，3萬元以下有裁量空間，於此範圍內裁處業者新臺幣10萬元罰鍰，屬行政裁量。

12 **(D)**。參司法院釋字第469號解釋理由書（節錄）：

惟法律之種類繁多，其規範之目的亦各有不同，有僅屬賦予主管機關推行公共事務之權限者，亦有賦予主管機關作為或不作為之裁量權限者，對於上述各類法律之規定，該管機關之公務員縱有怠於執行職務之行為，或尚難認為人民之權利因而遭受直接之損害，或性質上仍屬適當與否之行政裁量問題，既未達違法之程度，亦無在個別事件中因各種情況之考量，例如：斟酌人民權益所受侵害之危險迫切程度、公務員對於損害之發生是否可得預見、侵害之防止是否須仰賴公權力之行使始可達成目的而非個人之努力可能避免等因素，已致無可裁量之情事者，自無成立國家賠償之餘地。倘法律規範之目的係為保障人民生命、身體及財產等法益，且對主管機關應執行職務行使公權力之事項規定明確，該管機關公務員依此規定對可得特定之人負有作為義務已無不作為之裁量空間，猶因故意或過失怠於執行職務或拒不為職務上應為之行為，致特定人之自由或權利遭受損害，被害人自得向國家請求損害賠償。至前開法律規範保障目的之探求，應就具體個案而定，如法律明確規定特定人得享有權利，或對符合法定條件而可得特定之人，授予向行政主體或國家機關為一定作為之請求權者，其規範目的在於保障個人權益，固無疑義；如法律雖係為公共利益或一般國民福祉而設之規定，但就法律之整體結構、適用對象、所欲產生之規範效果及社會發展因素等綜合判斷，可得知亦有保障特定人之意旨時，則個人主張其權益因公務員怠於執行職務而受損害者，即應許其依法請求救濟。

13 **(C)**。新保護規範理論，重視法條文義外法規之體系與目的探求。

14 **(D)**。司法院釋字第469號解釋參照。

15 **(B)**。當交通警察面對大批違規停車的情況時，考量要開罰單或進行拖吊之決定，屬於選擇裁量。

16 **(A)**。(B)違反比例原則，即違反行政法之原理原則，乃違法之行政處分。(C)裁量不當之負擔處分，應屬不當而非違法之行政處分，而行政訴訟法第4條撤銷訴訟之標的為違法之行政處分，故處分相對人不得提起撤銷訴訟救濟，但仍有可能依據同法第5條提起課予義務之訴。(D)法無明文此種限制。

17 **(C)**。雖非行政處分之相對人，若其法律上利益受有損害，亦得請求行政救濟，此乃新保護規範理論所重視。

18 **(B)**。本題涉及「法律或事實有所變更」，應可推導係情事變更原則之適用。

19 **(C)**。授益性或非負擔性之法規，尚須視其事實與法律關係於系爭法規生效前是否已終結而定，如未終結，則原則上得溯及既往。至於選項(D)因法規之釋示僅為不對外生法律效果之行政規則，並參釋字第287號解釋，故法規之釋示與不溯及既往原則無涉。

20 **(A)**。(A)行政程序法第119條參照。(B)係基於信賴保護原則而非依法行政原則。(C)倘有重大公益考量，仍非不得溯及既往或另訂生效日。(D)仍應視相對人有無信賴保護之必要。

21 **(B)**。縱使行政機關所選擇之法律效果在法律規定的範圍內，仍可能生適當與否之問題。例如無論傾倒廢棄物之行為人係故意或過失，均處以法定罰鍰最高額，仍可能構成裁量怠惰。

22 **(A)**。訂定溯及既往之法規，有違法治國原則下法安定性原則之疑慮，(B)(C)(D)均可能有牴觸之情形。

23 **(D)**。責令應負責任公務員賠償，係損害賠償原則，與信賴保護原則無涉。

24 **(D)**。具體行政處分違法，處於原則上得撤銷之情形，並非例外得撤銷。抽象行政法規基於權力分立，法院僅不受拘束、得拒絕適用，而不得透過裁判使之無效；而該行政法規未經有權解釋機關解釋前仍然有效。

25 **(D)**。違反法律不溯及既往，應視事實與法律關係是否在新法修正施行前已終結，(A)(B)(C)之事實與法律關係在新法修正施行前均尚未終結。

26 **(D)**。對人民不利之負擔性法規，原則上不應溯及既往適用，蓋新法規相較舊法規，對人民權益侵害更為重大。

27 **(C)**。行政機關具有專業判斷餘地，但法院仍得對之進行合法行與否，以及低密度之審查。

28 **(B)**。行政規則本身不直接對外發生法律效力，故本條所指「法律」，雖不限於形式意義的法律，但不包括行政規則。

29 **(A)**。參財政部關務署民國99年05月19日台財關字第09900073520號函釋（節錄）：按修正草案第4條第1項係為配合稅捐稽徵法第24條第5項而增訂限制出國應先執行保全措施之規定，審其意旨，係為明定對物之保全優先性原則，期於發動限制出國處分前，應先調查欠稅人有無可供保全之物，俾得發動保全處分課予義務；如無，始發動限制出國處分，以符比例原則。

30 **(C)**。某行政機關首長要求所屬公務員辦理人民依法申請案件，必須在3個工作天內完成，此種要求應屬不對外發生法律效果之行政規則（行政程序法第159條參照）。雖行政規則不直接對外發生法律效果，但仍可能間接對外發生效力，若有違反，人民仍得以行政機關違反行政自我拘束原則提起救濟。本題機關卻於受理某位民眾甲之申請案後，無故一反往常均於3天內完成之作法，遲延至第10個工作天才完成，顯然間接對人民造成不利之效果，違反行政自我拘束原則。

第四回

(　　) **1** 下列何者不屬於公權力行政？　(A)地政機關受理人民土地登記申請並予以辦理　(B)地政機關劃定非都市土地使用分區並辦理使用地編定　(C)直轄市政府進行都市計畫定期通盤檢討變更　(D)地政機關為測量之需要，添購新測量設備。

(　　) **2** 下列行政機關所為之行為，那一項屬於公權力行政？　(A)維持匯率，參與外匯市場之操作　(B)採購辦公物品之行為　(C)拆除人民之違章建築　(D)出售國民住宅。

(　　) **3** 下列何者屬於公權力行政？　(A)行政機關提供氣象、H1N1等資訊給民眾　(B)政府對民眾提供住宅貸款　(C)臺灣中油公司對民眾之售油營利行為　(D)行政機關採購公務所需用品。

(　　) **4** 行政院大陸委員會委託財團法人海峽交流基金會，處理有關兩岸文書驗證、糾紛調處等業務。下列敘述何者正確？　(A)屬於間接行政中的委託行使公權力　(B)屬於以私法組織形態從事的私經濟行政　(C)屬於國家行政事務委由地方政府執行　(D)屬於雙階理論的公法、私法兩階段關係。

( ) **5** 依司法院大法官見解，農田水利會所屬水利小組成員間，有關小排水路之養護歲修費等分擔、管理與使用爭執，其法律關係性質上屬：(A)私法關係 (B)公法關係 (C)公私混合關係 (D)事實行為。

( ) **6** 司法院釋字第619號解釋對行政處罰之構成要件及法律效果，應由法律定之，以命令為之者，應有法律明確授權，始符合下列何法律原則之意旨？ (A)法律保留原則 (B)法律優位原則 (C)法律明確性原則 (D)法律公益性原則。

( ) **7** 稽徵機關未具理由，不適用「稅務違章案件裁罰金額或倍數參考表」而予以加重處罰，係違反下列何原則？ (A)法律保留原則 (B)信賴保護原則 (C)明確原則 (D)平等原則。

( ) **8** 關於依法行政原則之敘述，下列何者正確？ (A)公務人員之薪俸事項不適用法律保留原則 (B)行政行為須有法律之依據，係指法律優位原則 (C)社會保險之重要給付行政適用法律保留原則 (D)國家全部舉債之上限，屬法律優位原則範圍。

( ) **9** 下列何項行政機關之行為以不受法律保留原則之拘束？ (A)提供自助旅遊者旅遊指南 (B)發駕駛人駕駛執照 (C)科處亂張貼廣告物眾罰鍰 (D)向人民徵收空氣污染防制費。

( ) **10** 關於人民對行政裁量是否享有請求權，下列敘述何者錯誤？ (A)原則上，人民不得請求行政機關作成特定之裁量決定 (B)原則上，人民對行政機關僅享有無瑕疵裁量請求權 (C)若在個案中出現裁量縮減至零之情形，人民亦不得請求行政機關作成特定之決定 (D)當人民對行政機關享有作成特定行政處分之請求權時，人民得提起課予義務訴訟。

( ) **11** 關於不確定法律概念解釋適用之敘述，下列何者錯誤？ (A)係利用解釋方法，將具體事件涵攝於法律構成要件 (B)原則上接受司法完全審查 (C)相較於行政裁量決定所受之司法審查，不確定法律概念解釋適用之審查密度較低 (D)不確定法律概念解釋適用可能涉及判斷餘地。

( ) **12** 社會秩序維護法規定以拘留罰作為違反社會秩序行為之制裁手段，此立法可能構成違憲之主要事由，係指 (A)違反法官保留原則 (B)違反法律保留原則 (C)違反法律明確性原則 (D)違反比例原則。

( ) **13** 司法院大法官於民國101年12月28日公告釋字第707號解釋，表示有關教師之待遇事項，應以法律或法律明確授權之命令予以規範，從而教育部發布之《公立學校教職員敘薪辦法》，關於公立高級中等以下學校教師部分之規定，因與哪一法律原則有違，應自解釋公布之日起，至遲於屆滿三年時失其效力？ (A)法律保留原則 (B)法律不溯既往原則 (C)法律明確性原則 (D)法律優越原則。

( ) **14** 關於法律保留原則之內涵與適用，下列相關敘述何者錯誤？ (A)法律保留原則係屬憲法位階的法規範 (B)法律保留原則只適用在公權力對於人民自由或權利造成限制或侵害之情形 (C)授予人民權利或利益之事項，於符合重要性理論之要求時，亦應受到法律保留原則之拘束 (D)政府機關發布「出國旅遊安全資訊」之行為，在欠缺法律或法規命令之規定作為依據時，亦得為之。

( ) **15** 關於人民對行政裁量是否享有請求權，下列敘述何者錯誤？ (A)原則上，人民不得請求行政機關作成特定之裁量決定 (B)原則上，人民對行政機關僅享有無瑕疵裁量請求權 (C)若在個案中出現裁量縮減至零之情形，人民亦不得請求行政機關作成特定之決定 (D)當人民對行政機關享有作成特定行政處分之請求權時，人民得提起課予義務訴訟。

( ) **16** 內政部依建築法概括授權訂定之「營造業管理規則」，未經法律具體明確授權，而在規則中逕行規定：對違規業者得予以撤銷登記之處分。此項規定顯然是： (A)違反法律保留原則 (B)違法罪刑法定主義 (C)違反法律優位原則 (D)欠缺合法要件。

( ) **17** 大陸法系國家行政法庭會依據什麼原則，檢視政府機關執法是否採取最合適的方法？ (A)法律保留原則 (B)依法行政原則 (C)比例原則 (D)越權原則。

(　　) **18** 依法行政乃是法治國行政之指導原則。「重要的事項，應由法律規定，或未經法律授權，不得逕以命令定之」，係屬下列何種原則之內涵？ (A)法律優位原則 (B)法律保留原則 (C)正當程序原則 (D)行政裁量原則。

(　　) **19** 依大法官解釋，菸酒稅法規定該法施行前專賣之米酒，應依原專賣價格出售。超過原專賣價格出售者，一律處每瓶新臺幣二千元之罰鍰。是否合憲？ (A)為對人民之職業選擇自由所為限制，與憲法第23條之比例原則尚有未符 (B)為對人民之財產權所為限制，與憲法第23條之比例原則尚有未符 (C)為對人民之財產權所為限制，與憲法第23條之法律保留原則尚有未符 (D)為對人民之職業選擇自由所為限制，與憲法第15條之工作權保障尚有未符。

(　　) **20** 公法上信賴保護原則源出何處？ (A)民主國原則 (B)法治國原則 (C)福利國原則 (D)基本國策。

(　　) **21** 法律授予行政機關得就法律效果為決定或選擇之活動範圍，稱為：(A)羈束行政 (B)行政裁量 (C)判斷標準 (D)判斷餘地。

(　　) **22** 依姓名條例之規定，有文字字義粗俗不雅及特殊原因者得申請更改名字，其中「文字字義粗俗不雅」及「特殊原因」係屬於：(A)行政裁量條款 (B)確定法律概念 (C)不確定法律概念 (D)行政授權條款。

(　　) **23** 下列關於行政機關行政裁量權之敘述，何者有誤？
(A)行政機關行使裁量權，不得逾越法定之裁量範圍，並應符合法規授權之目的
(B)行政法院對於行政機關依裁量權所為之行政處分，以其作為或不作為逾越權限或濫用權力者為限，得予撤銷
(C)行政機關行使裁量權時，以相對人之黨派屬性為依據，此種裁量之瑕疵，學理上稱之為裁量逾越
(D)建築法規定，擅自建造者，必要時得強制拆除其建築物，主管機關對於轄內違建一律強制拆除時，乃所謂的裁量怠惰。

( ) **24** 按司法院釋字第614號解釋之見解，給付行政措施（例如調整公務人員保險給付）是否屬於法律保留事項？ (A)不屬於，給付行政措施非侵害人民權利，無須適用法律保留原則 (B)不屬於，給付行政措施只要有預算之授權，無須法律明訂，行政機關即可進行 (C)屬於，給付行政措施所須財源來自人民納稅，全部須由議會透過立法監督，始符民主原則 (D)應視個別情形而定，倘若涉及公共利益或實現人民基本權利之保障等重大事項，即應有法律授權為依據。

( ) **25** 下列何者不是行政法之一般原理原則？ (A)明確原則 (B)誠信原則 (C)私法自治原則 (D)法律保留原則。

( ) **26** 縣政府核發建造執照後又以錯誤（非可歸責於申請人）為由予以撤銷，申請人如何主張權利？ (A)主張該撤銷違反法律保留原則 (B)主張該撤銷違反比例原則 (C)主張該撤銷違反法律明確性原則 (D)主張該撤銷違反信賴保護原則。

( ) **27** 根據司法院釋字第690號解釋，傳染病防治法第37條第1項規定的「必要處置」包含強制隔離，與下列何項憲法規定較無關聯？ (A)法律保留原則 (B)人身自由 (C)法律明確性 (D)正當法律程序。

( ) **28** 限制人民權利之行政措施，未經法律具體明確授權，可能牴觸下列何種憲法原則？ (A)比例原則 (B)平等原則 (C)法律保留原則 (D)信賴保護原則。

( ) **29** 下列有關信賴保護原則之敘述，何者正確？ (A)為法律保留原則之一 (B)只適用於行政處分之廢棄 (C)要求法規不得修改或廢止 (D)要求法規的修改或廢止應採取合理之補救措施。

( ) **30** 下列有關「依法行政原則」之敘述，何者錯誤？ (A)法律優越原則旨在防止行政行為違背法律 (B)我國憲法第23條規定，乃典型之「一般保留」條款 (C)法律保留原則又稱「消極的依法行政」 (D)我國憲法第24條規定之「依法律向國家請求賠償」，屬「特別保留」規定。

解答與解析 （答案標示為#者，表官方曾公告更正該題答案。）

1 **(D)**。地政機關為測量之需要，添購新測量設備乃私經濟行政，不發生公法上權利義務關係。

2 **(C)**。(A)純粹交易行為。(B)行政輔助行為。(D)行政私法行為。

3 **(A)**。(A)公權力行政下單純高權行政。(B)行政私法。(C)行政營利。(D)行政輔助。

4 **(A)**。財團法人海峽交流基金會為私法人，行政院大陸委員會委託財團法人海峽交流基金會，處理有關兩岸文書驗證、糾紛調處等業務，為委託公權力行使，乃間接行政之一種。

5 **(A)**。參司法院釋字第518號解釋（節錄）：農田水利會所屬水利小組成員間之掌水費及小給水路、小排水路之養護歲修費，其分擔、管理與使用，基於臺灣農田水利事業長久以來之慣行，係由各該小組成員，以互助之方式為之，並自行管理使用及決定費用之分擔，適用關於私權關係之原理，如有爭執自應循民事訴訟程序解決。

6 **(A)**。參司法院釋字第619號解釋理由書（節錄）：土地稅法第五十八條雖授權行政院訂定該法之施行細則，但就適用特別稅率之用地，於適用特別稅率之原因、事實消滅時，未依土地稅法第四十一條第二項規定申報之情形，是否應予以處罰或如何處罰，則未作明確之授權。土地稅法施行細則第十五條規定：「適用特別稅率之原因、事實消滅時，土地所有權人應於三十日內向主管稽徵機關申報，未於期限內申報者，依本法第五十四條第一項第一款之規定辦理」，將非依土地稅法第六條及土地稅減免規則規定之標準及程序所為之地價稅減免情形，於未依三十日期限內申報適用特別稅率之原因、事實消滅者，亦得依土地稅法第五十四條第一項第一款之規定，處以短匿稅額三倍之罰鍰，顯以法規命令增加裁罰性法律所未規定之處罰對象，復無法律明確之授權，核與首開法律保留原則之意旨不符，牴觸憲法第二十三條規定，應於本解釋公布之日起至遲於屆滿一年時失其效力。

7 **(D)**。稅務違章案件裁罰金額或倍數參考表屬不對外發生法律效果之行政規則，惟行政規則仍有可能具有間接對外效力，所行政機關不當適用行政規則，可能違反行政自我拘束原則，行政自我拘束原則係由平等原則衍生而來，故本題稽徵機關未具理由，不適用「稅務違章案件裁罰金額或倍數參考表」而予以加重處罰，係違反平等原則。

8 **(C)**。(A)參司法院釋字第707號解釋陳新民大法官協同意見書，因薪俸標準涉及到國家照顧公務人員生活之意旨，在法律未制定前，雖可以命令定之，無須法律保留，但涉及退休相關權益，乃屬公共利益之重大事項，且為平等權考量，仍應適用法律保留原則。(B)法律保留原則。(C)司法院釋字第524號解釋（節錄）：全民健康保險為強制性之社會保險，攸關全體國民之福祉至鉅，故對於因保險所生之權利義務應有明確之規範，並有法律保留原則之適用。
（編按：故不限於「重要給付」行政）(D)司法院釋字第334號解釋：廣義之公債，係指包括政府賒借在內之一切公共債務而言。而中央政府建設公債發行條例所稱之公債，則指依法以債票方式發行之建設公債。惟為維護國家財政之健全，國家全部舉債之上限，宜綜合考量以法律定之，併予指明。

9 **(A)**。提供旅遊指南，僅為行政指導，屬事實行為，自毋庸法律保留。

10 **(C)**。當裁量收縮至零時，意味行政機關有做成一定決定之義務，故此時人民得請求行政機關作成特定之決定。

11 **(C)**。相較於行政裁量決定所受之司法審查，不確定法律概念因涉及法律構成要件之解釋，故適用之審查密度較高。

12 **(D)**。拘留屬侵害人身自由之手段，對人權侵害最為重大，故若單以居留作為制裁手段，而不考量其他如罰鍰等較侵害較小之手段，即有違比例原則。

13 **(A)**。參司法院釋字第707號解釋理由書（節錄）：有關教師之敘薪，除尚未施行之教師法第十九條規定外，教師法及其他法律尚無明文規定。教育部於六十二年九月十三日訂定發布公立學校教職員敘薪辦法（含附表及其所附說明），嗣於九十三年十二月二十二日修正發布（下稱系爭辦法），作為教師待遇完成法律制定前，公立高級中等以下學校教師（下稱上開教師）敘薪之處理依據（系爭辦法第一條參照）。按系爭辦法固係教師待遇相關法律制定前之因應措施，惟此種情形實不宜任其長久繼續存在。系爭辦法自六十二年訂定施行迄今已久，其間，八十四年八月九日制定公布之教師法第二十條（尚未經行政院以命令定施行日期）及八十八年六月二十三日制定公布之教育基本法第八條第一項，均分別明定教師之待遇，應以法律定之，惟有關教師之待遇，迄今仍未能完成法律之制定。系爭辦法係規範上開教師薪級、薪額、計敘標準、本職最高薪級以及在職進修取得較高學歷之改敘等事項，事涉上開教師待遇之所得，係屬涉及上開教師財產權之保障及公共利益之重大事項，其未經法律之授權以為依據，核諸首開說明，與憲法上法律保留原則自屬有違。

14 **(B)**。法律保留原則之適用並非限於在公權力對於人民自由或權利造成限制或侵害之情形，在授予利益之情係亦有適用之餘地。

15 **(C)**。若在個案中出現裁量縮減至零之情形，此時因行政機關已無裁量權，人民即得請求行政機關作成特定之決定。

16 **(A)**。若法律未規定，亦未授權法規命令訂定，即對人民做出侵害其權益之行為，便有違法律保留原則。

17 **(C)**。政府機關執法是否採取最合適的方法，涉及手段之權衡，為比例原則。

18 **(B)**。「重要的事項，應由法律規定，或未經法律授權，不得逕以命令定之」即法律保留原則之內涵。

19 **(B)**。參司法院釋字第641號解釋（節錄）：菸酒稅法第二十一條規定：「本法施行前專賣之米酒，應依原專賣價格出售。超過原專賣價格出售者，應處每瓶新臺幣二千元之罰鍰。」其有關處罰方式之規定，使超過原專賣價格出售該法施行前專賣之米酒者，一律處每瓶新臺幣二千元之罰鍰，固已考量販售數量而異其處罰程度，惟採取劃一之處罰方式，於個案之處罰顯然過苛時，法律未設適當之調整機制，對人民受憲法第十五條保障之財產權所為限制，顯不符妥當性而與憲法第二十三條之比例原則尚有未符，有關機關應儘速予以修正，並至遲於本解釋公布之日起屆滿一年時停止適用。

20 **(B)**。公法上信賴保護原則係源自法治國原則所生。

21 **(B)**。題幹所述為行政裁量，至於判斷餘地主要針對構成要件之不確定法律概念。

22 **(C)**。參司法院釋字第399號解釋理由書（節錄）：「姓名條例第六條第一項就人民申請改名，設有各種限制，其第六款規定命名文字字義粗俗不或特殊原因經主管機關認定者得申請改名，命名文字字義粗俗不者，主管關之認定固有其客觀依據，至於『有特殊原因』原亦屬一種不確定法律概念，尤應由主管機於受理個別案件時，就具體事實認定之，且命名之雅與不雅，繫於姓名權人主觀之價值觀念，主管機關於認定時允宜予以尊重。」

23 **(C)**。行政機關行使裁量權時，以相對人之黨派屬性為依據，此種裁量之瑕疵，應稱之為裁量濫用。

24 **(D)**。參司法院釋字第614號解釋理由書（節錄）：憲法第十八條規定人民有服公職之權利，旨在保障人民有依法令從事公務，暨由此衍生享有之身分保障、俸給與退休金請求等權利。國家則對公務人員有給予俸給、退休金等維持其生活之義務。公務人員曾任公營事業人員者，其服務於公營事業之期間，得否併入公務人員年資，以為退休金計算之基礎，憲法雖未規定，立法機關仍非不得本諸憲法照顧公務人員生活之意旨，以法律定之。惟關於給付行政措施，其受法律規範之密度，自較限制人民權益者寬鬆（本院釋字第四四三號解釋理由書參照），在此類法律制定施行前，曾任公營事業人員無從辦理併計年資，主管機關自得發布相關規定為必要合理之規範，以供遵循。主管機關針對曾任公營事業之人員，於轉任公務人員時，其原服務年資如何併計，依法律授權訂定法規命令，或逕行訂定相關規定為合理之規範以供遵循者，因其內容非限制人民之自由權利，尚難謂與憲法第二十三條規定之法律保留原則有違（本院釋字第五七五號解釋參照）。惟曾任公營事業人員轉任公務人員時，其退休相關權益乃涉及公共利益之重大事項，依現代法治國家行政、立法兩權之權限分配原則，仍應以法律或法律明確授權之命令定之為宜，併此指明。

25 **(C)**。私法自治目的在於避免國家公權力過度介入，非行政法之一般原理原則。

26 **(D)**。對於已獲得之建造執照，事後遭機關撤銷，申請人得主張撤銷違反信賴保護原則。

27 **(A)**。參司法院釋字第690號解釋理由書（節錄）：又系爭規定雖未將強制隔離予以明文例示，惟系爭規定已有令遷入指定處所之明文，則將曾與傳染病病人接觸或疑似被傳染者令遷入一定處所，使其不能與外界接觸之強制隔離，係屬系爭規定之必要處置，自法條文義及立法目的，並非受法律規範之人民所不能預見，亦可憑社會通念加以判斷，並得經司法審查予以確認，與法律明確性原則尚無違背。……且自人身自由所受侵害角度觀之，系爭規定必要處置所包含之強制隔離，雖使受隔離者人身自由受剝奪，但除可維護其生命與身體健康外，並無如拘禁處分對受拘禁者人格權之重大影響。綜上，強制隔離乃為保護重大公益所採之合理必要手段，對受隔離者尚未造成過度之負擔，並未牴觸憲法第二十三條之比例原則。……是系爭規定之強制隔離處置雖非由法院決定，與憲法第八條正當法律程序保障人民身體自由之意旨尚無違背。

28 **(C)**。未經法律具體明確授權即限制人民權利，顯然可能牴觸法律保留原則。

29 **(D)**。(A)為法安定性原則之一。(B)除行政處分外，亦適用於其他一切行政行為，行政處分毋寧為行政行為之一種。(C)並非要求法規不得修改或廢止，而係權衡法規得否修正或廢止，以及修改或廢止後應如對人民之已生之信賴進行補償。

30 **(C)**。法律保留原則又稱「積極的依法行政」

第五回

(　) **1** 政府為籌措財源，乃將其所持有公營事業之股權公開標售。此一出售官股之行為係下列何者？ (A)計畫行政 (B)私經濟行政 (C)公權力行政 (D)給付行政。

( ) **2** 依司法院大法官釋字第540號釋認為，政府興建國民住宅後，辦理出售、出租契約之行為屬於：(A)私經濟行為 (B)公權力行政 (C)混合行政 (D)公法契約。

( ) **3** 下列關於「行政」之敘述，何者錯誤？ (A)行政組織之基本建構原則為「行政一體原則」 (B)行政活動以「公益」為其指導原則 (C)「行政規則」之制定權限來自法律之授權 (D)行政裁量權來自法律之授權。

( ) **4** 公立學校與教師成立聘任契約後之關係為何？ (A)公法關係 (B)私法關係 (C)委任關係 (D)混合關係。

( ) **5** 請問下列何一行為不屬於公法事件？ (A)公務人員退休金爭議 (B)國立大學對學生退學處分 (C)政府採購法上之履約管理 (D)既成道路的徵收行為。

( ) **6** 司法院大法官釋字第380號解釋認為，大學法施行細則明定軍訓及體育課程為大學必修課程違反那一個法律原則？ (A)法律保留原則 (B)信賴保護原則 (C)平等原則 (D)比例原則。

( ) **7** 下列行政行為，何者應適用法律保留原則？ (A)關於故宮博物院之參觀事項 (B)關於欠繳稅款限制出境事項 (C)關於行政院員工假日輪值事項 (D)關於法務部員工請假事項。

( ) **8** 關於行政裁量之敘述，下列何者錯誤？ (A)裁量是指決定與否或多數法律效果之選擇 (B)裁量係法律容許機關自由判斷，故不受一般法律原則之拘束 (C)裁量不得違反法規授權之目的 (D)裁量結果超出法律授權範圍稱為裁量逾越。

( ) **9** 役男體格檢查表臨時記載欄或總評欄之簽註內容，檢查醫院之醫師採行之檢查程序嚴謹並無瑕疵，經實際徵兵檢查後，自應尊重專科醫師本於其醫學專業所作之診斷，醫師對役男實際病狀之診斷，屬於下列何者？ (A)行政處分 (B)判斷餘地 (C)行政裁量 (D)行政執行。

(　　) **10** 下列有關行政裁量分類之敘述，何者錯誤？　(A)行政裁量可分為決定裁量與選擇裁量　(B)當交通警察面對大批違規停車的情況時，考量要開罰單或進行拖吊之決定，屬於決定裁量　(C)行政裁量亦可分為個案裁量與一般裁量　(D)一般裁量通常以行政規則之方式為之。

(　　) **11** 社會秩序維護法第82條規定，於「公共場所或公眾得出入之場所唱演或播放淫詞、穢劇或其他妨害善良風俗之技藝者」、「處三日以下拘留或新臺幣一萬二千元以下罰鍰」，前述行政機關處以幾日之拘留或多少元之罰鍰屬於何種範圍？　(A)法律審查　(B)不確定法律概念　(C)行政裁量　(D)行政指導。

(　　) **12** 法律雖明定罰鍰之額度，如主管機關未依個案分別為適當之裁罰，一律依罰鍰之上限裁罰，縱令其罰鍰之上限未逾越法律明定得裁罰之額度，仍有違何項原則？並與法律授權主管機關行政裁量之目的不合，亦係那一種裁量瑕疵？　(A)比例原則、裁量怠惰　(B)比例原則、裁量逾越　(C)平等原則、裁量濫用　(D)平等原則、裁量逾越。

(　　) **13** 下列有關我國行政法的發展趨勢，何者正確？　(A)委任立法甚為普遍　(B)行政裁量權萎縮至零　(C)行政罰不以故意或過失為限　(D)行政機關對所有之不確定法律概念皆有判斷餘地，而不受法院審查。

(　　) **14** 行政機關適用不確定法律概念或行使專業判斷享有判斷餘地之情形，下列何者非屬之？　(A)對於考試成績的評定　(B)對於違法行為的裁罰種類及額度選擇　(C)主官對於所屬公務員的資格、能力所為的評價　(D)由具有獨立職權的委員會所作成的決定。

(　　) **15** 下列對於「不確定法律概念」的說明，何者錯誤？　(A)不確定法律概念因其內容抽象，故具有多種可能解釋性　(B)行政機關在將不確定法律概念運用於具體事實關係時，擁有判斷餘地　(C)建築法第86條第1款規定：「擅自建造者，處以建築物造價千分之五十以下罰鍰，並勒令停工補辦手續；必要時得強制拆除其建築物。」其中所提到的「必要」一詞，即屬不確定法律概念　(D)行政法上所應用的不確定法律概念，係立法者賦予行政機關彈性運作的空間，俾能隨機應變，迅速解決問題，故原則上嚴格禁止法院對其進行審查。

( ) **16** 就行政機關享有判斷餘地之事件，下列關於司法機關審查密度之敘述何者錯誤？ (A)其判斷若涉及人民基本權之限制，自應採較高之審查密度 (B)不得審查涵攝有無錯誤 (C)仍得審查有無遵守法定程序 (D)仍得審查是否尚有其他重要事項漏未斟酌。

( ) **17** 我國司法實務上承認行政機關適用不確定法律概念時，享有判斷餘地之情形，不包括下列何者？ (A)關於考試成績之評定 (B)關於兵役義務之決定 (C)由獨立行使職權之委員會所為之決定 (D)具有高度政策或計畫性之決定。

( ) **18** 依行政法院之實務見解，下列何種不確定法律概念之認定，行政機關並無判斷餘地？ (A)二商標之「近似」與否 (B)地方制度法規定「特殊事故」得延期辦理改選或補選 (C)閱卷委員對國家考試申論題之評分 (D)學生品行考核。

( ) **19** 依司法院釋字第553號解釋，有關「里長任期屆滿應改選，如因特殊事故，得延期辦理改選」，下列敘述何者正確？ (A)里長改選屬地方自治事項 (B)特殊事故屬不確定法律概念，故賦予法院相當程度之判斷餘地 (C)中央監督機關得對地方延期改選之決定進行合目的性監督 (D)中央監督機關撤銷地方政府之決定，屬上級對下級之職務監督，故地方無法提起行政救濟。

( ) **20** 下列何者非屬「判斷餘地」？ (A)行政機關對於違法行為之裁罰種類與罰鍰金額之判斷 (B)公務員年終考績等第之評定 (C)考試之評分 (D)教授升等著作之審查意見。

( ) **21** 下列何者非屬具「判斷餘地」之行政決定？ (A)環境影響評估審查後，對於有無「重大影響環境之虞」之認定 (B)行政機關對於違法行為應採取那種處罰手段之決定 (C)國家考試之評分 (D)教授升等著作之審查意見。

( ) **22** 對於下列何等行政行為，行政機關未享有判斷餘地？ (A)國家考試閱卷委員對於考生答題之評分 (B)外審委員對於大學教師升等之學術能力評定 (C)環保主管機關發布空氣品質惡化警告 (D)交通主管機關對於民眾違規停車罰鍰之決定。

( ) **23** 司法院大法官釋字第469號解釋，認為國家賠償法第2條第2項規定，並不以被害人對於公務員怠於執行之職務行為有公法上請求權存在，經請求其執行而怠於執行為必要。顯係採用下列何理論，並與公務員作為義務作進一步之連結？ (A)判斷餘地理論 (B)不利益變更之禁止 (C)暫時性權利保護 (D)保護規範理論。

( ) **24** 下列何者非屬我國實務及學說上所承認行政機關享有判斷餘地之情形？ (A)考試成績之評定 (B)裁罰手段之選擇 (C)公務人員之考績考核 (D)獨立專家委員會之判斷。

( ) **25** 對行政裁量之敘述，下列何者錯誤？ (A)行政機關非有法律授權不得行使裁量權 (B)行政機關得自由決定不行使裁量權 (C)行政機關行使裁量權不得逾越法定之裁量範圍 (D)行政機關行使裁量權應符合法規授權之目的。

( ) **26** 下列關於行政裁量之敘述，何者錯誤？ (A)行政裁量權來自法律之授權 (B)行政機關在法律所規定之數個措施中，得決定採用何一措施者，為「選擇裁量」 (C)行政裁量不受司法審查，所以針對行政裁量行為所提起之行政訴訟，行政法院應不受理 (D)裁量瑕疵包括裁量逾越、裁量濫用及裁量怠惰。

( ) **27** 下列行政裁量與不確定法律概念區別之敘述，何者有誤？ (A)裁量係對法律效果之選擇；不確定法律概念存於構成要件事實之中 (B)於法定裁量範圍內之各種選擇皆屬合法；多種判斷之可能，僅有一種屬於正確 (C)由於行政機關具有專業判斷餘地，故法院對之完全不予審查 (D)法院對於行政裁量，原則上不審查，瑕疵裁量則例外受審查。

( ) **28** 關於行政裁量之概念，下列敘述何者錯誤？ (A)凡是法條中有「得」字，即屬裁量授權 (B)上級機關有權對下級行使裁量權加以審查 (C)逾越權限或濫用權力者，構成違法裁量 (D)裁量應符合法規授權之目的。

( ) **29** 中華民國83年4月20日核定之「國人入境短期停留長期居留及戶籍登記作業要點」賦予主管機關，對在臺灣地區無戶籍人民申請在臺灣地區長期居留，得不予許可、撤銷其許可、撤銷或註銷其戶籍之規定，係違反下列那一個原則？ (A)比例原則 (B)平等原則 (C)法律保留原則 (D)誠信原則。

( ) **30** 甲乙丙丁四人涉有違反水土保持法，南投縣政府所作行政處分書明示：「甲等四人處罰三十萬元」，則此處分書有違何項行政法之法律原則 (A)法律保留原則 (B)信賴保護原則 (C)明確性原則 (D)比例原則。

解答與解析

(答案標示為#者，表官方曾公告更正該題答案。)

1 (B)。政府將其所持有公營事業之股權公開標售，目的在於籌措財源，屬於私經濟行政類型中的行政營利行為。

2 (A)。司法院釋字第540號解釋（節錄）：「中華民國七十一年七月三十日制定公布之國民住宅條例，對興建國民住宅解決收入較低家庭居住問題，採取由政府主管機關興建住宅以上述家庭為對象，辦理出售、出租、貸款自建或獎勵民間投資興建等方式為之。其中除民間投資興建者外，凡經主管機關核准出售、出租或貸款自建，並已由該機關代表國家或地方自治團體與承購人、承租人或貸款人分別訂立買賣、租賃或借貸契約者，此等契約即非行使公權力而生之公法上法律關係。」

3 (C)。依行政程序法第150條規定，「法規命令」之制定權限方來自法律之授權。「行政規則」乃依權限或職權所做成，同法第159條參照。

4 (A)。公立學校與教師成立聘任契約後之關係為行政契約，故屬公法關係。

5 (C)。政府採購法上之履約管理一般認為屬私法契約，屬私法事件。

6 (A)。參司法院釋字第380號解釋：憲法第十一條關於講學自由之規定，係對學術自由之制度性保障；就大學教育而言，應包含研究自由、教學自由及學習自由等事項。大學法第一條第二項規定：「大學應受學術自由之保障，並在法律規定範圍內，享有自治權」，其自治權之範圍，應包含直接涉及研究與教學之學術重要事項。大學課程如何訂定，大學法未定有明文，然因直接與教學、學習自由相關，亦屬學術之重要事項，為大學自治之範圍。憲法第一百六十二條固規定：「全國公私立之教育文化機關，依法律受國家監督。」則國家對於大學自治之監督，應於法律規定範圍內為之，並須符合憲法第二十三條規定之法律保留原則。大學之必修課程，除法律有明文規定外，其訂定亦應符合上開大學自治之原則，大學法施行細則第二十二條第三項規定：「各大學共同必修科目，由教育部邀集各大學相關人員共同研訂之。」惟大學法並未授權教育部邀集各大學共同研訂共同必修科目，大學法施行細則所定內容即不得增加大學法所未規定之限制。又同條第一項後段「各大學共同必修科目不及格者不得畢業」之規定，涉及對畢業條件之限制，致使各大學共同必修科目之訂定實質上發生限制畢業之效果，而依大學法第二十三條、第二十五條及學位授予法第二條、第三條規定，畢業之條件係屬大學自治權範疇。是大學法施行細則第二十二條第一項後段逾越大學法規定，同條第三項未經大學法授權，均與上開憲法意旨不符，應自本解釋公布之日起，至遲於屆滿一年時，失其效力。

7 **(B)**。關於欠繳稅款限制出境事項，涉及人民遷徙自由之限制，應適用法律保留原則。

8 **(B)**。裁量仍受一般法律原則，如比例原則、誠信原則之拘束。

9 **(B)**。役男體位判定，涉是否「構成」役男，如此方得決定應賦予役男何種法律效果，此種涉及構成要件是否該當之判斷，稱判斷餘地。

10 **(B)**。交通警察考量要開罰單或進行拖吊，是在數種措施中選擇一種或多種行之，屬選擇裁量。決定裁量係指「是否」採取一定措施。

11 **(C)**。對於處以幾日之拘留或多少元之罰鍰，涉及法律效果之選擇，屬行政裁量。

12 **(A)**。通常遇到「未……一律……」等用語，即指違反比例原則；至於與法律授權主管機關行政裁量之目的不合，即消極不行使裁量權之謂，謂裁量怠惰。

13 **(A)**。(A)委任立法即大部分事項交由立法決定。(B)行政仍享有行政裁量。(C)行政罰法第7條第1項參照。(D)不確定法律概原則上仍應由司法解釋，僅涉及判斷餘地時，受法院低密度審查。

14 **(B)**。參最高行政法院104年度判字第388號判決（節錄）：「惟行政法院審查『要件裁量』之合法性時，對於傳統通說所主張行政機關享有『判斷餘地』之領域，並無更迭之必要，亦即司法審查對於具有高度屬人性之評定、高度科技性之判斷、計畫性政策之決定及獨立專家委員會之判斷，原則上，基於尊重其不可替代性、專業性及法律授權之專屬性，應承認行政機關就此等事項之決定，有『裁量餘地』，（即傳統通説所稱之「判斷餘地」），僅於行政機關之『要件裁量』有恣意濫用及其他違法情事時，得予撤銷或變更。」

15 **(D)**。不確定法律概念涉及法律構成要件之判斷，故原則上仍應由法院審查。

16 **(B)**。參司法院釋字第553號解釋理由書（節錄）：「本件既屬地方自治事項又涉及不確定法律概念，上級監督機關為適法性監督之際，固應尊重地方自治團體所為合法性之判斷，但如其判斷有恣意濫用及其他違法情事，上級監督機關尚非不得依法撤銷或變更。對此類事件之審查密度，揆諸學理有下列各點可資參酌：(一)事件之性質影響審查之密度，單純不確定法律概念之解釋與同時涉及科技、環保、醫藥、能力或學識測驗者，對原判斷之尊重即有差異。又其判斷若涉及人民基本權之限制，自應採較高之審查密度。(二)原判斷之決策過程，係由該機關首長單獨為之，抑由專業及獨立行使職權之成員合議機構作成，均應予以考量。(三)有無應遵守之法律程序？決策過程是否踐行？(四)法律概念涉及事實關係時，其涵攝有無錯誤？(五)對法律概念之解釋有無明顯違背解釋法則或牴觸既存之上位規範。(六)是否尚有其他重要事項漏未斟酌。」

17 **(B)**。最高行政法院104年度判字第388號判決參照。

18 **(A)**。請搭配司法院釋字第553號解釋及最高行政法院104年度判字第388號判決一併參照。至於商標是否「近似」，確實屬於法院之認定範圍。

19 **(A)**。前開司法院釋字第553號解釋參照。

20 **(A)**。行政機關對於違法行為之裁罰種類與罰鍰金額之判斷，乃法律效果之決定，屬行政裁量。

21 **(B)**。最高行政法院104年度判字第388號判決參照。

22 **(D)**。最高行政法院104年度判字第388號判決參照。

23 **(D)**。司法院釋字第469號解釋係透過保護規範理論判斷人民有無請求之主觀公權利。

24 **(B)**。裁罰手段之選擇涉行政裁量，與判斷餘地無涉。

25 **(B)**。縱行政機關有裁量權，不代表得不行使，否則仍會構成裁量怠惰。

26 **(C)**。司法仍得審查行政裁量是否具有瑕疵，故針對行政裁量行為所提起之行政訴訟，倘起訴無不合法之情形，仍應受理。

27 **(C)**。行政機關雖具有專業判斷餘地，但非謂法院對之完全不予審查，例如是否有裁量瑕疵、不確定法律概念之解釋是否有違反論理與經驗法則等。

28 **(A)**。法條中有「得」字，有時係賦予行政機關有某種權限，而與裁量無涉。

29 **(C)**。「國人入境短期停留長期居留及戶籍登記作業要點」為行政規則，不得以行政規則作為限制人民權利之依據，否則違反法律保留原則。

30 **(C)**。所謂「甲等四人」所指為何？「處罰三十萬元」是否為連帶責任？自題幹所指行政處分書之文義均無法明確，故違反明確性原則。

【申論題】

第一回

一、行政院為推動「國民旅遊發展方案」，選定特定行業做為消費行業，並選定特定銀行發行國民旅遊卡，公務人員必須持國民旅遊卡於特約商店依規定消費方式刷卡消費，始得請領強制休假補助費。公務人員某甲未依規定使用，其休假補助費之申請乃被駁回。試問此等規定有無違法？

解　有關國民旅遊發展方案中，公務人員必須持國民旅遊卡於特約商店依規定消費方式刷卡消費，始得請領強制休假補助費之規定（下稱系爭規定），有無違法分析如下：

(一)系爭規定有無違反法律保留原則：

1.按憲法所定人民之自由及權利範圍甚廣，凡不妨害社會秩序公共利益者，均受保障，惟並非一切自由及權利均無分軒輊受憲法毫無差別之保障。至何種事項應以法律直接規範或得委由命令予以規定，與所謂規範密度有關，應視規範對象、內容或法益本身及其所受限制之輕重而容許合理之差異，若僅屬執行法律之細節性、技術性次要事項，則得由主管機關發布命令為必要之規範，雖因而對人民產生不便或輕微影響，尚非憲法所不許。又關於給付行政措施，其受法律規範之密度，自較限制人民權益者寬鬆，為司法院釋字第443號解釋理由書所明揭。

2.查本件甲向其服務機關申請休假補助費，係屬給付行政之範疇，且公務員休假補助並非強制性必須之給與，係得由政府衡酌業務需要、財源、經費等狀況決定是否發給補助及如何予以補助，性質係一種額外之福利，並非公務人員法定之固定給與，亦非可自由支配之現金給與，屬於國家與公務員間內部行政管理事項，主觀機關本於行政裁量，自得以行政規則加以規範，公務人員須達成某一條件時，始得予補助。系爭規定既僅涉公務人員休假之細節性、技術性補充規定，且修正內容僅改變公務人員強制休假補助費之消費方式，對於其休假補助費之請領並無影響，故系爭規定並無違反法律保留原則。

(二)系爭規定有無違反平等原則：

1.按行政行為，非有正當理由，不得為差別待遇，為行政程序法第7條所明定。

2.查系爭規定之目的在於推動「國民旅遊發展方案」，進而選定特定行業為國民旅遊卡之消費行業及選定特定銀行發行國民旅遊卡，尚難認無正當理由。況系爭規定涉及細節性、技術性之給付行政事項，應肯定行政機關具有相當之裁量權，故其選定特定行業做為消費行業，並選定特定銀行發行國民旅遊卡，做為申請休假補助費之要件，應與平等原則無違。

(三)綜上所述，系爭規定並無違法之處。

二、甲、乙之建地相鄰，甲於其土地上興建大型廣告看板，用以出租營利。某次豪雨過後，該看板下之土地受到嚴重侵蝕，隨時有倒塌壓垮乙屋之虞。乙乃請求該管工務局處理，惟工務局以災後重建工作繁重，且對私人建築不便插手為由，僅去函某甲警告。請問工務局之處置是否合法？

解 工務局之處置並非合法：

(一)乙有請求該管工務局處理之權利：

1.按行政機關為阻止犯罪、危害之發生或避免急迫危險，而有即時處置之必要時，得為即時強制，為行政執行法第36條第1項所明定。觀其規範，並未明文賦予人民請求機關為即時強制之權利，僅賦予行政機關得否為即時強制之裁量權限。

2.惟參司法院釋字第469號解釋意旨，雖法律未明文規定，若其規範之目的係為保障人民生命、身體及財產等法益，且對主管機關應執行職務行使公權力之事項規定明確，該管機關公務員依此規定對可得特定之人負有作為義務已無不作為之裁量空間，此時人民自得對國家公權力，以其權利或法律上利益受侵害為由，請求法律之保障。其在學理上稱作保護規範理論，若符合上開要件，則應肯定人民有請求機關依法作成一定行政行為之主觀公權利。

3.經查，行政執行法之即時強制，除為保護公共利益外，更隱含有保障個人生命、身體、自由、財產等免受他人不法侵害之權利。是以，本件乙之土地與甲相鄰，甲土地上之看板隨時有倒塌壓垮乙屋之虞，依照保護規範理論之意旨，乙既為即時強制受保護之對象，自得請求工務局依行政執行法以及其他相關法律之規定，採取必要之行為，本件該管工務局僅去函某甲警告，並不合法。

(二)該管工務局對於處理甲土地上之大型廣告看板，已無裁量空間：

1.按法律之種類繁多，其規範之目的亦各有不同，有僅屬賦予主管機關推行公共事務之權限者，亦有賦予主管機關作為或不作為之裁量權限者。惟就後者而言，如斟酌人民權益所受侵害之危險迫切程度、公務員對於損害之發生是否可得預見、侵害之防止是否須仰賴公權力之行使始可達成目的而非個人之努力可能避免等因素，已致無可裁量之情事者，此時行政機關之裁量空間即收縮至零，為司法院釋字第469號解釋所明揭。

2.經查，本件甲之大型廣告看板因豪雨過後，看板下之土地遭受嚴重侵蝕，隨時有倒塌壓垮乙屋之虞，對於此種侵害之防止，顯然須仰賴工務局公權力之行使，進行相關處理工作，始得有效避免。故工務局之裁量應已收縮至零，而不得不採取必要之措施，以防止乙之權利遭受侵害，僅對甲施以警告，恐有不合法之虞。

三、下列案例涉及何種一般法律原則之適用？試論述之。

(一)環保主管機關查獲地下油槽滲透污染地下水，爰通知其負責人在限期內改善，否則依法處罰，詎料在期限尚未屆滿之前主管機關已先行對油槽負責人處鉅額罰鍰。

(二)國家通訊傳播委員會於核發電視執照時，附加一項義務，要求業者必須給付一定金錢，供改善中小學教室視聽設備之用。

解 (一)環保主管機關在期限尚未屆滿之前已先行對油槽負責人處鉅額罰鍰，違反誠實信用原則：

1.按行使權利、履行義務，應依誠實及信用之方法，為行政程序法第8條所明定。

2.經查，環保主管機關通知其負責人在限期內改善，否則依法處罰，對受通知之負責人而言，應可信賴只要於期滿前改善，即不會受罰。詎料在期限尚未屆滿之前主管機關已先行對油槽負責人處鉅額罰鍰，顯然違反行政程序法所要求之誠實信用原則。

(二)國家通訊傳播委員會於核發電視執照時，要求業者必須給付一定金錢，供改善中小學教室視聽設備之用，違反不當聯結禁止原則：

1.按附款不得違背行政處分之目的，並應與該處分之目的具有正當合理之關聯，為行政程序法第94條所明定。是為不當聯結禁止原則。故所謂不當聯結禁止，乃行政行為對人民課予一定之義務或負擔，或造成人民其他之不利益時，其所採取之手段，與行政機關所追求之目的間，必須有合理之聯結關係存在，若欠缺此聯結關係，此項行政行為即非適法。

2.經查，國家通訊傳播委員會於核發電視執照時，以要求業者給付一定金額供改善中小學教室視聽設備之用。然國家通訊傳播委員會審查核發電視執照之目的，在於確認業者是否符合經營廣播電視之能力與資格。而本件國家通訊傳播委員會以要求業者給付一定金額作為改善中小學視聽設備之用作為附款，顯已背離發放電視執照之目，亦無法達成核發電視執照之目，是該附款已違反不當聯結禁止原則，而屬違法。

第二回

一、大陸地區人民甲女與中華民國國民乙男結婚後，獲得在臺灣地區依親居留許可。四年後甲申請在臺長期居留，經內政部入出國及移民署派員訪查及面談結果，認定甲長期在臺北工作，與定居在高雄之乙並無同居事實，甲乙雙方說詞有重大瑕疵。內政部除不予許可甲之長期居留申請外，也廢止甲之依親居留許可。甲主張已在臺灣居住多年，事後廢止依親居留許可違反信賴保護原則；內政部主張「說詞有重大瑕疵」為不確定法律概念，行政法院應尊重其判斷餘地。請問雙方之主張是否有理由？

參考法條

臺灣地區與大陸地區人民關係條例第10條之1：「大陸地區人民申請進入臺灣地區團聚、居留或定居者，應接受面談、按捺指紋並建檔管理之；未接受面談、按捺指紋者，不予許可其團聚、居留或定居之申請。其管理辦法，由主管機關定之。」

第17條第9項：「前條及第一項至第五項有關居留、長期居留、或定居條件、程序、方式、限制、撤銷或廢止許可及其他應遵行事項之辦法，由內政部會同有關機關擬訂，報請行政院核定之。」

大陸地區人民申請進入臺灣地區面談管理辦法第14條：「大陸地區人民有下列情形之一者，其申請案不予許可；已許可者，應撤銷或廢止其許可：……二、申請人、依親對象無同居之事實或說詞有重大瑕疵。……」

解 (一)內政部主張「說詞有重大瑕疵」為不確定法律概念，行政法院應尊重其判斷餘地云云，應無理由：

1.按不確定法律概念涉及法律構成要件之判斷，屬法院如何認事用法之問題，故對於不確定法律概念，法院原則上享有審查權限。惟在涉及判斷餘地之情形，由於此係立法者特別授與行政機關，使其依行政專業，對不確定法律概念享有一定獨立判斷空間，以做出最為適當之判斷決定，故此時司法權應予以高度之尊重。

2.惟倘涉及以下情事，包含(1)行政機關所為之裁量，是否出於錯誤之事實認定或不完全之資訊；(2)法律概念涉及事實關係時，其涵攝有無明顯錯誤；(3)對法律概念之解釋有無明顯違背解釋法則或牴觸既存之上位規範；(4)行政機關之裁量，是否有違一般公認之價值判斷標準；(5)行政機關之裁量，是否出於與事物無關之考量，亦即違反不當聯結之禁止；(6)行政機關之裁量，是否違反法定之正當程序；(7)作成裁量之行政機關，其組織是否合法且有裁量之權限；(8)行政機關之裁量，是否違反相關法治國家應遵守之原理原則等，此時應肯定法院具有審查之空間，最高行政法院104年度判字第388號判決參照。

3.故對於判斷餘地在涉及上開法院得審查之情形時，法院仍得予以審查，內政部僅主張「說詞有重大瑕疵」為不確定法律概念，行政法院應尊重其判斷餘地云云，應無理由。

(二)甲主張已在臺灣居住多年，事後廢止依親居留許可違反信賴保護原則云云，應無理由：

1.按行政行為，並應保護人民正當合理之信賴，為行政程序法第8條所明定，此乃法治國原則下基於法律安定性所形成之信賴保護原則明文化規定。

2.次按信賴保護原則之主張必須以具備「信賴基礎」、「信賴表現」以及「具有值得保護之信賴」為要。

3.經查，依親居留許可構成信賴基礎，甲亦因此為相關生活安排，具備信賴表現應無疑義。至於有無得保護之信賴，倘卻有是正得證明甲乙確有大陸地區人民申請進入臺灣地區面談管理辦法第14條關於說詞有重大瑕疵，而為虛偽結婚之事實，則甲乙已無值得保護之信賴，內政部所為之廢止處分即無違信賴保護原則。故甲主張已在臺灣居住多年，事後廢止依親居留許可違反信賴保護原則云云，應無理由。

二、何謂「行政自我拘束原則」？主管機關基於職權因執行特定法律之規定，所為釋示，是否受該原則拘束？

解 (一)所謂「行政自我拘束原則」，係指行政機關於作成行政行為時，如無正當的理由，則應受合法之行政先例或行政慣例之所拘束。行政自我拘束原則之適用應符合三要件：1.須有行政先例存在；2.行政先例須合法；3.行政機關本身具有裁量權。

(二)主管機關基於職權因執行特定法律之規定，所為釋示，應受該原則拘束：

1.按行政程序法第159條之規定，所謂行政規則，係指上級機關對下級機關，或長官對屬官，依其權限或職權為規範機關內部秩序及運作，所為非直接對外發生法規範效力之一般、抽象之規定。行政規則包括下列各款之規定：(1)關於機關內部之組織、事務之分配、業務處理方式、人事管理等一般性規定；(2)為協助下級機關或屬官統一解釋法令、認定事實、及行使裁量權，而訂頒之解釋性規定及裁量基準。

2.行政規則雖僅於行政機關與公務員發生內部拘束力，而對於之一般人民並無外部效力（僅為反射作用），惟行政規則仍會因「行政自我拘束原則」而產生「事實上對外效力」，如為協助下級機關或屬官統一解釋法令、認定事實、及行使裁量權，而訂頒之解釋性規定及裁量基準。而所謂釋示，即解釋性行政規則。基於行政自我拘束原則所隱含之平等原則保障，故行政機關所為之行政行為（例如行政處分），如違反該已有行政先例存在之行政規則，相對人或利害關係人得主張行政機關之作為違反「行政自我拘束原則」，主管機關基於職權因執行特定法律之規定，所為釋示，即應受該原則拘束。

三、何謂「公權力行政」與「私經濟行政」？「私經濟行政」主要可分為那幾種類型？又「私經濟行政」受公法拘束之程度如何？

解 (一)以行政行為適用法規之性質區分，可分為公權力行政與私經濟行政：

1.公權力行政又稱為高權行政，係指國家居於統治權主體之法律地位，適用公法規定所為之行政行為。其範圍甚為廣泛，人民與國家或人民與地方自治團體間之權利義務關係事項，均屬公權力行政之對象。所使用的行政作用方式包括行政命令、行政處分、行政契約或地方自治規章等。舉凡土地徵收、拆除違建、繳稅通知、管理交通、衛生宣導、各地方政府以自治條例強制飼主為家犬植入識別晶片，皆有公權力的行使。

2.私經濟行政又稱為國庫行政，係指國家並非居於公權力主體地位行使其統治權，而是處於與私人相當之法律地位，並在私法支配下所為之各種行為，故當事人間通常立於平等地位，國家不具有優越地位。

(二)私經濟行政亦可包含行政私法、行政營利、行政輔助及純粹交易行為。

1.行政私法即國家以私法方式，和人民立於平等的地位，來達到行政目的之行為。例如公開標售國營事業之股權、出售或出租公有財產、為達扶助農業的目的，直接以優惠價格收購稻米、提供助學貸款、提供水電、瓦斯、出售國民住宅。

2.行政營利指國家以私法組織型態或特設機構方式所從事之營利行為，藉此增加國庫收入。

3.行政輔助指行政機關為推行行政事務所不可或缺之人員或物資，而與私人訂定私法契約之行為。例如行政所需之文具購買、辦公器材的採購、辦公大樓之修繕、雇用臨時性之工作人員等。

4.純粹交易行為或多或少有其行政上之目的，基本上均受市場供需法則之支配，例如：為維持匯率而參與外匯市場之操作、為減低公營事業在各類企業中之比例，出售政府持股移轉民營、進口大宗物資出售以穩定價格、為汰舊換新或其他目的，出售公用物品等。無論其行為主體為行政機關本身或其所屬之公營事業，無疑均為私法上行為。

(三)由於私經濟行政在性質上仍屬行政，因此憲法課予行政機關應尊重人民之基本權利，並不因行政機關之行為方式而有根本之改變，一旦發生私法上行為與憲法義務不相符合時，自應以憲法義務之遵守為優先。故依照釋字第457號解釋，國家為達成公行政任務，以私法形式所為之行為，亦應遵循憲法之有關規定。質言之，雖行政營利、行政輔助、參與純粹交易行為，不受憲法基本權之拘束，但行政私法行為仍受憲法基本權利，尤其平等原則之拘束。

第三回

一、甲為某領有普通級營業級別證之電子遊戲場業負責人，卻於營業場所內擺設限制級機具。經民眾檢舉，乙縣政府乃以該遊戲場業有混合營業級別經營之情事，依電子遊戲場業管理條例第25條規定，對甲處以新臺幣（下同）20萬元之罰鍰，並限期15日內改善（A函）。於改善期間屆至後，乙縣政府派員訪查，發現甲仍有混合營業級別經營之情事，遂對甲處以40萬元之罰鍰（B函），並限期15日內改善。其後，乙縣政府確認甲一直處於未改善之違章營業狀態，遂陸續對甲處以60萬元罰鍰並限期15日內改善（C函）及80萬元罰鍰並限期15日內改善之處分（D函）。請依電子遊戲場業管理條例第25條之規定，說明乙對甲所為之A、B、C、D函有無裁量權行使之瑕疵？

解 A函無裁量瑕疵，B、C、D函有裁量瑕疵：

(一)按行政機關行使裁量權，不得逾越法定之裁量範圍，並應符合法規授權之目的，為行政程序法第10條所明定，如有違反，應構成裁量瑕疵。

(二)依照學說，裁量瑕疵之種類有以下三種：

1.裁量逾越：係指行政機關所為之裁量逾越法律授權之裁量範圍。

2.裁量怠惰：係指行政機關怠於行使法律所賦予之裁量權。

3.裁量濫用：係指行政機關之裁量違反法律之授權目的、將其他不相關之因素納入裁量之考量或行政裁量違背行政法之一般原理原則，如比例原則等。

(三)經查，A函係依據電子遊戲場業管理條例第25條規定所做成，有關對甲處以新臺幣（下同）20萬元之罰鍰，並限期15日內改善之部分，均在上開規定之裁量範圍內，並無裁量逾越、裁量怠惰，或裁量濫用之情形，故A函無裁量瑕疵。

(四)復查，依據電子遊戲場業管理條例第25條之規定，倘經命限期改善，屆期仍未改善者，應廢止其電子遊戲場業營業級別證，顯見此時行政機關已無裁量空間，應依法作成羈束行政。惟B函並未廢止甲之電子遊戲場業營業級別證，反而繼續處以罰鍰並命限期改善，C函、D函亦是如此，足見有裁量濫用之情形，故B、C、D函有裁量瑕疵。

二、高雄市某地遭人非法棄置廢棄物，高雄市政府一時無法追查污染行為人，遂先依廢棄物清理法第71條第1項規定，函命該地之所有人甲限期清除處理（下稱A函）。屆期甲未清除處理，高雄市政府遂代為清除、處理，並函命甲於1個月內清償清除費用新臺幣300萬元（下稱B函）。屆期甲未為清償，高雄市政府乃移送法務部行政執行署高雄分署執行。該分署執行官乙要求甲陳報財產未果，即依行政執行法第17條第1項限制甲住居（下稱C函）。試問，甲不服A函，主張其並非棄置廢棄物之行為人，主管機關命其清除處理系爭廢棄物，違反比例原則，甲之主張有無理由？

解 甲之主張有理由：

(一) 按行政程序法第7條之規定，行政行為，應依下列原則為之：1.採取之方法應有助於目的之達成；2.有多種同樣能達成目的之方法時，應選擇對人民權益損害最少者；3.採取之方法所造成之損害不得與欲達成目的之利益顯失均衡。此一為比例原則之明文化規定。

(二) 甲主張其並非棄置廢棄物之行為人，主管機關命其清除處理系爭廢棄物，違反比例原則，涉及行政罰法有關處罰行為人之認定。行政罰法第3條規定，所謂行為人，係指實施違反行政法上義務行為之自然人、法人、設有代表人或管理人之非法人團體、中央或地方機關或其他組織。故行政法所處罰之行為人，應以實施違反行政法上義務行為之人為原則，處罰行為人以外之人為例外，此亦為我國通說所採，即所謂「行為責任」優先於「狀態責任」。而此種處罰優先順序，即比例原則下必要性原則之操作，亦即行政機關應選擇對人民權益損害最小之手段。如對於行為人之處罰已足達成行政目的時，即不得對狀態責任人，如所有權人，施以處罰。

(三) 經查，本件高雄市政府僅係一時無法追查污染行為人，依照行政程序法第36條之規定，行政機關本應依職權調查證據，然高雄市政府卻逕先依廢棄物清理法第71條第1項規定，函命該地之所有人甲，即應負狀態責任之人，限期清除處理，捨棄繼續追查並對行為責任人之處罰，勘認違反比例原則之必要性原則，是甲主張其並非棄置廢棄物之行為人，主管機關命其清除處理系爭廢棄物，違反比例原則，應有理由。

三、A公司參與B縣政府依「促進民間參與公共建設法」公告辦理的污水下水道系統建設計畫招商程序，並依規定繳交申請保證金，經甄審委員會評定為最優申請人。嗣B縣政府與A公司進行議約完成後，B縣政府卻遲不簽約。請問A公司如何提起救濟，請求B縣政府簽約？

解 A公司應依行政訴訟法第8條之規定向高等行政法院提起一般給付訴訟，請求B縣政府與其簽訂行政契約：

(一) B縣政府依「促進民間參與公共建設法」之規定，經甄審委員會評定A公司為最優申請人，該評定應屬行政處分：

1. 按行政處分，係指行政機關就公法上具體事件所為之決定或其他公權力措施而對外直接發生法律效果之單方行政行為，為行政程序法第92條第1項所明定。

2. 本件B縣政府依「促進民間參與公共建設法」之規定，評定A公司為最優申請人，使得A公司取得締約資格，核屬行政程序法所指行政處分。

(二) A公司與B縣政府所簽訂之契約，應屬行政契約：

1. 本件涉及雙階理論之爭議，所謂雙階理論，通常係用於在國家提供經濟補助之情形，如補助勞工購置房屋、補助貧困學生獎助學金之案件中，國家決定「是否」應補助之部分，屬公法關係；而決定補助之後「如何」履行補助，如應以金錢為之或者借貸為之，則屬私法關係。而雙階理論在我國實務上亦為多處使用，如國民住宅租售之法律關係、政府採購案件等。

2. 然鑒於雙階理論之前後階段有時區分不易，且過度割裂單一生活事實（分成前階段之公法事件與後階段之私法事件），因此學說上有提出所謂「修正式雙階理論」，亦即前階段人民取得與行政機關訂立行政契約資格與否仍屬公法事件；至於後階段人民與行政機關基於人民依法令所取得之責格而訂立之契約，屬行政契約，仍為公法關係。（臺中高等行政法院103年度訴字第291號判決參照）

3. 而在促進民間參與公共建設法（下稱促參法）之情形中，有認為依照促參法第12條之規定，主辦機關與民間機構之權利義務，除促參法另有規定外，依投資契約之約定；契約無約定者，適用民事法相關之規定。可知促參法中之投資契約應屬私法契約。然亦有認為，促參法之投資契約應屬行政契約，蓋促參法中明文規定，民間機構於興建營運期間如有施工進度嚴重落後、工程品質重大違失、經營不善或其他重大情事發生時，主辦機關得命定期改善，中止其興建營運之全部或一部，情況緊急時，中央目的事業主管機關亦得令民間機構停止興建或營運之一部或全部，並採取適當措施維持該公共建設之營運，必要時並得強制接管興建或營運中之公共建設等，而上開制度與行政契約之契約調整之機制（行政程序法第146、147條參照）相當，若促參BOT案件屬私法契約，殊難想像此一單方變更契約內容之機制。又由招商文件所列建置營運契約條款亦明顯可見公權力之介入，是投資契約應係行政契約。（臺北高等行政法院94年停字第122號裁定參照）

4.本文以為，究竟為私法契約或行政契約，應依照法律整體規範做為判斷基準，故應採後說，是促參法之投資契約應屬行政契約。而本件B縣政府與A公司所訂定之契約，即屬行政契約。B縣政府與A公司進行之議約，即具有公法上行政契約關係。

綜上所述，B縣政府與A公司進行議約完成後，B縣政府卻遲不簽約，則A公司應依行政訴訟法第8條之規定提起一般給付訴訟，請求B縣政府與之簽約。

NOTE

第二篇　行政組織與公務員法

關鍵1 行政組織

一、行政機關【111普考】

(一) 行政機關VS內部單位

	行政機關	內部單位
有無獨立組織法規	✓	✕
有無編制預算（參最高行政法院94年6月份庭長法官聯席會議決議）	✓	✕
有無印信（得否以自身名義對外行文）	✓	✕
一般名稱（僅供參考用）	部、會、府、署等	司、組、科、室等

(二) 行政機關之分類

區分標準	分類
中央或地方	中央機關與地方機關
組織成員	獨任制機關與合議制機關
設置依據	憲法機關、法律機關與命令機關
法制	獨立機關與附屬機關

二、公法人【110一般警三；111一般警三】

(一) **國家**：例如：中華民國。

(二) **地方自治團體**：依照地方制度法第2條，所謂地方自治團體，係指依地方制度法實施地方自治，具公法人地位之團體。因此地方自治團體包含直轄市、縣（市）與鄉鎮（市）。

※「省」已改為官派，非自治團體。

(三) **行政法人【110鐵路員級】**：如行政法人國立中正文化中心。（依據國立中正文化中心設置條例設立。）

三、營造物【110地特四等】

(一) **營造物之成立**：依設置機關所制定的法律為依據，此種法規稱為**營造物規章**，係營造物之組織法。用以決定營造物之目的、內部結構、服務人員、權限及可供支配之資源等。

(二) **營造物之利用關係**：係指營造物對外所生之法律關係主要取決於營造物之利用關係。利用規則通常依其權限（營造物權力）由營造物設置機關或營造物自行訂定，但重要性或普遍適用於各個營造物者，亦可能由設置機關自行制訂。

	行政法人	營造物
法人資格之有無	✓	✗
組織自主性	通常較高	通常較低
對外法律關係	皆取決於利用規則	

四、管轄權—委任、委託、委辦、受託行使公權力【110高考三級、普考、司法三等；111高考三級】

	委任	委託	委辦	委託行使公權力
行使權限之名義	受委任之下級機關	受委託機關	自治團體	受託行使公權力之個人或團體
委託機關（人）與受託機關（人）有無隸屬關係	✓	✗	✗	✗

關鍵2 公務員法

一、公務員之概念

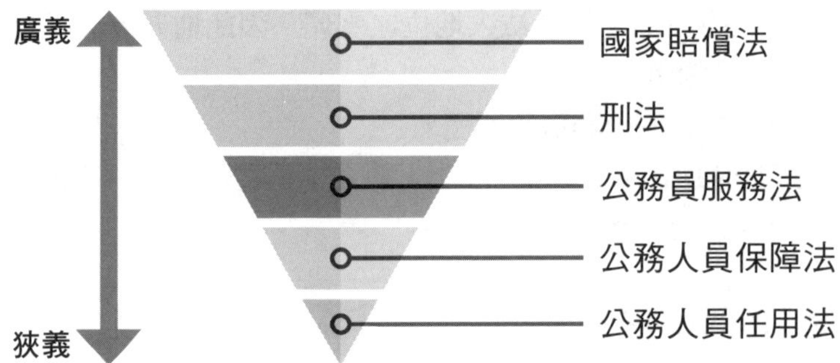

二、公務員之權利義務【110地特三等、地特四等】

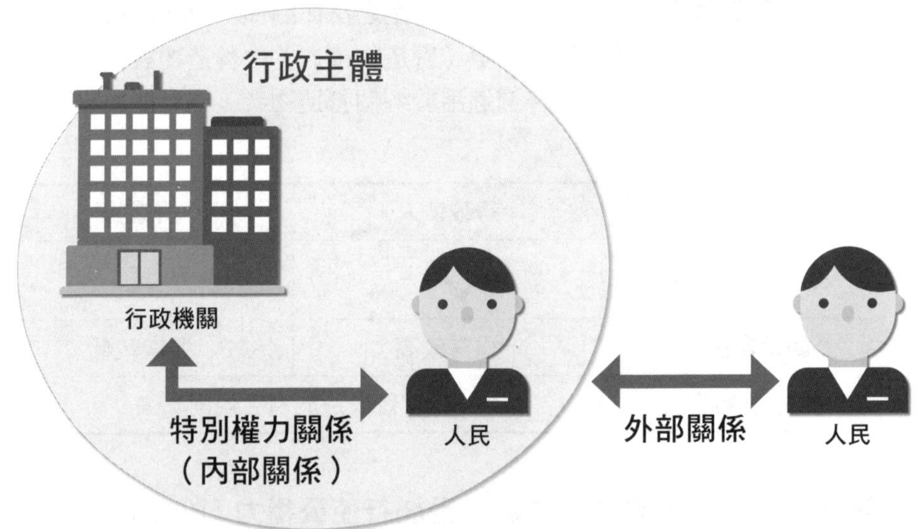

三、公務員之懲處與懲戒【110一般警三、鐵路員級、高考三級、普考;111一般警三、普考】

	懲處	懲戒
目的	使公務員勇於任事,發揮行政效率,乃積極面的制度。	使公務員遵守法律規定,乃消極面制度。

	懲處	懲戒
法規依據	公務人員考試法、公務人員保障法。	公務員懲戒法。
處分原因	法律並未明文規定，包含一切違法失職行為。	1. 違法執行職務、怠於執行職務或其他失職行為。 2. 非執行職務之違法行為，致嚴重損害政府之信譽。
處分機關	公務員服務機關。	懲戒法院。
處分相對人	限於現職公務員，且不含政務官。	除現職公務員外，尚含已離職之公務員以及政務官。
處分種類	免職、記大過、記過、申誡。	免除職務、撤職、剝奪、減少退休（職、伍）金、休職、降級、減俸、罰款、記過、申誡等九種。
處分程序	送銓敘機關核定，至於免職處分於作成前，應給當事人陳述及申辯之機會。	1. 各院、部、會首長，省、直轄市、縣（市）行政首長或其他相當之主管機關首長，認為所屬公務員有公務員懲戒法第2條所定情事者，應由其機關備文敘明事由，連同證據送請監察院審查。**監察院**認為公務員有第2條所定情事，應付**懲戒者**，應將彈劾案連同證據，移送**懲戒法院**審理。 2. 對於所屬**薦任第九職等或相當於薦任第九職等以下之公務員**，得**逕送懲戒法院審理**。
得否功過相抵	屬平時考核者，得在年度內為功過相抵；屬專案考績者不得與平時考核功過相抵。	✕

	懲處	懲戒
救濟方式	經由原處分機關向保訓會提起復審；不服保訓會復審決定者，得提起行政訴訟。	**上訴**懲戒法庭第二審、**再審之訴**。
停職	考績應予免職人員，自確定之日起免職；未確定前，應先行停職。	1. 當然停職事由： (1) 依刑事訴訟程序被通緝或羈押。 (2) 依刑事確定判決，受褫奪公權之宣告。 (3) 依刑事確定判決，受徒刑之宣告，在監所執行中。 2. 職權停職： (1) 懲戒法院合議庭對於移送之懲戒案件，認為情節重大，有先行停止職務之必要者，得通知被付懲戒人之主管機關，先行停止其職務。 (2) 主管機關對於所屬公務員，依公務員懲戒第24條規定送請監察院審查或懲戒法院審理而認為有免除職務、撤職或休職等情節重大之虞者，亦得依職權先行停止其職務。

試題演練

【選擇題】

第一回

(　　) **1** 依行政程序法規定，代表國家表示意思，從事公共事務，具有單獨法定地位之組織，為下列何者？　(A)公法人　(B)行政法人　(C)行政單位　(D)行政機關。

(　　) **2** 據司法院大法官之解釋，國家對於公務員懲戒權之行使，係基於公務員與國家間何種關係而來？　(A)特別權力義務關係　(B)公法上之職務關係　(C)私法上之關係　(D)平等之關係。

(　　) **3** 依我國現行法制，下列何者具備公法人資格？　(A)新北市政府　(B)臺北市　(C)工業技術研究院　(D)國立臺灣大學。

(　　) **4** 直轄市的法律地位為何？　(A)公法財團　(B)行政機關　(C)公法社團　(D)公營事業。

(　　) **5** 依據司法院釋字第618號解釋，公務人員經國家任用後，即與國家發生何種關係？　(A)特別權力關係　(B)特別組織關係　(C)公法上職務關係　(D)公法上勞雇契約關係。

(　　) **6** 財團法人海峽交流基金會依法受行政院大陸委員會處理大陸事務，在處理該事項範圍內，其行政法上的定位為：　(A)行政法人　(B)視為行政機關　(C)行政助手　(D)公法財團。

(　　) **7** 下列何者為地方制度法所規定之具有公法人性質之地方自治團體？　(A)省　(B)里　(C)區　(D)鎮。

(　　) **8** 關於地方自治團體之敘述，下列何者錯誤？　(A)為區域性之公法社團　(B)鄉（鎮、市）之自治權受憲法上之制度保障　(C)除自治事項外，亦辦理上級政府之委辦事項　(D)得依法規將自治事項委由所屬下級行政機關辦理。

( ) 9 下列何者非為公法上勤務關係？ (A)軍人與國家之法律關係 (B)公務員與國家之法律關係 (C)學生與學校之法律關係 (D)父母與子女之法律關係。

( ) 10 公務人員已亡故者，其遺族基於該公務人員身分所生之公法上財產請求權，經向主管機關請求，遭否准時，應如何救濟？ (A)申訴 (B)訴願 (C)復審 (D)向行政法院提起給付訴訟。

( ) 11 我國現行法律所明定之公法人不包括： (A)政黨 (B)地方自治團體 (C)直轄市山地原住民區 (D)原住民族部落經中央原住民族主管機關核定者。

( ) 12 下列何者為公法人？ (A)臺灣菸酒股份有限公司 (B)國立臺灣大學 (C)中華民國 (D)高雄市政府。

( ) 13 下列關於行政法人特性之敘述，何者錯誤？ (A)行政法人為公法人 (B)行政法人之組織，應以法律定之 (C)行政法人依法獨立行使職權，不受其他機關任何形式之監督 (D)行政法人在人事與財政制度上，享有較科層化行政機關為大之彈性。

( ) 14 下列何者不屬於傳統特別權力關係之範疇？ (A)公務員關係 (B)學生與學校關係 (C)人犯與監獄關係 (D)勞工與雇主關係。

( ) 15 下列何者並非傳統特別權力關係之特徵？ (A)當事人地位不對等 (B)義務不確定 (C)不得爭訟 (D)需有法律授權才能制定特別規則。

( ) 16 特別權力關係在民主化及嚴格的法治國原則之下，已有重大改變，此種改變表現在三方面，下列何者不包括在內？ (A)國家賠償制度的建立 (B)特別權力關係範圍縮小 (C)涉及基本權利限制者，亦應有法律之依據 (D)許可提起行政爭訟。

( ) 17 下列何者不屬於特別權力關係之特徵？ (A)得以行政規則限制相對人之自由權利 (B)相對人義務之不確定 (C)對相對人有懲戒權 (D)適用權利救濟保護。

(　　) **18** 特別權力關係理論雖然已過時，然而該理論仍然是行政法研究之重要基礎，下列相關敘述，何者正確？　(A)起源於法國，用以含蓋公務員關係、軍人關係、學生與學校、人犯與監獄及其他營造物利用關係　(B)公務員關係與私法上之契約關係相同，違反職務上之義務，以違背契約視之　(C)經由行政權之單方措施，國家即可要求負擔特別之義務　(D)依據特別權力關係之理論體系，相對人較能主張個人權利。

(　　) **19** 我國公務員與國家之關係，向來深受所謂「特別權力關係」理論的影響。惟近年來因為下列那一個機關實務之操作，此一傳統的理論，已有大幅變更及突破的趨勢？　(A)行政法院裁判　(B)考試院會議決議　(C)司法院大法官解釋　(D)行政院人事行政局函釋。

(　　) **20** 依據司法院釋字第618號解釋，公務人員經國家任用後，即與國家發生何種關係？　(A)特別權力關係　(B)特別組織關係　(C)公法上職務關係　(D)公法上勞雇契約關係。

(　　) **21** 公務員對行政機關之何種處置，應以申訴為救濟方式？　(A)違法之免職處分　(B)損害其公法上財產請求權　(C)違法降敘其級俸　(D)惡化其工作條件。

(　　) **22** 依司法院釋字第462號解釋，各私立大學教師評審委員會對其所屬教師升等評審之權限，屬於下列何種行為？　(A)特別權力關係下之概括支配權　(B)私法契約關係下之一方意思表示　(C)法律授予公權力之行使　(D)事實行為。

(　　) **23** 下列關於現行行政實務上公務員與國家之間關係的敘述，何者正確？　(A)公務員與國家之間屬「特別權力關係」，因此並無法律保留原則之適用　(B)公務員僅得針對改變身分之「基礎關係」的處分提起行政訴訟，不影響身分的「經營關係」的處分則不得提起行政訴訟　(C)機關對於違法失職之公務員得依法為懲處，但應謹守明確性原則與正當法律程序的要求　(D)公務員認為主管機關所為的免職處分違法，得向處分機關的上級機關提起訴願。

( ) **24** 下列關於公務員制度之敘述，何者錯誤？ (A)所謂依法令從事公務之人員，為國家賠償法上公務員之定義 (B)基於特別權力關係，我國法院至目前為止，仍維持公務員不得提起行政訴訟之見解 (C)到目前為止雖然在實體法上對於公務員概念有明文之規定，整體而言仍欠缺一致性 (D)公務員除必須遵守依法行政原則外，尚必須對國家擔負忠實義務。

( ) **25** 依司法院大法官解釋，有關「特別權力關係」事件之敘述，下列何者錯誤？ (A)公務人員就請求福利互助金之爭議，得對國家機關提起訴訟 (B)公務員因違法失職行為受制裁，遭免職者得進行行政訴訟，遭記小過者僅得進行內部申訴 (C)學生遭受退學處分，其救濟應先進行校內申訴 (D)專案考績一次兩大過之事由得以行政命令定之。

( ) **26** 對公務員受有處分時，是否許其提起行政訴訟，究應採取何種標準？ (A)是否當事人地位不平等 (B)是否法規明定行政訴訟途徑 (C)是否改變公務員身分關係，直接影響其服公職之權利 (D)是否屬於特別權力關係。

( ) **27** 在我國公法制度中，司法院大法官最初破除特別權力關係的事件為何？ (A)公務員與機關間關於公法上金錢給付之關係 (B)公務員與機關間關於影響身分措施之救濟 (C)學生遭學校退學之救濟 (D)監獄受刑人有關假釋之爭訟。

( ) **28** 有關行政法傳統學說上「特別權力關係」理論，下列敘述何者錯誤？ (A)原則上發生在軍人、公務員、學生、受刑人特殊身分之國民與國家之間 (B)有法治國家原則的適用，亦普遍地容許當事人進行救濟 (C)通常有特別規則規範國家與此等國民間的權利義務關係 (D)「特別權力關係」並無直接憲法條文之依據。

( ) **29** 請判斷以下選項中何者是最晚破除特別權力關係的事件？ (A)役男兵役體位之判定 (B)監獄受刑人有關假釋之爭訟 (C)軍人訴訟權 (D)學生提起行政爭訟權。

(　　) **30** 大法官釋字第382號解釋對各級學校依校規規定，對學生所為退學之處分行為：　(A)並非訴願法及行政訴訟法上之行政處分　(B)受處分之學生無申訴及行政救濟管道　(C)對人民憲法上受教育之權利有重大影響，故得訴願及行政訴訟　(D)仍受特別權力關係支配，不得請求司法審查。

解答與解析

（答案標示為#者，表官方曾公告更正該題答案。）

1 (D)。行政程序法第2條參照。

2 (B)。參司法院釋字第433號解釋（節錄）：「國家對於公務員懲戒權之行使，係基於公務員與國家間公法上之職務關係，與對犯罪行為科予刑罰之性質未盡相同，對懲戒處分之構成要件及其法律效果，立法機關自有較廣之形成自由。」

3 (B)。(A)(D)行政機關。(C)私法人。

4 (C)。直轄市由直轄市民所組成，為人之集合體，屬社團非財團。又直轄市屬公法人，故其本質為一公法社團。

5 (C)。參司法院釋字第618號解釋（節錄）：八十九年十二月二十日修正公布之兩岸關係條例第二十一條第一項前段規定，大陸地區人民經許可進入臺灣地區者，非在臺灣地區設有戶籍滿十年，不得擔任公務人員部分，乃係基於公務人員經國家任用後，即與國家發生公法上職務關係及忠誠義務，其職務之行使，涉及國家之公權力，不僅應遵守法令，更應積極考量國家整體利益，採取一切有利於國家之行為與決策。

6 (B)。海峽交流基金會依法受行政院大陸委員會處理大陸事務，屬行政程序法第2條第3項之受託行使公權力私人，在處理該事項範圍內，視為行政機關。

7 (D)。地方制度法第2條第1款：「地方自治團體：指依本法實施地方自治，具公法人地位之團體。省政府為行政院派出機關，省為非地方自治團體。」里僅為鎮、縣轄市及區以內之編組，非屬地方自治團體，亦非行政機關；區僅為一行政區劃，非地方自治團體。直轄市、縣（市）、鄉（鎮、市）始為地方自治團體。

8 (B)。憲法本身並未明文保障鄉（鎮、市）之自治權，其保障依據為地方制度法。

9 (D)。父母與子女之法律關係主要受民事等私法之規範。

10 (C)。公務人員保障法第25條第2項：「公務人員已亡故者，其遺族基於該公務人員身分所生之公法上財產請求權遭受侵害時，亦得依本法規定提起復審。」

11 (A)。政黨僅為私法人。

12 **(C)**。(A)為私法人。(B)(D)為行政機關。

13 **(C)**。行政法人法第3條：「行政法人之監督機關為中央各目的事業主管機關，並應於行政法人之個別組織法律或通用性法律定之。」

14 **(D)**。勞工與雇主為私法上勞動契約關係。

15 **(D)**。傳統特別權力關係毋庸法律特別授權制定。

16 **(A)**。國家賠償目的在於賠償人民因國家行為所受之損害，與特別權力關係無涉。

17 **(D)**。特別權力關係下，原則上禁止當事人提出救濟。

18 **(C)**。(A)特別權力關係起源於德國。(B)公務員關係並非私法上對等之契約關係。(D)依據特別權力關係之理論體系，相對人較無法主張個人權利。

19 **(C)**。司法院大法官解釋如釋字第243、298號等。

20 **(C)**。參司法院釋字第618號解釋（節錄）：八十九年十二月二十日修正公布之兩岸關係條例第二十一條第一項前段規定，大陸地區人民經許可進入臺灣地區者，非在臺灣地區設有戶籍滿十年，不得擔任公務人員部分，乃係基於公務人員經國家任用後，即與國家發生公法上職務關係及忠誠義務，其職務之行使，涉及國家之公權力，不僅應遵守法令，更應積極考量國家整體利益，採取一切有利於國家之行為與決策。

21 **(D)**。公務人員保障法第77條參照。

22 **(C)**。參司法院釋字第462號解釋（節錄）：各大學校、院、系（所）教師評審委員會關於教師升等評審之權限，係屬法律在特定範圍內授予公權力之行使，其對教師升等通過與否之決定，與教育部學術審議委員會對教師升等資格所為之最後審定，於教師之資格等身分上之權益有重大影響，均應為訴願法及行政訴訟法上之行政處分。受評審之教師於依教師法或訴願法用盡行政救濟途徑後，仍有不服者，自得依法提起行政訴訟，以符憲法保障人民訴訟權之意旨。行政法院五十一年判字第三九八號判例，與上開解釋不符部分，應不再適用。

23 **(C)**。透過司法院解釋之突破，特別權力關係應有法律保留原則之適用，只是適用密度較低；此外，無論是基礎關係或經營關係均不影響行政訴訟之提起；公務員認為主管機關所為的免職處分違法，得循序提起復審與行政訴訟，免經訴願程序。

24 **(B)**。近來特別權力關係透過大法官解釋已有所突破，如釋字第243、291號等。

25 **(D)**。(A)司法院釋字第312號解釋參照。(B)司法院釋字第243號解釋參照。(C)司法院釋字第382號解釋參照。(D)司法院釋字第491號解釋（節錄）：「中央或地方機關依公務人員考績法或相關法規之規定對公務人員所為免職之懲處處分，為限制人民服公職之權利，實質上屬於懲戒處分，其構成要件應由法律定之，方符憲法第二十三條之意旨。公務人員考績法第十二條第一項第二款規定各機關辦理公務人員之專案考績，一次記二大過者免職。同條第二項復規定一次記二大過之標準由銓敘部定之，與上開解釋意旨不符。」

26 **(C)**。參司法院釋字第243號解釋（節錄）：中央或地方機關依公務人員考績法或相關法規之規定，對公務員所為之免職處分，直接影響其憲法所保障之服公職權利，受處分之公務員自得行使憲法第十六條訴願及訴訟之權。該公務員已依法向該管機關申請復審及向銓敘機關申請再復審或以類此之程序謀求救濟者，相當於業經訴願、再訴願程序，如仍有不服，應許其提起行政訴訟，方符有權利即有救濟之法理。行政法院五十一年判字第三九八號、五十三年判字第二二九號、五十四年裁字第十九號、五十七年判字第四一四號判例與上開意旨不符部分，應不再援用。至公務人員考績法之記大過處分，並未改變公務員之身分關係，不直接影響人民服公職之權利，上開各判例不許其以訴訟請求救濟，與憲法尚無牴觸。

27 **(A)**。參司法院釋字第187號解釋：公務人員依法辦理退休請領退休金，乃行使法律基於憲法規定所賦予之權利，應受保障。其向原服務機關請求核發服務年資或未領退休金之證明，未獲發給者，在程序上非不得依法提起訴願或行政訴訟。本院院字第三三九號及院字第一二八五號解釋有關部分，應予變更。行政法院五十年判字第九十八號判例，與此意旨不合部分，應不再援用。

28 **(B)**。法治國家原則重視賦予當事人進行救濟之權利，而傳統特別權力關係理論，並不賦予當事人進行救濟之權利。

29 **(B)**。(A)司法院釋字第459號解釋參照。(B)司法院釋字第691號解釋參照。(C)司法院釋字第430號解釋參照。(D)司法院釋字第382號解釋參照。

30 **(C)**。參司法院釋字第382號解釋（節錄）：各級學校依有關學籍規則或懲處規定，對學生所為退學或類此之處分行為，足以改變其學生身分並損及其受教育之機會，自屬對人民憲法上受教育之權利有重大影響，此種處分行為應為訴願法及行政訴訟法上之行政處分。受處分之學生於用盡校內申訴途徑，未獲救濟者，自得依法提起訴願及行政訴訟。

第二回

(　　) **1** 下列何者，依現行法規定，屬公法人團體？　(A)高雄市　(B)國立高中　(C)法務部　(D)新竹市政府。

(　　) **2** 關於「特別權力關係」學說，司法院大法官做成多項解釋，下列何者錯誤？　(A)關於足以改變公務員身分之懲戒處分，受處分人得向掌理懲戒事項之司法機關聲請救濟　(B)學生受學校退學處分，於校內申訴途徑用盡後，得依法提起訴願或行政訴訟　(C)律師受律師懲戒覆審委員會之懲戒決議，得再向行政法院提起行政爭訟　(D)受刑人申請假釋遭法務部否准，依大法官解釋，得向行政法院提起行政爭訟。

(　　) **3** 懲戒罰原以特別權力關係為依據，下列何者非屬特別權力關係？　(A)學生與學校之關係　(B)學生與老師之關係　(C)公務員與官署　(D)軍人與軍隊。

(　　) **4** 司法院釋字第684號指出，大學生只要受教權或其他基本權利受到侵害，無論是否為退學或類似的處分，依法都可向法院尋求救濟，有別於過去釋字第382號解釋中認為須受退學或類似之處分才得提起訴訟之見解。依釋字第684號的內容，下列敘述何者正確？　(A)基於尊重大學自治，司法無介入之權限　(B)現行特別權力關係下對國家尚無訴訟權　(C)訴訟權不得因具有學生身分而產生不合理限制　(D)法院得以就教師及學校的專業進行審查。

(　　) **5** 依司法實務見解，關於特別權力關係之敘述，下列何者錯誤？　(A)大學生受非屬退學或類此之處分，侵害受教育權或其他基本權利者，得提起行政爭訟　(B)公務員向原服務機關請求核發服務年資或未領退休金之證明，未獲發給者，得提起行政爭訟　(C)公務員因年度考績列為乙等者，得提起行政爭訟　(D)公務員不服薪俸薪級之決定，得提起行政爭訟。

(　　) **6** 公務人員與國家的關係發展趨勢，下列何者正確？　(A)從「公法上職務關係」發展到「特別權力關係」　(B)從「特別權力關係」發展到「公法上職務關係」　(C)從「絕對服從關係」發展到「相對服從關係」　(D)從「相對服從關係」發展到「絕對服從關係」。

(　) **7** 下列何者並非大法官解釋曾明白提及之特別權力關係對象？　(A)公務員　(B)受羈押被告　(C)軍人　(D)受收容之外國人。

(　) **8** 依司法院大法官解釋意旨，關於行政法律關係與行政救濟之敘述，下列何者正確？

(A)役男體位之判定對役男無憲法上權利之重大影響，不得提起行政訴訟

(B)受羈押被告僅能針對看守所之處遇提出申訴，不得提起行政訴訟

(C)大學生受退學以外之處分，只要侵害基本權利，皆得提起行政訴訟

(D)軍人申請續服現役未受允准，屬於特別權力關係之範圍，不得提起行政訴訟。

(　) **9** 有關行政法上之公營造物，下列敘述何者為非？　(A)由行政主體設置　(B)無須法規為組織建置的依據　(C)人與物之功能上的結合　(D)服務於公共目的。

(　) **10** 下列何者為行政法上之公營造物？　(A)教育部　(B)榮民之家　(C)行政院衛生署　(D)中華電信股份有限公司。

(　) **11** 掌握於行政主體手中，由人與物作為手段之存在體，持續性的對特定公共目的而服務者，是為下列何者？　(A)公營事業機構　(B)公物　(C)營造物　(D)地方自治團體。

(　) **12** 行政主體或行政機關供內部使用之公物，如辦公廳舍等，稱：(A)行政用物　(B)營造物用物　(C)通常使用之公共用物　(D)特殊使用之公共用物。

(　) **13** 下列何者不屬於公營造物（或稱公共事業機構或公共機構）？　(A)公立殯儀館　(B)公立學校　(C)中正機場　(D)軍隊、警察之裝備。

(　) **14** 下列何者間為公法上營造物利用關係？　(A)國家與公務員　(B)國家與軍人　(C)公立醫院與病人　(D)市政府與一般百姓。

(　) **15** 甲天天在臺北101大樓旁的人行道上演奏小提琴，以街頭藝人的方式賺取生活費，但屢遭101大樓的警衛驅趕。請問101大樓旁的人行道之法律性質為：　(A)公共用物　(B)特別用物　(C)行政用物　(D)營造物用物。

( ) **16** 由各級政府設置或控有過半數股份，以從事私經濟活動為目的之組織體，稱為： (A)行政機關 (B)公營事業機構 (C)公營造物 (D)行政官署。

( ) **17** 就我國現行法規而言，營造物利用關係的法律性質為何？ (A)皆屬公法關係 (B)皆屬私法關係 (C)皆屬契約關係 (D)有私法關係也有公法關係。

( ) **18** 私立大學於錄取學生時之行為，處於下列何種法律地位？ (A)公營造物 (B)公法人 (C)私法人 (D)受委託行使公權力。

( ) **19** 依行政程序法規定，代表國家表示意思，從事公共事務，具有單獨法定地位之組織，為下列何者？ (A)公法人 (B)行政法人 (C)行政單位 (D)行政機關。

( ) **20** 中央選舉委員會屬於中央行政機關組織基準法所稱之何種行政組織？ (A)行政法人 (B)獨立機關 (C)附屬機關 (D)單位。

( ) **21** 依據中央行政機關組織基準法所設立之行政法人，其設立、組織、職能、人員進用等，應如何規定？ (A)以通用性組織規程定之 (B)在中央以法律定之；在地方以自治條例定之 (C)另以法律定之 (D)另以命令定之。

( ) **22** 下列有關行政法人之敘述，何者錯誤？
(A)行政法人之監督機關為中央各目的事業主管機關
(B)行政法人應訂立年度營運（業務）計畫及其預算，提報董（理）事會通過後，報請監督機關核定
(C)行政法人進用之人員，依其人事管理規章辦理，不具有公務員身分
(D)對於行政法人之行政處分不服者得依訴願法之規定向監督機關提起訴願。

( ) **23** 下列何者並非行政法人之特徵？ (A)組織採委員制 (B)具有法律人格 (C)企業化經營 (D)達成特定公共行政目的。

( ) **24** 國立大學係屬那一種類之行政組織？ (A)行政法人 (B)公法上財團 (C)私法人 (D)行政機關。

(　　) **25** 下列何者不屬於行政法人之特徵？　(A)具有行政法上權利義務之歸屬主體性　(B)採取企業化經營　(C)係為達成特定之公共行政目的而設　(D)具有獨立性，不受其他機關監督。

(　　) **26** 下列何者並非行政法人之特徵？　(A)具有法律上人格，得為權利義務之主體　(B)不交予民間辦理，但以企業化方式營運　(C)與公營事業機構相同，具有營利性取向之任務　(D)設置行政法人仍應制定個別組織法。

(　　) **27** 財政部臺北市國稅局之組織地位為下列何者？　(A)地方自治團體之機關　(B)行政機關　(C)行政機關之內部單位　(D)行政法人。

(　　) **28** 依公務人員行政中立法之規定，下列何者不是該法適用或準用人員？　(A)行政法人有給專任人員　(B)公立學校未兼任行政職之教師　(C)各機關依法聘用、僱用人員　(D)公營事業機構人員。

(　　) **29** 下列何者屬行政法人？　(A)國立故宮博物院　(B)二二八紀念基金會　(C)公共電視　(D)國家表演藝術中心。

(　　) **30** 依我國現行法制，有關公物之法律規範如何？　(A)僅適用公法規定　(B)僅適用私法規定　(C)既適用公法，亦可適用私法　(D)適用特別公物法。

解答與解析

（答案標示為#者，表官方曾公告更正該題答案。）

1 (A)。(B)(C)(D)均為機關。

2 (C)。律師不受特別權力關係之規範，且律師受律師懲戒覆審委員會之懲戒決議，不得再向行政法院提起行政爭訟。相關解釋可參司法院釋字第378號解釋。

3 (B)。學生與學校間始為特別權力關係。

4 (C)。司法院釋字第684號解釋（節錄）：本院釋字第三八二號解釋就人民因學生身分受學校之處分得否提起行政爭訟之問題，認為應就其處分內容分別論斷，凡依有關學籍規則或懲處規定，對學生所為退學或類此之處分行為，足以改變其學生身分及損害其受教育之機會時，因已對人民憲法上受教育之權利有重大影響，即應為訴願法及行政訴訟法上之行政處分，而得提起行政爭訟。至於學生所受處分係為維持學校秩序、實現教育目的所必要，且未侵害其受教育之權利者（例如記過、申誡等處分），則除循學校內部申訴途徑謀求救濟外，尚無許其提起行政爭訟之餘地。惟大學為實現研究學術及培育人才之教育目的或維持學校秩序，對學生所為行政處分或其他公權力措施，如侵害學生受教育權或其他基本權利，即使非屬退學或類此之處分，本於憲法第十六條有權利即有救濟之意旨，仍應許權利受侵害之學生提起行政爭訟，無特別限制之必要。在此範圍內，本院釋字第三八二號解釋應予變更。

大學教學、研究及學生之學習自由均受憲法之保障，在法律規定範圍內享有自治之權（本院釋字第五六三號解釋參照）。為避免學術自由受國家不當干預，不僅行政監督應受相當之限制（本院釋字第三八〇號解釋參照），立法機關亦僅得在合理範圍內對大學事務加以規範（本院釋字第五六三號、第六二六號解釋參照），受理行政爭訟之機關審理大學學生提起行政爭訟事件，亦應本於維護大學自治之原則，對大學之專業判斷予以適度之尊重（本院釋字第四六二號解釋參照）。

5 **(C)**。參最高行政法院104年8月份第2次庭長法官聯席會議決議：「憲法第18條所保障人民服公職之權利，包括公務人員任職後依法律晉敘陞遷之權，為司法院釋字第611號解釋所揭示。而公務員年終考績考列丙等之法律效果，除最近1年不得辦理陞任外（公務人員陞遷法第12條第1項第5款參照），未來3年亦不得參加委任升薦任或薦任升簡任之升官等訓練（公務人員任用法第17條參照），於晉敘陞遷等服公職之權利影響重大。基於憲法第16條有權利即有救濟之意旨，應無不許對之提起司法救濟之理。」至於公務員因年度考績列為乙等者，得提起行政爭訟，自上開決議意旨可推導，尚不得提起行政爭訟。

6 **(B)**。從過去「特別權力關係」之限制，發展到單純的「公法上職務關係」，並逐漸解除對公務人員之限制。

7 **(D)**。(A)如釋字第243號。(B)如釋字第756號。(C)如釋字第430號。

8 **(C)**。(A)參司法院釋字第459號解釋（節錄）：「兵役體位之判定，係徵兵機關就役男應否服兵役及應服何種兵役所為之決定而對外直接發生法律效果之單方行政行為，此種決定行為，對役男在憲法上之權益有重大影響，應為訴願法及行政訴訟法上之行政處分。受判定之役男，如認其判定有違法或不當情事，自得依法提起訴願及行政訴訟。」(B)參司法院釋字第755號解釋（節錄）：「監獄行刑法第6條及同法施行細則第5條第1項第7款之規定，不許受刑人就監獄處分或其他管理措施，逾越達成監獄行刑目的所必要之範圍，而不法侵害其憲法所保障之基本權利且非顯屬輕微時，得向法院請求救濟之部分，逾越憲法第23條之必要程度，與憲法第16條保障人民訴訟權之意旨有違。」(C)參司法院釋字第684號解釋（節錄）：「大學為實現研究學術及培育人才之教育目的或維持學校秩序，對學生所為行政處分或其他公權力措施，如侵害學生受教育權或其他基本權利，即使非屬退學或類此之處分，本於憲法第十六條有權利即有救濟之意旨，仍應許權利受侵害之學生提起行政爭訟，無特別限制之必要。」(D)參司法院釋字第430號解釋：「憲法第十六條規定人民有訴願及訴訟之權，人民之權利或法律上利益遭受損害，不得僅因身分或職業關係，即限制其依法律所定程序提起訴願或訴訟。因公務員身分受有行政處分得否提起行政爭訟，應視其處分內容而定，迭經本院解釋在案。軍人為廣義之公務員，與國家間具有公法上之職務關係，現役軍官依有關規定聲請續服現役未受允准，並核定其退伍，如對之有所爭執，既係影響軍人身分之存續，損及憲法所保障服公職之權利，自得循訴願及行政訴訟程序尋求救濟，行政法院四十八年判字第十一號判例與上開意旨不符部分，應不予援用。」

9 (B)。公營造物應有法規作為組織依據。

10 (B)。(A)(C)為行政機關，(D)為私法人。

11 (C)。關鍵在於「人與物」之結合，故為營造物。

12 (A)。題幹所述為單純之行政用物。

13 (D)。涉人與物之結合為營造物，而軍隊、警察之裝備僅為單純之物，為行政用物。

14 (C)。(A)(B)為特別權力關係，(D)彼此間原則上並不會產生特定關係。

15 (A)。101大樓為私人所有，且非為公共目的所用。惟而101大樓旁的人行道係供公眾使用，故應為公共用物。

16 (B)。由政府設置或持股過半之私法人，並以從事私經濟活動為目的者為公營事業機構。

17 (D)。營造物利用關係的法律性質有私法關係也有公法關係。私法關係如場地出租、單純交易行為等，公法關係如使用許可、規費繳納等。

18 (D)。參司法院釋字第382號解釋理由書（節錄）：公立學校係各級政府依法令設置實施教育之機構，具有機關之地位，而私立學校係依私立學校法經主管教育行政機關許可設立並製發印信授權使用，在實施教育之範圍內，有錄取學生、確定學籍、獎懲學生、核發畢業或學位證書等權限，係屬由法律在特定範圍內授與行使公權力之教育機構，於處理上述事項時亦具有與機關相當之地位。

19 (D)。行政程序法第2條第2項參照。

20 (B)。中央選舉委員會組織法第5條：「本會依據法律，獨立行使職權。本會委員應超出黨派以外，依法獨立行使職權，於任職期間不得參加政黨活動。」

21 **(C)**。中央行政機關組織基準法第37條：「為執行特定公共事務，於國家及地方自治團體以外，得設具公法性質之行政法人，其設立、組織、營運、職能、監督、人員進用及其現職人員隨同移轉前、後之安置措施及權益保障等，應另以法律定之。」

22 **(B)**。行政法人法第4條：「行政法人應擬訂人事管理、會計制度、內部控制、稽核作業及其他規章，提經董（理）事會通過後，報請監督機關**備查**。行政法人就其執行之公共事務，在不牴觸有關法律或法規命令之範圍內，得訂定規章，並提經董（理）事會通過後，報請監督機關**備查**。」

23 **(A)**。自行政法人法第5條第1項：「行政法人應設董（理）事會。但得視其組織規模或任務特性之需要，不設董（理）事會，置首長一人。」足見行政法人組織應非採委員制。

24 **(D)**。參司法院釋字第382號解釋理由書（節錄）：「公立學校係各級政府依法令設置實施教育之機構，具有機關之地位。」

25 **(D)**。行政法人法第3條：「行政法人之監督機關為中央各目的事業主管機關，並應於行政法人之個別組織法律或通用性法律定之。」

26 **(C)**。行政法人設置目的在執行特定公共任務，與公營事業機構不同。

27 **(B)**。參中央行政機關組織基準法第6條：「行政機關名稱定名如下：一、院：一級機關用之。二、部：二級機關用之。三、委員會：二級機關或獨立機關用之。四、署、局：三級機關用之。五、分署、分局：四級機關用之。機關因性質特殊，得另定名稱。」故財政部臺北市國稅局應為三級機關。

28 **(B)**。公務人員行政中立法第17條：「下列人員準用本法之規定：一、公立學校校長及公立學校兼任行政職務之教師。二、教育人員任用條例公布施行前已進用未納入銓敘之公立學校職員及私立學校改制為公立學校未具任用資格之留用職員。三、公立社會教育機構專業人員及公立學術研究機構兼任行政職務之研究人員。四、各級行政機關具軍職身分之人員及各級教育行政主管機關軍訓單位或各級學校之軍訓教官。五、各機關及公立學校依法聘用、僱用人員。六、公營事業對經營政策負有主要決策責任之人員。七、經正式任用為公務人員前，實施學習或訓練人員。八、行政法人有給專任人員。九、代表政府或公股出任私法人之董事及監察人。」

29 **(D)**。國立故宮博物院為營造物，二二八紀念基金會、公共電視均為私法人。

30 **(C)**。我國學者指出，公物亦得以私法規範，例如騎樓在供公眾通行之範圍內，屬於公物，但其本質仍屬私人所有財產權，故亦受民法相關之規範。

第三回

(　　) **1** 行政主體為達成公共行政上之特定目的，將人與物作功能上結合，以制定法規作為組織之依據所設置之組織體，係指下列何者？(A)行政機關　(B)公共設施　(C)行政財產　(D)公法營造物。

(　　) **2** 關於行政法人之敘述，下列何者錯誤？　(A)行政法人法係規範行政法人之共通事項，故行政機關於行政法人化時無須制定個別之組織法　(B)行政法人應設董（理）事會，但得視組織規模及任務特性，不設董（理）事會，改置首長1人　(C)行政法人之新進人員不具公務人員身分，由行政法人自訂規章進用、管理　(D)行政院以外之中央政府機關及直轄市、縣（市），得準用行政法人法之規定設立行政法人。

(　　) **3** 關於行政法人組織設置情形之敘述，何者有誤？　(A)行政法人得視其組織規模或任務特性之需要，不設董（理）事會，置首長一人　(B)行政法人董（理）事中專任者不得逾其總人數之二分之一　(C)董（理）事總人數以十五人為上限，監事總人數以五人為上限　(D)董（理）事、監事，任一性別不得少於三分之一。

(　　) **4** 關於獨立機關與行政法人比較敘述，何者錯誤？　(A)獨立機關為行政機關，不具公法上人格；行政法人為行政主體，具公法人人格　(B)獨立機關設立目的為專業分工；行政法人設立目的為組織精簡與完成行政任務　(C)獨立機關組織型態是首長制或合議制；行政法人是董事會或由行政院長聘任首長　(D)獨立機關立法機關介入程度較高；行政法人立法機關介入程度較低。

(　　) **5** 下列何者係作為所有行政組織的上層組織，而為最典型的公法人？(A)行政法人　(B)地方自治團體　(C)國家　(D)聯合國。

(　　) **6** 行政法人之年度財務報表，應由何者進行查核簽證？　(A)監察院審計部所屬各審計局　(B)財政部國庫署　(C)行政院主計總處　(D)由該行政法人委請之會計師。

(　　) **7** 根據我國行政院政府組織改造的精神與原則，下列那一類型的組織較不適合改造為行政法人？　(A)國立大學　(B)博物館　(C)消防機構　(D)文藝展演中心。

( ) **8** 關於地方自治團體之法律地位，下列敘述何者正確？ (A)地方自治團體是行政機關 (B)地方自治團體是行政法人 (C)地方自治團體是社團法人 (D)地方自治團體是財團法人。

( ) **9** 行政法人是我國政府組織的一大變革，以新的公部門組織型態來執行公共事務，在不增加政府支出的條件下，期以有效提升營運績效與服務品質。目前包括國家中山科學研究院、國家運動訓練中心、國家災害防救科技中心及國家表演藝術中心都是以行政法人的組織型態運作。有關審計機關對於行政法人之審計，下列敘述何者正確？ (A)比照審計法中對公營事業之審計程序辦理 (B)依行政法人法規定，與公務機關之審計相同 (C)依行政法人法規定，可審計行政法人之決算報告 (D)審計機關無權進行查核。

( ) **10** 關於行政機關改制為行政法人之敘述，下列何者正確？ (A)須有法律或自治條例之依據，始得改制設立之 (B)原行政機關任用之公務人員應結算年資，於改制之日隨同移轉行政法人繼續進用 (C)改制後之行政法人應自籌財源，政府機關不得編列預算核撥補助 (D)人民對改制後行政法人之行政處分不服者，得向改制前之行政機關提起訴願。

( ) **11** 下列何者非公務員服務法適用之對象？ (A)公立學校職員 (B)公立學校校長 (C)行政法人聘僱人員 (D)公立學校兼任行政職務之教師。

( ) **12** 依我國憲法第24條規定，公務人員的責任不包括下列那一項？ (A)政治責任 (B)民事責任 (C)刑事責任 (D)懲戒責任。

( ) **13** 關於公務員責任之敘述，下列何者錯誤？ (A)同一行為已受刑罰之處罰者，仍得予以懲戒 (B)同一行為不受刑罰之處罰者，仍得予以懲戒 (C)同一行為已受行政罰之處罰者，仍得予以懲戒 (D)同一行為已受懲處者，不得予以懲戒。

( ) **14** 公務員違反經營商業之禁止規定者，依公務員服務法之規定應如何懲罰？ (A)由權責機關（構）參酌懲戒法相關規定衡處 (B)應先予撤職 (C)應先予停職 (D)應先予免職。

(　　) **15** 下列關於公務員兼職之敘述，何者錯誤？　(A)除法令規定外，不得兼任他項公職　(B)均得兼領兼職之薪資　(C)經服務機關許可，得兼任教學工作　(D)機關首長得兼任非以營利為目的之事業之職務。

(　　) **16** 下列關於公務員停職之敘述，何者錯誤？　(A)公務員依刑事訴訟程序被羈押者，其職務當然停止　(B)公務員依刑事確定判決，受褫奪公權之宣告者，其職務當然停止　(C)懲戒法庭對於受移送之懲戒案件，認為情節重大，有先行停職之必要者，得通知該管主管長官，先行停止被付懲戒人職務　(D)公務員依刑事訴訟程序被通緝者，該管主管長官得依職權停止其職務。

(　　) **17** 下列何種法律不涉及公務人員行政責任？　(A)公務人員協會法　(B)公務人員行政中立法　(C)公職人員利益衝突迴避法　(D)公務員服務法。

(　　) **18** 現行對於公務人員紀律與義務要求的法令依據，除了公務員服務法及公務人員考績法外，尚有：　(A)公務人員任用法　(B)公務人員俸給法　(C)公務員懲戒法　(D)公務人員考試法。

(　　) **19** 下列何種情形，得為一次記二大過處分？　(A)曠職繼續達3日者　(B)曠職1年累積達8日者　(C)破壞紀律，情節重大，有確實證據者　(D)涉及貪污案件，其行政責任尚非重大者。

(　　) **20** 依訴願法，公務人員因違法或不當處分，涉有刑事或行政責任者，由最終決定之機關於決定後責由何者依法辦理？　(A)公務員懲戒委員會　(B)該管機關　(C)法務部調查局　(D)地方檢察署。

(　　) **21** A市市議會擬重新裝修議事設備，議長B為圖利特定廠商，遂指示承辦採購案的A市市議會總務組長C（薦任八職等之公務人員）向特定廠商洩漏採購底價。此案經人檢舉後，A市市議會除將此案移送司法機關偵辦外，亦決議追究相關人員之行政責任。請問關於相關人員責任之追究，下列敘述何者正確？　(A)B雖為民意代表，但亦受有俸給，故有公務員服務法之適用　(B)B雖為民意代表，但仍係刑法上之公務員　(C)C為依法任用之公務人員，故非經監察院之彈劾，不得直接移付懲戒法院　(D)對C若已依公務人員考績法予以懲處後，即不得再依公務員懲戒法移付懲戒。

( ) **22** 政務官與事務官在行政實務上有明顯區別，下列敘述何者錯誤？(A)政務官係隨政黨同進退，其任用無須依照常業公務員之資格予以任命 (B)事務官係依照公務人員任用法所任命之常業公務員，原則上只負責依既定方針及法規執行 (C)政務官既然負政治責任，其任職不受公務員之保障，亦無公務人員考績法及公務人員退休法之適用 (D)政務官不負行政責任，只受民、刑事追訴，無公務員懲戒法之適用。

( ) **23** 關於地方自治團體之敘述，下列何者錯誤？ (A)為區域性之公法社團 (B)鄉（鎮、市）之自治權受憲法上之制度保障 (C)除自治事項外，亦辦理上級政府之委辦事項 (D)得依法規將自治事項委由所屬下級行政機關辦理。

( ) **24** 下列何者非屬公務員行政中立義務之內涵？ (A)不得為公職候選人站台助選 (B)不得於上班或執行職務期間參與政黨活動 (C)不得兼任政黨或其他政治團體之職務 (D)不得加入政黨或其他政治團體。

( ) **25** 行政院人事行政總處與銓敘部於管轄權有爭議時，應依下列何種方式定管轄權歸屬？ (A)由總統府決定之 (B)由司法院決定之 (C)由當事人擇一而定 (D)由行政院與考試院協議定之。

( ) **26** 關於行政程序法管轄權競合時處理之規定，下列何者錯誤？ (A)同一事件數行政機關皆有管轄權者，不能協議者由其共同上級機關指定管轄 (B)同一事件數行政機關皆有管轄權者，由受理在先之機關管轄 (C)同一事件數行政機關皆有管轄權，不能協議者，得申請行政法院指定之 (D)同一事件數行政機關皆有管轄權且無法分先後者，由各機關協議之。

( ) **27** 關於行政主體與行政機關之敘述，下列何者錯誤？ (A)行政機關為其所屬行政主體之意思表示機關，所為行為法律效果歸屬於行政主體 (B)行政機關得以自己名義對外為行政行為，行政主體則否 (C)行政主體及行政機關皆具行政程序之當事人能力 (D)不相隸屬之行政主體與行政機關間不排除得互為管轄權之移轉。

(　　) **28** 下列何者不屬於公務員服務法規定之公務員？　(A)未兼主管職之簡任官　(B)兼主管職之薦任官　(C)考試委員　(D)義勇消防隊員。

(　　) **29** 公務人員任用資格之取得方式，下列何者不屬之？　(A)依法代理期滿　(B)依法考試及格　(C)依法銓敘合格　(D)依法升等合格。

(　　) **30** 下列何種機關之行為，公務人員保障暨培訓委員會對相關人員所提起之復審，應不予受理？　(A)警察人員向服務機關申請核定超時服勤加班費，遭服務機關拒絕　(B)國中校長涉營養午餐弊案，因違法失職情節重大，遭市政府停職　(C)公務員在辦公室對長官咆哮，嚴重影響辦公秩序，核予記申誡2次　(D)公務員涉嫌圖利罪經偵查起訴，申請因公涉訟輔助費用而遭否准。

解答與解析　（答案標示為#者，表官方曾公告更正該題答案。）

1 (D)。關鍵字在於「人與物之結合」，故為營造物。

2 (A)。行政法人法第2條第3項：「行政法人應制定個別組織法律設立之；其目的及業務性質相近，可歸為同一類型者，得制定該類型之通用性法律設立之。」

3 (B)。行政法人法第5條：「行政法人應設董（理）事會。但得視其組織規模或任務特性之需要，不設董（理）事會，置首長一人。行政法人設董（理）事會者，置董（理）事，由監督機關聘任；解聘時，亦同；其中專任者不得逾其總人數三分之一。行政法人應置監事或設監事會；監事均由監督機關聘任；解聘時，亦同；置監事三人以上者，應互推一人為常務監事。董（理）事總人數以十五人為上限，監事總人數以五人為上限。董（理）事、監事，任一性別不得少於三分之一。但於該行政法人個別組織法律或通用性法律另有規定者，從其規定。」

4 (D)。參司法院釋字第585號解釋理由書（節錄）：「立法院調查權乃立法院行使其憲法職權所必要之輔助性權力。基於權力分立與制衡原則，立法院調查權所得調查之對象或事項，並非毫無限制。除所欲調查之事項必須與其行使憲法所賦予之職權有重大關聯者外，凡國家機關獨立行使職權受憲法之保障者，即非立法院所得調查之事物範圍（本院釋字第三二五號、第四六一號解釋參照）。又如行政首長依其行政權固有之權能，對於可能影響或干預行政部門有效運作之資訊，例如涉及國家安全、國防或外交之國家機密事項，有關政策形成過程之內部討論資訊，以及有關正在進行中之犯罪偵查之相關資訊等，均有決定不予公開之權力，乃屬行政權本質所具有之行政特權（executive privilege）。立法院行使調查權如涉及此類事項，即應予以適當之尊重，而不宜逕自強制行政部門必須公開此類資訊或提供相關文書。」
足見獨立機關立法機關介入程度較低；至於行政法人，因其本質為公法人，以執行特定公共任務為目的，故立法機關介入程度較高。

5 **(C)**。行政法人、地方自治團體、國家均為公法人，而國家立於所有行政組織的上層組織。

6 **(D)**。行政法人法第32條第3項：「行政法人財務報表，應委請會計師進行查核簽證。」

7 **(C)**。去任務化、地方化、委外化之事項，較適宜改造為行政法人，消防機構仍具有高度公權力行使之必要，較不適合改造為行政法人。

8 **(C)**。地方自治團體為公法人中之社團法人。

9 **(C)**。行政法人法第19條：「行政法人於會計年度終了一定時間內，應將年度執行成果及決算報告書，委託會計師查核簽證，提經董（理）事會審議，並經監事或監事會通過後，報請監督機關備查，並送審計機關。前項決算報告，審計機關得審計之；審計結果，得送監督機關或其他相關機關為必要之處理。」

10 **(A)**。(A)行政法人法（下同）第2條第3項：「行政法人應制定個別組織法律設立之；其目的及業務性質相近，可歸為同一類型者，得制定該類型之通用性法律設立之。」第41條：「本法於行政院以外之中央政府機關，設立行政法人時，準用之。經中央目的事業主管機關核可之特定公共事務，直轄市、縣（市）得準用本法之規定制定自治條例，設立行政法人。」
(B)第21條：「行政法人由政府機關或機構（以下簡稱原機關（構）改制成立者，原機關（構）現有編制內依公務人員相關任用法律任用、派用公務人員於機關（構）改制之日隨同移轉行政法人繼續任用者（以下簡稱繼續任用人員），仍具公務人員身分；其任用、服務、懲戒、考績、訓練進修、俸給、保險、保障、結社、退休、資遣、撫卹、福利及其他權益事項，均依原適用之公務人員相關法令辦理。但不能依原適用之公務人員相關法令辦理之事項，由行政院會同考試院另定辦法行之。前項繼續任用人員中，人事、主計、政風人員之管理，與其他公務人員同。前二項人員得依改制前原適用之組織法規，於首長以外之職務範圍內，依規定辦理陞遷及銓敘審定。第一項及第二項人員，得隨時依其適用之公務人員退休、資遣法令辦理退休、資遣後，擔任行政法人職務，不加發七個月俸給總額慰助金，並改依行政法人人事管理規章進用。」第22條第1項：「原機關（構）公務人員不願隨同移轉行政法人者，由主管機關協助安置；或於機關（構）

改制之日，依其適用之公務人員退休、資遣法令辦理退休、資遣，並一次加發七個月之俸給總額慰助金。但已達屆齡退休之人員，依其提前退休之月數發給之。」(C)第35條：「政府機關核撥行政法人之經費，應依法定預算程序辦理，並受審計監督。政府機關核撥之經費超過行政法人當年度預算收入來源百分之五十者，應由監督機關將其年度預算書，送立法院審議。」(D)第39條：「對於行政法人之行政處分不服者，得依訴願法之規定，向監督機關提起訴願。」

11 **(C)**。公務員服務法第2條第1項：「本法適用於受有俸給之文武職公務員及公營事業機構純勞工以外之人員。」行政法人聘僱人員並非受有俸給之文武職公務員或其他公營事業機構純勞工以外之人員，故不適用公務員服務法。

12 **(A)**。憲法第24條：「凡公務員違法侵害人民之自由或權利者，除依法律受懲戒外，應負刑事及民事責任。被害人民就其所受損害，並得依法律向國家請求賠償。」

13 **(D)**。公務員懲戒法第22條：「同一行為，不受懲戒法院二次懲戒。同一行為已受刑罰或行政罰之處罰者，仍得予以懲戒。其同一行為不受刑罰或行政罰之處罰者，亦同。同一行為經主管機關或其他權責機關為行政懲處處分後，復移送懲戒，經懲戒法院為懲戒處分、不受懲戒或免議之判決確定者，原行政懲處處分失其效力。」

14 **(A)**。公務員服務法第14條第1項雖規定公務員不得經營商業，但對於違反本禁止規定者，並無處罰之明文。查過去對於公務員違反不得經營商業之禁止規定者，於第13條（現行法已移列至第14條）第4項，應先予撤職，即係先行停職之意，撤職後仍應依法送請懲戒。惟無論情節輕重均應停職並移付懲戒，似有未宜。茲參酌公務員懲戒法第2條有關非執行職務之違法行為，致嚴重損害政府信譽者，始應受懲戒，以及第5條有關公務員之違失行為情節重大者，始予以停職之規定，是對於違反不得經營商業之禁止規定者，是否予以停職或移付懲戒，宜由權責機關（構）參酌懲戒法相關規定衡處，故現行法刪除應先予撤職之規定。

15 **(B)**。參公務員服務法第15條第1項：「公務員除法令規定外，不得兼任他項公職；其依法令兼職者，不得兼薪。」、第4項：「公務員兼任教學或研究工作或非以營利為目的之事業或團體職務，應經服務機關（構）同意；機關（構）首長應經上級機關（構）同意。但兼任無報酬且未影響本職工作者，不在此限。」

16 **(D)**。公務員懲戒法第4條：「公務員有下列各款情形之一者，其職務當然停止：一、依刑事訴訟程序被通緝或羈押。二、依刑事確定判決，受褫奪公權之宣告。三、依刑事確定判決，受徒刑之宣告，在監所執行中。」第5條：「懲戒法庭對於移送之懲戒案件，認為情節重大，有先行停止職務之必要者，得裁定先行停止被付懲戒人之職務，並通知被付懲戒人所屬主管機關。前項裁定於送達被付懲戒人所屬主管機關之翌日起發生停止職務效力。主管機關對於所屬公務員，依第二十四條規定送請監察院審查或懲戒法院審理而認為有免除職務、撤職或休職等情節重大之虞者，亦得依職權先行停止其職務。懲戒法庭第一審所為第一項之裁定，得為抗告。」

17 **(A)**。公務人員協會法第1條：「公務人員為加強為民服務、提昇工作效率、維護其權益、改善工作條件並促進聯誼合作，得組織公務人員協會。公務人員協會之組織、管理及活動，依本法之規定；本法未規定者，適用民法有關法人之規定。」故公務人員協會法應不涉及公務人員行政責任。

18 **(C)**。公務員懲戒法第2條：「公務員有下列各款情事之一，有懲戒之必要者，應受懲戒：一、違法執行職務、怠於執行職務或其他失職行為。二、非執行職務之違法行為，致嚴重損害政府之信譽。」

19 **(C)**。公務人員考績法第12條第3項：「非有左列情形之一者，不得為一次記二大過處分：一、圖謀背叛國家，有確實證據者。二、執行國家政策不力，或怠忽職責，或洩漏職務上之機密，致政府遭受重大損害，有確實證據者。三、違抗政府重大政令，或嚴重傷害政府信譽，有確實證據者。四、涉及貪污案件，其行政責任重大，有確實證據者。五、圖謀不法利益或言行不檢，致嚴重損害政府或公務人員聲譽，有確實證據者。六、脅迫、公然侮辱或誣告長官，情節重大，有確實證據者。七、挑撥離間或破壞紀律，情節重大，有確實證據者。八、曠職繼續達四日，或一年累積達十日者。」

20 **(B)**。訴願法第100條：「公務人員因違法或不當處分，涉有刑事或行政責任者，由最終決定之機關於決定後責由該管機關依法辦理。」

21 **(B)**。公務員服務法第2條：「本法適用於受有俸給之文武職公務員及公營事業機構純勞工以外之人員。前項適用對象不包括中央研究院未兼任行政職務之研究人員、研究技術人員。」B為民意代表，自無公務員服務法之適用，但仍為刑法廣義之公務員。(C)公務員懲戒法第24條第1項：「各院、部、會首長，省、直轄市、縣（市）行政首長或其他相當之主管機關首長，認為所屬公務員有第二條所定情事者，應由其機關備文敘明事由，連同證據送請監察院審查。但對於所屬薦任第九職等或相當於薦任第九職等以下之公務員，得逕送懲戒法院審理。」故A市市議會總務組長C。（薦任八職等之公務人員），得逕送懲戒法院審理。(D)公務員懲戒法第22條：

「同一行為，不受懲戒法院二次懲戒。同一行為已受刑罰或行政罰之處罰者，仍得予以懲戒。其同一行為不受刑罰或行政罰之處罰者，亦同。同一行為經主管機關或其他權責機關為行政懲處處分後，復移送懲戒，經懲戒法院為懲戒處分、不受懲戒或免議之判決確定者，原行政懲處處分失其效力」

22 (D)。公務員懲戒法第9條：「公務員之懲戒處分如下：一、免除職務。二、撤職。三、剝奪、減少退休（職、伍）金。四、休職。五、降級。六、減俸。七、罰款。八、記過。九、申誡。前項第三款之處分，以退休（職、伍）或其他原因離職之公務員為限。第一項第七款得與第三款、第六款以外之其餘各款併為處分。第一項第四款、第五款及第八款之處分於政務人員不適用之。」故政務官仍有公務員懲戒法之適用。

23 (B)。憲法本文第十一章中地方自治僅有省、縣（市），憲法增修條文第9條中亦同，而無鄉（鎮、市）之自治規範，因此不在憲法上之制度保障範圍內。

24 (D)。(A)公務人員行政中立法（下同）第9條第1項：「公務人員不得為支持或反對特定之政黨、其他政治團體或公職候選人，從事下列政治活動或行為：一、動用行政資源編印製、散發、張貼文書、圖畫、其他宣傳品或辦理相關活動。二、在辦公場所懸掛、張貼、穿戴或標示特定政黨、其他政治團體或公職候選人之旗幟、徽章或服飾。三、主持集會、發起遊行或領導連署活動。四、在大眾傳播媒體具銜或具名廣告。但公職候選人之配偶及二親等以內血親、姻親只具名不具銜者，不在此限。五、對職務相關人員或其職務對象表達指示。六、公開為公職候選人站台、助講、遊行或拜票。但公職候選人之配偶及二親等以內血親、姻親，不在此限。」(B)第7條第1項：「公務人員不得於上班或勤務時間，從事政黨或其他政治團體之活動。但依其業務性質，執行職務之必要行為，不在此限。」(C)第5條第1項：「公務人員得加入政黨或其他政治團體。但不得兼任政黨或其他政治團體之職務。」

25 (D)。行政程序法第14條第1項：「數行政機關於管轄權有爭議時，由其共同上級機關決定之，無共同上級機關時，由各該上級機關協議定之。」行政院人事行政總處之上級為行政院，銓敘部之上級為考試院。

26 (C)。行政程序法第13條第1項：「同一事件，數行政機關依前二條之規定均有管轄權者，由受理在先之機關管轄，不能分別受理之先後者，由各該機關協議定之，不能協議或有統一管轄之必要時，由其共同上級機關指定管轄。無共同上級機關時，由各該上級機關協議定之。」

27 (B)。(B)行政主體包含國家、地方自治團體、行政法人等公法人，而行政法人本身即得以自己名義對外為行政行為。

28 **(D)**。公務員服務法第2條：「本法適用於受有俸給之文武職公務員及公營事業機構純勞工以外之人員。前項適用對象不包括中央研究院未兼任行政職務之研究人員、研究技術人員。」

29 **(A)**。公務人員任用法第9條第1項：「公務人員之任用，應具有左列資格之一：一、依法考試及格。二、依法銓敘合格。三、依法升等合格。」

30 **(C)**。公務人員保障法第25條第1項：「公務人員對於服務機關或人事主管機關（以下均簡稱原處分機關）所為之行政處分，認為違法或顯然不當，致損害其權利或利益者，得依本法提起復審。非現職公務人員基於其原公務人員身分之請求權遭受侵害時，亦同。」第77條第1項：「公務人員對於服務機關所為之管理措施或有關工作條件之處置認為不當，致影響其權益者，得依本法提起申訴、再申訴。」故選項(C)。公務員在辦公室對長官咆哮，嚴重影響辦公秩序，核予記申誡2次，應循申訴再申訴救濟，不適用復審。

公務人員保障法第3條：「本法所稱公務人員，係指法定機關（構）及公立學校依公務人員任用法律任用之有給專任人員。」選項(B)國中校長並非依公務人員任用法律任用之有給專任人員，因此不適用公務人員保障法有關復審或申訴再申訴之規定。

第四回

( ) **1** 關於獨立機關之敘述，下列何者錯誤？ (A)具有代表行政主體表示意思之權限 (B)具有獨立法定地位之首長制機關 (C)依法律獨立行使職權，不受其他機關之指揮 (D)非基於業務分工而設立之內部組織。

( ) **2** 戶政事務所在行政組織法上之地位，係屬： (A)行政機關 (B)內部單位 (C)外派業務單位 (D)公法營造物。

( ) **3** 下列關於公物之敘述，何者為錯誤？ (A)公物在公法之目的範圍內，一般而言不具有融通性 (B)債務人所管有之公物，如屬於推行公務所必需或其移轉違反公共利益者，債權人不得為強制執行 (C)公物因提供於人民共同使用，其所有權皆屬於行政機關 (D)道路、河川等公共公物之利用，若超出道路等使用目的範圍而為特別使用時，須經公物主管機關許可後始得為之。

(　　) **4** 關於公務員之敘述，以下何者錯誤？
(A)政務官負政治責任，故無公務員懲戒法之適用
(B)事務官係依公務人員任用法而任命之常業公務人員，原則上僅負責依照既定方針及法規執行
(C)公務員之服從義務乃以維持行政一體為目的
(D)長官對於所屬公務員之能力所為之評價，享有專業上之判斷餘地。

(　　) **5** 下列何者非屬公務員的特別權力關係理論？　(A)公務員必須有服從的義務，且其工作之範疇並不確定　(B)公務員擁有與民眾同等的憲政權利　(C)國家機關管理者對於不遵守規範之公務員可予以懲罰　(D)公務員對於國家機關所頒布的各項法令與內規有服從的義務。

(　　) **6** 下列何者不是公務人員行政中立法之準用對象？　(A)兼任輔導室主任之縣立國中教師　(B)初等考試及格，接受公務人員職前訓練期間之受訓人員　(C)行政法人高雄市專業文化機構內之有給兼任人員　(D)臺灣電力公司總經理。

(　　) **7** 關於行政法人之敘述，下列何者錯誤？　(A)行政法人法係規範行政法人之共通事項，故行政機關於行政法人化時無須制定個別之組織法　(B)行政法人應設董（理）事會，但得視組織規模及任務特性，不設董（理）事會，改置首長1人　(C)行政法人之新進人員不具公務人員身分，由行政法人自訂規章進用、管理　(D)行政院以外之中央政府機關及直轄市、縣（市），得準用行政法人法之規定設立行政法人。

(　　) **8** 中央行政機關組織基準法規定，依法律獨立行使職權，自主運作，除法律另有規定外，不受其他機關指揮監督之合議制機關，稱為：(A)獨立機關　(B)行政法人　(C)附屬機關　(D)自主機關。

(　　) **9** 現行法律上公務員定義繁多，公立學校教師兼任學校行政職務者，不屬何種法律上之公務員？　(A)公務員任用法　(B)刑法與國家賠償法　(C)公務員服務法　(D)公務人員行政中立法。

( ) **10** 下列何種法律之公務員定義為最狹義之公務員？ (A)國家賠償法 (B)公務員服務法 (C)公務人員保險法 (D)公務人員任用法。

( ) **11** 依公務員懲戒法規定，下列何者得將違法失職之簡任職公務人員移送懲戒法院懲戒？ (A)監察院 (B)銓敘部 (C)行政院人事行政總處 (D)公務人員保障暨培訓委員會。

( ) **12** 下列何者並非是事務官應負的責任？ (A)行政責任 (B)刑事責任 (C)民事責任 (D)政治責任。

( ) **13** 關於公務員行政責任之敘述，下列何者正確？ (A)行政懲處係由司法機關處分之 (B)行政懲處屬平時考核者，有功過相抵之適用 (C)公務員撤職與否之救濟，以最高行政法院為終審法院 (D)減俸屬於懲處處分。

( ) **14** 公務員違法侵害人民權益，國家須負賠償責任，下列敘述何者正確？ (A)公務員故意或重大過失時，國家對其有求償權 (B)公務員僅負行政責任 (C)國家與公務員負連帶賠償責任 (D)除非能證明公務員為故意，否則國家對其無求償權利。

( ) **15** 下列有關公務員懲處之敘述，何者正確？ (A)懲處之方法包括減俸、降級 (B)懲處法律依據之一為公務人員考績法 (C)懲處由銓敘部為之 (D)對管理措施不服時得向公務人員保障暨培訓委員會提起複審。

( ) **16** 公務人員由薦任第八職等資訊處理職系資訊室主任，調任薦任第七職等一般行政職系組員，其救濟程序為： (A)申訴、再申訴 (B)復審、撤銷訴訟 (C)確認訴訟 (D)復審、課予義務訴訟。

( ) **17** 下列何者並非獨立機關？ (A)國家通訊傳播委員會 (B)中央選舉委員會 (C)金融監督管理委員會 (D)公平交易委員會。

( ) **18** 有關公務員懲戒之敘述，下列何者正確？ (A)懲戒事由限於公務員職務上違法或失職行為 (B)移送公務員懲戒者限該公務員所屬主管機關 (C)過失行為不受懲戒 (D)已退休之公務員亦為懲戒對象。

(　　) **19** 甲為某市公所薦任六等女性科員，對於該公所限制女性員工不得穿高跟鞋上班之規定，甲認為影響其權益，關於救濟方法之敘述，下列何者正確？　(A)甲得訴願、行政訴訟　(B)甲得復審、行政訴訟　(C)甲得申訴、行政訴訟　(D)甲得申訴、再申訴。

(　　) **20** 關於公務員守密義務之敘述，下列何者錯誤？　(A)有絕對保守政府機關機密之義務　(B)無論是否主管事務之機密，均不得洩漏　(C)經長官許可，得以私人名義發表有關職務之談話　(D)退職後得洩漏非主管事務之機密。

(　　) **21** 公務人員之實體保障不包括下列那一種情形？　(A)經銓敘審定之官等職等　(B)經銓敘審定之俸給　(C)依服務地區所應得之法定加給　(D)由上級機關派任之職位。

(　　) **22** 關於行政法人之敘述，下列何者錯誤？　(A)政府機關核撥之經費未超過行政法人當年度預算收入來源百分之五十者，監督機關毋須將其年度預算書，送立法院審議　(B)行政法人之相關資訊，應依政府資訊公開法相關規定公開之　(C)行政法人之董（理）事長、首長毋須至立法院報告營運狀況並備詢　(D)對於行政法人之行政處分不服者，得依訴願法之規定，向監督機關提起訴願。

(　　) **23** 依據公務人員保障法第17條規定，下列關於公務人員服從義務之敘述，何者錯誤？　(A)公務人員對於長官監督範圍內所發之命令有服從義務　(B)公務人員如認為該命令違法，應負報告之義務　(C)該管長官如認其命令並未違法，公務人員即應服從　(D)命令有違反刑事法律者，公務人員無服從之義務。

(　　) **24** 下列何者具有公共用物性質？　(A)公共設施保留地　(B)台灣電力公司輸電設施　(C)自來水公司之淨水池　(D)具有公用地役關係之私人土地。

(　　) **25** 關於行政機關管轄之敘述，下列何者正確？　(A)行政機關經裁併者，得由裁併後之機關逕依該組織法規變更管轄，無須再行公告　(B)管轄權依據行政機關之組織法規或其他行政法規定之　(C)管轄權應由行政機關協議定之　(D)行政機關就管轄爭議之決定，必然會侵害人民權益。

(　　) **26** 公務員甲依法申請退休，其服務機關因機關人員不足，逾6個月未作成決定。甲應如何提起救濟？　(A)向服務機關提起申訴，如未獲救濟，再向公務人員保障暨培訓委員會提起再申訴　(B)向公務人員保障暨培訓委員會提起復審，如未獲救濟，再向該管行政法院提起行政訴訟　(C)應等待服務機關作成駁回決定後，始得向公務人員保障暨培訓委員會提起復審　(D)准予退休屬服務機關行政裁量權之範圍，甲不得提起救濟。

(　　) **27** 下列何者為公務人員保障法之適用對象？　(A)國立大學編制內依法任用職員　(B)內政部政務次長　(C)行政院政務委員　(D)臺北市議員。

(　　) **28** 公務人員甲接獲長官乙命令簽辦某件公文，甲發現乙之命令與相關法令有違。下列敘述何者錯誤？　(A)甲負有向乙報告該命令違法之義務　(B)乙未以書面署名下達命令者，甲應向再上一級機關長官報告　(C)乙以書面署名下達命令者，甲即應服從，但其命令有違刑事法律者，不在此限　(D)乙之命令若非屬其監督之範圍，甲自無服從義務。

(　　) **29** 關於管轄之敘述，下列何者錯誤？　(A)管轄權非依法規不得設定或變更　(B)行政機關對事件管轄權之有無，應依職權調查；其認無管轄權者，應即移送有管轄權之機關，並通知當事人　(C)行政機關得依法規將其權限之一部分，委任所屬下級機關執行之　(D)行政機關因業務上之需要，得向無隸屬關係之其他機關請求協助，不得將權限之一部分委託其執行。

(　　) **30** 公務人員之公法上財產請求權，遭受損害時，得依何種程序請求救濟？　(A)得提起行政訴訟　(B)僅得訴願　(C)僅得聲明不服　(D)得提起申訴。

解答與解析

(答案標示為#者，表官方曾公告更正該題答案。)

1 (B)。中央行政機關組織基準法第3條第2款：「獨立機關：指依據法律獨立行使職權，自主運作，除法律另有規定外，不受其他機關指揮監督之合議制機關。」

2 (A)。戶政事務所有單獨組織法規，獨立編制、預算及印信等，得對外以其名義為意思表示，屬行政機關。

3 **(C)**。公物所有權人亦有可能為私人，如私人所有既成道路。

4 **(A)**。政務官仍有公務員懲戒法之適用，參公務員懲戒法第9條。

5 **(B)**。特別權力關係即相對人與國家處於不對等地位，其權力相較於一般人民受有更多限制，故公務員不擁有與民眾同等的憲政權利。

6 **(C)**。公務人員行政中立法第17條：「下列人員準用本法之規定：一、公立學校校長及公立學校兼任行政職務之教師。二、教育人員任用條例公布施行前已進用未納入銓敘之公立學校職員及私立學校改制為公立學校未具任用資格之留用職員。三、公立社會教育機構專業人員及公立學術研究機構兼任行政職務之研究人員。四、各級行政機關具軍職身分之人員及各級教育行政主管機關軍訓單位或各級學校之軍訓教官。五、各機關及公立學校依法聘用、僱用人員。六、公營事業對經營政策負有主要決策責任之人員。七、經正式任用為公務人員前，實施學習或訓練人員。八、行政法人有給專任人員。九、代表政府或公股出任私法人之董事及監察人。」

7 **(A)**。行政法人法第2條第3項：「行政法人應制定個別組織法律設立之；其目的及業務性質相近，可歸為同一類型者，得制定該類型之通用性法律設立之。」

8 **(A)**。中央行政機關組織基準法第3條第2款：「獨立機關：指依據法律獨立行使職權，自主運作，除法律另有規定外，不受其他機關指揮監督之合議制機關。」

9 **(A)**。(A)公務人員任用法第9條第1項：「公務人員之任用，應具有左列資格之一：一、依法考試及格。二、依法銓敘合格。三、依法升等合格。」(B)刑法（第10條）與國家賠償法之公務員為最廣義之公務員。(C)公務員服務法第2條：「本法適用於受有俸給之文武職公務員及公營事業機構純勞工以外之人員。前項適用對象不包括中央研究院未兼任行政職務之研究人員、研究技術人員。」(D)公務人員行政中立法第17條：「下列人員準用本法之規定：一、公立學校校長及公立學校兼任行政職務之教師。二、教育人員任用條例公布施行前已進用未納入銓敘之公立學校職員及私立學校改制為公立學校未具任用資格之留用職員。三、公立社會教育機構專業人員及公立學術研究機構兼任行政職務之研究人員。四、各級行政機關具軍職身分之人員及各級教育行政主管機關軍訓單位或各級學校之軍訓教官。五、各機關及公立學校依法聘用、僱用人員。六、公營事業對經營政策負有主要決策責任之人員。七、經正式任用為公務人員前，實施學習或訓練人員。八、行政法人有給專任人員。九、代表政府或公股出任私法人之董事及監察人。」

10 **(D)**。公務人員任用法第9條參照。

11 **(A)**。公務員懲戒法（下同）第23條：「監察院認為公務員有第二條所定情事，應付懲戒者，應將彈劾案連同證據，移送懲戒法院審理。」第24條第1項：「各院、部、會首長，省、直轄市、縣（市）行政首 長或其他相當之主管機關首長，認為所屬公務員有第二條所定情事者，應由其機關備文敘明事由，連同證據送請監察院審查。但對於所屬薦任第九職等或相當於薦任第九職等以下之公務員，得逕送懲戒法院審理。」故對於薦任九職等公務員，如簡任職公務人員，監察院得將違法失職者移送懲戒法院懲戒。

12 **(D)**。政治責任為政務官所負。

13 **(B)**。(A)行政懲處係由行政機關處分之。(C)公務員懲戒法第64條：「當事人對於懲戒法庭第一審之終局判決不服者，得於判決送達後二十日之不變期間內，上訴於懲戒法庭第二審。但判決宣示或公告後送達前之上訴，亦有效力。」故係以懲戒法庭第二審為終審法院。(D)減俸屬於懲戒處分，參公務員懲戒法第9條。

14 **(A)**。國家賠償法第2條第3項：「前項情形，公務員有故意或重大過失時，賠償義務機關對之有求償權。」

15 **(B)**。(A)懲處方法包含免職、記大過、記過、申誡。(B)正確。(C)懲處由公務員服務機關為之。(D)公務人員保障法第25條第1項：「公務人員對於服務機關或人事主管機關（以下均簡稱原處分機關）所為之行政處分，認為違法或顯然不當，致損害其權利或利益者，得依本法提起復審。非現職公務人員基於其原公務人員身分之請求權遭受侵害時，亦同。」

16 **(B)**。題幹公務人員由薦任第八職等調任薦任第七職等，涉及公務員身分之改變，故得依公務人員保障法第25條第1項之規定循復審及行政訴訟救濟。

17 **(C)**。行政院組織法第9條：「行政院設下列相當中央二級獨立機關：一、中央選舉委員會。二、公平交易委員會。三、國家通訊傳播委員會。」

18 **(D)**。(A)公務員懲戒法（下同）第2條：「公務員有下列各款情事之一，有懲戒之必要者，應受懲戒：一、違法執行職務、怠於執行職務或其他失職行為。二、非執行職務之違法行為，致嚴重損害政府之信譽。」(B)第23條：「監察院認為公務員有第二條所定情事，應付懲戒者，應將彈劾案連同證據，移送懲戒法院審理。」第24條第1項：「各院、部、會首長，省、直轄市、縣（市）行政首長或其他相當之主管機關首長，認為所屬公務員有第二條所定情事者，應由其機關備文敘明事由，連同證據送請監察院審查。但對於所屬薦任第九職等或相當於薦任第九職等以下之公務員，得逕送懲戒法院審理。」(C)第3條：「公務員之行為非出於故意或過失者，不受懲戒。」(D)第1條：「公務員非依本法不受懲戒。但法律另有規定者，從其規定。本法之規定，對退休（職、伍）或其他原因離職之公務員於任職期間之行為，亦適用之。」

19 **(D)**。公務人員保障法第77條第1項：「公務人員對於服務機關所為之管理措施或有關工作條件之處置認為不當，致影響其權益者，得依本法提起申訴、再申訴。」本件限制女性員工不得穿高跟鞋上班之規定，乃服務機關之管理措施，故甲得依上開規定申訴、再申訴。

20 **(D)**。公務員服務法第5條第1項：「公務員有絕對保守政府機關（構）機密之義務，對於機密事件，無論是否主管事務，均不得洩漏；離職後，亦同。」

21 **(D)**。公務人員保障法第13條：「公務人員經銓敘審定之官等職等應予保障，非依法律不得變更。」、第14條：「公務人員經銓敘審定之俸級應予保障，非依法律不得降級或減俸。」、第15條：「公務人員依其職務種類、性質與服務地區，所應得之法定加給，非依法令不得變更。」

22 **(C)**。行政法人法第38條：「行政法人之相關資訊，應依政府資訊公開法相關規定公開之；其年度財務報表、年度營運（業務）資訊及年度績效評鑑報告，應主動公開。前項年度績效評鑑報告，應由監督機關提交分析報告，送立法院備查。必要時，立法院得要求監督機關首長率同行政法人之董（理）事長、首長或相關主管至立法院報告營運狀況並備詢。」

23 **(C)**。公務人員保障法第17條：「公務人員對於長官監督範圍內所發之命令有服從義務，如認為該命令違法，應負報告之義務；該管長官如認其命令並未違法，而以書面署名下達時，公務人員即應服從；其因此所生之責任，由該長官負之。但其命令有違反刑事法律者，公務人員無服從之義務。前項情形，該管長官非以書面署名下達命令者，公務人員得請求其以書面署名為之，該管長官拒絕時，視為撤回其命令。」

24 **(D)**。參司法院釋字第400號解釋理由書（節錄）：「公用地役關係乃私有土地而具有公共用物性質之法律關係，與民法上地役權之概念有間，久為我國法制所承認（參照本院釋字第二五五號解釋、行政法院四十五年判字第八號及六十一年判字第四三五號判例）。」

25 **(B)**。行政程序法第11條：「行政機關之管轄權，依其組織法規或其他行政法規定之。行政機關之組織法規變更管轄權之規定，而相關行政法規所定管轄機關尚未一併修正時，原管轄機關得會同組織法規變更後之管轄機關公告或逕由其共同上級機關公告變更管轄之事項。行政機關經裁併者，前項公告得僅由組織法規變更後之管轄機關為之。前二項公告事項，自公告之日起算至第三日起發生移轉管轄權之效力。但公告特定有生效日期者，依其規定。管轄權非依法規不得設定或變更。」

26 **(B)**。公務人員保障法第26條第1項：「公務人員因原處分機關對其依法申請之案件，於法定期間內應作為而不作為，或予以駁回，認為損害其權利或利益者，得提起請求該機關為行政處分或應為特定內容之行政處分之復審。」故甲得向公務人員保障暨培訓委員會提起復審，如未獲救濟，再向該管行政法院提起行政訴訟。

27 **(A)**。公務人員保障法第3條：「本法所稱公務人員，係指法定機關（構）及公立學校依公務人員任用法律任用之有給專任人員。」第102條：「下列人員準用本法之規定：一、教育人員任用條例公布施行前已進用未經銓敘合格之公立學校職員。二、私立學校改制為公立學校未具任用資格之留用人員。三、公營事業依法任用之人員。四、各機關依法派用、聘用、聘任、僱用或留用人員。五、應各種公務人員考試錄取參加訓練之人員，或訓練期滿成績及格未獲分發任用之人員。前項第五款應各種公務人員考試錄取參加訓練之人員，不服保訓會所為之行政處分者，有關其權益之救濟，依訴願法之規定行之。」

28 **(B)**。公務人員保障法第17條：「公務人員對於長官監督範圍內所發之命令有服從義務，如認為該命令違法，應負報告之義務；該管長官如認其命令並未違法，而以書面署名下達時，公務人員即應服從；其因此所生之責任，由該長官負之。但其命令有違反刑事法律者，公務人員無服從之義務。前項情形，該管長官非以書面署名下達命令者，公務人員得請求其以書面署名為之，該管長官拒絕時，視為撤回其命令。」

29 **(D)**。(A)行政程序法第11條第5項參照。(B)行政程序法第17條第1項參照。(C)行政程序法第15條第1項參照。(D)行政程序法第15條第2項：「行政機關因業務上之需要，得依法規將其權限之一部分，委託不相隸屬之行政機關執行之。」

30 **(A)**。參司法院釋字第312號解釋理由書（節錄）：人民之財產權應予保障，憲法第15條定有明文。此項權利不應因其被任命為公務人員，與國家發生公法上之忠勤服務關係而受影響。公務人員之財產權，不論其係基於公法關係或私法關係而發生，國家均應予以保障，如其遭受損害，自應有法律救濟途徑，以安定公務人員之生活，使其能專心於公務，方符憲法第83條保障公務人員之意旨。

行政院發布之中央公教人員福利互助辦法或其他機關自行訂定之福利互助有關規定，係各機關為安定公務人員生活之行政目的而實施之法令，並有提供公款予以補助者，具有公法性質。現行司法救濟程序，既採民事訴訟與行政爭訟區分之制度，公務人員退休，依據上述法令規定，請領福利互助金，乃屬公法上財產請求權之行使，如遭有關機關拒絕，將影響其憲法所保障之財產權，依上開意旨，自應許其提起訴願或行政訴訟，以資救濟。

第五回

(　　) **1** 以下有關私人或私法團體受託行使公權力所生法律關係之敘述，何者有誤？　(A)於受委託之範圍內，依法擬制為行政機關　(B)於受委託之範圍內與第三人發生法律關係者，應屬公法關係　(C)於受委託範圍內，其執行職務之人行使公權力時，視同委託機關之公務員　(D)於受委託之範圍內，仍不得以該私人或團體的名義作成行政處分。

(　　) **2** 下列有關公務人員保障法復審制度之敘述何者錯誤？　(A)非現職公務人員基於其原公務人員身分之請求權遭受侵害時，得提起復審　(B)公務人員於復審程序中所得表示不服之「行為」，不限於「行政處分」　(C)公務人員已亡故者，其遺族基於該公務人員身分所生之公法上財產請求權遭受侵害時，得提起復審　(D)公務人員因原處分機關對其依法申請之案件，於法定期間內應作為而不作為，認為損害其權利或利益者，得提起復審。

(　　) **3** 除國家及地方自治團體外，下列何者係由中央目的事業主管機關，為執行特定公共事務，依法設立之公法人：　(A)獨立機關　(B)行政法人　(C)公法社團　(D)公營造物。

(　　) **4** 關於行政法人，下列敘述何者正確？　(A)行政法人性質必定為公法上社團法人　(B)行政機關得訂定處務規程，成立行政法人，將其部分業務劃交其執行　(C)行政法人執行公共事務，但不能行使公權力　(D)行政法人之年度決算報告須送審計機關。

( ) **5** 下列對於行政法人之敘述，何者錯誤？ (A)係依法設立具人事及財政自主性之公法人 (B)行政法人執行之「特定公共任務」限於所涉公權力行使程度低，且具有專業需求或須強化成本效益及經營效能者 (C)財團法人國家衛生研究院係依據行政法人法設立之行政法人 (D)係指國家及自治團體以外，由中央目的事業主管機關為執行特定公共事務，依法設立者。

( ) **6** 國立中正文化中心營運管理國家音樂廳及國家戲劇院。下列有關中正文化中心之敘述，何者錯誤？ (A)中正文化中心得聘用不具公務員身分之劇場管理人才 (B)中正文化中心具有公法人性質 (C)中正文化中心聘用不具公務員身分之專業人員，如行使公權力侵害人民權利，仍負國家賠償責任 (D)中正文化中心之營運具有專業性、自主性，不受政府監督。

( ) **7** 有關行政法人之敘述，下列何者錯誤？
(A)為執行具有專業需求或須強化成本效益及經營效能之特定公共事務，依法律設立之公法人
(B)行政法人進用之人員，依其人事管理規章辦理，具公務人員身分
(C)對於行政法人之行政處分不服者，得依訴願法之規定，向監督機關提起訴願
(D)行政法人因情事變更或績效不彰，致不能達成其設立目的時，由監督機關提請行政院同意後解散之。

( ) **8** 有關公務員之行政責任，下列敘述何者錯誤？ (A)可分為懲戒處分與懲處處分兩種 (B)懲戒規定於公務員懲戒法；懲處規定於公務人員考績法及其他相關法規 (C)懲戒之事由為違法執行職務、怠於執行職務或其他失職行為 (D)懲戒處分由監察院作成；懲處處分由公務人員服務之機關為之。

( ) **9** 下列何者並非行政主體？ (A)國家 (B)地方自治團體 (C)宗教財團法人 (D)公法財團法人。

( ) **10** 依行政程序法規定，關於無效之行政處分，下列敘述何者錯誤？ (A)無效之行政處分，自始不生效力 (B)行政處分之無效，得由處分機關依職權確認之 (C)行政處分一部無效者，其他部分仍為有

效，但除去該無效部分，行政處分不能成立者，全部無效　(D)行政處分應以證書方式作成而未給予證書，若已於事後發給，則該瑕疵即獲補正，非屬無效之行政處分。

(　　) **11** 下列何者不屬於實質意義之行政機關？　(A)頒授學位時之私立大學　(B)縣（市）政府　(C)縣（市）政府秘書室　(D)中央選舉委員會。

(　　) **12** 依司法院釋字第305號解釋之意旨，主管機關指派具有官等之人員，在公營事業裡服務，下列敘述何者正確？　(A)該人員與公營事業產生私法關係　(B)該人員與公營事業產生公法關係　(C)該人員與主管機關產生公法關係　(D)該人員與主管機關產生私法關係。

(　　) **13** 有關二次大戰前盛極一時之傳統「特別權力關係理論」之特徵，下列敘述何者錯誤？　(A)特別權力關係下，無法律保留原則之適用　(B)特別權力關係下，其成員不得提起行政救濟　(C)軍人與國家關係屬於特別權力關係　(D)公務員與國家間關係屬於對等關係。

(　　) **14** 依據中央行政機關組織基準法，除因性質特殊而另定名稱外，下列何者為四級行政機關名稱？　(A)分處　(B)分局　(C)分院　(D)分關。

(　　) **15** 有關管轄權之敘述，下列何者錯誤？　(A)管轄權係指行政機關得以執行行政任務之權限　(B)管轄權得由行政機關依職權移轉予他機關行使　(C)管轄權除規定於行政機關之組織法外，亦得規定於作用法　(D)管轄權非依法規不得變更。

(　　) **16** 關於委辦事項之敘述，下列何者錯誤？　(A)係地方自治團體依據上級法規執行之事項　(B)係地方自治團體執行上級政府交付辦理屬於該地方自治團體固有之事務　(C)地方自治團體就委辦事項應負行政執行之責任　(D)地方自治團體執行委辦事項應受上級政府之指揮監督。

(　　) **17** 關於行政程序法上職務協助之規定，下列敘述何者錯誤？　(A)為確保行政一體之行政機能，下級機關自應主動協助上級機關履行職權　(B)若由他機關協助執行，顯較經濟者，得請求其提供協助　(C)僅限於在行政機關本身之權限範圍內提供協助　(D)職務協助之請求，於緊急情形下，得以口頭方式提出。

( ) **18** 有關公務員之概念與適用，下列敘述何者錯誤？ (A)凡依法令從事於公務之人員，均為國家賠償法之公務員 (B)縣長屬公務員懲戒法之公務員 (C)法官於考績事項，屬公務人員考績法之公務人員 (D)民選首長屬公務員服務法之公務員。

( ) **19** 某市政府推行有禮貌運動，要求公務員行走間遇見職務長官時，應大聲問候「長官好」。該市府公務員甲不願遵守而受申誡，可依循下列何種管道救濟？ (A)申訴 (B)復審 (C)訴願 (D)行政訴訟。

( ) **20** 關於公務員懲戒與懲處之比較，下列何者正確？
(A)公務員懲戒為行政權之行使；公務員懲處為司法權之行使
(B)公務員懲戒無功過相抵之可能；公務員懲處有功過相抵之可能
(C)公務員懲戒最嚴重之法律效果為免職；公務員懲處最嚴重之法律效果為撤職
(D)對於公務員懲戒之議決不服者有可能聲請再審議；對於公務員懲處之決定不服者則無救濟之可能。

( ) **21** 依行政程序法有關行政機關權限之規定，下列敘述何者錯誤？ (A)依法規將權限一部交由所屬下級機關執行，稱為委任 (B)依法規將權限一部交由不相隸屬之行政機關執行，稱為委辦 (C)依法規將權限一部委託民間團體辦理 (D)依法規為委任或委託均須公告。

( ) **22** 教育部將權限委託私立東海大學辦理時，無須符合下列何種要件？
(A)應依法規為之 (B)得將權限完全委託 (C)應將委託事項公告之 (D)應將委託事項刊登政府公報。

( ) **23** 依行政程序法第15條與第16條之規定，下列關於「委任」與「委託」之說明，何者係正確？ (A)委任需依法規為之，委託則無限制 (B)委託對象僅限機關，委任對象則包括民間團體 (C)均涉及權限之部分移轉 (D)均涉及互相隸屬之機關。

( ) **24** 關於委託、委任及委辦之敘述，下列何者錯誤？ (A)委託係指行政機關依法規將其權限之一部分交由不相隸屬之機關執行 (B)委任係指行政機關依法規將其權限之一部分交由所屬下級機關執行 (C)依地方制度法之規定，委辦機關應將委辦事項及法規依據公告及刊登於政府公報 (D)委辦所需之經費，依財政收支劃分法規定，應由委辦機關負擔之；委託、委任經費之負擔，行政程序法並無明文。

(　　) **25** 關於行政助手之敘述，下列何者錯誤？　(A)係指私人受行政機關之委託，於其監督下辦理相關業務　(B)對外以委託機關之名義為之　(C)行政助手之委託，均須對外公告委託事項及法規依據　(D)人民就行政助手協助原委託機關所為之行政處分不服時，得向原委託機關之直接上級機關提起訴願。

(　　) **26** 於十字路口指揮交通之義勇交通警察，因未注意號誌已改變，導致遵從指揮之機車騎士受傷，試問本案是否成立國家賠償？　(A)因義勇交通警察非公務員，故不成立　(B)因操縱號誌之交通警察無故意過失，故不成立　(C)因義勇交通警察為行政助手且有過失，故成立　(D)因義勇交通警察為受委託行使公權力之個人且有過失，故成立。

(　　) **27** 甲鄉因無法自力收集垃圾，委託乙鄉代為清運處理，為下列何種行政管轄權之變動？　(A)權限之委任　(B)權限之代理　(C)委託行使公權力　(D)權限之委託。

(　　) **28** 依據「行政法人法」規定，行政法人是為執行特定公共事務而設立。下列何項不符合此「特定公共事務」之範圍？　(A)具有專業需求者　(B)不適合由政府機關推動，亦不宜交由民間辦理者　(C)所涉公權力行使程度較高者　(D)須強化成本效益及經營效能者。

(　　) **29** 戶政事務所在行政組織法上之地位，係屬下列何者？　(A)公法營造物　(B)地方自治團體　(C)行政機關　(D)隸屬於縣（市）政府之下的內部單位。

(　　) **30** 下列何者不是公務員提起復審之要件？　(A)公務員認為人事主管機關所為之行政處分違法，致損害其權利者　(B)已亡故公務員之遺族，基於該公務員身分所生之公法上財產請求權遭受侵害時　(C)公務員因服務機關對其依法申請之案件，於法定期間內應作為而不作為，認為損害其權利者　(D)公務員對於服務機關所為有關工作條件之處置認為不當，致影響其權益者。

解答與解析 (答案標示為#者，表官方曾公告更正該題答案。)

1 **(D)**。於受委託之範圍內，係以該私人或團體的名義作成行政處分。

2 **(B)**。公務人員保障法第25條第1項：「公務人員對於服務機關或人事主管機關（以下均簡稱原處分機關）所為之行政處分，認為違法或顯然不當，致損害其權利或利益者，得依本法提起復審。非現職公務人員基於其原公務人員身分之請求權遭受侵害時，亦同。」故復審標的應以行政處分為限。

3 **(B)**。行政法人法第2條參照。

4 **(D)**。(A)法人可分為財團法人與社團法人，公法人中亦有財團法人。(B)行政法人係依法設立，故行政機關不得訂定處務規程成立行政法人。(C)行政法人仍為公法人，自得行使公權力。

5 **(C)**。國家衛生研究院為公設財團法人，為私法人之一種。

6 **(D)**。行政法人法第3條：「行政法人之監督機關為中央各目的事業主管機關，並應於行政法人之個別組織法律或通用性法律定之。」

7 **(B)**。行政法人法第20條第1項：「行政法人進用之人員，依其人事管理規章辦理，不具公務人員身分，其權利義務關係，應於契約中明定。」

8 **(D)**。懲戒處分由監察院審查，而懲戒係由懲戒法院作成。

9 **(C)**。宗教財團法人為私法人。

10 **(D)**。(A)行政程序法（下同）第110條第4項：「無效之行政處分自始不生效力。」。(B)第113條第1項：「行政處分之無效，行政機關得依職權確認之。」(C)第112條：「行政處分一部分無效者，其他部分仍為有效。但除去該無效部分，行政處分不能成立者，全部無效。」。(D)第111條：「行政處分有下列各款情形之一者，無效：一、不能由書面處分中得知處分機關者。二、應以證書方式作成而未給予證書者。三、內容對任何人均屬不能實現者。四、所要求或許可之行為構成犯罪者。五、內容違背公共秩序、善良風俗者。六、未經授權而違背法規有關專屬管轄之規定或缺乏事務權限者。七、其他具有重大明顯之瑕疵者。行政處分有下列各款情形之一者，無效：一、不能由書面處分中得知處分機關者。二、應以證書方式作成而未給予證書者。三、內容對任何人均屬不能實現者。四、所要求或許可之行為構成犯罪者。五、內容違背公共秩序、善良風俗者。六、未經授權而違背法規有關專屬管轄之規定或缺乏事務權限者。七、其他具有重大明顯之瑕疵者。」

11 **(C)**。(A)為受託行使公權力私人，在行使公權力範圍內是為行政機關。(C)為行政機關下之內部單位。

12 **(C)**。參司法院釋字第305號解釋（節錄）：公營事業依公司法規定設立者，為私法人，與其人員間，為私法上之契約關係，雙方如就契約關係已否消滅有爭執，應循民事訴訟途徑解決。行政法院60年度裁字第232號判例，認為此種公司無被告當事人能力，其實質意義為此種事件不屬行政法院之權限，與憲法尚無牴觸。至於依公司法第27條經國家或其他公法人指派在公司代表其執行職務或依其他法律逕由主管機關任用、定有官等、在公司服務之人員，與其指派或任用機關之關係，仍為公法關係，合併指明。

13 (D)。在特別權力關係下，公務員與國家間關係屬於不對等關係。

14 (B)。中央行政機關組織基準法第6條第1項：「行政機關名稱定名如下：一、院：一級機關用之。二、部：二級機關用之。三、委員會：二級機關或獨立機關用之。四、署、局：三級機關用之。五、分署、分局：四級機關用之。」

15 (B)。行政程序法第11條：「行政機關之管轄權，依其組織法規或其他行政法規定之。行政機關之組織法規變更管轄權之規定，而相關行政法規所定管轄機關尚未一併修正時，原管轄機關得會同組織法規變更後之管轄機關公告或逕由其共同上級機關公告變更管轄之事項。行政機關經裁併者，前項公告得僅由組織法規變更後之管轄機關為之。前二項公告事項，自公告之日起算至第三日起發生移轉管轄權之效力。但公告特定有生效日期者，依其規定。管轄權非依法規不得設定或變更。」故管轄權不得由行政機關「依職權」移轉予他機關行使。

16 (B)。地方制度法第2條第3款：「委辦事項：指地方自治團體依法律、上級法規或規章規定，在上級政府指揮監督下，執行上級政府交付辦理之非屬該團體事務，而負其行政執行責任之事項。」第29條：「直轄市政府、縣（市）政府、鄉（鎮、市）公所為辦理上級機關委辦事項，得依其法定職權或基於法律、中央法規之授權，訂定委辦規則。委辦規則應函報委辦機關核定後發布之；其名稱準用自治規則之規定。」

17 (A)。行政程序法第19條：「行政機關為發揮共同一體之行政機能，應於其權限範圍內互相協助。行政機關執行職務時，有下列情形之一者，得向無隸屬關係之其他機關請求協助：一、因法律上之原因，不能獨自執行職務者。二、因人員、設備不足等事實上之原因，不能獨自執行職務者。三、執行職務所必要認定之事實，不能獨自調查者。四、執行職務所必要之文書或其他資料，為被請求機關所持有者。五、由被請求機關協助執行，顯較經濟者。六、其他職務上有正當理由須請求協助者。前項請求，除緊急情形外，應以書面為之。被請求機關於有下列情形之一者，應拒絕之：一、協助之行為，非其權限範圍或依法不得為之者。二、如提供協助，將嚴重妨害其自身職務之執行者。被請求機關認有正當理由不能協助者，得拒絕之。被請求機關認為無提供行政協助之義務或有拒絕之事由時，應將其理由通知請求協助機關。請求協助機關對此有異議時，由其共同上級機關決定之，無共同上級機關時，由被請求機關之上級機關決定之。被請求機關得向請求協助機關要求負擔行政協助所需費用。其負擔金額及支付方式，由請求協助機關及被請求機關以協議定之；協議不成時，由其共同上級機關定之。」

18 **(C)**。(A)國家賠償法第2條第1項：「本法所稱公務員者，謂依法令從事於公務之人員。」(B)地方制度法第84條：「直轄市長、縣（市）長、鄉（鎮、市）長適用公務員服務法；其行為有違法、廢弛職務或其他失職情事者，準用政務人員之懲戒規定。」(C)依照法官法之規定，法官與國家之關係為法官特別任用關係，與一般公務員不同，因此不受公務人員考績法之規範。(D)公務員服務法第2條：「本法適用於受有俸給之文武職公務員及公營事業機構純勞工以外之人員。前項適用對象不包括中央研究院未兼任行政職務之研究人員、研究技術人員。」

19 **(A)**。公務人員保障法第77條第1項：「公務人員對於服務機關所為之管理措施或有關工作條件之處置認為不當，致影響其權益者，得依本法提起申訴、再申訴。」本題有關大聲問候「長官好」，應屬管理措施，甲不願遵守而受申誡，可依循申訴管道救濟。

20 **(B)**。(A)公務員懲戒與懲處均屬行政權之行使。(C)公務員懲戒最嚴重之法律效果為撤職；公務員懲處最嚴重之法律效果為免職。(D)對於公務員懲戒之議決不服者有可能上訴懲戒法院第二審及聲請再審；對於公務員懲處之決定不服者，視其性質，仍得循公務人員保障法第25條之規定提起複審，或依第77條之規定提起申訴、再申訴。

21 **(B)**。依法規將權限一部交由不相隸屬之行政機關執行，稱為委託。

22 **(B)**。行政程序法第16條：「行政機關得依法規將其權限之一部分，委託民間團體或個人辦理。前項情形，應將委託事項及法規依據公告之，並刊登政府公報或新聞紙。第一項委託所需費用，除另有約定外，由行政機關支付之。」

23 **(C)**。行政程序法第15條：「行政機關得依法規將其權限之一部分，委任所屬下級機關執行之。行政機關因業務上之需要，得依法規將其權限之一部分，委託不相隸屬之行政機關執行之。前二項情形，應將委任或委託事項及法規依據公告之，並刊登政府公報或新聞紙。」第16條：「行政機關得依法規將其權限之一部分，委託民間團體或個人辦理。前項情形，應將委託事項及法規依據公告之，並刊登政府公報或新聞紙。第一項委託所需費用，除另有約定外，由行政機關支付之。」

24 (C)。地方制度法第29條：「直轄市政府、縣（市）政府、鄉（鎮、市）公所為辦理上級機關委辦事項，得依其法定職權或基於法律、中央法規之授權，訂定委辦規則。委辦規則應函報委辦機關核定後發布之；其名稱準用自治規則之規定。」

25 (C)。行政助手僅為行政機關手足之延伸，欠缺獨立性，故行政助手之行為即行政機關之行為，毋庸對外公告委託事項及法規依據。

26 (C)。義勇交通警察於十字路口指揮交通，係受交通警察之指揮監督，僅為交通警察手腳之延伸，屬行政助手，故其故意過失視為交通警察之故意過失，成立國家賠償。

27 (D)。甲鄉因無法自力收集垃圾，委託乙鄉代為清運處理，兩者間不相隸屬，應屬行政程序法第15條第2項「行政機關因業務上之需要，得依法規將其權限之一部分，委託不相隸屬之行政機關執行之」之權限委託。權限委任則為同法第1項：「行政機關得依法規將其權限之一部分，委任所屬下級機關執行之」之情形。

28 (C)。行政法人法第2條第2項：「前項特定公共事務須符合下列規定：一、具有專業需求或須強化成本效益及經營效能者。二、不適合由政府機關推動，亦不宜交由民間辦理者。三、所涉公權力行使程度較低者。」

29 (C)。戶政事務所有獨立的編制、預算，且得以自己名義對外為法律行為，故戶政事務所應為行政機關而非內部單位。

30 (D)。公務人員保障法第25條：「公務人員對於服務機關或人事主管機關（以下均簡稱原處分機關）所為之行政處分，認為違法或顯然不當，致損害其權利或利益者，得依本法提起復審。非現職公務人員基於其原公務人員身分之請求權遭受侵害時，亦同。公務人員已亡故者，其遺族基於該公務人員身分所生之公法上財產請求權遭受侵害時，亦得依本法規定提起復審。」第77條第1項：「公務人員對於服務機關所為之管理措施或有關工作條件之處置認為不當，致影響其權益者，得依本法提起申訴、再申訴。」

【申論題】

第一回

一、內政部移民署薦任第九職等科長甲因工作效率不彰，遭降調為同一單位之專員（職務列等為薦任第七職等至第八職等），甲仍以原職等任用。請問甲得循何種途徑救濟？

解 甲應得於復審後，提起行政訴訟救濟：

(一)按公務人員對於服務機關或人事主管機關所為之行政處分，認為違法或顯然不當，致損害其權利或利益者，得依本法提起復審，為公務人員保障法第25條第1項所明文。本題甲因工作效率不彰，遭降調為同一單位之專員，該調降命令核屬影響甲公務員身分之行政處分，甲應得依上開規定提起復審救濟。

(二)次按由主管人員調任為同一機關非主管人員，但仍以原官等官階任用並敘原俸級及同一陞遷序列，雖使其因此喪失主管加給之支給，惟基於對機關首長統御管理及人事調度運用權之尊重，且依公務人員俸給法第2條第5款規定，主管加給係指本俸、年功俸以外，因所任「職務」性質，而另加之給與，並非本於公務人員身分依法應獲得之俸給，故應認該職務調任，未損及既有之公務員身分、官等、職等及俸給等權益，不得提起行政訴訟請求救濟，為最高行政法院104年8月份第2次庭長法官聯席會議決議所明揭。倘依照最高行政法院之意旨，則甲雖遭降調為同一單位之專員（職務列等為薦任第七職等至第八職等），但仍以原職等任用，故如對於復審決定不服，應不得提起行政訴訟請求救濟。

(三)惟司法院釋字第785號解釋理由書中明揭，公務人員與國家間雖具有公法上職務關係，但其作為基本權主體之身分與一般人民並無不同，本於憲法第16條有權利即有救濟之意旨，人民因其公務人員身分，與其服務機關或人事主管機關發生公法上爭議，認其權利遭受違法侵害，或有主張權利之必要，自得按相關措施與爭議之性質，依法提起相應之行政訴訟，並不因其公務人員身分而異其公法上爭議之訴訟救濟途徑之保障。

(四)鑒於特別權力關係隨實務進展歷程逐年之突破，應肯定不得以因具有公務人員身分而異其公法上爭議之訴訟救濟途徑之保障，故本件對於調降之行政處分，甲應得於復審後，提起行政訴訟救濟之。

二、A為公務人員考試錄取分配B機關實務訓練之人員。A於實務訓練期間登記為市議員候選人，於候選人名單公布後，A應否請事假或休假？如A因忙於競選活動，B機關評定其實務訓練成績為不及格，並函送公務人員保障暨培訓委員會，經公務人員保障暨培訓委員會核定其成績為不及格。A質疑遭受政治打壓而擬提起救濟，其應循何救濟途徑？請說明之。

解 (一)A應依規定請假：

1.按經正式任用為公務人員前，實施學習或訓練人員準用公務人員行政中立法之規定，為公務人員行政中立法第17條所明定。A為公務人員考試錄取分配B機關實務訓練之人員，並於實務訓練期間登記為市議員候選人，自有公務人員行政中立法之適用。

2.次按公務人員登記為公職候選人者，自候選人名單公告之日起至投票日止，應依規定請事假或休假為公務人員行政中立法第11條第1項所明文，故A應依此規定請假。

(二)A應循訴願程序救濟之：

1.按應各種公務人員考試錄取參加訓練之人員，或訓練期滿成績及格未獲分發任用之人員，準用公務人員保障法之規定，為公務人員保障法第102第1項條所明定。A為公務人員考試錄取分配B機關實務訓練之人員，並於實務訓練期間登記為市議員候選人，自有公務人員保障法之適用。

2.次按前揭應各種公務人員考試錄取參加訓練之人員，不服保訓會所為之行政處分者，有關其權益之救濟，依訴願法之規定行之，為同法第2項所明文，故如A經公務人員保障暨培訓委員會核定其成績為不及格而擬提起救濟，應依上開規定依訴願法之規定提起訴願。

第二回

一、警察甲因協助暴力集團討債遭檢察官起訴，服務機關召開考績委員會決議將甲免職。甲不服免職處分，應循何種途徑請求行政救濟？甲認為考績委員會未通知其陳述意見，僅憑起訴書之事實即予以免職，該免職處分違法。甲之主張有無理由？

解 (一)警察甲應循復審及行政訴訟之方式救濟：

1.按公務人員對於服務機關或人事主管機關所為之行政處分，認為違法或顯然不當，致損害其權利或利益者，得依公務人員保障法提起復審，為公務人員保障法第25條第1項所明定。

2.次按中央或地方機關依公務人員考績法或相關法規之規定，對公務員所為之免職處分，直接影響其憲法所保障之服公職權利，受處分之公務員自得行使憲法第16條訴願及訴訟之權，為司法院釋字第243號解釋所明揭。

3.經查，本件服務機關對甲免職，係做成一直接影響甲憲法所保障服公職權利之行政處分，故甲自得循上開規定提起復審。如對於復審結果不服，得逕提起行政訴訟救濟之。

(二)對於考績委員會未通知甲陳述意見，僅憑起訴書之事實即予以免職，甲主張該免職處分違法，應屬有理：

1.按對公務員之免職處分，係限制憲法保障人民服公職之權利，剝奪其憲法上保障之工作權，自應踐行正當法律程序；如作成處分，應經機關內部組成立場公正之委員會決議，處分前應依行政程序法第102條規定，給予受處分人陳述意見之機會，為司法院釋字第491號解釋所明揭。

2.經查，考績委員會將甲免職，涉及甲服公職權與工作權之剝奪，基於正當法律程序之保障，應賦予甲陳述意見之機會。惟考績委員會並未通知甲陳述意見，僅憑起訴書之事實即予以免職，核與正當法律程序保障意旨不符，故甲以此為由主張該免職處分違法，應屬有理。

二、行政主體或行政機關間發生下列之權限爭議時，應如何解決？

(一) A縣與中央間之權限爭議；

(二) A縣與其他地方自治團體間之權限爭議；

(三) A縣政府文化局與A縣政府教育處間之權限爭議；

(四) 銓敘部與行政院人事行政總處間之權限爭議。

解 (一) A縣與中央間之權限爭議，應由立法院院會議決解決：

1.按中央與直轄市、縣（市）間，權限遇有爭議時，由立法院院會議決之，為地方制度法第77條第1項前段所明定。

2.故A縣與中央間之權限爭議，應由立法院院會議決解決之。

(二) A縣與其他地方自治團體間之權限爭議，視該其他地方自治團體為何，決定其權限爭議解決方式：

1.地方制度法第77條第1項後段所明定，縣與鄉（鎮、市）間，自治事項遇有爭議時，由內政部會同中央各該主管機關解決之；同法第2項明定，直轄市間、直轄市與縣（市）間，事權發生爭議時，由行政院解決之；縣（市）間，事權發生爭議時，由中央各該主管機關解決之；鄉（鎮、市）間，事權發生爭議時，由縣政府解決之。

2.故若其他地方自治團體為鄉（鎮、市），應由由內政部會同中央各該主管機關解決；如為直轄市，由行政院解決之；如為縣（市），由縣政府解決之。

(三) A縣政府文化局與A縣政府教育處間之權限爭議，應由A縣政府協調解決之：

1.按數行政機關於管轄權有爭議時，由其共同上級機關決定之，為行政程序法第14條第1項前段所明定。

2.A縣政府文化局與A縣政府教育處均為行政機關，故其權限爭議，應由A縣政府協調解決之。

(四) 銓敘部與行政院人事行政總處間之權限爭議，應由考試院及行政院共同協調解決之：

1.按數行政機關於管轄權有爭議時，由其共同上級機關決定之，無共同上級機關時，由各該上級機關協議定之，為行政程序法第14條第1項所明定。

2.銓敘部與行政院人事行政總處均為行政機關，且銓敘部之上級機關為考試院，行政院人事行政總處之上級機關為行政院，兩者間無共同上級機關，故應由考試院及行政院共同協調解決之。

第三回

一、請分別說明「行政委託」及「行政助手」之定義及其區別；並附理由說明：接受臺北市停車管理工程處委託，從事路邊停車開單事務的民間業者，是「受委託行使公權力的私人」或是「行政助手」？

解 (一)「行政委託」及「行政助手」之定義及其區別說明如下：

1.行政委託，係指行政機關得依法規將其權限之一部分，委託民間團體或個人辦理。此時行政機關應將委託事項及法規依據公告之，並刊登政府公報或新聞紙；行政助手，又稱行政輔助人，係指在行政機關指示下，協助該機關處理行政事務之輔助人力，即機關手足之延伸，例如義消、義警、民間拖吊業者。行政助手並非獨立之機關，不具有自主之地位，行政助手亦非公務員。

2.在行使公權力之名義上，行政委託係受託行使公權力之私人或團體，非行政機關，行政助手則是以行政機關為名義；在行政爭訟中是否具有當事人能力，依照行政訴訟法第25條，受託行使公權力之私人或團體具有當事人能力，行政助手本身則無；在是否受機關監督而不具有獨立性上，行政委託不受機關監督，而具有獨立性，惟行政助手因其本質為機關手足之延伸，故受機關監督而不具有獨立性。

(二)接受臺北市停車管理工程處委託，從事路邊停車開單事務的民間業者，是「行政助手」：接受臺北市停車管理工程處委託，從事路邊停車開單事務的民間業者，通常係以臺北市政府之名義開單，並受臺北市政府之監督，不具獨立性，故應屬行政助手。

二、何謂「行政法人」？對行政法人之行政處分不服，得向何機關依何種法律請求何種救濟？

解 (一)行政法人乃公法人之一種。依照行政法人法第2條，所謂行政法人，係指國家及地方自治團體以外，由中央目的事業主管機關，為執行特定公共事務，依法律設立之公法人。至於所謂「特定公共事務」，須符合下列規定：1.具有專業需求或須強化成本效益及經營效能者；2.不適合由政府機關推動，亦不宜交由民間辦理者；3.所涉公權力行使程度較低者。故行政法人具備法律人格，得為權利義務之主體；而通常不宜交由民間辦理，又不應採刻板之政府機關組織型態者，則會改由行政法人以企業化方式營運，以達成特定公共行政目的。

(二)對行政法人之行政處分不服，得向其監督機關提起訴願：

1.按對於行政法人之行政處分不服者，得依訴願法之規定，向監督機關提起訴願，為行政法人法第39條所明定。查其立法理由，係因行政法人法業將行政法人定位為公法人，故對於其所為之行政處分不服時，得依訴願法規定，向監督機關提起訴願，以確定其訴願管轄機關。至如屬私經濟行為發生爭訟時，則應循民事訴訟途徑解決。

2.故對行政法人之行政處分不服，得依訴願法之規定，向監督機關提起訴願。

NOTE

第三篇　行政作用法

關鍵1 行政作用之種類整理

行政作用之種類		定義	是否具有強制力
行政處分		行政機關就公法上具體事件所為之決定或其他公權力措施而對外直接發生法律效果之單方行政行為。（行政程序法第92條第1項）	✓
行政契約		用以設定、變更或消滅公法上法律關係之契約。（行政程序法第135條）	✓
行政命令	緊急命令	總統為避免國家或人民遭遇緊急危難或應付財政經濟上重大變故，而經行政院會議之決議所發布之命令。（憲法增修條文第2條第3項）	✓
	法規命令	行政機關基於法律授權，對多數不特定人民就一般事項所作抽象之對外發生法律效果之規定。（行政程序法第150條第1項）	✓
	行政規則	上級機關對下級機關，或長官對屬官，依其權限或職權為規範機關內部秩序及運作，所為非直接對外發生法規範效力之一般、抽象之規定。（行政程序法第159條第1項）	✓（但不直接對外發生效力）

行政作用之種類		定義	是否具有強制力
行政命令	職權命令	行政機關本於法定職權，基於執行業務需要，並且未經法律授權所發之命令。（中央法規標準法第7條）	✓
行政計畫		行政機關為將來一定期限內達成特定之目的或實現一定之構想，事前就達成該目的或實現該構想有關之方法、步驟或措施等所為之設計與規劃。（行政程序法第163條）	✗
行政指導		行政機關在其職權或所掌事務範圍內，為實現一定之行政目的，以輔導、協助、勸告、建議或其他不具法律上強制力之方法，促請特定人為一定作為或不作為之行為。（行政程序法第165條）	✗
事實行為		行政行為僅直接發生事實上效果之行為。	✗
行政罰		為維持行政上之秩序，達成國家行政之目的，對違反行政法上義務者所加之制裁，屬裁罰性之不處分。	✓
行政執行		行政機關為了確保義務人之履行以達到公行政目的，而施加實力於人民，使其實現行政上必要之作為。	✓

關鍵2 行政程序【110高考三級、普考、司法四等(法警)、地特三等、地特四等】

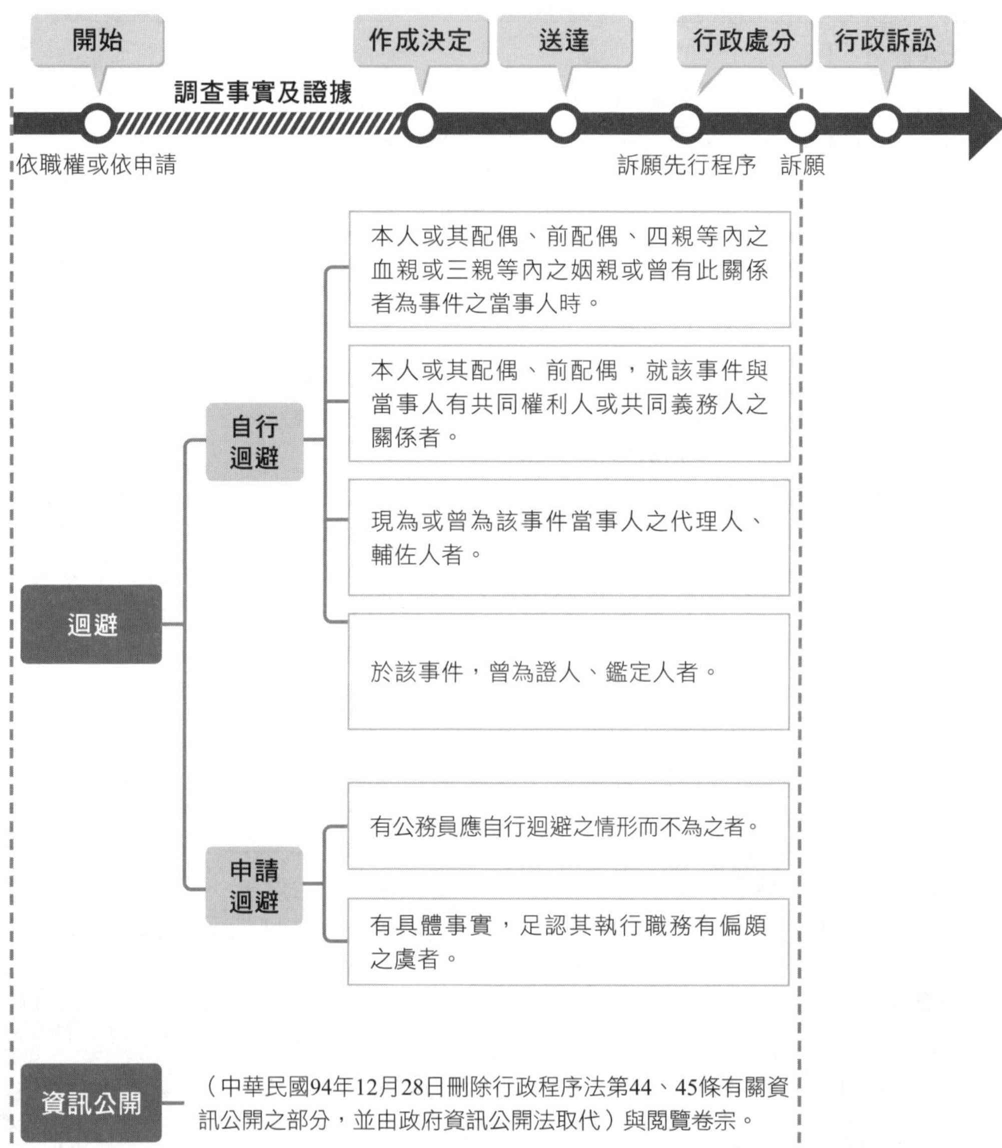

關鍵3 行政命令【110司法三等、地特三等、地特四等；111普考】

行政命令之種類	定義	是否具有強制力
緊急命令	總統為避免國家或人民遭遇緊急危難或應付財政經濟上重大變故，而經行政院會議之決議所發布之命令。（憲法增修條文第2條第3項）	✓
法規命令	行政機關基於法律授權，對多數不特定人民就一般事項所作抽象之對外發生法律效果之規定。（行政程序法第150條第1項）	✓
行政規則	上級機關對下級機關，或長官對屬官，依其權限或職權為規範機關內部秩序及運作，所為非直接對外發生法規範效力之一般、抽象之規定。（行政程序法第159條第1項）	✓（但不直接對外發生效力）
職權命令	行政機關本於法定職權，基於執行業務需要，並且未經法律授權所發之命令。（中央法規標準法第7條）	✓

關鍵4 行政處分

一、行政處分之概念

(一) **行政處分**【110高考三級、普考】：行政機關就公法上具體事件所為之決定或其他公權力措施而對外直接發生法律效果之單方行政行為。

(二) **一般處分**【110鐵路員級】：行政處分之相對人雖非特定，而依一般性特徵可得確定其範圍者，為一般處分。

二、行政處分之附款【110一般警三；111一般警三、高考三級】

種類	說明	與行政處分是否獨立可分	附款違法之救濟方式（行政訴訟類型）
期限	係指由於行政權的意思表示，行政處分特別規定從一定之時日開始（始期）、終止（終期）或僅於一定之期間內（期間），給予人民利益或課予負擔。 例如：內政部警政署出入境管理局對於曾經逾期居留之外國人不予申請許可居留之期間。	✕	課予義務訴訟
條件	係指行政處分規定給予人民利益或課予負擔之發生或消滅，繫於將來不確定之事實；行政處分的效果尚在不定的狀態，必其條件成就時，行政處分始完全發生效果（停止條件），或當然失其效果（解除條件）。 行政處分之效力繫於將來不確定事實者，可分為停止條件及解除條件。前者，於條件成就時，行政處分發生效力。後者，於條件成就時，失其效力。 例如：營業許可附應設置停車場之條件，與設置停車場後，發生效力（停止條件）；對某外國人以為特定雇主工作為條件，准許居留，如離職，則居留之核准失效（解除條件）	✕	課予義務訴訟

種類	說明	與行政處分是否獨立可分	附款違法之救濟方式（行政訴訟類型）
負擔	係指於授益處分中附加相對人須盡一定之義務，命其為一定之作為、不作為或忍受為一種對相對人不利之內容；在本質上應可單獨作成行政處分，亦具有較強之獨立性，例如：准許外國人居留，但附加不得在臺就業之限制。處分之附款可視為其獨立之意思，即當事人也能對機關之處分附款提撤銷之訴或課與義務之訴。 例如：起造人向建管單位申請核發建造執照，主管機關許可之同時，課予起造人必須開放一定數量之停車位供大眾使用（作為義務）。	✓	撤銷訴訟
廢止權之保留	保留行政處分之廢止權：係指行政處分在附有特定情形下，或在原處分機關所選定之任何時間，得予廢止之表示者，如授益處分中，行政機關得於行政處分所規定之特別情形下，將行政處分全部或一部予以廢止，使其效力終止。 例如：主管建築機關於建築物在施工中，認有建築法第58條所列各款情形，於必要時得強制拆除。	✕	課予義務訴訟
負擔之保留	保留負擔之事後附加或變更：係指行政機關於作成行政處分時，即保留得於事後對行政處分為附加、變更或補充負擔之權限。 例如：核准設立工廠，但對是否足以影響鄰人之噪音尚不確定，因此保留日後應設置防止噪音裝置之負擔。	✓	撤銷訴訟

三、行政處分之效力【110司法四等(法警)】

效力種類	說明
存續力 (亦稱為確定力，參行政程序法第110條第3項：「行政處分未經撤銷、廢止，或未因其他事由而失效者，其效力繼續存在」)【107司法三等】	1. **形式存續力(不可撤銷性)** 係指行政處分之相對人或利害關係人已**不能再以通常之救濟途徑**(訴願及行政訴訟)請求變更或撤銷行政處分時，該處分即具有**不可爭力**，此即為形式上之存續力。 行政處分雖拘束原處分機關，然原處分機關為維護公益或基於法律規定或於一定之要件下，得撤銷或廢止行政處分，使該行政處分失效。換言之，若行政處分之效力已無存續之必要，行政機關得予以撤銷或廢止。(此時應注意人民信賴利益之保護，亦即在因行政處分而產生權利之情形(即授益處分)，基於公益以及排除重大災害之考慮，行政機關雖得將處分變更撤銷或廢止，使其確定之效果歸於消滅，但行政機關採取上述措施時，應儘可能保護既得之權利) 知識補給站 **最高行政法院61年裁字第73號判例** 訴願法第九條所稱行政處分書，包括行政機關對於特定事件所為發生公法上權義效果之一切文書在內，並不以送達之處分通知書為限，此與訴訟文書必須送達之情形，不盡相同，故縣市政府就特定農地所為重劃及開闢農事水路之公告，自屬行政處分書之一種。此項公告如經人民閱覽，其意思表示(行政處分)即已發生達到之效力，**人民如不服公告之行政處分而欲提起訴願，應自公告期滿之次日起三十日內為之。逾期行攻處分即告確定，無再事爭訟之餘地**。 2. **實質存續力** 行政處分就其內容對**相對人、關係人及原處分機關發生拘束之效力**，隨行政處分之宣示(送達或公告)而發生，非先有形式上之不可撤銷性而後出現。
構成要件效力	行政處分內容無論為下命、形成或確認，均有產生一種行政法上法律關係之可能，不僅應受其他國家機關之尊重，抑且在其他行政機關或法院有所裁決時，倘若涉及先前由行政處分所確認或據以成立之事實(先決問題)，即應予以承認或接受，此即所謂構成要件效力，亦即**作成行政處分所認定之事實，會成為其他機關裁決之既定的構成要件**。

效力種類	說明
構成要件效力	例如：主管投資機關依據華僑回國投資條例（已廢止）之規定，核准華僑申請回國投資之案件時，關於僑務主管機關就華僑身分之認定，即為其作為核准投資處分之構成要件事實之一部份。
確認效力	行政處分有產生行政法關係之可能，應受其他國家機關之尊重，其他行政機關甚至法院有所裁決時，若涉及先前由行政處分所確認或據以成立之事實（通常表現為先決問題），即應予承認及接受。 一般認為確認效力**以法規有特別規定者為限**，亦即必須所適用之法律明文承認確認效力之存在，始有確認效力之適用。 例如：享有華僑回國投資條例（已廢止）之優惠者，其華僑身分之認定應由僑務主管機關為之，經認定為華僑者，其他機關或法院均應接受此項確認之事實。
拘束力	係指行政處分發生效力後，相對人、利害關係人及行政機關均應受其拘束，亦即該**行政處分就個案之處置所形成之法律狀況（包括作用）**，**應受到第三人、其他機關及法院之尊重**。當然此處之行政處分係指有效之行政處分，若為無效之行政處分，因自始不生效力（行政程序法第110條第4項），縱使通知相對人或利害關係人，亦不生拘束力。
執行力	係指**下命處分**一旦生效，即具有**執行力**。於人民不履行時，**行政機關不必經由法院之協助**，即得**以行政處分為執行名義**，由原處分機關或該管行政機關執行之。（行政執行法第4條第1項） 欲停止行政處分執行力通常應循爭訟途徑提起救濟。依照我國之制度，提起訴願和行政訴訟均不能停止其執行，但原處分機關、訴願決定之機關或行政法院，得依職權或申請而停止原處分（決定）之執行。（訴願法第93條、行政程序法第116條參照）

四、行政處分之合法要件【111一般警三；高考三級】

(一) 管轄權

1. 作成行政處分之機關必須屬於在地域管轄及事務（物）管轄上之有權官署，原本無管轄權之機關所為行為，除非因委任或委託之關係，從上級或平行之機關獲得授權，否則即屬有瑕疵之處分行為。

法律上強制遵守機關權限劃分，其主要理由有二：

(1)貫徹憲法上之權力分立原則以及設置部會之制度。

(2)維護人民審級救濟之利益，假使行政機關違背管轄所作成行政處分，行政爭訟之審級救濟必陷於紊亂。

2.欠缺合法要件之效力：行政程序法第111條第6款：「行政處分有未經授權而違背法規有關專屬管轄之規定或缺乏事務權限者，無效。」

(二)**機關組成**

1.行政處分應由合法之機關構成員作成，始為有效。

下列情行與即此項要件相違背，學理上認為構成撤銷之原因：

(1)應行迴避之公務員，未迴避而做成行政處分。

(2)有決定性影響之公務員如機關首長或代為決行之主管，其任命不合法或精神狀態不健全。

(3)依法應由合議作成之處分，未經合議程序。

註：若組織形態上雖屬合議制機關，但其組織法規並未規定行政處分之作成須經合議程序者，其首長單獨決策而對外作成之處分，效力毋庸置疑。例如勞動部依其組織條規定，委員會亦之職權限於勞工政策、計畫及法規等審議事項，並不包括具體行政行為之議決。又如僅供機關首長或上級機關諮詢之委員會，其是否參與並不影響行政處分之效力。但作成行政處分依法應經機關內部之委員會調查評估者，如未踐行此項程序，其處分則有瑕疵。

2.欠缺合法要件之效力：學說上認為機關之組成不合法構成行政處分**得撤銷**之原因。

(三)**處分方式**

1.行政處分必須送達、公告或以他法使相對人知悉，始生效力。

2.方式自由原則：

(1)行政處分除法規另有要式之規定者外，得以書面、言詞或其他方式為之。（行政程序法第95條第1項）

(2)行政處分通常以公文書之方式對外表現，符合公文製作之方式者，可謂已符合本要件，縱使文書有輕微瑕疵（如文字記載錯誤或數字計算有誤等情形），於效力不生影響，亦毋庸以爭訟手段請求撤銷，逕行更正即可。

(3)目前只有於訴願或相類似之程序，必須依法定格式製作決定書，其以命令或通知為之者，實務上不認為有效。

3.記明理由：原則上書面作成之行政處分應記明理由，惟**有下列各款情形之一者，得不記明理由**：

(1)**未限制人民之權益**者。

(2)處分相對人或利害關係人**無待處分機關之說明已知悉或可知悉**作成處分之理由者。

(3)**大量作成之同種類行政處分**或以自動機器作成之行政處分依其狀況無須說明理由者。

(4)**一般處分**經公告或刊登政府公報或新聞紙者。

(5)有關**專門知識、技能或資格所為之考試、檢定或鑑定**等程序。（這就是為什麼參加國考分數往往一翻兩瞪眼，尤其作文、申論題題型，考生完全搞不清楚自己的分數是怎麼形成的……）

(6)依法律規定無須記明理由者。

4.行政處分應有救濟之教示（因為人民未必皆熟悉法律，故行政機關應於行政處分內主動告知人民救濟其間及救濟方式）

5.欠缺合法要件之效力

(1)**有關處分程序或方式補正之情形**（行政程序法第114條）：違反程序或方式規定之行政處分，除依第111條規定而無效者外，因下列情形而**補正**：

A.須經申請始得作成之行政處分，當事人已於事後提出者。

B.必須記明之理由已於事後記明者。

C.應給予當事人陳述意見之機會已於事後給予者。

D.應參與行政處分作成之委員會已於事後作成決議者。

E.應參與行政處分作成之其他機關已於事後參與者。

前項第二款至第五款之補正行為，僅得於訴願程序終結前為之；得不經訴願程序者，僅得於向行政法院起訴前為之。當事人因補正行為致未能於法定期間內聲明不服者，其期間之遲誤視為不應歸責於該當事人之事由，其回復原狀期間自該瑕疵補正時起算。

(2)**救濟教示錯誤之救濟**（行政程序法第98條、99條）：

A.處分機關告知之救濟期間有錯誤時，應由該機關以通知更正之，並自通知送達之翌日起算法定期間。

B.處分機關告知之救濟期間較法定期間為長者，處分機關雖以通知更正，如相對人或利害關係人信賴原告知之救濟期間，致無法於法定期間內提起救濟，而於原告知之期間內為之者，視為於法定期間內所為。

C.處分機關未告知救濟期間或告知錯誤未為更正，致相對人或利害關係人遲誤者，如自處分書送達後一年內聲明不服時，視為於法定期間內所為。

D.對於行政處分聲明不服，因處分機關未為告知或告知錯誤致向無管轄權之機關為之者，該機關應於十日內移送有管轄權之機關，並通知當事人。並視為人民自始向有管轄權之機關聲明不服。

(四) **處分程序**【110司法四等(法警)】

1.行政處分之做成應踐行一定手續，屬於處分程序要件之範圍。

2.下列情行為具有瑕庛之情形：

(1)須當事人或須其他機關協力之處分，未經協力者。

(2)陳述意見：做成行政處分前依法應聽取相對人之陳述，而未能聽取者（行政程序法第102條：行政機關作成限制或剝奪人民自由或權利之行政處分前，除已依第39條規定，通知處分相對人陳述意見，或決定舉行聽證者外，應給予該處分相對人陳述意見之機會。但法規另有規定者，從其規定。）

(3)法規定有特別之手續，而未遵守者：例如，設定礦業權之申請，省市主管機關應實施查勘後轉經濟部核准。(礦業法第19條)

3.倘程序欠缺，若屬得以補正者，一經補正即無瑕疵。

(五) **處分內容**：法律行為之內容須合法、確定及可能，行政處分亦然，惟行政處分之內容要件其涵義範圍更廣，凡有下列情形均不能認為已具備此項要件，原則上構成得撤銷之原因：

1.意思欠缺：行政機關基於錯誤、受詐欺或脅迫所為意思表示。

2.違法

(1)如缺乏積極之法律授權而作成限制人民權益之干涉行政處分、所根據之行政命令本身牴觸上級規範、裁量處分之作成違反合目的性及合義務性之判斷、裁量逾越、裁量濫用、違背禁止不當聯結原則等。

(2)適用法規錯誤

A.積極的適用錯誤：應適用甲法規而誤用以法規，或應引用子條文而勿引用丑條文。

B.消極的適用錯誤：應適用某法規而不適用。

C.錯誤解釋法規。

D.將法規適用於不該當之事實（涵攝錯誤）。

3.內容不確定。

4.認定事實（闡明事實關係之過程）錯誤。

5.違反法令以外之其他規範：除不得違反法律、命令之外，亦不得與解釋例、判例、國際法及一般法律原則牴觸。

五、行政處分之無效、撤銷及廢止【110一般警三、警特三等、鐵路員級、高考三級、司法四等(書記官)、地特四等；111高考三級、普考】

(一)**無效**：行政處分之成立應具備一定要件，如有所欠缺，即形成有瑕疵之行政處分。構成行政處分「自始無效」之瑕疵程度必極為嚴重，始屬無效。針對構成行政處分無效之原因，行政程序法第111條第1~6款採列舉之方式，並以第7款概括條款，將行政無效之原因限於具有明顯而重大之瑕疵，若無，為維法律之秩序應，儘可能讓其得撤銷而非無效。以下羅列行政處分無效之原因如下：

1.不能由書面處分中得知處分機關者。

2.應以證書方式作成而未給予證書者。

3.內容對任何人均屬不能實現者。

4.所要求或許可之行為構成犯罪者。

5.內容違背公共秩序、善良風俗者。

6.未經授權而違背法規有關專屬管轄之規定或缺乏事務權限者。

7.其他具有重大明顯之瑕疵者。

(二)**行政處分之得否撤銷**

得撤銷之情形	不得撤銷之情形
行政程序法第117條規定，**違法行政處分**於**法定救濟期間經過後，原處分機關得依職權為全部或一部之撤銷**；其上級機關，亦得為之，但行政程序法第121條第1項明定，此撤銷權應自原處分機關或其上級機關**知有撤銷原因時起2年內**為之，以避免法律關係之不確定。	有下列各款情形之一，不得撤銷違法之行政處分： 1. 撤銷**對公益有重大危害**者。 2. 受益人無第119條所列信賴不值得保護之情形，而信賴授予利益之行政處分，其**信賴利益顯然大於撤銷所欲維護之公益**者。

得撤銷之情形	不得撤銷之情形
知識補給站 最高行政法院83年度判字第151號判例：行政機關於審酌是否撤銷授予利益之違法行政處分時，除受益人具有：一、以詐欺、脅迫或賄賂方法使行政機關作成行政處分；二、對重要事項提供不正確資料或為不完全陳述，致使行政機關依該資料或陳述而作成行政處分；三、明知行政處分違法或因重大過失而不知等信賴不值得保護之情形之一者外，依行政法上信賴保護原則，為撤銷之行政機關固應顧及該受益人之信賴利益。但為撤銷之行政機關行使裁量權之結果，倘認為撤銷該授予利益之違法行政處分所欲維護之公益顯然大於受益人之信賴利益者，該機關仍非不得依職權為全部或一部之撤銷。 →所以依行政機關行使裁量權之結果，倘認為撤銷行政處分所欲維護之公益顯然大於受益人之信賴利益時，此時機關即得為一部或全部之撤銷。	知識補給站 **信賴不值得保護之情形（行政程序法第119條）** ・以詐欺、脅迫或賄賂方法，使行政機關作成行政處分者。 ・對重要事項提供不正確資料或為不完全陳述，致使行政機關依該資料或陳述而作成行政處分者。 ・明知行政處分違法或因重大過失而不知者。

(三) **行政處分之廢止**

行政處分類型	限制
非授與利益之行政處分	因其廢止並未使相對人蒙受不利，故得由原處分機關**依職權為全部或一部廢止**。 但廢止後仍應為同一內容之處分或依法不得廢止者，則不得廢止之（行政程序法第122條）。例如：應為羈束處分者，於廢止後，仍應為相同之處分，故為避免人民混淆而不知所措，應予以禁止。

行政處分類型	限制
授予利益之行政處分	合法授益處分之廢止與違法行政處分之撤銷相同，均**應顧及人民信賴利益之保護**，故須於一定之法律要件下始得廢止，該處分之廢止應限於以下情形，始得由原處分機關依職權為全部或一部之廢止： 1. 法規准許廢止者。 2. 原處分機關保留行政處分之廢止權者。 3. 附負擔之行政處分，受益人未履行該負擔者。 4. 行政處分所依據之法規或事實事後發生變更，致不廢止該處分對公益將有危害者。 5. 其他為防止或除去對公益之重大危害者。 惟有以上廢止原因者，依行政程序法第124條，應**於廢止原因發生後2年內**廢止之。

(四) **行政處分之撤銷vs廢止**

	撤銷	廢止
標的	違法的行政處分	合法的行政處分
目的	糾正行政處分之瑕疵	調和目前的事實或法律狀態
效力	原則上溯及既往失效	原則上向將來失效
有權機關	原處分機關、上級機關、其他機關或行政法院皆可	原則上限於原處分機關

六、行政程序重開【111普考】

(一) **申請撤銷、廢止或變更處分之要件**：行政處分於法定救濟期間經過後，具有下列各款情形之一者，相對人或利害關係人得向行政機關申請撤銷、廢止或變更之。但相對人或利害關係人因重大過失而未能在行政程序或救濟程序中主張其事由者，不在此限：

1. 具有持續效力之行政處分**所依據之事實事後發生有利於相對人或利害關係人之變更**者。
2. 發生**新事實**或發現**新證據**者，但以如經斟酌可受較有利益之處分者為限。

知識補給站

何謂「新事實、新證據」？

依照過去最高行政法院一貫之見解，所謂「新事實、新證據」係指行政處分作成時業已存在，但為申請人所不知，致未經斟酌之事實及證據而言，並不包括作成行政處分後始發現之事實及證據。但要注意的是有關「新證據」的部分，依照民國110年01月20日修正後的行政程序法第128條，新增第4項：「第一項之新證據，指處分作成前已存在或成立而未及調查斟酌，及處分作成後始存在或成立之證據。」也就是說。所謂「新證據」，行政處分作成時業已存在，但為申請人所不知，致未經斟酌者以外，也包含處分作成後始存在或成立之證據。

3.其他具有**相當於行政訴訟法所定再審事由**且足以影響行政處分者。

(二) **申請撤銷、廢止或變更處分之期間**：申請程序重開者，應**自法定救濟期間經過後3個月內**為之；其事由發生在後或知悉在後者，自發生或知悉時起算。但**自法定救濟期間經過後已逾5年者，不得申請**。

知識補給站

法定救濟期間經過後

何謂「法定救濟期間經過後」？是否包含「窮盡救濟途徑」？亦即「經法院駁回而確定之行政處分」得否行程序重開之程序？

1. 最高行政法院107年度判字第597號判決認為，行政程序法第128條雖是針對已發生形式確定力之行政處分所設之特別救濟程序，然該條既明文規定適用之對象為「於法定救濟期間經過後」之行政處分，則**如果於法定救濟期間內，曾對行政處分循序提起撤銷訴訟**，經行政法院以實體判決**駁回**其訴**確定者**，該行政處分並非因法定救濟期間經過而確定，**即無前揭程序**（行政程序法第128條）**之適用**。
2. 學說上則認有為基於**依法行政、平等原則**，「法定救濟期間經過後」應與「窮盡救濟途徑」作相同之解釋，故**縱使未窮盡救濟途徑**，亦即縱使係未經法院駁回而確定之行政處分，**亦有行政程序法第128條程序重開之適用**。

(三) **申請撤銷、廢止或變更原處分之處置**：行政機關認前條之申請為有理由者，應撤銷、廢止或變更原處分；認申請為無理由或雖有重新開始程序之原因，如認為原處分為正當者，應駁回之。

七、公法上消滅時效【110司法四等(法警)】

公法上之請求權時效，其請求權人為……	**行政機關**	除法律另有規定外，因5年間不行使而消滅。
	人民	除法律另有規定外，因10年間不行使而消滅。
時效不中斷		行政處分因撤銷、廢止或其他事由而溯及既往失效時，自該處分失效時起，已中斷之時效視為不中斷。
時效之重行起算		因行政處分而中斷之時效，自行政處分不得訴請撤銷或因其他原因失其效力後，重行起算。
重行起算之時效期間		因行政處分而中斷時效之請求權，於行政處分不得訴請撤銷後，其原有時效期間不滿5年者，因中斷而重行起算之時效期間為5年。

關鍵5　行政契約【110地特四等；111普考】

一、行政契約之種類

(一) 依當事人間之關係區分

契約類型	說明
對等契約	當事人雙方地位平等，常見於當事人雙方均為行政主體之情形。 例如：新北市所屬之新店區、中和區、永和區，協議在新店區安坑地區設置焚化爐，共同使用及分攤經費。
隸屬契約	締約之雙方當事人具有上下之隸屬關係，常見於當事人為行政主體與私人間之情形，但若行政主體相互間，其中一方對他方本即得就協議之標的作單方規制時，亦得締結隸屬契約。 例如：中央機關對的地方政府之都市計畫，以作成行政契約之方式來代替行政處分之核可。

(二) 依契約內容區分

契約類型	說明
和解契約	行政機關對於行政處分所依據之事實或法律關係，經依職權調查仍不能確定者，為有效達成行政目的，並解決爭執，得與人民和解，所締結者即為行和解契約，用以代替行政處分。 例如：租稅協議協談、國家徵收土地補償金之協議、環境保護協議書。
雙務契約 （交換契約） 【110鐵路員級】	1. 行政機關與人民締結行政契約，互負給付義務者，即為雙務契約。 2. 為雙務契約之締結，應符合下列各款之規定： (1) 契約中應約定人民給付之特定用途。 (2) 人民之給付有助於行政機關執行其職務。 (3) 人民之給付與行政機關之給付應相當，並具有正當合理之關聯。 3. 並應注意以下之規定： (1) 行政契約應載明人民給付之特定用途及僅供該特定用途使用之意旨。 (2) 行政處分之作成，於行政機關無裁量權時，代替該行政處分之行政契約所約定之人民給付，應以依行政程序法第93條第1項規定得為附款者為限。

二、行政契約之無效

適用之契約類型	無效原因
隸屬契約	**代替行政處分之契約**，有下列各款情形之一者，無效： 1. 與其內容相同之行政處分為無效者。 2. 與其內容相同之行政處分，有得撤銷之違法原因，並為締約雙方所明知者。 →換言之，行政契約有下列行政程序法第111條所定瑕疵之情形時，應為無效： (1) 不能由書面處分中得知處分機關者。 (2) 應以證書方式作成而未給予證書者。 (3) 內容對任何人均屬不能實現者。

適用之契約類型	無效原因
隸屬契約	(4) 所要求或許可之行為構成犯罪者。 (5) 內容違背公共秩序、善良風俗者。 (6) 未經授權而違背法規有關專屬管轄之規定或缺乏事務權限者。 (7) 其他具有重大明顯之瑕疵者。 3. 締結之和解契約，未符合第行政程序法第136條之規定者。 4. 締結之雙務契約，未符合行政程序法第137條之規定者。
對等契約 與隸屬契約	1. 契約準用民法規定之結果為無效者，無效，例如： (1) 契約當事人之一方無行為能力（民法第75條）。 (2) 有真意保留（民法第86條）或通謀虛偽意思表示（民法第87條）情形。 (3) 違反法定方式。（民法第73條） (4) 違反公序良俗。（民法第72條） (5) 代理人無代理權。（民法第103、110條） (6) 以不能之給付為內容。（民法第246條） (7) 因錯誤（民法第88條）、傳達錯誤（民法第89條）、詐欺或脅迫（民法第92條），而撤銷締結行政契約意思表示（民法第114條）之情形。 2. 依其性質或法規規定不得締約契約者，所締結之契約無效。 3. 行政契約當事人之一方為人民，依法應以甄選或其他競爭方式決定該當事人時，行政機關應事先公告應具之資格及決定之程序。決定前，並應予參與競爭者表示意見之機會。違反上述規定者，所締結之契約無效。

關鍵6 行政事實行為及未定型化行政行為

一、行政事實行為之概念【110鐵路員級、高考三級；111普考】

事實行為係指**行政主體直接發生事實上效果之行為**，其與行政處分或其他基於表意行為不同者，在於後者以對外發生法律效果或以意思表示為要素。

廣義的事實行為包羅甚廣，舉凡行政機關之內部行為，對外所作之報導、勸告、建議等所謂行政指導行為、興建公共設施，實施教育及訓練等均屬其範圍。以物理上之強制力為手段的執行行為及與行政處分不易分辨之觀念通知，亦應歸之於事實行為。

狹義之事實行為僅指**單純高權行為**如實施教育、訓練、興建公共設施等，以及執行行為及強制措施。至於其他涉及表意行為者均列入後述之未定型化行為。

二、未定型化行政行為

未定型化契約行為亦可稱為非正式行政行為，係指行政程序法所明定之行為型態（行政處分、行政命令、行政契約、行政計畫、行政指導）以外，含有意思表示因素之行為。

關鍵7　行政指導【110高考三級】

行政指導乃行政事實行為之一部，係指行政機關在其職權或所掌事務範圍內，**為實現一定之行政目的**，以輔導、協助、勸告、建議或其他**不具法律上強制力**之方法，促請**特定人**為一定作為或不作為之行為。

關鍵8　行政計畫

我國行政程序法就行政計畫僅做原則性之規定，基本上分為兩類；**土地利用計畫**及**重大公共設施設置**，此類計畫通常皆涉及多數人之利益及不同行政機關之權限，故應經公開聽證程序，作成確定計畫之裁決，俾收集中事權之效果，但如何實施則概括授權行政院以命令定之。

關鍵9　行政罰

一、行政罰之種類

(一)**罰鍰**。

(二)**沒入**。

(三)**限制或禁止行為之處分**：限制或停止營業、吊扣證照、命令停工或停止使用、禁止行駛、禁止出入港口、機場或特定場所、禁止製造、販賣、輸出入、禁止申請或其他限制或禁止為一定行為之處分。

(四) **剝奪或消滅資格、權利之處分**：命令歇業、命令解散、撤銷或廢止許可或登記、吊銷證照、強制拆除或其他剝奪或消滅一定資格或權利之處分。

(五) **影響名譽之處分**：公布姓名或名稱、公布照片或其他相類似之處分。

(六) **警告性處分**：警告、告誡、記點、記次、講習、輔導教育或其他相類似之處分。

二、行政罰與其他處罰之競合【110警特三等、鐵路員級、司法四等（法警）；111普考】

一行為違反數個行政法上義務規定而應處罰鍰之法律效果	1. **一行為違反數個行政法上義務規定而應處罰鍰**者，依**法定罰鍰額最高**之規定裁處。但裁處之額度，不得低於各該規定之罰鍰最低額。 2. 前項違反行政法上義務行為，除應處罰鍰外，另**有沒入或其他種類行政罰之處罰者，得依該規定併為裁處**。但其處罰種類相同，如從一重處罰已足以達成行政目的者，不得重複裁處。 3. 一行為違反社會秩序維護法及其他行政法上義務規定而應受處罰，如**已裁處拘留者，不再受罰鍰之處罰**。 （行政罰法第24條）
分別處罰	數行為違反同一或不同行政法上義務之規定者，分別處罰之。 （行政罰法第25條）
一行為同時違反刑事法律及行政法上義務規定之處罰及適用範圍	1. 一行為同時觸犯刑事法律及違反行政法上義務規定者，**依刑事法律處罰之**。但其行為應處以**其他種類行政罰**或**得沒入之物而未經法院宣告沒收**者，**亦得裁處之**。 2. 前項行為如經不起訴處分、緩起訴處分確定或為無罪、免訴、不受理、不付審理、不付保護處分、免刑、緩刑之裁判確定者，得依違反行政法上義務規定裁處之。 3. 第一項行為經緩起訴處分或緩刑宣告確定且經命向公庫或指定之公益團體、地方自治團體、政府機關、政府機構、行政法人、社區或其他符合公益目的之機構或團體，支付一定之金額或提供義務勞務者，其所支付之金額或提供之勞務，應於依前項規定裁處之罰鍰內**扣抵**之。 4. 前項勞務扣抵罰鍰之金額，按最初裁處時之每小時基本工資乘以義務勞務時數核算。

一行為同時違反刑事法律及行政法上義務規定之處罰及適用範圍	5. 依第二項規定所為之裁處，有下列情形之一者，由主管機關依受處罰者之申請或依職權撤銷之，已收繳之罰鍰，無息退還： (1) 因緩起訴處分確定而為之裁處，其緩起訴處分經撤銷，並經判決有罪確定，且未受免刑或緩刑之宣告。 (2) 因緩刑裁判確定而為之裁處，其緩刑宣告經撤銷確定。 （行政罰法第26條）

關鍵10 行政執行

一、行政執行之類型

行政執行法第2條明定，行政執行，指公法上金錢給付義務、行為或不行為義務之強制執行及即時強制。

二、救濟方式【110警特三等、司法四等(法警)、地特四等；111一般警三】

行政執行法第9條：

義務人或利害關係人對執行命令、執行方法、應遵守之程序或其他侵害利益之情事，得於執行程序終結前，向執行機關聲明異議。

前項聲明異議，執行機關認其有理由者，應即停止執行，並撤銷或更正已為之執行行為；認其無理由者，應於十日內加具意見，送直接上級主管機關於三十日內決定之。

行政執行，除法律另有規定外，不因聲明異議而停止執行。但執行機關因必要情形，得依職權或申請停止之。

試題演練

【選擇題】

第一回

(　　) 1 關於行政契約之敘述，下列何者正確？　(A)公法上法律關係得以契約設定、變更或消滅之　(B)行政機關不得與人民和解，締結行政契約以代替行政處分　(C)行政契約中人民之給付與行政機關之給付不必有關聯性　(D)行政契約締結後不得調整或終止。

(　　) 2 區別行政處分與法規命令之實益何在？　(A)決定是否可提起行政爭訟　(B)決定行政機關裁量的界限　(C)決定是否受一般法律原則之拘束　(D)是否適用行政程序法。

(　　) 3 下列何者為行政處分？　(A)自治監督機關「撤銷」地方自治團體就自治事項所為之行政決定　(B)行政院依國有財產法將非公用財產「撥用」予他機關使用　(C)主管機關對人民團體選任理監事之簡歷事項予以「備查」　(D)行政機關「限制」其辦公場所空調設備開啟之時間。

(　　) 4 甲向乙市政府申請養老津貼，乙市政府未查明甲之身分即作成核准處分並發放津貼給予甲，嗣後發現甲不符合發放要件，乙市政府遂撤銷原核准處分，並要求甲返還已受領之津貼，試問下列敘述何者正確？　(A)乙市政府疏而未查甲之申請資格，故無權撤銷該核准處分　(B)甲不符合發放資格，則其受領之津貼乃係公法上不當得利，乙市政府無庸撤銷原核准處分，直接命甲返還即可　(C)乙市政府得作成行政處分，命甲返還已受領之津貼　(D)乙市政府須提起行政訴訟命甲返還津貼，而不得以處分方式命甲返還。

(　　) 5 國家發行彩券之行為，基本上具有公法性質，彩券發行專屬權委託行使，亦應具有公法性質。基於事務性質，主管機關對於發行機構之甄選與指定而形成主管機關與運動彩券發行機構間之法律關係，此項甄選與指定行為之性質，依據行政法院見解為下列何者？　(A)事實行為　(B)行政契約　(C)行政處分　(D)行政指導。

( ) **6** 下列有關行政處分之敘述，何者錯誤？ (A)為強調依法行政原則，違法之行政處分一律無效 (B)相對人未在法定期間內對行政處分不服時，該處分即發生存續力 (C)非公法上金錢給付義務之行政處分，得由行政機關自為執行 (D)行政處分之執行，原則上不因相對人提起救濟而當然停止。

( ) **7** 下列有關行政契約之敘述，何者錯誤？ (A)公法上法律關係原則上得以契約設定、變更或消滅之 (B)行政契約應以書面締結，但法規另有規定者，得以口頭為之 (C)行政契約之一部無效者，原則上即全部無效 (D)行政程序法未規定者，準用民法相關規定。

( ) **8** 依行政程序法第92條第1項所規定之行政處分的定義中，下列何者論述有誤？ (A)行政處分為行政機關之行為 (B)行政處分為就公法上事件所為之行為 (C)行政處分為行政機關之單方行政行為 (D)行政處分均應以書面為之。

( ) **9** 下列何者為行政機關以條件、負擔、期限或保留廢止權等方式附加於行政處分之主要內容的意思表示？ (A)行政執行 (B)行政罰 (C)行政處分之附款 (D)行政羈束。

( ) **10** 關於違法行政處分之轉換，下列敘述何者不正確？ (A)羈束處分得轉換為裁量處分 (B)不得撤銷之行政處分，不得轉換為其他行政處分 (C)對當事人之法律效果不得更為不利 (D)原瑕疵行政處分與轉換後之行政處分須具有相同目的。

( ) **11** 裁量與羈束乃行政處分決定之重要方式、類型，表現出行政作為受法規拘束程度之不同。下列敘述何者錯誤？ (A)羈束處分之意義係指為處分之機關依法或上級機關之指令，對於行政處分之法律效果無選擇之餘地 (B)裁量處分之意義係指行政處分之作成，就具備法定要件之事實有多種法律效果可供選擇，而為處分之機關就中選擇其一者 (C)行政裁量在種類上又分為決定裁量與選擇裁量，前者指選擇採取何具體措施之決定，而後者指選擇「是否」為措施 (D)在行政裁量之情形，因法律結果開放，行政法院對行政裁量之審查只能針對有無裁量逾越、裁量濫用之情形進行，否則即推定裁量合法。

(　　) **12** 依行政程序法之規定，公法上請求權時效為幾年？　(A)7年、14年　(B)5年、10年　(C)1年、3年　(D)1年、5年。

(　　) **13** 有關行政契約之規定，下列那一項描述為錯誤？　(A)公法上法律關係得以契約設定、變更或消滅之　(B)行政機關與人民締結行政契約，類型僅限和解契約與雙務契約　(C)行政契約應以書面為之　(D)行政契約之一部無效時，原則上全部無效。

(　　) **14** 有關公法上消滅時效及請求權之敘述，下列何者錯誤？　(A)公法上意思表示或觀念通知，得類推適用民法第129條以下之規定，作為時效中斷之事由　(B)公法上請求權時效之期間，一律為5年　(C)行政處分因撤銷而溯及既往失效時，自該處分失效時起，已中斷之時效視為不中斷　(D)時效消滅之法律效果，係採權利消滅主義。

(　　) **15** 下列法律關係或行政行為公、私法屬性之敘述，何者錯誤？　(A)健保局與人民之間的全民健保法律關係為公法關係　(B)在「下水道排水區」內之居民依據「下水道法」之規定有強制使用下水道之義務，使用者應繳納使用費，未依限繳納者加徵滯納金，下水道使用關係為公法關係　(C)將老人年金發給無領取資格者，請求領取者返還不當得利之事件為私法事件　(D)政府採購事件中，採購機關與得標廠商針對履約有無瑕疵之爭議為私法事件。

(　　) **16** 依行政執行法第28條之規定，斷絕營業所必須之自來水、電力或其他能源，是屬於何種行政執行方法？　(A)直接強制　(B)間接強制　(C)即時強制　(D)公法上金錢給付義務之執行。

(　　) **17** 行政執行法上所稱公法上金錢給付義務，不包含下列何者？　(A)滯報費　(B)利息　(C)補助金　(D)怠金。

(　　) **18** 下列何者非屬合法授益處分得廢止之法定原因？　(A)原處分機關保留行政處分之廢止權者　(B)行政處分所依據之法規或事實事後發生變更，致不廢止該處分對公益將有危害者　(C)附條件之行政處分，條件尚未成就者　(D)為防止或除去對公益之重大危害者。

(　　) **19** 關於行政處分之撤銷及廢止，下列敘述何者錯誤？　(A)撤銷適用於處分違法之情形，廢止適用於處分合法之情形　(B)撤銷及廢止均有除斥期間2年之規定 (C)撤銷溯及既往失效，廢止一律向後失效 (D)撤銷及廢止均不待人民申請，而由行政機關依職權為之。

( ) **20** A公司申請獲准設立一加油站，設立後因發生地震致地層下陷而有生公共安全之疑慮，主管機關遂依法將A公司之許可予以「撤照」。該撤照之法律性質為何？ (A)授益處分之撤銷 (B)授益處分之廢止 (C)負擔處分之撤銷 (D)負擔處分之廢止。

( ) **21** 下列何者為法規命令？ (A)電信事業網路互連管理辦法 (B)臺灣電力公司營業規則 (C)機關檔案保管作業要點 (D)稅務違章案件裁罰金額或倍數參考表。

( ) **22** 下列關於怠金之敘述，何者錯誤？ (A)違反行為義務，該行為無法以他人代為履行時，得科處之 (B)性質上屬於直接強制 (C)得連續科處 (D)依法最高額度為30萬元。

( ) **23** 關於解釋性行政規則，下列何者錯誤？ (A)僅為表達行政機關解釋及適用法律之見解，對人民不具有直接之拘束力 (B)對於法院而言，於解釋法律過程，得不受解釋性行政規則之拘束 (C)其目的在於協助下級機關或屬官統一解釋法令，僅須下達即可，不須登載於政府公報發布之 (D)解釋性行政規則生效後，原訂定機關必須受其拘束。

( ) **24** 下列何者非屬一般處分？ (A)對於違法集會之群眾所下達解散命令 (B)依據森林法將某樹木指定為保存樹木 (C)依法對於特定區域全部攤販要求於特定時間內搬遷 (D)國防部對於個別後備軍人所寄送之召集令。

( ) **25** 行政機關撤銷授予利益之行政處分，進而請求受益人返還原受領之給付時，下列敘述何者正確？ (A)行政機關請求返還之書函性質為觀念通知，得移送行政執行 (B)受益人拒絕返還時，行政機關應向行政法院提起一般給付訴訟 (C)行政機關應以書面行政處分確認返還範圍，並限期命其返還 (D)行政機關請求返還之書函性質為行政處分，且不論行政處分是否已確定，均得移送行政執行。

(　　) **26** 一行為違反數個行政法上義務規定而應處罰鍰者，應如何裁處？(A)依各該規定之法定罰鍰額之加總裁處。但裁處之額度，不得低於各該規定之罰鍰最低額之加總　(B)依各該規定之法定罰鍰額之加總裁處。但裁處之額度，不得低於各該規定之罰鍰最低額　(C)依法定罰鍰額最高之規定裁處。但裁處之額度，不得低於各該規定之罰鍰最低額之加總　(D)依法定罰鍰額最高之規定裁處。但裁處之額度，不得低於各該規定之罰鍰最低額。

(　　) **27** 關於行政契約之敘述，下列何者錯誤？　(A)行政契約之締結應以書面為之　(B)行政契約依約定內容履行將侵害第三人權利者，應經該第三人書面之同意，始生效力　(C)行政處分之作成，行政機關無裁量權時，不得作成代替行政處分之行政契約　(D)行政契約得約定自願接受執行，以該契約為強制執行之執行名義。

(　　) **28** 財政部中區國稅局對設籍於臺北市之納稅義務人為核定補繳所得稅之處分，如其金額及內容均無錯誤，則土地管轄錯誤之行政處分，其效力為何？　(A)無效　(B)仍為有效　(C)效力未定　(D)溯及失效。

(　　) **29** 下列何者屬於多階段行政處分？　(A)主管機關核准學生之助學貸款　(B)縣市政府與民營公司簽署合作開發工業區協議書　(C)國立大學聘任教師　(D)內政部核准縣市政府對土地徵收之決定。

(　　) **30** 關於多階段行政處分之敘述，下列何者正確？　(A)前階段之行為一律不發生法律效果　(B)各階段之行為，皆屬行政處分　(C)提起行政爭訟時，以對外生效之行政處分作為審查對象，但不及於前階段之行為　(D)前階段之機關未參與而作成最後階段之行政處分者，此項程序欠缺得予補正。

(　　) **31** 行政機關如對同一事件重新處理，並於實體上作成與原行政處分相同之決定，應屬下列何者？　(A)重覆處置　(B)第二次裁決　(C)多階段行政處分　(D)有持續效力之行政處分。

(　　) **32** 下列有關多階段行政處分之敘述，何者錯誤？　(A)意指一行政處分之作成，須有兩個以上之行政機關參與　(B)如欠缺所必要之其他機關協力，因情節重大，應為行政處分當然無效原因　(C)如純屬行政內部之同意或不同意，則並非行政處分，人民不得對之提起行政爭訟　(D)但如協力機關就特定觀點具有排他與獨立之審查及主張權限，可例外認其同意為行政處分。

(　　) **33** 下列關於違法行政處分轉換之敘述，何者正確？　(A)依行政程序法第117條但書規定，不得撤銷之違法行政處分，不得轉換為其他行政處分　(B)違法之裁量處分不得轉換為羈束處分　(C)違法行政處分轉換後之法律效果對當事人更為有利者，不得轉換　(D)作成違法行政處分時已給當事人陳述意見之機會者，行政機關於行政處分轉換前不須再給予當事人陳述意見之機會。

(　　) **34** 行政院環境保護署所推動「垃圾全分類零廢棄」行動，此行政行為在行政法上稱為：　(A)行政計畫　(B)行政規則　(C)行政命令　(D)行政處分。

(　　) **35** 下列何項行政處分依行政程序法規定，屬於得於訴願程序終結前補正者？　(A)漁業權人違反漁業法規定，裁處書誤引用兩岸人民關係條例　(B)漁業權人從事非漁業行為，誤為走私違禁物品，予以裁罰　(C)對漁業權人撤銷證照，未予其陳述意見機會　(D)無具體事證，裁處漁業權人使用非法漁具吊扣執照3個月。

(　　) **36** 下列何者為行政規則？　(A)財產保險商品審查應注意事項　(B)高空彈跳活動及其經營管理辦法　(C)船舶設備規則　(D)全民健康保險醫療服務給付項目及支付標準。

(　　) **37** 依行政罰法規定，人民違反行政法上義務所得之利益超過法定罰鍰最高額者，得如何裁罰？　(A)所得利益沒入之　(B)得於所得利益範圍內酌量加重罰鍰，不受法定罰鍰最高額之限制　(C)得於法定罰鍰最高額加計所得利益範圍內酌量加重罰鍰，不受法定罰鍰最高額之限制　(D)裁處罰鍰，受法定罰鍰最高額之限制，不受所得利益金額高低影響。

(　　) **38** 有關行政契約中雙務契約之敘述，下列何者錯誤？　(A)法無明文行政機關不得與人民締結契約　(B)除法律另有限制外，行政機關得以行政契約作為行政作用之方式　(C)契約中應約定人民給付之特定用途　(D)人民之給付有助於行政機關執行其職務。

(　　) **39** 甲取得執照經營一座加油站，1年後主管機關以該加油站未維持相關設備，消防安全檢查不合格，違反相關法規為由，廢止其營業許可，甲主張信賴保護是否有理由？　(A)有理由，因為甲並無行政程序法第119條所列信賴不值得保護之情形　(B)有理由，因為甲無法預見其營業許可被廢止　(C)無理由，因為甲可預見其營業許可因違反相關法規而被廢止　(D)無理由，因為甲有詐欺行為，信賴不值得保護。

(　　) **40** 行政執行法有關管收之規定，下列敘述何者正確？　(A)管收由行政執行處逕行裁定　(B)不服管收之裁定，得提起抗告　(C)管收期限不得逾二十四小時　(D)管收期滿，義務人所負公法上金錢給付義務即予免除。

(　　) **41** 下列有關行政罰法裁罰規定之敘述，何者正確？　(A)一行為同時觸犯刑事法律及違反行政法上義務規定者，依刑事法律處罰之。但其行為應處以罰鍰者，亦得裁處之　(B)一行為違反數個行政法上義務規定而應處罰鍰者，分別裁處之　(C)違反作為義務之行為，同時構成漏稅行為之一部或係漏稅行為之方法而處罰種類相同者，如從其一重處罰已足達成行政目的時，即不得再就其他行為併予處罰　(D)基於概括之犯意而連續違反同一行政法義務者，以一行為論，但得加重其處罰。

(　　) **42** 下列有關行政罰案件管轄之敘述，何者正確？　(A)故意共同實施違反行政法上義務之行為，其行為地、行為人之住所、居所或營業所、事務所或公務所所在地不在同一管轄區內者，以行為地之主管機關為管轄機關　(B)一行為違反數個行政法上義務而應處罰鍰，數機關均有管轄權者，由處理在先之機關管轄　(C)一行為違反同一行政法上義務，數機關均有管轄權者，由層級較高之機關管轄　(D)一行為違反數個行政法上義務，應受沒入或其他種類行政罰者，由各該主管機關分別裁處。

(　　) **43** 下列何種類型之規範不屬於行政機關所訂定之命令？　(A)自律規則　(B)委辦規則　(C)法規命令　(D)自治規則。

(　) **44** 行政機關所為之下列何種行為不適用行政程序法之規定？　(A)告知甲如何修改計畫後，將核給設廠之許可　(B)回覆乙所提出之陳情　(C)駁回丙建築執照之申請　(D)與丁締結私法上之和解契約。

(　) **45** 有關公法上消滅時效及請求權之敘述，下列何者錯誤？　(A)公法上意思表示或觀念通知，得類推適用民法第129條以下之規定，作為時效中斷之事由　(B)公法上請求權時效之期間，一律為5年　(C)行政處分因撤銷而溯及既往失效時，自該處分失效時起，已中斷之時效視為不中斷　(D)時效消滅之法律效果，係採權利消滅主義。

(　) **46** 有關時效之敘述，下列何者正確？　(A)行政罰之裁處權，因1年期間之經過而消滅　(B)國家賠償請求權，自請求權人知有損害時起，因3年間不行使而消滅　(C)行政執行自處分確定之日起3年內未經執行者，不再執行　(D)人民對行政機關公法上請求權，因10年間不行使而消滅。

(　) **47** 依據行政罰法之規定，下列敘述何者正確？　(A)處罰對象包括自然人、法人、設有代表人之非法人團體，但不包括公法人　(B)違反行政法上義務之處罰，以處罰時之法律或自治條例明文規定者為限　(C)行政罰之處罰採從新從輕原則　(D)違反行政法上義務非以故意或過失者為限。

(　) **48** 下列關於行政執行法之敘述，何者錯誤？　(A)行政執行法所定之行政執行涵蓋公法上金錢給付義務、行為或不行為義務之強制執行、即時強制　(B)行政機關為落實有效率之行政執行，依據行政執行法之規定，在執行程序中不允許民眾提出任何異議　(C)依據行政執行法規定，行政執行原則上不得於夜間進行，但執行機關認為情況急迫或業已徵求義務人同意者不在此限　(D)依據行政執行法規定，執行人員於執行時應對義務人出示足以證明身分之文件。

(　) **49** 中央或地方機關或其他公法組織違反行政法上義務者，依據行政罰法第17條之規定，應如何處置？　(A)依各該法律或自治條例規定處罰之　(B)報共同上級機關裁定　(C)不得作為處罰之對象　(D)依機關間權限爭議之方法解決之。

(　　) **50** 下列關於行政執行法所規定之「管收」之敘述，何者正確？ (A)義務人所負公法上金錢給付義務，因管收而免除 (B)行政執行處無正當理由不得任意提詢被管收人，若有提詢每月不得多於二次 (C)義務人因管收而其一家生計有難以維持之虞者，不得管收 (D)管收期限屆滿者，得繼續管收至管收之目的達到為止。

解答與解析　（答案標示為#者，表官方曾公告更正該題答案。）

1 (A)。行政程序法第135條至第137條、第146條及第147條參照。

2 (A)。行政處分為具體行為，此乃與法規命令最大之不同，而行政爭訟之客體為具體事件，故行政處分得行政爭訟，法規命令則不得為之。

3 (A)。行政程序法第92條第1項：「本法所稱行政處分，係指行政機關就公法上具體事件所為之決定或其他公權力措施而對外直接發生法律效果之單方行政行為。」(A)參司法院釋字第553號解釋理由書（節錄）：「上開爭議涉及中央機關對地方自治團體基於適法性監督之職權所為撤銷處分行為，地方自治團體對其處分不服者，自應循行政爭訟程序解決之。」(B)參最高行政法院94年度裁字第2707號裁定（節錄）：「又依國有財產局組織條例第2條規定可知，國有財產撥用予特定需用機關之決定，為國有財產局之固有職權，依國有財產法第38條第2項規定撥用須徵得財政部國有財產局同意，層報行政院核定，此為多階段行政處分，惟實務上亦許可當事人對於前階段行為機關之決定提起行政救濟。」(C)參最高行政法院105年1月份第2次庭長法官聯席會議決議「人民團體中職員（理監事）透過會員選舉產生（人民團體法第17條參照），屬於私權行為，並為團體自治之核心事項。有所異動時，依人民團體法第54條應將職員簡歷冊報請主管機關『核備』，徵諸其立法意旨，係為使主管機關確實掌握團體動態，並利主管機關建立資料，核與異動原因（選舉）是否因違法而無效或得撤銷無涉。故報請案件文件齊全者，經主管機關核備時，僅係對資料作形式審查後，所為知悉送件之人民團體選任職員簡歷事項之觀念通知，對該等職員之選任，未賦予任何法律效果，並非行政處分。」既然上開「核備」屬於觀念通知，則較核備效力為弱之「備查」，更非行政處分。(D)行政機關「限制」其辦公場所空調設備開啟之時間，涉及公務員保障法第77條第1項有關「管理措施或有關工作條件之處置」，參同法第25條，對於違法的行政處分，可提起復審，而管理措施或有關工作條件之處置，一第77條之規定，應提起申訴、再申訴，足見管理措施或有關工作條件之處置，在公務人員保障法中，並非行政處分。

4 **(C)**。行政程序法第127條第3項：「行政機關依前二項規定請求返還時，應以書面行政處分確認返還範圍，並限期命受益人返還之。」

5 **(C)**。甄選與指定行為，使主管機關與運動彩券發行機構間形成一定法律關係，具有單方性，故該甄選與指定行為應為行政處分，並非行政契約。

6 **(A)**。行政程序法第117條本文即明定：「違法行政處分於法定救濟期間經過後，原處分機關得依職權為全部或一部之撤銷；其上級機關，亦得為之。」選項(C)。(D)可參行政執行法第4條、訴願法第93條及行政訴訟法第116條之規定。

7 **(B)**。行政程序法第135條、第139條、第143條、第149條參照。

8 **(D)**。行政程序法第95條參照。

9 **(C)**。行政程序法第93條參照。

10 **(A)**。行政程序法第116條參照。

11 **(C)**。行政裁量在種類上又分為決定裁量與選擇裁量，前者指選擇『是否』為措施，而後者指選擇採取何具體措施之決定。

12 **(B)**。行政程序法第131條參照。

13 **(B)**。除行政程序法第136條和解契約外，尚有第137條之雙務契約。

14 **(B)**。行政程序法第131條參照。

15 **(C)**。老人年金發給為一受益處分，對無領取資格者，請求返還不當得利，係依據行政程序法第127條之規定為之，仍屬一公法事件。

16 **(A)**。行政執行法第28條第2項：「前條所稱之直接強制方法如下：一、扣留、收取交付、解除占有、處置、使用或限制使用動產、不動產。二、進入、封閉、拆除住宅、建築物或其他處所。三、收繳、註銷證照。四、斷絕營業所必須之自來水、電力或其他能源。五、其他以實力直接實現與履行義務同一內容狀態之方法。」

17 **(C)**。行政執行法施行細則第2條：「本法第二條所稱公法上金錢給付義務如下：一、稅款、滯納金、滯報費、利息、滯報金、怠報金及短估金。二、罰鍰及怠金。三、代履行費用。四、其他公法上應給付金錢之義務。」

18 **(C)**。行政程序法第123條：「授予利益之合法行政處分，有下列各款情形之一者，得由原處分機關依職權為全部或一部之廢止：一、法規准許廢止者。二、原處分機關保留行政處分之廢止權者。三、附負擔之行政處分，受益人未履行該負擔者。四、行政處分所依據之法規或事實事後發生變更，致不廢止該處分對公益將有危害者。五、其他為防止或除去對公益之重大危害者。」

19 **(C)**。行政程序法第118條：「違法行政處分經撤銷後，溯及既往失其效力。但為維護公益或為避免受益人財產上之損失，為撤銷之機關得另定失其效力之日期。」第125條：「合法行政處分經廢止後，自廢止時或自廢止機關所指定較後之日時起，失其效力。但受益人未履行負擔致行政處分受廢止者，得溯及既往失其效力。」

20 **(B)**。題幹所述為行政程序法第123條第4款「行政處分所依據之法規或事實事後發生變更，致不廢止該處分對公益將有危害者」之廢止事由，屬授益處分之廢止。

21 **(A)**。行政程序法第150條第1項：「本法所稱法規命令，係指行政機關基於法律授權，對多數不特定人民就一般事項所作抽象之對外發生法律效果之規定。」(B)臺灣電力公司非行政機關。(C)(D)機關檔案保管作業要點及稅務違章案件裁罰金額或倍數參考表應為行政程序法第159條第1項上級機關對下級機關，或長官對屬官，依其權限或職權為規範機關內部秩序及運作，所為非直接對外發生法規範效力之一般、抽象之規定，即行政規則。

22 **(B)**。行政執行法第28條第1項：「前條所稱之間接強制方法如下：一、代履行。二、怠金。」

23 **(C)**。行政程序法第159條：「本法所稱行政規則，係指上級機關對下級機關，或長官對屬官，依其權限或職權為規範機關內部秩序及運作，所為非直接對外發生法規範效力之一般、抽象之規定。行政規則包括下列各款之規定：一、關於機關內部之組織、事務之分配、業務處理方式、人事管理等一般性規定。二、為協助下級機關或屬官統一解釋法令、認定事實、及行使裁量權，而訂頒之解釋性規定及裁量基準。」第160條：「行政規則應下達下級機關或屬官。行政機關訂定前條第二項第二款之行政規則，應由其首長簽署，並登載於政府公報發布之。」故選(C)。敘述錯誤。

24 **(D)**。行政程序法第92條：「本法所稱行政處分，係指行政機關就公法上具體事件所為之決定或其他公權力措施而對外直接發生法律效果之單方行政行為。前項決定或措施之相對人雖非特定，而依一般性特徵可得確定其範圍者，為一般處分，適用本法有關行政處分之規定。有關公物之設定、變更、廢止或其一般使用者，亦同。」國防部對於個別後備軍人所寄送之召集令，為行政程序法第92條第1項相對人特定之行政處分。

25 **(C)**。行政程序法第127條：「授予利益之行政處分，其內容係提供一次或連續之金錢或可分物之給付者，經撤銷、廢止或條件成就而有溯及既往失效之情形時，受益人應返還因該處分所受領之給付。其行政處分經確認無效者，亦同。前項返還範圍準用民法有關不當得利之規定。行政機關依前二項規定請求返還時，應以書面行政處分確認返還範圍，並限期命受益人返還之。前項行政處分未確定前，不得移送行政執行。」故行政機關請求返還之書函性質為行政處分，受益人拒絕返還時，行政機關應移送行政執行。

26 **(D)**。行政罰法第24條第1項：「一行為違反數個行政法上義務規定而應處罰鍰者，依法定罰鍰額最高之規定裁處。但裁處之額度，不得低於各該規定之罰鍰最低額。」

27 **(C)**。行政程序法第137條第2項：「行政處分之作成，行政機關無裁量權時，代替該行政處分之行政契約所約定之人民給付，以依第九十三條第一項規定得為附款者為限。」

28 **(B)**。行政程序法第111條：「行政處分有下列各款情形之一者，無效：一、不能由書面處分中得知處分機關者。二、應以證書方式作成而未給予證書者。三、內容對任何人均屬不能實現者。四、所要求或許可之行為構成犯罪者。五、內容違背公共秩序、善良風俗者。六、未經授權而違背法規有關專屬管轄之規定或缺乏事務權限者。七、其他具有重大明顯之瑕疵者。」第115條：「行政處分違反土地管轄之規定者，除依第一百十一條第六款規定而無效者外，有管轄權之機關如就該事件仍應為相同之處分時，原處分無須撤銷。」故財政部中區國稅局對設籍於臺北市之納稅義務人就核定補繳所得稅之處分無管轄權限，但因為金額及內容均無錯誤，依上開規定，該處分仍屬有效，無須撤銷。

29 **(D)**。多階段行政處分謂一行政處分之作成經數個機關參與。主管機關核准學生之助學貸款，僅一機關參與之行政處分；縣市政府與民營公司簽署合作開發工業區協議書、國立大學聘任教師均為行政契約。

30 **(D)**。(A)前階段之行為，如程序中之行為，仍有可能對外發生法律效果。(B)行政處分僅一個，即最後參與機關所做成。(C)提起行政爭訟時，以對外生效之行政處分作為審查對象，並及於前階段之行為，即法院之審查範圍及於前階段行為。

31 **(B)**。行政機關如對同一事件重新處理，並於實體上作成與原行政處分相同之決定，應屬第二次裁決；重覆處分則未對同一事件重新處理。

32 **(B)**。行政程序法第114條第1項：「違反程序或方式規定之行政處分，除依第一百十一條規定而無效者外，因下列情形而補正：一、須經申請始得作成之行政處分，當事人已於事後提出者。二、必須記明之理由已於事後記明者。三、應給予當事人陳述意見之機會已於事後給予者。四、應參與行政處分作成之委員會已於事後作成決議者。五、應參與行政處分作成之其他機關已於事後參與者。」故如欠缺所必要之其他機關協力，仍得補正，並非當然無效。

33 **(A)**。行政程序法第116條：「行政機關得將違法行政處分轉換為與原處分具有相同實質及程序要件之其他行政處分。但有下列各款情形之一者，不得轉換：一、違法行政處分，依第一百十七條但書規定，不得撤銷者。二、轉換不符作成原行政處分之目的者。三、轉換法律效果對當事人更為不利者。羈束處分不得轉換為裁量處分。行政機關於轉換前應給予當事人陳述意見之機會。但有第一百零三條之事由者，不在此限。」

34 **(A)**。行政程序法第163條：「本法所稱行政計畫，係指行政機關為將來一定期限內達成特定之目的或實現一定之構想，事前就達成該目的或實現該構想有關之方法、步驟或措施等所為之設計與規劃。」行政院環境保護署所推動「垃圾全分類零廢棄」行動，本身尚無規範上之效力，為期不失為行政機關對將來目標實現之構想，故為行政計畫。

35 **(C)**。行政程序法第114條第1項、第2項：「違反程序或方式規定之行政處分，除依第一百十一條規定而無效者外，因下列情形而補正：一、須經申請始得作成之行政處分，當事人已於事後提出者。二、必須記明之理由已於事後記明者。三、應給予當事人陳述意見之機會已於事後給予者。四、應參與行政處分作成之委員會已於事後作成決議者。五、應參與行政處分作成之其他機關已於事後參與者。前項第二款至第五款之補正行為，僅得於訴願程序終結前為之；得不經訴願程序者，僅得於向行政法院起訴前為之。」

36 **(A)**。行政程序法第159條：「本法所稱行政規則，係指上級機關對下級機關，或長官對屬官，依其權限或職權為規範機關內部秩序及運作，所為非直接對外發生法規範效力之一般、抽象之規定。行政規則包括下列各款之規定：一、關於機關內部之組織、事務之分配、業務處理方式、人事管理等一般性規定。二、為協助下級機關或屬官統一解釋法令、認定事實、及行使裁量權，而訂頒之解釋性規定及裁量基準。」財產保險商品審查應注意事項應屬為協助下級機關或屬官認定事實及行使裁量權，而訂頒之解釋性規定及裁量基準。此外，參中央法規標準法第3條：「各機關發布之命令，得依其性質，稱規程、規則、細則、辦法、綱要、標準或準則。」故高空彈跳活動及其經營管理辦法、船舶設備規則、全民健康保險醫療服務給付項目及支付標準應為法規命令。

37 **(B)**。行政罰法第18條第1、2項：「裁處罰鍰，應審酌違反行政法上義務行為應受責難程度、所生影響及因違反行政法上義務所得之利益，並得考量受處罰者之資力。前項所得之利益超過法定罰鍰最高額者，得於所得利益之範圍內酌量加重，不受法定罰鍰最高額之限制。」

38 **(A)**。行政程序法第135條：「公法上法律關係得以契約設定、變更或消滅之。但依其性質或法規規定不得締約者，不在此限。」故除非依其性質或法規規定不得締約者，否則行政機關均得以行政契約作為行政作用之方式。

39 **(C)**。行政程序法第123條：「授予利益之合法行政處分，有下列各款情形之一者，得由原處分機關依職權為全部或一部之廢止：一、法規准許廢止者。二、原處分機關保留行政處分之廢止權者。三、附負擔之行政處分，受益人未履行該負擔者。四、行政處分所依據之法規或事實事後發生變更，致不廢止該處分對公益將有危害者。五、其他為防止或除去對公益之重大危害者。」本件甲取得執照經營一座加油站，1年後主管機關以該加油站未維持相關設備，消防安全檢查不合格，違反相關法規為由，廢止其營業許可，應屬上開第4款之廢止事由。又因為甲未維持相關設備，應屬可預見其營業許可因違反相關法規而被廢止，故其不得主張信賴保護。

40 **(B)**。行政執行法第17條參照。

41 **(C)**。參司法院釋字第503號解釋：「納稅義務人違反作為義務而被處行為罰，僅須其有違反作為義務之行為即應受處罰；而逃漏稅捐之被處漏稅罰者，則須具有處罰法定要件之漏稅事實方得為之。二者處罰目的及處罰要件雖不相同，惟其行為如同時符合行為罰及漏稅罰之處罰要件時，除處罰之性質與種類不同，必須採用不同之處罰方法或手段，以達行政目的所必要者外，不得重複處罰，乃現代民主法治國家之基本原則。是違反作為義務之行為，同時構成漏稅行為之一部或係漏稅行為之方法而處罰種類相同者，如從其一重處罰已足達成行政目的時，即不得再就其他行為併予處罰，始符憲法保障人民權利之意旨。本院釋字第三五六號解釋，應予補充。」

42 **(D)**。參行政罰法第30條、第31條。

43 **(A)**。地方制度法第31條第1項：「地方立法機關得訂定自律規則。」

44 **(D)**。行政程序法第3條第1項：「行政機關為行政行為時，除法律另有規定外，應依本法規定為之。」選項(D)既為私法上之和解契約，則應與行政行為無涉，故不適用行政程序法。

45 **(B)**。行政程序法第131條：「公法上之請求權，於請求權人為行政機關時，除法律另有規定外，因五年間不行使而消滅；於請求權人為人民時，除法律另有規定外，因十年間不行使而消滅。公法上請求權，因時效完成而當然消滅。前項時效，因行政機關為實現該權利所作成之行政處分而中斷。」第132條：「行政處分因撤銷、廢止或其他事由而溯及既往失效時，自該處分失效時起，已中斷之時效視為不中斷。」另公法上意思表示或觀念通知，得類推適用民法第129條以下之規定，亦為實務上所肯認。

46 **(D)**。(A)行政罰法第27條第1項：「行政罰之裁處權，因三年期間之經過而消滅。」(B)國家賠償法第8條第1項：「賠償請求權，自請求權人知有損害時起，因二年間不行使而消滅；自損害發生時起，逾五年者亦同。」(C)行政執行法第7條第1

項：「行政執行，自處分、裁定確定之日或其他依法令負有義務經通知限期履行之文書所定期間屆滿之日起，五年內未經執行者，不再執行；其於五年期間屆滿前已開始執行者，仍得繼續執行。但自五年期間屆滿之日起已逾五年尚未執行終結者，不得再執行。前項規定，法律有特別規定者，不適用之。」(D)行政程序法第131條第1項：「公法上之請求權，於請求權人為行政機關時，除法律另有規定外，因五年間不行使而消滅；於請求權人為人民時，除法律另有規定外，因十年間不行使而消滅。」

47 **(C)**。行政罰法第3條、第4條、第5條、第7條參照。

48 **(B)**。參行政執行法第9條第1項：「義務人或利害關係人對執行命令、執行方法、應遵守之程序或其他侵害利益之情事，得於執行程序終結前，向執行機關聲明異議。」

49 **(A)**。行政罰法第17條：「中央或地方機關或其他公法組織違反行政法上義務者，依各該法律或自治條例規定處罰之。」

50 **(C)**。行政執行法第19條至第22條參照。

第二回

(　　) **1** 有關公法上金錢給付義務之執行，下列敘述何者正確？　(A)一律不得於夜間為之　(B)其執行須俟行政處分確定後方得為之　(C)義務人死亡時，得逕對其遺產執行之　(D)義務人顯有逃匿之虞者，得暫予留置三個月。

(　　) **2** 私立大學對其學生所為之退學決定，依司法院解釋，認為其性質係：　(A)私法上之契約終止行為　(B)公法上之契約終止行為　(C)行政處分　(D)應循私法訴訟途徑解決紛爭。

(　　) **3** 依司法院釋字第423號解釋，空氣污染防制法上違規舉發通知書之內容，下列何者得作為行政處分定性之判斷標準？　(A)通知書非採用「處分書」之名稱　(B)內容足以直接影響人民公法上權利義務　(C)通知書載明「不得聲明不服」　(D)通知書記載尚有後續之處分行為。

( ) **4** 甲就讀某軍事院校，因成績不佳而遭到退學，該軍事院校欲向甲追討須賠償之公費，由於其與甲簽訂之行政契約已約定自願接受執行之條款。下列何者正確？ (A)該軍事院校得移送行政執行署執行之 (B)該軍事院校得向該管行政法院聲請依強制執行法執行之 (C)該軍事院校得向該管行政法院聲請依行政訴訟法執行之 (D)該軍事院校須待取得勝訴判決方得聲請強制執行。

( ) **5** 內政部發布「戶籍罰鍰處罰金額基準表」，應自何時起生效？ (A)下達下級機關或屬官 (B)登載於政府公報發布時 (C)送達立法院 (D)經立法院院會同意備查。

( ) **6** 下列何者非行政契約無效之原因？ (A)行政契約準用民法規定之結果為無效者 (B)行政契約締結後，因有情事重大變更，非當時所得預料，而依原約定顯失公平者 (C)代替行政處分之行政契約，與其內容相同之行政處分為無效者 (D)締結之雙務契約，人民之給付與行政機關之給付無正當合理之關聯者。

( ) **7** 關於信賴保護原則之敘述，下列何者錯誤？ (A)亦適用於法規命令之變更或廢止 (B)僅適用於實體法之變更或廢止，不適用於程序法之變更或廢止 (C)保護範圍兼及解釋函令之變更 (D)變更之法規有重大明顯違反上位規範情形，原則上信賴不值得保護。

( ) **8** 下列那一種類型之行政處分，具有「執行力」？ (A)形成處分 (B)下命處分 (C)確認處分 (D)授益處分。

( ) **9** 下列有關司法院釋字第742號解釋文就都市計畫定期通盤檢討之說明，何者正確？ (A)對於都市計畫定期通盤檢討不得提起訴願與行政訴訟 (B)都市計畫定期通盤檢討之性質為行政處分 (C)都市計畫定期通盤檢討之性質為法規 (D)違法都市計畫定期通盤檢討於本解釋公布之日起2年後失效。

( ) **10** 關於公法上請求權，下列敘述何者錯誤？ (A)除法律有特別規定外，因3年間不行使而消滅 (B)因行政處分而中斷時效，自處分不得訴請撤銷後重行起算 (C)因時效完成而當然消滅 (D)因行政處分而中斷之時效，但若該處分因撤銷等事由而溯及既往失效時，自該失效時起視為不中斷。

(　　) **11** 關於行政委託之敘述，下列何者正確？　(A)行政機關得逕依行政程序法中關於行政委託之規定，將其權限之一部分委託民間團體或個人辦理　(B)行政機關僅得以作成行政處分之方式，將其權限之一部分，委託民間團體或個人辦理　(C)人民若與受委託行使公權力之民間團體因受託事件而涉訟者，應以該民間團體為被告提起行政訴訟　(D)受委託行使公權力之個人於執行職務行使公權力，生有國家賠償責任之事由時，其應自負國家賠償責任。

(　　) **12** 下列有關行政處分之敘述，何者正確？　(A)違法行政處分經撤銷後，自撤銷時起向後失其效力　(B)一般處分經公告或刊登政府公報或新聞紙者，得不記明理由　(C)行政強制執行時所採取之各種處置，一律應給予當事人陳述意見之機會　(D)應參與行政處分作成之委員會事先未作成決議者，行政處分自始當然無效。

(　　) **13** 下列何種情形，行政機關之管轄權未發生變動？　(A)行政院農業委員會委託勞動部勞工保險局核發老年農民福利津貼　(B)高雄市政府委託民間團體核發建築物電梯使用許可證　(C)國防部委請內政部移民署提供特定人出入境相關紀錄　(D)臺中市政府委任其所屬衛生局辦理食品安全衛生管理法裁罰事宜。

(　　) **14** 徵收土地時，其土地改良物應一併徵收；該一併徵收之處分，係下列何種行政處分？　(A)負擔處分　(B)授益處分　(C)裁量處分　(D)羈束處分。

(　　) **15** 地政機關所為之繼承登記，係屬下列何種類之行政處分？　(A)下命處分　(B)形成處分　(C)確認處分　(D)給付處分。

(　　) **16** 下列有關土地行政處分之敘述，何者正確？　(A)無效之行政處分自始不生效力　(B)行政處分一部分無效者，全部無效　(C)書面之行政處分，自送達相對人次日生效　(D)一般處分，自公告日或刊登政府公報三日後生效。

(　　) **17** 下列何種行政行為，性質上為行政處分？　(A)地政事務所駁回土地更正登記之申請　(B)地政事務所辦理土地複丈　(C)國有財產局標售國有土地　(D)內政部解釋土地法規定之意涵。

( ) **18** 下列有關行政處分之敘述，何者為錯誤？ (A)違法行政處分經撤銷後，溯及既往失其效力。但為維護公益或為避免受益人財產上之損失，得另定失效日 (B)違法行政處分於法定救濟期間經過後，原處分機關仍得依職權為全部或一部之撤銷 (C)行政程序法第117條規定行政機關對違法行政處分之撤銷權，應自知有撤銷原因時起2年內為之 (D)受益人之信賴利益顯然大於撤銷所欲維護之公益者，行政處分得撤銷之。

( ) **19** 授益處分為給付一定金錢者，經處分機關依法撤銷該授益處分並溯及既往失效後，處分機關應如何處理？ (A)得以行政處分命受領人限期返還 (B)向地方法院訴請返還 (C)催告受領人返還 (D)逕為行政強制執行。

( ) **20** 依行政程序法規定，書面行政處分原則上應記明理由，例外情形得不記明理由，下列何者不屬例外情形？ (A)未限制人民權益 (B)有關專門知識、技能或資格所為考試決定 (C)對於人民依法申請案予以否准 (D)處分相對人已知悉或可知悉作成處分之理由。

( ) **21** 行政機關作成之何種行政處分，原則上得附加附款（如期限、條件、負擔）？ (A)裁量處分 (B)羈束處分 (C)任何處分都可以附附款以確保行政之彈性 (D)為確保處分的安定性，行政處分均不得附附款。

( ) **22** 公法上之請求權時效，因何原因而中斷？ (A)作成為實現該權利之行政處分 (B)訂定法規命令 (C)作成行政指導 (D)通過行政執行之相關預算。

( ) **23** 下列何者不屬於行政處分之特性？ (A)除有無效之原因外，其效力不因其瑕疵而受影響 (B)具有存續力 (C)得由行政機關自為執行 (D)僅發生公法上之效果。

( ) **24** 依司法院釋字第374號解釋，地政機關辦理地籍圖重測行為之法律性質為何？ (A)行政處分 (B)事實行為 (C)行政契約 (D)行政指導。

(　　) **25** 申請人以虛偽不實原始文件申請開發許可獲准，許可機關發現虛偽不實並撤銷開發許可者，縱申請人因該開發許可之撤銷受有損失，亦不得主張信賴保護，依法其原因最符合下列那一項敘述？(A)因原開發許可係屬有瑕疵之行政處分，不得做為信賴之基礎 (B)欠缺申請人對該開發許可之信賴表現　(C)申請人之損失與其對該開發許可之信賴無因果關係　(D)該開發許可之作成係因申請人提供不實資訊所致，屬信賴不值得保護情形。

(　　) **26** 行政程序法所稱行政程序，不包括行政機關作成下列何種行為之程序？　(A)行政處分　(B)締結外交合約　(C)訂定法規命令與行政規則　(D)實施行政指導及處理陳情。

(　　) **27** 下列何種情形，受理訴願機關應為不受理之決定？　(A)行政處分已不存在　(B)訴願為無理由　(C)行政處分所憑理由雖屬不當，但依其他理由認為正當　(D)原行政處分雖屬違法或不當，但其撤銷於公益有重大損害。

(　　) **28** 依行政程序法規定，不服行政機關經聽證作成之行政處分時，其行政救濟程序為何？　(A)應向其上級機關提起訴願　(B)得逕向行政法院提起行政訴訟　(C)向原機關聲請再議　(D)向立法機關請願。

(　　) **29** 下列何者不屬行政處分作成後之行政程序再開之要件？　(A)法定救濟期間經過後3個月內申請　(B)發生新事實或發現新證據，如經斟酌可受較有利處分者　(C)具持續效力處分所依據事實事後發生有利於相對人或利害關係人之變更者　(D)限於負擔處分。

(　　) **30** A電視台因許可執照即將到期，遂向主管機關申請換照，由於A電視台違規紀錄甚多，主管機關於換照許可中作成下列附記：本許可期間A電視台累積有3次以上違規紀錄，主管機關將予以撤照。此一附記法律性質為何？　(A)解除條件　(B)負擔之保留　(C)負擔 (D)保留行政處分之廢止權。

(　　) **31** 某空軍基地為維護飛行安全，特與鄰近居民達成補助金之協議，補償其棄養鴿子所受之損失。此一協議書之法律性質為何？　(A)行政契約　(B)民事契約　(C)行政處分　(D)行政計畫。

( ) **32** 某客運公司因違規未依核定路線及站位停靠，分別遭交通局及警察局依法開單舉發處以罰鍰，並通知改善，因仍未改善，致遭處怠金。下列有關敘述，何者正確？ (A)罰鍰與怠金均屬公法上金錢給付義務 (B)罰鍰與怠金均應事先告戒 (C)對罰鍰與怠金之不服，均可聲明異議 (D)罰鍰與怠金均為執行罰。

( ) **33** 下列何者屬行政契約之和解契約？ (A)因違規車輛之駕駛人為何，無法查知，警察命同車之人確認 (B)警察命令違法集會之群眾立即解散，民眾隨即離開 (C)違法侵害他人權益者與被害人成立賠償協議 (D)因業者10年前之進口清單已滅失，徵納雙方就無法查得之課稅原因事實達成協議。

( ) **34** 下列何者非屬行政罰中所謂「法律上一行為」？ (A)違反藥師法規定未取得藥師資格並擅自營業者 (B)於臺北至高雄行經高速公路路段上無照駕駛者 (C)違反道路交通處罰條例違規停車之連續處罰 (D)違反建築法及都市計畫法之違章建築。

( ) **35** 下列對行政契約之敘述，何者有誤？ (A)未有法律授權，不可締結 (B)除依性質或法規規定不得締結外，均可為之 (C)限於公法法律關係 (D)乃是以契約設定、變更或消滅公法權義關係。

( ) **36** 行政機關於擬定下列行政命令時，何者應事先於政府公報或新聞紙公告，載明草案全文或其主要內容等事項？ (A)稅務違章案件裁罰金額或倍數參考表 (B)警械許可定製售賣持有管理辦法 (C)內政部授權所屬機關代擬部稿發文注意事項 (D)歸化國籍之高級專業人才審查會設置要點。

( ) **37** 一行為違反數個行政法上義務規定而應處罰鍰者，應如何裁罰？ (A)在其所違反之數個行政法上義務規定中，由行政機關裁量擇一規定裁處 (B)將其所違反之數個行政法上義務所規定之罰鍰之最高額累加計算裁處 (C)以其所違反之數個行政法上義務規定中，依法定罰鍰額最高之規定裁處；但裁處之額度，不得低於各該規定之罰鍰最低額 (D)以其所違反之數個行政法上義務規定中，依法定罰鍰額最低之規定裁處。

(　　) **38** 依最高行政法院之見解，甲之土地經地政事務所在土地登記簿標示部其他登記事項欄註記：「本土地涉及違法地目變更，土地使用管制仍應受原『田』地目之限制」。該註記係何性質？　(A)行政處分　(B)一般處分　(C)事實行為　(D)行政罰。

(　　) **39** 下列何者非屬行政執行法上之執行行為？　(A)對納稅義務人積欠稅款所為之查封　(B)對意圖自殺者暫時為人身之管束　(C)對拋棄廢棄物行為人所科處之罰鍰　(D)對違規營業者予以斷電處置。

(　　) **40** 下列關於行政執行之敘述，何者正確？　(A)公法上金錢給付義務逾期不履行者，得由原處分機關自行執行之　(B)行政執行，自處分、裁定確定之日或其他依法令負有義務經通知限期履行之文書所定期間屆滿之日起，三年內未經執行者，不再執行　(C)執行期間屆滿前已開始執行者，於執行期間屆滿後即應停止執行　(D)義務之履行經證明為不可能者，執行機關應依職權或因義務人、利害關係人之申請終止執行。

(　　) **41** 關於行政罰法之敘述，下列何者錯誤？　(A)未滿14歲人之行為，不予處罰。14歲以上未滿20歲人之行為，得減輕處罰　(B)違反行政法上義務之行為非出於故意或過失者，不予處罰　(C)數行為違反同一或不同行政法上義務之規定者，分別處罰之　(D)行政機關於裁處前，應給予受處罰者陳述意見之機會。但若大量作成同種類之裁處，則不在此限。

(　　) **42** 行政罰法對於行政罰採「過失責任主義」。有關此內涵，下列敘述何者正確？　(A)行為人無過失亦得處罰　(B)若法律規定僅處罰故意，則行為人僅有過失，仍不得處罰之　(C)若法律規定僅處罰故意，則行為人僅有過失，亦得處罰之　(D)若係法人等組織違反行政法義務，因組織無自由意志，即不得處罰之。

(　　) **43** 中央或地方機關或其他公法組織違反行政法上義務者，依據行政罰法第17條之規定，應如何處置？　(A)依各該法律或自治條例規定處罰之　(B)報共同上級機關裁定　(C)不得作為處罰之對象　(D)依機關間權限爭議之方法解決之。

( ) **44** 在行政罰法中，有關共同違法及併同處罰，下列敘述何者錯誤？ (A)教唆他人實施違規行為，本身未共同實施行為，其並未受罰 (B)私法人之董事因執行其職務，致使私法人違反行政法上義務應受處罰者，應併受同一規定罰鍰之處罰 (C)私法人之職員因執行其職務，致使私法人違反行政法上義務應受處罰者，應併受同一規定罰鍰之處罰 (D)中央或地方機關或其他公法組織違反行政法上義務者，依各該法律或自治條例規定處罰之。

( ) **45** 下列有關行政執行之敘述，何者錯誤？ (A)行政執行，指公法上金錢給付義務、行為或不行為義務之強制執行及即時強制 (B)行政執行，應以適當之方法為之，不得逾達成目的之必要限度 (C)行政執行，為避免圍觀，造成義務人之困擾，應儘量選擇於夜間或假日為之 (D)執行機關無適當之執行人員者，得於必要時請求其他機關協助之。

( ) **46** 下列何者不屬於行政執行之名義？ (A)以金錢給付為內容之行政處分 (B)法院就公法上金錢給付義務所為之假處分裁定 (C)確認身分之行政處分 (D)約定自願接受執行之行政契約。

( ) **47** 依行政執行法規定，除公法上金錢給付義務以外，行政執行之執行機關為： (A)民事法院 (B)刑事法院 (C)行政法院 (D)原行政處分機關或該管行政機關。

( ) **48** 下列對於怠金、罰鍰與罰金之敘述，何者錯誤？ (A)怠金有稱之為強制金或行政執行罰、罰鍰為行政秩序罰、罰金為行政刑罰或刑事罰 (B)怠金科處後仍不履行其義務者，得連續處以怠金；同一事件，不得連續處罰鍰或罰金 (C)怠金、罰鍰與罰金逾期不繳納，均由法務部行政執行署依公法上金錢給付義務執行之 (D)怠金之處罰係以義務不履行為前提之強制，以促其履行；而罰鍰或罰金則是對於過去或現在違反法律上義務之處罰。

( ) **49** 負有公法上金錢給付義務之人，就應供強制執行之財產有隱匿或處分之情事者，執行機關不得為下列何種處置？ (A)限期履行義務 (B)聲請法院拘提義務人 (C)限制義務人住居 (D)命義務人提供相當擔保。

(　　) **50** 下列何者非屬行政執行法第11條之公法上金錢給付義務？ (A)規費 (B)稅款 (C)工程受益費 (D)行政契約之金錢給付義務。

解答與解析

（答案標示為#者，表官方曾公告更正該題答案。）

1 (C)。行政執行法第5條、第15條、第17條參照。至於選項(B)公法上金錢給付義務之執行只要符合第11條之要件即可為之，不以行政處分確定為要。

2 (C)。參司法院釋字第382號解釋（節錄）：「各級學校依有關學籍規則或懲處規定，對學生所為退學或類此之處分行為，足以改變其學生身分並損及其受教育之機會，自屬對人民憲法上受教育之權利有重大影響，此種處分行為應為訴願法及行政訴訟法上之行政處分。」

3 (B)。參司法院釋字第423號解釋（節錄）：「行政機關行使公權力，就特定具體之公法事件所為對外發生法律上效果之單方行政行為，皆屬行政處分，不因其用語、形式以及是否有後續行為或記載不得聲明不服之文字而有異。」

4 (C)。行政程序法第148條：「行政契約約定自願接受執行時，債務人不為給付時，債權人得以該契約為強制執行之執行名義。前項約定，締約之一方為中央行政機關時，應經主管院、部或同等級機關之認可；締約之一方為地方自治團體之行政機關時，應經該地方自治團體行政首長之認可；契約內容涉及委辦事項者，並應經委辦機關之認可，始生效力。第一項強制執行，準用行政訴訟法有關強制執行之規定。」故本題該軍事院校得向該管行政法院聲請依行政訴訟法執行之。

5 (A)。行政程序法第160條第1項：「行政規則應下達下級機關或屬官。」故戶籍罰鍰處罰金額基準表應自下達下級機關或屬官時起生效。

6 (B)。行政程序法第141條：「行政契約準用民法規定之結果為無效者，無效。行政契約違反第一百三十五條但書或第一百三十八條之規定者，無效。」第142條：「代替行政處分之行政契約，有下列各款情形之一者，無效：一、與其內容相同之行政處分為無效者。二、與其內容相同之行政處分，有得撤銷之違法原因，並為締約雙方所明知者。三、締結之和解契約，未符合第一百三十六條之規定者。四、締結之雙務契約，未符合第一百三十七條之規定者。」

7 (B)。有關信賴保護原則是否適用於程序法之變更或廢止，尚有爭議，因此不可一概認定信賴保護原則僅適用於實體法之變更或廢止，不適用於程序法之變更或廢止。

8 (B)。下命處分係要求或禁止人民為一定之行為，或要求人民容忍行政機關之某項行政措施，具執行力。形成處分一經作成，即產生形成力，無待執行即生創設，變更，或廢止人民權利義務之效力。確認處分僅具有確認效力，不具執行力。

9 **(C)**。參司法院釋字第742號解釋（節錄）：都市計畫擬定計畫機關依規定所為定期通盤檢討，對原都市計畫作必要之變更，屬法規性質，並非行政處分。惟如其中具體項目有直接限制一定區域內特定人或可得確定多數人之權益或增加其負擔者，基於有權利即有救濟之憲法原則，應許其就該部分提起訴願或行政訴訟以資救濟，始符憲法第十六條保障人民訴願權與訴訟權之意旨。本院釋字第一五六號解釋應予補充。

都市計畫之訂定（含定期通盤檢討之變更），影響人民權益甚鉅。立法機關應於本解釋公布之日起二年內增訂相關規定，使人民得就違法之都市計畫，認為損害其權利或法律上利益者，提起訴訟以資救濟。如逾期未增訂，自本解釋公布之日起二年後發布之都市計畫（含定期通盤檢討之變更），其救濟應準用訴願法及行政訴訟法有關違法行政處分之救濟規定。

10 **(A)**。行政程序法第131條參照。

11 **(C)**。行政程序法第16條第1項：「行政機關得依法規將其權限之一部分，委託民間團體或個人辦理。」行政訴訟法第25條：「人民與受委託行使公權力之團體或個人，因受託事件涉訟者，以受託之團體或個人為被告。」國家賠償法第4條第1項：「受委託行使公權力之團體，其執行職務之人於行使公權力時，視同委託機關之公務員。受委託行使公權力之個人，於執行職務行使公權力時亦同。」

12 **(B)**。行政程序法（下同）第97條：「書面之行政處分有下列各款情形之一者，得不記明理由：一、未限制人民之權益者。二、處分相對人或利害關係人無待處分機關之說明已知悉或可知悉作成處分之理由者。三、大量作成之同種類行政處分或以自動機器作成之行政處分依其狀況無須說明理由者。四、一般處分經公告或刊登政府公報或新聞紙者。五、有關專門知識、技能或資格所為之考試、檢定或鑑定等程序。六、依法律規定無須記明理由者。」

第103條：「有下列各款情形之一者，行政機關得不給予陳述意見之機會：一、大量作成同種類之處分。二、情況急迫，如予陳述意見之機會，顯然違背公益者。三、受法定期間之限制，如予陳述意見之機會，顯然不能遵行者。四、行政強制執行時所採取之各種處置。五、行政處分所根據之事實，客觀上明白足以確認者。六、限制自由或權利之內容及程度，顯屬輕微，而無事先聽取相對人意見之必要者。七、相對人於提起訴願前依法律應向行政機關聲請再審查、異議、復查、重審或其他先行程序者。八、為避免處分相對人隱匿、移轉財產或潛逃出境，依法律所為保全或限制出境之處分。」

第114條第1項：「違反程序或方式規定之行政處分，除依第一百十一條規定而無效者外，因下列情形而補正：一、須經申請始得作成之行政處分，當事人已於事後提出者。二、必須記明之理由已於事後記明者。三、應給予當事人陳述意見之機會已於事後給予者。四、應參與行政處分作成之委員會已於事後作成決議者。五、應參與行政處分作成之其他機關已於事後參與者。」第118條：「違法行政處分經撤銷後，溯及既往失其效力。但為維護公益或為避免受益人財產上之損失，為撤銷之機關得另定失其效力之日期。」

13 (C)。國防部委請內政部移民署提供特定人出入境相關紀錄，僅為行政程序法第19條職務協助。(A)為行政程序法（下同）第15條第2項之委託，(B)為第16條行政委託，(D)為第15條第1項委任。

14 (D)。依土地徵收條例第5條第1項，徵收土地時，其土地改良物應一併徵收。顯見主管機關依法並無其他裁量空間，故該一併徵收之處分，係羈束處分。

15 (C)。繼承屬事實行為，且無待登記即生繼承效力，地政機關所為之繼承登記僅為確認性質，為確認處分。

16 (A)。(A)行政程序法（下同）第110條第4項：「無效之行政處分自始不生效力。」(B)第112條：「行政處分一部分無效者，其他部分仍為有效。但除去該無效部分，行政處分不能成立者，全部無效。」(C)第110條第1項：「書面之行政處分自送達相對人及已知之利害關係人起；書面以外之行政處分自以其他適當方法通知或使其知悉時起，依送達、通知或使知悉之內容對其發生效力。」(D)第110條第2項：「一般處分自公告日或刊登政府公報、新聞紙最後登載日起發生效力。但處分另訂不同日期者，從其規定。」

17 (A)。(B)事實行為。(C)私法契約行為。(D)行政規則。

18 (D)。行政程序法第117條：「違法行政處分於法定救濟期間經過後，原處分機關得依職權為全部或一部之撤銷；其上級機關，亦得為之。但有下列各款情形之一者，不得撤銷：一、撤銷對公益有重大危害者。二、受益人無第一百十九條所列信賴不值得保護之情形，而信賴授予利益之行政處分，其信賴利益顯然大於撤銷所欲維護之公益者。」

19 (A)。行政程序法第127條：「授予利益之行政處分，其內容係提供一次或連續之金錢或可分物之給付者，經撤銷、廢止或條件成就而有溯及既往失效之情形時，受益人應返還因該處分所受領之給付。其行政處分經確認無效者，亦同。前項返還範圍準用民法有關不當得利之規定。行政機關依前二項規定請求返還時，應以書面行政處分確認返還範圍，並限期命受益人返還之。前項行政處分未確定前，不得移送行政執行。」

20 **(C)**。行政程序法第97條：「書面之行政處分有下列各款情形之一者，得不記明理由：一、未限制人民之權益者。二、處分相對人或利害關係人無待處分機關之說明已知悉或可知悉作成處分之理由者。三、大量作成之同種類行政處分或以自動機器作成之行政處分依其狀況無須說明理由者。四、一般處分經公告或刊登政府公報或新聞紙者。五、有關專門知識、技能或資格所為之考試、檢定或鑑定等程序。六、依法律規定無須記明理由者。」

21 **(A)**。行政程序法第93條參照。

22 **(A)**。行政程序法第131條參照。

23 **(D)**。行政程序法第92條第1項將行政處分定義為「行政機關就公法上具體事件所為之決定或其他公權力措施而對外直接發生法律效果之單方行政行為」，所謂「對外直接發生法律效果」並不以公法為限，例如核准人民申請社會救助，同會產生私法上法律效果。

24 **(B)**。司法院釋字第374號解釋（節錄）：「依土地法第四十六條之一至第四十六條之三之規定所為地籍圖重測，純為地政機關基於職權提供土地測量技術上之服務，將人民原有土地所有權範圍，利用地籍調查及測量等方法，將其完整正確反映於地籍圖，初無增減人民私權之效力。」

25 **(D)**。行政程序法第119條：「受益人有下列各款情形之一者，其信賴不值得保護：一、以詐欺、脅迫或賄賂方法，使行政機關作成行政處分者。二、對重要事項提供不正確資料或為不完全陳述，致使行政機關依該資料或陳述而作成行政處分者。三、明知行政處分違法或因重大過失而不知者。」

26 **(B)**。行政程序法第2條第1項：「本法所稱行政程序，係指行政機關作成行政處分、締結行政契約、訂定法規命令與行政規則、確定行政計畫、實施行政指導及處理陳情等行為之程序。」

27 **(A)**。訴願法第77條：「訴願事件有左列各款情形之一者，應為不受理之決定：一、訴願書不合法定程式不能補正或經通知補正逾期不補正者。二、提起訴願逾法定期間或未於第五十七條但書所定期間內補送訴願書者。三、訴願人不符合第十八條之規定者。四、訴願人無訴願能力而未由法定代理人代為訴願行為，經通知補正逾期不補正者。五、地方自治團體、法人、非法人之團體，未由代表人或管理人為訴願行為，經通知補正逾期不補正者。六、行政處分已不存在者。七、對已決定或已撤回之訴願事件重行提起訴願者。八、對於非行政處分或其他依法不屬訴願救濟範圍內之事項提起訴願者。」

28 **(B)**。行政程序法第108條：「行政機關作成經聽證之行政處分時，除依第四十三條之規定外，並應斟酌全部聽證之結果。但法規明定應依聽證紀錄作成處分者，從其規定。

前項行政處分應以書面為之，並通知當事人。」第109條：「不服依前條作成之行政處分者，其行政救濟程序，免除訴願及其先行程序。」

29 **(D)**。行政程序法第128條：「行政處分於法定救濟期間經過後，具有下列各款情形之一者，相對人或利害關係人得向行政機關申請撤銷、廢止或變更之。但相對人或利害關係人因重大過失而未能在行政程序或救濟程序中主張其事由者，不在此限：一、具有持續效力之行政處分所依據之事實事後發生有利於相對人或利害關係人之變更者。二、發生新事實或發現新證據者，但以如經斟酌可受較有利益之處分者為限。三、其他具有相當於行政訴訟法所定再審事由且足以影響行政處分者。前項申請，應自法定救濟期間經過後三個月內為之；其事由發生在後或知悉在後者，自發生或知悉時起算。但自法定救濟期間經過後已逾五年者，不得申請。第一項之新證據，指處分作成前已存在或成立而未及調查斟酌，及處分作成後始存在或成立之證據。」

30 **(D)**。題幹所述之附記「本許可**期間**A。電視台累積**有**3次以上違規紀錄，主管機關**將**予以撤照」，亦即若於許可期間內，A。電視台累積有3次以上違規紀錄，則主管機關得廢止已給予之行政處分，此種保留行政處分廢止權之附款。

31 **(A)**。行政程序法第136條：「行政機關對於行政處分所依據之事實或法律關係，經依職權調查仍不能確定者，為有效達成行政目的，並解決爭執，得與人民和解，締結行政契約，以代替行政處分。」
此乃上開法規明文，行政契約中之和解契約。

32 **(A)**。本題之罰鍰為行政罰，怠金為執行罰，故僅得針對怠金聲明異議，課處怠金應事先告誡。

33 **(D)**。行政程序法第136條：「行政機關對於行政處分所依據之事實或法律關係，經依職權調查仍不能確定者，為有效達成行政目的，並解決爭執，得與人民和解，締結行政契約，以代替行政處分。」故選項(D)。因業者10年前之進口清單已滅失，徵納雙方就無法查得之課稅原因事實達成協議，該協議即為行政契約之和解契約。選項(C)僅為私法關係之和解契約。

34 **(C)**。參司法院釋字第604號解釋理由書（節錄）：「道路交通管理處罰條例係為加強道路交通管理，維護交通秩序，確保交通安全而制定（同條例第一條）。依八十六年一月二十二日增訂公布第八十五條之一規定，汽車駕駛人違反同條例第五十六條規定，經舉發後，不遵守交通勤務警察或依法令執行交通稽查任務人員責令改正者，得連續舉發之；其無法當場責令改正者，亦同。此乃對於汽車駕駛人違反同條例第五十六條第一項各款而為違規停車之行為，得為連續認定及通知其違規事件之規定。又九十年一月十七日修正公布之同法第九條第一項規定：『本條例所定罰鍰之處罰，行為人接獲違反道路交通管理事件通知單後，於十五日內得不經裁決，逕依規定之罰鍰標準，向指定之處所繳納結案；不服舉發事實者，應於十五日內，向處罰機關陳述意見或提出陳述書。其不依通知所定限期前往指定處所聽候裁決，且未依規定期限陳述意見或提出陳述書者，處罰機關得逕行裁決之。』故行為人如接獲多次舉發違規事件通知書者，即有發生多次繳納罰鍰或可能受多次裁決罰鍰之結果。按違規停車，在禁止停車之處所停車，行為一經完成，即實現違規停車之構成要件，在車輛未離開該禁止停車之處所以前，其違規事實一直存在。立法者對於違規事實一直存在之行為，如考量該違規事實之存在對公益或公共秩序確有影響，除使主管機關得以強制執行之方法及時除去該違規事實外，並得藉舉發其違規事實之次數，作為認定其違規行為之次數，即每舉發一次，即認定有一次違反行政法上義務之行為發生而有一次違規行為，因而對於違規事實繼續之行為，為連續舉發者，即認定有多次違反行政法上義務之行為發生而有多次違規行為，從而對此多次違規行為得予以多次處罰，並不生一行為二罰之問題，故與法治國家一行為不二罰之原則，並無牴觸。」

故違反道路交通處罰條例違規停車之連續處罰，即被認定有多次違反行政法上義務之行為發生而有多次違規行為，而非行政罰中所謂「法律上一行為」。

35 **(A)**。除依性質或法規規定不得為之外，均可締結行政契約，故不必以法律有授權為要。

36 **(B)**。行政程序法第154條：「行政機關擬訂法規命令時，除情況急迫，顯然無法事先公告周知者外，應於政府公報或新聞紙公告，載明下列事項：一、訂定機關之名稱，其依法應由數機關會同訂定者，各該機關名稱。二、訂定之依據。三、草案全文或其主要內容。四、任何人得於所定期間內向指定機關陳述意見之意旨。行政機關除為前項之公告外，並得以適當之方法，將公告內容廣泛周知。」中央法規標準法第3條：「各機關發布之命令，得依其性質，稱規程、規則、細則、辦法、綱要、標準或準則。」故僅選項(B)警械許可定製售賣持有管理辦法為法規命令，其餘均為行政規則。

37 **(C)**。行政罰法第31條：「一行為違反同一行政法上義務，數機關均有管轄權者，由處理在先之機關管轄。不能分別處理之先後者，由各該機關協議定之；不能協議或有統一管轄之必要者，由其共同上級機關指定之。一行為違反數個行政法上義務而應處罰鍰，數機關均有管轄權者，由法定罰鍰額最高之主管機關管轄。法定罰鍰額相同者，依前項規定定其管轄。一行為違反數個行政法上義務，應受沒入或其他種類行政罰者，由各該主管機關分別裁處。但其處罰種類相同者，如從一重處罰已足以達成行政目的者，不得重複裁處。第一項及第二項情形，原有管轄權之其他機關於必要之情形時，應為必要之職務行為，並將有關資料移送為裁處之機關；為裁處之機關應於調查終結前，通知原有管轄權之其他機關。」

同法第32條：「一行為同時觸犯刑事法律及違反行政法上義務規定者，應將涉及刑事部分移送該管司法機關。前項移送案件，司法機關就刑事案件為不起訴處分、緩起訴處分確定或為無罪、免訴、不受理、不付審理、不付保護處分、免刑、緩刑、撤銷緩刑之裁判確定，或撤銷緩起訴處分後經判決有罪確定者，應通知原移送之行政機關。前二項移送案件及業務聯繫之辦法，由行政院會同司法院定之。」

38 **(C)**。參最高行政法院99年度3月第1次庭長法官聯席會議決議：地政事務所在土地登記簿標示部其他登記事項欄註記：「本土地涉及違法地目變更，土地使用管制仍應受原『田』地目之限制」，法律並未規定發生如何之法律效果。該註記既未對外直接發生法律效果，自非行政處分。地政事務所拒絕土地所有權人註銷系爭註記之要求，係拒絕作成事實行為之要求，該拒絕行為亦非行政處分。系爭註記事實上影響其所在土地所有權之圓滿狀態，侵害土地所有權人之所有權，土地所有權人認系爭註記違法者，得向行政法院提起一般給付訴訟，請求排除侵害行為即除去系爭註記（回復未為系爭註記之狀態）。

39 **(C)**。對拋棄廢棄物行為人所科處之罰鍰，乃行政罰，而非行政執行行為。

40 **(D)**。(A)行政執行法（下同）第11條參照。(B)(C)第7條參照。(D)第8條參照。

41 **(A)**。參照行政罰法第7、9、25、42條。

42 **(B)**。行政罰採「過失責任主義」，即行為人至少必須有過失，始得處以行政罰。故舉凡過失、重大過失、故意等，均屬行政罰得處罰之範圍。惟若各該不同種類行政罰之處罰標準不一，若行為之處罰限於重大過失或故意時，則代表該行政罰排除過失之處罰，因此在行為人僅有過失之情形，不得處罰。

43 **(A)**。參行政罰法第17條之規定。

44 **(C)**。參照行政罰法第14、15、17條。

45 **(C)**。依行政執行法第5條第1項，原則上行政執行不得於夜間、星期日或其他休息日為之。

46 **(C)**。確認身分之行政處分，不具有執行力，故不得為行政處分名義。

47 **(D)**。行政執行法第4條參照。

48 **(C)**。怠金、罰鍰為公法上金錢給付義務，由行政執行署之各分署執行；罰金為刑罰，由檢察機關執行。

49 **(B)**。行政執行法第17條參照。

50 **(D)**。行政契約之金錢給付義務，應依行政訴訟法第8條之規定提起一般給付之訴後，依第305條由地方法院行政訴訟庭強制執行。或依行政程序法第148條自願接受執行條款，直接準用行政訴訟法有關強制執行之規定。故行政契約之金錢給付義務，非行政執行法之執行標的。

第三回

( ) **1** 行政處分與一般處分之區別在於： (A)行政處分係就公法上事件所為；一般處分係就私法上事件所為 (B)行政處分係就具體事件所為；一般處分係抽象規範 (C)行政處分係針對特定相對人所為；一般處分之相對人並非特定，但依一般特徵可得確定其範圍 (D)行政處分直接對外發生法律效果；一般處分間接對外發生法律效果。

( ) **2** 提供一次或連續之金錢或可分物為給付內容之授予利益行政處分經確認無效者，則下列敘述，何者錯誤？ (A)受益人應返還因該處分所受領之給付 (B)為公法上不當得利 (C)返還範圍準用民法有關不當得利之規定 (D)已受領之給付無須返還。

( ) **3** 行政契約有下列何種情形時，行政機關得片面終止契約？ (A)因有情事重大變更，非當時所得預料，而依原約定顯失公平者 (B)為防止或除去對公益之重大危害者 (C)行政契約約定自願接受執行者 (D)因締約機關所屬公法人之其他機關於契約關係外行使公權力，致相對人履行契約義務時，顯增費用或受其他不可預期之損失者。

( ) **4** 授益處分若因撤銷而溯及既往失效時，受益人應負返還受領給付之義務。關於其返還之範圍應如何決定？ (A)應依據行政程序法有關公法上不當得利返還之明文規定 (B)應依據行政訴訟法一般給付訴訟之規定 (C)應依據行政程序法準用民法不當得利返還之規定 (D)應依據行政程序法準用民法損害賠償規定。

( ) **5** 下列何者不屬於行政處分？ (A)地政機關辦理土地徵收 (B)行政機關辦理公地出租 (C)行政機關核發建築執照 (D)地政機關辦理土地所有權移轉登記。

(　　) **6** 國立大學教師甲因違反聘約情節重大，經學校解聘。甲不服，依實務見解，得尋求下列何種權利救濟？　(A)向行政法院提起訴訟，請求確認聘任法律關係存在(B)向行政法院提起訴訟，請求學校續聘(C)向行政法院提起訴訟，請求學校不得解聘　(D)提起訴願，請求撤銷學校之解聘處分。

(　　) **7** 關於公權力委託私人辦理，稱為「行政委託」；下列敘述何者錯誤？　(A)應將委託事項及法規依據公告　(B)於國家賠償法上，其執行職務之人視同委託機關之公務員　(C)對其所為行政處分不服，應向原委託機關提起訴願　(D)除另有約定外，所需費用由受託私人負擔。

(　　) **8** 因行政處分而中斷時效之請求權，於行政處分不得訴請撤銷後，其原有時效期間不滿五年者，因中斷而重行起算之時效期間為：(A)二年　(B)三年　(C)四年　(D)五年。

(　　) **9** 甲欲改建祖厝，但文化資產保護之主管機關得悉後，遂依法定程序指定該祖厝為「暫定古蹟」，甲不服此一指定措施，其得否提起行政救濟？　(A)「暫定古蹟」之指定係觀念通知，甲無法提起行政救濟　(B)「暫定古蹟」之指定係程序行為，僅得連同實體決定一併聲明不服　(C)「暫定古蹟」之指定係暫時性行政處分，尚未對外發生法律效果，甲無法提起行政救濟　(D)「暫定古蹟」之指定雖係暫時性行政處分，但已對外發生法律效果，甲自得提起行政救濟。

(　　) **10** 行政指導，性質上是屬於下列何種行政行為之一種？　(A)行政處分(B)行政契約　(C)事實行為　(D)行政計畫。

(　　) **11** 行政處分之廢止，應自廢止原因發生後幾年內為之？　(A)二年(B)三年　(C)五年　(D)十年。

(　　) **12** 關於行政處分與事實行為之區別，下列敘述何者正確？　(A)行政處分直接發生法律效果，事實行為不生法律效果　(B)行政處分具有抽象性，事實行為具有具體性　(C)對行政處分得請求國家賠償，對事實行為不得請求國家賠償　(D)行政處分須人民同意，事實行為不須人民同意。

( ) **13** 關於行政處分之附款，下列敘述何者正確？ (A)應與行政處分之目的具有正當合理之關聯 (B)對人民權益影響輕微，即不必與行政處分之目的有關聯 (C)與公共利益有關即可，不必與行政處分之目的有關聯 (D)與公共利益有重大合理之關聯即可，不必與行政處分之目的有關聯。

( ) **14** 對於聽證之敘述，下列何者錯誤？ (A)涉及憲法正當行政程序原則之實踐 (B)行政機關訂定法規命令，得依職權決定是否進行聽證 (C)不服經聽證作成之行政處分，免除訴願及其先行程序 (D)經聽證之行政處分，不以書面為必要，但須將聽證紀錄送達相對人。

( ) **15** 下列何者屬於確認性質之行政處分？ (A)出生登記 (B)土地徵收 (C)徵兵處分 (D)核准歸化。

( ) **16** 甲原為外國人，經內政部核准歸化後，以本國國民之身分向臺北市政府申請社會救助。在核准處分非屬無效之情形下，臺北市政府縱懷疑該核准之合法性，亦不能否認甲具有我國國民身分之事實，乃核准處分之何種效力所致？ (A)構成要件效力 (B)確認事實效力 (C)形式存續效力 (D)對第三人效力。

( ) **17** 公法上之請求權時效，因何原因而中斷？ (A)作成為實現該權利之行政處分 (B)訂定法規命令 (C)作成行政指導 (D)通過行政執行之相關預算。

( ) **18** 行政處分違反土地管轄之規定者，除依行政程序法第111條第6款規定而無效者外，有管轄權之機關如就該事件仍應為相同處分時，原處分： (A)無須撤銷 (B)仍須先撤銷 (C)仍須先廢止 (D)當然無效。

( ) **19** 下列何者非屬行政契約？ (A)縣（市）政府因徵收人民土地所應給付之補償費，與土地所有人欠繳之工程受益費，成立抵銷契約 (B)縣（市）政府於實施都市計畫勘查時，就除去土地障礙物所生之損失，與土地所有權人達成之補償協議 (C)人民向行政執行機關出具載明義務人逃亡由其負清償責任之擔保書 (D)各級政府機關就公庫票據證券之保管事務，依公庫法規定與銀行簽訂之代理公庫契約。

(　　) **20** 關於行政處分之附款，下列敘述何者正確？　(A)行政機關有裁量權時，得為附款，且無須遵守行政法的原則　(B)附款不得違背行政處分之目的，並應有正當合理之關聯　(C)機關作成附款之種類，僅限行政程序法所列之5種　(D)行政機關作成行政處分無裁量權時，一律不得為附款。

(　　) **21** 在行政執行法中，有關物之交付義務的強制執行，應依何種方式辦理？　(A)依有關即時強制之規定辦理　(B)依有關公法上金錢給付義務之執行規定辦理　(C)依有關行為或不行為義務之執行規定辦理　(D)在現行行政執行法中，就此尚未設有明文規定。

(　　) **22** 關於行政處分附款之敘述，下列何者錯誤？　(A)附停止條件之行政處分於條件成就時發生效力　(B)附負擔所設定之義務，得依行政執行法之規定強制執行　(C)為確保行政處分法定要件之履行，可添加附款　(D)羈束處分不得添加附款。

(　　) **23** 下列有關行政處分之敘述，何者錯誤？　(A)授益行政處分不得有附款　(B)多階段之行政處分意指行政處分之作成須有他機關之參與協力　(C)行政處分以公法上意思表示為要素　(D)行政處分性質上為單方行政行為。

(　　) **24** 下列何者非行政契約？　(A)公立醫院與病患間之醫療契約　(B)對於公法上金錢債務所締結之抵銷契約　(C)國立醫學院公費生服務義務協議　(D)委託私人行使公權力之協議。

(　　) **25** 依司法院釋字第156號解釋，主管機關個案變更都市計畫，如直接限制一定區域內人民之權利、利益或增加其負擔，具有下列何種性質？　(A)行政契約　(B)行政處分　(C)行政指導　(D)法規命令。

(　　) **26** 行政處分機關未告知救濟期間，致相對人或利害關係人遲誤者，應如何處理？　(A)得聲請國家賠償　(B)得直接提起行政訴訟　(C)如自處分書送達後一年內聲明不服者，視為於法定期間內所為　(D)視為處分書未經合法送達，相對人或利害關係人得於任何期間聲明不服。

(　　) **27** 以下各種程序中，在行政程序法上關於舉行聽證，並無明文規定者為何？　(A)作成行政處分程序　(B)訂定法規命令程序　(C)確定行政計畫程序　(D)締結行政契約程序。

(　　) **28** 下列何種行為必須以書面為之？　(A)行政處分之作成　(B)人民向行政機關提議制定法規命令　(C)行政機關對相對人為行政指導　(D)人民向主管機關提出陳情。

(　　) **29** 行政程序法規定何種情形應舉行公開聽證？　(A)法規命令之擬定　(B)限制或剝奪人民自由之行政處分　(C)重大公共設施之設置而涉及多數不同利益之人之行政計畫　(D)涉及不特定多數人之行政規則。

(　　) **30** 行政程序法關於陳述意見之規定，下列論述何者正確？　(A)凡行政處分均必須給予相對人陳述意見之機會　(B)經行政機關通知陳述意見者，均應親自到場陳述　(C)行政機關基於調查事實及證據之必要，得通知相關人陳述意見　(D)行政機關通知陳述意見，均應以書面為之。

(　　) **31** 行政機關內部單位間意見的交換、文書的往來，屬於：　(A)行政處分　(B)行政命令　(C)事實行為　(D)職務代行。

(　　) **32** 下列何者之法律性質屬於「行政處分」？　(A)財政部依據稅捐稽徵法之授權而訂定「稅捐稽徵法施行細則」　(B)稅捐稽徵機關核發課稅通知書　(C)稅捐稽徵機關辦理宣導納稅的抽獎活動　(D)稅捐稽徵機關宣導人民盡量提早申報所得稅。

(　　) **33** 某國立大學醫學院學生願意接受公費醫學教育，但負有畢業後接受分發至公立衛生醫療機構服務之義務，此種法律關係是屬於：(A)行政處分　(B)行政命令　(C)行政契約　(D)民事契約。

(　　) **34** 行政機關之行政行為所規制的「相對人」與「事件」之對象，在下列那一種情形中，依通說之理解，不可能定性為「行政處分」？(A)相對人具有不特定性、事件性質具有抽象性　(B)相對人具有特定性、事件性質具有抽象性　(C)相對人具有不特定性、事件性質具有具體性　(D)相對人具有特定性、事件性質具有具體性。

(　　) **35** 依行政執行法第34條規定，代履行費用或怠金，逾期未繳納者，應如何處理？　(A)立即限制出境　(B)移送行政執行處依第二章（公法上金錢給付義務之執行）之規定執行之　(C)公告姓名　(D)由原行政機關依第四章（即時強制）之規定執行之。

(　　) **36** 行政契約與私法契約的區別，下列敘述何者正確？
(A)行政契約是法律行為，私法契約是事實行為
(B)行政契約是雙方行為，私法契約是單方行為
(C)行政契約發生公法效果，私法契約發生私法效果
(D)行政契約至少須有一方為行政機關，私法契約則須雙方均為人民。

(　　) **37** 以下關於行政處分之轉換，何者錯誤？　(A)轉換必須符合原行政處分之目的　(B)轉換法律效果對當事人更為不利者，則不得轉換　(C)裁量處分及羈束處分得互相轉換　(D)轉換對公益有重大危害者，不得轉換。

(　　) **38** 依行政程序法之規定，行政處分之廢止，何種情形得溯及既往失其效力？　(A)行政處分所依據之法規或事實事後發生變更，致行政處分受廢止者　(B)受益人未履行負擔，致行政處分受廢止者　(C)原處分機關保留行政處分之廢止權者　(D)為防止或除去對公益之重大危害而廢止行政處分者。

(　　) **39** 行政機關與人民締結行政契約，互負給付義務者，下列敘述何者正確？　(A)代替行政處分之行政契約所約定之人民給付得不限於特定用途　(B)人民之給付與行政機關之給付應相當，給付不必限於特定用途　(C)契約中應約定人民給付之特定用途，人民之給付應有助於行政機關執行其職務　(D)人民之給付與行政機關之給付不必相當，也無須有正當合理之關聯。

(　　) **40** 有關行政契約之無效，下列何者錯誤？　(A)與其內容相同之行政處分為無效者　(B)與其內容相同之行政處分，有得撤銷之違法原因，且為行政機關單方所明知者　(C)締結之和解契約，未符合行政程序法相關之規定者　(D)締結之雙務契約，未符合行政程序法相關之規定者。

( ) **41** 有關行政執行法規定之怠金，下列敘述，何者正確？ (A)依法令或本於法令之行政處分，負有行為義務而不為，其行為能由他人代為履行者 (B)依法令或本於法令之行政處分，負有不行為義務而為之者 (C)怠金逾期未繳納，由原處分機關執行之 (D)義務人經科處怠金，仍不履行義務者，執行機關無須再為書面限期履行，得連續處以怠金。

( ) **42** 行政處分於法定救濟期間經過後，具有下列何種情形者，相對人或利害關係人得向行政機關申請撤銷或變更之？ (A)具有相當於行政訴訟法所定再審事由且足以影響行政處分者 (B)行政處分所依據之法規事後發生有利於相對人或利害關係人之變更者 (C)行政處分於法定救濟期間經過後始發生影響相對人或利害關係人權益之情形者 (D)以上三種情形皆得於法定救濟期間經過後向行政機關申請撤銷或變更原行政處分。

( ) **43** 有關行政契約之敘述，下列何者錯誤？
(A)行政契約之締結，應以書面為之，非以書面締結之行政契約，無效
(B)行政契約之內容違反公共秩序、善良風俗者，無效
(C)行政契約當事人一方為人民，依法應以甄選或其他競爭方式決定該當事人時，行政機關應事先公告應具之資格及決定之程序，未踐行此程序者，該行政契約無效
(D)代替行政處分之行政契約，與其內容相同之行政處分，有得撤銷之違法原因，並為締約雙方所明知者，該行政契約亦得撤銷。

( ) **44** 下列關於行政處分附款之敘述，何者錯誤？ (A)針對裁量處分，原則上處分機關可以決定是否附加附款 (B)行政處分係屬羈束處分時，即不得為附款 (C)行政處分為附款時，該附款不得違背行政處分之目的 (D)附款須與行政處分之目的具有正當合理之關聯。

( ) **45** 行政程序法有關行政處分之規定，下列敘述何者錯誤？ (A)一般處分原則上自送達相對人時起發生效力 (B)不能由書面處分中得知處分機關之行政處分無效 (C)行政機關作成經聽證之行政處分，應以書面為之 (D)未限制人民權益之書面行政處分得不記明理由。

(　　) **46** 關於行政處分之生效時點，下列何者不正確？　(A)書面之行政處分，自送達相對人及已知之利害關係人起，發生效力　(B)書面以外之行政處分，自以其他適當方法通知或使其知悉時起，發生效力　(C)一般處分自公告日或刊登政府公報、新聞紙最後登載日起發生效力　(D)行政處分未經撤銷、廢止，或未因其他事由而失效者，其效力處於未定狀態。

(　　) **47** 區別行政處分與法規命令之實益何在？　(A)決定是否可提起行政爭訟　(B)決定行政機關裁量的界限　(C)決定是否受一般法律原則之拘束　(D)是否適用行政程序法。

(　　) **48** 一行為如同時違反數個行政法上義務規定而應處罰鍰者，應如何裁處之？　(A)併罰　(B)從重處罰　(C)加重處罰　(D)從一重處罰。

(　　) **49** 駕駛人行車於高速公路，因同車之友人突發重病須緊急送醫，於是超速行駛路肩，對其超速及行駛路肩之行為應如何處理？　(A)依法定罰鍰額最高之規定裁處　(B)依法定罰鍰額最低之規定裁處　(C)不予處罰　(D)得減輕處罰。

(　　) **50** 關於公法上金錢給付義務不履行之執行，除依行政執行法之規定外，準用下列何法之規定？　(A)行政訴訟法　(B)民事訴訟法　(C)刑事訴訟法　(D)強制執行法。

解答與解析

(答案標示為#者，表官方曾公告更正該題答案。)

1 (C)。比較行政程序法第92條第1項與第2項，可知行政處分係針對特定相對人所為；一般處分之相對人並非特定，但依一般特徵可得確定其範圍。

2 (D)。行政程序法第127條：「授予利益之行政處分，其內容係提供一次或連續之金錢或可分物之給付者，經撤銷、廢止或條件成就而有溯及既往失效之情形時，受益人應返還因該處分所受領之給付。其行政處分經確認無效者，亦同。前項返還範圍準用民法有關不當得利之規定。行政機關依前二項規定請求返還時，應以書面行政處分確認返還範圍，並限期命受益人返還之。前項行政處分未確定前，不得移送行政執行。」

3 (B)。行政程序法第146條：「行政契約當事人之一方為人民者，行政機關為防止或除去對公益之重大危害，得於必要範圍內調整契約內容或終止契約。前項之調整或終止，非補償相對人因此所受之財產上損失，不得為之。第一項之調整或終止及第二項補償之決定，應以書面敘明理由為之。相對人對第一項之調整難為履行者，得以書面敘明理由終止契約。相對人對第二項補償金額不同意時，得向行政法院提起給付訴訟。」第147條：「行政契約締結後，因有情事重大變更，非當時所得預料，而依原約定顯失公平者，當事人之一方得請求他方適當調整契約內容。如不能調整，得終止契約。前項情形，行政契約當事人之一方為人民時，行政機關為維護公益，得於補償相對人之損失後，命其繼續履行原約定之義務。第一項之請求調整或終止與第二項補償之決定，應以書面敘明理由為之。相對人對第二項補償金額不同意時，得向行政法院提起給付訴訟。」選項(B)。應先調整，不能調整始得終止。

4 **(C)**。行政程序法第127條第2項：「前項返還範圍準用民法有關不當得利之規定。」

5 **(B)**。行政機關辦理公地出租，為一般私法契約行為。

6 **(D)**。參最高行政法院98年7月份第1次庭長法官聯席會議決議：「另查教師法第33條規定：『教師不願申訴或不服申訴、再申訴決定者，得按其性質依法提起訴訟或依訴願法或行政訴訟法或其他保障法律等有關規定，請求救濟。』其中所謂『按其性質』，首應區分學校與教師間之聘約關係屬私法契約或行政契約。公立學校教師之聘任屬行政契約，自不適用普通法院救濟途徑，相關爭議自應『依訴願法或行政訴訟法或其他保障法律等有關規定，請求救濟。』又由於上開第33條前段規定『教師不願申訴或不服申訴、再申訴決定者』，得按其性質依訴願法或行政訴訟法請求救濟。是公立學校教師就學校有關教師個人之措施不服，得按其性質選擇循申訴、再申訴（視為訴願）、行政訴訟途徑；或按其性質逕提訴願、行政訴訟，以資救濟，乃法律特別規定之救濟途徑及當事人就不同救濟途徑間之自由選擇權。」

7 **(D)**。行政程序法第16條：「行政機關得依法規將其權限之一部分，委託民間團體或個人辦理。前項情形，應將委託事項及法規依據公告之，並刊登政府公報或新聞紙。第一項委託所需費用，除另有約定外，由行政機關支付之。」

8 **(D)**。行政程序法第134條：「因行政處分而中斷時效之請求權，於行政處分不得訴請撤銷後，其原有時效期間不滿五年者，因中斷而重行起算之時效期間為五年。」

9 **(D)**。指定祖厝為「暫定古蹟」之行為，是否為行政處分？觀行政程序法第92條：「本法所稱行政處分，係指行政機關就公法上具體事件所為之決定或其他公權力措施而對外直接發生法律效果之單方行政行為。前項決定或措施之相對人雖非特定，而依一般性特徵可得確定其範圍者，為一般處分，適用本法有關行政處分之規定。有關公物之設定、變更、廢止或其一般使用者，亦同。」指定祖厝為「暫定古蹟」，應屬「有關公物之設定、變更、廢止或其一般使用」，且雖為暫定行為，但已對外法生法律效果，故「暫定古蹟」應為一般處分。

10 **(C)**。行政指導之本質為事實行為，不對人民發生法律效力。

11 **(A)**。行政程序法第124條：「前條之廢止，應自廢止原因發生後二年內為之。」

12 **(A)**。行政處分具有具體性；對事實行為亦得請求國家賠償；行政處分具單方性，無須人民同意。

13 **(A)**。行政程序法第94條：「前條之附款不得違背行政處分之目的，並應與該處分之目的具有正當合理之關聯。」

14 **(D)**。行政程序法第108條：「行政機關作成經聽證之行政處分時，除依第四十三條之規定外，並應斟酌全部聽證之結果。但法規明定應依聽證紀錄作成處分者，從其規定。前項行政處分應以書面為之，並通知當事人。」

15 **(A)**。確認處分僅就既存事實加以確認，並未創設、變更任何法律關係。土地徵收、徵兵處分為下命處分，核准歸化為形成處分。

16 **(A)**。甲經內政部核准歸化後，即被認定具有本國國民身分。臺北市政府縱懷疑該核准之合法性，亦不能否認甲具有我國國民身分之事實，足見該核准處分對臺北市政府就做成社會救助行政處分之事實認定，具有拘束力，此乃構成要件效力所致。

17 **(A)**。行政程序法第131條第3項：「前項時效，因行政機關為實現該權利所作成之行政處分而中斷。」

18 **(A)**。行政程序法第115條：「行政處分違反土地管轄之規定者，除依第一百十一條第六款規定而無效者外，有管轄權之機關如就該事件仍應為相同之處分時，原處分無須撤銷。」

19 **(D)**。參法務部100年法律決字第1000010952號函釋：「參照公庫法第3條第1項規定，各級政府與代理銀行簽訂代理公庫之契約，其法律性質，未有定論，多數見解認為應屬私法契約，惟仍應就個別代理公庫契約所約定之內容，分別判斷其法律性質。又代理國庫契約上請求權之時效，應視契約性質而定。」

20 **(B)**。行政程序法第93條：「行政機關作成行政處分有裁量權時，得為附款。無裁量權者，以法律有明文規定或為確保行政處分法定要件之履行而以該要件為附款內容者為限，始得為之。前項所稱之附款如下：一、期限。二、條件。三、負擔。四、保留行政處分之廢止權。五、保留負擔之事後附加或變更。」第94條：「前條之附款不得違背行政處分之目的，並應與該處分之目的具有正當合理之關聯。」

選項(C)機關作成附款之種類，是否僅限行政程序法所列之5種，有不少學說認為並不限於此5種，其他諸如準負擔等亦是附款之一種。

21 (C)。行政執行法第33條參照。

22 (D)。羈束處分以法律有明文規定者，或為確保行政處分法定要件之履行者為限，得為附款，參行政程序法第93條，故羈束處分並非不得添加附款。

23 (A)。行政程序法第93條：「行政機關作成行政處分有裁量權時，得為附款。無裁量權者，以法律有明文規定或為確保行政處分法定要件之履行而以該要件為附款內容者為限，始得為之。前項所稱之附款如下：一、期限。二、條件。三、負擔。四、保留行政處分之廢止權。五、保留負擔之事後附加或變更。」故行政處分得否為附款，與是否為授益行政處分無涉，應視附款之作成是否符合上開要件而定。

24 (A)。公立醫院與病患間之醫療契約為一般私法契約，蓋醫院本身並非立於國家地位與病患簽約。

25 (B)。司法院釋字第156號解釋：主管機關變更都市計畫，係公法上之單方行政行為，如直接限制一定區域內人民之權利、利益或增加其負擔，即具有行政處分之性質，其因而致特定人或可得確定之多數人之權益遭受不當或違法之損害者，自應許其提起訴願或行政訴訟以資救濟，本院釋字第一四八號解釋應予補充釋明。

26 (C)。行政程序法第98條第3項：「處分機關未告知救濟期間或告知錯誤未為更正，致相對人或利害關係人遲誤者，如自處分書送達後一年內聲明不服時，視為於法定期間內所為。」

27 (D)。(A)行政程序法（下同）第107條：「行政機關遇有下列各款情形之一者，舉行聽證：一、法規明文規定應舉行聽證者。二、行政機關認為有舉行聽證之必要者。」(B)第155條：「行政機關訂定法規命令，得依職權舉行聽證。」(C)第164條第1項：「行政計畫有關一定地區土地之特定利用或重大公共設施之設置，涉及多數不同利益之人及多數不同行政機關權限者，確定其計畫之裁決，應經公開及聽證程序，並得有集中事權之效果。」

28 (B)。(A)行政程序法（下同）第95條第1項：「行政處分除法規另有要式之規定者外，得以書面、言詞或其他方式為之。」(B)第152條第2項：「前項提議，應以書面敘明法規命令訂定之目的、依據及理由，並附具相關資料。」(C)第167條第2項：「前項明示，得以書面、言詞或其他方式為之。如相對人請求交付文書時，除行政上有特別困難外，應以書面為之。」(D)第169條第1項：「陳情得以書面或言詞為之；其以言詞為之者，受理機關應作成紀錄，並向陳情人朗讀或使閱覽後命其簽名或蓋章。」

29 (C)。(A)行政程序法（下同）第155條：「行政機關訂定法規命令，得依職權舉行聽證。」(B)第102條：

「行政機關作成限制或剝奪人民自由或權利之行政處分前，除已依第三十九條規定，通知處分相對人陳述意見，或決定舉行聽證者外，應給予該處分相對人陳述意見之機會。但法規另有規定者，從其規定。」足見陳述意見即可，無庸聽證。(C)第164條第1項：「行政計畫有關一定地區土地之特定利用或重大公共設施之設置，涉及多數不同利益之人及多數不同行政機關權限者，確定其計畫之裁決，應經公開及聽證程序，並得有集中事權之效果。」(D)第160條：「行政規則應下達下級機關或屬官。行政機關訂定前條第二項第二款之行政規則，應由其首長簽署，並登載於政府公報發布之。」足見行政規則無庸踐行聽證。

30 **(C)**。行政程序法（下同）第39條：「行政機關基於調查事實及證據之必要，得以書面通知相關之人陳述意見。通知書中應記載詢問目的、時間、地點、得否委託他人到場及不到場所生之效果。」
第102條：「行政機關作成限制或剝奪人民自由或權利之行政處分前，除已依第三十九條規定，通知處分相對人陳述意見，或決定舉行聽證者外，應給予該處分相對人陳述意見之機會。但法規另有規定者，從其規定。」

31 **(C)**。行政機關內部單位間意見的交換、文書的往來，並未對外發生法律效果，僅為事實行為。

32 **(B)**。(A)法規命令。(B)行政處分。(C)(D)行政指導。

33 **(C)**。參司法院釋字第348號解釋（節錄）：行政院中華民國六十七年元月二十七日台（六七）教字第八二三號函核准，由教育部發布之「國立陽明醫學院醫學系公費學生待遇及畢業後分發服務實施要點」，係主管機關為解決公立衛生醫療機構醫師缺額補充之困難而訂定，並作為與自願接受公費醫學教育學生，訂立行政契約之準據。

34 **(A)**。參行政程序法第92條，(B)(C)。均有可能為一般處分，僅(A)不能被定性為任何行政處分。

35 **(B)**。行政執行法第34條：「代履行費用或怠金，逾期未繳納者，移送行政執行處依第二章之規定執行之。」

36 **(C)**。(A)兩者均為法律行為。(B)兩者均為雙方行為。(D)若一方為受託行使公權力之私人，則縱非行政機關，亦得訂定行政契約。

37 **(C)**。行政程序法第116條：「行政機關得將違法行政處分轉換為與原處分具有相同實質及程序要件之其他行政處分。但有下列各款情形之一者，不得轉換：一、違法行政處分，依第一百十七條但書規定，不得撤銷者。二、轉換不符作成原行政處分之目的者。三、轉換法律效果對當事人更為不利者。羈束處分不得轉換為裁量處分。行政機關於轉換前應給予當事人陳述意見之機會。但有第一百零三條之事由者，不在此限。」

38 (B)。行政程序法第125條：「合法行政處分經廢止後，自廢止時或自廢止機關所指定較後之日時起，失其效力。但受益人未履行負擔致行政處分受廢止者，得溯及既往失其效力。」

39 (C)。行政程序法第137條：「行政機關與人民締結行政契約，互負給付義務者，應符合下列各款之規定：一、契約中應約定人民給付之特定用途。二、人民之給付有助於行政機關執行其職務。三、人民之給付與行政機關之給付應相當，並具有正當合理之關聯。行政處分之作成，行政機關無裁量權時，代替該行政處分之行政契約所約定之人民給付，以依第九十三條第一項規定得為附款者為限。第一項契約應載明人民給付之特定用途及僅供該特定用途使用之意旨。」

40 (B)。行政程序法第142條：「代替行政處分之行政契約，有下列各款情形之一者，無效：一、與其內容相同之行政處分為無效者。二、與其內容相同之行政處分，有得撤銷之違法原因，並為締約雙方所明知者。三、締結之和解契約，未符合第一百三十六條之規定者。四、締結之雙務契約，未符合第一百三十七條之規定者。」

41 (B)。行政執行法（下同）第30條：「依法令或本於法令之行政處分，負有行為義務而不為，其行為不能由他人代為履行者，依其情節輕重處新臺幣五千元以上三十萬元以下怠金。依法令或本於法令之行政處分，負有不行為義務而為之者，亦同。」

第31條：「經依前條規定處以怠金，仍不履行其義務者，執行機關得連續處以怠金。依前項規定，連續處以怠金前，仍應依第二十七條之規定以書面限期履行。但法律另有特別規定者，不在此限。」

第34條：「代履行費用或怠金，逾期未繳納者，移送行政執行處依第二章之規定執行之。」

42 (A)。行政程序法第128條第1項：「行政處分於法定救濟期間經過後，具有下列各款情形之一者，相對人或利害關係人得向行政機關申請撤銷、廢止或變更之。但相對人或利害關係人因重大過失而未能在行政程序或救濟程序中主張其事由者，不在此限：一、具有持續效力之行政處分所依據之事實事後發生有利於相對人或利害關係人之變更者。二、發生新事實或發現新證據者，但以如經斟酌可受較有利益之處分者為限。三、其他具有相當於行政訴訟法所定再審事由且足以影響行政處分者。」

43 (D)。行政程序法（下同）第138條：「行政契約當事人之一方為人民，依法應以甄選或其他競爭方式決定該當事人時，行政機關應事先公告應具之資格及決定之程序。決定前，並應予參與競爭者表示意見之機會。」

第139條：「行政契約之締結，應以書面為之。但法規另有其他方式之規定者，依其規定。」

第141條1項：「行政契約準用民法規定之結果為無效者，無效。」故準用民法，違反公序良俗者，無效。

第142條：「代替行政處分之行政契約，有下列各款情形之一者，無效：一、與其內容相同之行政處分為無效者。二、與其內容相同之行政處分，有得撤銷之違法原因，並為締約雙方所明知者。三、締結之和解契約，未符合第一百三十六條之規定者。四、締結之雙務契約，未符合第一百三十七條之規定者。」

44 **(B)**。行政程序法第93條第1項：「行政機關作成行政處分有裁量權時，得為附款。無裁量權者，以法律有明文規定或為確保行政處分法定要件之履行而以該要件為附款內容者為限，始得為之。」

45 **(A)**。行政程序法第110條第2項：「一般處分自公告日或刊登政府公報、新聞紙最後登載日起發生效力。但處分另訂不同日期者，從其規定。」

46 **(D)**。行政處分未經撤銷、廢止，或未因其他事由而失效者，其效力繼續存在。

47 **(A)**。行政處分為具體行為，法規命命為抽象行為，人民得提起行政爭訟之對象，原則上應以具體措施為限，故對於行政處分得提起行政爭訟，法規命令則否。

48 **(D)**。行政罰法第24條第1項、第2項：「一行為違反數個行政法上義務規定而應處罰鍰者，依法定罰鍰額最高之規定裁處。但裁處之額度，不得低於各該規定之罰鍰最低額。前項違反行政法上義務行為，除應處罰鍰外，另有沒入或其他種類行政罰之處罰者，得依該規定併為裁處。但其處罰種類相同，如從一重處罰已足以達成行政目的者，不得重複裁處。」

49 **(C)**。行政罰法第13條：「因避免自己或他人生命、身體、自由、名譽或財產之緊急危難而出於不得已之行為，不予處罰。但避難行為過當者，得減輕或免除其處罰。」故駕駛人行車於高速公路，因同車之友人突發重病須緊急送醫，於是超速行駛路肩，對其超速及行駛路肩之行為不予處罰。

50 **(D)**。行政執行法第26條參照。

第四回

(　　)　**1**　依行政程序法及地方制度法規定，關於委任、委託與委辦之敘述，下列何者錯誤？　(A)三者皆屬行政機關管轄權移轉之情形，為管轄法定原則之例外　(B)委任及委託發生於同一行政主體間，委辦發生於不同行政主體間 (C)委託及委辦須有法規之依據，委任則因機關間有隸屬關係，故無須法規依據 (D)下級行政機關請上級行政機關代為處理事務，非屬委任、委託或委辦之情形。

( ) **2** 有關行政處分附款之敘述，下列何者正確？ (A)主管機關要求於核發建築執照前必須確定廢土棄置場址，此為解除條件 (B)主管機關允許外籍學生於臺灣居留但附加不得打工，此為停止條件 (C)主管機關依法通過環評審查結論，但附加必須定期對於工廠周遭一定範圍進行監測，此為負擔 (D)主管機關於審查餐廳之營業許可時，聲明於日後有必要時得要求增設防噪音設備，此為廢止權之保留。

( ) **3** 下列何者不屬一般處分？ (A)國家音樂廳現場禁止觀眾攝影與錄音之公告 (B)環境保護局發布空氣品質惡化警告 (C)稅捐機關依稅捐稽徵法第10條公告延長繳納稅捐之期間 (D)主管機關指定水源保護區。

( ) **4** 依行政罰法之規定，下列何種條件下，行為人不得免除行政罰？ (A)違反行政法上義務之行為並非出於故意或過失者 (B)依法令之行為 (C)行為人未滿18歲 (D)未過當之正當防衛或緊急避難行為。

( ) **5** 下列何者不屬行政罰法所謂罰鍰、沒入以外之「其他種類行政罰」？ (A)公布姓名 (B)警告、記點 (C)吊銷證照 (D)限期改善。

( ) **6** 行政契約當事人之一方為人民者，行政機關得就相對人契約之履行，依書面約定之方式，為必要之指導或協助。有關此等指導之敘述，下列何者正確？ (A)屬法律行為 (B)具法律效果 (C)屬非權力性之行為 (D)人民依法須遵守此等指導。

( ) **7** 有關行政執行法上代履行之敘述，下列何者錯誤？ (A)得為代履行者，僅限於可替代之行為 (B)其行為能由他人代為履行者，得由行政機關指定人員為之 (C)代履行之執行，亦得委由第三人執行之 (D)代履行係基於公益考量，不得向義務人收取任何費用。

( ) **8** 下列何種行政行為不適用行政程序法之程序規定？ (A)行政院作成行政處分 (B)監察院接受人民請願 (C)經濟部實施行政指導 (D)內政部與人民締結行政契約。

(　　) **9** 有關行政罰法之敘述，下列何者正確？　(A)外國人在我國領域內，過失違反我國行政法上義務之行為不予處罰　(B)外國人在外國領域內，故意違反我國行政法上義務之行為予以處罰　(C)違反行政法上義務之行為或結果須皆在我國領域內，否則不予處罰　(D)違反行政法上義務之行為或結果，有一在我國領域內者即予以處罰。

(　　) **10** 人民向主管機關陳情，認為機關所選定的場址不符合法律規定，主管機關回覆告知，所陳情內容頗有見地，將審慎參考辦理。上述主管機關之回覆，係屬下列何種行政行為？　(A)行政計畫　(B)事實行為　(C)行政處分　(D)法規命令。

(　　) **11** 機關作成行政處分而為附款時，下列那一項描述為錯誤？　(A)法律有規定者，得為附款　(B)機關為羈束處分時，即當然有權作成附款　(C)附款之作成應合於行政處分之目的　(D)附款之作成禁止不當聯結。

(　　) **12** 授予利益之行政處分經撤銷後，在下列何種情形下，受益人之信賴利益不值得保護？　(A)行政機關非故意撤銷行政處分者　(B)受益人非本國國民　(C)此行政處分係屬具不確定本質之預測性的處分　(D)受益人因重大過失而不知行政處分違法者。

(　　) **13** 締結行政契約之人民，因締約機關所屬公法人之其他機關於契約關係外行使公權力，致其履行契約受不可預期之損失者，得請求補償。此項損失補償請求權應於知有損失時起，至遲何時內請求之？(A)6個月　(B)1年　(C)2年　(D)3年。

(　　) **14** 行政契約於何種情形，不必然無效？　(A)契約內容違反公序良俗　(B)未依法定方式　(C)該公法上法律關係性質上不得以契約設定者　(D)契約當事人之一方為限制行為能力者。

(　　) **15** 合法行政處分經廢止後，該處分將失其效力，惟有關失效日期，下列何者為不正確？　(A)原則上自廢止時失其效力　(B)廢止之機關可指定廢止日後之日期失其效力　(C)受益人未履行負擔致行政處分廢止者，僅可自廢止時失其效力　(D)受益人未履行負擔致行政處分廢止者，得溯及既往失其效力。

(　) **16** 甲公務員在處理乙的申請案時，發現乙是甲的三等姻親，有關甲乙依法應如何處理迴避的敘述，下列何者正確？　(A)甲乙皆應自行迴避　(B)甲應自行迴避　(C)乙應依甲的命令迴避　(D)甲乙皆應申請迴避。

(　) **17** 下列有關行政罰之敘述，何者正確？　(A)一行為違反數個行政法上之義務規定而應處罰鍰者，依法定罰鍰額最高之規定裁處　(B)數行為違反同一或不同行政法上義務之規定者，從一重處罰　(C)一行為同時觸犯刑事法律及違反行政法上義務之規定者，依一事不二罰原則，僅依刑法處罰　(D)一行為同時觸犯刑事法律及違反行政法上義務之規定，刑事部分獲不起訴處分確定者，亦不得再以違反行政法上義務之規定裁處。

(　) **18** 行政機關裁處行政罰時，應以下列何種方式為之？　(A)作成口頭裁處　(B)作成裁處書　(C)應依具體情形決定口頭裁處或作成裁處書　(D)應由裁處對象決定行政機關作成口頭裁處或裁處書。

(　) **19** 關於行政規則拘束力之敘述，下列何者錯誤？　(A)行政規則必須有效下達始生效力　(B)行政規則具有拘束上級機關之效力　(C)行政規則具有拘束訂定機關之效力　(D)行政規則具有拘束屬官之效力。

(　) **20** 行政執行分署依法得對被執行人核發的所謂禁奢令，下列何者不屬之？　(A)禁止搭乘特定之交通工具　(B)禁止與同為被執行之特定人接觸　(C)禁止為特定之投資　(D)禁止進入特定之高消費場所消費。

(　) **21** 公共用物之創設，係何種性質之行政行為？　(A)事實行為　(B)行政規則　(C)行政處分　(D)行政指導。

(　) **22** 下列何者，非當事人於聽證時得享有之權利？　(A)陳述意見　(B)提出證據　(C)經主持人同意對證人發問　(D)參與表決聽證紀錄之確定。

(　) **23** 依行政程序法規定，關於職務協助之敘述，下列何者正確？　(A)被請求機關認有正當理由不能協助者，得於通知其直接上級機關後，以書面拒絕請求協助機關　(B)若所請求之協助行為非屬被請求機關權限範圍者，得於經其直接上級機關同意後拒絕提供職務協助　(C)由無隸屬關係之被請求機關協助執行，顯較經濟者，行政機關得請求其協助執行職務　(D)被請求機關認為無提供行政協助之義務者，應將其理由通知請求協助機關，請求協助機關不得異議。

(　　) **24** 依行政罰法之規定，原則上行政罰裁處權時效期間為何？　(A)1年　(B)2年　(C)3年　(D)5年。

(　　) **25** 在行政罰之裁處程序中，下列何者不屬行政機關執行職務人員之義務？　(A)向行為人出示有關執行職務之證明文件或顯示足資辨別之標誌　(B)向行為人告知其所違反之法規　(C)於行為人請求時，交付其對即時處置表示異議之要旨紀錄　(D)向行為人告知得保持緘默。

(　　) **26** 有關行政罰法所規定之責任能力，下列敘述何者正確？　(A)未滿18歲人之行為，均不予處罰　(B)未滿20歲人之行為，均得減輕處罰　(C)14歲以上未滿18歲人之行為，得減輕處罰　(D)14歲以上人之行為，不得減輕或免除處罰。

(　　) **27** 行為後法律或自治條例有變更者，行政罰法採下列何種原則？　(A)從新從輕　(B)從舊從輕　(C)一律從舊　(D)一律從新。

(　　) **28** 違反行政法上義務，依行政罰法之規定，下列何種行政罰，其情節輕微，認以不處罰為適當者，得免予處罰？　(A)法定最高額新臺幣3000元以下罰鍰　(B)法定最高額新臺幣5000元以下罰鍰　(C)沒入　(D)影響名譽之處分。

(　　) **29** 依行政罰法第34條之規定，行政機關對現行違反行政法上義務之行為人得為之處置，不包含下列何者？　(A)即時制止其行為　(B)拒絕或規避身分之查證，經勸導無效，致確實無法辨認其身分且情況急迫者，直接逮捕移送地方法院收押　(C)拒絕或規避身分之查證，經勸導無效，致確實無法辨認其身分且情況急迫者，得令其隨同到指定處所查證身分　(D)遇有抗拒保全證據之行為且情況急迫者，得使用強制力排除其抗拒。

( ) **30** 下列何者不屬行政罰法明文規定之阻卻違法事由？ (A)依法令之行為 (B)對於現在不法之侵害，而出於防衛自己或他人權利之行為 (C)因避免自己或他人生命、身體、自由、名譽或財產之緊急危難而出於不得已之行為 (D)因不知法規而違反行政法上義務之行為。

( ) **31** 關於行政程序法中聽證規定之敘述，下列何者錯誤？ (A)聽證，由行政機關首長或其指定人員為主持人 (B)聽證，除法律另有規定外，以不公開為原則 (C)行政機關作成經聽證之行政處分應以書面為之，並通知當事人 (D)不服經聽證之行政處分者，其行政救濟程序，免除訴願及其先行程序。

( ) **32** 下列何者得訂定罰則（行政罰）？ (A)自治條例 (B)自治規則 (C)行政規則 (D)職權命令。

( ) **33** 關於行政罰裁處權時效之起算，下列敘述何者正確？ (A)自違反行政法上義務之行為終了時起算，但行為之結果發生在後者，自該結果發生時起算 (B)自違反行政法上義務之行為開始時起算，其行為之結果發生在後者，仍自行為開始時起算 (C)因行政訴訟經撤銷而須另為裁處者，自原裁處作成之日起算 (D)因天災、事變或依法律規定不能開始或進行裁處時，自停止原因消滅時重新起算。

( ) **34** 依行政程序法規定，有關管轄權之敘述，下列何者錯誤？ (A)行政機關之管轄權，得依據行政機關首長職務命令變更之 (B)關於不動產之事件，依其不動產所在地之機關具有管轄權 (C)關於企業經營，依其企業之處所之機關具有管轄權 (D)數機關有管轄權之爭議時，由受理在先之機關具有管轄權。

( ) **35** 關於行政處分職權撤銷之敘述，下列何者錯誤？ (A)得於法定救濟期間經過後撤銷之 (B)對違法與合法行政處分均得為撤銷 (C)原處分機關得為全部之撤銷 (D)上級機關得為一部之撤銷。

( ) **36** 下列行政處分之敘述，何者正確？ (A)國家資通安全研究不具公權力，故不得立於行政機關之地位而為行政處分 (B)有效但違法之行政處分，相對人無服從之義務 (C)行政機關漏未教示之行政處分不生效力 (D)國稅局寄發通知命納稅義務人繳稅，屬下命行政處分。

(　　) **37** 財政部中區國稅局對設籍於臺北市之納稅義務人為核定補繳所得稅之處分，如其金額及內容均無錯誤，則土地管轄錯誤之行政處分，其效力為何？　(A)無效　(B)仍為有效　(C)效力未定　(D)溯及失效。

(　　) **38** 下列何者不屬行政事實行為？　(A)為避免地層下陷危害行車安全，主管機關下令封閉高速鐵路沿線地下水井　(B)交通警察將違規停放車輛移置適當處所　(C)衛生所為50歲以上老人施打流行性感冒疫苗　(D)警察於集會現場攝影蒐證。

(　　) **39** 行政程序法施行後，行政機關發布法規命令須踐行之程序，僅有下列那一項？　(A)事先公告周知　(B)聽證程序　(C)規定罰則　(D)行政裁量。

(　　) **40** 依行政程序法規定，下列有關證據之敘述何者錯誤？　(A)行政機關調查證據應尊重當事人之主張而受其拘束　(B)對當事人有利不利事項一律注意　(C)行政機關得選定適當之人為鑑定　(D)行政機關為瞭解事實真相得實施勘驗。

(　　) **41** 下列何種行政處分當然無效？　(A)行政機關認定證據違反經驗法則者　(B)行政處分違反法律保留原則者　(C)行政機關違反職權調查之義務者　(D)行政處分之內容事實上不能實現者。

(　　) **42** 有關管收之敘述，下列何者正確？　(A)管收，應由行政執行分署聲請檢察署裁定為之　(B)管收期限，自管收之日起算，不得逾1個月　(C)行政執行分署應隨時提詢被管收人，每月不得少於3次　(D)義務人之公法上金錢給付義務，因管收而免除。

(　　) **43** 行政執行法所稱之公法上金錢給付義務內容，不包括下列何者？　(A)怠金　(B)因行政契約所生之金錢給付義務　(C)被制裁之罰鍰　(D)滯報費。

(　　) **44** 關於行政處分之廢止，下列敘述何者錯誤？　(A)廢止是針對合法之行政處分而言　(B)行政處分之廢止，應自廢止原因發生後兩年內為之　(C)受益人未履行負擔而遭廢止者，其廢止之效力得溯及既往　(D)對於保留廢止權之行政處分，機關應就廢止後所生之損失給予合理之補償。

( ) **45** 行政處分因撤銷、廢止或其他事由而溯及既往失效時，自該處分失效時起，已中斷之時效為如何？ (A)視為不中斷 (B)視為已完成 (C)重行起算 (D)推定為效力未定。

( ) **46** 主管機關以外國人於外語補習班教授外語為條件，准予居留。若離職，原核准之居留失效。此屬何種行政處分之附款？ (A)附期限 (B)附條件 (C)廢止保留 (D)附負擔。

( ) **47** 下列對於行政處分之撤銷與廢止之敘述，何者有誤？ (A)行政處分之撤銷係指對違法處分 (B)行政處分之撤銷是原則上溯及既往失效 (C)行政處分之廢止是指對合法處分 (D)行政處分之廢止是原則上溯及既往失效。

( ) **48** 公法人與行政機關是否得為行政罰之對象，行政罰法採何規定？
(A)原則上公法人與行政機關不得作為行政罰之對象，但若各該法律或自治規章另有規定時不在此限
(B)公法人與行政機關不得作為行政罰之對象
(C)原則上公法人與行政機關得作為行政罰之對象，但實際裁罰須依照法律或自治條例之規範為之
(D)行政罰法對此未為規範。

( ) **49** 下列有關公法上金錢給付義務執行之敘述，何者有誤？ (A)公法上金錢給付義務之執行，由法務部行政執行署所屬之行政執行分署為之 (B)公法上金錢給付義務之執行，應由各主管行政機關移送執行 (C)行政執行處必要時，得聲請法院裁定拘提管收義務人 (D)拘提管收之對象以義務人本人為限。

( ) **50** 有關行政強制執行之相關規定，下列何者錯誤？ (A)行政執行處之執行人員於查封前，發現義務人之財產業經其他機關查封者，必要時得再行查封 (B)執行時間之限制規定，僅於直接強制或代履行時有其適用，不適用於即時強制 (C)公法上金錢給付義務逾期不履行者，不得由原處分機關直接強制執行之 (D)債務人對執行名義之實體法律關係有爭議時，應另提異議之訴，而非聲明異議。

解答與解析

（答案標示為#者，表官方曾公告更正該題答案。）

1 (C)。行政程序法第15條第1項：「行政機關得依法規將其權限之一部分，委任所屬下級機關執行之。」因此委任仍須有法規之依據。

2 (C)。(A)為行政程序法（下同）第93條第2項第2款附停止條件的行政處分，於確定廢土棄置場址時，條件成就。(B)為第93條第2項第3款附負擔之行政處分，因不得打工與允許臺灣居留間互相獨立存在。(D)為第93條第2項第5款附負擔之保留。

3 (B)。環境保護局發布空氣品質惡化警告僅為觀念通知，屬事實行為，不生法律效力。

4 (C)。(A)行政罰法第7條第1項：「違反行政法上義務之行為非出於故意或過失者，不予處罰。」(B)行政罰法第11條第1項：「依法令之行為，不予處罰。」(C)行政罰法第9條第2項：「十四歲以上未滿十八歲人之行為，得減輕處罰。」(D)行政罰法第12條：「對於現在不法之侵害，而出於防衛自己或他人權利之行為，不予處罰。但防衛行為過當者，得減輕或免除其處罰。」

5 (D)。行政罰法第2條：「本法所稱其他種類行政罰，指下列裁罰性之不利處分：一、限制或禁止行為之處分：限制或停止營業、吊扣證照、命令停工或停止使用、禁止行駛、禁止出入港口、機場或特定場所、禁止製造、販賣、輸出入、禁止申請或其他限制或禁止為一定行為之處分。二、剝奪或消滅資格、權利之處分：命令歇業、命令解散、撤銷或廢止許可或登記、吊銷證照、強制拆除或其他剝奪或消滅一定資格或權利之處分。三、影響名譽之處分：公布姓名或名稱、公布照片或其他相類似之處分。四、警告性處分：警告、告誡、記點、記次、講習、輔導教育或其他相類似之處分。」

6 (C)。行政程序法第165條：「本法所稱行政指導，謂行政機關在其職權或所掌事務範圍內，為實現一定之行政目的，以輔導、協助、勸告、建議或其他不具法律上強制力之方法，促請特定人為一定作為或不作為之行為。」故題幹所述之有關此等指導，屬非權力性之行為，不具法律效果。

7 (D)。行政執行法第29條第2項：「前項代履行之費用，由執行機關估計其數額，命義務人繳納；其繳納數額與實支不一致時，退還其餘額或追繳其差額。」

8 (B)。行政程序法第3條：「行政機關為行政行為時，除法律另有規定外，應依本法規定為之。下列機關之行政行為，不適用本法之程序規定：一、各級民意機關。二、司法機關。三、監察機關。下列事項，不適用本法之程序規定：一、有關外交行為、軍事行為或國家安全保障事項之行為。二、外國人出、入境、難民認定及國籍變更之行為。

三、刑事案件犯罪偵查程序。四、犯罪矯正機關或其他收容處所為達成收容目的所為之行為。五、有關私權爭執之行政裁決程序。六、學校或其他教育機構為達成教育目的之內部程序。七、對公務員所為之人事行政行為。八、考試院有關考選命題及評分之行為。」監察院為監察機關，故接受人民請願時不適用行政程序法之程序規定。

9 **(D)**。行政罰法第6條第1項：「在中華民國領域內違反行政法上義務應受處罰者，適用本法。」故選項(A)外國人在我國領域內，過失違反我國行政法上義務之行為應予處罰；選項(B)外國人在外國領域內，故意違反我國行政法上義務之行為不予處罰。同法第3項：「違反行政法上義務之行為或結果，有一在中華民國領域內者，為在中華民國領域內違反行政法上義務。」故答案應選(D)。

10 **(B)**。行政機關針對人民陳情案件之回覆，並非基於高權地位行使公權力而對外發生法律上效果之行政處分，僅為事實行為。

11 **(B)**。參行政程序法第93條，羈束處分以法律有明文規定或為確保行政處分法定要件履行，始得為附款。

12 **(D)**。行政程序法第119條參照。

13 **(B)**。行政程序法第145條第3項參照。

14 **(D)**。行政程序法第149條準用民法第79條，限制行為能力人所為之契約行為，未得法定代理人允許前，效力未定。

15 **(C)**。行政程序法第125條：「合法行政處分經廢止後，自廢止時或自廢止機關所指定較後之日時起，失其效力。但受益人未履行負擔致行政處分受廢止者，得溯及既往失其效力。」

16 **(B)**。行政程序法第32條：「公務員在行政程序中，有下列各款情形之一者，應自行迴避：一、本人或其配偶、前配偶、四親等內之血親或三親等內之姻親或曾有此關係者為事件之當事人時。二、本人或其配偶、前配偶，就該事件與當事人有共同權利人或共同義務人之關係者。三、現為或曾為該事件當事人之代理人、輔佐人者。四、於該事件，曾為證人、鑑定人者。」故甲公務員在處理乙的申請案時，發現乙是甲的三等姻親，甲應自行迴避。

17 **(A)**。(A)行政罰法第24條第1項：「一行為違反數個行政法上義務規定而應處罰鍰者，依法定罰鍰額最高之規定裁處。但裁處之額度，不得低於各該規定之罰鍰最低額。」(B)行政罰法第25條：「數行為違反同一或不同行政法上義務之規定者，分別處罰之。」(C)行政罰法第26條第1項：「一行為同時觸犯刑事法律及違反行政法上義務規定者，依刑事法律處罰之。但其行為應處以其他種類行政罰或得沒入之物而未經法院宣告沒收者，亦得裁處之。」(D)行政罰法第26條第2項：「前項行為如經不起訴處分、緩起訴處分確定或為無罪、免訴、不受理、不付審理、不付保護處分、免刑、緩刑之裁判確定者，得依違反行政法上義務規定裁處之。」

18 **(B)**。行政罰法第44條：「行政機關裁處行政罰時，應作成裁處書，並為送達。」

19 **(B)**。行政程序法第161條：「有效下達之行政規則，具有拘束訂定機關、其下級機關及屬官之效力。」

20 **(B)**。行政執行法第17-1條第1項：「義務人為自然人，其滯欠合計達一定金額，已發現之財產不足清償其所負義務，且生活逾越一般人通常程度者，行政執行處得依職權或利害關係人之申請對其核發下列各款之禁止命令，並通知應予配合之第三人：一、禁止購買、租賃或使用一定金額以上之商品或服務。二、禁止搭乘特定之交通工具。三、禁止為特定之投資。四、禁止進入特定之高消費場所消費。五、禁止贈與或借貸他人一定金額以上之財物。六、禁止每月生活費用超過一定金額。七、其他必要之禁止命令。」

21 **(C)**。行政程序法第92條第2項參照。

22 **(D)**。行政程序法第61條：「當事人於聽證時，得陳述意見、提出證據，經主持人同意後並得對機關指定之人員、證人、鑑定人、其他當事人或其代理人發問。」

23 **(C)**。行政程序法第19條：「行政機關為發揮共同一體之行政機能，應於其權限範圍內互相協助。行政機關執行職務時，有下列情形之一者，得向無隸屬關係之其他機關請求協助：一、因法律上之原因，不能獨自執行職務者。二、因人員、設備不足等事實上之原因，不能獨自執行職務者。三、執行職務所必要認定之事實，不能獨自調查者。四、執行職務所必要之文書或其他資料，為被請求機關所持有者。五、由被請求機關協助執行，顯較經濟者。六、其他職務上有正當理由須請求協助者。前項請求，除緊急情形外，應以書面為之。被請求機關於有下列情形之一者，應拒絕之：一、協助之行為，非其權限範圍或依法不得為之者。二、如提供協助，將嚴重妨害其自身職務之執行者。被請求機關認有正當理由不能協助者，得拒絕之。被請求機關認為無提供行政協助之義務或有拒絕之事由時，應將其理由通知請求協助機關。請求協助機關對此有異議時，由其共同上級機關決定之，無共同上級機關時，由被請求機關之上級機關決定之。被請求機關得向請求協助機關要求負擔行政協助所需費用。其負擔金額及支付方式，由請求協助機關及被請求機關以協議定之；協議不成時，由其共同上級機關定之。」

24 **(C)**。行政罰法第27條第1項：「行政罰之裁處權，因三年期間之經過而消滅。」

25 **(D)**。行政罰法第33條：「行政機關執行職務之人員，應向行為人出示有關執行職務之證明文件或顯示足資辨別之標誌，並告知其所違反之法規。」
第35條第2項：「行政機關執行職務之人員，認前項異議有理由者，應停止或變更強制排除抗拒保全證據或強制到指定處所查證身分之處置；認無理由者，得繼續執行。經行為人請求者，應將其異議要旨製作紀錄交付之。」

26 **(C)**。行政罰法第19條：「未滿十四歲人之行為，不予處罰。十四歲以上未滿十八歲人之行為，得減輕處罰。行為時因精神障礙或其他心智缺陷，致不能辨識其行為違法或欠缺依其辨識而行為之能力者，不予處罰。行為時因前項之原因，致其辨識行為違法或依其辨識而行為之能力，顯著減低者，得減輕處罰。前二項規定，於因故意或過失自行招致者，不適用之。」

27 **(A)**。行政罰法第5條規定：「行為後法律或自治條例有變更者，適用裁處時之法律或自治條例。但裁處前之法律或自治條例有利於受處罰者，適用最有利於受處罰者之規定。」即從新從輕原則。

28 **(A)**。行政罰法第19條第1項：「違反行政法上義務應受法定最高額新臺幣三千元以下罰鍰之處罰，其情節輕微，認以不處罰為適當者，得免予處罰。」

29 **(B)**。行政罰法第34條第1項：「行政機關對現行違反行政法上義務之行為人，得為下列之處置：一、即時制止其行為。二、製作書面紀錄。三、為保全證據之措施。遇有抗拒保全證據之行為且情況急迫者，得使用強制力排除其抗拒。四、確認其身分。其拒絕或規避身分之查證，經勸導無效，致確實無法辨認其身分且情況急迫者，得令其隨同到指定處所查證身分；其不隨同到指定處所接受身分查證者，得會同警察人員強制為之。」

30 **(D)**。(A)行政罰法（下同）第11條第1項：「依法令之行為，不予處罰。」(B)第12條：「對於現在不法之侵害，而出於防衛自己或他人權利之行為，不予處罰。但防衛行為過當者，得減輕或免除其處罰。」(C)第13條：「因避免自己或他人生命、身體、自由、名譽或財產之緊急危難而出於不得已之行為，不予處罰。但避難行為過當者，得減輕或免除其處罰。」(D)第8條：「不得因不知法規而免除行政處罰責任。但按其情節，得減輕或免除其處罰。」

31 **(B)**。行政程序法第59條第1項：「聽證，除法律另有規定外，應公開以言詞為之。」

32 **(A)**。地方制度法第26條第2項：「直轄市法規、縣（市）規章就違反地方自治事項之行政業務者，得規定處以罰鍰或其他種類之行政罰。但法律另有規定者，不在此限。其為罰鍰之處罰，逾期不繳納者，得依相關法律移送強制執行。」

33 **(A)**。行政罰法第27條第2項：「前項期間，自違反行政法上義務之行為終了時起算。但行為之結果發生在後者，自該結果發生時起算。」

34 (A)。行政程序法第11條第1項：「行政機關之管轄權，依其組織法規或其他行政法規定之。」

35 (B)。行政程序法第117條：「違法行政處分於法定救濟期間經過後，原處分機關得依職權為全部或一部之撤銷；其上級機關，亦得為之。但有下列各款情形之一者，不得撤銷：一、撤銷對公益有重大危害者。二、受益人無第一百十九條所列信賴不值得保護之情形，而信賴授予利益之行政處分，其信賴利益顯然大於撤銷所欲維護之公益者。」至於合法之行政處分應為同法第123條「廢止」。

36 (D)。(A)國家資通安全研究院為行政法人，屬公法人的一種，得立於行政機關之地位而為行政處分。(B)有效但違法之行政處分，因為仍屬有效，因此於行政處分撤銷前，相對人仍有服從之義務。(C)行政程序法第98條第3項：「處分機關未告知救濟期間或告知錯誤未為更正，致相對人或利害關係人遲誤者，如自處分書送達後一年內聲明不服時，視為於法定期間內所為。」因此行政機關漏未教示之行政處分仍有效力，只是救濟期間延長為一年。

37 (B)。行政程序法第111條：「行政處分有下列各款情形之一者，無效：一、不能由書面處分中得知處分機關者。二、應以證書方式作成而未給予證書者。三、內容對任何人均屬不能實現者。四、所要求或許可之行為構成犯罪者。五、內容違背公共秩序、善良風俗者。六、未經授權而違背法規有關專屬管轄之規定或缺乏事務權限者。七、其他具有重大明顯之瑕疵者。」第115條：「行政處分違反土地管轄之規定者，除依第一百十一條第六款規定而無效者外，有管轄權之機關如就該事件仍應為相同之處分時，原處分無須撤銷。」故財政部中區國稅局對設籍於臺北市之納稅義務人就核定補繳所得稅之處分無管轄權限，但因為金額及內容均無錯誤，依上開規定，該處分仍屬有效，無須撤銷。

38 (A)。主管機關下令封閉高速鐵路沿線地下水井，乃行政程序法第92條第2項所稱有關公物之設定、變更、廢止或其一般使用之對物的一般處分。

39 (A)。行政程序法第154條參照。

40 (A)。行政程序法第36條參照。

41 (D)。行政程序法第111條參照。

42 (C)。(A)行政執行法（下同）第17條第6項：「行政執行官訊問義務人後，認有下列各款情形之一，而有管收必要者，行政執行處應自拘提時起二十四小時內，聲請法院裁定管收之：……」(B)第19條第3項：「管收期限，自管收之日起算，不得逾三個月。有管收新原因發生或停止管收原因消滅時，行政執行處仍得聲請該管法院裁定再行管收。但以一次為限。」(C)第20條第1項：「行政執行處應隨時提詢被管收人，每月不得少於三次。」(D)第

19條第4項：「義務人所負公法上金錢給付義務，不因管收而免除」

43 **(B)**。行政執行法施行細則第2條：「本法第二條所稱公法上金錢給付義務如下：一、稅款、滯納金、滯報費、利息、滯報金、怠報金及短估金。二、罰鍰及怠金。三、代履行費用。四、其他公法上應給付金錢之義務。」

44 **(D)**。行政程序法第123條：「授予利益之合法行政處分，有下列各款情形之一者，得由原處分機關依職權為全部或一部之廢止：一、法規准許廢止者。二、原處分機關保留行政處分之廢止權者。三、附負擔之行政處分，受益人未履行該負擔者。四、行政處分所依據之法規或事實事後發生變更，致不廢止該處分對公益將有危害者。五、其他為防止或除去對公益之重大危害者。」
第126條：「原處分機關依第一百二十三條第四款、第五款規定廢止授予利益之合法行政處分者，對受益人因信賴該處分致遭受財產上之損失，應給予合理之補償。第一百二十條第二項、第三項及第一百二十一條第二項之規定，於前項補償準用之。」

45 **(A)**。行政程序法第132條參照。

46 **(B)**。主管機關以外國人於外語補習班教授外語為條件，准予居留。若離職，原核准之居留失效。可見離職乃准予居留處分之解除條件，屬於附條件之行政處分附款。

47 **(D)**。行政處分之「撤銷」原則上是溯及既往失效。

48 **(C)**。行政罰法第17條：「中央或地方機關或其他公法組織違反行政法上義務者，依各該法律或自治條例規定處罰之。」

49 **(D)**。行政執行法第24條：「關於義務人拘提管收及應負義務之規定，於下列各款之人亦適用之：一、義務人為未成年人或受監護宣告之人者，其法定代理人。二、商號之經理人或清算人；合夥之執行業務合夥人。三、非法人團體之代表人或管理人。四、公司或其他法人之負責人。五、義務人死亡者，其繼承人、遺產管理人或遺囑執行人。」

50 **(A)**。行政執行法第4條、第5條、第16條參照。選項(D)行政執行法第9條聲明異議之客體為「執行命令、執行方法、應遵守之程序或其他侵害利益之情事」，故對執行名義之實體法律關係有爭議時，應另提異議之訴救濟，而非聲明異議。

第五回

(　) **1** 行政程序法施行後，行政機關發布法規命令須踐行之程序，僅有下列那一項？ (A)事先公告周知 (B)聽證程序 (C)規定罰則 (D)行政裁量。

(　　) **2** 下列何者無行政程序之行為能力？　(A)私法人　(B)公法人　(C)依民法規定，有行為能力之自然人　(D)無代表人之非法人團體。

(　　) **3** 依據行政程序法第131條之規定，公法上請求權因時效完成，而發生下列那一種法律效果？　(A)其請求權當然消滅　(B)請求權之相對人得為拒絕履行之抗辯　(C)因行政處分而有之請求權，該請求權當然消滅；至於其他情形，相對人取得抗辯權　(D)該請求權轉變為自然債務。

(　　) **4** 行政程序法第127條規定「授予利益之行政處分，其內容係提供一次或連續之金錢或可分物之給付者，經撤銷、廢止或條件成就而有溯及既往失效之情形時，受益人應返還因該處分所受領之給付……」，其本質上係屬下列那一種公法上請求權之應用？(A)公法上損害賠償　(B)公法上無因管理　(C)公法上不當得利　(D)公法上債務不履行。

(　　) **5** 行政程序法關於法規命令之規定，下列敘述何者錯誤？　(A)法規命令指行政機關基於法律授權，就公法具體事件對外直接發生法律效果之單方行政行為　(B)行政機關訂定法規命令，得依職權舉行聽證　(C)法規命令依法應經上級機關核定者，應於核定後始得發布　(D)法規命令之修正、廢止、停止或恢復適用，準用訂定程序之規定。

(　　) **6** 有關行政契約之敘述，下列何者最為正確？　(A)為保護人民權益，行政契約之內容不得約定自願強制執行　(B)因情事重大變更，依原約定顯失公平者，得調整契約內容　(C)行政契約內容之調整，依法不得補償相對人其財產上損失　(D)公法上之法律關係，不得以行政契約設定、變更或消滅之。

(　　) **7** 有關合法授益行政處分之廢止，下列敘述何者錯誤？　(A)得不經人民同意　(B)須有法定廢止原因，始得依職權廢止　(C)應自廢止原因發生後二年內為之　(D)一律得溯及既往使行政處分失其效力。

(　　) **8** 授益處分若因撤銷而溯及既往失效時，受益人應負返還受領給付之義務。關於其返還之範圍應如何決定？　(A)應依據行政程序法有關公法上不當得利返還之明文規定　(B)應依據行政訴訟法一般給付

訴訟之規定 (C)應依據行政程序法準用民法不當得利返還之規定 (D)應依據行政程序法準用民法損害賠償規定。

( ) **9** 有關解釋性行政規則之敘述，下列何者錯誤？ (A)解釋性行政規則發布後僅向將來生效，不溯及既往 (B)解釋性行政規則有間接外部效力 (C)解釋性行政規則應登載政府公報發布之 (D)解釋性行政規則發布後，具有拘束原訂定機關之效力。

( ) **10** 下列有關行政法規效力之敘述何者正確？
(A)解釋性規定係屬協助闡釋法令之正確內涵的規定，故等同法律，行政法院不得審查其實質合法性
(B)大學法施行細則屬於行政規則，不直接對外發生法規範效力
(C)行政命令雖應送立法院審查，但於送達立法院前已生效
(D)為免影響當事人已確定之權益，行政法規絕不可溯及既往生效。

( ) **11** 下列何項行政處分係屬附「負擔」之附款？ (A)當事人申請進口阿根廷牛肉50噸，主管機關卻核准進口澳洲牛肉30噸 (B)發給醫師執照，但附記不得施行手術 (C)發給設攤許可，但明文保留未來若該路段交通壅塞，得廢止該許可 (D)准予設廠，但載明廠商應加裝除煙塵設備。

( ) **12** 關於合法行政處分經廢止後，於何時失去效力一事，下列敘述何者錯誤？ (A)可自廢止時起，失去效力 (B)可自廢止機關所指定較前之日時起，失去效力 (C)可自廢止機關所指定較後之日時起，失去效力 (D)受益人未履行負擔致行政處分受廢止者，得溯及既往失其效力。

( ) **13** 有關行政處分廢止之敘述，下列何者錯誤？
(A)對於非授予利益之合法行政處分，處分機關原則上得依職權予以廢止
(B)為防止對公益之重大危害，處分機關得依職權廢止授予利益之合法行政處分
(C)受益人未履行負擔致行政處分受廢止者，得溯及既往失其效力
(D)授予利益之合法行政處分，非補償處分相對人之損失，不得廢止。

(　　) **14** 違法之行政處分經撤銷後，其效力為何？　(A)原則上溯及既往失效，但為維護公益或避免受益人財產之損失，得另定失效日期　(B)一律溯及既往失去效力　(C)由行政機關裁量以定其失效日期　(D)原則上向未來失效，但為維護公益得另定失效日期。

(　　) **15** 甲持虛偽不實之資料，向社會局申請低收入戶之社會救助，經社會局作成核准處分，則該處分效力如何？　(A)無效　(B)有效，主管機關得予以撤銷，並溯及既往使之失效　(C)有效，主管機關得予以撤銷，惟不得溯及既往使之失效　(D)有效，但主管機關得向將來廢止之。

(　　) **16** 行政機關的權限以法律為根據，不得任意設定或變更，亦不允許當事人協議變動，其法律原則之稱為何？　(A)信賴保護原則　(B)法律保留原則　(C)管轄恆定原則　(D)比例原則。

(　　) **17** 下列何者為行政程序法上所定義之法規命令？　(A)公營造物所訂定之營造物規則　(B)公營事業所訂定之營業規則　(C)行政機關為協助下級機關行使裁量權，而訂頒之裁量基準　(D)依據法律授權所訂定之施行細則。

(　　) **18** 下列關於行政罰處罰對象之敘述，何者錯誤？　(A)以自然人作為處罰對象，該自然人之違法行為須具備故意或過失　(B)行政機關得成為行政罰之處罰對象　(C)行政法人得成為行政罰之處罰對象　(D)私法人之董事執行職務時，因重大過失導致該私法人違反行政法上義務，僅得以該董事作為處罰對象，不得處罰該私法人。

(　　) **19** A公司獲准於自有土地上採取土石，許可土石區面積共15000平方公尺，後經檢舉查獲其實際採取面積達20000平方公尺，惟超挖部分經地檢署檢察官認定甲（A公司代表人）不成立竊盜罪而作成不起訴處分。則行政責任部分如何處置？
(A)刑事既然無罪，行政部分不必追究
(B)刑事不起訴書認定之事實拘束行政機關
(C)應追究甲違反土石採取法之行政責任
(D)應追究A公司違反土石採取法之行政責任。

( ) **20** 下列有關行政執行方法之敘述，何者錯誤？ (A)管束屬於即時強制之方法 (B)怠金與代履行為間接強制之方法 (C)扣留動產或收繳證照是直接強制之方法 (D)拘留、管束屬於公法上金錢給付義務強制執行之方法。

( ) **21** 依行政程序法規定，受益人於下列何種情形，得主張信賴保護？ (A)對重要事項提供不正確資料，致使行政機關依該資料作成行政處分者 (B)對重要事項不完全陳述，致使行政機關依該陳述作成行政處分者 (C)以賄賂之方法使行政機關作成行政處分者 (D)以處理自己事務之注意義務而不知行政處分係屬違法者。

( ) **22** 關於行政契約之敘述，下列何者正確？ (A)有自願接受執行之約定時，準用強制執行法有關強制執行之規定 (B)有自願接受執行之約定時，得以該契約為強制執行之執行名義 (C)得以口頭或書面之方式為之，僅書面之行政契約得強制執行 (D)各種公法關係皆得以行政契約改變之。

( ) **23** 依行政程序法之規定，違法之行政處分經撤銷後，其效力如何？ (A)一律溯及既往失其效力 (B)自違法行政處分撤銷時起失其效力 (C)僅在維護公益下，方得自撤銷時起失其效力 (D)為避免受益人之財產損失，撤銷機關得另定失效之日期。

( ) **24** 當人民違反行政法規或行政處分時，行政機關可依法要求人民負起行政責任，下列何者屬於行政罰？ (A)拘役 (B)吊銷執照 (C)損害賠償 (D)褫奪公權。

( ) **25** 下列何種被繼承人之行政法上權利或義務，得由其繼承人繼受？ (A)服兵役之義務 (B)公務員任用資格 (C)綜合所得稅稅捐繳納義務 (D)身心障礙者補助金領取請求權。

( ) **26** 依最高行政法院之見解，若A公司經人檢舉於93年7月間違法經營為他人遞送信函之業務，交通部以其違反郵政法之規定，於94年2月21日科處A公司罰鍰新臺幣40萬元。惟A公司前曾於93年5、6月間，多次為他人遞送郵件，已被交通部於93年12月24日科處罰鍰。下列敘述何者正確？ (A)93年12月24日及94年2月21日之處罰皆屬

違法　(B)93年12月24日之處罰有違按次連續處罰之本旨係屬違法　(C)94年2月21日之處罰有違按次連續處罰之本旨係屬違法　(D)以上處分無違按次連續處罰之本旨，均屬合法。

(　　) **27** 一行為同時觸犯刑事法律及違反行政法上義務規定時，原則上應如何處罰？　(A)依刑事法律處罰之　(B)依違反行政法上義務規定裁處之　(C)先處以行政罰再處以刑罰　(D)同時處以罰金與罰鍰。

(　　) **28** 下列有關行政罰法之敘述，何者正確？　(A)行政罰法為基準法，其他法律之規定均不得牴觸行政罰法　(B)行政罰法為普通法，其他法律有特別規定者，從其規定　(C)行政罰法為刑法之特別法，行政罰法有特別規定者，從其規定　(D)行政罰法為社會秩序維護法之特別法，行政罰法有特別規定者，從其規定。

(　　) **29** 甲公司違反健康食品管理法規定刊播廣告，獲利新臺幣5萬元。主管機關為裁罰時，下列何者非應考量之因素？　(A)甲公司違規之應受責難程度　(B)甲公司之商譽　(C)甲公司所獲之不法利益　(D)甲公司之資力。

(　　) **30** 在行政罰之裁處程序中，行政機關對於下列何種物品，得予以扣留之？　(A)行為人持有之所有物品　(B)以得沒入之物為限　(C)以可為證據之物為限　(D)得沒入或可為證據之物。

(　　) **31** 下列何者不屬於行政罰法第2條所定裁罰性之不利處分？　(A)限制行為之處分　(B)剝奪資格　(C)警告性處分　(D)即時強制。

(　　) **32** 行政罰與執行罰競合時，如何處罰？　(A)由行政機關裁量之　(B)擇一從重處罰　(C)因個案而異　(D)合併處罰。

(　　) **33** 對行政秩序罰與行政執行罰之敘述下列何者有誤？　(A)行政秩序罰的種類較多，有罰鍰、停止營業等，而行政執行罰有怠金、代履行、直接強制等　(B)行政秩序罰所依據者為個別之行政法規，行政執行罰主要以行政執行法為依據　(C)行政秩序罰係對於違反行政上義務者，予以制裁為目的；行政執行罰以促使義務人將來履行其義務為目的　(D)行政罰與執行罰均可反覆行使。

( ) **34** 行政罰又稱為： (A)秩序罰 (B)懲戒罰 (C)執行罰 (D)行政刑罰。

( ) **35** 行政罰之課處對象： (A)限於自然人 (B)限於法人 (C)限於行政機關 (D)自然人與法人均可。

( ) **36** 依司法院大法官釋字第275號解釋意旨，下列對於行政罰之責任條件之敘述，何者有誤？ (A)行政秩序罰與刑事罰性質不同，行政犯不問有無故意或過失，皆予處罰 (B)人民應受行政罰之行為，法律無特別規定時，雖不以出於故意為必要，仍須以過失為其責任條件 (C)應受行政罰之行為，只要違反禁止規定或作為義務，不必有損害或危險，推定為有過失，於行為人不能舉證證明自己無過失時，即應受處罰 (D)行政刑罰應適用刑法總則之規定，故本號解釋之行政罰應被理解為行政秩序罰。

( ) **37** 下列關於一行為同時觸犯行政法義務及刑事法律之處罰原則敘述，何者錯誤？ (A)行為應同時處以罰鍰及罰金者，依刑事法律處罰之 (B)行為應處以罰鍰以外之行政罰者，除依刑事法律處罰外，亦得再處以行政罰 (C)行為經刑事法院不受理裁判確定者，不得再依行政法處以行政罰 (D)行為經刑事法院無罪裁判確定者，尚得依行政法處以行政罰。

( ) **38** 依行政罰法第15條之規定，某公司董事長因執行其職務之行為致使該公司受處罰者，則下列何者正確？ (A)基於一行為不二罰原則，僅處罰該公司，不得處罰董事長 (B)處罰該公司，但如係董事長故意所為者，改罰董事長 (C)僅處罰董事長 (D)處罰該公司，但如董事長有重大過失時，併罰之。

( ) **39** 下列那一項行為無行政罰法之適用？ (A)臺北人在美國加州開車闖紅燈 (B)美國人在臺北天母地區的公車站牌違法張貼以英文書寫的廣告單 (C)宜蘭人在長榮航空飛越西伯利亞時，吸食非麻醉藥品之迷幻物品 (D)泰國人在華航飛往普吉島的途中謾罵喧鬧，不聽禁止。

( ) **40** 行政罰法之規定減輕處罰時，下列關於裁處之罰鍰的敘述，何者正確？ (A)不得逾法定罰鍰最高額之三分之一，亦不得低於法定罰鍰最低額之三分之一 (B)不得逾法定罰鍰最高額之二分之一，亦不得低於法定罰鍰最低額之二分之一　(C)不得逾法定罰鍰最高額之四分之一，亦不得低於法定罰鍰最低額之四分之一　(D)不得逾法定罰鍰最高額之五分之一，亦不得低於法定罰鍰最低額之五分之一。

(　　) **41** 行政罰法第4條明定「處罰法定主義」，下列何者不得作為行政罰之依據？　(A)法律　(B)法律具體明確授權之法規命令　(C)自治條例　(D)行政規則。

(　　) **42** 依行政罰法得單獨對物之扣留逕行提起行政訴訟時，應提起何種訴訟？　(A)撤銷訴訟　(B)課予義務訴訟　(C)確認訴訟　(D)一般給付訴訟。

(　　) **43** 關於行政罰，下列敘述何者錯誤？　(A)行政罰乃是對於違反行政法上義務者，所作之制裁　(B)又稱為懲戒罰　(C)對象為一般人民　(D)不得為空白處罰。

(　　) **44** 行為人將車輛違規停放於禁止停車區域，時間長達12小時。下列敘述何者正確？　(A)其為自然一行為，無論停放時間久暫，只能核予一次行政罰　(B)其為持續違法行為，屬法律上一行為，僅能核予一次行政罰　(C)其為違法狀態持續之行為，屬法律上一行為，僅能核予一次行政罰　(D)每逾2小時得連續舉發，並以舉發之次數作為認定其違規之次數。

(　　) **45** 行政罰法對於行政罰採「過失責任主義」。有關此內涵，下列敘述何者正確？　(A)行為人無過失亦得處罰　(B)若法律規定僅處罰故意，則行為人僅有過失，仍不得處罰之　(C)若法律規定僅處罰故意，則行為人僅有過失，亦得處罰之　(D)若係法人等組織違反行政法義務，因組織無自由意志，即不得處罰之。

(　　) **46** 行政機關對於現行違反行政法上義務之行為人，不得為下列何項處置？　(A)即時制止其行為　(B)製作書面紀錄　(C)裁處不受法定最高額限制之罰鍰　(D)確認其身分。

(　　) **47** 下列對「行政處分撤銷」與「行政處分廢止」之比較何者有誤？(A)行政處分撤銷之原因乃處分有違法之瑕疵所致　(B)行政處分經撤銷後，原則上溯及既往失效，行政處分之廢止，原則上向將來失

其效力　(C)行政處分之撤銷，應以原行政處分之機關為限　(D)行政處分廢止，如因情事變更或因公益所需，需有信賴利益補償。

(　　) **48** 下列何者不屬於行政執行法中之公法上金錢給付義務？　(A)高速公路通行費　(B)全民健保保費　(C)營業稅款　(D)罰金。

(　　) **49** 下列何者非行政執行法第11條所規定「公法上金錢給付義務」之發生原因？　(A)法令規定　(B)行政契約　(C)法院裁定　(D)行政處分。

(　　) **50** 公法上金錢給付義務之執行，不徵收執行費。但因強制執行所支出之必要費用，應如何負擔？　(A)由行政執行處自行吸收　(B)由原處分機關負擔　(C)由義務人負擔　(D)由行政執行署編列預算支應。

解答與解析　（答案標示為#者，表官方曾公告更正該題答案。）

1 **(A)**。行政程序法第154條參照。

2 **(D)**。行政程序法第22條參照。

3 **(A)**。行政程序法第131條第2項參照。

4 **(C)**。參同法第2項規定：「前項返還範圍準用民法有關不當得利之規定。」足見其本質上為一種公法上不當得利返還請求權。

5 **(A)**。行政程序法第150條、第151條、第155條、第157條參照。

6 **(B)**。行政程序法第135條、第146條、第147條、第148條參照。

7 **(D)**。行政程序法第125條：「合法行政處分經廢止後，自廢止時或自廢止機關所指定較後之日時起，失其效力。但受益人未履行負擔致行政處分受廢止者，得溯及既往失其效力。」

8 **(C)**。行政程序法第127條：「授予利益之行政處分，其內容係提供一次或連續之金錢或可分物之給付者，經撤銷、廢止或條件成就而有溯及既往失效之情形時，受益人應返還因該處分所受領之給付。其行政處分經確認無效者，亦同。前項返還範圍準用民法有關不當得利之規定。行政機關依前二項規定請求返還時，應以書面行政處分確認返還範圍，並限期命受益人返還之。前項行政處分未確定前，不得移送行政執行。」

9 **(A)**。參司法院釋字第287號解釋理由書（節錄）：行政機關基於法定職權，就行政法規所為之釋示，係闡明法規之原意，性質上並非獨立之行政命令，固應自法規生效之日起有其適用。惟對同一法規條文，先後之釋示不一致時，非謂前釋示當然錯誤，於後釋示發布前，主管機關依前釋示所為之行政處分，其經行政訴訟判決而確定者，僅得於具有法定再審原因時依再審程序辦理；其未經訴訟程序而確定者，除前釋示確屬違法，致原處分損害人民權益，由主管機關予以變更外，為維持法律秩序之安定，應不受後釋示之影響。

10 **(C)**。(A)解釋性規定係屬協助闡釋法令之正確內涵的規定，屬行政規則，不對外發生法律效力，行政法院亦不受其拘束，於個案適用時，自得審查其實質合法性，並拒絕適用。(B)大學法施行細則為基於大學法授權逊訂定之法規命令，直接對外發生法規範效力。(C)參行政程序法第157條：「法規命令依法應經上級機關核定者，應於核定後始得發布。數機關會同訂定之法規命令，依法應經上級機關或共同上級機關核定者，應於核定後始得會銜發布。法規命令之發布，應刊登政府公報或新聞紙。」故原則上法規命令於核定發布後即生效力，無待送達立法院審查。(D)基於公私益權衡，若公益大於私益時，仍得利外溯及生效。

11 **(D)**。(A)(B)部分許可，屬於對行政處分內容之規定，並非附款。(C)廢止權保留。

12 **(B)**。行政程序法第125條：「合法行政處分經廢止後，自廢止時或自廢止機關所指定較後之日時起，失其效力。但受益人未履行負擔致行政處分受廢止者，得溯及既往失其效力。」

13 **(D)**。參行政程序法第126條第1項：「原處分機關依第一百二十三條第四款、第五款規定廢止授予利益之合法行政處分者，對受益人因信賴該處分致遭受財產上之損失，應給予合理之補償。」故補償仍有例外。

14 **(A)**。行政程序法第118條：「違法行政處分經撤銷後，溯及既往失其效力。但為維護公益或為避免受益人財產上之損失，為撤銷之機關得另定失其效力之日期。」

15 **(B)**。行政程序法第117條：「違法行政處分於法定救濟期間經過後，原處分機關得依職權為全部或一部之撤銷；其上級機關，亦得為之。但有下列各款情形之一者，不得撤銷：一、撤銷對公益有重大危害者。二、受益人無第一百十九條所列信賴不值得保護之情形，而信賴授予利益之行政處分，其信賴利益顯然大於撤銷所欲維護之公益者。」第119條：「受益人有下列各款情形之一者，其信賴不值得保護：一、以詐欺、脅迫或賄賂方法，使行政機關作成行政處分者。二、對重要事項提供不正確資料或為不完全陳述，致使行政機關依該資料或陳述而作成行政處分者。三、明知行政處分違法或因重大過失而不知者。」

16 **(C)**。管轄恆定即行政機關的權限以法律為根據，不得任意設定或變更，行政程序法第11條第5項即定有明文。

17 **(D)**。行政程序法第150條參照。

18 **(D)**。行政罰法第15條第1項：「私法人之董事或其他有代表權之人，因執行其職務或為私法人之利益為行為，致使私法人違反行政法上義務應受處罰者，該行為人如有故意或重大過失時，除法律或自治條例另有規定外，應並受同一規定罰鍰之處罰。」

19 **(D)**。行政罰法第26條第1項、第2項：「一行為同時觸犯刑事法律及違反行政法上義務規定者，依刑事法律處罰之。但其行為應處以其他種類行政罰或得沒入之物而未經法院宣告沒收者，亦得裁處之。前項行為如經不起訴處分、緩起訴處分確定或為無罪、免訴、不受理、不付審理、不付保護處分、免刑、緩刑之裁判確定者，得依違反行政法上義務規定裁處之。」

20 **(D)**。行政執行法第32條、第36條參照。

21 **(D)**。行政程序法第119條參照。(D)所謂以處理自己事務之注意義務，，屬於具體輕過失，並非明知或因重大過失而不知，故仍得主張信賴受保護。

22 **(B)**。行政程序法第148條：「行政契約約定自願接受執行時，債務人不為給付時，債權人得以該契約為強制執行之執行名義。前項約定，締約之一方為中央行政機關時，應經主管院、部或同等級機關之認可；締約之一方為地方自治團體之行政機關時，應經該地方自治團體行政首長之認可；契約內容涉及委辦事項者，並應經委辦機關之認可，始生效力。第一項強制執行，準用<u>**行政訴訟法**</u>有關強制執行之規定。」

23 **(D)**。行政程序法第118條：「違法行政處分經撤銷後，溯及既往失其效力。但為維護公益或為避免受益人財產上之損失，為撤銷之機關得另定失其效力之日期。」

24 **(B)**。行政罰法第1條：「違反行政法上義務而受罰鍰、沒入或其他種類行政罰之處罰時，適用本法。但其他法律有特別規定者，從其規定。」第2條：「本法所稱其他種類行政罰，指下列裁罰性之不利處分：一、限制或禁止行為之處分：限制或停止營業、吊扣證照、命令停工或停止使用、禁止行駛、禁止出入港口、機場或特定場所、禁止製造、販賣、輸出入、禁止申請或其他限制或禁止為一定行為之處分。二、剝奪或消滅資格、權利之處分：命令歇業、命令解散、撤銷或廢止許可或登記、吊銷證照、強制拆除或其他剝奪或消滅一定資格或權利之處分。三、影響名譽之處分：公布姓名或名稱、公布照片或其他相類似之處分。四、警告性處分：警告、告誡、記點、記次、講習、輔導教育或其他相類似之處分。」

25 **(C)**。具有一身專屬性之權利或義務，原則上不得作為繼承標的而為繼承人繼受，惟行政執行法第15條規定，義務人死亡遺有財產者，行政執行處得逕對其遺產強制執行。故選項(C)綜合所得稅稅捐繳納義務，得由被繼承人死亡遺產執行之，而由其繼承人所繼受。

26 **(C)**。參最高行政法院98年11月份第2次庭長法官聯席會議決議：「按

『除中華郵政公司及受其委託者外，無論何人，不得以遞送信函、明信片或其他具有通信性質之文件為營業。』『有下列情形之一者，處新臺幣10萬元以上50萬元以下罰鍰，並通知其停止該等行為；未停止者，得按次連續處罰：一、違反第6條第1項規定，以遞送信函、明信片或其他具有通信性質文件為營業者。』為郵政法第6條第1項、第40條第1款所明定。本件A公司自92年6月起所為持續違反郵政法第6條第1項規定之遞送信函、繳費通知單之營業行為，經交通部於93年4月28日依郵政法第40條第1款處以罰鍰及通知其停止該行為（即第1次處分），該第1次處分書所載違規行為時間，雖僅載為92年6月至10月間，惟A公司自92年6月起所為之遞送信函、繳費通知單之營業行為，為違規事實持續之情形，該持續之違規事實因行政機關介入而區隔為一次違規行為，交通部應不得再就A公司於接獲第1次處分書前所為之其他遞送信函、繳費通知單之營業行為予以處罰。嗣交通部於93年9月14日通知A公司就其另於93年5、6月間所為遞送信函、繳費通知單之營業行為陳述意見，並於93年12月24日處以罰鍰並通知其停止該行為（即前處分），此乃處罰A公司於接獲第1次處分書後之持續營業行為，該前處分亦有切斷A公司於接獲前處分書前之違規行為單一性之效力。交通部既已對於A公司於接獲第1次處分書後至接獲前處分書前所為遞送信函、繳費通知單之營業行為予以處罰，自不得再就A公司於此期間之任何時段所為違規行為，予以處罰。乃交通部嗣又於94年2月21日對A公司93年7月所為營業行為予以處罰（即原處分），有違按次連續處罰之本旨，核與首開法律規定意旨不符，應認原處分係屬違法。」

本件A公司前曾於93年5、6月間，多次為他人遞送郵件，已被交通部於93年12月24日科處罰鍰，故縱A。公司經人檢舉於93年7月間違法經營為他人遞送信函之業務，仍為該93年12月24日所科處之罰鍰所涵蓋，交通部自不得再於94年2月21日科處A。公司罰鍰，本題答案選(C)。

27 **(A)**。行政罰法第26條第1項：「一行為同時觸犯刑事法律及違反行政法上義務規定者，依刑事法律處罰之。但其行為應處以其他種類行政罰或得沒入之物而未經法院宣告沒收者，亦得裁處之。」

28 **(B)**。行政罰法第1條：「違反行政法上義務而受罰鍰、沒入或其他種類行政罰之處罰時，適用本法。但其他法律有特別規定者，從其規定。」足見行政罰法為普通法，其他法律有特別規定者，為特別法。

29 **(B)**。行政罰法第18條第1項：「裁處罰鍰，應審酌違反行政法上義務行為應受責難程度、所生影響及因違反行政法上義務所得之利益，並得考量受處罰者之資力。」

30 **(D)**。行政罰法第36條：「得沒入或可為證據之物，得扣留之。前項可為證據之物之扣留範圍及期間，以供檢查、檢驗、鑑定或其他為保全證據之目的所必要者為限。」

31 **(D)**。行政罰法第2條：「本法所稱其他種類行政罰，指下列裁罰性之不利處分：一、限制或禁止行為之處分：限制或停止營業、吊扣證照、命令停工或停止使用、禁止行駛、禁止出入港口、機場或特定場所、禁止製造、販賣、輸出入、禁止申請或其他限制或禁止為一定行為之處分。二、剝奪或消滅資格、權利之處分：命令歇業、命令解散、撤銷或廢止許可或登記、吊銷證照、強制拆除或其他剝奪或消滅一定資格或權利之處分。三、影響名譽之處分：公布姓名或名稱、公布照片或其他相類似之處分。四、警告性處分：警告、告誡、記點、記次、講習、輔導教育或其他相類似之處分。」
即時強制為行政執行之方法。

32 **(D)**。行政罰之目的在於對過去違法行為之處罰，執行罰之目的在於督促未來執行，兩者競合時應合併處罰。

33 **(D)**。行政罰以一行為不二罰為原則，執行罰目的在於督促執行，可反覆行使，如怠金得連續處罰。

34 **(A)**。行政罰之目的在於制裁違反行政法上義務之人，維持行政秩序，故行政罰又稱秩序罰。

35 **(D)**。行政罰法第3條：「本法所稱行為人，係指實施違反行政法上義務行為之自然人、法人、設有代表人或管理人之非法人團體、中央或地方機關或其他組織。」

36 **(A)**。司法院釋字第275號解釋（節錄）：「人民違反法律上之義務而應受行政罰之行為，法律無特別規定時，雖不以出於故意為必要，仍須以過失為其責任條件。」

37 **(C)**。行政罰法第26條第2項：「前項行為如經不起訴處分、緩起訴處分確定或為無罪、免訴、不受理、不付審理、不付保護處分、免刑、緩刑之裁判確定者，得依違反行政法上義務規定裁處之。」

38 **(D)**。行政罰法第15條第1項：「私法人之董事或其他有代表權之人，因執行其職務或為私法人之利益為行為，致使私法人違反行政法上義務應受處罰者，該行為人如有故意或重大過失時，除法律或自治條例另有規定外，應並受同一規定罰鍰之處罰。」

39 **(A)**。行政罰法第6條：「在中華民國領域內違反行政法上義務應受處罰者，適用本法。在中華民國領域外之中華民國船艦、航空器或依法得由中華民國行使管轄權之區域內違反行政法上義務者，以在中華民國領域內違反論。違反行政法上義務之行為或結果，有一在中華民國領域內者，為在中華民國領域內違反行政法上義務。」故我國行政罰法才屬地主義，我國人民在美國加州開車闖紅燈，即無行政罰法適用。

40 **(B)**。行政罰法第18條第3項：「依本法規定減輕處罰時，裁處之罰鍰不得逾法定罰鍰最高額之二分之一，亦不得低於法定罰鍰最低額之二分之一；同時有免除處罰之規定者，不得逾法定罰鍰最高額之三分之一，亦不得低於法定罰鍰最低額之三分之一。但法律或自治條例另有規定者，不在此限。」

41 **(D)**。行政罰法第4條：「違反行政法上義務之處罰，以行為時之法律或自治條例有明文規定者為限。」行政規則不具有對外效力，自不得作為行政罰之依據。

42 **(D)**。行政罰法第41條：「物之所有人、持有人、保管人或利害關係人對扣留不服者，得向扣留機關聲明異議。前項聲明異議，扣留機關認有理由者，應發還扣留物或變更扣留行為；認無理由者，應加具意見，送直接上級機關決定之。對於直接上級機關之決定不服者，僅得於對裁處案件之實體決定聲明不服時一併聲明之。但第一項之人依法不得對裁處案件之實體決定聲明不服時，得單獨對第一項之扣留，逕行提起行政訴訟。第一項及前項但書情形，不影響扣留或裁處程序之進行。」
因物之扣留屬於事實行為，並非行政處分，並參行政罰法第41條之立法理由：「對於直接上級機關之決定不服者，並於第三項規定僅得於對裁處案件之實體決定聲明不服時一併聲明之，不得單獨提起訴願或行政訴訟，期達簡速目的。但物之所有人、持有人、保管人或利害關係人依法不得對裁處案件之實體決定聲明不服時，為保障其權益，應准其單獨對第一項之扣留提起行政訴訟，以資救濟。又於扣留救濟程序中，於第四項明定扣留或裁處程序仍照常進行，不受影響，以杜爭議。」故依行政罰法得單獨對物之扣留逕行提起行政訴訟時，應提起一般給付訴訟。

43 **(B)**。又稱秩序罰。懲戒罰是針對具有特殊身分之人，如公務員。

44 **(D)**。參司法院釋字第604號解釋（節錄）：道路交通管理處罰條例係為加強道路交通管理，維護交通秩序，確保交通安全而制定。依中華民國八十六年一月二十二日增訂公布第八十五條之一規定，係對於汽車駕駛人違反同條例第五十六條第一項各款而為違規停車之行為，得為連續認定及通知其違規事件之規定，乃立法者對於違規事實一直存在之行為，考量該違規事實之存在對公益或公共秩序確有影響，除使主管機關得以強制執行之方法及時除去該違規事實外，並得藉舉發其違規事實之次數，作為認定其違規行為之次數，從而對此多次違規行為得予以多次處罰，並不生一行為二罰之問題，故與法治國家一行為不二罰之原則，並無牴觸。

45 **(B)**。行政罰法第7條第1項：「違反行政法上義務之行為非出於故意或過失者，不予處罰。」為過失責任主義，亦即以行政罰處罰至少應有過失。至於若法律僅明文規定處罰故意，因該法律特別提高處罰要件，故對於較低度之過失，仍不得處罰之。
選項(D)。可參同法第2項。

46 **(C)**。行政罰法第34條第1項：「行政機關對現行違反行政法上義務之行為人，得為下列之處置：一、即時制止其行為。二、製作書面紀錄。三、為保全證據之措施。遇有抗拒保全證據之行為且情況急迫者，得使用強制力排除其抗拒。四、確認其身分。其拒絕或規避身分之查證，經勸導無效，致確實無法辨認其身分且情況急迫者，得令其隨同到指定處所查證身分；其不隨同到指定處所接受身分查證者，得會同警察人員強制為之。」

47 **(C)**。行政程序法第117條本文：「違法行政處分於法定救濟期間經過後，原處分機關得依職權為全部或一部之撤銷；其上級機關，亦得為之。」

48 **(D)**。罰金為刑罰，行政罰之罰鍰始得作為行政執行標的。

49 **(B)**。行政執行法第11條：「義務人依法令或本於法令之行政處分或法院之裁定，負有公法上金錢給付義務，有下列情形之一，逾期不履行，經主管機關移送者，由行政執行處就義務人之財產執行之：……」

50 **(C)**。行政執行法第25條參照。

【申論題】

第一回

甲為經濟部所屬公司組織型態之獨資經營事業乙之勞工，自民國77年9月16日起受僱於乙，退休生效日期為104年11月30日，工作年資計27年2月14日，即42.5個基數。甲獲核准退休前六個月之月平均工資為新臺幣（下同）85,000元，其遂主張乙應給付3,612,500元退休金。惟乙則將甲前於65年1月3日至76年6月30日任職於另一國營事業已領23個基數之資遣費合併計算，僅給付甲22個基數之退休金1,870,000元。經甲向丙市政府勞工局申訴，該局以乙違反作為保障勞動條件最低標準準據法之勞動基準法第55條退休金給與基數應於不同事業單位而分別計算規定，依同法第78條第1項、第80條之1規定，對乙作成A函，處50萬元罰鍰，並公布名稱。請附理由回答下列問題：

(一) 乙主張其作為經濟部獨資經營之事業，計算退休金應依國營事業管理法及相關行政法規、行政院、經濟部函釋辦理。根據國營事業管理法第14條規定：「國營事業應撙節開支，其人員待遇及福利，應由行政院規定標準，不得為標準以外之開支。」行政院及經濟部復明確函釋：「公營事業機構各類人員已依相關法令支領退離給與者再任公營事業機構

人員，不論再任公務員兼具勞工身分或純勞工以及其原所適用之退休制度為何，其重行退休時所適用退休法令規定（如適用或參照勞動基準法），已訂有退休給與最高標準上限者，其重行退休之退休給與仍應併計曾支領之退休或資遣給與，受最高給與標準上限之限制。」是以，縱使其據此所採行之基數併計制與勞動基準法第55條及第57條規定之分別計算制不符，但屬依法令之行為，自不應受處罰。乙之主張有無理由？

(二) 乙復主張，退萬步言，縱使系爭事件在法制上確實應依勞動基準法規定計算退休金，然因其為經濟部獨資經營之事業，基於行政一體，應受經濟部及其上級機關之指揮監督。於發放員工退休金事件上，負有遵循國營事業管理法及相關行政法規、行政院、經濟部函釋之服從義務，並無自行片面決定排除適用，逕以勞動基準法作為計算退休金準據法之可能。故而，在法制上實欠缺遵守勞動基準法第55條及第57條所課予行政法上義務之期待可能性。A函未認知到其無可歸責性，而仍處罰，自有違誤。乙之主張有無理由？

參考法條

勞動基準法第1條：「（第1項）為規定勞動條件最低標準，保障勞工權益，加強勞雇關係，促進社會與經濟發展，特制定本法；本法未規定者，適用其他法律之規定。（第2項）雇主與勞工所訂勞動條件，不得低於本法所定之最低標準。」

勞動基準法第55條第1項：「勞工退休金之給與標準如下：一、按其工作年資，每滿一年給與兩個基數。但超過十五年之工作年資，每滿一年給與一個基數，最高總數以四十五個基數為限。未滿半年者以半年計；滿半年者以一年計。」

勞動基準法第57條：「勞工工作年資以服務同一事業者為限。但受同一雇主調動之工作年資，及依第二十條規定應由新雇主繼續予以承認之年資，應予併計。」

勞動基準法第78條第1項：「未依第十七條、第五十五條規定之標準或期限給付者，處新臺幣三十萬元以上一百五十萬元以下罰鍰，並限期令其給付，屆期未給付者，應按次處罰。」

勞動基準法第80條之1第1項：「違反本法經主管機關處以罰鍰者，主管機關應公布其事業單位或事業主之名稱、負責人姓名，並限期令其改善；屆期未改善者，應按次處罰。」

解 (一)乙之主張無理由：

1.按「依法令之行為，不予處罰。」為行政罰法第11條第1項所明定，惟阻卻違法事由之適用，本屬法令適用之例外，應從嚴解釋，以防行政罰之規制原則遭行為人透過「誤用法令」阻卻違法而輕易架空。是以，該規定所稱之「法令」，係指行為人「應正確且合比例的適用」之法律、法規命令、行政規則等一般性、抽象性等具有法拘束力之規範而言，如行為人所依據之法令與上位階法規範牴觸而無效（憲法第172條參照），抑或與其所應正確適用之法規範相牴觸而無適用之餘地，然行為人仍執意依據該錯誤之法令為之，或其適用該法令時不符合比例原則，致違反行政法上之義務，自不該當行政罰法第11條第1項所定之阻卻違法事由，為最高行政法院106年度判字第585號判決所明揭。

2.查勞動基準法第55條及第57條業已明定勞工退休金之給與標準及勞工工作年資之計算，本案已所主張行政院及經濟部之函釋，屬下位階法規範，且其規範內容低於勞動基準法所定之最低標準，自應優先適用勞動基準法之相關規定，乙明知或可得而知上開客觀法規範所形成之法秩序，如對於前揭法規範之解釋適用有未盡明瞭之處，亦應向有權解釋勞動基準法之主管機關諮詢，乃竟援用非有權解釋機關之上開函釋，即逕予排除其所應正確適用之勞動基準法之規定，自難謂係屬行政罰法第11條第1項所稱「依法令之行為」，故乙主張依法令之行為得阻卻違法云云，應無理由。

(二)乙之主張有理由：

1.按「違反行政法上義務之行為非出於故意或過失者，不予處罰。」亦為行政罰法第7條第1項所明定。此外，人民違反法律上之義務而應受行政罰之行為，法律無特別規定時，雖不以出於故意為必要，仍須以過失為其責任條件，亦為司法院釋字第275號解釋所明揭。是基於「有責任始有處罰」之原則，對於違反行政法上義務之處罰，應以行為人主觀上有可非難性及可歸責性為前提，如行為人主觀上並非出於故意或過失情形，應無可非難性及可歸責性，不予處罰。

2.惟除對違法構成要件事實認識與意欲之故意、過失之主觀責任態樣外，適用行為罰規定處罰違反行政法上義務之人民時，除法律有特別規定外，應按行政罰法及其相關法理所建構之構成要件該當性、違法性（含有無阻卻違法事由）、有責性或可非難性（含有無阻卻責任事由）三個階段分別檢驗，確認已具備無誤後，方得處罰。如同刑法之適用，於行政罰領域內，行為人如欠缺期待可能性，亦可構成「阻卻責任事由」。亦即雖認定行為人有故意或過失，亦具備責任能力，惟仍容許有「阻卻責任事由」之存在，無期待可能性即屬之，縱行政罰法或其他法律未明文，亦當容許此種「超法定之阻卻責任事由」之存在（司法院釋字第685號解釋林錫堯大法官提出、許宗力大法官加入之協同意見書參照）。又凡行政法律關係之相對人因行政法規、行政處分或行政契約等公權力行為而負有公法上之作為或不作為義務者，均須以有期待可能性為前提。是公權力行為課予人民義務者，依客觀情勢並參酌義務人之特殊處境，在事實上或法律上無法期待人民遵守時，上開行政法上義務即應受到限制或歸於消滅，否則不啻強令人民於無法期待其遵守義務之情況下，為其不得已違背義務之行為，背負行政上之處罰或不利益，此即所謂行政法上之「期待可能性」原則，乃人民對公眾事務負擔義務之界限。

第二回

一、請說明行政處分之意義，並判斷下列情形何者具有行政處分之性質？

(一) 甲車廠受公路主管機關委託辦理汽車定期檢驗，並發給定檢車輛檢驗合格證書。

(二) 公路主管機關發布公告：連續假期期間，暫停受理車輛檢驗業務。

解 (一) 甲車廠發給定檢車輛檢驗合格證書，屬行政處分：

1. 按行政處分，係指行政機關就公法上具體事件所為之決定或其他公權力措施而對外直接發生法律效果之單方行政行為，為行政程序法（下同）第92條第1項所明定。
2. 次按行政機關得依法規將其權限之一部分，委託民間團體或個人辦理。受託行使公權力之個人或團體，於委託範圍內，視為行政機關。分別為第16條第1項，第2條第3項所明定。

3.經查，甲車廠受公路主管機關委託辦理汽車定期檢驗，屬受託行使公權力之私人，於受委託範圍之內，視為行政機關。而所發給之定檢車輛檢驗合格證書，對人民直接發生車輛檢驗合格之法律效果，因此為行政處分。

(二)公路主管機關之公告屬行政規則：

1.按所謂一般處分，係指行政處分決定或措施之相對人雖非特定，而依一般性特徵可得確定其範圍者；所謂法規命令，係指係指行政機關基於法律授權，對多數不特定人民就一般事項所作抽象之對外發生法律效果之規定；所謂行政規則，係指本法所稱行政規則，係指上級機關對下級機關，或長官對屬官，依其權限或職權為規範機關內部秩序及運作，所為非直接對外發生法規範效力之一般、抽象之規定。

2.故一般處分與行政命令（即法規命令與行政規則）最大的區別在於相對人是否為特定或可得特定，如是，為一般處分；如否，為行政命令。而法規命令與行政規則最大的區別則在於是否對外發生法律效果，如是，為法規命令；如否，為行政規則。

3.查本件公路主管機關所發布之公告並非特定之人民，應非行政處分或一般處分。而該公告之發布對象為受託行使公權力之汽機車檢驗車廠，因受託行使公權力之個人或團體，於委託範圍內，視為行政機關，故此時車廠並非立於一般人民之地位，公路主管機關所發布之公告並未對外發生法律效果，非法規命令。又因公路主管機關對汽機車檢驗車廠之關係類似於上級機關對下級機關之關係，其發布之公告用以規範汽機車檢驗車廠之運作，要求於連續假期期間，暫停受理車輛檢驗業務，故本件之公告應屬行政規則。

二、A公司依稅捐稽徵法第28條規定向國稅局申請退稅，經原處分機關否准，提起訴願未獲救濟，向行政法院提起行政訴訟，請求判命被告機關應作成同意退還已繳納稅款之行政處分。行政法院如認為A公司之訴為無理由，作成實體駁回判決確定。嗣後A公司得否以發現判決時已存在而未引用之證據為由，依行政程序法第128條規定，向國稅局申請重新進行行政程序？

解 本題A公司得否以發現判決時已存在而未引用之證據為由，依行政程序法第128條規定，向國稅局申請重新進行行政程序，涉及行政程序法第128條所謂「法定救濟期間經過後」之解釋，說明如下：

(一) 按行政程序法第128條第1項本文明定，行政處分於法定救濟期間經過後，具有下列各款情形之一者，相對人或利害關係人得向行政機關申請撤銷、廢止或變更之：1.具有持續效力之行政處分所依據之事實事後發生有利於相對人或利害關係人之變更者；2.發生新事實或發現新證據者，但以如經斟酌可受較有利益之處分者為限；3.其他具有相當於行政訴訟法所定再審事由且足以影響行政處分者。

(二) 惟上開規定所謂「法定救濟期間經過後」，是否應排除人民「已透過行政爭訟程序提起救濟，並經法院判決確定」之情形？

1.採肯定見解者認為，行政處分經法院判決確定後，即產生形式存續力，不應再以存在行政程序法程序重開事由破壞此種效力。況無論係訴願抑或行政訴訟均有再審之特殊救濟管道，自不應再回歸行政程序法之規定行程序重開。

2.採否定見解者係從權利保護之觀點出發，認為行政程序法第128條之程序重開，並未特別排除經法院判決確定之行政處分。為避免形式存續力不可破壞性之解釋過於僵化，以及保障人民權利，本文採否定說。惟若具有行政訴訟之再審事由時，基於權力分立，此時應優先適用行政訴訟法之再審規定，而不得申請程序重開。如無再審事由，而人民確有上開行政程序法第128條第1項規定之程序重開事由時，即應准許人民申請程序重開。

(三) 查A公司以發現判決時已存在而未引用之證據為由，依行政程序法第128條規定國稅局申請重新進行行政程序。該事由應屬行政訴訟法第273條第1項所定之再審事由，故此時A公司應循行政訴訟之再審方式提出救濟，並不得依行政程序法第128條規定國稅局申請程序重開。

三、行政程序法規定下的聽證及陳述意見，請問二者有何區別？

解 (一) 聽證與陳述意見皆屬正當法律程序之內涵。

(二) 規範依據：聽證規範於行政程序法第54條以下；陳述意見則主要規範於第102條、第103條等。

(三)程序規範密度不同：

1.有關陳述意見，參行政程序法第102條：「行政機關作成限制或剝奪人民自由或權利之行政處分前，除已依第三十九條規定，通知處分相對人陳述意見，或決定舉行聽證者外，應給予該處分相對人陳述意見之機會。但法規另有規定者，從其規定。」故原則上行政機關於作成侵益處分時，應給予人民陳述意見之機會。惟應如何踐行，並無一定方式。

2.至於聽證，行政程序法第59條第1項規定應以言詞方式公開為之，且應由主持人主持，及律師等其他專業人員在場協助。其程序亦較陳述意見嚴謹，具有一定順序。

(四)法律拘束力強弱不一：聽證，應作成聽證紀錄，並依行政程序法第108條之規定，行政機關作成經聽證之行政處分時，原則上應斟酌全部聽證之結果；反之，陳述意見則無相類之強制規定。

(五)瑕疵治癒方式：行政機關未給予人民陳述意見機會之侵益處分，依行政程序法第114條，得於事後補正；惟應舉行聽證而未舉行者，該所作成之行政處分應屬違法，應依同法第117條撤銷之。

(六)可否互相取代：依行政程序法第103條之規定，於一定情形下行政機關得不予人民陳述意見之機會。惟於聽證之情形，第107條規定，法規明文規定應舉行聽證者或行政機關認為有舉行聽證之必要者，應舉行聽證。結合第102條之規定，可知得以程序嚴謹之聽證取代陳述意見，但不得以陳述意見取代聽證。

四、依行政程序法之規定，在何種情況下，行政處分得予以廢止？又那些情況下，廢止行政處分，將會發生信賴保護的問題，請舉例說明之。

解 有關行政處分在何種情況下得予廢止，以及何種情況下將生信賴保護問題，分析如後。

(一)合法行政處分在何種情況下得廢止，依照行政程序法（下同）第122條及第123條之規定，整理如下：

1.對非授予利益之行政處分為廢止：依照第122條之規定，對非授予利益之合法行政處分，得由原處分機關依職權為全部或一部之廢。但廢止後仍應為同一內容之處分或依法不得廢止者，不得為之。

2.對授予利益之行政處分為廢止：依照第123條之規定，授予利益之合法行政處分，有下列各款情形之一者，得由原處分機關依職權為全部或一部之廢止：

(1)法規准許廢止者。

(2)原處分機關保留行政處分之廢止權者。

(3)附負擔之行政處分，受益人未履行該負擔者。

(4)行政處分所依據之法規或事實事後發生變更，致不廢止該處分對公益將有危害者。

(5)其他為防止或除去對公益之重大危害者。

(二)那些情況下，廢止行政處分，將會發生信賴保護之問題，主要規範於行政程序法（下同）第126條，說明如下：

1.按原處分機關依第123條第4款、第5款規定廢止授予利益之合法行政處分者，對受益人因信賴該處分致遭受財產上之損失，應給予合理之補償，為第126條所明定。

2.所謂第123條第4款、第5款，係指「行政處分所依據之法規或事實事後發生變更，致不廢止該處分對公益將有危害者」、「其他為防止或除去對公益之重大危害者」作為行政處分廢止之原因，蓋相較於同法第1至3款，第4款及第5款之行政處分廢止事由係較不可歸責於人民，此時更應肯定人民之信賴利益應受保護。

3.另，因第126條第2項準用第120條之規定，故雖基於信賴保護原則對人民予以補償，惟該補償數額不得超於原所得之利益。

第三回

一、民國98年7月8日修正公布之老人福利法第51條規定：「依法令或契約有扶養照顧義務而對老人有下列行為之一者，處新臺幣三萬元以上十五萬元以下罰鍰，並公告其姓名；涉及刑責者，應移送司法機關偵辦：一、遺棄。二、妨害自由。三、傷害。四、身心虐待。五、留置無生活自理能力之老人獨處於易發生危險或傷害之環境。六、留置老人於機構後棄

之不理，經機構通知限期處理，無正當理由仍不處理者。」茲有甲直轄市政府於民國98年9月間，查獲該市登記有案之「老來福老人養護中心」負責人乙及僱用之人員丙、丁，涉嫌共同傷害及虐待托養之老人10餘人，乃將該案移送管轄司法機關偵辦。乙、丙、丁於民國100年6月間分別受到1年半與1年有期徒刑確定。請問：

(一) 甲直轄市政府對於乙、丙、丁之該等行為，能否根據老人福利法第51條規定處以罰鍰之處分？其原因為何？

(二) 甲直轄市政府對於乙、丙、丁之該等行為，於何時起即不得再公告乙、丙、丁之姓名及「老來福老人養護中心」之名稱？其原因為何？

解 (一) 甲直轄市政府能否對乙、丙、丁之行為裁處罰鍰，說明如下：

1. 按一行為同時觸犯刑事法律及違反行政法上義務規定者，依刑事法律處罰之，為行政罰法第26條第1項本文所明定。查其立法目的，在於考量刑罰與行政罰之關係，依照多數見解係採量的區別說，既其本質上並無區別，只是處罰輕重之問題，故處以刑罰後，即無再處以行政罰之必要，以避免對於人民單一行為進行重複評價。

2. 經查，乙、丙、丁涉嫌共同傷害及虐待托養之老人10餘人，案經司法機關偵辦起訴後，於民國100年6月間乙、丙、丁三人受有期徒刑判決確定。故對於其傷害及虐待之行為違反老人福利法第51條乙節，甲直轄市政府不得再處以罰鍰處分。

(二) 甲直轄市政府何時不得再公告姓名及名稱，說明如下：

1. 按一行為同時觸犯刑事法律及違反行政法上義務規定者，依刑事法律處罰之。但其行為應處以其他種類行政罰或得沒入之物而未經法院宣告沒收者，亦得裁處之，為行政罰法第26條第1項所明定。雖刑罰與行政法之關係，多數見解係採量的區別說，惟考量沒入或其他種類之行政罰，其目的除處罰行為人違反行政法義務之行為外，尚兼具維護公共秩序之目的，基此，行政機關仍得併予裁處。

2. 是以，乙、丙、丁雖於民國100年6月分別受到一年半與一年有期徒刑確定，甲直轄市政府仍得再處以其他種類行政罰，公告乙、丙、丁之姓名及老來福老人養護中心之名稱，以維護公共利益。

3. 惟應予以注意者係，行政罰法第27條第1項及第2項規定：「行政罰之裁處權，因三年期間之經過而消滅。前項期間，自違反行政法上義務之行為終了時起算。」本件乙、丙、丁於民國98年9月共同傷害與虐待老人，於行政罰裁處權時效三年期間屆滿後，即民國101年9月5以後，甲直轄市政府即不得再對乙、丙、丁處以沒入或其他種類行政罰，包含公告乙、丙、丁之姓名及老來福老人養護中心之名稱等。

二、財團法人A醫院為全民健康保險特約醫療院所，因容留未具醫師資格人員從事看診等醫療業務，並以其他醫師名義向全民健康保險局申報費用，經檢察官偵查起訴。衛生福利部全民健康保險局擬處A醫院停止特約一年，並停止支付其負責醫師於停診期間所提供之醫事服務費用。衛生福利部全民健康保險局擬依全民健康保險醫事服務機構特約及管理辦法向A醫院追償已申報之醫療服務費，其得採取之法律途徑為何？衛生福利部全民健康保險局得否另依全民健康保險法第81條「以不正當行為或以虛偽之證明、報告、陳述而領取保險給付、申請核退或申報醫療費用者，處以其領取之保險給付、申請核退或申報之醫療費用二倍至二十倍之罰鍰」規定，裁處A醫院罰鍰？

解　(一)全民健康保險局應循一般給付訴訟，而非做成下命處分請求A醫院返還已申報之醫療服務費：

1.按全民健康保險為強制性之社會保險，攸關全體國民福祉至鉅，具公法之性質。全民健康保險局與保險醫事服務機構締結之全民健康保險特約醫事服務機構合約，該合約既係由一方特約醫事服務機構提供就醫之保險對象醫療服務，而他方全民健康保險局支付其核定之醫療費用為主要內容，且依全民健康保險特約醫事服務機構合約第一條之規定意旨，全民健康保險局之費用給付目的，乃在使特約醫事服務機構依照全民健康保險法暨施行細則、全民健康保險醫事服務機構特約及管理辦法、全民健康保險醫療辦法等公法性質之法規提供醫療服務，以達成促進國民健康、增進公共利益之行政目的。又為擔保特約醫事服務機構確實履行其提供醫療服務之義務，以及協助中央健康保險局辦理各項保險行政業務，除於合約中訂定中央健康保險局得為履約必要之指導外，並為貫徹行政目的，全民健康保險法復規定全民健康保險局得對特約醫事服務機構處以罰鍰之權限，使合約當事人一方之中央健康保險局享有優勢之地位，故此項合約具有行政契約之性質。為司法院釋字第533號解釋所明揭。準此，本件A醫院與全民健康保險局所簽訂之特約屬行政契約。

2.次按授予利益之行政處分，其內容係提供一次或連續之金錢或可分物之給付者，經撤銷、廢止或條件成就而有溯及既往失效之情形時，受益人應返還因該處分所受領之給付。行政機關請求返還時，應以書面行政處分確認返還範圍，並限期命受益人返還之，惟行政程序法第127條所明定。

3.惟上開行政程序法之規定須以授予利益之行政處分經撤銷、廢止或條件成就為要件，而本件所申報之醫療服務費係依約給付，顯非依授予利益行政處分所給與，故應無上開規定之適用。是全民健康保險局擬依全民健康保險醫事服務機構特約及管理辦法向A醫院追償已申報之醫療服務費，應循一般給付訴訟為之。

(二)全民健康保險局得否另依全民健康保險法第81條之規定，裁處A醫院罰鍰，涉及雙行為併用禁止之爭議，說明如下：

1.行政機關得否於擇定使用行政契約後，復就同一法律關係併用行政處分？有認為基於誠實信用原則、保障雙方當事人對等地位等理由，故應禁止之，是為雙行為併用禁止。惟觀最高行政法院向來之見解，雙行為併用禁止並非無例外，如法律已明文規定，或已明確授權法規命令時，即得例外於行政契約中併用行政處分，本文從此見解。

2.經查，本件全民健康保險法第81條已明確規定健保局得裁處人民罰鍰，足見存在明確之法律依據，故全民健康健保局非不得依法裁處A醫院罰鍰。

三、甲為大發號漁船主，經獲准核發「漁業動力用油購油手冊」，享有補貼購油優惠，於購買漁業動力用油時，由油品公司按油牌價先予扣除後，再由行政院農業委員會（下稱農委會）編列預算無息歸付油品公司。經檢察官調查結果，大發號漁船至漁船加油站購油後，將部分核配之優惠油量回賣給加油站。檢察官就甲所犯詐欺罪為緩起訴處分，並命甲繳納新臺幣（以下同）10萬元作為緩起訴條件。農委會基於上開事實，處甲

15萬元罰鍰，並要求其繳回優惠用油補貼款70萬元。甲主張農委會處以罰鍰並命繳回優惠用油補貼款，應先各自扣除緩起訴命繳納之10萬元，故甲僅須繳納罰鍰5萬元，繳回優惠用油補貼款60萬元。請問甲之主張有無理由？

解 (一) 按一行為同時觸犯刑事法律及違反行政法上義務規定者，依刑事法律處罰之。但其行為應處以其他種類行政罰或得沒入之物而未經法院宣告沒收者，亦得裁處之。前項行為如經不起訴處分、緩起訴處分確定或為無罪、免訴、不受理、不付審理、不付保護處分、免刑、緩刑之裁判確定者，得依違反行政法上義務規定裁處之。第一項行為經緩起訴處分或緩刑宣告確定且經命向公庫或指定之公益團體、地方自治團體、政府機關、政府機構、行政法人、社區或其他符合公益目的之機構或團體，支付一定之金額或提供義務勞務者，其所支付之金額或提供之勞務，應於依前項規定裁處之罰鍰內扣抵之。分別為行政罰法第26條第1項、第2項、第3項所明定。

(二) 經查，本件檢察官就甲所犯詐欺罪為緩起訴處分，並命甲繳納10萬元作為緩起訴條件。依照上開行政罰法之規定，農委會得依違反行政法上義務規定，裁處甲15萬元罰鍰。惟因檢察官命甲繳納10萬元作為緩起訴條件，故就此部分得於15萬元罰鍰內扣抵之，甲僅需繳納5萬元之罰鍰。至於要求繳回優惠用油補貼款70萬元之部分，係屬公法上不當得利返還請求，並非行政罰法之罰鍰，故甲自不得依上開規定主張抵充。

(三) 綜上所述，甲主張僅須繳納罰鍰5萬元之部分有理由，繳回優惠用油補貼款60萬元之部分無理由。

四、甲未經核准立案擅自於A屋經營補習班，公開招生收費並授課。臺北市政府以甲違反補習及進修教育法為由，處甲15萬元罰鍰，命甲於文到三日內停辦，屆期未改善者，將處以怠金。臺北市政府複查結果發現仍有補習上課事實，處甲怠金15萬元，並限三日內改善。甲針對怠金聲明異議，後不服教育部之聲明異議決定書，是否有後續之行政救濟途徑？

解 甲針對怠金聲明異議，後不服教育部之聲明異議決定書，得逕行提起行政訴訟救濟之：

(一)按行政執行法第9條規定：「義務人或利害關係人對執行命令、執行方法、應遵守之程序或其他侵害利益之情事，得於執行程序終結前，向執行機關聲明異議。前項聲明異議，執行機關認其有理由者，應即停止執行，並撤銷或更正已為之執行行為；認其無理由者，應於10日內加具意見，送直接上級主管機關於30日內決定之。行政執行，除法律另有規定外，不因聲明異議而停止執行。但執行機關因必要情形，得依職權或申請停止之。」旨在明定義務人或利害關係人對於執行命令、執行方法、應遵守之程序或其他侵害利益之情事，如何向執行機關聲明異議，以及執行機關如何處理異議案件之程序，並無禁止義務人或利害關係人於聲明異議而未獲救濟後向法院聲明不服之明文規定，自不得以該條規定作為限制義務人或利害關係人訴訟權之法律依據，是在法律明定行政執行行為之特別司法救濟程序之前，義務人或利害關係人如不服該直接上級主管機關所為異議決定者，仍得依法提起行政訴訟，至何種執行行為可以提起行政訴訟或提起何種類型之行政訴訟，應依執行行為之性質及行政訴訟法相關規定，個案認定。其具行政處分之性質者，應依法踐行訴願程序，自不待言。（最高行政法院97年度12月第3次庭長法官聯席會議決議(三)參照）

(二)次按行政執行依其性質貴在迅速，如果對具行政處分性質之執行命令提起撤銷訴訟，必須依行政執行法第9條之聲明異議及訴願程序後始得為之，則其救濟程序，反較對該執行命令所由之執行名義行政處分之救濟程序更加繁複，顯不合理。又行政執行法第9條規定之聲明異議，並非向行政執行機關而是向其上級機關為之，此已有由處分機關之上級機關進行行政內部自我省察之功能。是以立法者應無將行政執行法第9條所規定之聲明異議作為訴願前置程序之意。再者，司法院釋字第243號解釋認為公務人員受免職處分，經依當時（民國75年7月11日制定公布）公務人員考績法第17條規定，向上級機關（無上級機關者向本機關）申請復審，及向銓敘機關申請再復審，或類此之程序謀求救濟者，相當於業經訴願及再訴願程序；依司法院釋字第755號解釋意旨，對具行政處分性質之監獄處分及其他管理措施而言，向監督機關提起申訴，亦相當於已經訴願程序。據此可知，就法律所規定之行政內部自我省察程序，是否解釋為相當於訴願程序，並不以該行政內部自我省察程序之程序規定有如同訴願程序規定為必要，仍應視事件性質而定。因此，對具行政處分性質之執行命令不服，經依行政執行法第9條之聲明異議程序，應認相當於已經訴願程序，聲明異議人可直接提起撤銷訴訟。本院97年12月份第3次庭長法官聯席會議(三)決議末句：「其具行政處分之性質者，應依法踐行訴願程序」，應予變更。（最高行政法院107年4月份第1次庭長法官聯席會議決議參照）

(三)經查，本件臺北市政府複查結果發現甲仍有補習上課事實，處以怠金15萬元，應屬行政執行法之間接強制，如甲不服，自得依行政執行法第9條之規定聲明異議。又依上開最高行政法院之見解，因甲業經行政執行法第9條之程序聲明異議，應認相當於已經訴願程序，故其得直接提起撤銷訴訟尋求救濟。

五、甲泥醉卻駕駛汽車蛇行，經警察乙攔截予以酒測（達到無法駕駛汽車之危險標準），乙予以開罰單並取下車牌之處分，甲則駕駛汽車離去，卻撞死路人丙。請依行政執行法之規定評論乙行為是否合法？

解 (一)依據行政執行法第36條之規定，行政機關為阻止犯罪、危害之發生或避免急迫危險，而有即時處置之必要時，得為即時強制。即時強制方法如下：1.對於人之管束；2.對於物之扣留、使用、處置或限制其使用；3.對於住宅、建築物或其他處所之進入；4.其他依法定職權所為之必要處置。次依同法第37條，瘋狂或酗酒泥醉，非管束不能救護其生命、身體之危險，及預防他人生命、身體之危險者，得進行人的管束。顯見此部分之管束，行政機關享有依定裁量權。

(二)是以，依據上開規定，甲泥醉卻駕駛汽車蛇行，經警察乙攔截，乙自得依上開規定行使裁量權，決定是否對甲施以管束。惟乙對甲進行酒測後，發現甲達到無法駕駛汽車之危險標準，卻僅予以開罰單並取下車牌之處分，任甲駕駛汽車離去，導致撞死路人丙之結果，恐有裁量瑕疵之情形，蓋甲已達到無法駕駛汽車之危險標準，此時對甲之管束裁量權行使與否，應已收縮至零，非施以管束即不得達到阻止犯罪、危害之發生。是本件乙之放行行為應有裁量瑕疵之問題，尚難認其行為合法。

第四篇　行政救濟法

關鍵1 行政爭訟法

一、訴願法

(一)訴願之提起【110司法四等(法警)、地特四等;111高考三級、普考】

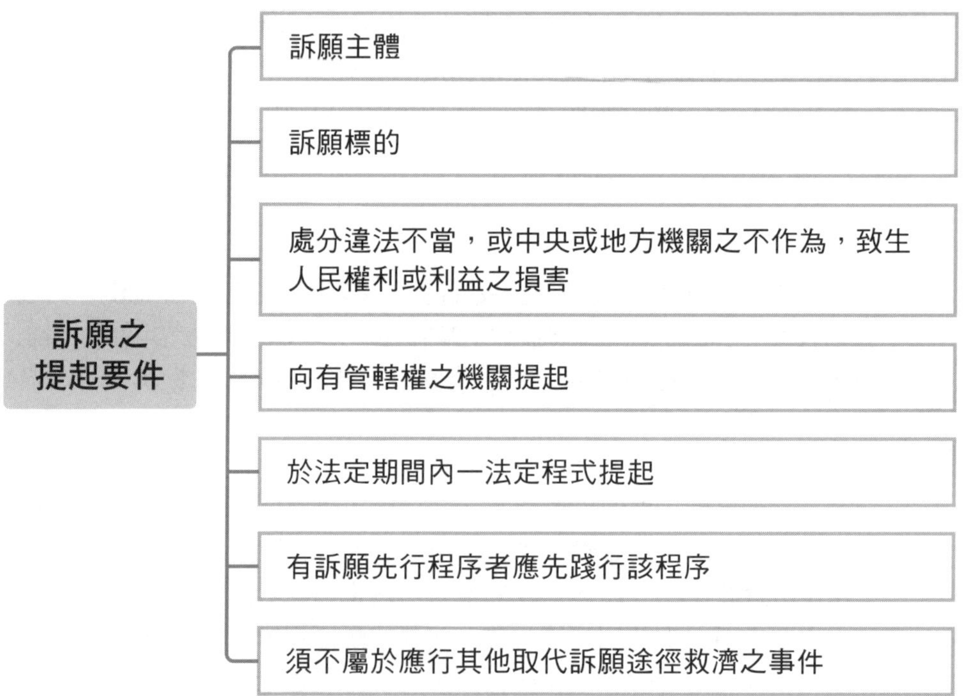

(二)訴願之審議及決定

1.**訴願審查**：訴願審議委員會於受理訴願案件後，其審理方式首先須適用「先程序、後實體」原則。程序合法後，始得為實體之審究。程序審查通常審查四項內容：

(1)訴願內容之記載與文件，是否合乎規定。

(2)訴願管轄是否合乎規定。

(3)訴願案合乎法規規定否。如果不合乎訴願要件，如當事人不適格、訴願提起逾限、訴願人無訴願能力而未由法定代理人代為訴願行為，經通知補正逾期不補正者，應不予受理。

(4)須先經過異議先行程序者，須踐行該等程序，如對稅務案件，須先提起申請復查等。

訴願不合乎上開要件者，應不予受理，依訴願法第77條之規定，以程序駁回之。

2.**訴願決定**【110鐵路員級、高考三級、普考】

決定種類		內容
程序面	**不受理決定**	提起訴願，如有**程序上不合法**之處，應以不受理為理由駁回訴願。其中程序不合法之事由包含： 1. 訴願書不合法定程式不能補正或經通知補正逾期不補正者。 2. 提起訴願逾法定期間或未於第五十七條但書所定期間內補送訴願書者。 3. 訴願人不符合第十八條之規定者。 4. 訴願人無訴願能力而未由法定代理人代為訴願行為，經通知補正逾期不補正者。 5. 地方自治團體、法人、非法人之團體，未由代表人或管理人為訴願行為，經通知補正逾期不補正者。 6. 行政處分已不存在者。 7. 對已決定或已撤回之訴願事件重行提起訴願者。 8. 對於非行政處分或其他依法不屬訴願救濟範圍內之事項提起訴願者。 （訴願法第77條）

<table>
<tr><th></th><th>決定種類</th><th>內容</th></tr>
<tr><td>程序面</td><td>不受理決定</td><td>※提起訴願因逾法定期間而為不受理決定時，原行政處分顯屬違法或不當者，原行政處分機關或其上級機關得依職權撤銷或變更之。但有左列情形之一者，不得為之：
1. 其撤銷或變更對公益有重大危害者。
2. 行政處分受益人之信賴利益顯然較行政處分撤銷或變更所欲維護之公益更值得保護者。
（訴願法第80條第1項）</td></tr>
<tr><td rowspan="2">實體面</td><td rowspan="2">訴願無理由（駁回決定）</td><td>訴願無理由者，受理訴願機關應以決定駁回之。原行政處分所憑理由雖屬不當，但依其他理由認為正當者，應以訴願為無理由。訴願事件涉及地方自治團體之地方自治事務者，其受理訴願之上級機關僅就原行政處分之合法性進行審查決定。（訴願法第79條）</td></tr>
<tr><td>1. 撤銷原處分決定：【106高考三級；107關務三等】
訴願法第81條規定：「訴願有理由者，受理訴願機關應以決定撤銷原行政處分之全部或一部，並得視事件之情節，逕為變更之決定或發回原行政處分機關另為處分。但於訴願人表示不服之範圍內，不得為更不利益之變更或處分。前項訴願決定撤銷原行政處分，發回原行政處分機關另為處分時，應指定相當期間命其為之。」並應注意，訴願委員會之決定受到「不利益變更禁止原則」之限制（最高行政法院105年8月份第1次庭長法官聯席會議決議參照最高行政法院101年度2月份庭長法官聯席會議決議）。
2. 命機關為一定處分：人民因中央或地方機關對其依法申請之案件，於法定期間內應作為而不作為，認為損害其權利或利益而提起之訴願，受理訴願機關認為有理由者，應指定相當期間，命應</td></tr>
</table>

<table>
<tr><th colspan="2">決定種類</th><th>內容</th></tr>
<tr><td>實體面</td><td>訴願有理由（撤銷決定）</td><td>作為之機關速為一定之處分。但受理訴願機關未為前項決定前，應作為之機關已為行政處分者，受理訴願機關應認訴願為無理由，以決定駁回之。（訴願法第82條）
原行政處分經撤銷後，原行政處分機關須重為處分者，應依訴願決定意旨為之，並將處理情形以書面告知受理訴願機關。（訴願法第96條）</td></tr>
<tr><td colspan="2">情況決定</td><td>1. 受理訴願機關發現原行政處分雖屬違法或不當，但其撤銷或變更於公益有重大損害，經斟酌訴願人所受損害、賠償程度、防止方法及其他一切情事，認原行政處分之撤銷或變更顯與公益相違背時，得駁回其訴願。但此種情形，訴願決定應於決定主文中載明原行政處分違法或不當。（訴願法第83條）
所以所謂「情況決定」，就是指雖屬違法的狀態，但因謂基於維持公益的關係，所以人民必須容忍。
2. 受理訴願機關為情況決定時，得斟酌訴願人因違法或不當處分所受損害，於決定理由中載明由原行政處分機關與訴願人進行協議。此種協議，與國家賠償法之協議有同一效力。（訴願法第84條）
3. 另訴願法第80條第1項第2款規定，提起訴願因逾法定期間而為不受理決定時，原行政處分顯屬違法或不當者，「行政處分受益人之信賴利益顯然較行政處分撤銷或變更所欲維護之公益更值得保護者」，上級行政機關及訴願審議委員會亦不得撤銷該違法的行政處分，亦即，訴願人的信賴基礎值得保護時，訴願審議委員會仍應予以「就地合法」（存續保護）的決定。此種情形通常發生在原處分之行政機關依法撤銷原授益的違法行政</td></tr>
</table>

決定種類	內容
情況決定	處分，此時訴願標的乃是請求「撤銷該撤銷的行政處分」，以維持值得信賴的違法狀態。例如未經環境影響評估而取得使用許可的建築物（違法許可），該許可被撤銷後，透過訴願請求撤銷該撤銷處分，以回復可使用的狀態。

(三) **訴願之停止**

原行政處分之執行不因提起訴願而停止	原行政處分之執行，除法律另有規定外，**不因提起訴願而停止**。 原行政處分之合法性顯有疑義者，或原行政處分之執行將發生難以回復之損害，且有急迫情事，並非為維護重大公共利益所必要者，**受理訴願機關**或**原行政處分機關**得依職權或依申請，就原行政處分之全部或一部，停止執行。 前項情形，**行政法院**亦得依聲請，停止執行。 （訴願法第93條） →故於訴願程序中，如原處分機關或受理訴願機關不給予停止執行時，行政法院亦得依聲請裁定停止執行，以資救濟。此係考量人民權利侵害之保護實效性，以緩和行政救濟不停止執行原則，以及行政訴訟採強制訴願前置主義所生之法院延遲權利保護之弊端，核屬暫時權利保護之必要措施，避免人民求訴無門之現象發生。
停止執行之原因消滅，得撤銷停止執行之裁定	停止執行之原因消滅，或有其他情事變更之情形，受理訴願機關或原行政處分機關得依職權或依申請撤銷停止執行。 前項情形，原裁定停止執行之行政法院亦得依聲請，撤銷停止執行之裁定。 （訴願法第94條）

二、行政訴訟法

(一) 由普通法院管轄之公法爭議

(二) 行政訴訟之種類及該實體判決要件暨判決效力【110警特三等、地特三等；111普考】

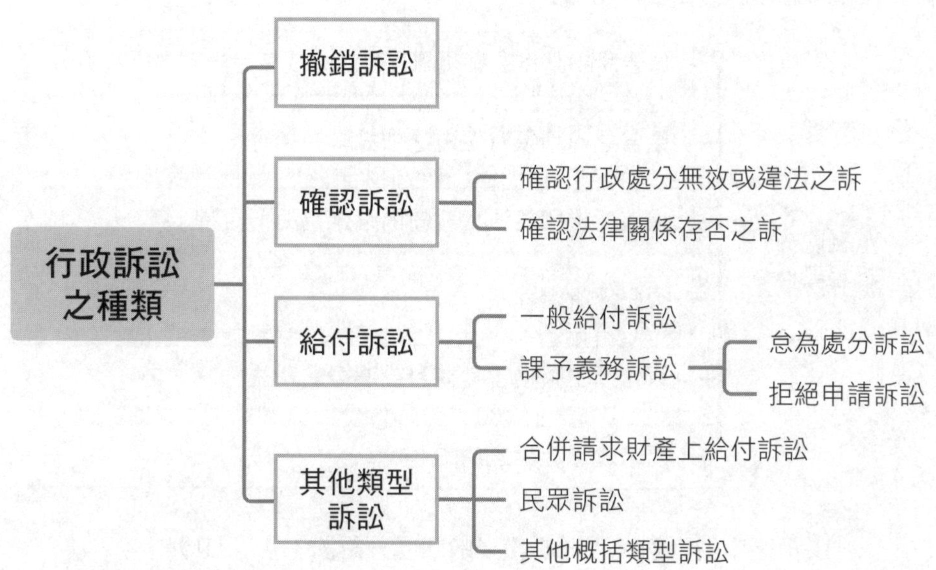

1.**撤銷訴訟（行訴§4）**

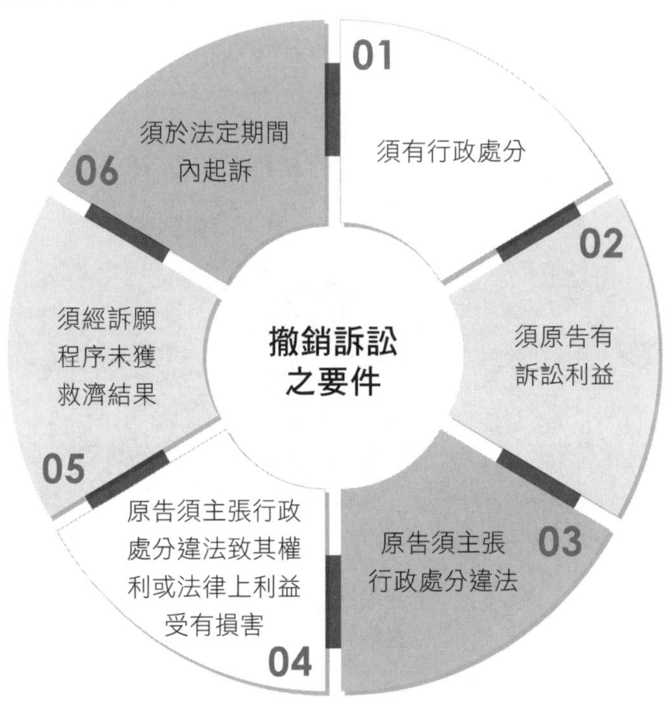

2.**給付訴訟**

(1)**課予義務之訴訟**

A.怠為處分訴訟（§5I）

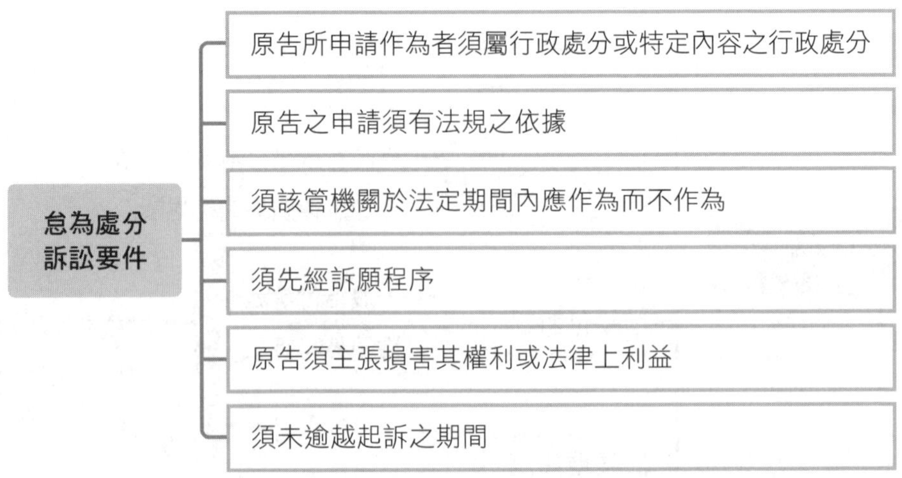

B.拒絕申請訴訟（否准訴訟／駁回處分訴訟）（§5II）

(2)**一般給付訴訟（§8）**

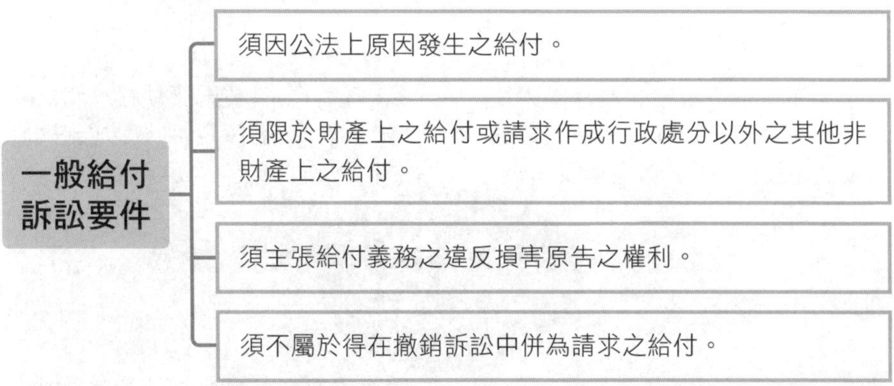

3.**確認訴訟（§6）**【110普考；111一般警三、普考】

行政訴訟法第6條第1項規定：「確認行政處分無效及確認公法上法律關係成立或不成立之訴訟，非原告有即受確認判決之法律上利益者，不得提起之。其確認已執行而無回復原狀可能之行政處分或已消滅之行政處分為違法之訴訟，亦同。」故確認訴訟之種類有兩種，分別為「確認行政處分無效或違法之訴」及「確認法律關係存否之訴」。

關鍵2 國家責任

一、國家賠償法

(一)公務員違法行為之國家賠償責任

1.公務員積極違法行為之國家賠償責任構成要件，參右圖。

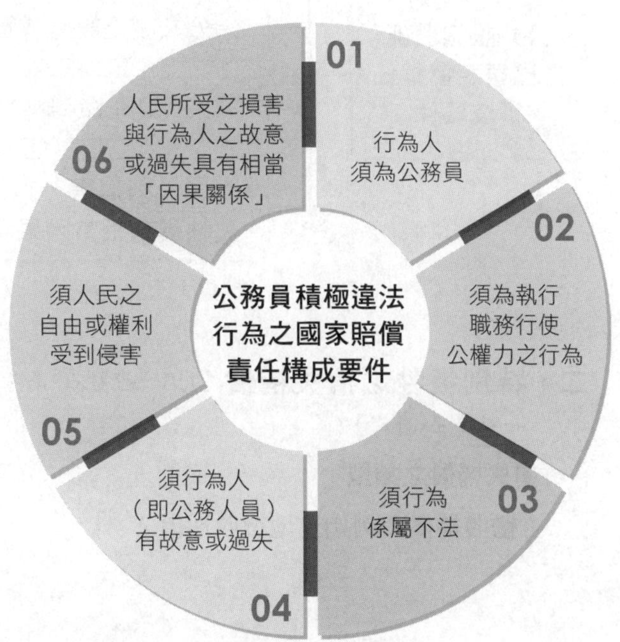

2.公務員消極違法行為（公務員怠於職務）之國家賠償責任構成要件，參下圖。

公務員消極違法行為之國家賠償責任構成要件

須制定法律之規範是為保障人民生命、身體、財產等法益，非僅屬賦予推行公共政策之權限。

須法律對主管機關應執行職務之作為義務有明確規定，且並未賦予作為或不作為之裁量餘地。

須致特定人之自由或權利遭受損害。

須該管機關公務員怠於執行職務行使公權力，具有違法性、歸責性及相當因果關係。

(二)公共設施瑕疵之國家賠償責任【110鐵路員級、地特三等】

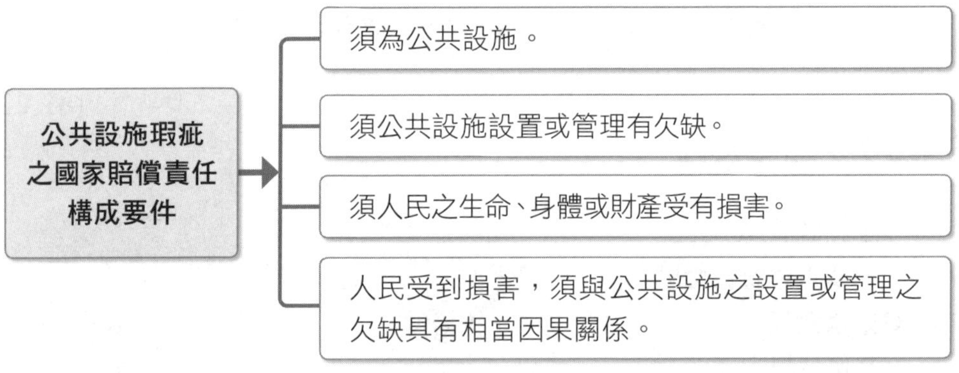

二、特別犧牲之損失補償【110一般警三、高考三級、普考、司法四等(法警)；111一般警三、普考】

(一)損失補償之類型

1.**徵收補償**：例如土地徵收補償。

2.**徵收性質侵害之補償**：雖非公用徵收，但其造成之結果則有如徵收而犧牲人民之權益。例如興建地下捷運工程，造成沿路商家長年營業額受損所為之損失補償。

3.**因公益犧牲之補償（特別犧牲之損失補償）**。

4.**信賴利益之補償**。

5.**社會補償（衡平補償）**：雖非特別犧牲，但國家基於「衡平性」、「合目的性」，特別是社會國原則精神所主動給予之補償。例如因防止危險所生之損失補償，如撲殺口蹄疫豬隻；政治與戰爭受難之補償，如二二八事件處理及賠償條例、戰士授田憑據處理之補償；犯罪被害人之補償；公務員照顧制度之補償。

(二) **損失補償之共同成立要件（徵收與特別犧牲之共同成立要件）**

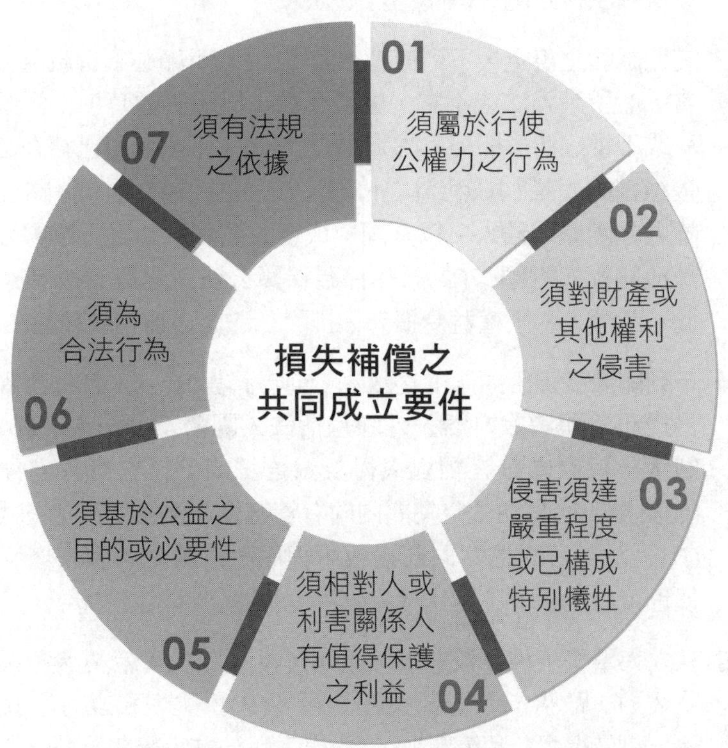

試題演練

【選擇題】

第一回

( ) **1** 人民提起訴願，應以下列何者為不服之程序標的？ (A)行政處分 (B)行政契約 (C)事實行為 (D)公法上法律關係。

( ) **2** 下列有關訴願制度之敘述，何者錯誤？ (A)地方自治團體或其他公法人對上級監督機關之行政處分，認為違法者，得提起訴願 (B)人民僅得對違法之行政處分提起訴願，不得對不當之行政處分提起訴願 (C)非處分相對人亦非利害關係人提起訴願者，應為訴願不受理之決定 (D)受理訴願機關認為訴願有理由者，得逕為變更之決定或發回原行政處分機關另為處分。

( ) **3** 有關訴願之規定，下列何者錯誤？ (A)訴願必須行政處分違法或不當，而所謂違法或不當，僅須訴願人提起訴願時，主張原處分有違法或不當之情形即可 (B)訴願之提起，不限於現已存在之處分有直接損害人民權利或利益之情形 (C)受中央或地方機關委託行使公權力之團體或個人，以其團體或個人名義所為之行政處分，向原委託機關提起訴願 (D)訴願係為保障公法上之權利或利益而設，因此，訴願人主張權益受損者，排除私法上之權利或利益。

( ) **4** 下列關於我國訴願制度之敘述，何者錯誤？ (A)依據訴願法規定，得提起訴願者除自然人外尚包括法人團體及公法人 (B)透過訴願制度，行政處分之相對人得針對違法或不當之行政處分提起救濟 (C)訴願人必須在法定期間內向有管轄權之機關依法定方式提起訴願 (D)訴願為行政機關內部之救濟程序，故縱令訴願人僅反射利益受損也可以主張。

( ) **5** 私立大學學生被學校退學，應如何救濟？ (A)私立大學被委託行使公權力，故得向教育部提起訴願 (B)學生與私立大學間為私法關係，故僅得提起民事訴訟 (C)學生與私立大學間為公法關係，應直接提起行政訴訟 (D)私立大學被委託行使公權力，故應先向私立大學提起訴願。

(　　) **6** 主管機關對甲公司作成停業處分，甲公司尚未及提起行政救濟，主管機關即發現該處分違法而自行撤銷，惟甲公司之商譽已受損，欲請求國家賠償，下列敘述何者正確？　(A)甲公司得向行政法院提起撤銷訴訟　(B)甲公司得向行政法院提起課予義務訴訟　(C)甲公司得向行政法院提起違法確認訴訟　(D)甲公司得向行政法院提起給付訴訟。

(　　) **7** 有關訴願之敘述，下列何者正確？　(A)與訴願人利害關係相同之人，經受理訴願機關允許，得提起共同訴願　(B)與訴願人利害關係相反之人，經受理訴願機關允許，得提起訴願　(C)訴願決定因撤銷或變更原處分，足以影響第三人權益者，受理訴願機關應通知該第三人提起訴願　(D)訴願決定之拘束力及於依訴願法第28條第2項之參加訴願人。

(　　) **8** 有關訴願之管轄，下列敘述何者正確？　(A)不服臺北市政府衛生局依食品安全衛生管理法處以罰鍰之處分，向行政院提起訴願　(B)不服公平交易委員會禁止事業結合之處分，向經濟部提起訴願　(C)不服苗栗縣政府依爆竹煙火管理條例所為之罰鍰處分，向內政部提起訴願　(D)不服臺北市政府內湖區公所審認不符合低收入戶資格，向內政部提起訴願。

(　　) **9** 人民提起撤銷訴訟，應於收受訴願決定書之後，原則上多久的期間內提起？　(A)7日內　(B)20日內　(C)30日內　(D)2個月內。

(　　) **10** 若人民對內政部之土地行政處分不服時，得以書面提起訴願，其訴願管轄機關為：　(A)市政府　(B)行政院　(C)縣政府　(D)直轄市政府。

(　　) **11** 人民因地方機關之違法行政處分，認為損害其權利，經依訴願法提起訴願逾三個月不為決定者，得向下列那一個機關提起撤銷訴訟？　(A)中央目的事業主管機關　(B)高等行政法院　(C)行政院　(D)高等法院。

(　　) **12** 人民提起訴願，應以下列何者為不服之程序標的？　(A)行政處分　(B)行政契約　(C)事實行為　(D)公法上法律關係。

( ) **13** 有關受理訴願機關之訴願決定，下列何者不正確？ (A)訴願無理由者，以決定駁回 (B)訴願有理由者，以決定撤銷行政處分之全部或一部 (C)訴願有理由者，不可逕為變更之決定 (D)訴願有理由者，可發回原行政處分機關另為處分。

( ) **14** 據以決定訴願管轄之原行政處分機關，原則上依據什麼標準認定？ (A)實際為行政程序之機關 (B)擁有法定職權之機關 (C)實施行政處分時之名義機關 (D)呈轉訴願書之機關。

( ) **15** 依訴願法規定，下列有關訴願主體之敘述，何者有誤？ (A)不以自然人為限 (B)不以行政處分之相對人為限 (C)限於本國人始得提起訴願 (D)二人以上對於同一原因事實之行政處分，得共同提起訴願。

( ) **16** 依據行政訴訟法第17條，行政法院之管轄以何為準？ (A)以提起申請行政處分時為準 (B)以行政處分決定時為準 (C)以訴願決定時為準 (D)以起訴時為準。

( ) **17** 關於原處分機關在訴願程序中之地位，下列敘述何者錯誤？ (A)原行政處分機關應脫離訴願程序，不得再行使任何職權 (B)原行政處分機關於訴願人提起之訴願時，應先行重新審查原處分是否合法妥當 (C)原行政處分機關得不依訴願人之請求撤銷或變更原行政處分，此時應儘速附具答辯書等送訴願管轄機關 (D)原行政處分機關對於其他無管轄權機關移送之訴願，仍應依訴願法處理。

( ) **18** 人民不服中央或地方機關之行政處分提起訴願時，訴願審理機關得審查之範圍如何？ (A)僅得審查行政處分之合法性 (B)僅得審查行政處分之合目的性 (C)得審查行政處分之合法性與合目的性 (D)得審查行政處分之恆定性與週期性。

( ) **19** 甲講師之升等申請遭乙大學否決後，提出行政爭訟獲得原否決升等處分之撤銷，另為合法決議之平反救濟，但乙大學重為決議時，再為駁回甲之升等處分，則甲不服，逕提確認行政處分無效之訴訟，行政法院應如何處理？ (A)將甲案事件移送於訴願管轄機關 (B)判甲勝訴 (C)判甲敗訴 (D)程序駁回。

(　　) **20** 行政處分雖屬違法，但行政法院斟酌一切情事後，仍然駁回原告之訴，而在主文中諭知原處分違法之判決，行政訴訟上稱之為：(A)維護公益判決　(B)情況判決　(C)客觀判決　(D)自為決定判決。

(　　) **21** 依行政訴訟法，行政法院對於課予義務訴訟之裁判，下列敘述何者正確？　(A)原告之訴有理由，案件事證尚未臻明確者，行政法院得自行作成原告所申請內容之行政處分　(B)原告之訴有理由，案件事證尚未臻明確或涉及行政機關之行政裁量決定者，應以判決駁回之　(C)原告之訴有理由，且案件事證明確者，應判命行政機關作成原告所申請內容之行政處分　(D)原告之訴不合法者，應以判決駁回之。

(　　) **22** 下列何者不屬人民得向行政法院提起確認訴訟之類型？　(A)確認公法上關係成立或不成立　(B)確認行政處分無效　(C)確認已執行而無回復原狀可能之行政處分或已消滅之行政處分為違法　(D)確認人民之國家賠償請求權存在。

(　　) **23** 原行政處分之執行，除法律另有規定外，不因提起訴願而停止。但例外情形得停止執行，有關停止執行之考量因素，下列敘述，何者錯誤？　(A)原處分合法性顯有疑義者　(B)訴願決定後　(C)執行將發生難以回復之損害，且有急迫情事　(D)非為維護重大公共利益所必要者。

(　　) **24** 人民對於下列何種行政處分不服時，得直接提起訴願？　(A)稅法上之課稅處分　(B)商標法上之商標評定　(C)社會秩序維護法上之拘留　(D)集會遊行法上之罰鍰。

(　　) **25** 訴願事件涉及地方自治事務者，訴願審理機關審查行政處分之範圍為何？　(A)限於合法性審查　(B)限於妥當性審查　(C)兼及合法性及妥當性審查　(D)不包括裁量逾越或濫用。

(　　) **26** 以下關於課予義務訴訟之敘述，何者錯誤？　(A)不須先提起訴願　(B)請求機關應為行政處分之訴訟屬之　(C)請求機關應為特定內容之行政處分之訴訟屬之　(D)以高等行政法院為第一審法院。

( ) **27** 訴願之提起，應自行政處分達到或公告期滿之次日起X日內為之。利害關係人提起訴願者，前述時間自知悉時起算。但自行政處分達到或公告期滿後，已逾Y年者，不得提起。下列何者正確？ (A)X為50日，Y為5年 (B)X為30日，Y為3年 (C)X為20日，Y為2年 (D)X為10日，Y為1年。

( ) **28** 有關公益訴訟在公法訴訟上之敘述，何者正確？ (A)舉凡訴訟之提起，當事人均必須具有訴訟利益，因此公益訴訟僅為理想，在行政訴訟上尚無適用 (B)為維護公益，只要行政機關出現違法行為，任何人均得隨時提起行政訴訟 (C)為維護公益，人民在法律有特別規定時，就無關自己權利及法律上利益之事項，對於行政機關之違法行為，得提起行政訴訟 (D)為維護公益，檢察官在法律有特別規定時，對於行政機關之違法行為，得依職權提起行政訴訟。

( ) **29** 下列有關國家賠償法第二條第二項後段怠於執行職務國家賠償責任之敘述，何者錯誤？ (A)若公務員對於某項職務行為依法享有裁量權，則公務員未採行特定職務行為，不當然構成怠於執行職務 (B)若法令課予行政機關某項職務義務，但未同時明定人民擁有公法上請求權，則人民對於此項職務義務的不履行不得主張怠於執行職務國家賠償 (C)欲請求怠於執行職務國家賠償，須「怠於執行職務」與「人民之損害」間有因果關係 (D)在釐清公務員職務義務的範圍時，應注意憲法保障人民基本權利之本旨。

( ) **30** 關於行政訴訟法所規定之確認訴訟，下列敘述何者錯誤？ (A)確認訴訟包含確認行政處分無效或違法，及確認公法上法律關係成立或不成立之訴 (B)確認行政處分無效之訴訟，須已向原處分機關請求確認未被允許或於三十日內不為確答者，始得提起 (C)確認公法上法律關係成立或不成立之訴訟，於原告得提起撤銷訴訟者，得合併提起之 (D)確認訴訟，非原告有即受確認判決之法律上利益者，不得提起之。

( ) **31** 公法上之爭議，得依行政訴訟法規定提起行政訴訟。下列何者非屬行政訴訟之種類？ (A)撤銷訴訟 (B)確認訴訟 (C)給付訴訟 (D)形成訴訟。

(　　) **32** 有關不同類型行政訴訟之合併提起或補充性原則之適用，下列何者之敘述正確？　(A)撤銷訴訟與確認行政處分無效訴訟不得合併提起　(B)撤銷訴訟與確認行政處分違法訴訟不得合併提起　(C)確認訴訟，於得提起或可得提起撤銷訴訟、課予義務訴訟或一般給付訴訟者，不得提起之。但確認公法上法律關係存否之訴，不在此限　(D)人民可單獨依行政訴訟法第7條規定，單獨提起請求損害賠償訴訟，毋庸與撤銷、確認、課予義務及給付各種訴訟合併請求。

(　　) **33** 人民不服直轄市政府、縣（市）政府或其所屬機關及鄉（鎮、市）公所依法辦理上級政府或其所屬機關委辦事件所為之行政處分，應向何者提起訴願？　(A)受委辦機關　(B)受委辦機關之直接上級機關　(C)原委辦機關　(D)原委辦機關之直接上級機關。

(　　) **34** 人民不服受託行使公權力之團體所為之行政處分，訴願未果後，擬提起行政訴訟。此際應以何人為被告？　(A)受託行使公權力之團體　(B)委託機關　(C)訴願管轄機關　(D)訴願管轄機關之上級機關。

(　　) **35** 有關訴願之規定，下列說明何者正確？　(A)訴願之提起應自行政處分達到或公告期滿之次日起九十日內為之　(B)有隸屬關係之下級機關依法辦理上級機關委任事件所為之行政處分，為原委任機關之行政處分　(C)訴願之提起應自行政處分達到或公告期滿之次日起三十日內為之　(D)依法受中央機關委託行使公權力之團體，以其團體名義所為之行政處分，其訴願之管轄，向該團體提起訴願。。

(　　) **36** 人民不服鄉（鎮、市）公所之行政處分者，應向何機關提起訴願？(A)縣（市）政府　(B)內政部　(C)行政院　(D)行政法院。

(　　) **37** 有關行政執行與行政訴訟強制執行之敘述，下列何者錯誤？　(A)行政執行得本於法令作為執行名義　(B)行政訴訟之強制執行，法定執行機關為地方法院行政訴訟庭　(C)公法上金錢給付義務以外之執行，由相關法令之主管機關為之　(D)行政訴訟之強制執行，不得囑託行政機關代為執行。

(　　) **38** 依行政訴訟法，下列何者為正確？　(A)簡易行政訴訟程序事件，徵收裁判費新臺幣四千元　(B)公法上財產關係之訴訟，其標的之金額或價額逾新臺幣四十萬元者，不適用簡易行政訴訟程序 (C)簡易行政訴訟之提起，必須以書面為之 (D)依簡易行政訴訟程序所為之第二審判決，得上訴最高行政法院。

( ) **39** 有關國家賠償法之敘述，何者錯誤？ (A)公務員因故意或重大過失致生國家賠償者，賠償義務機關賠償後得對其求償 (B)法官裁准羈押張三因案涉訟，嗣獲判決無罪確定，原裁准羈押張三之法官即須負國家賠償責任 (C)請求國家賠償者，在程序上應先與賠償義務機關協議 (D)國家賠償案件性質上屬於公法爭議。

( ) **40** A地方政府於辦理道路改善工程時，未經徵收程序，即將A之土地新開闢為道路之一部，並已完工驗收開放使用。請問A應如何循救濟途徑主張其權利？ (A)依行政訴訟法第8條提起一般給付訴訟，請求回復原狀 (B)依行政訴訟法第6條提起確認訴訟，確認公法上關係不存在 (C)依行政訴訟法第7條請求損害賠償 (D)依國家賠償法請求國家賠償。

解答與解析 （答案標示為#者，表官方曾公告更正該題答案。）

1 **(A)**。參訴願法第1條及第2條，訴願的程序標的為行政處分。

2 **(B)**。參訴願法第1條，可知人民亦得對不當之行政處分提起訴願。

3 **(D)**。訴願人私法上之權利或利益，亦得透過訴願加以保護，如對徵收補償不服提起訴願，該訴願之目的即在於保障人民土地所有權等私法上之權利。

4 **(D)**。參訴願法第1條：「人民對於中央或地方機關之行政處分，認為違法或不當，致損害其權利或利益者，得依本法提起訴願。但法律另有規定者，從其規定。各級地方自治團體或其他公法人對上級監督機關之行政處分，認為違法或不當，致損害其權利或利益者，亦同。」第2條：「人民因中央或地方機關對其依法申請之案件，於法定期間內應作為而不作為，認為損害其權利或利益者，亦得提起訴願。前項期間，法令未規定者，自機關受理申請之日起為二個月。」足見訴願人至少應有權利或利益受侵害，始得提起訴願。而受反射利益之人，本身並未受權利或利益之侵害，故如僅反射利益受損，即不得提起訴願。

5 **(A)**。參司法院釋字第382號解釋理由書（節錄）：「公立學校係各級政府依法令設置實施教育之機構，具有機關之地位，而私立學校係依私立學校法經主管教育行政機關許可設立並製發印信授權使用，在實施教育之範圍內，有錄取學生、確定學籍、獎懲學生、核發畢業或學位證書等權限，係屬由法律在特定範圍內授與行使公權力之教育機構，於處理上述事項時亦具有與機關相當之地位（參照本院釋字第二六九號解釋）。是各級公私立學校依有關學籍規則或懲處規定，對學生所為退學或類此之處分行為，足以改變其學生身分及損害其受教育之機會，此種處分行為應為訴願法及行政訴訟法上之行政處分，並已對人民憲法上受教育之權利有重大影響。人民因學生身分受學校之處分，得否提起行政爭訟，應就其處分內容分別論斷。如學生所受處分係為維持學校秩序、實現教育目的所必要，且未侵害其受教育之權利者（例如記過、申誡等處分），除循學校內部申訴途徑謀求救濟外，尚無許其提起行政爭訟之餘地。反之，如學生所受者為退學或類此之處分，則其受教育之權利既已受侵害，自應許其於用盡校內申訴途徑後，依法提起訴願及行政訴訟。」

故私立大學學生被學校退學，因私立大學被委託行使公權力，故得提起訴願。又因私立大學係受教育部之委託行使權力，依訴願法第10條，訴願人應向委託機關，即教育部，提起訴願。

6 **(C)**。行政訴訟法第6條第1項：「確認行政處分無效及確認公法上法律關係成立或不成立之訴訟，非原告有即受確認判決之法律上利益者，不得提起之。其確認已執行而無回復原狀可能之行政處分或已消滅之行政處分為違法之訴訟，亦同。」

故主管機關對甲公司作成停業處分，甲公司尚未及提起行政救濟，主管機關即發現該處分違法而自行撤銷，甲公司得向行政法院提起違法確認訴訟。

7 **(D)**。(A)所謂共同訴願，乃指訴願法第21條第1項「二人以上得對於同一原因事實之行政處分，共同提起訴願」之情形，而選項(A)所指為同法第28條第1項「與訴願人利害關係相同之人，經受理訴願機關允許，得為訴願人之利益參加訴願。受理訴願機關認有必要時，亦得通知其參加訴願」之訴願參加。(B)訴願法第28條第2項：「訴願決定因撤銷或變更原處分，足以影響第三人權益者，受理訴願機關應於作成訴願決定之前，通知其參加訴願程序，表示意見。」故與訴願人利害關係相反之人，得參加訴願。至於提起訴願，只要具有訴願權能即得提起，毋庸經受理訴願機關允許。(C)訴願決定因撤銷或變更原處分，足以影響第三人權益者，受理訴願機關應通知該第三人參加訴願，而非提起訴願，參訴願法第28條第2項。

8 **(C)**。訴願法第4條：「訴願之管轄如左：一、不服鄉（鎮、市）公所之行政處分者，向縣（市）政府提起訴願。二、不服縣（市）政府所屬各級機關之行政處分者，向縣（市）政府提起訴願。三、不服縣（市）政府之行政處分者，向中央主管部、會、行、處、局、署提起訴願。四、不服直轄市政府所屬各級機關之行政處分者，向直轄市政府提起訴願。五、不服直轄市政府之行政處分者，向中央主管部、會、行、處、局、署提起訴願。六、不服中央各部、會、行、處、局、署所屬機關之行政處分者，向各部、會、行、處、局、署提起訴願。七、不服中央各部、會、行、處、局、署之行政處分者，向主管院提起訴願。八、不服中央各院之行政處分者，向原院提起訴願。」(A)不服臺北市政府衛生局依食品安全衛生管理法處以罰鍰之處分，向臺北市政府提起訴願。(B)不服公平交易委員會禁止事業結合之處分，依公平交易法第48條：「對主管機關依本法所為之處分或決定不服者，直接適用行政訴訟程序。」不必經過訴願，直接提行政訴訟。(D)不服臺北市政府內湖區公所審認不符合低收入戶資格，應向臺北市政府提起訴願。

9 **(D)**。行政訴訟法第106條第1項：「第四條及第五條訴訟之提起，除本法別有規定外，應於訴願決定書送達後二個月之不變期間內為之。但訴願人以外之利害關係人知悉在後者，自知悉時起算。」

10 **(B)**。訴願法第4條第7款：「不服中央各部、會、行、處、局、署之行政處分者，向主管院提起訴願。」故對內政部之土地行政處分不服時，得以書面提起訴願，其訴願管轄機關為行政院。

11 **(B)**。行政訴訟法第4條第1項：「人民因中央或地方機關之違法行政處分，認為損害其權利或法律上之利益，經依訴願法提起訴願而不服其決定，或提起訴願逾三個月不為決定，或延長訴願決定期間逾二個月不為決定者，得向行政法院提起撤銷訴訟。」

12 **(A)**。訴願法第1條第1項：「人民對於中央或地方機關之行政處分，認為違法或不當，致損害其權利或利益者，得依本法提起訴願。但法律另有規定者，從其規定。」

13 **(C)**。訴願法第79條：「訴願無理由者，受理訴願機關應以決定駁回之。原行政處分所憑理由雖屬不當，但依其他理由認為正當者，應以訴願為無理由。訴願事件涉及地方自治團體之地方自治事務者，其受理訴願之上級機關僅就原行政處分之合法性進行審查決定。」

第81條：「訴願有理由者，受理訴願機關應以決定撤銷原行政處分之全部或一部，並得視事件之情節，逕為變更之決定或發回原行政處分機關另為處分。但於訴願人表示不服之範圍內，不得為更不利益之變更或處分。前項訴願決定撤銷原行政處分，發回原行政處分機關另為處分時，應指定相當期間命其為之。」

14 **(C)**。訴願法第13條：「原行政處分機關之認定，以實施行政處分時之名義為準。但上級機關本於法定職權所為之行政處分，交由下級機關執行者，以該上級機關為原行政處分機關。」

15 **(C)**。訴願法第18條：「自然人、法人、非法人之團體或其他受行政處分之相對人及利害關係人得提起訴願。」

第21條第1項：「二人以上得對於同一原因事實之行政處分，共同提起訴願。」

16 **(D)**。行政訴訟法第17條：「定行政法院之管轄以起訴時為準。」

17 **(A)**。訴願法第58條：「訴願人應繕具訴願書經由原行政處分機關向訴願管轄機關提起訴願。原行政處分機關對於前項訴願應先行重新審查原處分是否合法妥當，其認訴願為有理由者，得自行撤銷或變更原行政處分，並陳報訴願管轄機關。原行政處分機關不依訴願人之請求撤銷或變更原行政處分者，應儘速附具答辯書，並將必要之關係文件，送於訴願管轄機關。原行政處分機關檢卷答辯時，應將前項答辯書抄送訴願人。」第61條：「訴願人誤向訴願管轄機關或原行政處分機關以外之機關作不服原行政處分之表示者，視為自始向訴願管轄機關提起訴願。前項收受之機關應於十日內將該事件移送於原行政處分機關，並通知訴願人。」

選項(A)自訴願程序中原處分機關仍應檢具答辯書，及其他程序規定以觀，原行政處分機關並未脫離訴願程序。

18 **(C)**。訴願法第1條第1項：「人民對於中央或地方機關之行政處分，認為違法或不當，致損害其權利或利益者，得依本法提起訴願。但法律另有規定者，從其規定。」故訴願審理機關得審查行政處分之合法性與合目的性。

19 **(A)**。乙大學重為決議時，再為駁回甲之升等處分，此時甲應循序依訴願法第 1 條第 1 項及行政訴訟法第 5 條第 2 項提起課予義務訴願與課予義務訴訟。惟甲逕提確認行政處分無效之訴訟，依照行政訴訟法第 6 條第 4 項：「應提起撤銷訴訟、課予義務訴訟，誤為提起確認行政處分無效之訴訟，其未經訴願程序者，行政法院應以裁定將該事件移送於訴願管轄機關，並以行政法院收受訴狀之時，視為提起訴願。」故行政法院應將甲案事件移送於訴願管轄機關。

20 **(B)**。行政訴訟法第198條：「行政法院受理撤銷訴訟，發現原處分或決定雖屬違法，但其撤銷或變更於公益有重大損害，經斟酌原告所受損害、賠償程度、防止方法及其他一切情事，認原處分或決定之撤銷或變更顯與公益相違背時，得駁回原告之訴。前項情形，應於判決主文中諭知原處分或決定違法。」是為情況判決。

21 **(C)**。行政訴訟法第200條參照。

22 **(D)**。行政訴訟法第6條參照。

23 **(B)**。訴願法第93條：「原行政處分之執行，除法律另有規定外，不因提起訴願而停止。原行政處分之合法性顯有疑義者，或原行政處分之執行將發生難以回復之損害，且有急迫情事，並非為維護重大公共利益所必要者，受理訴願機關或原行政處分機關得依職權或依申請，就原行政處分之全部或一部，停止執行。前項情形，行政法院亦得依聲請，停止執行。」

24 **(D)**。(A)稅法之課稅處分應提出申請復查。(B)商標法之商標評定應提出異議。(C)社會秩序維護法之拘留，應聲明異議。

25 **(A)**。訴願法第79條第3項：「訴願事件涉及地方自治團體之地方自治事務者，其受理訴願之上級機關僅就原行政處分之合法性進行審查決定。」

26 **(A)**。仍應依訴願法第2條之規定先行提起課予義務訴願後，始得提起課予義務訴訟。

27 **(B)**。訴願法第14條第1項：「訴願之提起，應自行政處分達到或公告期滿之次日起三十日內為之。利害關係人提起訴願者，前項期間自知悉時起算。但自行政處分達到或公告期滿後，已逾三年者，不得提起。」

28 **(C)**。行政訴訟法第9條：「人民為維護公益，就無關自己權利及法律上利益之事項，對於行政機關之違法行為，得提起行政訴訟。但以法律有特別規定者為限。」

29 **(B)**。參司法院釋字第469號解釋。

30 **(C)**。行政訴訟法第6條：「確認行政處分無效及確認公法上法律關係成立或不成立之訴訟，非原告有即受確認判決之法律上利益者，不得提起之。其確認已執行而無回復原狀可能之行政處分或已消滅之行政處分為違法之訴訟，亦同。確認行政處分無效之訴訟，須已向原處分機關請求確認其無效未被允許，或經請求後於三十日內不為確答者，始得提起之。確認訴訟，於原告得提起或可得提起撤銷訴訟、課予義務訴訟或一般給付訴訟者，不得提起之。但確認行政處分無效之訴訟，不在此限。應提起撤銷訴訟、課予義務訴訟，誤為提起確認行政處分無效之訴訟，其未經訴願程序者，行政法院應以裁定將該事件移送於訴願管轄機關，並以行政法院收受訴狀之時，視為提起訴願。」

31 **(D)**。(A)(B)(C)之訴訟型態分別規定在行政訴訟法第4、5、8條。

32 **(B)**。行政訴訟法第6條第3項：「確認訴訟，於原告得提起或可得提起撤銷訴訟、課予義務訴訟或一般給付訴訟者，不得提起之。但確認行政處分無效之訴訟，不在此限。」第7條：「提起行政訴訟，得於同一程序中，合併請求損害賠償或其他財產上給付。」

33 **(B)**。訴願法第9條：「直轄市政府、縣（市）政府或其所屬機關及鄉（鎮、市）公所依法辦理上級政府或其所屬機關委辦事件所為之行政處分，為受委辦機關之行政處分，其訴願之管轄，比照第四條之規定，向受委辦機關之直接上級機關提起訴願。」

34 **(A)**。行政訴訟法第25條：「人民與受委託行使公權力之團體或個人，因受託事件涉訟者，以受託之團體或個人為被告。」

35 (C)。訴願法（下同）第8條：「有隸屬關係之下級機關依法辦理上級機關委任事件所為之行政處分，為受委任機關之行政處分，其訴願之管轄，比照第四條之規定，向受委任機關或其直接上級機關提起訴願。」
第10條：「依法受中央或地方機關委託行使公權力之團體或個人，以其團體或個人名義所為之行政處分，其訴願之管轄，向原委託機關提起訴願。」
第14條第1項：「訴願之提起，應自行政處分達到或公告期滿之次日起三十日內為之。」

36 (A)。訴願法第4條第1款：「不服鄉（鎮、市）公所之行政處分者，向縣（市）政府提起訴願。」

37 (D)。行政訴訟法第306條第1項：「地方法院行政訴訟庭為辦理行政訴訟強制執行事務，得囑託民事執行處或行政機關代為執行。」

38 (B)。(A)行政訴訟法（下同）第98條第2項：「起訴，按件徵收裁判費新臺幣四千元。適用簡易訴訟程序之事件，徵收裁判費新臺幣二千元。」(B)第229條第1項：「適用簡易訴訟程序之事件，以地方法院行政訴訟庭為第一審管轄法院。下列各款行政訴訟事件，除本法別有規定外，適用本章所定之簡易程序：……其他關於公法上財產關係之訴訟，其標的之金額或價額在新臺幣四十萬元以下者。」(C)第231條第1項：「起訴及其他期日外之聲明或陳述，概得以言詞為之。」(D)第235條第1項：「對於簡易訴訟程序之裁判不服者，除本法別有規定外，得上訴或抗告於管轄之高等行政法院。」

39 (B)。(A)國家賠償法（下同）第2條第3項參照。(B)第13條：「有審判或追訴職務之公務員，因執行職務侵害人民自由或權利，就其參與審判或追訴案件犯職務上之罪，經判決有罪確定者，適用本法規定。」(C)第10條參照。

40 (D)。A地方政府於辦理道路改善工程時，未經徵收程序，即將A之土地新開闢為道路之一部，並已完工驗收開放使用，對A而言顯然已屬不可回復原狀之損害，此時A應逕循國家賠償法請求國家賠償。

第二回

(　　) **1** 以下所述，何者不正確？　(A)無論行政處分違法或不當，其相對人均可提起撤銷訴訟　(B)不當但未違法的行政處分僅能提起訴願　(C)受行政處分之法人、非法人團體、公法人均得提起訴願　(D)下級行政機關不得針對其所屬上級機關之指示而提起訴願。

( ) 2 關於訴願提起之要件何者有誤？ (A)訴願主體只能為人民 (B)公法人亦得提起訴願 (C)行政機關例外情形得作為訴願人 (D)須為違法或不當之行政處分或違反作為義務之消極行為。

( ) 3 下列關於我國行政訴訟制度之敘述，何者錯誤？ (A)我國現制採取司法二元主義，故舉凡所有公法事件皆由行政法院所管轄 (B)行政訴訟法採三級二審制，故地方法院行政訴訟庭也因而得以審理行政訴訟案件 (C)行政訴訟不同於訴願制度，行政法院得審理範圍僅得就行政處分之合法性進行審理 (D)現行撤銷訴訟制度雖仍然維持訴願前置主義，惟同時允許未經訴願逕行提起訴訟之例外情形。

( ) 4 關於我國國家賠償制度，下列敘述何者錯誤？ (A)以公務員之違法有責行為為要件 (B)國家對於故意或重大過失之公務員有求償權 (C)公有公共設施因設置或管理有欠缺，致人民受有損害時，國家不得主張已善盡防止損害發生之注意而免責 (D)市政府工務局進行柏油鋪設工程，因未確實設置警告標誌，致市民甲騎機車路過時摔傷。甲依法請求國家賠償，賠償義務應由市政府與包商共同承擔。

( ) 5 下列事件之行政救濟，何者必須先經過訴願程序？ (A)公務人員之免職事件 (B)政府採購爭議事件 (C)交通裁決事件 (D)稅捐稽徵事件。

( ) 6 請求國家賠償之訴訟，除依國家賠償法規定外，應適用下列何項法律之規定？ (A)行政罰法 (B)民事訴訟法 (C)行政程序法 (D)行政執行法。

( ) 7 《司法院大法官釋字第382號解釋》稱「如學生所受處分係為維持學校秩序、實現教育目的所必要，且未侵害其受教育之權利者（例如記過、申誡等處分），除循學校內部申訴途徑謀求救濟外，尚無許其提起行政爭訟之餘地。」然若學生所受者為退學或類此之處分，則另許其提起訴願及行政訴訟；請問，學生於依法提起行政訴訟前，應先如何踐行下列程序？ (A)依法申訴或訴願（擇一） (B)同時依法申訴並訴願（併行） (C)依法申訴後再提訴願（先後） (D)依法訴願後再提申訴（先後）。

(　　) **8** 訴願程序依訴願法之規定：　(A)採言詞審理為原則　(B)得以言詞提起，毋須書面　(C)得主動到場陳述意見　(D)必要時得進行言詞辯論。

(　　) **9** 有關訴願之提起，依訴願法第14條之規定，下列敘述何者正確？(A)以訴願書上記載之日期為準　(B)以原處分機關或受理訴願機關收受訴願書之日期為準　(C)以受理訴願機關承辦人收受訴願書之日期為準　(D)以訴願書交郵當日之郵戳為準。

(　　) **10** 依訴願法第79條第3項規定，訴願事件涉及地方自治團體之地方自治事務者，其受理訴願之上級機關應如何處理？　(A)仍得全面審查(B)僅就原處分之合法性加以審查　(C)僅就原處分之妥當性加以審查　(D)不得加以審查。

(　　) **11** 下列何者不是訴願法中規定可再審之事由？　(A)適用法規顯有錯誤者　(B)決定機關之組織不合法者　(C)決定理由不充分者　(D)依法令應迴避之委員參與決定者。

(　　) **12** 下列有關行政處分之直接相對人民提起撤銷訴訟要件之敘述，何者錯誤？　(A)須有行政處分存在而未消滅　(B)須依訴願法提起訴願而不服其決定　(C)主張行政處分違法　(D)經訴願程序後，直接向最高行政法院提起訴訟。

(　　) **13** 依據訴願法之規定，下列敘述何者錯誤？　(A)機關辦理受託事件所為之行政處分，視為受委託機關之行政處分　(B)有隸屬關係之下級機關依法辦理上級機關委任事件所為之行政處分，為受委任機關之行政處分　(C)地方政府依法辦理上級政府或其所屬機關委辦事件所為之行政處分，為受委辦機關之行政處分　(D)依法受中央或地方機關委託行使公權力之團體或個人所為之行政處分，為受委託團體或個人之行政處分。

(　　) **14** 關於行政機關作業期間之規定，下列敘述何者錯誤？　(A)如無特別規定，原則上為行政程序法規定之2個月　(B)訴願法並無作業期間之特別規定，故訴願機關之作業期間，原則上為2個月　(C)依政府資訊公開法規定申請資訊提供時，機關之作業期間，原則上為15日(D)依檔案法規定申請檔案公開時，機關之作業期間，原則上為30日。

( ) **15** 訴願法關於作成情況決定之規定，下列敘述何者錯誤？ (A)情況決定適用於課予義務訴願 (B)須原行政處分為違法或不當 (C)須原行政處分之撤銷或變更於公益有重大損害 (D)受理訴願機關得駁回訴願。

( ) **16** 依訴願法之規定，下列有關共同訴願之敘述，何者錯誤？ (A)共同訴願，得對不同機關管轄之事件提起 (B)共同訴願，得選定其中1人至3人為代表人 (C)共同訴願，經選定代表人者，非經全體訴願人書面同意，代表人不得撤回 (D)共同訴願，代表人有2人以上者，均得單獨代表共同訴願人為訴願行為。

( ) **17** 依訴願法規定之情況決定制度，受理訴願機關發現原行政處分違法卻不撤銷而予以訴願駁回，其主要考量之法律原則為何？ (A)比例原則 (B)平等原則 (C)信賴保護原則 (D)公益原則。

( ) **18** 訴願法有關管轄之規定，下列敘述何者錯誤？ (A)不服縣政府所屬各級機關之行政處分者，向縣政府提起訴願 (B)對於二以上不同隸屬之機關共為之行政處分，應向其共同之上級機關提起訴願 (C)不服中央各院之行政處分者，向原院提起訴願 (D)依法受地方機關委託行使公權力之團體，以其團體名義所為之行政處分，向原委託機關之上級機關提起訴願。

( ) **19** 依訴願法規定，受理訴願機關對於訴願案件，不得為下列何種決定？ (A)於訴願人表示不服之範圍內，得為更不利益之變更或處分 (B)以決定撤銷原行政處分之全部或一部 (C)以決定撤銷原行政處分之全部或一部，並得視事件之情節，逕為變更之決定 (D)以決定撤銷原行政處分之全部或一部，並得視事件之情節，發回原行政處分機關另為處分。

( ) **20** 下列何者不得依法提起訴願？ (A)人民之申請案件，經主管機關逾法定期間，亦未依法展延決定期間，仍未為准駁之決定 (B)地方政府為辦理活動，徵用民間車輛，而車輛所有人認為該徵用不符法律規定 (C)民間拖吊業者與市府簽約代為執行違規停車之車輛拖吊工作，市府於契約期滿前提出終止，但補償額度不能讓拖吊業者滿意 (D)各級地方自治團體對上級監督機關所為之行政處分。

(　　) **21** 高雄市某化學工廠排放有毒氣體，遭高雄市政府環境保護局查獲後罰款3萬元。工廠負責人不服該行政處分，依法得向何機關提起訴願？　(A)高雄市政府　(B)高雄高等行政法院　(C)高雄地方法院　(D)行政院環境保護署。

(　　) **22** 依現行行政訴訟法之規定，下列何種行政訴訟，非以原告住所地、居所地、所在地或違規行為地之地方法院行政訴訟庭為第一審管轄法院：　(A)關於公務員職務關係之訴訟　(B)關於公法上保險事件之訴訟　(C)關於交通裁決事件之訴訟　(D)關於因不動產徵收、徵用或撥用之訴訟。

(　　) **23** 依行政訴訟法第293條以下關於「假扣押」之規定，下列敘述何者正確？　(A)假扣押裁定因自始不當而撤銷者，行政法院應賠償債務人因假扣押或供擔保所受之損害　(B)假扣押裁定後，尚未提起給付之訴者，視為起訴　(C)假扣押之聲請，由最高行政法院管轄　(D)為保全未到履行期之公法上金錢給付之強制執行，得聲請假扣押。

(　　) **24** 一般而言，確認公法上法律關係成立或不成立之訴訟，具何種訴訟之補充性質？　(A)撤銷訴訟　(B)課予義務訴訟　(C)維護公益訴訟　(D)撤銷、課予義務或一般給付訴訟。

(　　) **25** 假設人民因違反地政法規而為地政機關依法處罰鍰新臺幣六萬元，人民對此不服而提起訴願仍未獲變更，則該人應如何進行後續權利救濟程序？　(A)向地方法院行政訴訟庭提起撤銷訴訟　(B)向地方法院提起民事訴訟　(C)向高等行政法院提起撤銷訴訟　(D)向高等行政法院提起確認公法法律關係不成立之訴。

(　　) **26** 下列有關訴願與行政訴訟比較之敘述，何者錯誤？　(A)均為解決公法上之爭議　(B)均採言詞辯論程序　(C)原則上均採職權進行主義　(D)均有禁止不利益變更之限制。

(　　) **27** 下列那一種行政訴訟類型之判決，始有行政執行之可能性？　(A)確認行政處分無效訴訟　(B)給付訴訟　(C)撤銷訴訟確認公法關係不成立訴訟　(D)選舉罷免訴訟。

(　　) **28** 各級地方自治團體或其他公法人對上級監督機關之行政處分，認為違法或不當，致損害其權利或利益者，得如何救濟？ (A)得提起民事訴訟 (B)得提起刑事訴訟 (C)得提起訴願 (D)得向行政院聲請調解。

(　　) **29** 對於下列行政行為，何者不得提起訴願？ (A)中央或地方機關之違法或不當行政處分 (B)中央或地方機關對人民依法申請之案件，於法定期間內應作為而不作為 (C)地方自治上級監督機關對地方自治團體或其他公法人所為之違法或不當行政處分 (D)已經原行政處分機關職權撤銷而不存在之行政處分。

(　　) **30** 下列何種類型之行政訴訟，原則上採取訴願前置主義？ (A)請求命行政機關作成特定內容之行政處分之訴訟 (B)請求命當事人依行政契約內容履行義務之訴訟 (C)請求確認公法上法律關係成立之訴訟 (D)請求確認已消滅之行政處分違法之訴訟。

(　　) **31** 下列何者涉及之公法爭議，人民依法得向行政法院提起行政訴訟？ (A)對於特定法律條文內容認為有違憲之虞 (B)對於中央行政機關作成之解釋性行政規則認為有違憲之虞 (C)對於公務員保險金給付請求不足之給付 (D)依勞動基準法向雇主請求退休給付。

(　　) **32** 公務員怠於執行職務國家賠償責任之成立，不以下列何者為必要條件？ (A)被害人對於公務員應為職務行為有公法上之請求權 (B)被害人之損害與公務員怠於執行職務有相當因果關係 (C)公務員故意或過失怠於執行職務 (D)公務員依法有執行該職務之義務。

(　　) **33** 公法上爭議，除法律別有規定者外，得提起： (A)行政訴訟 (B)民事訴訟 (C)刑事訴訟 (D)憲法訴訟。

(　　) **34** 下列對行政訴訟特性之描述，何者錯誤？ (A)行政訴訟只針對具體公法上爭議為裁判，而尚未具體適用之抽象法規並非其標的 (B)行政訴訟為尊重行政機關之監督機制，對各種行政訴訟均採訴願前置程序 (C)行政訴訟程序之進行，在判決確定之前，以不影響行政處分之執行為原則 (D)行政訴訟如對第三人必須合一確定者，行政法院應強制該第三人參加訴訟。

(　　) **35** 下列那一種行政訴訟類型，並無假處分之適用？　(A)課予義務訴訟　(B)一般給付訴訟　(C)撤銷訴訟　(D)確認公法上法律關係成立或不成立之訴訟。

(　　) **36** 依我國行政訴訟法規定，下列何種行政訴訟不得提起反訴？　(A)撤銷訴訟　(B)公法上金錢給付訴訟　(C)確認訴訟　(D)一般給付訴訟。

(　　) **37** 因不動產之公法上權利或法律關係涉訟者，應由何法院管轄？　(A)被告之住所地行政法院　(B)被告之住所地行政法院和不動產所在地之行政法院皆有管轄權　(C)被告之住所地法院、居所地法院和不動產所在地之行政法院皆有管轄權　(D)專屬不動產所在地之行政法院管轄。

(　　) **38** 所謂「國家賠償責任」者，其實就是國家或其他公法人向人民所負之何種責任？　(A)公法上之契約責任　(B)公法上無因管理之責任　(C)公法上侵權行為之責任　(D)公法上不當得利之責任。

(　　) **39** 有關行政機關不作為的國家賠償責任之概念，請依司法院大法官釋字469號解釋，判斷下列何者為正確？

(A)法律對主管機關應執行職務行使公權力之事項規定明確，該管機關公務員對可得特定之人所負作為義務已無不作為之裁量餘地，猶因故意或過失怠於執行職務，致特定人之自由或權利遭受損害，被害人得向國家請求損害賠償

(B)法律規定之內容僅屬授予國家機關推行公共事務之權限，公務員違反此種法律之規定，即應負國家賠償責任

(C)受損害之人民，如果沒有事先請求公務員作為，無國家賠償責任問題

(D)公務員怠於執行職務，係以被害人對於公務員為特定職務行為，有公法上請求權存在，經請求其執行而怠於執行者為限。

(　　) **40** 對於公法人之行政訴訟，應由何行政法院管轄？　(A)以最高行政法院為第一審管轄法院　(B)由其公務所所在地之行政法院管轄　(C)由公法人內之行政法院管轄　(D)僅得由原告住所地之行政法院管轄。

解答與解析　（答案標示為#者，表官方曾公告更正該題答案。）

1 (A)。參行政訴訟法第4條第1項，撤銷訴訟標的以違法行政處分為限，撤銷訴院始得以不當之行政處分為其標的。

2 (A)。參訴願法第1條第2項：「各級地方自治團體或其他公法人對上級監督機關之行政處分，認為違法或不當，致損害其權利或利益者，亦同。」

3 (A)。我國亦兼由普通法院管轄公法事件之制度，如國家賠償、選舉等公法事件即由普通法院管轄。

4 (D)。國家賠償法第3條第1項：「公共設施因設置或管理有欠缺，致人民生命、身體、人身自由或財產受損害者，國家應負損害賠償責任。」故市政府工務局進行柏油鋪設工程，因未確實設置警告標誌，致市民甲騎機車路過時摔傷。甲依法請求國家賠償，賠償義務應由市政府承擔，不包含包商。

5 (D)。(A)公務人員之免職事件應依公務員保障法第25條提起復審，不服復審之決定免經訴願，得逕提行政訴訟。(B)政府採購爭議事件，依政府採購法第74、76條提出異議、申訴，且不必經由訴願，得提起行政訴訟。(C)交通裁決事件，依行政訴訟法第237-3條第1項：「交通裁決事件訴訟之提起，應以原處分機關為被告，逕向管轄之地方法院行政訴訟庭為之。」(D)稅捐稽徵事件，依稅捐稽徵法第38條第1項：「納稅義務人對稅捐稽徵機關之復查決定如有不服，得依法提起訴願及行政訴訟。」

6 (B)。國家賠償法第12條：「損害賠償之訴，除依本法規定外，適用民事訴訟法之規定。」

7 (C)。司法院釋字第382號解釋（節錄）：各級學校依有關學籍規則或懲處規定，對學生所為退學或類此之處分行為，足以改變其學生身分並損及其受教育之機會，自屬對人民憲法上受教育之權利有重大影響，此種處分行為應為訴願法及行政訴訟法上之行政處分。受處分之學生於用盡校內申訴途徑，未獲救濟者，自得依法提起訴願及行政訴訟。

8 (D)。訴願法第65條：「受理訴願機關應依訴願人、參加人之申請或於必要時，得依職權通知訴願人、參加人或其代表人、訴願代理人、輔佐人及原行政處分機關派員於指定期日到達指定處所言詞辯論。」

9 (B)。訴願法第14條第3項：「訴願之提起，以原行政處分機關或受理訴願機關收受訴願書之日期為準。」

10 (B)。訴願法第79條第3項：「訴願事件涉及地方自治團體之地方自治事務者，其受理訴願之上級機關僅就原行政處分之合法性進行審查決定。」

11 (C)。訴願法第97條第1項：「於有左列各款情形之一者，訴願人、參加人或其他利害關係人得對於確定訴願決定，向原訴願決定機關申請再審。但訴願人、參加人或其他利害關係人已依行政訴訟主張其事由或知其事由而不為主張者，不在此限：一、適用法規顯有錯誤者。二、決定理由與主文顯有矛盾者。三、決定機關之組織不合法者。四、依法令應迴避之委員參與決定者。五、參與決定之委員關於該訴願違背職務，犯刑事上之罪者。六、訴願之代理人，關於該訴願有刑事上應罰之行為，影響於決定者。七、為決定基礎之證物，係偽造或變造者。八、證人、鑑定人或通譯就為決定基礎之證言、鑑定為虛偽陳述者。九、為決定基礎之民事、刑事或行政訴訟判決或行政處分已變更者。十、發見未經斟酌之證物或得使用該證物者。」

12 (D)。行政訴訟法第4條第1項：「人民因中央或地方機關之違法行政處分，認為損害其權利或法律上之利益，經依訴願法提起訴願而不服其決定，或提起訴願逾三個月不為決定，或延長訴願決定期間逾二個月不為決定者，得向行政法院提起撤銷訴訟。」而行政訴訟之一般程序係以高等行政法院為第一審。

13 (A)。訴願法第7條：「無隸屬關係之機關辦理受託事件所為之行政處分，視為委託機關之行政處分，其訴願之管轄，比照第四條之規定，向原委託機關或其直接上級機關提起訴願。」

14 (B)。(A)行政程序法第51條參照。(B)訴願法第85條第1項：「訴願之決定，自收受訴願書之次日起，應於三個月內為之；必要時，得予延長，並通知訴願人及參加人。延長以一次為限，最長不得逾二個月。」(C)政府資訊公開法第12條參照。(D)檔案法第19條參照。

15 (A)。訴願法第83條：「受理訴願機關發現原行政處分雖屬違法或不當，但其撤銷或變更於公益有重大損害，經斟酌訴願人所受損害、賠償程度、防止方法及其他一切情事，認原行政處分之撤銷或變更顯與公益相違背時，得駁回其訴願。前項情形，應於決定主文中載明原行政處分違法或不當。」故情決定應以有違法或不當之行政處分存在為前提，不適用於課予義務訴願。

16 (A)。訴願法第21條：「二人以上得對於同一原因事實之行政處分，共同提起訴願。前項訴願之提起，以同一機關管轄者為限。」

17 (D)。情況決定係基於公益目的，而使違法或不當之行政處分繼續存在。

18 (D)。(A)訴願法（下同）第4條第2款：「不服縣（市）政府所屬各級機關之行政處分者，向縣（市）政府提起訴願。」(B)第6條：「對於二以上不同隸屬或不同層級之機關共為之行政處分，應向其共同之上級機關提起訴願。」(C)第4條第8款：「不服中央各院之行政處分者，向原院提起訴願。」(D)第10條：「依法受中央或地方機關委託行使公權力之團體或個人，以其團體或個人名義所為之行政處分，其訴願之管轄，向原委託機關提起訴願。」

19 **(A)**。訴願法第81條：「訴願有理由者，受理訴願機關應以決定撤銷原行政處分之全部或一部，並得視事件之情節，逕為變更之決定或發回原行政處分機關另為處分。但於訴願人表示不服之範圍內，不得為更不利益之變更或處分。前項訴願決定撤銷原行政處分，發回原行政處分機關另為處分時，應指定相當期間命其為之。」

20 **(C)**。訴願之標的為行政處分，民間拖吊業者與市府簽約代為執行違規停車之車輛拖吊工作，為行政契約關係，應循一般給付訴訟解決補償額度爭議。

21 **(A)**。訴願法第4條：「訴願之管轄如左：一、不服鄉（鎮、市）公所之行政處分者，向縣（市）政府提起訴願。二、不服縣（市）政府所屬各級機關之行政處分者，向縣（市）政府提起訴願。三、不服縣（市）政府之行政處分者，向中央主管部、會、行、處、局、署提起訴願。四、不服直轄市政府所屬各級機關之行政處分者，向直轄市政府提起訴願。五、不服直轄市政府之行政處分者，向中央主管部、會、行、處、局、署提起訴願。六、不服中央各部、會、行、處、局、署所屬機關之行政處分者，向各部、會、行、處、局、署提起訴願。七、不服中央各部、會、行、處、局、署之行政處分者，向主管院提起訴願。八、不服中央各院之行政處分者，向原院提起訴願。」故對於高雄市政府環境保護局所作之處分不符，依法得向高雄市政府提起訴願。

22 **(D)**。行政訴訟法第15條第1項：「因不動產徵收、徵用或撥用之訴訟，專屬不動產所在地之行政法院管轄。」

23 **(D)**。(A)行政訴訟法（下同）第296條第1項：「假扣押裁定因自始不當而撤銷，或因前條及民事訴訟法第五百三十條第三項之規定而撤銷者，債權人應賠償債務人因假扣押或供擔保所受之損害。」(B)第295條：「假扣押裁定後，尚未提起給付之訴者，應於裁定送達後十日內提起；逾期未起訴者，行政法院應依聲請撤銷假扣押裁定。」(C)第294條第1項：「假扣押之聲請，由管轄本案之行政法院或假扣押標的所在地之地方法院行政訴訟庭管轄。」(D)第293條：「為保全公法上金錢給付之強制執行，得聲請假扣押。前項聲請，就未到履行期之給付，亦得為之。」

24 **(D)**。確認公法上法律關係成立或不成立之乃確認訴訟，用以作為撤銷、課予義務或一般給付訴訟之補充，亦即非不得提起撤銷、課予義務或一般給付訴訟時，不得提起確認訴訟。

25 **(A)**。參行政訴訟法第299條，足知應先向地方法院行政訴訟庭提起行政訴訟，請求撤銷罰鍰處分。

26 **(B)**。參訴願法第63條、第65條等規定，可之訴願原則採書面審理，例外於必要時，始行言詞辯論。

27 **(B)**。給付判決始有執行可能，確認、撤銷訴訟並無執行力可言，一經判決即生確認或撤銷之效力。

28 **(C)**。訴願法第1條參照。

29 **(D)**。訴願法第77條：「訴願事件有左列各款情形之一者，應為不受理之決定：一、訴願書不合法定程式不能補正或經通知補正逾期不補正者。二、提起訴願逾法定期間或未於第五十七條但書所定期間內補送訴願書者。三、訴願人不符合第十八條之規定者。四、訴願人無訴願能力而未由法定代理人代為訴願行為，經通知補正逾期不補正者。五、地方自治團體、法人、非法人之團體，未由代表人或管理人為訴願行為，經通知補正逾期不補正者。六、行政處分已不存在者。七、對已決定或已撤回之訴願事件重行提起訴願者。八、對於非行政處分或其他依法不屬訴願救濟範圍內之事項提起訴願者。」

30 **(A)**。選項(B)(C)(D)皆得逕行提起行政訴訟。

31 **(C)**。(A)應循訴訟及聲請大法官釋憲之方式為之。(B)解釋性行政規則原則上不具對外效力，惟若具有間接對外效力，仍應循選項(A)。之方式為之。(D)應循民事法院提起民事訴訟救濟。

32 **(A)**。參國家賠償法第2條第2項，及司法院釋字第469號解釋理由書（節錄）：凡公務員職務上之行為符合：行使公權力、有故意或過失、行為違法、特定人自由或權利所受損害與違法行為間具相當因果關係之要件，而非純屬天然災害或其他不可抗力所致者，被害人即得分就積極作為或消極不作為，依上開法條前段或後段請求國家賠償，該條規定之意旨甚為明顯，並不以被害人對於公務員怠於執行之職務行為有公法上請求權存在，經請求其執行而怠於執行為必要。

33 **(A)**。行政訴訟法第2條參照。

34 **(B)**。訴願前置並非必須，如最高行政法院107年4月份庭長法官聯席會議決議即指出，依行政執行法第9條聲明異議，不服者得逕行提起行政訴訟，毋庸經過訴願。

35 **(C)**。參行政訴訟法第298條，因撤銷訴訟之目的在於這消違法之行政處分，故並無假處分之適用餘地。

36 **(A)**。行政訴訴法第1112條第1項：「被告於言詞辯論終結前，得在本訴繫屬之行政法院提起反訴。但對於撤銷訴訟及課予義務訴訟，不得提起反訴。」

37 **(B)**。行政訴訟法第15條參照。

38 **(C)**。國家賠償責任係基於國家之事實行為侵害人民權利所生，顧自非基於法律關係所生之契約責任。又該侵害人民權利之行為本質上即為侵權行為。

39 **(A)**。參司法院釋字第469號解釋理由書（節錄）：國家賠償法第二條第二項規定：「公務員於執行職務行使公權力時，因故意或過失不法侵害人民自由或權利者，國家應負損害賠償責任。公務員怠於執行職務，致人民自由或權利遭受損害者亦同」，凡公務員職務上之行為符合：行使公權力、有故意或過失、行為違法、特定人自由或權利所受損害與違法行為間具相當因果關係之要件，而非純屬天然災害或其他不可抗力所致者，被害人即得分就積極作為或消極不作為，依上開法條前段或後段請求國家賠償，該條規定之意旨甚為明顯，並不以被害人對於公務員怠於執行之職務行為有公法上請求權存在，經請求其執行而怠於執行為必要。惟法律之種類繁多，其規範之目的亦各有不同，有僅屬賦予主管機關推行公共事務之權限者，亦有賦予主管機關作為或不作為之裁量權限者，對於上述各類法律之規定，該管機關之公務員縱有怠於執行職務之行為，或尚難認為人民之權利因而遭受直接之損害，或性質上仍屬適當與否之行政裁量問題，既未達違法之程度，亦無在個別事件中因各種情況之考量，例如：斟酌人民權益所受侵害之危險迫切程度、公務員對於損害之發生是否可得預見、侵害之防止是否須仰賴公權力之行使始可達成目的而非個人之努力可能避免等因素，已致無可裁量之情事者，自無成立國家賠償之餘地。倘法律規範之目的係為保障人民生命、身體及財產等法益，且對主管機關應執行職務行使公權力之事項規定明確，該管機關公務員依此規定對可得特定之人負有作為義務已無不作為之裁量空間，猶因故意或過失怠於執行職務或拒不為職務上應為之行為，致特定人之自由或權利遭受損害，被害人自得向國家請求損害賠償。至前開法律規範保障目的之探求，應就具體個案而定，如法律明確規定特定人得享有權利，或對符合法定條件而可得特定之人，授予向行政主體或國家機關為一定作為之請求權者，其規範目的在於保障個人權益，固無疑義；如法律雖係為公共利益或一般國民福祉而設之規定，但就法律之整體結構、適用對象、所欲產生之規範效果及社會發展因素等綜合判斷，可得知亦有保障特定人之意旨時，則個人主張其權益因公務員怠於執行職務而受損害者，即應許其依法請求救濟。

40 **(B)**。行政訴訟法第13條參照。

第三回

(　　) **1** 下列有關訴願期日與期間之敘述，何者正確？　(A)訴願之提起，應自行政處分達到或公告期滿之次日起3個月內為之　(B)利害關係人提起訴願者，自行政處分達到或公告期滿後，已逾1年者，不得提起

(C)訴願人因天災或其他不應歸責於己之事由，致遲誤訴願期間者，於其原因消滅後30日內，得以書面敘明理由，向受理訴願機關申請回復原狀　(D)期間之計算，除法律另有規定外，依民法之規定。

(　　) **2** 依訴願法規定，行政處分之執行，除法律另有規定外，不因提起訴願而停止，但受理訴願機關或原行政處分機關得依職權或依聲請，就原處分之全部或一部，停止執行。行政法院亦得依聲請，停止執行。此乃基於憲法上人民訴訟權應予以有效保障所衍生出的何種制度？　(A)暫時性權利保護　(B)當事人進行主義　(C)職權主義　(D)不利益變更之禁止。

(　　) **3** 依據訴願法第13條規定，原行政處分機關之認定基準為何？　(A)由上級機關認定　(B)以受處分人民主觀上意思為準　(C)以實施行政處分時之名義為準　(D)由訴願審議委員會決定。

(　　) **4** 對於行政機關的何種行為不得依訴願法提起訴願？　(A)行政處分　(B)公物的設定行為　(C)行政契約　(D)公物之設定或變更。

(　　) **5** 依訴願法第28條第2項之規定，訴願決定因撤銷或變更原處分，足以影響第三人權益者，受理訴願機關應如何處理？　(A)通知其參加訴願　(B)通知其共同訴願　(C)告知其得提起訴願　(D)告知其得逕行提起行政訴訟。

(　　) **6** 下列有關訴願與陳情及請願之敘述，何者錯誤？　(A)訴願係依訴願法所定程序為之，屬形式化之行政救濟；陳情與請願為非形式化行政救濟，但有次數之限制　(B)請願之性質介於訴願與陳情之間，人民依法應提起訴願之事項，不得請願；然得陳情之事項，不得提起訴願　(C)請願除向主管機關為之外，尚得向民意機關為之；訴願原則上則不得向民意機關提起之　(D)訴願與請願為要式行為，而陳情則為非要式行為。

(　　) **7** 關於確認行政處分無效訴訟，下列敘述何者最正確？　(A)已向原處分機關請求確認其無效未被允許，即得提起之　(B)須經依訴願法提起訴願而不服其決定，始得提起之　(C)須已提起撤銷訴訟，遭駁回確定者，始得提起之　(D)以各地方法院為第一審管轄法院。

( ) **8** 依訴願法之規定，下列關於送達之敘述，何者正確？ (A)對於無訴願能力人為送達者，應向其全體法定代理人為之，若其中有應為送達處所不明者，得僅向其餘法定代理人為之 (B)送達，除別有規定外，依訴願人之聲請為之 (C)訴願人有委任代理人，而代理人受送達之權限未受限制者，除受理訴願機關認為有向本人送達之必要外，應向該代理人為之 (D)對於無訴願能力人為送達者，應向其法定代理人為之；未經陳明法定代理人者，應定期命其補正法定代理人。

( ) **9** A公司於臺北市小巨蛋舉辦歌唱比賽，使用擴音設施超過噪音管制標準，臺北市政府乃派員前往稽查，於現場依噪音管制法第24條第1項開立書面改善通知，命A公司於10分鐘內改善，A公司因逾限仍未改善，臺北市政府除開立罰單外，並每10分鐘通知A公司改善，且按次開立罰單。A公司不服，得如何救濟？ (A)依行政執行法聲明異議 (B)依訴願法提起訴願；不服決定者，再行提起行政訴訟 (C)依行政執行法聲明異議後，不服決定者，再行提起訴願、行政訴訟 (D)向行政法院提起確認已執行完畢行政處分違法之訴訟。

( ) **10** 依訴願法第93條第1項規定：「原行政處分之執行，除法律另有規定外，不因提起訴願而停止。」下列敘述，何者正確？ (A)迄今仍無相關立法規定可停止原處分，應增加立法以確保受處分之權益 (B)受理訴願機關才有權限可以依職權或依申請停止執行原處分，原行政處分機關則不可以 (C)行政法院亦得依聲請，停止執行 (D)訴願人如分別向受理訴願機關與原處分機關申請停止執行，則應以原處分機關之決定為準，俾利其自我審查。

( ) **11** 依據我國行政訴訟法之規定，下列提起行政訴訟之情形，何者有誤？ (A)對於無效確認訴訟得向高等行政法院提起 (B)不服撤銷違法處分而提起訴願之決定，得向高等行政法院提起訴訟 (C)經依訴願法提起訴願逾三個月不為決定，得向高等行政法院提起訴訟 (D)經延長訴願決定期間最長逾三個月不為決定者，得向高等行政法院提起訴訟。

( ) **12** 依訴願法第7條規定：無隸屬關係之機關辦理受託事件所為之行政處分，應視同委託機關之行政處分。故人民如對該行政處分不服而提起訴願，應向何機關提起訴願？　(A)受委託機關　(B)受委託機關之直接上級機關　(C)原委託機關或其直接上級機關　(D)立場公正之其他機關。

(　　) **13** 因行政機關有過失的錯誤行政指導致權利受損，有何種救濟途徑？(A)依國家賠償法請求賠償　(B)依民法請求賠償　(C)不得請求賠償　(D)依訴願法請求賠償。

(　　) **14** 依現行訴願法規定，提起訴願，應繕具訴願書，循何程序提起？(A)直接向原處分機關提起　(B)經由原行政處分機關向訴願管轄機關提起　(C)直接向訴願管轄機關提起　(D)經由訴願管轄機關向原行政處分機關提起。

(　　) **15** 依訴願法第1條規定請求撤銷處分之訴願有理由時，不得為下列何種處置？　(A)受理訴願機關撤銷原處分之全部或一部分　(B)受理訴願機關逕為變更之決定或發回原處分機關另為處分　(C)變更原處分或另為處分時，於訴願人不服之範圍內，不得為更不利之變更　(D)受理訴願機關指定相當期間命應作為機關速為一定之處分。

(　　) **16** 依訴願法之規定，訴願決定確定後，下列何者不受其拘束？　(A)訴願決定機關　(B)原處分機關　(C)受委託行使公權力之私人　(D)行政法院。

(　　) **17** 依現行訴願法規定，下列何者不得於期日偕同輔佐人到場進行訴願相關行為？　(A)訴願人　(B)參加人　(C)訴願代理人　(D)鑑定人。

(　　) **18** 訴願程序之前，特別法定有異議或類似之程序，若未經相關程序不得提起訴願，亦即所謂訴願之先行程序。下列何者非屬訴願之先行程序？　(A)稅捐稽徵法上之申請復查程序　(B)專利法之申請再審查程序　(C)教師法之申訴、再申訴程序　(D)海關緝私條例之異議程序。

(　　) **19** 依訴願法第56條規定，訴願書絕對應記載事項，不包括下列何者？(A)訴願人之身份證明檔案字號　(B)訴願代理人之身份證明檔案字號　(C)訴願之事實及理由　(D)法人為訴願人時，其代表人之身份證明檔案字號。

(　) **20** 依訴願法之規定，下列何者不能對於處分，提起訴願？ (A)受到人事主管機關處分之公務員 (B)受到教育主管機關處分之教師 (C)受到稅捐稽徵機關駁回復查決定之申請人 (D)受到地政機關駁回土地登記之申請人。

(　) **21** A市市民甲隔鄰之房屋，因風災而嚴重受損有傾倒之虞，甲據此請求A市政府命該屋主拆除，遭A市政府拒絕。試問甲得提起何種類型之行政訴訟？ (A)一般給付訴訟 (B)課予義務訴訟 (C)撤銷訴訟 (D)確認訴訟。

(　) **22** 行政法院對於提起撤銷訴訟，逾法定期限者，應如何處理？ (A)裁定駁回 (B)判決駁回 (C)諭知原告撤回訴訟 (D)將案件移送原訴願決定機關依訴願法規定之再審處理。

(　) **23** 依訴願法之規定，提起訴願已逾期，但原處分顯屬違法或不當者，則下列作法何者正確？ (A)僅能駁回訴願人之訴願 (B)僅不受理訴願人之訴願 (C)駁回訴願人之訴願，並依職權撤銷原處分 (D)不受理訴願人之訴願，並得依職權撤銷或變更原處分。

(　) **24** 依訴願法之規定，下列何種處分，受處分人不得據以提起訴願？ (A)環保機關對於違反廢棄物清理法所為之處罰 (B)交通主管機關對於違反道路交通管理處罰條例所為之處罰 (C)稅捐稽徵機關對於逃漏稅所為之處罰 (D)學生對於學校對其所為之退學處分。

(　) **25** 下列關於訴願法上之情況決定的敘述，何者錯誤？ (A)原處分違法 (B)撤銷或變更原處分於公益有重大損害 (C)經斟酌一切情事，撤銷或變更原處分顯與公益相違背 (D)應駁回訴願人之訴願，並於主文中載明原處分仍屬合法。

(　) **26** 依訴願法之規定，下列何者屬於訴願程序之停止原因？ (A)訴願決定以其他在訴訟或行政程序進行中之法律關係是否成立為準據，於該法律關係確定前 (B)訴願人死亡者 (C)訴願之法人合併者 (D)原行政處分所涉之權利或利益讓與他人者。

(　) **27** 各大學院校教師關於教師升等之評審，依司法院釋字第462號解釋，受評審之教師於依教師法或訴願法用盡救濟途徑後，仍有不服者，為保障其訴訟權，仍可循下列何途徑請求救濟？　(A)經與任職大學院校協議不成後，向民事法院提起民事訴訟　(B)向行政法院提起行政訴訟　(C)向司法院懲戒法院聲明異議　(D)向司法院大法官聲請統一解釋法令。

(　　) **28** 下列有關行政法上暫時性權利保護制度之敘述，何者錯誤？　(A)行政法院所為停止執行之裁定，不僅得停止系爭行政處分之執行，亦得停止行政處分之效力　(B)假處分之聲請，原則上由管轄本案之行政法院管轄　(C)若某案件同時符合停止執行與假處分之要件，當事人得擇一提出聲請　(D)依據訴願法規定，「原行政處分之合法性顯有疑義」本身即構成停止執行之原因。

(　　) **29** 對於訴願程序中所為程序上處置不服者，依訴願法規定，應如何處理？　(A)聲明異議　(B)再訴願　(C)併同訴願決定提起行政訴訟　(D)逕不遵守。

(　　) **30** 下列關於訴願程序中鑑定之敘述，何者正確？　(A)鑑定人由受理訴願機關指定之，但應得訴願人之同意　(B)鑑定人有數人者，應共同出具鑑定意見書　(C)鑑定人因行鑑定得請求受理訴願機關或原處分機關調查證據　(D)受理訴願機關認無鑑定之必要，而訴願人或參加人願自行負擔鑑定費用時，得向受理訴願機關請求准予交付鑑定。受理訴願機關非有正當理由不得拒絕。

(　　) **31** 行政處分相對人不服行政處分而提起訴願，訴願決定撤銷原處分，原處分之利害關係人不服該決定時，應如何救濟？　(A)針對訴願決定再提起訴願　(B)針對原處分再提起訴願　(C)不經訴願程序，向高等行政法院提起撤銷訴訟　(D)經訴願審理機關許可後，向高等行政法院提起撤銷訴訟。

(　　) **32** 有關交通裁決事件訴訟程序，下列敘述何者正確？　(A)得由原告住所地或違規行為地之地方法院行政訴訟庭管轄　(B)須先經訴願程序未獲救濟，始得提起　(C)交通裁決事件之裁判，應經言詞辯論為之　(D)每件徵收裁判費新臺幣1000元。

(　　) **33** 下列有關訴願與行政訴訟之敘述，何者錯誤？　(A)提起撤銷訴訟原則上應先經訴願程序　(B)提起課予義務訴訟原則上應先經訴願程序　(C)辦理行政訴訟之地方法院行政訴訟庭亦為行政法院　(D)提起行政訴訟，不得於同一程序中，合併請求損害賠償或其他財產上給付。

(　　) **34** 下列關於行政訴訟與民事訴訟之敘述，何者錯誤？　(A)行政訴訟與民事訴訟均徵收裁判費　(B)部分類型之行政訴訟須先經訴願程序，民事訴訟之提起原則上並無前置程序　(C)行政訴訟與民事訴訟皆設有和解制度　(D)行政訴訟與民事訴訟為便於法官發現真實，均採職權調查主義。

(　　) **35** 下列敘述何者錯誤？　(A)訴願程序屬行政權之行使　(B)行政訴訟屬司法權之行使　(C)訴願程序收取訴願費用　(D)行政訴訟程序收取訴訟費用。

(　　) **36** 下列有關訴願與行政訴訟關係的敘述，何者正確？　(A)針對行政機關與人民締結之行政契約可提起訴願，亦可提起行政訴訟　(B)訴願程序中可以審理行政處分的合法性與合目的性，但行政訴訟中僅可審理行政處分之合法性　(C)訴願與行政訴訟均屬司法救濟程序　(D)訴願與行政訴訟均有二級二審的程序。

(　　) **37** A公司經營廣播電視事業，於年度換照時，經國家通訊傳播委員會舉行聽證後，作成許可經營之處分，並附加附款規定：「A公司應成立倫理委員會，每三個月定期於網路上公布自律報告。」A公司不服該行政處分，認為不應附加附款，提起行政訴訟，臺北高等行政法院得為下列何項裁判？　(A)國家通訊傳播委員會既經准許營業，A公司提起訴訟，欠缺權利保護必要，應為程序不受理　(B)A公司提起訴訟，未經訴願程序，應裁定移送訴願管轄機關　(C)國家通訊傳播委員會所為附款，已生規制效果，應為實體審理　(D)國家通訊傳播委員會所為附款影響輕微，與行政處分有間，應為程序不受理。

(　　) **38** 訴願人如為法人，且因合併而消滅者，由何權利主體承受其訴願？　(A)訴願程序終止，無需承受訴願　(B)上級機關指定之　(C)該法人之負責人　(D)因合併而另立或合併後存續之法人。

(　　) **39** 下列關於徵收之敘述，何者錯誤？ (A)須以公共福祉為目的，且須予以補償 (B)須依法律以行政處分為之 (C)既成道路之所有權人對土地即使已無從自由使用收益，國家仍有徵收補償義務 (D)交通事業單位除交通建設所需之土地外，另徵收鄰近地區進行土地開發並不違憲。

(　　) **40** 依行政訴訟法，行政法院對於課予義務訴訟之裁判，下列敘述何者正確？ (A)原告之訴有理由，案件事證尚未臻明確者，行政法院得自行作成原告所申請內容之行政處分 (B)原告之訴有理由，案件事證尚未臻明確或涉及行政機關之行政裁量決定者，應以判決駁回之 (C)原告之訴有理由，且案件事證明確者，應判命行政機關作成原告所申請內容之行政處分 (D)原告之訴不合法者，應以判決駁回之。

解答與解析

（答案標示為#者，表官方曾公告更正該題答案。）

1 (D)。(A)訴願法（下同）第14條第1項：「訴願之提起，應自行政處分達到或公告期滿之次日起三十日內為之。」(B)第14條第2項：「利害關係人提起訴願者，前項期間自知悉時起算。但自行政處分達到或公告期滿後，已逾三年者，不得提起。」(C)第15條第1項：「訴願人因天災或其他不應歸責於己之事由，致遲誤前條之訴願期間者，於其原因消滅後十日內，得以書面敘明理由向受理訴願機關申請回復原狀。但遲誤訴願期間已逾一年者，不得為之。」(D)第17條：「期間之計算，除法律另有規定外，依民法之規定。」

2 (A)。訴願法之停止執行，係為避免人民權利產生重大或不可回復之損害，所為之暫時性措施，屬暫時性權利保護。

3 (C)。訴願法第13條：「原行政處分機關之認定，以實施行政處分時之名義為準。但上級機關本於法定職權所為之行政處分，交由下級機關執行者，以該上級機關為原行政處分機關。」

4 (C)。訴願法之標的為行政處分，(B)(D)為一般處分，屬行政處分之一種。行政契約不得為訴願之標的。

5 (A)。訴願法第28條第2項：「訴願決定因撤銷或變更原處分，足以影響第三人權益者，受理訴願機關應於作成訴願決定之前，通知其參加訴願程序，表示意見。」

6 (A)。有關陳情，參行政程序法第168到173條。請願可參照請願法之規定。陳情與請願原則上並無次數之限制。

7 (A)。行政訴訟法第6條第2項：「確認行政處分無效之訴訟，須已向原處分機關請求確認其無效未被允許，或經請求後於三十日內不為確答者，始得提起之。」

8 **(C)**。訴願法（下同）第43條：「送達除別有規定外，由受理訴願機關依職權為之。」
第44條：「對於無訴願能力人為送達者，應向其法定代理人為之；未經陳明法定代理人者，得向該無訴願能力人為送達。對於法人或非法人之團體為送達者，應向其代表人或管理人為之。法定代理人、代表人或管理人有二人以上者，送達得僅向其中一人為之。」
第46條：「訴願代理人除受送達之權限受有限制者外，送達應向該代理人為之。但受理訴願機關認為必要時，得送達於訴願人或參加人本人。」

9 **(B)**。命限期改善僅為觀念通知，至於按次開立罰單，屬於裁罰性不利處分，為行政處分之一種，故A得依訴願法提起訴願；不服決定者，再行提起行政訴訟。

10 **(C)**。參訴願法第93條：「原行政處分之執行，除法律另有規定外，不因提起訴願而停止。原行政處分之合法性顯有疑義者，或原行政處分之執行將發生難以回復之損害，且有急迫情事，並非為維護重大公共利益所必要者，受理訴願機關或原行政處分機關得依職權或依申請，就原行政處分之全部或一部，停止執行。前項情形，行政法院亦得依聲請，停止執行。」

11 **(D)**。訴願法第85條第1項：「訴願之決定，自收受訴願書之次日起，應於三個月內為之；必要時，得予延長，並通知訴願人及參加人。延長以一次為限，最長不得逾二個月。」
行政訴訟法第4條第1項：「人民因中央或地方機關之違法行政處分，認為損害其權利或法律上之利益，經依訴願法提起訴願而不服其決定，或提起訴願逾三個月不為決定，或延長訴願決定期間逾二個月不為決定者，得向行政法院提起撤銷訴訟。逾越權限或濫用權力之行政處分，以違法論。」

12 **(C)**。訴願法第7條：「無隸屬關係之機關辦理受託事件所為之行政處分，視為委託機關之行政處分，其訴願之管轄，比照第四條之規定，向原委託機關或其直接上級機關提起訴願。」

13 **(A)**。行政指導為事實行為，不具法律效力，自不得對之提起訴願。但仍得提起國家賠償。

14 **(B)**。訴願法第58條第1項：「訴願人應繕具訴願書經由原行政處分機關向訴願管轄機關提起訴願。

15 **(D)**。訴願法（下同）第81條：「訴願有理由者，受理訴願機關應以決定撤銷原行政處分之全部或一部，並得視事件之情節，逕為變更之決定或發回原行政處分機關另為處分。但於訴願人表示不服之範圍內，不得為更不利益之變更或處分。前項訴願決定撤銷原行政處分，發回原行政處分機關另為處分時，應指定相當期間命其為之。」第82條：「對於依第二條第一項提起之訴願，受理訴願機關認為有理由者，應指定相當期間，命應作為之機關速為一定之處分。受理訴願機關未為前項決定前，應作為之機關已為行政處分者，受理訴願機關應認訴願為無理由，以決定駁回之。」

16 **(D)**。訴願法第95條：「訴願之決定確定後，就其事件，有拘束各關係機關之效力；就其依第十條提起訴願之事件，對於受委託行使公權力之團體或個人，亦有拘束力。」

17 **(D)**。訴願法第41條：「訴願人、參加人或訴願代理人經受理訴願機關之許可，得於期日偕同輔佐人到場。受理訴願機關認為必要時，亦得命訴願人、參加人或訴願代理人偕同輔佐人到場。前二項之輔佐人，受理訴願機關認為不適當時，得廢止其許可或禁止其續為輔佐。」

18 **(C)**。教師法第44條第3項：「教師依本法提起申訴、再申訴後，不得復依訴願法提起訴願；於申訴、再申訴程序終結前提起訴願者，受理訴願機關應於十日內，將該事件移送應受理之教師申訴評議委員會，並通知教師；同時提起訴願者，亦同。」第6項：「原措施性質屬行政處分者，其再申訴決定視同訴願決定；不服再申訴決定者，得依法提起行政訴訟。」

19 **(D)**。訴願法第56條第1項：「訴願應具訴願書，載明左列事項，由訴願人或代理人簽名或蓋章：一、訴願人之姓名、出生年月日、住、居所、身分證明文件字號。如係法人或其他設有管理人或代表人之團體，其名稱、事務所或營業所及管理人或代表人之姓名、出生年月日、住、居所。二、有訴願代理人者，其姓名、出生年月日、住、居所、身分證明文件字號。三、原行政處分機關。四、訴願請求事項。五、訴願之事實及理由。六、收受或知悉行政處分之年、月、日。七、受理訴願之機關。八、證據。其為文書者，應添具繕本或影本。九、年、月、日。」

20 **(A)**。公務員應提起復審而非訴願。至於教師得選擇提起申訴再申訴，或提起訴願。

21 **(B)**。行政訴訟法第5條第1項（課予義務之訴）：「人民因中央或地方機關對其依法申請之案件，於法令所定期間內應作為而不作為，認為其權利或法律上利益受損害者，經依訴願程序後，得向行政法院提起請求該機關應為行政處分或應為特定內容之行政處分之訴訟。」第8條第1項（一般給付之訴）：「人民與中央或地方機關間，因公法上原因發生財產上之給付或請求作成行政處分以外之其他非財產上之給付，得提起給付訴訟。因公法上契約發生之給付，亦同。」故課予義務之訴乃請求行政機關作成行政處分，一般給付之訴乃請求行政機關作成行政處分以外之其他非財產上之給付。本題甲請求A市政府命該屋主拆除，乃請求A市政府對該屋主做成拆除處分，其後遭A市政府拒絕，自應提起課予義務之訴請求市政府作成拆除處分。

22 **(A)**。行政訴訟法第107條第1項：「原告之訴，有下列各款情形之一者，行政法院應以裁定駁回之。但其情形可以補正者，審判長應定期間先命補正：一、訴訟事件不屬行政訴訟審判之權限者。但本法別有規定者，從其規定。二、訴訟事件不屬受訴行政法院管轄而不能請求指定管轄，亦不能為移送訴訟之裁定者。三、原告或被告無當事人能力者。四、原告或被告未由合法之法定代理人、代表人或管理人為訴訟行為者。五、由訴訟代理人起訴，而其代理權有欠缺者。六、起訴逾越法定期限者。七、當事人就已起訴之事件，於訴訟繫屬中更行起訴者。八、本案經終局判決後撤回其訴，復提起同一之訴者。九、訴訟標的為確定判決或和解之效力所及者。十、起訴不合程式或不備其他要件者。」

23 **(D)**。訴願法第80條第1項本文：「提起訴願因逾法定期間而為不受理決定時，原行政處分顯屬違法或不當者，原行政處分機關或其上級機關得依職權撤銷或變更之。」

24 **(B)**。交通主管機關對於違反道路交通管理處罰條例所為之處罰，應逕向地方法院行政訴訟庭提起行政訴訟。

25 **(D)**。訴願法第83條：「受理訴願機關發現原行政處分雖屬違法或不當，但其撤銷或變更於公益有重大損害，經斟酌訴願人所受損害、賠償程度、防止方法及其他一切情事，認原行政處分之撤銷或變更顯與公益相違背時，得駁回其訴願。前項情形，應於決定主文中載明原行政處分違法或不當。」

26 **(A)**。訴願法第86條第1項：「訴願之決定以他法律關係是否成立為準據，而該法律關係在訴訟或行政救濟程序進行中者，於該法律關係確定前，受理訴願機關得停止訴願程序之進行，並即通知訴願人及參加人。」

27 **(B)**。司法院釋字第462號解釋（節錄）：各大學校、院、系（所）教師評審委員會關於教師升等評審之權限，係屬法律在特定範圍內授予公權力之行使，其對教師升等通過與否之決定，與教育部學術審議委員會對教師升等資格所為之最後審定，於教師之資格等身分上之權益有重大影響，均應為訴願法及行政訴訟法上之行政處分。受評審之教師於依教師法或訴願法用盡行政救濟途徑後，仍有不服者，自得依法提起行政訴訟，以符憲法保障人民訴訟權之意旨。

28 **(C)**。(A)行政訴訟法第116條第5項：「停止執行之裁定，得停止原處分或決定之效力、處分或決定之執行或程序之續行之全部或部份。」(B)行政訴訟法第300條：「假處分之聲請，由管轄本案之行政法院管轄。但有急迫情形時，得由請求標的所在地之地方法院行政訴訟庭管轄。」(C)行政訴訟法第299條：「得依第一百十六條請求停止原處分或決定之執行者，不得聲請為前條之假處分。」(D)訴願法第93條第2項：「原行政處分之合法性顯有疑義者，或原行政處分之執行將發生難以回復之損害，且有急迫情事，並非為維護重大公共利益所必要者，受理訴願機關或原行政處分機關得依職權或依申請，就原行政處分之全部或一部，停止執行。」

29 **(C)**。訴願法第76條：「訴願人或參加人對受理訴願機關於訴願程序進行中所為之程序上處置不服者，應併同訴願決定提起行政訴訟。」

30 **(D)**。訴願法（下同）第69條：「受理訴願機關得依職權或依訴願人、參加人之申請，囑託有關機關、學校、團體或有專門知識經驗者為鑑定。受理訴願機關認無鑑定之必要，而訴願人或參加人願自行負擔鑑定費用時，得向受理訴願機關請求准予交付鑑定。受理訴願機關非有正當理由不得拒絕。鑑定人由受理訴願機關指定之。鑑定人有數人者，得共同陳述意見。但意見不同者，受理訴願機關應使其分別陳述意見。」

第71條：「鑑定所需資料在原行政處分機關或受理訴願機關者，受理訴願機關應告知鑑定人准其利用。但其利用之範圍及方法得限制之。鑑定人因行鑑定得請求受理訴願機關調查證據。」

第72條：「鑑定所需費用由受理訴願機關負擔，並得依鑑定人之請求預行酌給之。依第六十九條第二項規定交付鑑定所得結果，據為有利於訴願人或參加人之決定或裁判時，訴願人或參加人得於訴願或行政訴訟確定後三十日內，請求受理訴願機關償還必要之鑑定費用。」

31 **(C)**。行政訴訟法第4條第3項：「訴願人以外之利害關係人，認為第一項訴願決定，損害其權利或法律上之利益者，得向行政法院提起撤銷訴訟。」一般認為，原處分之利害關係人不服該決定時，得不經訴願程序，向高等行政法院提起撤銷訴訟。

32 **(A)**。行政訴訟法（下同）第98條之7：「交通裁決事件之裁判費，第二編第三章別有規定者，從其規定。」

第237條之1：「本法所稱交通裁決事件如下：一、不服道路交通管理處罰條例第八條及第三十七條第五項之裁決，而提起之撤銷訴訟、確認訴訟。二、合併請求返還與前款裁決相關之已繳納罰鍰或已繳送之駕駛執照、計程車駕駛人執業登記證、汽車牌照。」

第237條之2：「交通裁決事件，得由原告住所地、居所地、所在地或違規行為地之地方法院行政訴訟庭管轄。」

第237條之7：「交通裁決事件之裁判，得不經言詞辯論為之。」

33 **(D)**。行政訴訟法第7條：「提起行政訴訟，得於同一程序中，合併請求損害賠償或其他財產上給付。」

34 **(D)**。民事訴訟採處分權主義，僅在例外時採職權調查主義。

35 **(C)**。提起訴願無庸收取費用，行政訴訟程序訴訟費用由敗訴方負擔。

36 **(B)**。(A)訴願之標的以行政處分為限。(C)訴願屬廣義行政程序。(D)訴願無審級制度，行政訴訟為三級二審。

37 **(C)**。本件已行聽證程序，毋庸訴願，即得逕行提起行政訴訟。又許可經營為行政處分，「A公司應成立倫理委員會，每三個月定期於網路上公布自律報告。」為附負擔之附款。

38 **(D)**。訴願法第87條第2項：「法人因合併而消滅者，由因合併而另立或合併後存續之法人，承受其訴願。」對A生規制效果，其自得提起行政訴訟救濟，法院應實體審理。

39 **(D)**。司法院釋字第732號解釋：「中華民國九十年五月三十日修正公布之大眾捷運法（下稱九十年捷運法）第七條第四項規定：『大眾捷運系統……其毗鄰地區辦理開發所需之土地……，得由主管機關依法報請徵收。』七十七年七月一日制定公布之大眾捷運法（下稱七十七年捷運法）第七條第三項規定：『聯合開發用地……，得徵收之。』七十九年二月十五日訂定發布之大眾捷運系統土地聯合開發辦法（下稱開發辦法）第九條第一項規定：『聯合開發之用地取得……，得由該主管機關依法報請徵收……。』此等規定，許主管機關為土地開發之目的，依法報請徵收土地徵收條例（下稱徵收條例）第三條第二款及土地法第二百零八條第二款所規定交通事業所必須者以外之毗鄰地區土地，於此範圍內，不符憲法第二十三條之比例原則，與憲法保障人民財產權及居住自由之意旨有違，應自本解釋公布之日起不予適用。」故交通事業單位除交通建設所需之土地外，另徵收鄰近地區進行土地開發，違憲。

40 **(C)**。行政訴訟法第200條：「行政法院對於人民依第五條規定請求應為行政處分或應為特定內容之行政處分之訴訟，應為下列方式之裁判：一、原告之訴不合法者，應以裁定駁回之。二、原告之訴無理由者，應以判決駁回之。三、原告之訴有理由，且案件事證明確者，應判命行政機關作成原告所申請內容之行政處分。四、原告之訴雖有理由，惟案件事證尚未臻明確或涉及行政機關之行政裁量決定者，應判命行政機關遵照其判決之法律見解對於原告作成決定。」

第四回

( ) **1** 下列哪一確認訴訟，對於其他種類訴訟而言，具備補充性？ (A)確認行政處分無效訴訟與撤銷該行政處分訴訟 (B)確認建地公共地役關係不存在訴訟與請求核發於該地興建房屋之建築執照訴訟 (C)確認行政處分違法訴訟與合併請求損害賠償訴訟　(D)確認行政處分無效訴訟與合併請求損害賠償訴訟。

(　　) **2** 行政訴訟中有關給付訴訟之類型，下列何者並非給付訴訟之「給付」？　(A)因公法上原因發生財產上之給付　(B)請求作成行政處分以外之其他非財產上之給付　(C)行政機關怠為處分之給付　(D)公法上契約發生之給付。

(　　) **3** 下列何種情形應提起撤銷訴訟以資救濟？　(A)甲依稅捐稽徵法申請退還因計算錯誤溢繳之稅款遭駁回　(B)乙依法取得營業執照之加油站，經主管機關認為妨害公安而遭廢止營業執照　(C)縣政府因農地重劃土地分配結果，向地主催繳差額地價遭拒絕　(D)牙醫師請求撤銷牙醫師公會關於收取會員費用事項之決議未果。

(　　) **4** 因業務上之需要，甲機關將其權限部分委託不相隸屬之乙機關執行，如受處分人丙對於乙機關之處分不服時，則丙應向何機關提起訴願？　(A)甲機關或其上級機關　(B)乙機關或其上級機關　(C)甲乙兩機關之共同上級機關　(D)由甲乙兩機關之共同上級機關指定之。

(　　) **5** 有關國家負損害賠償責任之敘述，下列何者正確？　(A)原則上應以金錢為之，例外時依請求，回復損害發生前原狀　(B)原則上應依請求，回復損害發生前原狀，例外時依請求以金錢為之　(C)一律以金錢為之　(D)一律回復損害發生前原狀。

(　　) **6** 內政部移民署對外國人作成暫予收容處分，收容期間屆滿前，內政部移民署認有續予收容之必要者，應如何處理？　(A)向行政法院聲請續予收容；不服法院裁定者，提起抗告　(B)由內政部移民署作成續予收容處分；不服處分者，依序提起訴願、撤銷訴訟　(C)由內政部移民署作成續予收容處分；不服處分者，向行政法院提起收容異議；不服法院裁定者，提起抗告　(D)向行政法院聲請續予收容；不服法院判決者，提起上訴。

(　　) **7** 司法院釋字第400號解釋認為，既成道路符合一定要件而成立公用地役關係者，其所有權人對土地既已無從自由使用收益，國家應視國家財力，依法律規定為如何之處理？　(A)因公益而特別犧牲其財產上之利益，國家應辦理徵收給予補償 (B)因公益而特別犧牲其財產上之利益，國家應辦理徵收給予賠償 (C)因公益而一般犧牲其財產上之利益，國家應辦理徵收給予補償 (D)因公益而一般犧牲其財產上之利益，國家應辦理徵收給予賠償。

( ) **8** 依海關緝私條例規定，走私行為人不服海關所為之處分時的救濟途徑，下列敘述何者正確？ (A)行為人接獲處分書後直接向處分之上級機關提出復查 (B)行為人提出之復查救濟，即是替代高等行政訴訟程序 (C)行為人提出之復查救濟，即是替代行政訴願程序 (D)行為人提出復查後，仍可再提起訴願及行政訴訟。

( ) **9** 警察人員如受免職處分，因不服該處分而向公務人員保障暨培訓委員會提起復審，則該復審程序之性質為何？ (A)相當於申訴程序 (B)相當於訴願程序 (C)相當於行政訴訟程序 (D)屬訴願先行程序。

( ) **10** 現行之行政訴訟種類中，何者不須先踐行訴願程序？ (A)撤銷處分之訴訟 (B)課予受理人民申請之機關作成處分之訴訟 (C)課予受理人民申請之機關作成核可申請之處分之訴訟 (D)確認行政處分無效之訴訟。

( ) **11** 訴願人於訴願程序中死亡時，關於承受訴願，下列敘述何者有誤？ (A)繼承人或其他依法得繼受原行政處分所涉權利或利益之人得承受訴願 (B)承受訴願者，應於事實發生之日起30日內，向受理訴願審議機關檢送相關證明文件 (C)當事人死亡應聲明承受訴願，係以訴願繫屬中當事人死亡者為限，如於提起訴願時已死亡，則無當事人能力，其提起訴願為不合法 (D)承受訴願權人承受訴願逾30日時，訴願受理機關得逕為不受理之決定。

( ) **12** 關於訴訟權能（訴權）之敘述，下列何者錯誤？ (A)功能在於限制原告之資格 (B)目的在於排除民眾訴訟制度 (C)法條中多出現「認為損害其權利或法律上之利益」 (D)係為確保合法之行政秩序。

( ) **13** 下列關於訴訟權保障之說明何者是正確的？ (A)人民無受法官公平審判之權利 (B)增加訴願層級是行政救濟之重心 (C)擴大行政訴訟範圍是訴訟權之具體保障 (D)審級制度無法發揮訴訟救濟之功能。

(　) **14** 某甲為銷售電機之公司，因認某乙公司屢藉網路等新聞媒體，陳述並散布不實報導，誣指某甲侵害他人專利權情事，足以損害某甲營業信譽，嚴重妨礙公平競爭及交易秩序，違反公平交易法第19條、第22條及第24條規定，向公平交易委員會檢舉。案經公平交易委員會調查結果，以本案依現有事證，尚難認某乙有違公平交易法情事，乃函文某甲其檢舉不成立。甲循序提起撤銷訴訟，請問行政法院應如何處理？　(A)檢舉不成立之函文屬行政處分，行政法院應命原告變更訴訟為一般給付訴訟　(B)檢舉不成立之函文非屬行政處分，行政法院得以不合法裁定駁回其訴　(C)檢舉不成立之函文非屬行政處分，行政法院應續行撤銷訴訟　(D)檢舉不成立之函文屬行政處分，惟原告不具訴訟權能，行政法院應以不合法裁定駁回其訴。

(　) **15** 因民眾檢舉某公司販賣之食品標示不實，新竹縣政府衛生局委託民間團體進行檢驗，衛生局並依檢驗之結果作為是否裁罰之依據。如新竹縣政府衛生局認定民眾檢舉之事項不成立，該民眾不服欲提起行政爭訟，應依下列那一個理論判斷該民眾有無訴訟權能？(A)重要性理論　(B)判斷餘地理論　(C)裁量瑕疵理論　(D)保護規範理論。

(　) **16** 關於訴願制度之敘述，下列何者錯誤？　(A)為行政權內部具自我審查功能之救濟程序　(B)人民之訴願權受憲法明文保障　(C)凡違法或不當侵害人民權利之行政處分，訴願均應受理　(D)訴願機關就已受理之訴願，均應審查系爭行政處分是否違法；但處分是否不當，未必均得加以審查。

(　) **17** 原行政處分於行政法院為撤銷判決前，業經原處分機關撤銷者，行政法院應如何處置？　(A)以訴訟無理由判決駁回　(B)中止審判之進行　(C)以欠缺權利保護必要性裁定駁回　(D)繼續未完成之審理程序。

(　) **18** 對於已消滅行政處分之救濟，如有權利保護之必要，下列敘述何者正確？　(A)權益受侵害者得提起撤銷訴願　(B)權益受侵害者得提起課予義務訴願　(C)權益受侵害者得逕行提行政訴訟以資救濟　(D)權益受侵害者並無救濟途徑。

( ) **19** 行政訴訟法上之暫時權利保護程序，不包括下列何者？ (A)假處分 (B)停止執行 (C)假執行 (D)假扣押。

( ) **20** 在行政救濟法中，學理上所稱之「第一次權利保護」，一般而言，即指下列那一種制度？ (A)損失補償制度 (B)行政爭訟制度 (C)國家賠償制度 (D)民事訴訟制度。

( ) **21** 依行政訴訟法之規定，因不動產之公法上權利或法律關係涉訟者，由何法院管轄？ (A)被告住所地之法院 (B)被告住所地之行政法院 (C)原告住所地之法院 (D)不動產所在地之行政法院。

( ) **22** A地方政府於辦理道路改善工程時，未經徵收程序，即將甲之土地新開闢為道路之一部，並已完工驗收開放使用。請問甲應如何循救濟途徑主張其權利？ (A)依行政訴訟法第8條提起一般給付訴訟，請求回復原狀 (B)依行政訴訟法第6條提起確認訴訟，確認公法上關係不存在 (C)依行政訴訟法第7條請求損害賠償 (D)依國家賠償法請求國家賠償。

( ) **23** 依行政訴訟法第23條之規定，行政訴訟之當事人不包括下列何者？ (A)輔助參加人 (B)普通參加人 (C)必要參加人 (D)被告機關。

( ) **24** 有關訴願決定之敘述，下列何者錯誤？ (A)原行政處分所憑理由雖屬不當，但依其他理由認為正當者，應以訴願為無理由 (B)訴願有理由者，受理訴願機關應以決定撤銷原行政處分之全部或一部，並得視事件之情節，逕為變更之決定或發回原處分機關另為處分 (C)受理訴願機關於訴願人表示不服之範圍內，不得為更不利益之變更或處分 (D)原行政處分經訴願決定撤銷，並發回原處分機關另為處分時，原處分機關不得為更不利於處分相對人之處分。

( ) **25** 依國家賠償法之規定，下列敘述何者正確？ (A)國家賠償方式是以回復原狀為原則 (B)請求損害賠償時，應先以書面向賠償義務機關請求之 (C)損害賠償之訴，除依本法規定外，適用行政訴訟法之規定 (D)國家賠償法於其他私法人準用之。

( ) **26** 國家從事私經濟行政，下列法律何者適用之？ (A)訴願法 (B)行政執行法 (C)行政訴訟法 (D)民事訴訟法。

(　　) **27** 行政訴訟法「抗告」之規定，下列何者錯誤？　(A)抗告，由直接上級行政法院裁定　(B)應於裁定送達後十日之不變期間內提起抗告　(C)除別有規定外，對於裁定得為抗告　(D)除別有規定外，訴訟程序進行中所為之裁定得為抗告。

(　　) **28** 依我國行政訴訟法規定，下列何種行政訴訟不得提起反訴？　(A)撤銷訴訟　(B)公法上金錢給付訴訟　(C)確認訴訟　(D)一般給付訴訟。

(　　) **29** 行政訴訟法中有關訴之撤回，有何種限制？　(A)開始審判者，不得撤回　(B)違反公益者，不得撤回　(C)已參與答辯者，不得撤回　(D)已選定當事人者，不得撤回。

(　　) **30** 下列有關國家賠償之敘述，何者錯誤？　(A)賠償請求權，自損害發生時起，逾五年不行使而消滅　(B)賠償請求權，自請求權人知有損害時起，因二年間不行使而消滅　(C)得依法請求國家賠償而已依行政訴訟法規定，附帶請求損害賠償者，就同一原因事實，不得更行起訴　(D)依國家賠償法請求損害賠償時，應先以書面向賠償義務機關請求之。自提出請求之日起逾二十日不開始協議，請求權人得提起損害賠償之訴。

(　　) **31** 依行政訴訟法第41條以下關於「訴訟參加」之規定，下列何者係正確？　(A)訴訟標的對於第三人及當事人一造必須合一確定者，行政法院應以裁定命該第三人參加訴訟　(B)第三人聲請參加訴訟者，應向原處分機關提出參加書狀　(C)行政法院認為撤銷訴訟之結果，第三人之權利或法律上利益將受損害者，該第三人無聲請參加權　(D)判決對於經行政法院裁定命其參加而未為參加者，並無效力。

(　　) **32** A公司因未依證券交易法規定公開其財務預報，行政院金融監督管理委員會乃裁處其新臺幣20萬元之處分。A公司不服循序提起行政爭訟，行政法院審理中，證券管理法規修正，刪除「財務預報」為公司應公開揭露資訊之規定。未公開財務預報之上市公司，不復有處罰規定，則行政法院得基於下列何項理由作成判決？　(A)原處分作成時，並無違法不當，應以起訴無理由駁回　(B)訴願程序終結時，原處分並無違法不當，應以起訴無理由駁回　(C)行政訴訟提起時，原處分並無違法不當，應以起訴無理由駁回　(D)行政訴訟言詞辯論尚未終結，法令變更，應以起訴有理由，撤銷原處分。

(　　) **33** 關於行政救濟，以下何者錯誤？　(A)公務人員遭所屬機關記兩大過免職處分，得向公務人員保障暨培訓委員會提起復審　(B)目前行政法院的簡易程序，以高等行政法院為最後終審法院　(C)對於因欠稅不繳遭主管機關限制出境提起撤銷訴訟，須先經訴願程序　(D)對於不服交通裁決所做的行政處分提起行政爭訟，須先經訴願程序。

(　　) **34** 關於訴願審議委員會之敘述，下列何者錯誤？　(A)組成人員以具有法制專長者為原則　(B)全體委員應由本機關遴聘社會公正人士、學者、專家擔任之　(C)訴願決定應經訴願審議委員會會議之決議，其決議以委員過半數之出席，出席委員過半數之同意行之　(D)委員於審議中所持與決議不同之意見，經其請求者，應列入紀錄。

(　　) **35** 有關法官與檢察官等司法人員之行為是否會構成國家賠償責任的問題，下列敘述何者正確？　(A)法官就審判職務之行為，不會成立國家賠償之責任　(B)檢察官就追訴職務之行使，不會成立國家賠償責任　(C)法官參與審判之判決被上級審法院撤銷時，成立國家賠償責任　(D)檢察官之追訴行為經判決有罪確定時，成立國家賠償責任。

(　　) **36** 依國家賠償法請求損害賠償時，法院得依聲請為假處分，命賠償義務機關暫先支付下列何種費用？　(A)醫療費　(B)財損費　(C)工作損失費　(D)精神損失費。

(　　) **37** 甲公司申請建築執照而遭主管機關否准，甲公司除提起行政訴訟外，亦向主管機關協議國家賠償，協議不成後，甲公司遂向民事法院提起國家賠償訴訟，下列敘述何者最為正確？

(A)甲公司之行政訴訟尚在進行中，國家賠償受理法院應以其為先決問題，暫時停止訴訟

(B)甲公司之行政訴訟雖尚在進行，惟國家賠償受理法院應可自行判斷行政處分之違法性

(C)甲公司之行政訴訟既尚在進行，國家賠償之受理法院即應將訴訟移送至行政法院一併審理

(D)甲公司既已提出行政訴訟，自應合併提起損害賠償之訴，不得另行提出國家賠償訴訟。

(　　) **38** 關於行政訴訟制度之敘述，下列何者正確？　(A)行政訴訟之訴訟類型只有撤銷訴訟及給付訴訟二種　(B)行政訴訟與訴願相同，均屬行政權之行使　(C)行政法院無審理全部公法上爭議之權限　(D)對於行政法院之判決不服，得提起訴願。

(　　) **39** 國家賠償法第14條規定，本法於其他公法人準用之，此處的其他公法人是指：　(A)限於地方自治團體　(B)不限於地方自治團體，及於行政法人，但不及於其他公法上的社團或財團法人　(C)不限於地方自治團體，及於其他公法上的社團或財團法人，但不及於行政法人　(D)不限於地方自治團體，及於其他公法上的社團或財團法人，亦及於行政法人。

(　　) **40** 下列有關國家賠償法適用之敘述，何者正確？　(A)該法只對國家不法行為適用，其他公法人之不法行為不適用之　(B)該法只對不法之行政行為適用，不法之司法行為不適用之　(C)該法只於被害人為本國人時有其適用，被害人為外國人時不適用之　(D)該法有關公務員行為之國家賠償規定，只適用於公法行為；如係私法行為，則不適用之。

解答與解析　(答案標示為#者，表官方曾公告更正該題答案。)

1 (B)。所謂確認訴訟補充性，係指行政訴訟法第6條第1項：「確認行政處分無效及確認公法上法律關係成立或不成立之訴訟，非原告有即受確認判決之法律上利益者，不得提起之。其確認已執行而無回復原狀可能之行政處分或已消滅之行政處分為違法之訴訟，亦同。」
選項(B)確認建地公共地役關係不存在訴訟與請求核發於該地興建房屋之建築執照訴訟之間，因請求核發於該地興建房屋之建築執照訴訟為一課予義務訴訟，若提起此種訴訟即得達成目的，毋庸再提起確認訴訟確認建地公共地役關係不存在訴訟，故確認建地公共地役關係不存在訴訟本身僅具備補充性。

2 (C)。給付訴訟之給付，係指行政訴訟法第8條第1項：「公法上原因發生財產上之給付或行政處分以外之其他非財產上之給付」故不含行政機關怠為處分之給付，此時應提起課予義務訴訟。

3 (B)。(A)甲應提起課予義務訴訟救濟。(C)應提起一般給付之訴。(D)應為民事訴訟法上之形成訴訟。

4 (A)。訴願法第7條：「無隸屬關係之機關辦理受託事件所為之行政處分，視為委託機關之行政處分，其訴願之管轄，比照第四條之規定，向原委託機關或其直接上級機關提起訴願。」

5 **(A)**。國家賠償法第7條第1項：「國家負損害賠償責任者，應以金錢為之。但以回復原狀為適當者，得依請求，回復損害發生前原狀。」

6 **(A)**。行政訴訟法第237-10條：「本法所稱收容聲請事件如下：一、依入出國及移民法、臺灣地區與大陸地區人民關係條例及香港澳門關係條例提起收容異議、聲請續予收容及延長收容事件。二、依本法聲請停止收容事件。」第237-16條第1項：「聲請人、受裁定人或入出國及移民署對地方法院行政訴訟庭所為收容聲請事件之裁定不服者，應於裁定送達後五日內抗告於管轄之高等行政法院。對於抗告法院之裁定，不得再為抗告。」

7 **(A)**。司法院釋字第400號解釋（節錄）：「既成道路符合一定要件而成立公用地役關係者，其所有權人對土地既已無從自由使用收益，形成因公益而特別犧牲其財產上之利益，國家自應依法律之規定辦理徵收給予補償，各級政府如因經費困難，不能對上述道路全面徵收補償，有關機關亦應訂定期限籌措財源逐年辦理或以他法補償。」

8 **(D)**。海關緝私條例之復查為訴願先行程序，不服復查之決定者，得提起訴願及行政訴訟。

9 **(B)**。公務人員保障法之復審相當於訴願，對復審決定不服應提起行政訴訟。

10 **(D)**。行政訴訟法第6條第2項：「確認行政處分無效之訴訟，須已向原處分機關請求確認其無效未被允許，或經請求後於三十日內不為確答者，始得提起之。」故確認行政處分無效之訴訟不須先踐行訴願程序。

11 **(D)**。訴願法第87條第1項：「訴願人死亡者，由其繼承人或其他依法得繼受原行政處分所涉權利或利益之人，承受其訴願。」
第77條：「訴願事件有左列各款情形之一者，應為不受理之決定：一、訴願書不合法定程式不能補正或經通知補正逾期不補正者。二、提起訴願逾法定期間或未於第五十七條但書所定期間內補送訴願書者。三、訴願人不符合第十八條之規定者。四、訴願人無訴願能力而未由法定代理人代為訴願行為，經通知補正逾期不補正者。五、地方自治團體、法人、非法人之團體，未由代表人或管理人為訴願行為，經通知補正逾期不補正者。六、行政處分已不存在者。七、對已決定或已撤回之訴願事件重行提起訴願者。八、對於非行政處分或其他依法不屬訴願救濟範圍內之事項提起訴願者。」
足見承受訴願權人承受訴願並無期間之限制，縱逾30日，亦不構成訴願不受理之理由。

12 **(D)**。訴權透過篩選使具有訴權之人參與程序，以確保司法程序不被過度濫用。

13 (C)。行政訴訟法第2條：「公法上之爭議，除法律別有規定外，得依本法提起行政訴訟。」多數認為應擴大本條之解釋，以貫徹行政訴訟之保障。

14 (B)。參最高行政法院99年度6月份庭長法官聯席會議決議：「公平會所為『檢舉不成立』之函文非屬行政處分，檢舉人如對之向行政法院提起撤銷訴訟者，行政法院得以不合法裁定駁回其訴。」故一般認為檢舉不成立之函文非屬行政處分，行政法院自得依行政訴訟法第107條之規定，以不合法裁定駁回其訴。

15 (D)。對於有無訴訟權能，通説係依照司法院釋字第469號之意旨，以保護規範理論作為判斷標準。

16 (C)。尚須考量訴願之提起是否具備其他程序合法要件，如有無遵期在訴願期間內提起訴願等。

17 (C)。原行政處分於行政法院為撤銷判決前，業經原處分機關撤銷，當事人以無序行訴訟之利益，故行政法院應以欠缺權利保護必要性裁定駁回。

18 (C)。行政訴訟法第196條第2項：「撤銷訴訟進行中，原處分已執行而無回復原狀可能或已消滅者，於原告有即受確認判決之法律上利益時，行政法院得依聲請，確認該行政處分為違法。」故對於已消滅行政處分之救濟，如有權利保護之必要，權益受侵害者得逕行提確認行政處分違法訴訟以資救濟。

19 (C)。行政訴訟法第116條、第293條、第298條參照。

20 (B)。第一次權利保護為行政爭訟制度，第二次權利保護為國家賠償制度。

21 (D)。行政訴訟法第15條第1項：「因不動產徵收、徵用或撥用之訴訟，專屬不動產所在地之行政法院管轄。」

22 (D)。因甲之土地現已新開闢為道路之一部，並已完工驗收開放使用，勘認回復原狀困難甚至已無回復原狀之可能，故此時甲應依國家賠償法請求國家賠償，而無庸提起行政訴訟程序救濟。

23 (A)。行政訴訟法第23條：「訴訟當事人謂原告、被告及依第四十一條與第四十二條參加訴訟之人。」

24 (D)。參最高行政法院105年8月份第1次庭長法官聯席會議決議：「訴願法第81條第1項：『訴願有理由者，受理訴願機關應以決定撤銷原行政處分之全部或一部，並得視事件之情節，逕為變更之決定或發回原行政處分機關另為處分。但於訴願人表示不服之範圍內，不得為更不利益之變更或處分。』此項本文規定係規範受理訴願機關於訴願有理由時，應為如何之決定。其但書明文規定『於訴願人表示不服之範圍內』，顯係限制依本文所作成之訴願決定，不得為更不利益之變更或處分，自是以受理訴願機關為規範對象，不及於原處分機關。本項規定立法理由雖載有『受理訴願機關逕為變更之決定或原行政處分機關重為處分時，均不得於訴願人表示不服之範圍內，為更不利益之變更或處分』之文字。然其提及參考之民國69年5月7日訂定之『行政院暨所屬各級行政機關訴願審議委員會審議規則』第15條，僅規定受理訴願機關認訴願為有理由時之處理方法，並未規定原行政處分機關於行政處分經撤銷發回後重為處分時，不得為更不利於處分相對人之處分。在法無明文時，尚不得以立法理由所載文字，限制原行政處分機關於行政處分經撤銷發回後重為處分時，於正確認事用法後，作成較原行政處分不利於處分相對人之行政處分，否則不符依法行政原則。因此，原行政處分經訴願決定撤銷，原行政處分機關重為更不利處分，並不違反訴願法第81條第1項但書之規定。惟原行政處分非因裁量濫用或逾越裁量權限而為有利於處分相對人之裁量者，原行政處分機關重為處分時，不得為較原行政處分不利於處分相對人之裁量，否則有違行政行為禁止恣意原則。」

25 **(B)**。(A)國家賠償法（下同）第7條第1項：「國家負損害賠償責任者，應以金錢為之。但以回復原狀為適當者，得依請求，回復損害發生前原狀。」(B)第10條第1項：「依本法請求損害賠償時，應先以書面向賠償義務機關請求之。」(C)第12條：「損害賠償之訴，除依本法規定外，適用民事訴訟法之規定。」(D)第14條：「本法於其他公法人準用之。」

26 **(D)**。私經濟行政即國家以私法行為從事行政任務，故應適用民事訴訟法。

27 **(D)**。行政訴訟法第265條：「訴訟程序進行中所為之裁定，除別有規定外，不得抗告。」

28 **(A)**。行政訴訟法第112條第1項：「被告於言詞辯論終結前，得在本訴繫屬之行政法院提起反訴。但對於撤銷訴訟及課予義務訴訟，不得提起反訴。」

29 **(B)**。行政訴訟法第113條第1項：「原告於判決確定前得撤回訴之全部或一部。但於公益之維護有礙者，不在此限。」

30 **(D)**。國家賠償法第11條第1項：「賠償義務機關拒絕賠償，或自提出請求之日起逾三十日不開始協議，或自開始協議之日起逾六十日協議不成立時，請求權人得提起損害賠償之訴。但已依行政訴訟法規定，附帶請求損害賠償者，就同一原因事實，不得更行起訴。」

31 **(A)**。(A)行政訴訟法（下同）第41條：「訴訟標的對於第三人及當事人一造必須合一確定者，行政法院應以裁定命該第三人參加訴訟。」(B)第43條第1項：「第三人依前條規定聲請參加訴訟者，應向本訴訟繫屬之行政法院提出參加書狀，表明下列各款事項：一、本訴訟及當事人。二、參加人之權利或法律上利益，因撤銷訴訟之結果將受如何之損害。三、參加訴訟之陳述。」(C)第42條第1項：「行政法院認為撤銷訴訟之結果，第三人之權利或法律上利益將受損害者，得依職權命其獨立參加訴訟，並得因該第三人之聲請，裁定允許其參加。」(D)第47條：「判決對於經行政法院依第四十一條及第四十二條規定，裁定命其參加或許其參加而未為參加者，亦有效力。」

32 **(A)**。訴訟程序進行中，如訴訟標的所適用之法律發生變動，則法院應如何判決？目前實務多數係以原事實發生時之法律關係作為判斷行政處分作成合法與否之時點（如最高行政法院100年度判字第917號判決），故本題若原處分作成時，並無違法不當，應以起訴無理由駁回。

33 **(D)**。參行政訴訟法第237條之1：「本法所稱交通裁決事件如下：一、不服道路交通管理處罰條例第八條及第三十七條第五項之裁決，而提起之撤銷訴訟、確認訴訟。二、合併請求返還與前款裁決相關之已繳納罰鍰或已繳送之駕駛執照、計程車駕駛人執業登記證、汽車牌照。」對於不服交通裁決所做的行政處分提起行政爭訟，無須經訴願程序，即得提起行政訴訟。

34 **(B)**。訴願法第52條：「各機關辦理訴願事件，應設訴願審議委員會，組成人員以具有法制專長者為原則。訴願審議委員會委員，由本機關高級職員及遴聘社會公正人士、學者、專家擔任之；其中社會公正人士、學者、專家人數不得少於二分之一。訴願審議委員會組織規程及審議規則，由主管院定之。」第53條：「訴願決定應經訴願審議委員會會議之決議，其決議以委員過半數之出席，出席委員過半數之同意行之。」第54條第1項：「訴願審議委員會審議訴願事件，應指定人員製作審議紀錄附卷。委員於審議中所持與決議不同之意見，經其請求者，應列入紀錄。」

35 **(D)**。國家賠償法第13條：「有審判或追訴職務之公務員，因執行職務侵害人民自由或權利，就其參與審判或追訴案件犯職務上之罪，經判決有罪確定者，適用本法規定。」

36 **(A)**。國家賠償法第11條第2項：「依本法請求損害賠償時，法院得依聲請為假處分，命賠償義務機關暫先支付醫療費或喪葬費。」

37 **(A)**。(B)國家賠償案件歸屬於民事法院審理，依行政訴訟法第12條第1項：「民事或刑事訴訟之裁判，以行政處分是否無效或違法為據者，應依行政爭訟程序確定之。」故國家賠償受理法院尚不得自行判斷行政處分之違法性。(C)國家賠償為民事案件，不能將訴訟移送至行政法院一併審理。(D)甲公司得依行政訴訟法第7條之規定合併提起損害賠償之訴，或選擇另行提出國家賠償訴訟。

38 **(C)**。(A)尚有課予義務訴訟、確認訴訟等。(B)行政訴訟為司法權，訴願為行政權。(C)正確，例如選舉無效訴訟即由普通法院管轄。(D)對訴願不服，得提起行政訴訟。

39 **(D)**。國家賠償法原則上適用於所有公法人之行為，故選項(D)。所述公法人均為適用範圍。

40 **(D)**。(A)國家賠償法基本上適用於所有公法人之不法行為。(B)不法之司法行為亦有適用之餘地，如國家賠償法第13條。(C)國家賠償法並未排除外國人之適用。

第五回

( ) **1** 下列關於訴願決定之敘述，何者正確？ (A)訴願決定之性質，為行政處分之一種 (B)對於科處罰鍰之行政處分，訴願決定撤銷一定金額以上之部分，該訴願決定本身得為公法上金錢給付義務之執行名義 (C)訴願決定確定後，原處分機關固然受其拘束，但訴願決定機關則不受本身訴願決定之拘束 (D)訴願決定期間屆滿後始作成之訴願決定明顯違法，當然無效。

( ) **2** 行政訴訟法第2條規定，原則上公法上爭議得依本法提起行政訴訟，例外情形為法律別有規定，以刑事訴訟代替行政訴訟者，其情形為： (A)國家賠償法 (B)社會秩序維護法 (C)公職人員選舉罷免法 (D)行政執行法。

( ) **3** 有關訴願人之敘述，下列何者錯誤？ (A)本國人與外國人均得為訴願人 (B)非法人團體不得為訴願人 (C)公法人亦得提起訴願 (D)依目前實務見解，行政機關亦得提起訴願。

( ) **4** 下列何者非一般給付訴訟之實體裁判要件？ (A)因公法上原因發生之給付 (B)限於財產上給付或作成行政處分以外之非財產上給付 (C)須有權利保護之必要性 (D)起訴法定期間為清償期屆至後30日。

( ) **5** 下列何項事件，行政法院有審判權？ (A)公務員懲戒事件 (B)交通裁決事件 (C)社會秩序維護法事件 (D)行政執行管收事件。

( ) **6** 下列有關訴願管轄之論述，何者錯誤？ (A)私立大學對學生所為退學之處分，係行使法律授予之公權力，受處分學生如有不服，在用盡校內申訴途徑未獲救濟者，得以學校為相對人，向教育部提起訴

願　(B)農民健康保險條例第4條規定：「本保險由中央主管機關設立中央社會保險局為保險人。在中央社會保險局未成立前，業務暫委託勞工保險局辦理，並為保險人。」係以立法委託勞工保險局辦理農民保險業務，故勞工保險局就農民健康保險事項所為之行政處分，以勞工保險局為原處分機關，並以農民健康保險之中央主管機關內政部為訴願機關　(C)依法受中央或地方機關委託行使公權力之團體或個人，以其團體或個人名義所為之行政處分，其訴願之管轄，向原委託機關提起訴願　(D)有隸屬關係之下級機關依法辦理上級機關委任事件所為之行政處分，為委任機關之行政處分，其訴願之管轄，比照訴願法第4條之規定，向委任機關或其上級機關提起訴願。

(　) **7** 因民眾檢舉某公司販賣之食品標示不實，新竹縣政府衛生局委託民間團體進行檢驗，衛生局並依檢驗之結果作為是否裁罰之依據。如新竹縣政府衛生局認定民眾檢舉之事項不成立，該民眾不服欲提起行政爭訟，應依下列那一個理論判斷該民眾有無訴訟權能？(A)重要性理論　(B)判斷餘地理論　(C)裁量瑕疵理論　(D)保護規範理論。

(　) **8** 國家賠償法規定之國家賠償制度內容，下列何者不屬之？　(A)公共設施賠償責任採無過失責任主義　(B)公務員執行公權力責任條件採過失責任主義　(C)對於公務員定義，以實際所從事行為是否具公權力性質為判斷依據　(D)請求賠償之程序適用行政訴訟法之規定。

(　) **9** 依訴願法與行政程序法之規定以觀，下列何者正確？　(A)訴願程序屬於特別的行政程序，故訴願法未規定者，仍應適用行政程序法(B)訴願之決定確定後，就其事件，與行政處分相同，均無拘束各關係機關之效力　(C)公務人員因違法或不當處分，涉有刑事或行政責任者，由該公務人員所屬機關之上級機關依法辦理　(D)原行政處分經撤銷後，原行政處分機關須重為處分者，應依訴願決定意旨為之，但不必將處理情形告知受理訴願機關。

(　) **10** 臺北市政府委託甲民間團體行使公權力，致人民權益受侵害而提起訴願，其訴願管轄機關為何？　(A)甲民間團體　(B)臺北市政府(C)中央主管機關　(D)行政院。

( ) **11** 人民因不服考試院所為之行政處分欲提訴願時，應向下列何者提起訴願？ (A)總統府 (B)行政法院 (C)行政院 (D)考試院。

( ) **12** 甲縣政府以都市計畫法第27條第1項第4款所定「為配合中央、直轄市或縣（市）興建之重大設施」為由，變更都市計畫主要計畫案，於內政部核定後，經甲縣政府發布實施。下列何者錯誤？ (A)縣（市）政府所為主要計畫之變更，內政部得指示變更 (B)縣（市）政府所為主要計畫之變更，內政部於必要時得逕為變更 (C)縣（市）政府對於內政部之核定得申請復議 (D)人民不服主要計畫變更得逕行提起撤銷訴訟，應以甲縣政府為被告。

( ) **13** 甲為A私立大學之專任教師，因教學不力不能勝任工作而遭A大學予以不續聘，並經教育部核定後生效，甲不服該大學之不續聘措施，而欲提起法律救濟，下列何者錯誤？ (A)甲得依教師法之相關規定，提起教師申訴 (B)甲得向地方法院提起民事訴訟 (C)甲應逕向教育部提起訴願 (D)甲提起民事訴訟前，毋須經教師申訴程序。

( ) **14** 承上題，甲不服教育部之核定處分而提起行政訴訟時，有關A大學參加訴訟之敘述，下列何者正確？ (A)其為必要共同訴訟之必要參加 (B)其得作為利害關係人獨立參加 (C)A大學得為甲輔助參加 (D)其無法參加訴訟。

( ) **15** 訴願審議期間，下列何者必定發生？ (A)訴願人到指定場所陳述意見 (B)鑑定人陳述意見 (C)書面審查 (D)原行政處分停止執行。

( ) **16** 某甲依據政府資訊公開法向某行政機關請求提供特定文件遭受拒絕，甲不服欲提起行政救濟，請問甲應提起何種行政訴訟類型？ (A)撤銷訴訟 (B)課予義務訴訟 (C)確認訴訟 (D)一般給付訴訟。

( ) **17** 下列關於訴願之參加之敘述，何者正確？ (A)與訴願人利害關係相同之人得為參加人 (B)訴願參加應得訴願人之同意 (C)得為利害關係人之利益參加訴願 (D)受理訴願機關不得主動通知訴願人以外之人參加訴願。

( ) **18** 人民因行政執行機關依法實施即時強制致其財產遭受特別損失時，有何權利可主張？ (A)得請求損失補償 (B)得請求社會救助 (C)得請求國家賠償 (D)得請求損害賠償。

(　　) **19** 有關訴願審議委員會會議訴願決定之決議的敘述，下列何者正確？(A)須以委員過半數之出席，出席委員過半數之同意行之　(B)須以委員半數以上（含半數）之出席，出席委員半數以上（含半數）之同意行之　(C)須以委員過三分之二之出席，出席委員過三分之二之同意行之　(D)須以委員三分之二以上（含三分之二）出席，出席委員三分之二以上（含三分之二）之同意行之。

(　　) **20** 訴願審議應如何進行？　(A)應經言詞辯論程序　(B)以書面審查決定為原則　(C)受理訴願機關應通知訴願人陳述意見　(D)訴願參加人無須請求即得到場陳述意見。

(　　) **21** 提起訴願對於原行政處分之執行有何影響？　(A)除法律另有規定外，不因提起訴願而停止　(B)除法律另有規定外，因提起訴願而停止　(C)僅原處分機關於必要時，得依職權就原行政處分之全部停止執行　(D)必要時，行政法院亦得依職權停止執行。

(　　) **22** 下列何者不屬於人民得向行政法院提起撤銷訴訟之案件類型？(A)經依請願法提起請願而不服其決定　(B)針對中央機關濫用權力作成之行政處分　(C)針對地方機關逾越權限作成之行政處分　(D)利害關係人認為訴願決定損害其法律上之利益。

(　　) **23** 人民因中央或地方機關對其依法申請之案件，於法定期間內應作為而不作為，認為損害其權利或利益者，得提起訴願。依訴願法規定，上述期間，法令未規定者，自機關受理申請之日起為時多久？(A)1個月　(B)2個月　(C)3個月　(D)6個月。

(　　) **24** 甲騎機車經過乙市政府施工路段，由於路上坑洞太大，造成甲機車倒下並摔傷右腿，甲如向乙市政府提出救濟，下列何者最適當？(A)依訴願法向乙市政府提起訴願　(B)依國家賠償法對乙市政府提起損害賠償之訴　(C)依行政訴訟法提起確認行政處分違法之訴　(D)依行政訴訟法提起一般給付之訴。

(　　) **25** 行政訴訟法規定，因撤銷或變更原處分或決定之判決，而權利受損害之第三人，如非可歸責於己之事由，未參加訴訟，致不能提出足以影響判決結果之攻擊或防禦方法者，得對於確定終局判決如何救濟？　(A)聲明異議　(B)提起非常上訴　(C)聲請保全程序　(D)聲請重新審理。

( ) **26** 行政訴訟法關於和解之規定，何者最正確？ (A)當事人就訴訟標的不具有處分權時，行政法院不問訴訟程度如何，得隨時試行和解 (B)當事人就訴訟標的具有處分權且其和解無礙公益之維護者，行政法院不問訴訟程度如何，得隨時試行和解 (C)當事人就訴訟標的具有處分權時，行政法院於言詞辯論終結前，得隨時試行和解 (D)當事人就訴訟標的具有處分權並不違反公益者，行政法院於言詞辯論終結前，得隨時試行和解。

( ) **27** 依行政訴訟法第229條之規定，因不服行政機關所為新臺幣三萬元以下罰鍰處分而涉訟者，優先適用何種訴訟程序？ (A)簡易訴訟程序 (B)上訴審程序 (C)保全程序 (D)強制執行程序。

( ) **28** 高雄市區監理所委託甲汽車修護場辦理汽車定期檢驗，就定期檢驗事件涉訟時，依行政訴訟法之規定，以何者為被告？ (A)高雄市政府 (B)高雄市區監理所 (C)甲汽車修護場 (D)經濟部檢驗局。

( ) **29** 關於訴訟之審判權歸屬，各法院間意見如有爭議，依行政訴訟法之規定，下列何者有最後決定之權限？ (A)法務部 (B)最高法院 (C)最高行政法院 (D)司法院大法官。

( ) **30** 依行政訴訟法之規定，行政訴訟之訴訟標的於確定之終局判決中經裁判所發生之效力，稱為什麼？ (A)確定力 (B)存續力 (C)確認效力 (D)構成要件效力。

( ) **31** 關於確認訴訟之提起，下列敘述何者錯誤？ (A)非原告有即受確認判決之法律上利益者，不得提起之 (B)經依訴願法提起訴願而不服其決定，或提起訴願逾3個月不為決定，或延長訴願決定期間逾2個月不為決定者，始得提起之 (C)確認行政處分無效之訴訟，須已向原處分機關請求確認其無效未被允許，或經請求後於30日內不為確答者，始得提起之 (D)除確認行政處分無效之訴訟外，於原告得提起或可得提起撤銷訴訟、課予義務訴訟或一般給付訴訟者，不得提起之。

( ) **32** 國家損害賠償之訴，除依國家賠償法規定外，適用下列何種法律之規定？ (A)訴願法 (B)行政訴訟法 (C)民事訴訟法 (D)司法院大法官案件審理法。

(　　) **33** 下列行政訴訟類型，何者應受2個月起訴期間之限制？　(A)公法上法律關係確認之訴　(B)公法上行政契約無效確認之訴　(C)行政訴訟法第8條一般給付訴訟　(D)行政訴訟法第5條第2項拒絕申請之訴。

(　　) **34** 依文化資產保存法規定，建造物所有人對於具有保存價值之建物，得向主管機關申請指定為古蹟，主管機關於受理人民申請後，應依法定程序審查之。甲為建物所有權人，以其所有建物具保存價值，乃向主管機關申請，請求將其所有建物指定為古蹟。主管機關A縣政府經審議後，認為不具保存價值，乃函知甲：所申請之建物，無指定公告為古蹟之價值。請問下列敘述何者正確？　(A)甲為建物所有權人，A縣政府拒絕其指定之請求，自得提起訴願　(B)甲為建物所有權人，A縣政府經審議後拒絕其指定之請求，程序並無不法，不得提起訴願　(C)甲為建物所有權人，A縣政府拒絕其指定之請求，係屬公法上意思表示，不得提起訴願　(D)甲為建物所有權人，A縣政府拒絕其指定之請求，並非依法申請之案件，不得提起訴願。

(　　) **35** 依行政訴訟法之規定，公法上之權利因現狀變更，有不能實現或甚難實現之虞者，為保全強制執行，得如何主張？　(A)聲明異議　(B)聲請假扣押　(C)聲請假執行　(D)聲請假處分。

(　　) **36** 下列有關行政訴訟法中所規定之課予義務訴訟與一般給付訴訟之敘述，何者錯誤？　(A)課予義務訴訟係請求作成行政處分之訴訟；一般給付訴訟係請求作成事實行為之訴訟　(B)課予義務訴訟與一般給付訴訟均須經訴願前置程序　(C)課予義務訴訟與一般給付訴訟均屬行政訴訟法第三條所稱之給付訴訟　(D)課予義務訴訟係請求作成行政處分之訴訟；一般給付訴訟係請求基於公法上原因所生金錢給付之訴訟。

(　　) **37** 人民與中央或地方機關間，因公法上原因發生財產上之給付裁判，以行政處分應否撤銷為據者，訴訟上應如何處理？　(A)應於提起撤銷訴訟時，併為請求　(B)應於給付訴訟中，合併請求撤銷行政處分　(C)應於確認行政處分違法之訴訟中，併為請求　(D)應於給付訴訟中，合併請求確認行政處分無效。

(　　) **38** 下列那一種行政訴訟類型，其原告勝訴之確定判決有作為聲請高等行政法院強制執行之執行名義的可能性？　(A)給付訴訟　(B)確認行政處分無效之訴訟　(C)撤銷訴訟　(D)確認公法上法律關係成立或不成立之訴訟。

(　　) **39** 於爭執之公法上法律關係，為防止發生重大之損害或避免急迫之危險而有必要時，當事人得聲請行政法院為何種處置？　(A)假扣押　(B)假執行　(C)行政處分　(D)定暫時狀態之處分。

(　　) **40** 下列有關怠於執行職務成立國家賠償責任之敘述，何者正確？(A)行政機關疏於執行任何的職務都有可能成立「怠於執行職務」之國家賠償責任　(B)唯有當人民對於行政機關之職務行為有公法上請求權，且經其請求後行政機關仍未履行，人民才能主張怠於執行職務國家賠償責任　(C)行政機關對於職務行為雖有裁量權，但在具體個案中行政機關對於該職務作為已無裁量餘地，而行政機關仍不從事該職務行為因而造成人民權利損害，人民即得請求國家賠償　(D)若行政機關怠於執行職務並非人民發生損害的唯一原因，而另有其他因素共同促成損害事故的發生，則被害人不得請求怠於執行職務國家賠償。

解答與解析　(答案標示為#者，表官方曾公告更正該題答案。)

1 (A)。(B)訴願決定係「撤銷」一定金額以上之部分，具有形成效力，故該訴願決定一經作成，無待執行即發生「撤銷一定金額以上之部分」之效力。(D)訴願決定期間屆滿後始作成之訴願決定明顯違法，並非當然無效，至多可能程序違法，於行政訴訟時一併審查。

2 (B)。社會秩序維護法第92條參照。

3 (B)。訴願法第18條參照。

4 (D)。參行政訴訟法第8條之規定，一般給付訴訟並無此要件。

5 (B)。公務員懲戒事件由懲戒法院審判；社會秩序維護法事件由普通法院審判。行政執行法第17條第8項：「拘提、管收之聲請，應向行政執行處所在地之地方法院為之。」故行政執行管收事件由地方法院審判。行政訴訟法第237條之2：「交通裁決事件，得由原告住所地、居所地、所在地或違規行為地之地方法院行政訴訟庭管轄。」故交通裁決事件由行政法院管轄以及審判。

6 (D)。訴願法第8條：「有隸屬關係之下級機關依法辦理上級機關委任事件所為之行政處分，為受委任機關之行政處分，其訴願之管轄，比照第四條之規定，向受委任機關或其直接上級機關提起訴願。」

7 **(D)**。有無訴訟權能之判斷，可運用釋字第469號解釋之保護規範理論判人民有無主觀公權利。

8 **(D)**。請求賠償之程序適用民事訴訟法之規定。

9 **(A)**。(A)訴願仍為廣義之行政程序，故選項(A)。敘述正確。(B)訴願法（下同）第95條：「訴願之決定確定後，就其事件，有拘束各關係機關之效力；就其依第十條提起訴願之事件，對於受委託行使公權力之團體或個人，亦有拘束力。」(C)第100條：「公務人員因違法或不當處分，涉有刑事或行政責任者，由最終決定之機關於決定後責由該管機關依法辦理。」(D)第96條：「原行政處分經撤銷後，原行政處分機關須重為處分者，應依訴願決定意旨為之，並將處理情形以書面告知受理訴願機關。」

10 **(B)**。訴願法第10條：「依法受中央或地方機關委託行使公權力之團體或個人，以其團體或個人名義所為之行政處分，其訴願之管轄，向原委託機關提起訴願。」故臺北市政府委託甲民間團體行使公權力，致人民權益受侵害而提起訴願，其訴願管轄機關為臺北市政府。

11 **(D)**。訴願法第4條：「訴願之管轄如左：一、不服鄉（鎮、市）公所之行政處分者，向縣（市）政府提起訴願。二、不服縣（市）政府所屬各級機關之行政處分者，向縣（市）政府提起訴願。三、不服縣（市）政府之行政處分者，向中央主管部、會、行、處、局、署提起訴願。四、不服直轄市政府所屬各級機關之行政處分者，向直轄市政府提起訴願。五、不服直轄市政府之行政處分者，向中央主管部、會、行、處、局、署提起訴願。六、不服中央各部、會、行、處、局、署所屬機關之行政處分者，向各部、會、行、處、局、署提起訴願。七、不服中央各部、會、行、處、局、署之行政處分者，向主管院提起訴願。八、不服中央各院之行政處分者，向原院提起訴願。」故人民因不服考試院所為之行政處分欲提訴願時，應向原院即考試院提起訴願。

12 **(D)**。參最高行政法院102年12月份第2次庭長法官聯席會議決議：縣（市）政府依地方制度法第19條第6款第1目及都市計畫法第13條、第18條規定，雖有擬定、審議都市計畫主要計畫之權限，然依同法第21條規定須經內政部核定，始得發布實施。又主要計畫之變更依同法第28條規定，應依照擬定主要計畫之程序辦理，即須經內政部核定始得實施。縣（市）政府據都市計畫法第27條第1項第4款「為配合中央、直轄市或縣（市）興建之重要設施」所為主要計畫之變更，依同法第2項規定，內政部得指示變更，必要時得逕為變更；復依同法第82條規定，縣（市）政府對於內政部之核定申請復議，經內政部復議仍維持原核定時，縣（市）政府應即發布實施。可知，內政部對於縣（市）政府主要計畫之個案變更得予以修正，有決定權，為主要計畫個案變更之處分機關，至於縣（市）政府予以公告實施僅為執行行為，人民不服主要計畫個案變更循序提起撤銷訴訟，應以內政部為被告。

13 (C)。實務見解認為，教師與學校間係聘任契約關係，該學校如為公立學校，該契約關係為公法關係；該學校如為私立學校，該契約關係則為私法關係。故本題甲與A。私立大學之聘任關係為私法關係。而A私立大學不續聘甲，應係立於受託行使公權力之團體而對甲所為之行政處分，最高行政法院98年7月份第1次庭長法官聯席會議決議之意旨參照（編按：本決議是針對公立學校而非私立學校，因此僅參照該決議之意旨，而非直接適用）。

(A)教師法第42條第1項：「教師對學校或主管機關有關其個人之措施，認為違法或不當，致損害其權益者，得向各級教師申訴評議委員會提起申訴、再申訴。」(B)(D)教師法第44條第6項：「原措施性質屬行政處分者，其再申訴決定視同訴願決定；不服再申訴決定者，得依法提起行政訴訟。」故甲得選擇於不服再申訴或訴願決定後，提起行政訴訟，或不走申訴或訴願等行政救濟程序，而向地方法院提起「確認聘任關係存在」之民事確認訴訟，蓋甲與A私立大學之聘任關係為私法關係，可循民事程序解決紛爭。(C)教師法第44條第3項：「教師依本法提起申訴、再申訴後，不得復依訴願法提起訴願；於申訴、再申訴程序終結前提起訴願者，受理訴願機關應於十日內，將該事件移送應受理之教師申訴評議委員會，並通知教師；同時提起訴願者，亦同。」多數見解認為申訴再申訴與訴願乃擇一關係，故甲得選擇申訴再申訴，或依訴願法第10條向教育部提起訴願，並非僅有向教育部提起訴願之救濟途徑。

14 (B)。(A)行政訴訟法第41條：「訴訟標的對於第三人及當事人一造必須合一確定者，行政法院應以裁定命該第三人參加訴訟。」甲所提起之撤銷訴訟，該訴訟標的對A大學並非必須合一確定，故A大學參加訴訟並非必要共同訴訟之必要參加。(B)行政訴訟法第42條第1項：「行政法院認為撤銷訴訟之結果，第三人之權利或法律上利益將受損害者，得依職權命其獨立參加訴訟，並得因該第三人之聲請，裁定允許其參加。」為利害關係人獨立參加訴訟之明文。故A大學參加訴訟應屬利害關係人獨立參加。

(C)A大學與甲之利害關係相反，因此不得為輔助參加，輔助參加限於利害關係相同。

15 (C)。訴願法第63條第1項：「訴願就書面審查決定之。」至於原行政處分之執行，原則上不因提起訴願而停止，參同法第93條第1項。

16 **(B)**。按行政訴訟法第5條第2項：「人民因中央或地方機關對其依法申請之案件，予以駁回，認為其權利或法律上利益受違法損害者，經依訴願程序後，得向行政法院提起請求該機關應為行政處分或應為特定內容之行政處分之訴訟。」第8條第1項：「人民與中央或地方機關間，因公法上原因發生財產上之給付或請求作成行政處分以外之其他非財產上之給付，得提起給付訴訟。因公法上契約發生之給付，亦同。」
本題某甲依據政府資訊公開法向某行政機關請求提供特定文件遭受拒絕，應屬依法申請作成提供特定文件之處分，並遭駁回之情形，而非請求某行政機關為行政處分以外之其他非財產上之給付，故甲應提起課予義務訴訟救濟。

17 **(A)**。訴願法第28條：「與訴願人利害關係相同之人，經受理訴願機關允許，得為訴願人之利益參加訴願。受理訴願機關認有必要時，亦得通知其參加訴願。訴願決定因撤銷或變更原處分，足以影響第三人權益者，受理訴願機關應於作成訴願決定之前，通知其參加訴願程序，表示意見。」

18 **(A)**。行政執行法第41條第1項：「人民因執行機關依法實施即時強制，致其生命、身體或財產遭受特別損失時，得請求補償。但因可歸責於該人民之事由者，不在此限。」

19 **(A)**。訴願法第53條：「訴願決定應經訴願審議委員會會議之決議，其決議以委員過半數之出席，出席委員過半數之同意行之。」

20 **(B)**。訴願法第63條：「訴願就書面審查決定之。受理訴願機關必要時得通知訴願人、參加人或利害關係人到達指定處所陳述意見。訴願人或參加人請求陳述意見而有正當理由者，應予到達指定處所陳述意見之機會。」

21 **(A)**。訴願法第93條第1項：「原行政處分之執行，除法律另有規定外，不因提起訴願而停止。」

22 **(A)**。行政訴訟法第4條第1項：「人民因中央或地方機關之違法行政處分，認為損害其權利或法律上之利益，經依訴願法提起訴願而不服其決定，或提起訴願逾三個月不為決定，或延長訴願決定期間逾二個月不為決定者，得向行政法院提起撤銷訴訟。逾越權限或濫用權力之行政處分，以違法論。訴願人以外之利害關係人，認為第一項訴願決定，損害其權利或法律上之利益者，得向行政法院提起撤銷訴訟。」

23 **(B)**。訴願法第2條：「人民因中央或地方機關對其依法申請之案件，於法定期間內應作為而不作為，認為損害其權利或利益者，亦得提起訴願。前項期間，法令未規定者，自機關受理申請之日起為二個月。」

24 **(B)**。甲得依國家賠償法第3條之規定提起國家賠償訴訟。

25 **(D)**。行政訴訟法第284條第1項：「因撤銷或變更原處分或決定之判決，而權利受損害之第三人，如非可歸責於己之事由，未參加訴訟，致不能提出足以影響判決結果之攻擊或防禦方法者，得對於確定終局判決聲請重新審理。」

26 **(B)**。行政訴訟法第219條第1項：「當事人就訴訟標的具有處分權且其和解無礙公益之維護者，行政法院不問訴訟程度如何，得隨時試行和解。受命法官或受託法官，亦同。」

27 **(A)**。行政訴訟法第229條第2項：「下列各款行政訴訟事件，除本法別有規定外，適用本章所定之簡易程序：一、關於稅捐課徵事件涉訟，所核課之稅額在新臺幣四十萬元以下者。二、因不服行政機關所為新臺幣四十萬元以下罰鍰處分而涉訟者。三、其他關於公法上財產關係之訴訟，其標的之金額或價額在新臺幣四十萬元以下者。四、因不服行政機關所為告誡、警告、記點、記次、講習、輔導教育或其他相類之輕微處分而涉訟者。五、關於內政部入出國及移民署（以下簡稱入出國及移民署）之行政收容事件涉訟，或合併請求損害賠償或其他財產上給付者。六、依法律之規定應適用簡易訴訟程序者。」

28 **(C)**。行政訴訟法第25條：「人民與受委託行使公權力之團體或個人，因受託事件涉訟者，以受託之團體或個人為被告。」故應以受託行使公權力之甲汽車修護場為被告。

29 **(D)**。行政訴訟法第178條：「行政法院就其受理訴訟之權限，如與普通法院確定裁判之見解有異時，應以裁定停止訴訟程序，並聲請司法院大法官解釋。」

30 **(A)**。行政訴訟法第213條：「訴訟標的於確定之終局判決中經裁判者，有確定力。」

31 **(B)**。行政訴訟法第6條：「確認行政處分無效及確認公法上法律關係成立或不成立之訴訟，非原告有即受確認判決之法律上利益者，不得提起之。其確認已執行而無回復原狀可能之行政處分或已消滅之行政處分為違法之訴訟，亦同。確認行政處分無效之訴訟，須已向原處分機關請求確認其無效未被允許，或經請求後於三十日內不為確答者，始得提起之。確認訴訟，於原告得提起或可得提起撤銷訴訟、課予義務訴訟或一般給付訴訟者，不得提起之。但確認行政處分無效之訴訟，不在此限。應提起撤銷訴訟、課予義務訴訟，誤為提起確認行政處分無效之訴訟，其未經訴願程序者，行政法院應以裁定將該事件移送於訴願管轄機關，並以行政法院收受訴狀之時，視為提起訴願。」

32 **(C)**。國家賠償法第12條：「損害賠償之訴，除依本法規定外，適用民事訴訟法之規定。」

33 **(D)**。行政訴訟法第106條第1項：「第四條及第五條訴訟之提起，除本法別有規定外，應於訴願決定書送達後二個月之不變期間內為之。但訴願人以外之利害關係人知悉在後者，自知悉時起算。」

34 **(A)**。甲為建物所有權人，A。縣政府拒絕其指定之請求，屬於拒絕做成處分之情形，通說認為，甲得依訴願法第1條第1項之規定提起訴願。

35 **(D)**。行政訴訟法第298條參照。

36 **(B)**。一般給付訴訟之標的非行政處分，故無訴願前置之適用。

37 **(A)**。行政訴訟法第8條第2項：「前項給付訴訟之裁判，以行政處分應否撤銷為據者，應於依第四條第一項或第三項提起撤銷訴訟時，併為請求。原告未為請求者，審判長應告以得為請求。」

38 **(A)**。行政訴訟法第305條第1項參照。

39 **(D)**。行政訴訟法第298條第2項參照。

40 **(C)**。司法院釋字第469號解釋參照。

【申論題】

第一回

一、甲縣政府認定乙所有之房屋為程序違建，以違章建築補辦手續通知單（下稱A函）載明：「臺端違反建築法第25條規定，擅自建造建築物，請於收到本通知後30日內，依建築法令規定，檢齊文件申請補辦建造執照，逾期未補辦申領建造執照手續或申請執照不合規定，依違章建築處理辦法第5條規定，將通知工程隊拆除。」乙逾期未補辦，甲縣政府以違章建築拆除通知單（下稱B函）通知乙：「臺端之違章建築逾期未補辦申請申領建造執照手續，依違章建築處理辦法第5條規定應執行拆除。」乙不服A函及B函，有何行政救濟途徑？

參考法條

建築法第25條：建築物非經申請直轄市、縣（市）（局）主管建築機關之審查許可並發給執照，不得擅自建造或使用或拆除。違章建築處理辦法第5條直轄市、縣（市）主管建築機關，應於接到違章建築查報人員報告之日起五日內實施勘查，認定必須拆除者，應即拆除之。認定尚未構成拆除要件者，通知違建人於收到通知後三十日內，依建築法第三十條之規定補行申請執照。違建人之申請執照不合規定或逾期未補辦申領執照手續者，直轄市、縣（市）主管建築機關應拆除之。

解 乙不服A函，得提起確認之訴，確認程序違建及補辦之法律關係不存在之訴；不服B函，得提起撤銷訴願與撤銷訴訟救濟：

(一) 按行政處分，係指行政機關就公法上具體事件所為之決定或其他公權力措施而對外直接發生法律效果之單方行政行為，為行政程序法第92條第1項所明定。

(二) 次按違章建築補辦手續通知單（下稱補辦通知單）僅係確認所有人所有之房屋為程序違建及通知其補辦建造執照，並未命所有人拆除其所有之房屋，尚難以此作為執行拆除之名義。而違章建築拆除通知單（下稱拆除通知單）雖係接續補辦通知單的行政行為，但其內容既係認定所有人逾期未補辦申請建造執照手續，構成拆除要件，並表示「依違章建築處理辦法第5條規定應執行拆除」係屬違章建築之房屋，即含有命所有人自行拆除，否則逕為強制執行之意思，自應認該拆除通知單屬於確認及下命性質之行政處分，為最高行政法院107年7月份第1次庭長法官聯席會議決議所明揭。

(三) 查甲縣政府認定乙所有之房屋為程序違建，以違章建築補辦手續通知單（即A函）載明通知乙檢齊文件申請補辦建造執照，並未命乙拆除其所有之房屋。縱於A函中以逾期未補辦申領建造執照手續或申請執照不合規定，將依違章建築處理辦法第5條規定，通知工程隊拆除，對乙進行告誡，仍尚難以此作為執行拆除之名義，故A函並未課予甲拆除房屋之義務，非行政處分，乙如對A函不服，自得於向甲縣政府，請求確認程序違建及補辦之法律關係不存在未果後，依行政訴訟法第6條之規定提起確認之訴。

(四) 次查，乙逾期未依A函補辦，甲縣政府以違章建築拆除通知單（即B函）通知乙將依違章建築處理辦法第5條規定應執行房屋拆除，雖B函係接續A函行政行為，但其內容含有命乙自行拆除，否則逕為強制執行之意思，自應認屬於確認及下命性質之行政處分，故乙如不服B函，自得依訴願法第1條及行政訴訟法第4條，循序提起撤銷訴願與撤銷訴訟救濟。

二、設有某市立交響樂團，依聘用人員聘用條例，於其官方網站公告甄選樂團專任指揮及甄選簡章。甲報名參加甄選，經甄選小組評審後，公告入選名單，並通知甲未獲錄取。

問：

(一) 上開「甄選簡章」及「未錄取通知」其法律性質為何？

(二) 甲若不服此「未錄取」之通知，提起訴願救濟時，受理訴願機關依法應為如何之決定？

解 (一)「甄選簡章」及「未錄取通知」其法律性質：

1.甄選簡章為法規命令：

(1)有關題示甄選簡章之法律性質，有認為乃私法契約之要約之引誘，故某市立交響樂團，於其官方網站公告甄選樂團專任指揮，乃甄選專任指揮並與之締結私法契約之要約之引誘。亦有認為屬法規命令，依照行政程序法第150條第1項，法規命令係指行政機關基於法律授權，對多數不特定人民就一般事項所作抽象之對外發生法律效果之規定，故甄選簡章乃某市立交響樂團，依聘用人員聘用條例授權所訂定之法規命令。

(2)本文認為，某市立交響樂團，係依聘用人員聘用條例之授權公告甄選簡章，故應屬法規命令。

2.未錄取通知為行政處分：

(1)有關未錄取通知，有認為應屬私法上之意思通知，蓋甄選簡章為要約之引誘，因此未錄取通知乃拒絕要約之意思通知。亦有人為未錄取通知為行政處分，而行政處分係指行政機關就公法上具體事件所為之決定或其他公權力措施而對外直接發生法律效果之單方行政行為，行政程序法第92條第1項參照，故未錄取通知乃拒絕錄取之行政處分。

(2)本文認為，既某市立交響樂團，係依聘用人員聘用條例之授權公告甄選簡章，並進行甄選，則其對甲所作成之未錄取通知，應屬具法效性之行政處分。

(二)受理訴願機關應受理甲之訴願：

1.按人民對於中央或地方機關之行政處分，認為違法或不當，致損害其權利或利益者，得依本法提起訴願。但法律另有規定者，從其規定為訴願法第4條第1項所明定。而一般認為，拒絕作成處分之訴願亦應循訴願法第4條第1項之規定救濟之。

2.查本件某市立交響樂團拒絕錄取甲。乃駁回甲申請之行政處分，故甲得依上開規定提起訴願，受理訴願機關應受理之。

3.惟若認未錄取通知僅為私法上意思通知，則受理訴願機關應依照訴願法第77條第8款之規定，作成不受理甲訴願之決定。

三、醫師甲為病患從事「心導管溫度控制燒灼手術」後，其所屬醫院乙依全民健康保險法第62條第1項、第3項規定，向衛生福利部中央健康保險署（下稱健保署）申請核付支出之「溫度控制燒灼導管材料費」，遭健保署拒絕。請問：醫院乙應向普通法院或行政法院提起救濟？請就學理上有關公法與私法區別理論說明之。

解 乙應向行政法院提起一般給付之訴救濟：

(一)健保署與醫院之所訂定之契約關係為行政契約：

1.按公法上法律關係得以契約設定、變更或消滅之，為行政程序法第135條所明定，是謂行政契約。行政契約屬公法契約之一種，與之相對概念為私法契約，然公法契約與私法契約究應如何區分？學說上有採「契約標的說」輔以「契約目的說」作為判斷。所謂「契約標的」，係指當契約以：(1)作為實施公法法規之手段者，質言之，因執行公法法規，行政機關本應作成行政處分，而以契約代替；(2)約定之內容係行政機關負有作成行政處分或其他公權力措施之義務者；(3)約定內容涉及人民公法上權益或義務者；(4)約定事項中列有顯然偏袒行政機關一方或使其取得較人民一方優勢之地位者等，四種情形之一為契約標的時，即屬公法契約。惟倘給付內容屬於中性，無法判斷契約屬性時，則以契約整體給付目的判斷，如行政機關之給付目的在於執行法定職權，或人民提供之給付目的在於促使行政機關承諾依法作成特定行為者，均屬之。

2.次按中央健康保險局依其組織法規係國家機關，為執行其法定之職權，就辦理全民健康保險醫療服務有關事項，與各醫事服務機構締結全民健康保險特約醫事服務機構合約，約定由特約醫事服務機構提供被保險人醫療保健服務，以達促進國民健康、增進公共利益之行政目的，故此項合約具有行政契約之性質，為司法院釋字第533號解釋所明揭。

3.經查，全民健康保險為強制性之社會保險，攸關全體國民福祉至鉅。而健保署之費用給付目的，乃在使特約醫事服務機構依照全民健康保險法暨施行細則、全民健康保險醫事服務機構特約及管理辦法、全民健康保險醫療辦法等公法性質之法規提供醫療服務，以達成促進國民健康、增進公共利益之行政目的。又為擔保特約醫事服務機構確實履行其提供醫療服務之義務，以及協助健保署辦理各項保險行政業務，除於合約中訂定健保署得為履約必要之指導外，並為貫徹行政目的，全民健康保險法復規定健保署得對特約醫事服務機構處以罰鍰之權限，使合約當事人一方之中央健康保險局享有優勢之地位，故本件健保署與醫院乙之合約具有行政契約之性質。

(二)醫院乙應向行政法院提起救濟

1.按公法上之爭議，除法律別有規定外，得依行政訴訟法提起行政訴訟。人民與中央或地方機關間，因公法上原因發生財產上之給付或請求作成行政處分以外之其他非財產上之給付，得提起給付訴訟。因公法上契約發生之給付，亦同。分別為行政訴訟法第2條與第8條第1項所明定。

2.是本件醫院乙對於健保署因行政契約之給付爭議，屬於公法事件。其向健保署申請核付支出之「溫度控制燒灼導管材料費」，遭健保署拒絕時，屬於因公法上原因發生財產上之給付爭議，應得依上開規定提起一般給付訴訟，請求行政法院判命健保署為財產之給付。

第二回

一、教育部(甲)為辦理大學及專科學校評鑑，委託「財團法人高等教育評鑑中心基金會」(乙)負責辦理100年度大學校務評鑑、系所評鑑、醫學系評鑑及護理系評鑑工作，並公告其評鑑結果，作為教育部經費補助及學校調整發展規模之參考。今有某私立大學(丙)認為乙基金會所公告之評鑑

結果中，所列關於該校之缺失部分有誤，為違法評鑑，影響該校校譽及招生。試問：於本件情形，丙私立大學如欲依行政訴訟法第7條規定，提起行政訴訟合併請求損害賠償時，應列何者為被告？又於此一情形，丙私立大學如未經國家賠償法之協議程序，即逕依行政訴訟法第7條規定方式，於提起行政訴訟時合併請求國家賠償，則其合併提起之國家賠償請求部分是否合法？

解 (一)丙應列乙為被告，說明如下：

1.按人民與受委託行使公權力之團體或個人，因受託事件涉訟者，以受託之團體或個人為被告，為行政訴訟法第25條所明定。惟本題「財團法人高等教育評鑑中心基金會」(乙)是否為上開所謂「受託行使公權力之團體或個人」？尚涉及行政程序法第16條第1項有關「行政機關得依法規將其權限之一部分，委託民間團體或個人辦理」之判斷。

2.有採否定見解者認為，受委託私人雖為私法上之主體，但其有以自己名義做成處分或決定的「名義上」獨立性，以及不受到指揮監督獨立執行委託業務的「執行上」獨立性，於委託範圍內，「視為行政機關」，則受託人執行行政任務可為各種行政行為，並非以行政處分為唯一類型，亦有可能為行政指導或者其他行政行為，故受託者之行為性質應視其內容定之。而「財團法人高等教育評鑑中心基金會」為教育部與全國大專校院共同捐助成立之財團法人，主要業務係辦理大學校院系所之評鑑，依其設立目的及業務範圍，其性質應是學說上所稱具有公法上任務之公法財團法人。又「財團法人高等教育評鑑中心基金會」經教育部受託辦理大學評鑑，並獨立對外發佈評鑑結果，惟評鑑結果僅供教育主管機關「得以評鑑結果作為核定調整大學發展規模、學雜費及經費獎勵、補助之參據。」即教育部於核定增設及調整院、系、所、學位學程、組、班，調整招生名額、入學方式及名額分配暨學雜費及經費獎勵等事項得以大學評鑑結果作為參考，核與行政委託之私人或團體可以獨力對外為行政處分之類型有所不同，尚難僅以「財團法人高等教育評鑑中心基金會」受教育部委託辦理評鑑即認為評鑑結果為行政處分。（臺北高等行政法院98年訴字第52號裁定參照）。

3.但肯定見解者認為，教育部係為辦理大學及專科學校評鑑，依大學法及其他相關法規委託「財團法人高等教育評鑑中心基金會」負責辦理大學校務評鑑、系所評鑑、醫學系評鑑及護理系評鑑等工作，並以基金會之名義公告評鑑結果，而該評鑑結果將影響受評鑑之學校其校譽及招生等利益，以及日後主管機關對其之監督方式及補助多寡等，勘認開評鑑乃行政程序法第92條所稱之行政處分，本文從此見解。

4.是本題乙應屬受託行使公權力之團體，對丙之評鑑乃不利處分，依照行政訴訟法第25條之規定，丙應列乙為被告，提起行政訴訟。

(二)丙未經國家賠償法之協議程序，即逕依行政訴訟法第7條規定方式，於提起行政訴訟時合併請求國家賠償，其合併提起之國家賠償請求部分並無不合法之處：

1.按提起行政訴訟，得於同一程序中，合併請求損害賠償或其他財產上給付，為行政訴訟法第7條所明定。然若被合併請求損害賠償者屬國家賠償，是否應踐行國家賠償法第10條之協議先行程序？有採肯定見解者認為，協議先行乃國家賠償特別明文之程序，目的在於使國家與人民間之紛爭關係，得透過協議達到更有效率且更和諧之解決方式。為採否定者認為，行政訴訟法第7條屬國家賠償法之特別規定，故此時無須再踐行國家賠償之協議先行程序。基於人民程序保障之維護，又法律並未做明文限制，故本文採否定見解，並肯定人民得自行決定係逕依行政程序法第7條之規定合併提起國家賠償，抑或依國家賠償法之規定於協議不成後提起國家賠償訴訟請求損害賠償。

2.查本題丙私立大學未經國家賠償法之協議程序，即逕依行政訴訟法第7條規定方式，於提起行政訴訟時合併請求國家賠償，基於程序選擇權之尊重，丙合併提起之國家賠償請求部分應屬合法。

二、人民提起行政訴訟，必須主張「權利」或「法律上利益」被侵害。請問如何判斷人民所主張的法律地位具有「權利」或「法律上利益」之性質？又請問甲之鄰居開設餐廳，生意鼎盛，但廚房油煙味燻得甲受不了。假如該餐廳確實偶有排放廚房廢棄不合格之時，請問甲有無「權利」或「法律上利益」請求環保主管機關勒令該餐廳「歇業」？

參考法條

(一)依據空氣污染防制法第32條規定，在各級防制區或總量管制區內，不得有下列行為：

一、從事燃燒、融化、煉製、研磨、鑄造、輸送或其他操作，致產生明顯之粒狀污染物，散布於空氣或他人財物。

二、從事營建工程、粉粒狀物堆置、運送工程材料、廢棄物或其他工事而無適當防制措施，致引起塵土飛揚或污染空氣。

三、置放、混合、攪拌、加熱、烘烤物質、管理不當產生自燃或從事其他操作，致產生異味污染物或有毒氣體。

四、使用、輸送或貯放有機溶劑或其他揮發性物質，致產生異味污染物或有毒氣體。

五、餐飲業從事烹飪，致散布油煙或異味污染物。

六、其他經各級主管機關公告之空氣污染行為。

前項空氣污染行為，係指未經排放管道排放之空氣污染行為。

第一項執行行為管制之準則，由中央主管機關定之。

(二)依據空氣污染防制法第60條規定：「違反第三十一條第一項各款情形之一者，處新臺幣五千元以上十萬元以下罰鍰；其違反者為工商廠、場，處新臺幣十萬元以上一百萬元以下罰鍰。依前項處罰鍰者，並通知限期改善，屆期仍未完成改善者，按日連續處罰；情節重大者，得命其停止作為或污染源之操作，或命停工或停業，必要時，並得廢止其操作許可證或勒令歇業。」

解 (一)應如何判斷人民所主張的法律地位具有「權利」或「法律上利益」，依照司法院釋字第469號解釋之說明，約可整理如下：

1.倘人民所主張之「權利」或「法律上利益」係法律明文規定者，授予向行政主體或國家機關為一定作為之請求權者，因其規範目的在於保障個人權益，自得肯定人民有受法律保護之必要。

2.倘法律未明文規定者，若其規範之目的係為保障人民生命、身體及財產等法益，且對主管機關應執行職務行使公權力之事項規定明確，該管機關公務員依此規定對可得特定之人負有作為義務已無不作為之裁量空間，此時人民自得對國家公權力，以其「權利」或「法律上利益」受侵害為由，請求法律之保障。而有關法律規範保障目的之探求，如法律雖係為公共利益或一般國民福祉而設之規定，但就法律之整體結構、適用對象、所欲產生之規範效果及社會發展因素等綜合判斷，可得知亦有保障特定人之意旨時，即應肯定人民所主張之法律地位具有「權利」或「法律上利益」。此種方式在學理上又稱作「保護規範理論」。

(二) 甲應有權利請求環保主管機關勒令該餐廳歇業：

1.經查，空氣污染防制法並未明文賦予人民向主管機關請求裁處他人之權利，然自同法第31條有關餐飲業不得從事烹飪、致散布油煙或惡臭，以及第60條主管機關對違反者得處以罰鍰等裁罰性不利處分以觀，可知如此之規範目的除為保護環境，避免空氣污染外，更有保障製造污染業者之周遭居民有免受空氣污染危害之目的。

2.故依照保護規範理論，本件甲應得以上開規定，以其享有免受空氣污染之權利受侵害為由，請求環保主管機關勒令該餐廳歇業。

三、財團法人A醫院為全民健康保險特約醫療院所，因容留未具醫師資格人員從事看診等醫療業務，並以其他醫師名義向全民健康保險局申報費用，經檢察官偵查起訴。衛生福利部全民健康保險局擬處A醫院停止特約一年，並停止支付其負責醫師於停診期間所提供之醫事服務費用。A醫院不服，得為如何之救濟？

解 有關A應如何提起救濟，涉及醫療院所停止特約之定性，分析如下：

(一) 全民健康保險局停止特約屬行政處分：

1.按全民健康保險局決定與醫院之特約關係係屬行政契約，為司法院釋字第533號解釋所明揭。

2.至於全民健康保險局停止特約，雖有認為基於特約關係已被定性為行政契約，故後續之停止特約亦屬之。惟按政府實施全民健康保險，以提供全民醫療保健服務為目的。醫療保健之服務，依全民健康保險法規定，係由保險人特約保險醫事服務機構對於被保險人提供之。而保險醫事服務機構於特約期間，有特定情事者，保險人應依全民健康保險及相關子法予以停止特約一定期間。此項公法上應處罰之強制規定有規範保險人及保險醫事服務機構之效力，非得以行政契約排除其適用，即使全民健康保險局與保險醫事服務機構間於合約中將之列入條款以示遵守，無非宣示之性質，乃僅係重申保險醫事服務機構如有上述違法情事時，全民健康保險局即應依前揭規定予以停止契約部分之旨而已，並無有使上開應罰之公法上強制規定作為兩造契約部分內容之效力保險醫事服務機構一有該特定情事，保險人即應依上開規定予以停止特約之處置。保險人之所為，單方面認定保險醫事服務機構有無該特定情事，單方面宣告停止特約之效果，並無合約當事人間容許磋商之意味，乃基於其管理保險醫事服務機構之公權力而發，應認為行政處分，而非合約一方履行合約內容之意思表示。

3.本文從上開實務見解，蓋全民健康保險局之停止特約，顯然係依法行事，而非依照契約以意思表示停止特約。準此，全民健康保險局對就有特約關係之醫事服務機構所為之停止特約應屬行政處分。

(二)按人民對於中央或地方機關之行政處分，認為違法或不當，致損害其權利或利益者，得依訴願法提起訴願；人民因中央或地方機關之違法行政處分，認為損害其權利或法律上之利益，經依訴願法提起訴願而不服其決定，或提起訴願逾一定期間不為決定者，得向行政法院提起撤銷訴訟，分別為訴願法第1條第1項及行政訴訟法第4條第1項所明定。既全民健康保險局停止特約屬行政處分，則如A醫院不服，自循撤銷訴願及撤銷訴訟之方式尋求救濟。

第三回

一、下列案例中之某甲及某乙可否請求國家賠償？

(一) A警察於休假日穿著制服，配戴警槍，在郊區道路偽稱臨檢，攔下機車騎士某甲，趁機洗劫財物。

(二) B市某人行陸橋年久失修，於發生二級地震後斷裂，致行人某乙摔落受傷。陸橋之管理機關辯稱，該陸橋雖有瑕疵，但由於經費短缺，故未整修，且其所以斷裂，係因地震造成。

解 (一)某甲得依照國家賠償法（下同）第2條第2項之規定請求國家賠償：

1.按公務員於執行職務行使公權力時，因故意或過失不法侵害人民自由或權利者，國家應負損害賠償責任，為國家賠償法第2條第2項所明定。

2.查A警察於假日穿著制服，配戴警槍，在郊區道路偽稱臨檢，攔下某甲趁機洗劫財物，侵害甲之財產權，似已符合前述國家賠償之要件。惟有疑問者係，A警察係於休假日為上開不法行為，是否該當「執行職務」之要件？有論者以公務員之主觀意圖為斷，亦即公務員為不法行為時，需有執行職務之主觀意圖；然目前多數實務見解採客觀說，亦即只要公務員之行為在外觀上為執行職務行為即為已足。本文基於主觀說之判斷容易流於恣意，為保障人民權利，應從後者見解。

3.是本件A警察雖係於休假日為上開不法行為，仍該當「執行職務」之要件，故某甲應得依第2條第2項之規定請求國家賠償。

(二)某乙得依照國家賠償法（下同）第3條第1項之規定請求國家賠償：

1.按公共設施因設置或管理有欠缺，致人民生命、身體、人身自由或財產受損害者，國家應負損害賠償責任，為國家賠償法第3條第1項所明定。又本法係採無過失責任主義，亦即對於公共設施因設置或管理有欠缺，致人民生命、身體、人身自由或財產受損害之損害賠償，不以國家有故意過失為要，以落實人民請求國家賠償之權利。

2.經查，B市某人行陸橋屬公有公共設施，而B市對於有瑕疵的陸橋本應負有立即修繕之義務，卻未修整，核屬管理有所欠缺。某乙其後因路橋斷裂摔落受傷，自得依上開規定請求國家賠償。

3.雖陸橋之管理機關辯稱，由於經費短缺而未整修陸橋，惟陸橋年久失修，早已不具備陸橋通常應有之狀態及功能，此時便已構成公共設施管理欠缺，與經費是否短缺無涉，故管理機關之抗辯併不足採。

4.又管理機關抗辯該陸橋之所以斷裂，係因地震造成，惟第3條第1項國家賠償係採無過失責任主義，故縱使陸橋斷裂係因地震所致，亦不影響其責任之認定。

5.是以，某乙得依照第3條第1項之規定請求國家賠償。

二、訴願人依訴願法第2條規定提起訴願，受理訴願機關未為決定前，應作為之機關已作成行政處分，但訴願人仍不服處分決定，受理訴願機關得否逕依訴願法第82條第2項規定駁回訴願？試申論之。

參考法條

訴願法第2條：「人民因中央或地方機關對其依法申請之案件，於法定期間內應作為而不作為，認為損害其權利或利益者，亦得提起訴願。前項期間，法令未規定者，自機關受理申請之日起為二個月。」第82條：「對於依第二條第一項提起之訴願，受理訴願機關認為有理由者，應指定相當期間，命應作為之機關速為一定之處分。受理訴願機關未為前項決定前，應作為之機關已為行政處分者，受理訴願機關應認訴願為無理由，以決定駁回之。」

解 受理訴願機關不得逕依訴願法第82條第2項規定駁回訴願：

(一)訴願人依訴願法第2條規定提起訴願，受理訴願機關未為決定前，應作為之機關已作成行政處分，但訴願人仍不服處分決定，受理訴願機關得否逕依訴願法第82條第2項規定駁回訴願，有以下幾說？

1.肯定說：觀訴願法第82條之立法目的，無非賦予訴願人得以應作為機關之不作為為訴願理由，請求訴願機關命其作為，藉達督促之目的，既應作為機關已為行政處分，則其應作為而不作為之情形已不復存在，訴願之目的已達，故訴願已無實益，並未限於行政機關所為遲到之行政處分應與訴願人之請求相合，故不論遲到之行政處分是否有利於訴願人，訴願機關均應以訴願為無理由，予以駁回。至如不服應為機關所為遲到之行政處分，須另行訴願，是否妥適，乃立法政策問題。而實務上訴願人對於遲到之行政處分是否不服或其不服之理由為何，訴願機關無從得知，若續行審議，易生疑義；況行政機關於作成行政處分時，尚不致因之損害訴願人之訴願權，訴願人如不服應為處分機關所為之遲到之行政處分，得另行提起訴願，以資救濟，並不影響其權益。

2.否定說：自程序之保障及訴訟經濟之觀點，訴願法第82條第2項所謂「應作為之機關已為行政處分」，係指有利於訴願人之處分而言，至全部或部分拒絕當事人申請之處分，應不包括在內。故於訴願決定作成前，應作為之處分機關已作成之行政處分非全部有利於訴願人時，無須要求訴願人對於該處分重為訴願，訴願機關應續行訴願程序，對嗣後所為之行政處分併為實體審查，如逕依訴願法第82條第2項規定駁回，並非適法。而此說亦為最高行政法院101年度2月份庭長法官聯席會議決議所採。

(二)本文採否定說，換言之，受理訴願機關得否逕依訴願法第82條第2項規定駁回訴願，應視應作處分機關是否作成對訴願人「全部有利」之處分而定。蓋訴願程序仍屬廣義之行政程序，本得依職權變更原處分機關之決定，或命應作成處分機關如何按訴願意旨作成決定。倘訴願人仍不服應為處分機關之決定，而受理訴願機關又逕依訴願法第82條第2項駁回，無異迫使人民再另尋一新訴願程序救濟，造成程序資源之浪費。從而，訴願人依訴願法第2條規定提起訴願，受理訴願機關未為決定前，應作為之機關已作成行政處分，但訴願人仍不服處分決定，受理訴願機關不得逕依訴願法第82條第2項規定駁回訴願，應繼續審理。

三、某甲自認符合相關要件，乃依據國民年金法第31條申請老年基本保證年金每月新臺幣三千元遭拒絕，提出訴願亦遭駁回，乃向高等行政法院提出訴訟。問：某甲應提出何種類型訴訟？理由為何？若終局判決某甲起訴有理由，且案件事證明確者，則其既判力之客觀範圍為何？

解　(一)某甲應依行政訴訟法第5條第2項之規定提起拒絕處分之訴：

1.按人民因中央或地方機關對其依法申請之案件，予以駁回，認為其權利或法律上利益受違法損害者，經依訴願程序後，得向行政法院提起請求該機關應為行政處分或應為特定內容之行政處分之訴訟，為行政訴訟法第5條第2項所明定。

2.經查，某甲依據國民年金法第31條申請老年基本保證年金每月三千元，該給付為行政程序法第92條第1項所稱之行政處分。而對甲之請求，主管機關予以駁回，拒絕給付，使某甲之權利遭受侵害。故經依訴願程序後，甲得向行政法院提起請求該機關應為給付行政處分之訴訟。

3.至於某甲得否依行政訴訟法第4條之規定提起撤銷訴訟？基於撤銷訴訟僅得撤銷該行政機關拒絕給付之處分，尚無法達成某甲令主管機關給付國民年金之目的，故某甲應提拒絕處分訴訟，而非撤銷訴訟。

(二) 本件之既判力之客觀範圍分析如下：

1.按訴訟標的於確定之終局判決中經裁判者，有確定力，為行政訴訟法第213條所明定。一般認為，該法所謂「確定力」，即指既判力。所謂既判力，係指法院判決形式確定後，當事人對該法律關係不得另行起訴，亦不得在嗣後其他訴訟中為與確定判決意旨相反之主張。至於既判力之客觀範圍，僅即於判決主文，而不即於判決理由。

2.惟課與義務訴訟之既判力客觀範圍為何？參最高行政法院97年12月份第3次庭長法官聯席會議決議(二)，其指出，課予義務訴訟之訴訟標的，依行政訴訟法第5條規定，應為「原告關於其權利或法律上利益，因行政機關違法駁回其依法申請之案件，或對其依法申請之案件不作為致受損害，並請求法院判命被告應為決定或應為特定內容行政處分之主張」。又依同法第213條規定，上開課予義務訴訟之訴訟標的，於確定之終局判決中經裁判者，有確定力。是原告提起課予義務訴訟如經判決駁回確定者，該判決之確定力（既判力）不僅及於確認「原告對於請求作成其所申請行政處分依法並無請求權」，且及於「被告機關原不作為或否准處分為合法」、「不作為或否准處分並未侵害原告之權利或法律上利益」之確認；若行政法院依行政訴訟法第200條第3款規定判決原告勝訴確定者，該判決之既判力，不僅及於確認原告對被告依法有作成所請求行政處分之權利，及命令被告機關作成特定內容之行政處分，且及於被告機關之否准處分為違法並侵害原告之權利或法律上利益之確認；如行政法院依行政訴訟法第200條第4款規定判決原告勝訴確定者，該判決就原告對被告是否有依法作成所請求行政處分之權利雖未加以確認，亦未命令被告機關作成特定內容之行政處分，惟該判決之既判力，仍及於系爭否准處分或不作為為違法並侵害原告之權利或法律上利益之確認。

3.經查，若終局判決某甲起訴有理由，且案件事證明確者，亦即行政法院依行政訴訟法第200條第3款規定判決原告某甲勝訴，於判決確定後，該判決之既判力，不僅及於確認某甲對主管機關依法有作成所請求行政處分之權利，及命令主管機關作成每月給付三千元之行政處分，且及於主管機關之否准處分為違法並侵害某甲之權利或法律上利益之確認。

第二部分　近年試題及解析

111年　高考三級

甲、申論題

一、依戶籍法第48條第1項規定，戶籍登記之申請，應於事件發生或確定後30日內為之。據此，申請人有依法定期限向戶政事務所辦理戶籍登記之義務，如申請人不於期限內辦理戶籍登記者，即依同法（舊法）第79條之規定處新臺幣300元以上900元以下罰鍰。假設國人某甲於國外結婚後6個月，該（新法）第79條經修法而變更處以新臺幣1000元以上1500元以下罰鍰，故後法比較前法顯有更重之行政罰。申請人於結婚後1年，始回國申請辦理結婚登記。試問：行政機關應依戶籍法第79條之新法或舊法來處罰申請人？並請申述其理由。

解　行政機關應依戶籍法第79條之舊法處罰申請人甲：

(一)本題似應以甲結婚後1年，作為認定其違反戶籍法登記義務之時點：

1.按違反行政法上義務之處罰，以行為時之法律或自治條例有明文規定者為限，惟行政罰法第4條處罰法定原則之名文規定。

2.次按關於以不作為之方式違反行政法上之作為義務，如違反作為義務而不作為，且處於繼續之狀態（行為之繼續），其行為義務既未消滅，違法行為即尚未終了，裁處權時效無從起算，以行為義務消滅之時為行為終了之時，採取「自行為義務消滅時起算裁處權時效」見解，故戶籍法上關於申請人應履行登記義務而不履行，於其未辦理登記前，其違規行為具繼續性，即不作為狀態之繼續，其違反行政法上義務之行為，須至其履行登記義務時，方屬行為終了。

3.經查，申請人某甲於結婚後1年，始回國申請辦理結婚登記，核屬行政法上不作為義務之違反，依照上開見解，其違反戶籍法上登記義務之行為，應至其結婚後1年，即履行登記義務完成之時，方屬行為終了，因此似應以此時點作為某甲違反戶籍法第48條第1項規定之行為時點，亦即主管機關應依修正後第79條之規定對某甲處以罰鍰。

(二)應適用戶籍法第79條之舊法規定處罰申請人甲：

1.按行為後法律或自治條例有變更者，適用裁處時之法律或自治條例。但裁處前之法律或自治條例有利於受處罰者，適用最有利於受處罰者之規定，為行政罰法第5條所明定。此一明文，乃所謂「從新從輕原則」之展現，亦即對於違反行政法義務行為之裁處，原則上以裁處時之法律，即新法裁處之，惟基於行為人信賴利益之保障，倘裁處前之法律或自治條例有利於受處罰者，則應選擇適用該最有利於受處罰者之規定裁處之，而非適用新法之規定。

2.查某甲違反戶籍法登記義務之行為，如前所述，似應以其結婚後1年回國申請辦理結婚登記之時點作為違反行為。惟戶籍法第48條係規定：「戶籍登記之申請，應於事件發生或確定後30日內為之。」故倘認義務人係以不作為之方式違反行政法上作為義務，而以其行為時作為裁處之起算時點，則在義務人選擇繼續不作為時，無異等同肯定行為人於作為之前，均無裁處時點起算之問題，主管機關亦無法依法裁處之，鮮有被於立法目的。故在法律有明文限期行為人履行作為義務之情形下，如期限屆至時行為人仍不作為，即應以該期限屆至之時點作為行為人行為之時點，並自該起算裁處權時效。因此本案中，某甲之行為時點應以戶籍法第48條「事件發生或確定後30日」，即甲結婚後30日，作為甲違反義務之行為時點。而因戶籍法第79條係於甲結婚後6個月始為修法，故甲行為時並無新法之適用。

3.然申請人某甲於結婚後1年，始回國申請辦理結婚登記，如此時是用裁處時之法律，即新修正之第79條，因新法相對於舊法有加重處罰之情形，此時適用新法顯然違反行政罰法第5條之規定，故應依照從輕原則，適用戶籍法第79條之舊法規定處罰申請人甲。

二、A直轄市都市發展局依行政程序法第16條規定，委託某民間開發公司B改造該直轄市之某老舊市區。B公司爰於受委託之權限範圍內與甲下水道工程公司締結行政契約，約定甲負責清理、淨化該市區淤積之下水道，而B則於必要範圍內，依法發給甲各項工程許可及廢棄物清理許可。準此，甲若依約向B申請下水道之某工程許可，而B拒絕發給時，甲應提起何種類型之行政訴訟，以為救濟？甲如情況急迫，有聲請暫時權利保護之必要時，應向B、A，抑或行政法院聲（申）請那一種類型之暫時權利保護？

解 本題分析如下：

本題A直轄市都市發展局依行政程序法第16條規定，委託某民間開發公司B改造該直轄市之某老舊市區，屬委託行使公權力之情形。又B公司爰於受委託之權限範圍內與甲下水道工程公司締結行政契約，並於必要範圍內，依法發給甲各項工程許可及廢棄物清理許可，故依照行政程序法第2條第3項之規定，B於上開受委託行使公權力之範圍內視為行政機關，合先敘明。

(一)甲應提起一般給付訴訟救濟之：

1.按行政契約中約定行政機關負有作成特定行政處分之義務時，如行政機關不為履行，此時人民究應依據行政訴訟法第5條之規定提起課予義務訴訟請求機關為特定處分，抑或依第8條規定，請求行政機關依約履行作成特定行政處分之義務？採課予義務訴訟說者，認為因人民起訴之目的在於使行政機關做成特定行政處分，而無關乎行政機關做成行政處分之義務係依法或依契約，故此時以課予義務訴訟為之，方得直接達成素之目的。至於採一般給付訴訟說者，則認為因此時人民係請求行政機關「依約履行」為作成特定行政處分之義務，核其性質仍屬行政訴訟法第8條第1項後段所稱「因公法上契約發生之給付」之情形。

2.本文以為，宜採一般給付訴訟說，蓋現行行政訴訟法第8條即有「因公法上契約發生之給付」之明文，且所謂「給付」，並未明文排除行政處分。況如採課予義務訴訟說，因該訴訟之提起有訴願前置之要求，亦即行政機關如拒絕作成行政處分，原則上人民尚應先經訴願救濟未果後，始得提起課予義務訴訟，如此繁複之救濟程序要求，顯然剝奪人民以行政機關違反行政契約義務為由，而得免經訴願，逕行提起一般給付訴訟救濟之程序利益，因此應採一般給付訴訟說為妥。

3.綜上所述，本題，甲若依約向B申請下水道之某工程許可，而B拒絕發給時，甲應提起一般給付訴訟，以為救濟。

(二)甲應向行政法院聲請定暫時狀態之假處分：

1.甲應以B為本件訴訟之被告：

(1)按人民與受委託行使公權力之團體或個人，因受託事件涉訟者，以受託之團體或個人為被告，為行政訴訟法第25條所明定。

(2)如前所述，B為受託行使公權力之人，因其受託事件，即改造A直轄市之某老舊市區事件而涉訟，此時甲即應以B為被告提起本案訴訟。

2.甲應向行政法院聲請定暫時狀態之假處分：

(1)按行政訴訟法中，聲請暫時權利保護之類型，應依所提訴訟類型決定之。如為撤銷訴訟或確認行政處分無效訴訟，應依行政訴訟法第116條之規定聲請停止執行；如為撤銷訴訟或確認行政處分無效訴訟以外之其他訴訟，則應依行政訴訟法第298條之規定聲請假處分。

(2)本案之訴訟類型為一般給付訴訟，故甲應向行政法院聲請假處分。然甲究應依行政訴訟法第298條第1項之規定聲請甲處分，抑或應依第2項之規定聲請定暫時狀態之甲處分？涉及假處分與定暫時狀態甲處分本質上之區別。參行政訴訟法第298條之規定，公法上之權利因現狀變更，有不能實現或甚難實現之虞者，為保全強制執行，得聲請假處分；於爭執之公法上法律關係，為防止發生重大之損害或避免急迫之危險而有必要時，得聲請為定暫時狀態之處分。是可知前者之目的在於保全強制執行，屬請求法院定強制或禁止債務人為一定行為之程序；後者之目的在於透過以命債務人先為一定給付之方式，暫時實現本案之請求。故可謂前者乃屬「消極禁止」方式之保全行為，後者乃屬「積極請求」方式之保全行為。

(3)經查，甲依約向B申請下水道之某工程許可遭B拒絕，因甲之目的在於使B為工程發給許可之積極行為，故甲應得向法院聲請定暫時狀態假處分，請求法院裁定命B先發給甲工程許可。

乙、測驗題

(　　) **1** 關於行政法法源之敘述，下列何者正確？ (A)緊急命令係取代或暫停法律之規範，故其不得作為行政法之法源 (B)法規命令規範事項雖屬行政機關內部事務，但仍可作為行政法之法源 (C)由立法院審議通過產生國內法律效力後，係屬行政法之法源 (D)行政規則在對人民權利有所限制時，才能例外作為行政法法源。

( ) **2** 下列何者須有法律或有法律具體明確授權之依據始得為之？ (A)補助國旅 (B)吊銷證照 (C)執行法律之細節性、技術性事項 (D)不涉及重大公益之給付行政。

( ) **3** 關於訴訟紛爭之解決途徑，下列敘述何者錯誤？ (A)政府機關採購物品之履約爭議，得向普通法院提起民事訴訟 (B)消費者向公營銀行貸款之履約爭議，得向普通法院提起民事訴訟 (C)不服台灣電力公司計收電費之通知，得向普通法院提起民事訴訟 (D)申請購買國民住宅，因資格不符而遭拒絕，得向普通法院提起民事訴訟。

( ) **4** 關於行政組織之敘述，下列何者錯誤？ (A)依現行法制，行政院農業委員會農田水利署為行政法人 (B)依現行法制，國家中山科學研究院為行政法人 (C)地方自治團體具有公法人之法律地位 (D)里長雖經選舉，但「里」不具地方自治團體之法律地位。

( ) **5** 關於委託行使公權力之概念，下列敘述何者錯誤？ (A)受託行使公權力之個人或團體，於委託範圍內，視為行政機關 (B)委託行使公權力得僅限於私經濟行政 (C)委託方式得以行政處分或行政契約為之 (D)行政機關得依法規將其權限之一部分，委託民間團體或個人辦理。

( ) **6** 稅捐稽徵機關為確認某納稅義務人及其扶養親屬之資料，函請戶政機關提供戶籍資料，性質屬於下列何者？ (A)職務協助 (B)權限委託 (C)權限委任 (D)委辦。

( ) **7** 下列何者無公務員懲戒法之適用？ (A)私立學校之教師 (B)具公務員身分之公營事業機構服務人員 (C)受有俸給之文武職公務員 (D)公立學校兼任行政工作之教師。

( ) **8** 關於公務人員之權利救濟，下列敘述何者正確？ (A)辭職若遭拒絕，因屬機關內部之管理措施，公務人員若不服該決定，應向原服務機關提起申訴 (B)於復審程序或再申訴程序中，公務人員保障暨培訓委員會得依職權或依申請，進行調處 (C)公務人員提起申訴、再申訴，應向公務人員保障暨培訓委員會為之 (D)公務人員不服復審之決定，得申請再審議，若對再審議之決定仍不服，得續提行政訴訟。

( ) **9** 依實務見解，關於公務人員之考績制度，下列敘述何者正確？(A)甲長官對於下屬收賄罪證確鑿，僅得依公務員懲戒程序處理 (B)乙公務員表現優異，年終考績獲甲等，應晉本俸一級，並給與1個月俸給總額之一次獎金 (C)丙機關就所屬公務員之考績案，送銓敘部審定時，若銓敘部發覺有違考績法情事時，銓敘部得自行更定 (D)丁公務員平日辦公常遲到早退，遲誤公務，應以專案考績，列為丁等。

( ) **10** 關於行政規則之敘述，下列何者錯誤？ (A)有效下達之行政規則，具有拘束訂定機關、其下級機關及屬官之效力 (B)法律授權主管機關依一定程序訂定法規命令以補充法律規定不足者，必要時，該機關亦可發布規範行政體系內部事項之行政規則為之替代 (C)行政機關訂定解釋性規定及裁量基準時，應由其首長簽署，並登載於政府公報發布之 (D)中央主管機關為協助下級機關統一解釋法令及認定事實而就委辦事項所訂頒之解釋性規定，亦拘束地方政府。

( ) **11** 關於授權命令之敘述，下列何者錯誤？ (A)法律得授權以命令限制人民自由權利，惟其授權之目的、範圍及內容應具體明確 (B)行政機關訂定授權命令時，得依職權舉行聽證 (C)授權命令之制定須符合比例原則 (D)法律授權制定命令，不得以概括授權方式為之。

( ) **12** 對於行政處分之司法審查，下列敘述何者錯誤？ (A)對於屬於急迫危險之預斷，行政機關享有判斷餘地 (B)對於屬於高度屬人性或專家委員會之判斷，司法應採較低審查密度 (C)行政法院對機關依裁量權所為之行政處分包括合法性與妥當性審查 (D)原則上行政法院對案件事實負有依職權審查之義務。

( ) **13** 行政機關對於未依法應於行政處分書類中記明理由作出之處分，經過調查後重新補充處分理由者，此等行為在學理上稱為： (A)行政處分之撤銷 (B)行政處分之補正 (C)行政處分之廢止 (D)行政處分之轉換。

( ) **14** 依行政程序法規定，授予利益行政處分之廢止，下列敘述何者正確？ (A)廢止，應自廢止原因發生後3年內為之 (B)行政處分經廢止後，溯及既往失其效力 (C)行政處分得由原處分機關依職權為全

部或一部之廢止 (D)行政處分之廢止，於補償受益人財產上之損失後始生效力。

( ) **15** 下列何者非屬行政契約關係？ (A)行政機關與醫事服務機構締結提供全民健康保險醫療服務契約 (B)公立學校聘任教師之契約關係 (C)學生與教育部指定之銀行締結就學貸款契約 (D)主管機關與志願役士兵約定最少服役年限。

( ) **16** 依實務見解，關於公法上金錢給付義務人死亡後之行政執行，下列敘述何者正確？ (A)納稅義務人死亡後，其納稅能力消滅，無須再予以徵繳 (B)行政機關課以義務人履行公法上義務之怠金，具有一身專屬性，不得由繼承人繼承 (C)罰鍰義務人死亡後，仍得就其遺產，進行行政執行 (D)行政法院依法律規定，就公法上金錢給付義務，僅得依民事執行程序，為假扣押、假處分之裁定。

( ) **17** 關於行政罰之敘述，下列何者錯誤？ (A)甲飲酒駕駛汽車，為警攔查，發現其吐氣酒精濃度超過規定標準，經裁罰新臺幣10萬元；而涉刑事犯罪部分，另經法院判處罰金新臺幣3萬元，基於從輕原則，監理機關依法不可事後再裁決命甲補繳納新臺幣7萬元 (B)行政罰之裁處權時效，因天災、事變或依法律規定不能開始或進行裁處時，應停止其進行 (C)乙同一行為違反同一行政法上義務，A、B機關均有管轄權，因A機關處理在先，因此依法應由A機關管轄該案件 (D)行政機關執行行政罰職務之人員，應向違反行政法規定之行為人出示其執行職務之證明文件，並告知其所違反之法規。

( ) **18** 行政執行法有關行政執行即時強制之規定，下列敘述何者錯誤？ (A)對於執行機關所為損失補償之決定不服者，得依法提起國家賠償 (B)軍器、凶器及其他危險物，為預防危害之必要，得扣留之 (C)對於住宅、建築物或其他處所之進入，以人民之生命、身體、財產有迫切之危害，非進入不能救護者為限 (D)人民因執行機關依法實施即時強制，致其生命、身體或財產遭受特別損失時，得請求補償。

( ) **19** 有關政府資訊公開法之敘述，下列何者錯誤？ (A)合議制機關之會議紀錄，原則上應主動公開 (B)政府機關提供政府資訊時，得向申

請人收取費用 (C)政府機關作成意思決定前，內部單位之擬稿原則上不公開或提供 (D)申請人對於政府機關就其申請提供政府資訊所為之決定不服者，不得提起行政救濟。

( ) **20** 依訴願法規定，下列何者得提起撤銷訴願？ (A)請求確認法規命令無效遭拒絕 (B)對已執行拆除完畢之建物拆除處分 (C)對已繳納執行完畢之罰鍰處分 (D)申請公務員迴避遭行政機關駁回。

( ) **21** 關於訴願決定之敘述，下列何者錯誤？ (A)訴願決定確定後，就該事件，有拘束原處分機關之效力 (B)訴願決定確定後，就受委託行使公權力之事件，受委託行使公權力之團體或個人受其拘束 (C)原行政處分經撤銷後，原行政處分機關須重為處分者，應依訴願決定意旨為之，並將處理情形以書面告知受理訴願機關 (D)內政部之行政處分，經行政院訴願決定撤銷，內政部為確認其處分是否合法，得向行政法院提起行政訴訟。

( ) **22** 關於行政訴訟法上停止執行制度之敘述，下列何者錯誤？ (A)行政法院認原處分之執行，將發生難以回復之損害，且有急迫情事者，得裁定停止執行 (B)訴訟繫屬中行政處分以不停止執行為原則 (C)行政法院裁定停止執行前，原處分機關已依職權停止執行者，應為駁回聲請之裁定 (D)於行政訴訟起訴前，行政法院不得依聲請裁定停止執行。

( ) **23** 關於我國行政訴訟制度之訴訟案件管轄，下列敘述何者錯誤？ (A)因不動產徵收、徵用或撥用之訴訟，專屬不動產所在地之行政法院管轄 (B)重新審理之聲請專屬最高行政法院管轄 (C)交通裁決事件原則上以高等行政法院為終審法院 (D)定行政法院之管轄以起訴時為準。

( ) **24** 依司法院釋字第469號解釋，有關國家賠償之成立，下列敘述何者錯誤？ (A)公務員依法對特定人民負有作為義務而已無不作為之裁量餘地，倘故意過失怠於執行職務時，有國家賠償之適用 (B)公務員在裁量收縮至零之情況下違反法律規定，此違法不僅是客觀法秩序違反，容有公權利侵害之可能 (C)透過新保護規範理論，得探究系爭規定是否於立法目的上有保護特定之當事人，以為其主張救濟

之依據 (D)國家賠償之請求權限於法律明確規定特定人享有向行政機關為一定作為之請求權者。

( ) **25** 下列何者非屬損失補償之適用範圍？ (A)主管機關勘查測量風景區範圍，進入私人土地造成農作物或地上物毀損 (B)私有古蹟或歷史建築坐落於第三人土地上，限制土地所有權使用收益 (C)學童依法律接種疫苗後發生嚴重疾病或身心障礙 (D)農民依主管機關行政指導休耕某作物後，因該作物價格暴漲，造成農民損失。

解答與解析

（答案標示為#者，表官方曾公告更正該題答案。）

1 (C)。緊急命令雖取代或暫停法律之規範，但仍得作為行政法之法源；規範事項屬行政機關內部事務者為行政規則，其亦可作為行政法之法源；行政規則本身不對人民權利生任何直接法律效果，但仍為行政法法源。

2 (B)。參司法實務所建構之層級化法律保留原則以及重要性理論，可知執行法律之細節性、技術性事項、不涉及重大公益之給付行政，以及屬給付行政之補助國旅行為，均無須以法律保留為要；至於吊銷證照，因涉及人民其他自由權利之限制，故須有法律或有法律具體明確授權之依據始得為之。

3 (D)。參司法院釋字第540號解釋，申請購買國民住宅，因資格不符而遭拒絕，屬拒絕處分，為公法關係，故應向行政法院提起行政訴訟。

4 (A)。行政院農業委員會農田水利署，依農田水利法之規定，為行政機關。

5 (B)。行政程序法第16條第1項：「行政機關得依法規將其權限之一部分，委託民間團體或個人辦理。」而該所謂行政機關之「權限」，可能為公權力行政或私經濟行政，故選項(B)敘述錯誤。

6 (A)。稅捐稽徵機關為確認某納稅義務人及其扶養親屬之資料，函請戶政機關提供戶籍資料，應屬行政程序法第19條之職務協助，並不生權限移轉之問題，故選項(B)、(C)、(D)均不正確。

7 (A)。公務員懲戒法適用對象除適用於公務員服務法，適用於受有俸給之文武職公務員，及其他公營事業機關服務人員外，亦適用於政務人員、地方民選首長，但不適用於民意代表。選項(A)私立學校屬私法人，其所屬教師亦非公務員，自無公務員懲戒法之適用。

8 (B)。選項(A)，辭職若遭拒絕，因涉及公務員重要基本權利，而非屬機關內部之管理措施，故應得提起復審救濟之。選項(B)，公務人員保障法第85條第1項參照。選項(C)，公務人員保障法第78條第1項：「申訴之提起，應於管理措施或有關工作條件之處置達到之次日起三十日內，向服務機關為之。不服服務機關函復者，得於復函送達之次日起三十日內，向保訓會提起再申訴。」選項(D)，公務人員保障法第72條第1項：「保訓會復審決定依法得聲明不服者，復審決定書應附記如不服決定，得於決定書送達之次日起二個月內，依法向該管司法機關請求救濟。」公務人員不服復審之決定，得續提行政訴訟，並分申請再審議。

9 **(B)**。參公務人員考績法第7條、第16條之規定。另選項(A)，收賄罪之處罰為國家司法權之行使，而公務員之懲處為行政權事項，兩者並非不得併行為之，故甲長官對於下屬收賄罪證確鑿，尚得依公務人員考績法之規定懲處之。而選項(D)之情形，應列平時考績而非專案考績。

10 **(B)**。參司法院釋字第524號解釋理由書：「……又法律授權主管機關依一定程序訂定法規命令以補充法律規定不足者，該機關即應予以遵守，不得捨法規命令不用，而發布規範行政體系內部事項之行政規則為之替代。」

11 **(D)**。參司法院釋字第367號解釋理由書：「若法律僅概括授權行政機關訂定施行細則者，該管行政機關於符合立法意旨且未逾越母法規定之限度內，自亦得就執行法律有關之細節性、技術性之事項以施行細則定之，惟其內容不能牴觸母法或對人民之自由權利增加法律所無之限制，行政機關在施行細則之外，為執行法律依職權發布之命令，尤應遵守上述原則。」足見法律授權制定命令，得以概括授權方式為之。

12 **(C)**。行政法院對機關依裁量權所為之行政處分審查，應涉及行政機關裁量事項，故僅得為合法性審查，不得為妥當性審查。

13 **(B)**。行政程序法第114條第1項參照。

14 **(C)**。行政程序法第123條至第126條參照。

15 **(C)**。如以通說所建立之契約標的說及契約目的說來判斷，學生與教育部指定之銀行締結就學貸款契約，應非行政契約，而係僅屬涉及就學貸款私法事件之私法契約，並非謂銀行係由教育部指定即認其屬行政契約。

16 **(C)**。參行政執行法第15條及司法院釋字第621號解釋。

17 **(A)**。依行政罰法第26條第1項之規定，係基於一行為不二罰原則，故選項(A)監理機關依法不可事後再裁決命甲補繳納新臺幣7萬元，係行政罰法第26條第1項一行為不二罰原則之適用結果，並非從輕原則。

18 **(A)**。行政執行法第38條、第40條及第41條參照。

19 **(D)**。政府資訊公開法第7條第1項第

10款、第18條第1項第3款、第20條及第22條第1項參照。

20 **(C)**。得提起撤銷訴願者，以該請求撤銷之標的屬行政處分為要。請求確認法規命令無效遭拒絕，該拒絕僅為觀念通知，非行政處分；對已執行拆除完畢之建物拆除處分，屬已執行完畢而無回復原狀可能之行政處分，應提起確認訴訟確認其違法；對已繳納執行完畢之罰鍰處分，因其仍有回復原狀之可能，故得提起撤銷訴願救濟，而非提起確認訴訟；申請公務員迴避遭行政機關駁回，屬行政機關於行政程序中所為之決定或處置，依行政程序法第174條，僅得於對實體決定聲明不服時一併聲明之，不得單獨提起撤銷訴願。

21 **(D)**。訴願法第95條及第96條參照。選項(D)，內政部之行政處分，經行政院訴願決定撤銷，依訴願法第95條第1項，內政部受該決定之拘束，故不得向行政法院提起行政訴訟。

22 **(D)**。行政訴訟法第116條參照。

23 **(B)**。行政訴訟法第15條第1項、第17條、第237-9條準用第235條第1項及第285條參照。

24 **(D)**。參司法院釋字第469號解釋理由書：「國家賠償法第二條第二項規定：「公務員於執行職務行使公權力時，因故意或過失不法侵害人民自由或權利者，國家應負損害賠償責任。公務員怠於執行職務，致人民自由或權利遭受損害者亦同」，凡公務員職務上之行為符合：行使公權力、有故意或過失、行為違法、特定人自由或權利所受損害與違法行為間具相當因果關係之要件，而非純屬天然災害或其他不可抗力所致者，被害人即得分就積極作為或消極不作為，依上開法條前段或後段請求國家賠償，該條規定之意旨甚為明顯，並不以被害人對於公務員怠於執行之職務行為有公法上請求權存在，經請求其執行而怠於執行為必要。惟法律之種類繁多，其規範之目的亦各有不同，有僅屬賦予主管機關推行公共事務之權限者，亦有賦予主管機關作為或不作為之裁量權限者，對於上述各類法律之規定，該管機關之公務員縱有怠於執行職務之行為，或尚難認為人民之權利因而遭受直接之損害，或性質上仍屬適當與否之行政裁量問題，既未達違法之程度，亦無在個別事件中因各種情況之考量，例如：斟酌人民權益所受侵害之危險迫切程度、公務員對於損害之發生是否可得預見、侵害之防止是否須仰賴公權力之行使始可達成目的而非個人之努力可能避免等因素，已致無可裁量之情事者，自無成立國家賠償之餘地。倘法律規範之目的係為保障人民生命、身體及財產等法益，且對主管機關應執行職務行使公權力之事項規定明確，該管機關公務員依此規定對可得特定之人負有作為義務已無不作為之裁量空間，猶因故意或過失怠於執行職務或拒不為職務上應為之行為，致特定人之自由或權利遭受損害，被害人自得向國家請求損害賠償。至前開法律規範保障目的之探求，應就具體個案而定，如法律明確規定特定人得享有權利，或對符合法定條件而可得特定之人，授予向行政主體或國家機關為一定作為之請求權者，其規範目的在於保障個人權益，固無疑義；如法律雖係為公共利益或一般國民福祉而設之規定，但就法律之整體結構、適用對象、所欲產生之規範效果及社會發展因素等綜合判斷，可得知亦有保障特定人之意旨時，則個人主張其權益因公務員怠於執行職務而受損害者，即應許其依法請求救濟。」故選項(D)，國家賠償之請求權並不限於以法律明確規定特定人享有向行政機關為一定作為之請求權。

25 **(D)**。農民依主管機關行政指導休耕某作物後，因該作物價格暴漲，造成農民損失，此時仍應視該行政指導屬合法抑或違法行為，以決定就農民之損失應為損失補償抑或損害賠償。

NOTE

111年 普考

(　　) **1** 下列何者並非行政法之成文法源？ (A)國際法 (B)自治法規 (C)司法院大法官解釋 (D)法規命令。

(　　) **2** 行政機關未有正當理由不提供身心障礙者必要協助，違反下列那一項行政法一般法律原則？ (A)比例原則 (B)信賴保護 (C)平等原則 (D)不溯及既往。

(　　) **3** 關於明確性原則之敘述，下列何者錯誤？ (A)立法者原則上亦受明確性要求之拘束 (B)法律明確性之要求，非僅指法律文義具體詳盡之體例而言 (C)明確性原則，在禁止法規內運用不確定法律概念或概括條款 (D)強調國家行為，內容必須明確，涉及人民權利義務事項時，尤應有清楚之界限與範圍。

(　　) **4** 行政機關基於錯誤認定之事實而為行政決定，屬於下列何種裁量瑕疵？ (A)裁量逾越 (B)裁量濫用 (C)裁量怠惰 (D)裁量違反比例原則。

(　　) **5** 甲向市政府承購國宅，該國宅有漏水等嚴重瑕疵，甲因而要求修繕，市政府發函拒絕甲之請求。下列敘述何者正確？ (A)甲應先提起訴願，再向行政法院起訴 (B)市政府發函予甲屬於行政處分 (C)甲可直接提起行政訴訟 (D)甲應循民事救濟管道。

(　　) **6** 下列何者屬於私經濟行政？ (A)警察學校請求公費生償還公費 (B)私立大學不續聘教授 (C)公用停車場收取停車費 (D)行政機關拒絕給付符合檢舉要件之人民請領檢舉獎金。

(　　) **7** 依地方制度法規定，下列何者非縣自治條例得規定之行政罰種類？ (A)勒令停工 (B)停止營業 (C)公布姓名 (D)吊扣執照 。

(　　) **8** A直轄市就自治事項制定自治法規，經該市議會通過，並由該市政府公布，該自治法規稱之為： (A)自治條例 (B)自治規則 (C)自治章程 (D)自治命令。

( ) **9** 關於行政機關之敘述，下列何者錯誤？ (A)機關具有單獨法定地位 (B)機關乃係依組織法律或命令而設立 (C)獨立機關乃係不受其他機關指揮監督之獨任制機關 (D)受委託行使公權力之私人，於委託範圍內，視為行政機關。

( ) **10** 關於行政機關管轄權之變更，下列敘述何者正確？ (A)行政機關組織法變更管轄權，相關行政法規所定管轄機關尚未一併修正時，仍由變更前機關管轄 (B)行政機關經裁併者，得由組織法變更前管轄機關單獨公告變更管轄事項 (C)行政機關管轄權變更得由機關長官單獨決定 (D)行政機關管轄權變更，原則上自公告之日起算至第3日起發生移轉管轄權之效力。

( ) **11** 行政院環境保護署將毒性化學物質之認定委由國立臺灣大學辦理，該情況屬於下列何者？ (A)權限委任 (B)權限委託 (C)行政委託 (D)職務協助。

( ) **12** 關於政務官之敘述，下列何者錯誤？ (A)不須銓敘，無特定任用資格 (B)得隨選舉成敗而進退 (C)不受懲處之處分 (D)懲戒處分僅有撤職、申誡兩種。

( ) **13** 懲戒法院得作成下列何種併為懲戒處分之判決？ (A)撤職併為減俸 (B)減俸併為罰款 (C)免除職務併為罰款 (D)免除職務併為剝奪退休金。

( ) **14** 下列何者非公務員服務法規定之公務員？ (A)國立大學教授 (B)考試委員 (C)交通部臺灣鐵路管理局局長 (D)臺北市市長。

( ) **15** 依公務人員保障法規定，公務人員依法執行職務涉訟輔助費用之請求權因多久期間不行使而消滅？ (A)2年 (B)3年 (C)5年 (D)10年。

( ) **16** 公務人員不服其服務機關核發之年終考績丙等通知書，應以何機關為被告提起行政訴訟？ (A)銓敘部 (B)服務機關之考績委員會 (C)其服務機關 (D)考試院。

( ) **17** 關於公務員兼職之禁止，下列敘述何者正確？ (A)公務員依法令兼職者，得兼領公費 (B)公務員兼任非以營利為目的之事業職務，無需經服務機關許可 (C)公務員非依法不得兼公營事業機關之董事 (D)對於監督權內之行業，公務員可藉由長期投資股票理財。

( ) **18** 依司法院解釋，下列何者非屬公用地役關係之成立要件？ (A)供公眾通行所必要 (B)通行之初所有權人並未阻止 (C)須經地政機關登記為道路 (D)須經過年代久遠未曾中斷。

( ) **19** 行政行為之對象為不特定多數人，且其內容為一般抽象性規範而具有對外效力者，屬於下列何者？ (A)行政規則 (B)法規命令 (C)行政指導 (D)行政處分。

( ) **20** 關於法規命令之敘述，下列何者錯誤？ (A)法規命令之發布，得公布於機關網站 (B)法規特定有施行日期，或以命令特定施行日期者，自該特定日起發生效力 (C)法規明定自公布或發布日施行者，自公布或發布之日起算至第3日起發生效力 (D)法規應規定施行日期，或授權以命令規定施行日期。

( ) **21** 主管機關為控制流感疫情，依法要求入境之人民於入境後5日內完成疫苗注射，否則予以處罰。關於該主管機關之行為，下列敘述何者正確？ (A)係對於入境之人民作成一般處分，得以公告代替送達 (B)係發布法規命令，應明列法律授權依據，且不得逾越授權範圍 (C)係為行政指導，入境之人民如明確拒絕，即應停止指導 (D)係行政執行之行為，入境之人民如有不服，得聲明異議。

( ) **22** 關於行政處分程序重開之敘述，下列何者正確？ (A)相對人發現處分作成後始存在之有利新證據，得申請程序重開 (B)相對人有程序重開事由，因重大過失而未能在救濟程序中主張，仍得申請程序重開 (C)相對人自法定救濟期間經過後已逾2年，不得申請程序重開 (D)程序重開僅限於相對人始得申請。

( ) **23** 關於行政處分之撤銷，下列敘述何者錯誤？ (A)桃園市政府環境保護局稽查人員至新竹市出差時，對任意棄置廢棄物之民眾作成裁罰處分，該處分無須撤銷 (B)主管機關未給予相對人陳述意見之機會，即作成裁罰處分時，該處分為得撤銷 (C)教育部核可申請人升等為副教授，卻未發給副教授證書，該升等處分為得撤銷 (D)工廠未檢具事業廢棄物清理計畫書，直轄市政府即許可其營業，該許可處分為得撤銷。

( ) **24** 關於行政處分之敘述，下列何者錯誤？ (A)行政處分之作成違法者，該處分即屬無效 (B)合法行政處分，包括形式上合法及實質上合法 (C)行政處分屬於行政機關之單方行政行為，不因其用語、形式而有異 (D)指行政機關就公法上具體事件所為之決定，對外直接發生法律效果之單方行政行為。

( ) **25** 關於行政契約之敘述，下列何者錯誤？ (A)行政契約發生債務不履行時，行政機關得自為行政處分 (B)契約內容須不牴觸法律 (C)須締約之機關有權限 (D)須依法定方式。

( ) **26** 衛生福利部中央健康保險署與醫事服務機構締結之全民健康保險特約之性質為何？ (A)需相對人同意之行政處分 (B)私法契約 (C)行政契約 (D)行政指導。

( ) **27** 下列行為何者非屬行政事實行為？ (A)警察巡邏 (B)警察追捕逃犯 (C)警察於巡邏箱簽名 (D)警察於路口指揮交通。

( ) **28** 依行政罰法，關於物之扣留，下列敘述何者正確？ (A)扣留之對象，限於得沒入之物，並以供檢查、檢驗、鑑定或保全為扣留目的 (B)應扣留物不便搬運或保管者，仍得扣留，並得命人看守或交由所有人或其他適當之人保管 (C)易生危險之扣留物，不得毀棄之 (D)受處罰者對扣留聲明異議後，對於異議決定仍有不服，原則上得單獨對扣留逕行提起行政訴訟，請求返還。

( ) **29** 乙為甲公司之董事長，丙為甲公司之職員，丙執行職務之故意行為致使甲公司應受行政處罰者，下列敘述何者正確？ (A)丙應並受同一規定罰鍰之處罰 (B)丙之故意得推定為乙未盡其防止義務之故意 (C)乙如因故意而未盡其防止義務，乙丙即為故意共同實施違反行政法上義務之行為者 (D)乙如因過失而未盡其防止義務時，不並受同一規定罰鍰之處罰。

( ) **30** 關於行政罰之敘述，下列何者錯誤？ (A)一行為同時觸犯刑事法及違反行政法上義務者，依刑事法處罰 (B)一行為同時觸犯刑事法及違反行政法上義務，刑事部分獲無罪確定者，不得再以違反行政法上義務之規定裁處之 (C)一行為違反社會秩序維護法及其他行政法上義務者而應受處罰時，如已裁處拘留者，不得再處以罰鍰 (D)一行為違反數個行政法上義務而應處罰鍰者，依法定罰鍰額最高之規定裁處。

( ) **31** 關於行政罰裁處權時效之敘述，下列何者錯誤？ (A)行政罰之裁處權，因2年期間之經過而消滅 (B)裁處權時效，因天災、事變或依法律規定不能開始或進行裁處時，停止其進行 (C)行政罰之裁處權期間，原則上自違反行政法上義務之行為終了時起算 (D)行政罰之裁處因訴願等經撤銷而須另為裁處者，裁處權期間自原裁處被撤銷確定之日起算。

( ) **32** 下列何者非行政執行機關當然應依職權停止行政執行程序之法定事由？ (A)行政執行義務人之義務已全部履行 (B)行政執行所憑之執行名義行政處分，經原處分機關之上級機關予以撤銷 (C)行政執行義務人應履行之義務經證明為不可能 (D)債務人主張對其所採取之查封手段過於嚴苛，聲明異議。

( ) **33** 關於直接強制方法之種類，不包括下列何者？ (A)收繳、註銷證照 (B)處以怠金 (C)限制使用動產、不動產 (D)拆除住宅。

( ) **34** 依實務見解，關於即時強制之敘述，下列何者正確？ (A)甲員警見路人爛醉如泥，跌倒於車道上，得先將當事人載往警局，保護其生命 (B)乙員警於治安熱點，見陌生女性經過，即上前盤查其身分，遭拒絕後，將其壓制在地 (C)丙員警為避免當事人意圖自殺，將其管束於警局內，直至48小時當事人回復平靜後，始恢復其自由 (D)丁員警嚇阻鬥毆之行為人後，得任意使用手銬，銬住行為人之手。

( ) **35** 下列何種政府資訊，原則上非屬法律規定應主動公開者？ (A)承辦公務員之擬稿 (B)國家通訊傳播委員會會議紀錄 (C)行政院年度中央政府總預算書 (D)與外國簽訂之犯罪引渡條約。

(　　) **36** 關於行政程序法適用之敘述，下列何者錯誤？　(A)立法院拒絕民眾申請參觀立法院時，不適用行政程序法　(B)內政部移民署就本國人之入、出境許可，不適用行政程序法　(C)外交部就援助友邦之行為，不適用行政程序法　(D)檢察官指派司法警察調查犯罪嫌疑人之犯罪事證，不適用行政程序法。

(　　) **37** 行政程序法之寄存送達，應自何時發生送達效力？　(A)寄存送達完畢時　(B)自寄存之日起，經10日發生效力　(C)寄存機關保存期滿日之翌日　(D)自應受送達人實際領取時。

(　　) **38** 關於聽證程序踐行之效力等敘述，下列何者錯誤？　(A)法律明文規定應舉行聽證作成決定，而未舉行者，該決定得撤銷　(B)聽證程序中，當事人認為主持人所為之處置違法時得提起抗告　(C)當事人對經聽證程序作成之行政處分不服者，得直接提起行政訴訟救濟　(D)聽證得由行政機關首長擔任主持人。

(　　) **39** 依訴願法規定，關於訴願提起之程序，下列敘述何者錯誤？　(A)訴願之提起，應自行政處分達到之次日起30日內為之　(B)訴願人誤向原行政處分以外之機關作不服之表示者，視為自始向訴願管轄機關提起訴願　(C)訴願人應繕具訴願書直接向訴願管轄機關提起訴願　(D)訴願人在法定期間內向訴願管轄機關作不服之表示者，視為已在法定期間內提起訴願，但應於30日內補送訴願書。

(　　) **40** 不服下列何種行政行為，須先經訴願程序，始得提起行政訴訟？　(A)衛生福利部作成之行政處分　(B)經聽證程序所作成之行政處分　(C)行政機關依法發布之都市計畫　(D)公平交易委員會依公平交易法所為之處分或決定。

(　　) **41** 甲收受某國稅局綜合所得稅補繳稅款新臺幣30萬元之繳款書，其不服該核定時應如何提起救濟？　(A)不須復查，逕行提起訴願未果後，向管轄之高等行政法院提起救濟　(B)提起復查未果後，向管轄之高等行政法院提起救濟　(C)提起復查、訴願未果後，向管轄之地方法院行政訴訟庭提起救濟　(D)不須提起復查，逕向管轄之地方法院行政訴訟庭提起救濟。

( ) **42** 行政處分經訴願決定撤銷後，原行政處分機關須重為處分者，下列敘述何者錯誤？ (A)訴願決定如係指明事件之事實尚欠明瞭，原處分機關查明事實後，亦不得再為內容相同之處分 (B)原處分機關重為處分時，應受訴願決定之法律見解拘束 (C)依實務見解，行政機關重為處分時，無不利益變更禁止原則之適用 (D)訴願決定意旨應包括作成訴願決定主文所依據之事實及理由。

( ) **43** 有關行政法院之管轄，下列敘述何者正確？ (A)對於公法人之訴訟，由其公務所所在地之高等行政法院管轄 (B)對於私法人或其他得為訴訟當事人之團體之訴訟，由其主事務所或主營業所所在地之地方法院行政訴訟庭管轄 (C)對於外國法人或其他得為訴訟當事人之團體之訴訟，由其在中華民國之主事務所或主營業所所在地之行政法院管轄 (D)關於公務員職務關係之訴訟，由公務員戶籍所在地之行政法院管轄。

( ) **44** 不服行政處分向行政法院提出撤銷訴訟時，若欲尋求暫時性之權利保護，下列敘述何者正確？ (A)向行政法院聲請停止執行 (B)向行政法院聲明異議 (C)向原處分機關聲請國家賠償 (D)向地方法院行政訴訟庭聲請暫時保護令。

( ) **45** 依行政訴訟法規定，下列何者非確認訴訟之種類？ (A)確認已消滅之行政處分違法之訴訟 (B)確認行政事實行為違法之訴訟 (C)確認行政處分無效之訴訟 (D)確認公法上法律關係成立或不成立之訴訟。

( ) **46** 已核准退休公務員請求服務機關發給退休金，應選擇下列何者訴訟類型？ (A)撤銷訴訟 (B)課予義務訴訟 (C)確認訴訟 (D)一般給付訴訟。

( ) **47** 甲違規停放汽車，經臺北市政府警察局北投分局警員乙指揮受臺北市政府警察局委託之A民間拖吊公司實施違規拖吊，因A公司員工操作不當，致甲之車受損。甲依法應採取如何途徑尋求權利救濟？ (A)依行政執行法規定向臺北市政府警察局北投分局聲明異議 (B)依國家賠償法規定向A公司請求賠償 (C)依訴願法規定向臺北市政府提起訴願 (D)依國家賠償法規定以書面向臺北市政府警察局北投分局請求進行賠償協議。

( ) **48** 某些公務員因執行職務侵害人民自由或權利，必須就其職務上之犯罪經判決有罪確定者，始能適用國家賠償法，下列何者不屬之？ (A)檢察官 (B)民事庭法官 (C)司法事務官 (D)行政法院法官。

( ) **49** 某道路橋樑之耐震設計不當，致大貨車通過時，橋樑崩塌斷裂壓傷甲，經送醫不治死亡。有關甲之國家賠償，下列敘述何者錯誤？ (A)賠償範圍包括醫藥費、喪葬費 (B)甲之配偶、子女得請求非財產上損害賠償 (C)賠償義務機關賠償後，不得對橋樑設計廠商求償 (D)甲之父親得請求相當於扶養費之損害賠償。

( ) **50** 關於損失補償之敘述，下列何者錯誤？ (A)人民因機關即時強制致財產損失，得請求補償 (B)損失補償原則上以金錢為之，並以實際損失為限 (C)不服損失補償之決定，得提起給付訴訟 (D)授予利益之違法行政處分遭撤銷，相對人主張信賴保護而請求損失補償遭拒，得提起訴願。

解答與解析 (答案標示為#者，表官方曾公告更正該題答案。)

1 (C)。司法院大法官解釋並無法典化，為不成文法源。

2 (C)。平等原則，旨在禁止無正當理由所形成不合理之差別待遇，故行政機關未有正當理由不提供身心障礙者必要協助，違反平等原則。

3 (C)。明確性原則要求公權力行為應具體明確，惟因面對複雜之生活事實，法律不可能為全面性之完善規範，故仍得運用不確定法律概念或概括條款來規範之，並不違反明確性原則。

4 (B)。裁量逾越係指行政機關之裁量超出法律授權之範圍；裁量怠惰係指行政機關依法有裁量之權限，但卻消極的不行使裁量權。

5 (D)。參司法院釋字第540號解釋，甲向市政府承購國宅乃私法行為，故對於市政府發函拒絕甲之請求，甲應循民事救濟管道為之。

6 (C)。警察學校請求公費生償還公費，乃基於行政契約；私立大學不續聘教授，以及行政機關拒絕給付符合檢舉要件之人民請領檢舉獎金，均為行政處分。

7 (C)。地方制度法第26條第2項及第3項：「直轄市法規、縣（市）規章就違反地方自治事項之行政業務者，得規定處以罰鍰或其他種類之行政罰。但法律另有規定者，不在此限。其為罰鍰之處罰，逾期不繳納者，得依相關法律移送強制執行。前項罰鍰之處罰，最高以新臺幣十萬元為限；並得規定連續處罰之。其他行政罰之種類限於勒令停工、停止營業、吊扣執照或其他一定期限內限制或禁止為一定行為之不利處分。」

8 (A)。地方制度法第25條參照。

9 (C)。參中央行政機關組織基準法第3條，獨立機關係指依據法律獨立行使職權，自主運作，除法律另有規定外，不受其他機關指揮監督之合議制機關。

10 (D)。行政程序法第11條參照。

11 (B)。行政院環境保護署將毒性化學物質之認定委由國立臺灣大學辦理，因國立臺灣大學亦為行政機關，又兩者間並不互相隸屬，故應屬行政程序法第15條第2項之權限委託。

12 (D)。參公務員懲戒法第9條之規定，可知各該懲戒處分之類型中，僅休職、降級及記過於政務人員不適用之。

13 (C)。參公務員懲戒法第9條第2項之規定。

14 (A)。公務員服務法第2條：「本法適用於受有俸給之文武職公務員及公營事業機構純勞工以外之人員。前項適用對象不包括中央研究院未兼任行政職務之研究人員、研究技術人員。」並可參司法院釋字第24號、第92號、第101號、第113號及第308號等相關解釋，故國立大學教授並非公務員服務法規定之公務員。

15 (D)。公務人員保障法第24條之1參照。

16 (C)。參最高行政法院107年9月份第1次庭長法官聯席會議決議：「……又依公務人員考績法第14條第1項前段、第16條及同法施行細則第13條第4項、第20條第1項規定，公務人員考績案雖須送銓敘部銓敘審定，惟銓敘部縱發現有違反考績法規情事，應退還原考績機關另為適法之處分，而無權逕行變更；且公務人員之平時考核獎懲，無庸送銓敘部銓敘審定。再依最適功能理論，服務機關對於所屬公務人員之任職表現最為清楚，由其應訴最為適當。足徵公務人員之考績權限應歸屬於服務機關，銓敘部則有適法性監督之權限，其就公務人員考績案所為之銓敘審定，核屬法定生效要件，並於服務機關通知受考人時發生外部效力。從而，公務人員如單就年終考績評定不服，原則上應以服務機關為被告；如對銓敘部基於掌理公務人員敘級、敘俸職權所為考績獎懲結果（晉級、獎金、留原俸級）之銓敘審定不服，則應以銓敘部為被告。」故公務人員不服其服務機關核發之年終考績丙等通知書，應以其服務機關為被告提起行政訴訟。

17 (C)。公務員服務法第13條、第14條及第14條之2參照。

18 **(C)**。參司法院釋字第400號解釋理由書：「既成道路成立公用地役關係，首須為不特定之公眾通行所必要，而非僅為通行之便利或省時；其次，於公眾通行之初，土地所有權人並無阻止之情事；其三，須經歷之年代久遠而未曾中斷，所謂年代久遠雖不必限定其期間，但仍應以時日長久，一般人無復記憶其確實之起始，僅能知其梗概（例如始於日據時期、八七水災等）為必要。」

19 **(B)**。行政程序法第92條、第150條、第159條及第165條分別參照。

20 **(A)**。中央法規標準法第12條至第14條及行政程序法第157條第3項參照。

21 **(A)**。依法要求入境之人民於入境後5日內完成疫苗注射，屬行政程序法第92條第2項對人之一般處分。又依同法第100條第2項，一般處分之送達，得以公告或刊登政府公報或新聞紙代替之。

22 **(A)**。有關行政處分程序重開，參行政程序法第128條之規定。

23 **(C)**。得撤銷之違法行政處分，於行政機關撤銷前均屬有效。而依行政程序法第111條第2款，應以證書方式作成而未給予證書者，該行政處分無效，故教育部核可申請人升等為副教授，卻未發給副教授證書，該升等處分為自始確定無效，並無得否撤銷之問題。

24 **(A)**。行政處分之作成違法者，該處分應屬得撤銷，於撤銷前仍屬有效，並非無效。

25 **(A)**。行政契約發生債務不履行時，應依行政訴訟法第8條之規定提起一般給付訴訟，如行政機關自為行政處分，恐有違反雙行為併用禁止原則之虞。

26 **(C)**。依照司法院釋字第533號解釋，衛生福利部中央健康保險署與醫事服務機構締結之全民健康保險特約之性質為行政契約。

27 **(D)**。警察於路口指揮交通為行政程序法第92條第2項之一般處分。

28 **(B)**。行政罰法第36條、第39條及第41條參照。

29 **(D)**。選項(A)、(D)，參行政罰法第15條第1項：「私法人之董事或其他有代表權之人，因執行其職務或為私法人之利益為行為，致使私法人違反行政法上義務應受處罰者，該行為人如有故意或重大過失時，除法律或自治條例另有規定外，應並受同一規定罰鍰之處罰。」故如董事長乙有故意或重大過失時，並受同一規定罰鍰之處罰，而職員丙雖因執行職務之故意行為致使甲公司應受行政處罰，然本法並無併同處罰職員之明文，故丙並不並受同一規定罰鍰之處罰。選項(B)，行政罰法第15條第2項：「私法人之職員、受僱人或從業人員，因執行其職務或為私法人之利益為行為，致使私法人違反行政法上義務應受處罰者，私法人之董事或其他有代表權之人，如對該行政法上義務之違反，因故意或重大過失，未盡其防止義務時，除法律或自治條例另有規定外，應並受同一規定罰鍰之處罰。」故丙之故意並非得推定為乙未盡其防止義務之故意，兩者並無關聯。選項(C)，故意共同實施違反行政法上義務之行為，行政罰法第14條第1項：「故意共同實施違反行政法上義務之行為者，依其行為情節之輕重，分別處罰之。」定有明文，乙丙屬於同一義務主體（即甲公司），故無本法規定之適用。

30 **(B)**。行政罰法第24條及第26條參照。

31 **(A)**。行政罰法第27條及第28條參照。

32 **(D)**。行政執行法第8條第1項參照。

33 **(B)**。行政執行法第28條第2項參照。

34 **(A)**。行政執行法第37條參照。

35 **(A)**。參政府資訊公開法第7條第1項：「下列政府資訊，除依第十八條規定限制公開或不予提供者外，應主動公開：一、條約、對外關係文書、法律、緊急命令、中央法規標準法所定之命令、法規命令及地方自治法規。二、政府機關為協助下級機關或屬官統一解釋法令、認定事實、及行使裁量權，而訂頒之解釋性規定及裁量基準。三、政府機關之組織、職掌、地址、電話、傳真、網址及電子郵件信箱帳號。四、行政指導有關文書。五、施政計畫、業務統計及研究報告。六、預算及決算書。七、請願之處理結果及訴願之決定。八、書面之公共工程及採購契約。九、支付或接受之補助。十、合議制機關之會議紀錄。」

36 **(B)**。參行政程序法第3條之規定。立法院拒絕民眾申請參觀立法院不是用行政程序法，係因該行為屬第2項第1款之「各級民意機關」之行政行為。

37 **(A)**。行政程序法第74條參照，並可參司法院釋字第797號解釋：「行政程序法第74條關於寄存送達於依法送達完畢時即生送達效力之程序規範，尚屬正當，與憲法正當法律程序原則之要求無違。」

38 **(B)**。行政程序法第57條、第63條及第109條參照。選項(A)，法律明文規定應舉行聽證作成決定，而未舉行者，該決定即具有瑕疵而違法，因此應得撤銷之。

39 **(C)**。訴願法第14條第1項、第57條、第58條第1項即第61條第1項參照。

40 **(A)**。行政程序法第109條；行政訴訟法第237條之18第1項：「人民、地方自治團體或其他公法人認為行政機關依都市計畫法發布之都市計畫違法，而直接損害、因適用而損害或在可預見之時間內將損害其權利或法律上利益者，得依本章規定，以核定都市計畫之行政機關為被告，逕向管轄之高等行政法院提起訴訟，請求宣告該都市計畫無效。」；公平交易法第48條：「對主管機關依本法所為之處分或決定不服者，直接適用行政訴訟程序。」等規定參照。

41 **(C)**。參稅捐稽徵法第第38條第1項：「納稅義務人對稅捐稽徵機關之復查決定如有不服，得依法提起訴願及行政訴訟。」及行政訴訟法第229條第1項及第2項第1款之規定，故甲收受某國稅局綜合所得稅補繳稅款新臺幣30萬元之繳款書，其不服該核定時，應提起復查、訴願未果後，向管轄之地方法院行政訴訟庭提起救濟。（修法後為地方行政法院）

42 **(A)**。參最高行政法院105年8月份第1次庭長法官聯席會議決議：訴願法第81條第1項：「訴願有理由者，受理訴願機關應以決定撤銷原行政處分之全部或一部，並得視事件之情節，逕為變更之決定或發回原行政處分機關另為處分。但於訴願人表示不服之範圍內，不得為更不利益之變更或處分。」此項本文規定係規範受理訴願機關於訴願有理由時，應為如何之決定。其但書明文規定「於訴願人表示不服之範圍內」，顯係限制依本文所作成之訴願決定，不得為更不利益之變更或處分，自是以受理訴願機關為規範對象，不及於原處分機關。本項規定立法理由雖載有「受理訴願機關逕為變更之決定或原行政處分機關重為處分時，均不得於訴願人表示不服之範圍內，為更不利益之變更或處分」之文字。然其提及參考之民國69年5月7日訂定之「行政院暨所屬各級行政機關訴願審議委員會審議規則」第15條，僅規定受理訴願機關認訴願為有理由時之處理方法，並未規定原行政處分機關於行政處分經撤銷發回後重為處分時，不得為更不利於處分相對人之處分。在法無明文時，尚不得以立法理由所載文字，限制原行政處分機關於行政處分經撤銷發回後重為處分時，於正確認事用法後，作成較原行政處分不利於處分相對人之行政處分，否則不符依法行政原則。因此，原行政處分經訴願決定撤銷，原行政處分機關重為更不利處分，並不違反訴願法第81條第1項但書之規定。

43 **(C)**。行政訴訟法第13條及第15條之1參照。

44 **(A)**。撤銷訴訟之暫時性權利保護途徑為行政訴訟法第116條之停止執行。

45 **(B)**。自行政訴訟法第6條第1項之規定，可知確認訴訟之種類包含確認已消滅之行政處分違法之訴訟、確認行政處分無效之訴訟及確認公法上法律關係成立或不成立之訴訟。至於確認行政事實行為違法之訴訟應屬同法第8條之一般給付訴訟類型。

46 **(D)**。退休金之核准為一行政處分，公務員請求服務機關依該核准發給退休金，係請求該核准機關依此核准處分履行其公法上金錢給付義務，故應選擇以一般給付訴訟之方式為之。

47 **(D)**。A民間拖吊公司受臺北市政府警察局委託實施違規拖吊，為行政助手，乃臺北市政府警察局手足之延伸，故警員乙指揮A民間拖吊公司實施違規拖吊之行為，仍視為乙執行職務之行為，甲因A公司員工操作不當，致其車受損，及應依國家賠償法第2條第2項及第10條之規定，先以書面向臺北市政府警察局北投分局請求進行賠償協議，再提起國家賠償訴訟。

48 **(C)**。國家賠償法第13條：「有審判或追訴職務之公務員，因執行職務侵害人民自由或權利，就其參與審判或追訴案件犯職務上之罪，經判決有罪確定者，適用本法規定。」司法事務官並上開法律所規定之職權，故不適用上開規定。

49 **(C)**。依國家賠償法第5條，國家損害賠償，除依本法規定外，適用民法規定，故選項(A)、(B)、(D)均屬得適用民法之結果，該敘述正確。選項(C)，依同法第3條第5項，賠償義務機關賠償後，得對橋樑設計廠商求償。

50 **(D)**。參行政程序法第120條3項：「關於補償之爭議及補償之金額，相對人有不服者，得向行政法院提起給付訴訟。」故選項(D)「提起訴願」之敘述錯誤。

NOTE

111年 司法三等（書記官）

一、外籍勞工甲於宿舍看電視觀賞足球比賽，過程中喝了2、3瓶罐裝啤酒，因覺得不夠，騎電動自行車外出購買啤酒，惟才剛外出即遭警攔查而查獲酒後駕車，經法院判處有期徒刑2月併科10,000元罰金。因有期徒刑部分得易科罰金，甲繳交罰金71,000元而執行完畢。後就業服務法之主管機關勞動部依就業服務法第73條第6款規定（：「雇主聘僱之外國人，有下列情事之一者，廢止其聘僱許可：……六、違反其他中華民國法令，情節重大。……」），廢止其聘僱許可。甲不服，提起訴願，經駁回後提起行政訴訟，主張酒後駕車所觸犯之刑法第185條之3第1項之罪為有期徒刑三年以下之輕罪，非屬重大犯罪，且其所騎乘之電動自行車最大速率為每小時25公里以下，社會危險性甚低，非屬「情節重大」。勞動部則主張外籍勞工觸犯刑法規定即屬情節重大，且情節重大為不確定法律概念，主管機關對於是否情節重大之判斷享有判斷餘地，法院應尊重其判斷。問：行政法院應為如何之裁判？請說明之。

解 行政法院應為如何之裁判，涉及不確定法律概念與判斷餘地，分析如下：

(一)按所謂不確定法律概念，是指因為法律之構成要件，其法律用語可能因為有一般性、普遍性或抽象性，而不夠明確，因此屬於「不能定義，只能描述」之概念，從而只能從具體個案上判斷是否與該不確定法律概念合致。而因不確定法律概念出現於法律構成要件中，針對事實如何涵攝於法律構成要件，本即屬法院認事用法的權限，因此針對行政機關適用不確定法律概念是否正確，法院原則上有審查之權限；至於所謂判斷餘地，係指於不確定法律概念的核心領域中，行政機關享有自行判斷的餘地。因此在不確定法律概念中，倘行政機關享有判斷餘地時，則法院應予尊重，不得介入審查。

(二)次按多數說認，行政機關適用不確定法律概念時，如涉及關於考試成績之評定、具有高度屬人性事項之決定、由社會多元利益代表所為之決定、專家所為之判斷、由獨立行使職權之委員會所為之決定、行政機關預測性或評估性之決定、具有高度政策或計畫性決定等，此時應享有判斷餘地。

(三)查本件涉及就業服務法第73條第6款有關違反其他中華民國法令，其「情節是否重大」之不確定法律概念，應非屬前述所列行政機關享有判斷餘地之情形，而應從具體個案上判斷勞工甲之行為是否與該不確定法律概念，即其違反我國刑法情形是否與「違反其他中華民國法令，情節重大」合致，而因針對事實如何涵攝於法律構成要件，行政法院應有完全之審查權限，勞動部並不享有判斷餘地。

(四)次查，勞工甲酒後駕車行為僅係至鄰近超商購物，並不是因為駕車行為有任何危害他人身體、生命或財產法益的情形而被查獲，也不是在工作時間飲酒，是以，似乎難以期待在一般社會通念中如何理解有何種原處分所認為的違反中華民國法令情節重大之情形，可證原處分之認定事實尚有未盡周延之處。再者，甲於飲酒休息之後始騎車前往鄰近超商的行為，雖然違法，但在當時當地之情形下，社會或其他個人的法益並不因此而發生實際損害或高度不安定的結果，且甲已因違法行為受到應有的制裁，承擔其應負的責任。從而原處分尚有違誤，行政法院應予撤銷。

(五)綜上所述，本件行政法院應有完全之審查權限，勞動部並不享有判斷餘地。又原處分尚有違誤，故行政法院應予撤銷。

二、警察人員人事條例第28條第1項及第3項規定：「警察人員平時考核之獎懲種類，適用公務人員考績法之規定。……第一項獎懲事由、獎度、懲度、考核監督責任及其他相關事項之標準，除依本條例規定外，由內政部定之。」內政部依此一規定之授權，訂定警察人員獎懲標準，規定警察人員獎勵（嘉獎、記功、記大功）與懲處（申誡、記過、記大過）之標準。問：警察人員獎懲標準之法律性質為何？請說明之。

解 警察人員獎懲標準應屬法規命令，說明如下：

(一)按行政機關基於法律授權，對多數不特定人民就一般事項所作抽象之對外發生法律效果之規定，乃法規命令；又法規命令之內容應明列其法律授權之依據，並不得逾越法律授權之範圍與立法精神，均為行政程序法第150條所明定。之所以有法規命令，是因為立法者於立法時，不可能就全部事項作鉅細靡遺之規範，故有必要透過行政機關訂定抽象的法規命令，來彌補法律之不足，是法規命令可說是用來補充、實施或適用法律。

(二) 次按各機關發布之命令，得依其性質，稱規程、規則、細則、辦法、綱要、標準或準則，為中央法規標準法第3條所明定。

(三) 查警察人員人事條例，係屬中央法規標準法第2條，由立法院經由三讀通過，並以條例所命名，是為法律。而警察人員獎懲標準，係依警察人員人事條例第28條第1項及第3項授權內政部所訂定，用以就警察人員之獎懲標準作更為細節性之規範，且為抽象而對外，即警察人員發生獎懲法律效果之規定。此外，其係以「標準」命名之，故其應屬央法規標準法第3條之命令。綜上，警察人員獎懲標準應屬行政程序法第150條之法規命令。

NOTE

111年 司法四等（書記官）

一、某機關派遣承辦人員自行送達應送達之行政文書，依該機關資料顯示，應受送達人甲之應受送達處所A為其住居所，承辦人員到達A處後按鈴，應門者為乙女，承辦人員表示送達行政文書給甲男之意，乙女表示理解，惟她不知甲男是誰，此A處所住居者並無甲男，請問承辦人員應如何送達？

解 承辦人員應為如何之送達，說明如下：

(一) 按送達，於應受送達人之住居所、事務所或營業所為之，為行政程序法（下同）第72條第1項所明定。

(二) 次按送達之方式，如於應送達處所不獲會晤應受送達人時，得將文書付與有辨別事理能力之同居人、受雇人或應送達處所之接收郵件人員，為補充送達；如應受送達人或其同居人、受雇人、接收郵件人員無正當理由拒絕收領文書時，得將文書留置於應送達處所，以為送達，即留置送達；如不能依補充送達或留置送達為之者，得將文書寄存送達地之地方自治或警察機關，並作送達通知書兩份，一份黏貼於應受送達人住居所、事務所、營業所或其就業處所門首，另一份交由鄰居轉交或置於該送達處所信箱或其他適當位置，以為送達，即所謂寄存送達。以上均為第73條、第74條所明文規定之送達方式。

(三) 查本案之行政文書，應送達甲之住居所A處，然承辦人員於該處不獲會晤甲，而乙女不知甲是誰，並非A之同居人、受僱獲接收郵件之員，故無法以補充送達方式為之，且亦無無正當理由拒絕收領文書之情形，故亦不得以留置送達方式為之。是以，承辦人員應依上開之規定，以寄存送達方式為之。

二、道路交通主管機關將甲所居住的巷道設立成單行道，其方向正好與甲慣行車輛方向相反，造成其困擾。甲認為沒此必要，因為交通量不大，大家會車時小心一點即可。請問甲是否能依法提出行政救濟，請求撤銷主管機關將此巷道設立成單行道之決定（請附理由）？

解 本題甲之救濟說明如下：

道路交通主管機關將甲所居住的巷道設立成單行道，屬對人之一般處分：

(一)按行政處分，係指行政機關就公法上具體事件所為之決定或其他公權力措施而對外直接發生法律效果之單方行政行為。又如該決定或措施之相對人雖非特定，而依一般性特徵可得確定其範圍者，為對人之一般處分，適用有關行政處分之規定；如係有關公物之設定、變更、廢止或其一般使用者，亦同，即學理上所稱對物之一般處分。以上均為行政程序法第92條所明定。

(二)次按最高行政法院106年度判字第414號判決之意旨，法規命令與行政處分之最大區別，在於「法規命令」所生之外部法律效果為「法規範內容對社會全部成員所生之抽象規制效力」，所有社會成員均需遵守該法規命令之規範意旨，但尚未在一個具體事實中受到適用，而形成特定主體（包含行政機關在內）間之權利義務關係；「行政處分」所生之法律效果則是「法規範經過法律涵攝過程，適用於個案事實，因此在特定主體間，發生確認或形成權利義務之具體規制作用」。從法律適用之邏輯言之，特定法規範一定是先有「抽象規制效力」，然後才因適用於個案事實而生「具體規制作用」。但「已生抽象規制作用之法規範，是否因適用於個案事實，致生具體規制作用」，在實務上每有「邊界案型」存在。存在之實證原因則是：法規範生效後所生之抽象規制作用，如果配合「該法規範內容明確，法律涵攝可輕易完成」之實證條件，即會使符合該法規範構成要件之個案事實當事人，會認為對應之權利義務已經確認，故有具體規制作用之形成，此時個案事實之當事人急欲爭執該法規範本身之合法性，從而產生行政爭訟之主觀需求，而欲將此等「邊界案型」之定性，從「法規命令」之層次，拉高到「行政處分」之層次，使其得以儘早爭訟。

(三)查道路交通主管機關將甲所居住的巷道設立成單行道，該法律效果並非所有社會成員均需遵守其規範意旨，而係用以規範「凡經過該巷道之人」，亦即其在一個具體事實中始受到適用；又從人民救濟權利保障之目的以觀，為始人民得以儘早爭訟，故本題設立單行道之行為，應認其屬一般處分而非法規命令為是。

(四)次查道路交通主管機關將甲所居住的巷道設立成單行道，雖有認為其屬有關公物一般使用之規定，然本文認為，其法律效果係對於凡經過該巷道之人，做僅得進行單向行駛之規範，故該規範對象屬於依該一般性特徵可得確定為特定範圍之人，應屬對人之一般處分。惟無論如何，因其均屬一般處分，故甲如認道路交通主管機關將甲所居住的巷道設立成單行道，其方向正好與甲慣行車輛方向相反，且該巷道交通量不大，大家會車時小心一點即可，並無設定單行道之必要時，自得依訴願法第1條第1項及行政訴訟法第4條第1項之規定，提起撤銷訴願予撤銷訴訟救濟。

三、甲機關將其對民眾機車排放廢氣之檢驗權限，依法委由私人經營之機車行乙，由其負責，丙將其機車送去乙機車行檢驗，不料乙之員工在檢驗過程中，不慎造成丙之機車損害，但乙表示沒賺多少錢，只願象徵性給予500元。丙對此甚為不滿，對其車損打算請求賠償，朋友告知，此為私人間之侵權行為，應依民法向乙請求賠償。丙則認為跟乙難說理，況此損害為政府要求之廢氣檢驗所生，故打算請求國家賠償。請問：丙對於乙於廢氣檢驗過程中不慎造成其車損，是否得請求國家賠償（請附理由）？

解 丙得請求國家賠償，說明如下：

(一)機車行乙就機車之排放檢驗權限範圍內實施檢驗，屬行使公權力行為，乃受託行使公權力之私人：

1.按行政機關得依法將其權限之一部分委託民間團體或個人辦理；受託行使公權力之個人或團體於委範圍內，視為行政機關，分別為行政程序法第16條規定及第2條第3項所明定。

2.查甲機關將其對民眾機車排放廢氣之檢驗權限，依法委由私人經營之機車行乙，由其負責，故機車行乙就機車之排放檢驗權限範圍內實施檢驗，係源自甲機關依行政程序法第16條所為之授權行為，屬受託行使公權力之私人，並於該委託範圍內實施檢驗時，該當行使公權力之行為，視為行政機關。

(二)丙得請求國家賠償：

1.按公務員於執行職務行使公權力時，因故意或過失不法侵害人民自由或權利者，國家應負損害賠償責任；受委託行使公權力之團體，其執行職務之人於行使公權力時，視同委託機關之公務員；依第2條第2項請求損害賠償者，以該公務員所屬機關為賠償義務機關，分別為國家賠償法第2條第2項、第4條第1項及第9條第1項所明定。

2.查機車行乙就機車之排放檢驗權限範圍內實施檢驗，屬行使公權力行為，乃受託行使公權力之私人，如前所述。而乙之員工於實施檢驗行為時，即視同委託機關乙之公務員。今其於廢氣檢驗過程中不慎造丙車損，故丙如自得以乙為賠償義務機關，請求國家賠償。

四、假設公務人員考績法規定：「公務人員一次記兩大過免職，免職要件由主管機關定之。」主管機關依公務人員考績法之授權發布法規命令：「公務人員如有符合下列情形之一者，一次記兩大過：一、連續三次上班遲到者；二、…」」。

公務人員甲連續3次上班遲到，因此被所屬單位依上述法規命令記兩大過，再依公務人員考績法予以免職，甲不服此免職處分。經向法律專業人士諮詢，告知甲得尋求法律途徑救濟，理由為一、「免職處分應受嚴格法律保留之拘束」二、「若所依據之法律，就相關要件以抽象概念表示者，亦須符合一定要件，方符合法律明確性原則」請就此二理由，適度闡明之。

解 本題說明如下：

(一)有關理由一，涉及法律保留原則之法律規範密度問題：

1.按法律之規範密度，司法院釋字第443號解釋提出學理上所謂「層級化法律保留」，亦即，關於人民身體之自由，因憲法第8條規定即較為詳盡，其中內容屬於憲法保留之事項者，縱令立法機關，亦不得制定法律加以限制。至何種事項應以法律直接規範或得委由命令予以規定，與所謂規範密度有關，應視規範對象、內容或法益本身及其所受限制之輕重而容許合理之差異：諸如剝奪人民生命或限制人民身體自由者，必須遵守罪刑法定主義，以制定法律之方式為之；涉及人民其他自由權利之限制者，亦應由法律加以規定，如以法律授權主管機關發布命令為補充規定時，其授權應符合具體明確之原則；若僅屬與執行法律之細節性、技術性次要事項，則得由主管機關發布命令為必要之規範，雖因而對人民產生不便或輕微影響，尚非憲法所不許。又關於給付行政措施，其受法律規範之密度，自較限制人民權益者寬鬆，倘涉及公共利益之重大事項者，應有法律或法律授權之命令為依據之必要，乃屬當然。

2.次按司法院釋字第491號解釋，公務人員之懲戒乃國家對其違法、失職行為之制裁，此項懲戒為維持長官監督權所必要，自得視懲戒處分之性質，於合理範圍內，以法律規定由長官為之。中央或地方機關依公務人員考績法或相關法規之規定，對公務人員所為免職之懲處處分，為限制其服公職之權利，實質上屬於懲戒處分。其構成要件應由法律定之，方符憲法第23條規定之意旨。

3.查公務人員考績法有關一次記兩大過免職之規定，屬對公務人員所為免職之懲處處分，為限制其服公職之權利，故實質上屬於懲戒處分，依照層級化法律保留有關法律保留規範密度及尚開司法實務之意旨，該規定應由法律定之，方符憲法第23條規定之意旨，屬嚴格法律保留之情形，故公務人員考績法不得為免職要件由主管機關訂定之授權規定，理由一應屬正確。

(二)有關理由二，涉及法律明確性：

1.按司法院釋字第491號解釋，懲處處分之構成要件，法律以抽象概念表示者，不論其為不確定概念或概括條款，均須符合明確性之要求。其意義須非難以理解，且為一般受規範者所得預見，並得經由司法審查加以確認方可。

2.查本題公務人員考績法就懲處處分之構成要件，僅規定：「公務人員一次記兩大過免職，免職要件由主管機關定之。」此種概括授權規定，其意義並不得透過法條文意理解，且一般受規範者並無法預見何種情況下會遭到免職，而亦經飛得由司法審查加以確認，顯然不符合上開對懲處處分有關法律明確性原則要求之解釋意旨，故理由二應屬正確。

111年 司法四等（法警、執行員）

( ) **1** 關於習慣法作為行政法法源之敘述，下列何者錯誤？ (A)該習慣應經長久施行 (B)須一般人客觀上具有法之確信 (C)得適用於剝奪自由之事項 (D)與當時有效施行之成文法不相違背。

( ) **2** 甲機關解釋性行政規則明顯重大牴觸法律經廢止後，乙主張已廢止之規則應繼續適用於乙已申請之案件，甲應以下列何種方式處理？(A)保護乙信賴利益，核發乙申請許可 (B)召開協調會，層轉上級機關解釋法令適用 (C)已廢止規則明顯重大牴觸法律，不得主張信賴利益，駁回乙申請 (D)向行政法院起訴確認不適用已廢止行政規則。

( ) **3** 行政罰法第18條第1項：「裁處罰鍰，應審酌違反行政法上義務行為應受責難程度、所生影響及因違反行政法上義務所得之利益，並得考量受處罰者之資力」規定係體現下列何項原則？ (A)比例原則 (B)誠實信用原則 (C)法律保留原則 (D)禁止不當聯結原則。

( ) **4** 關於行政裁量之敘述，下列何者正確？ (A)有多數法律效果得選擇時，行政機關享有裁量權 (B)行政法院即使發現行政機關有裁量瑕疵時，仍不得僅以此為據，認定原行政處分為違法 (C)上級行政機關得限縮下級行政機關之裁量權 (D)行政機關於裁量縮減至零，而仍不作為時，不構成公務員怠於執行職務之國賠責任。

( ) **5** 下列何者非屬公權力行為？ (A)駁回人民申請承租國有地 (B)主管機關註銷國軍眷村原眷戶眷舍居住憑證 (C)駁回人民申請讓售國有非公用財產 (D)退役軍人與臺灣銀行訂立優惠存款契約。

( ) **6** 自然人死亡對於行政法律關係影響，下列敘述何者錯誤？ (A)行政罰鍰處分作成前義務人死亡，不應再行科處 (B)當事人委任代理人後，當事人死亡，委任契約終止，代理權消滅 (C)公務人員執行職務時意外死亡，應發給慰問金 (D)行政義務人死亡遺有財產，行政執行處得逕對其遺產強制執行。

(　) **7** 依行政程序法之規定，關於公法上請求權之時效，下列敘述何者正確？ (A)債務人因時效完成而發生抗辯權 (B)因行政處分而中斷之時效，自行政處分送達相對人或使其知悉時，重行起算 (C)行政處分如因撤銷而溯及既往失效時，自該處分失效時起，已中斷之時效視為不中斷 (D)行政處分如因廢止而溯及既往失效時，自該處分失效時起，重行起算時效。

(　) **8** 依據中央行政機關組織基準法規定，關於獨立機關之敘述，下列何者錯誤？ (A)為合議制機關 (B)機關之組織應以法律定之 (C)獨立行使職權，不受法律限制 (D)除法律另有規定外，不受其他機關指揮監督。

(　) **9** 關於數行政機關於管轄權有爭議之處置措施，下列敘述何者錯誤？ (A)有共同上級機關時，由共同上級機關決定管轄權 (B)無共同上級機關時，由各該上級機關協議定管轄權 (C)人民就其依法規申請之事件，得申請指定管轄，受理申請之機關應自請求到達之日起10日內決定之 (D)人民對有權指定管轄權機關所為之決定如有不服，得自指定管轄之決定作成之次日起30日內提起訴願。

(　) **10** 內政部將液化石油氣容器之認可委由某公司辦理。此種情形屬於下列何者？ (A)權限委辦 (B)權限委任 (C)行政委託 (D)行政助手。

(　) **11** 公務員各官等人員，於同一考績年度內，任職不滿1年，而連續任職已達6個月者，應辦理下列何種考績？ (A)年終考績 (B)專案考績 (C)離職考績 (D)另予考績。

(　) **12** 關於公務員責任之敘述，下列何者錯誤？ (A)對於懲戒處分以及懲處處分設有不同救濟途徑 (B)對於懲處處分未影響公務員基礎關係僅得提起內部申訴 (C)公務員之刑法上責任主要反映在構成要件或加重要件上 (D)公務員因故意過失行使公權力致造成人民損害原則上適用國家賠償法。

(　) **13** 行政機關依公務人員考績法規定，對公務人員記大過處分，依據實務見解，其懲處權之行使期限為下列何者？ (A)2年 (B)3年 (C)5年 (D)10年。

( ) **14** 下列何者定義的公務員範圍最廣？ (A)公務員服務法 (B)公務人員保障法 (C)公務人員任用法 (D)國家賠償法。

( ) **15** 關於事務官之敘述，下列何者正確？ (A)隨政黨選舉而進退 (B)適用公務人員考績法 (C)不必具有公務人員任用之法定資格 (D)沒有公職人員利益衝突迴避法之適用。

( ) **16** 關於公務人員執行職務衍生之權益保障，依公務人員保障法規定，下列敘述何者正確？ (A)公務人員因機關提供有瑕疵之安全防護設備致健康受損，不得依國家賠償法請求賠償 (B)公務人員因執行職務發生意外而受傷，如其行為當時有重大過失，得不發慰問金 (C)公務人員依法執行職務涉訟，如因執行職務有過失所致，即不得請求輔助 (D)公務人員依法執行職務涉訟時，應先自行延請律師，並向服務機關申請費用及其他法律上協助。

( ) **17** 依公務員懲戒法規定，下列何者非屬公務員當然停止職務之事由？ (A)被羈押 (B)受褫奪公權宣告 (C)受緩刑宣告 (D)在監執行中。

( ) **18** 關於行政程序法中陳述意見之規定，下列敘述何者錯誤？ (A)相對人於提起訴願前依法律應向行政機關聲請再審查者，行政機關得不給予陳述意見之機會 (B)應給予當事人陳述意見之機會已於事後給予者，該瑕疵得因此而補正 (C)陳述意見以言詞為之者，行政機關應作成紀錄 (D)行政機關將違法行政處分轉換為合法處分前，應一律給予當事人陳述意見之機會。

( ) **19** 依地方制度法規定，下列何者非屬於自治法規？ (A)委任辦法 (B)自治細則 (C)委辦規則 (D)自治辦法

( ) **20** 關於法規命令之敘述，下列何者錯誤？ (A)法規命令具有對外規範人民權利義務之法律效力 (B)法規命令應依法發布始生效力 (C)法規命令因關乎公益，故依法不得由人民提議訂定 (D)法規命令之發布，應刊登於政府公報或新聞紙，不得以網站上公告代之。

( ) **21** 下列何者為不得附加負擔作為附款之行政處分？ (A)行政機關對人民甲予以裁處罰鍰 (B)行政機關同意資助公務員乙出國進修

(C)行政機關許可外國人丙居留於我國境內 (D)行政機關同意申請人丁公司得為公平交易法之聯合行為。

( ) **22** 關於行政處分之敘述，下列何者錯誤？ (A)書面行政處分，依法應送達相對人及已知之利害關係人 (B)一般處分之送達，得以公告或刊登政府公報或新聞紙代替之 (C)行政處分僅能產生公法上之法律效果 (D)以言詞方式所為之行政處分，相對人有正當理由得要求處分機關作成書面。

( ) **23** 下列何者非行政機關得廢止授予利益之合法行政處分之法定事由？ (A)法規准許廢止 (B)原處分所訂期間將屆 (C)附負擔之行政處分，受益人未履行該負擔 (D)行政處分所依據之法規或事實事後發生變更，致不廢止該處分對公益將有危害。

( ) **24** 下列何種行政行為屬於行政處分？ (A)氣象機關提醒颱風將至，不宜從事登山活動 (B)行政機關維修道路 (C)食品衛生主管機關就抽樣檢驗不合格之食品，依食品安全衛生管理法之規定予以銷毀 (D)甲向主管機關申請失業救濟補助，經主管機關以書面予以駁回。

( ) **25** 關於行政處分瑕疵之補正，下列敘述何者錯誤？ (A)缺乏事務權限者，得事後補正 (B)未給予當事人陳述意見機會者，得事後補正 (C)其得提起訴願者，應於訴願程序終結前為之 (D)得不經訴願程序者，僅得於向行政法院起訴前補正之。

( ) **26** 關於契約之敘述，依行政實務見解，下列何者正確？ (A)BOT之投資契約屬於行政上之和解契約 (B)買賣國宅屬於公私法混合契約 (C)國家出租或出售國有財產，屬於行政上之雙務契約 (D)私立大學與教師之聘任關係為私法契約關係。

( ) **27** 甲報考軍校錄取後與該校簽訂行政契約，約定學生遭開除學籍時，應賠償軍校所給付予學生之一切費用。嗣甲遭開除學籍，軍校擬對甲請求賠償，下列敘述何者正確？ (A)若軍校以書面限期命甲賠償，該書面非行政處分 (B)若該行政契約有甲自願接受執行之約定，軍校得作成行政處分，限期命甲賠償；甲逾期仍不履行，得依行政執行法移送強制執行　(C)若該行政契約未約定甲自願接受執行，軍校仍得作成行政處分，限期命甲賠償　(D)該行政契約屬於行政上之和解契約。

(　　) **28** 下列何者非屬行政事實行為？　(A)法務部函復經濟部關於行政程序法之適用疑義，請經濟部參酌說明自行認定之　(B)公路主管機關於山地陡峭道路之上坡側，豎立險升坡之警告標誌　(C)桃園市政府函復陳情人，將編列預算美化市容　(D)財政部變更某進口貨物歸列之稅則號別。

(　　) **29** 下列何者非屬行政罰法所明定之阻卻違法事由？　(A)依法令之行為　(B)正當防衛之行為　(C)緊急避難之行為　(D)不可抗力之行為。

(　　) **30** 關於行政罰法之敘述，下列何者錯誤？　(A)行政罰以行為時之法律或自治條例有明文規定者為限　(B)本法之行政罰，係指行政秩序罰而言，不包括執行罰　(C)行政罰之種類，除罰鍰、沒入外，包括其他裁罰性不利處分　(D)本法係行政罰有關法令之特別法。

(　　) **31** 依行政罰法之規定，一行為違反行政法上義務而受罰鍰之處分，該處罰之法律另有沒入之規定時，下列敘述何者正確？　(A)一行為不二罰，因此不得再作沒入處分　(B)需視裁處處分與沒入處分何者較重，擇一重者處罰之　(C)兩者可合併處罰　(D)如應沒入之物品有危害大眾之可能時，始可一併沒入。

(　　) **32** 依行政罰法規定，下列何者為裁處罰鍰須審酌之事項？　(A)因違反行政法上義務所得之利益　(B)有無涉嫌違反刑事法律　(C)受處罰者之人數　(D)受處罰者之經歷。

(　　) **33** 某甲因欠繳稅款，經主管機關催告限期履行後仍未履行，其名下之房屋因而遭到執行機關之查封。倘若甲對於該查封處分不服，應如何提起救濟？　(A)向主管機關提起復查　(B)向執行機關聲明異議　(C)向執行機關提起訴願　(D)向主管機關提起訴願。

(　　) **34** 依行政執行法規定，下列何者非屬義務人不得管收之情形？　(A)生產後3月未滿　(B)現罹疾病，恐因管收而不能治療　(C)懷胎5月以上　(D)因管收而其一家生計有難以維持之虞。

(　) **35** 關於聽證之敘述，下列何者錯誤？ (A)聽證以不公開為原則，不開放旁聽 (B)行政機關得於聽證期日前舉行預備聽證 (C)聽證主持人得由行政機關首長指定之 (D)行政機關未經當事人之申請，亦得變更聽證期日。

(　) **36** 下列應限制公開之政府資訊，何者基於公益之必要仍得公開？ (A)公開足以妨害刑事被告受公正之裁判者 (B)政府機關為實施監督業務，而取得監督對象之相關資料，其公開將對實施目的造成困難或妨害者 (C)為保存文化資產必須特別管理，而公開有滅失或減損其價值之虞者 (D)公開有侵害個人隱私、職業上秘密或著作權人之公開發表權者。

(　) **37** 下列事項何者仍須適用行政程序法之程序規定？ (A)外國人出、入境之行為 (B)刑事案件犯罪偵查程序 (C)對公務人員所為一次記二大過免職之處分 (D)考試院有關考選命題及評分之行為。

(　) **38** 若對於當事人之送達，因應為送達之處所不明，以黏貼於行政機關公告欄、但未同時刊登政府公報或新聞紙之方式對應受送達人為公示送達。關於此送達之效力，下列敘述何者正確？ (A)因未送達於當事人本人，不發生送達之效果 (B)自公告之翌日起生效 (C)自公告之日起，經20日發生效力 (D)自公告黏貼於公告欄最後之日起，經30日發生效力。

(　) **39** 依訴願法第77條規定，下列何者非屬訴願應不受理之情形？ (A)對於命拆除違建之行政處分提起訴願後，該違建於地震中倒塌 (B)財政部國有財產署拒絕人民要求讓售國有財產，人民提起訴願 (C)原處分未附救濟期間之教示，於原處分書送達後2個月提起訴願 (D)人民因違反噪音管制法提起訴願並已作成決定後，再次提起訴願。

(　) **40** 關於訴願之敘述，下列何者正確？ (A)訴願代理人有2人以上者，均得單獨代理訴願人 (B)訴願人不得申請言詞辯論 (C)訴願決定應於2個月內為之 (D)訴願決定為專家判斷餘地，法院不必審查。

(　) **41** 訴願人對受理訴願機關於訴願程序進行中所為之程序上處置不服者，其得提起之救濟，下列敘述何者正確？ (A)因屬程序上之處置，故不得提起任何救濟 (B)得就程序上之處置，單獨逕行提起行政訴訟 (C)得就程序上之處置，另行提起訴願 (D)應併同訴願決定提起行政訴訟。

( ) **42** 土地徵收因未於法定期限內發給補償費，而致徵收失效，應提起何種行政訴訟類型？ (A)撤銷訴訟 (B)課予義務訴訟 (C)確認徵收法律關係不存在訴訟 (D)一般給付訴訟。

( ) **43** 不服下列何者不得提起行政訴訟？ (A)律師懲戒覆審委員會之決議 (B)學校之記過處分 (C)課稅機關之復查決定 (D)會計師懲戒覆審委員會之覆審決議。

( ) **44** 有關行政訴訟閱覽卷宗之規範，下列何者錯誤？ (A)閱覽、抄錄、影印或攝影卷宗，應向行政法院書記官聲請 (B)第三人經當事人同意或釋明有法律上之利害關係，得經行政法院裁定許可閱覽卷宗 (C)聲請人得預納費用請求給付卷宗之繕本、影本或節本 (D)行政訴訟法第44條之輔助參加人不得聲請閱覽卷宗。

( ) **45** 有關行政訴訟起訴前保全證據，下列敘述何者錯誤？ (A)保全證據範圍包括人證及物證 (B)起訴前保全證據之聲請，應向被告機關所在地之地方法院行政訴訟庭為之 (C)為保全證據，行政法院得命司法事務官協助調查證據 (D)如於起訴前聲請證據保全，須繳納裁判費。

( ) **46** 關於行政訴訟之調查證據，下列敘述何者錯誤？ (A)行政法院得依舉證人之聲請調查第三人所持有之文書 (B)當事人主張之事實，雖經他造自認，行政法院仍應調查其他必要之證據 (C)行政法院應依職權調查證據之訴訟類型，以撤銷訴訟為限 (D)行政法院得囑託普通法院或其他行政機關調查證據。

( ) **47** 依規定進行居家隔離之人，於隔離結束後得申請補償，係基於下列何種法理？ (A)因公益目的之特別犧牲 (B)因人身自由剝奪之對待給付 (C)因生存照顧之給付行政 (D)因人身自由剝奪之損害賠償。

( ) **48** 下列何者非屬國家損失補償之共同成立要件？ (A)須屬於從事私經濟行政之行為 (B)須對財產或其他權利之侵害 (C)侵害須達嚴重程度或已構成特別犧牲 (D)須為合法行為。

( ) **49** 下列何人非屬國家賠償請求權人？ (A)公務員駕駛公務車輛執行職務時不法傷及之路人 (B)因公平交易委員會違法公開警告行為所侵害之公司 (C)因台灣電力股份有限公司輸電設施有瑕疵而傾倒壓傷之人 (D)因市政府管理欠缺之道路坑洞，致人民死亡時，為被害人支出殯葬費之人。

( ) **50** 關於國家賠償之敘述，下列何者正確？ (A)公務員之範圍係狹義公務員，比照公務人員任用法 (B)國家賠償之方式係完全採金錢賠償 (C)賠償請求權，自請求權人知有損害時，因1年間不行使而消滅 (D)公共設施設置或管理欠缺係採無過失責任。

解答與解析

（答案標示為#者，表官方曾公告更正該題答案。）

1 (C)。選項(A)、(B)、(D)均為習慣法之敘述，亦即其均為習慣法得做為法源之前提要件，至於選項(C)則不屬之。

2 (C)。參司法院釋字第525號解釋理由書：「……至經廢止或變更之法規有重大明顯違反上位規範情形，或法規（如解釋性、裁量性之行政規則）係因主張權益受害者以不正當方法或提供不正確資料而發布者，其信賴即不值得保護。」故甲機關解釋性行政規則明顯重大牴觸法律經廢止後，乙即不得主張已廢止之規則應繼續適用於乙已申請之案件，蓋已廢止規則明顯重大牴觸法律，乙不得主張信賴利益，因此應駁回乙申請。

3 (A)。行政罰法第18條第1項針對違反行政法上義務行為應受責難程度、所生影響及因違反行政法上義務所得之利益、受處罰者之資力等進行綜合之考量，目的在於對不同輕重情節之個案做出最適當之罰鍰，乃比例原則之體現。

4 (A)。選項(B)，裁量瑕疵屬行政處分違法之事由，行政法院得僅以此為據，認定原行政處分為違法。

選項(C)，裁量權乃立法者透過法律所賦予，故上級行政機關不得限縮下級行政機關之裁量權。

選項(D)，行政機關於裁量縮減至零，而仍不作為時，構成公務員怠於執行職務之國賠責任，司法院釋字第469號解釋意旨可資參照。

5 (D)。參司法院釋字第787號解釋，退除役軍職人員與臺灣銀行股份有限公司訂立優惠存款契約，因該契約所生請求給付優惠存款利息之事件，性質上屬私法關係所生之爭議，其訴訟應由普通法院審判。

6 **(B)**。分別參照釋字第621號解釋、行政程序法第26條及公務人員保障法第21條之規定。

7 **(C)**。行政程序法第131條、第132條、第133條參照。

8 **(C)**。中央行政機關組織基準法第3條第2款，所謂獨立機關，指依據法律獨立行使職權，自主運作，除法律另有規定外，不受其他機關指揮監督之合議制機關。

9 **(D)**。參行政程序法第14條之規定。

10 **(C)**。行政程序法第16條第1項：「行政機關得依法規將其權限之一部分，委託民間團體或個人辦理。」故內政部將液化石油氣容器之認可委由某公司辦理，應屬本法所規定之行政委託。

11 **(D)**。參公務人員考績法第3條：「公務人員考績區分如左：一、年終考績：係指各官等人員，於每年年終考核其當年一至十二月任職期間之成績。二、另予考績：係指各官等人員，於同一考績年度內，任職不滿一年，而連續任職已達六個月者辦理之考績。三、專案考績：係指各官等人員，平時有重大功過時，隨時辦理之考績。」

12 **(B)**。參司法院釋字第785號解釋意旨：「本於憲法第16條有權利即有救濟之意旨，人民因其公務人員身分，與其服務機關或人事主管機關發生公法上爭議，認其權利遭受違法侵害，或有主張權利之必要，自得按相關措施與爭議之性質，依法提起相應之行政訴訟，並不因其公務人員身分而異其公法上爭議之訴訟救濟途徑之保障。中華民國92年5月28日修正公布之公務人員保障法第77條第1項、第78條及第84條規定，並不排除公務人員認其權利受違法侵害或有主張其權利之必要時，原即得按相關措施之性質，依法提起相應之行政訴訟，請求救濟，與憲法第16條保障人民訴訟權之意旨均尚無違背。」現今已揚棄過去對於未影響公務員基礎關係僅得提起內部申訴，而不得循訴訟救濟途徑之見解，故選項(B)敘述錯誤。

13 **(C)**。參銓敘部109年6月18日部法二字第1094946775號令：「為符合司法院釋字第583號解釋有關公務人員懲處權之行使期間，應類推適用公務員懲戒法相關規定，以及不同懲處種類之懲處權行使期間應有合理區分之意旨，各機關依公務人員考績法（以下簡稱考績法）第12條第1項第2款規定，對公務人員所為之一次記二大過處分，無懲處權行使期間限制。各機關依考績法第12條第1項第1款規定對公務人員所為之記1大過、記過或申誡處分，自違失行為終了之日起，已逾 5年者，即不予追究。」

14 **(D)**。國家賠償法定義的公務員範圍最廣，其次為公務員服務法，公務人員保障法，最後是公務人員任用法。

15 **(B)**。選項(A)、(C)、(D)均為政務官之敘述。另公務人員考績法第4條已就其適用對象有所規範，事務官為其當然之適用對象。

16 **(B)**。公務人員保障法第21條及第22條參照。

17 **(C)**。公務員懲戒法第4條：「公務員有下列各款情形之一者，其職務當然停止：一、依刑事訴訟程序被通緝或羈押。二、依刑事確定判決，受褫奪公權之宣告。三、依刑事確定判決，受徒刑之宣告，在監所執行中。」

18 **(D)**。參行政程序法第116條第3項：「行政機關於轉換前應給予當事人陳述意見之機會。但有第一百零三條之事由者，不在此限。」故行政機關將違法行政處分轉換為合法處分前，並非均應一律給予當事人陳述意見之機會。

19 **(A)**。參地方制度法第25條、第29條、第31條，地方自治法規包含自治條例、自治規則、委辦規則與自律規則，選項(B)、(D)均屬自治條例，選項(A)委任辦法非屬於地方制度法所規定之自治法規。

20 **(C)**。參行政程序法第152條，可知法規命令亦得由人民提議訂定。

21 **(A)**。「負擔」之附款，係指附加於授益處分之特定作為、不作為或忍受義務。而對人民裁處罰鍰屬侵益處分，故不得附加負擔作為附款之行政處分。

22 **(C)**。行政處分所產生之法律效果，並不以公法上法律效果為限，私法上之法律效果亦屬之，例如戶政機關就人民結婚之登記行為，即對人民產生私法上婚姻關係成立之法律效果。

23 **(B)**。參行政程序法第123條之規定。

24 **(D)**。選項(A)、(B)、(C)均為事實行為，不生任何法律效果。

25 **(A)**。行政程序法第111條第6款及第114條參照。

26 **(D)**。BOT之投資契約，依照雙接理論，屬於私法契約；買賣國宅屬於私法契約，釋字第540號解釋參照；國家出租或出售國有財產，屬於私法契約，釋字第772號解釋參照。

27 **(A)**。本題甲報考軍校錄取後與該校簽訂行政契約，約定學生遭開除學籍時，應賠償軍校所給付予學生之一切費用。嗣甲遭開除學籍，軍校擬對甲請求賠償，依照雙行為並用禁止原則，原則上該軍校即不得就該契約所約定之事項對甲為行政處分。故若軍校以書面限期命甲賠償，該書面應非行政處分，另行政程序法第149條之規定：「行政契約，本法未規定者，準用民法相關之規定。」故該書面應係私法契約中催告之意思表示。同理，依照雙行為並用禁止，無論有無自願接受執行之約定，軍校應不得做成行政處分。

28 **(D)**。財政部變更某進口貨物歸列之稅則號別，會影響納稅義務人關稅申報之權利義務事項，生法律效果，屬行政處分。

29 (D)。行政罰法第11條至第13條參照。

30 (D)。參行政罰法第1條：「違反行政法上義務而受罰鍰、沒入或其他種類行政罰之處罰時，適用本法。但其他法律有特別規定者，從其規定。」足見本法係行政罰有關法令之普通法。

31 (C)。行政罰法第24條參照。

32 (A)。行政罰法第18條參照。

33 (B)。行政執行法第9條參照。

34 (A)。行政執行法第21條參照。

35 (A)。行政程序法第55條、第56條、第57條、第59條參照。

36 (D)。政府資訊公開法第18條第1項：「政府資訊屬於下列各款情形之一者，應限制公開或不予提供之：一、經依法核定為國家機密或其他法律、法規命令規定應秘密事項或限制、禁止公開者。二、公開或提供有礙犯罪之偵查、追訴、執行或足以妨害刑事被告受公正之裁判或有危害他人生命、身體、自由、財產者。三、政府機關作成意思決定前，內部單位之擬稿或其他準備作業。但對公益有必要者，得公開或提供之。四、政府機關為實施監督、管理、檢（調）查、取締等業務，而取得或製作監督、管理、檢（調）查、取締對象之相關資料，其公開或提供將對實施目的造成困難或妨害者。五、有關專門知識、技能或資格所為之考試、檢定或鑑定等有關資料，其公開或提供將影響其公正效率之執行者。六、公開或提供有侵害個人隱私、職業上秘密或著作權人之公開發表權者。但對公益有必要或為保護人民生命、身體、健康有必要或經當事人同意者，不在此限。七、個人、法人或團體營業上秘密或經營事業有關之資訊，其公開或提供有侵害該個人、法人或團體之權利、競爭地位或其他正當利益者。但對公益有必要或為保護人民生命、身體、健康有必要或經當事人同意者，不在此限。八、為保存文化資產必須特別管理，而公開或提供有滅失或減損其價值之虞者。九、公營事業機構經營之有關資料，其公開或提供將妨害其經營上之正當利益者。但對公益有必要者，得公開或提供之。」

37 (C)。行政程序法3條第3項：「下列事項，不適用本法之程序規定：一、有關外交行為、軍事行為或國家安全保障事項之行為。二、外國人出、入境、難民認定及國籍變更之行為。三、刑事案件犯罪偵查程序。四、犯罪矯正機關或其他收容處所為達成收容目的所為之行為。五、有關私權爭執之行政裁決程序。六、學校或其他教育機構為達成教育目的之內部程序。七、對公務員所為之人事行政行為。八、考試院有關考選命題及評分之行為。」

38 (C)。行政程序法第78條第1項：「對於當事人之送達，有下列各款情形之一者，行政機關得依申請，准為公示送達：一、應為送達之處所不明者。……」第80條：「公示送達應由行政機關保管送達之文書，而於行政機關公告欄黏貼公告，告知應受送達人得隨時領取；並得由行政機關將文書或其節本刊登政府公報或新聞紙。」第81條：「公示送達自前條公告之日起，其刊登政府公報或新聞紙者，自最後刊登之日起，經二十日發生效力；於依第七十八條第一項第三款為公示送達者，經六十日發生效力。但第七十九條之公示送達，自黏貼公告欄翌日起發生效力。」故若對於當事人之送達，因應為送達之處所不明，以黏貼於行政機關公告欄、但未同時刊登政府公報或新聞紙之方式對應受送達人為公示送達，故可推知，如公示送達有刊登政府公報或新聞紙者，但未同時於黏貼於行政機關公告欄，此時依照第81條之規定，應自最後刊登之日起，經20日發生效力。

39 **(C)**。選項(A)屬於訴願法第77條第6款行政處分已不存在之情形；選項(B)，依釋字第772號解釋，國有財產署出售國有財產屬私法行為，故拒絕人民要求讓售國有財產，屬民法之意思表示，非行政處分，因此應屬訴願法第77條第8款無不當或違法之行政處分存在之情形；選項(D)屬同法第7款對已決定之訴願事件重行提起訴願之情形。選項(C)，參行政程序法98條第3項：「處分機關未告知救濟期間或告知錯誤未為更正，致相對人或利害關係人遲誤者，如自處分書送達後一年內聲明不服時，視為於法定期間內所為。」

40 **(A)**。訴願法第36條、第66條、第85條參照。又選項(D)，訴願決定並非判斷餘地事項，法院應與審查。

41 **(D)**。訴願法第76條：「訴願人或參加人對受理訴願機關於訴願程序進行中所為之程序上處置不服者，應併同訴願決定提起行政訴訟。」

42 **(C)**。參最高行政法院100年度1月份第1次庭長法官聯席會議決議：「民國89年7月1日行政訴訟法修正施行前，土地經徵收並完成所有權登記。嗣原所有權人主張該管地政機關未於法定期限內發給補償費致徵收失效，依修正後行政訴訟法第6條第1項規定，提起確認徵收法律關係不存在訴訟。按法律既無確認訴訟起訴期間之限制，且徵收失效類同附解除條件之行政行為，於失效之基礎事實發生時，當然發生徵收失效之法律效果，核與徵收處分違法得請求撤銷之情形不同，尚無行政訴訟法第6條第3項規定之適用，是不能以其得提起或可得提起撤銷訴訟為由，認為起訴不合法。」

43 **(A)**。參司法院釋字第378號解釋：「依律師法第四十一條及第四十三條所設之律師懲戒委員會及律師懲戒覆審委員會性質上相當於設在高等法院及最高法院之初審與終審職業懲戒法庭，與會計師懲戒委員會等其他專門職業人員懲戒組織係隸屬於行政機關者不同。律師懲戒覆審委員會之決議即屬法院之終審裁判，並非行政處分或訴願決定，自不得再行提起行政爭訟，本院釋字第二九五號解釋應予補充。」

44 **(D)**。行政訴訟法第96條：「當事人得向行政法院書記官聲請閱覽、抄錄、影印或攝影卷內文書，或預納費用請求付與繕本、影本或節本。第三人經當事人同意或釋明有法律上之利害關係，而為前項之聲請者，應經行政法院裁定許可。當事人、訴訟代理人、第四十四條之參加人及其他經許可之第三人之閱卷規則，由司法院定之。」行政訴訟閱卷規則第2條：「當事人、訴訟代理人、本法第四十四條之參加人及其他經許可之第三人聲請閱卷，除法令另有規定外，依本規則辦理。」故行政訴訟法第44條之輔助參加人亦得聲請閱覽卷宗。

45 **(B)**。行政訴訟法第98條之5第4款、第175條第1項、第175條之1參照。

46 **(C)**。行政訴訟法第125條、第134條、第138條第167條參照。自第125條可知，行政法院依職權調查證據之訴訟類型，並無訴訟類型之限制。

47 **(A)**。主管機關依規定命人民實施居家隔離，該行為並無不合法之情，乃係基於避免感染擴大之公益目的所必要，而被居家隔離之人因此形成特別犧牲，故於隔離結束後得申請補償，係基於因公益目的特別犧牲之法理。

48 **(A)**。損失補償係源自國家之公權力行為，如為私經濟行政之行為，因適用民法無因管理、侵權行為等相關之私法規定，與損失補償無涉。

49 **(C)**。台灣電力股份有限公司乃私法人，其與人民所成立之供電契約亦為私法契約，並無任何行政委託或行使公權力之情形，故因台灣電力股份有限公司輸電設施有瑕疵而傾倒壓傷之人，非屬國家賠償請求權人。

50 **(D)**。國家賠償中公務員之範圍係廣義公務員，依照國家賠償法第7條，金錢賠償為原則，回復原狀為例外；賠償請求權，自請求權人知有損害時，因2年間不行使而消滅，同法第8條參照。

111年 地特三等

甲、申論題

一、甲與行政機關乙締結行政契約。其後行政機關乙認為締約後有情事重大變更，乃向甲發公函逕行終止該契約。請問行政機關乙逕行終止該契約之行為性質為何？若甲認為行政機關乙逕行終止該契約並不合法時，甲得如何尋求救濟？

解 本案乙所發終止契約函文性質屬公法上之意思表示，甲應循行政訴訟法第6條提起確認之訴以資救濟。

(一)乙發公函逕行終止該行政契約之行為，為公法上之意思表示，且有違法之虞：

1.依行政程序法（下稱同法）第135條前段規定，公法上法律關係得以契約設定、變更或消滅之。又參臺北高等行政法院108年度訴字第1259號行政判決見解，同法第139條規定行政契約應以書面締結，其主要目的在於保障契約內容的明確及證明功能，不用拘泥於一定的格式或內容，因而從當事人往來文件中可確知雙方已就公法上法律關係的設定、變更或消滅，達成意思表示合致者，即可認已具備書面的要件，而不以單一性文件為必要。故可知行政契約之設定、變更或消滅，前提須以意思合致為原則。

2.再者，同法第146條第1項規定，行政契約當事人之一方為人民者，行政機關為防止或除去對公益之重大危害，得於必要範圍內調整契約內容或終止契約；又同法第147條第1項規定，行政契約締結後，因有情事重大變更，非當時所得預料，而依原約定顯失公平者，當事人之一方得請求他方適當調整契約內容。如不能調整，得終止契約。

3.本案乙於締約後認有情事重大變更，惟未見有為防止或除去對公益之重大危害等事由，且未經調整即逕行終止契約之函文，有違相關條文所述之不能調整，方得終止契約之要件。

4.是以行政契約之終止，屬形成權之行使，並不因由行政機關所為便成為行政處分，僅為公法上之意思表示，且本案乙機關所為終止契約之意思表示有違反行政程序法規定疑慮。

(二)甲認行政機關乙逕行終止該契約並不合法時，應循行政訴訟法第6條提起確認之訴救濟：

1.依行政訴訟法第2條規定，公法上之爭議，除法律別有規定外，得依本法提起行政訴訟。又本法針對訴訟之各類型以下概述要件：

(1)第4條撤銷訴訟：人民因機關違法行政處分，認損害其權利或法律上之利益，經訴願程序仍不服者，得依法向行政法院提起撤銷訴訟，故可知該種訴訟目的在於消滅既存之實體法律關係。

(2)第5條課與義務訴訟：人民因機關對其依法申請案件，於法定期間應作為而不作為，認有損其權益者，經依訴願程序後，得向行政法院提起請求行政處分之訴訟，目的在於實現尚未出現之實體法律關係。

(3)第6條確認之訴：人民為確認行政處分無效及確認公法上法律關係成立或不成立之訴訟，目的在於確認既存之實體法律關係。又確認之訴依人民欲確認之標的，分為「確認處分無效」、「確認已執行而無回復原狀可能（或已消滅）之行政處分為違法」、「確認公法上之法律關係成立與否」等三種。

(4)第8條給付之訴：人民因公法上原因，與機關發生財產上之給付或請求作成行政處分以外之其他非財產上之給付時，得提起給付訴訟，其目的在於實現既存之實體法律關係。

2.故由上可知，本案因尚未涉及給付關係，排除適用給付之訴；亦不涉及行政處分議題，爰不適用課與義務訴訟和撤銷訴訟。再者甲應係為確認乙機關單方終止契約之公法上意思表示，是否影響公法上契約關係之存續，故應循行政訴訟法第6條，就公法上之法律關係成立（或存續）與否，提起確認之訴。

(三)綜上所述，本案乙所發終止契約函文性質屬公法上之意思表示，甲應循行政訴訟法第6條提起確認之訴以資救濟。

二、甲生前為人作保，擔任其好友乙向丙借款5千萬之保證人，清償期為110年12月15日。甲在110年2月9日死亡，其子丁繼承其遺產。丁向國稅局申報遺產稅時，主張其遺產總額應扣除甲生前所負之該筆保證債務。但國稅局則以該筆主債務尚未屆清償期，故丁於繼承時尚未確定代負履行之責，乃將該筆保證債務剔除。國稅局核定丁遺產稅之處分於110年8月8日送達，丁於收受該處分書後隨即繳納遺產稅。其後乙於上開債務清償期屆至後並未清償，且逃往外國不知去向。丙就乙之財產強制執行無效果，乃請求丁代負履行責任。丁於代負清償該筆5千萬之債務後，深感自己繳了太多遺產稅。請問丁得否請求國稅局依據行政程序法重開程序之規定，重新核定其遺產稅額？

解 本案國稅局110年8月8日送達之核定處分，其法定救濟期間已過；又丁得基於「強制執行無效果」及「向主債務人求償已無可能性」作為「新事實新證據」之要件，則丁於無重大過失之前提下，應得依據行政程序法第128條申請程序再開，重新核定其遺產稅額。

(一)申請撤銷、廢止或變更處分等程序再開之要件：

1.程序再開之目的：

行政法院之確定終局裁判，可依行政訴訟法第273條以下再審程序進行救濟；則舉重以明輕，蓋無行政處分不得因處分作成後，方出現之法律或事實等情事變更為由進行撤銷、廢止或變更等程序調整。

2.依據行政程序法第128條規定：

(1)行政處分於法定救濟期間經過後，具有下列各款情形之一者，相對人或利害關係人得向行政機關申請撤銷、廢止或變更之。但相對人或利害關係人因重大過失而未能在行政程序或救濟程序中主張其事由者，不在此限：

A.具有持續效力之行政處分所依據之事實事後發生有利於相對人或利害關係人之變更者。

B.發生新事實或發現新證據者，但以如經斟酌可受較有利益之處分者為限。

C.其他具有相當於行政訴訟法所定再審事由且足以影響行政處分者。

(2)又前項之申請，應自法定救濟期間經過後三個月內為之；其事由發生在後或知悉在後者，自發生或知悉時起算。但自法定救濟期間經過後已逾五年者，不得申請。

(3)本條所指之新證據，指處分作成前已存在或成立而未及調查斟酌，及處分作成後始存在或成立之證據。

(二)本案系爭核定處分符合前述行政法定程序再開之要件：

1.本案系爭核定處分已罹於法定救濟期間：

(1)依訴願法第14條第1項規定，須在行政處分達到或公告期滿次日起30日內提起訴願，若不服訴願決定，則須於訴願決定書送達之次日起2個月內向行政法院提起行政訴訟。

(2)依題意可知「核定處分」於110年8月8日送達，而丁在110年12月15日後始代負履行責任，進而申請程序再開，爰丁欲申請程序再開之當下，應已罹於訴願期間，符合前揭行政處分須於法定救濟期間經過後之要件。

2.行政程序法第128條申請程序再開之客體處分，不限於有持續效力之行政處分：

(1)有部分學說及實務見解，認依本條第1項第1款規定，程序再開僅可對具持續效力之行政處分為之；蓋因在非有持續效力之行政處分，如發生新事實應可逕為新處分，無須重啟行政程序廢棄原處分。如依此見解，本題國稅局核定之遺產稅處分，因不具持續效力，丁因此不得申請程序再開。

(2)惟同條項第2款規定，發生新事實或發現新證據者，但以如經斟酌可受較有利益之處分者，亦可作為程序再開之客體處分；則既本條項既不同情形分別立法，依反面解釋應認第2款係指不限於有持續效力之行政處分，而具有補充性質。

(3)故丁欲申請所受遺產稅核定處分之程序再開，並不因有無具備持續效力之限制影響。

3.本案系爭處分有符合新事實或新證據之要件：

(1)依前揭行政程序法第128條第1項第2款規定，行政處分義務人復得以本款所定「發生新事實或發現新證據者，但以如經斟酌可受較有利益之處分者為限」之事由，於處分之法定救濟期間經過後，向原處分機關申請撤銷、廢止或變更原核課處分；且所謂「發生新事實或發現新證據」，就遺產稅之核課而言，依其文義，係指自原核課處分之法定救濟期間經過後發生之新事實或發現之新證據。

(2)而本案依題示「清償期屆至後原債務人未清償」及「強制執行原債務人財產無效果」等情，應可認屬核課遺產稅處分之事實認定及法律適用之基準時點後，始發生之新事實新證據，此有最高行政法院105年度判字第526號判決相同見解可資參照。

(3)故本案丁應可主張「丙就乙之財產強制執行無效果」且「丁向行方不明之主債務人乙求償已無可能性」作為適格的「新事實新證據」之要件，進而申請行政程序法第128條之程序再開。

(三)綜上所述，丁得依據行政程序法第128條申請程序再開，請求國稅局重新核定其遺產稅額。

乙、測驗題

( ) **1** 依實務見解，關於緊急命令，下列敘述何者正確？ (A)總統僅於應付重大財政危機時，得經行政院會議之議決，發布緊急命令 (B)總統發布緊急命令之前，應徵詢立法院院長之意見 (C)緊急命令之內容應力求周延，以不得再授權為補充規定即可逕予執行為原則 (D)緊急命令得永久變更或取代相關法律之效力。

( ) **2** 關於公益原則，下列敘述何者正確？ (A)主管機關發現核准之生活扶助處分，確屬錯誤，即得依公益原則，無條件撤銷原處分 (B)主管機關基於避免法定傳染病快速蔓延之重大公益，得將與患者有過接觸之人，令入指定之處所施行適當期間之必要強制隔離處置 (C)主管機關出於增進交通流暢度等公益考量，得不經相關程序，徵收民眾之土地，拓寬道路 (D)主管機關本於維持治安之公益要求，得依職權訂定行政規則禁止製造、運輸、販售、攜帶與公開陳列類似真槍之玩具槍。

( ) **3** 關於人民與國家之法律關係，下列敘述何者錯誤？ (A)依目前行政法院見解，公立學校教師與學校間之法律關係為行政契約 (B)全民健康保險特約醫事機構與衛生福利部中央健康保險署簽訂之特約，依司法院解釋係屬行政契約 (C)退除役軍職人員與臺灣銀行間優惠存款利息爭議，依司法院解釋應由行政法院審理 (D)私立大學學生遭學校撤銷學籍爭議，依司法院解釋應由行政法院審理。

( ) **4** 依地方制度法之規定，有關自治條例，下列敘述何者錯誤？ (A)經地方立法機關議決後，均須送請行政院核定 (B)得對違反地方自治事項之行政義務者處以罰鍰 (C)地方自治團體之組織，應以自治條例規定之 (D)上級政府認定其規定與中央法令牴觸者，得予以函告無效。

( ) **5** 下列何者非屬行政機關？ (A)國家通訊傳播委員會 (B)教育部中央教師申訴評議委員會 (C)國家人權博物館 (D)臺北市選舉委員會。

( ) **6** 下列何者屬於委託私人行使公權力之情形？ (A)文資保護主管機關委託學者評估文物保存價值，作為登錄文化資產之參考 (B)行政機關委託餐廳代辦防疫篩檢現場醫護人員之餐盒 (C)通訊傳播主管機關委託民間廠商抽檢市售電子產品機型、功能是否符合許可內容 (D)行政機關委託電視公司製播形象廣告推動國民旅遊。

( ) **7** 有關公務人員之人事行政行為，下列何者不得向公務人員保障暨培訓委員會提起復審？ (A)依資績積分高低順序造列名冊 (B)核定指名商調 (C)核定因公涉訟輔助費用 (D)申誡處分。

( ) **8** 公務員懲戒法中有關公務員停職之規定，下列敘述何者錯誤？ (A)刑事判決確定，受褫奪公權宣告者，當然停職 (B)懲戒法院認為被付懲戒人違失情節重大者，得裁定其停職 (C)移送懲戒案件之主管機關認為所屬公務員違失行為有撤職或休職等情節重大之虞者，得依職權將其停職 (D)監察院自行發現或接受主管機關送請審查，認為公務員違失情節重大時，得命主管機關將其停職。

( ) **9** 下列何者非屬公務人員保障法保障之對象？ (A)依警察人員人事條例進用之公務人員 (B)依教育人員任用條例進用之公立學校教師 (C)依司法人員人事條例進用之公務人員 (D)應各種公務人員考試錄取參加訓練之人員。

(　) **10** 財政部為使辦理稅務違章之裁罰機關對案件裁罰金額有客觀標準可資參考，因而發布稅務違章案件裁罰金額或倍數參考表。該參考表之性質為何？ (A)法規命令 (B)職權命令 (C)解釋性行政規則 (D)裁量性行政規則。

(　) **11** 依行政程序法規定，行政機關受理人民訂定法規命令之提議後，下列處理情形，何者錯誤？ (A)有訂定法規命令之必要者，著手研擬草案 (B)無須訂定法規命令之事項，附述理由通知原提議者 (C)依法不得以法規命令規定之事項，附述理由通知原提議者 (D)非主管之事項，附述理由通知原提議者。

(　) **12** 依司法實務見解，下列何者為行政處分？ (A)公平交易委員會向檢舉人所為檢舉不成立之函覆 (B)地政事務所拒絕土地所有權人註銷土地登記簿標示其他登記事項欄註記之要求 (C)地政事務所所為地籍圖重測之結果 (D)涉及一定區域內人民權益之都市計畫個別變更決定。

(　) **13** 國防部核定甲因病死亡辦理撫卹，甲之父乙未於法定救濟期間內提起行政救濟。嗣甲之班長丙因凌虐甲，犯凌虐部屬致死罪，經法院判決確定。依據該確定判決，甲符合軍人撫卹條例因公死亡之要件。關於乙之救濟，下列敘述何者正確？ (A)確定判決係作成行政處分後之證據，乙不得申請另為核定處分 (B)依行政程序法申請行政程序重開 (C)提起訴願法上之再審 (D)提起行政訴訟法上之再審。

(　) **14** 關於行政處分附負擔，下列敘述何者錯誤？ (A)行政機關得強制負擔之履行 (B)負擔原則上得單獨訴請撤銷 (C)附負擔之授益行政處分，因受益人未履行該負擔致行政處分受廢止者，得溯及既往失其效力 (D)受益人未履行該負擔致行政處分廢止者，原處分機關應給予合理之補償。

(　) **15** 由於國家任務之擴張，使行政機關以行政契約之方式推展公共事務案例日益增加，下列何者非屬行政契約？ (A)公立學校之教師聘任契約 (B)行政機關對於行政處分所依據之事實，經依職權調查仍不能確定，而與人民締結之和解契約 (C)主管機關為維持匯率參與外匯市場操作，而與人民締結之外匯買賣契約 (D)衛生福利部中央健康保險署與醫事服務機構締結之特約。

( ) **16** 關於行政指導，下列敘述何者正確？ (A)行政指導為行政處分之一種類型 (B)行政指導如遭相對人明確拒絕，行政機關應即停止 (C)行政指導原則上採取書面要式主義 (D)行政指導如有違法，並不生國家賠償之問題。

( ) **17** 關於都市計畫，下列敘述何者正確？ (A)對都市計畫之個別變更屬於法規性質 (B)都市計畫之定期通盤檢討不可能直接限制一定區域內特定人之權益或增加負擔 (C)人民不得對都市計畫提起行政爭訟 (D)人民認都市計畫違反損害其權利，無須先經訴願程序，即得提起都市計畫審查訴訟。

( ) **18** 財政部臺北國稅局將甲之欠稅案件，移送法務部行政執行署臺北分署執行（下稱臺北分署）。臺北分署對甲之財產進行查封，甲如不服，應如何提起救濟？ (A)向財政部提起訴願 (B)向法務部提起訴願 (C)向臺北分署聲明異議 (D)向行政執行署聲明異議。

( ) **19** 關於行政機關調查事實及證據之規定，下列何者正確？ (A)採職權調查主義，當事人不得自行提出證據 (B)當事人向行政機關申請調查事實及證據，行政機關即應為調查 (C)行政機關應通知相關之人陳述意見 (D)對當事人有利不利事項應一律注意。

( ) **20** 主管機關核發某垃圾焚化爐的營運許可，焚化爐旁之居民甲認為焚化爐營運將排放有毒廢氣，造成健康威脅。為避免行政爭訟終局確定結果前，焚化爐製造污染，甲得向行政法院聲請何種暫時性權利保護？ (A)定暫時狀態處分 (B)保全處分 (C)停止執行 (D)查封焚化爐相關設施。

( ) **21** 依行政罰法規定，物之所有人對於扣留措施不服者，得向扣留機關提出何種救濟？ (A)訴願 (B)聲明異議 (C)申訴 (D)復審。

( ) **22** 甲因居留簽證延期申請遭駁回，雖已經提起訴願，惟提起訴願案2個月後尚未決定前已收到某市政府警察局限期離境之命令，惟其仍有繼續居留照顧幼小子女之必要，其依法得提起何種救濟？ (A)課予義務之訴 (B)確認之訴 (C)停止離境處分之執行 (D)一般給付訴訟。

( ) **23** 關於行政訴訟法上反訴，下列敘述何者錯誤？ (A)僅行政訴訟之被告得提起反訴 (B)反訴須與本訴請求或其防禦方法相牽連 (C)反訴如專屬於本訴繫屬法院以外之行政法院管轄，應連同本訴一併移轉至該法院 (D)不得以提起反訴延滯訴訟。

( ) **24** 下列何者，國家依法應負損害賠償責任？ (A)設有「前有落石，禁止進入」警示之國家公園步道，人民仍冒險進入而遇難 (B)經公告之私人所有既成巷道上路燈突然倒塌致路人受傷 (C)進入已公告廢止使用之學校校舍夜宿，失足掉入坑洞受傷 (D)臺灣電力公司高壓電纜掉落致路人遭電死。

( ) **25** 依實務見解，關於公法上返還請求權，下列敘述何者錯誤？ (A)衛生福利部中央健康保險署向簽訂健保合約之醫療院所，請求返還溢領之醫療費用給付時，應提起一般給付之訴 (B)人民之土地被徵收時，享有徵收補償之公法上請求權 (C)臺北市政府社會局撤銷違法授益性行政處分後，得以書面行政處分限期命受益人返還已受領之給付 (D)行政主體間之給付關係，應依互相協商機制處理，不適用公法上返還請求權之規定。

解答與解析 （答案標示為#者，表官方曾公告更正該題答案。）

1 (C)。(A)、(B)依中華憲法增修條文第2條第3項規定，總統為避免國家或人民遭遇緊急危難或應付財政經濟上重大變故，得經行政院會議之決議發布緊急命令，為必要之處置，不受憲法第四十三條之限制。但須於發布命令後十日內提交立法院追認，如立法院不同意時，該緊急命令立即失效。(D)依司法院大法官釋字第543號解釋，緊急命令係總統為應付緊急危難或重大變故，直接依憲法授權所發布，具有暫時替代或變更法律效力之命令，其內容應力求周延，以不得再授權為補充規定即可逕予執行為原則。

2 (B)。(A)依行政程序法第117條規定，違法行政處分於法定救濟期間經過後，原處分機關得依職權為全部或一部之撤銷；其上級機關，亦得為之。但有下列各款情形之一者，不得撤銷：一、撤銷對公益有重大危害者。二、受益人無第一百十九條所列信賴不值得保護之情形，而信賴授予利益之行政處分，其信賴利益顯然大於撤銷所欲維護之公益者。(C)依司法院大法官釋字第425號解釋，土地徵收，係國家因公共事業之需要，對人民受憲法保障之財產權，經由法定程序予以剝奪之謂。規定此項徵收及其程序之法律必須符合必要性原則，並應於相當期間內給予合理之補償。(D)依司法院大法官釋字第570號解釋，未經許可不得製造、運輸、販賣、攜帶或公然陳列類似真槍之玩具槍枝，如有違反者，依社會秩序維護法有關條文處罰」，均係主管機關基於職權所發布之命令，固有其實際需要，惟禁止製造、運輸、販賣、攜帶或公然陳列類似真槍之玩具槍枝，並對違反者予以處罰，涉及人民自由權利之限制，應由法律或經法律明確授權之命令規定。

3 **(C)**。依司法院大法官釋字第787號解釋意旨，退除役軍職人員與臺灣銀行股份有限公司訂立優惠存款契約，因該契約所生請求給付優惠存款利息之事件，性質上屬私法關係所生之爭議，其訴訟應由普通法院審判；具體理由為臺灣銀行固基於其與國防部之約定，辦理退除役軍職人員退伍金優存事務與利息之給付事宜。惟其內容不外涉及優存戶開戶存款後，雙方之存款、利息計算與給付等，與公權力之行使無關。

4 **(A)**。依地方制度法第26條第4項規定，自治條例經各該地方立法機關議決後，如規定有罰則時，應分別報經行政院、中央各該主管機關核定後發布；其餘除法律或縣規章另有規定外，直轄市法規發布後，應報中央各該主管機關轉行政院備查；縣（市）規章發布後，應報中央各該主管機關備查；鄉（鎮、市）規約發布後，應報縣政府備查。

5 **(B)**。依行政程序法第2條第2項規定，本法所稱行政機關，係指代表國家、地方自治團體或其他行政主體表示意思，從事公共事務，具有單獨法定地位之組織。

另依法務部104年10月14日法授廉財字第10400071270號行政函釋要旨，行政機關須具有單獨組織法規、獨立編制和預算以及依法頒發之印信。

而教育部中央教師申訴評議委員會並未全數皆備，性質上屬內部單位。

6 **(C)**。依行政程序法第16條第1項規定，行政機關得依法規將其權限之一部分，委託民間團體或個人辦理。

民間廠商抽檢結果仍須回報通訊傳播主管機關，對於市售產品型號功能是否符合許可內容之審查及延伸法律處遇，仍是機關之責任，整個委託業務應視為公權力的行使。

7 **(A)**。依公務人員保障法第77條第1項規定，公務人員對於服務機關所為之管理措施或有關工作條件之處置認為不當，致影響其權益者，得依本法提起申訴、再申訴。

8 **(D)**。依公務員懲戒法第5條第3項規定，主管機關對於所屬公務員，依第二十四條規定送請監察院審查或懲戒法院審理而認為有免除職務、撤職或休職等情節重大之虞者，亦得依職權先行停止其職務；該法並無監察院得命主管機關將違失之公務員停職之法規範。

9 **(B)**。公務人員保障法第3條規定，本法所稱公務人員，係指法定機關（構）及公立學校依公務人員任用法律任用之有給專任人員；又教育人員任用條例第2條規定，本條例所稱教育人員為各公立各級學校校長、教師、職員、運動教練，社會教育機構專業人員及各級主管教育行政機關所屬學術研究機構（以下簡稱學術研究機構）研究人員。

而依公務人員保障暨培訓委員會86年5月23日86公保字第01116號函，各級公立學校編制內人員中，僅「職員」始有公務人員保障法之適用或準用。

10 **(D)**。依行政程序法第159條第2項規定，行政規則包括下列各款之規定：一、關於機關內部之組織、事務之分配、業務處理方式、人事管理等一般性規定。二、為協助下級機關或屬官統一解釋法令、認定事實、及行使裁量權，而訂頒之解釋性規定及裁量基準。

而依司法院大法官釋字第407號解釋，謂解釋性行政規則，係指主管機關基於職權因執行特定法律之規定，得為必要之釋示，以供本機關或下級機關所屬公務員行使職權時之依據；至於裁量基準者，依最高行政法院93年度判字第1127號判決見解，係指行政機關基於行使裁量權之需要，得根據其行政目的之考量而訂定裁量之基準。

11 **(D)**。依行政程序法第152條第1項規定，法規命令之訂定，除由行政機關自行草擬者外，並得由人民或團體提議為之；又同法第153條第1款規定，受理前條提議之行政機關，應依下列情形分別處理：一、非主管之事項，依第十七條之規定予以移送。

是以依行政程序法第17條第1項規定，行政機關對事件管轄權之有無，應依職權調查；其認無管轄權者，應即移送有管轄權之機關，並通知當事人。故行政機關受理人民訂定法規命令之提議後，非主管之事項，應移送權責機關並通知原提議者。

12 **(D)**。(A)依最高行政法院99年度6月份庭長法官聯席會議(二)決議，公平會所為「檢舉不成立」之函文非屬行政處分，通知檢舉人，主管機關就其檢舉事項所為調查之結果，其結果因個案檢舉事項不同而有不同，法律並未規定發生如何之法律效果。(B)依最高行政法院99年度3月第1次庭長法官聯席會議決議，地政事務所在土地登記簿標示部其他登記事項欄註記，法律並未規定發生如何之法律效果。該註記既未對外直接發生法律效果，自非行政處分。地政事務所拒絕土地所有權人註銷系爭註記之要求，係拒絕作成事實行為之要求，該拒絕行為亦非行政處分。(C)依司法院大法官釋字第374號解釋，依土地法第四十六條之一至第四十六條之三之規定所為地籍圖重測，純為地政機關基於職權提供土地測量技術上之服務，將人民原有土地所有權範圍，利用地籍調查及測量等方法，將其完整正確反映於地籍圖，初無增減人民私權之效力。(D)依司法院大法官釋字第156號解釋，主管機關變更都市計畫，係公法上之單方行政行為，如直接限制一定區域內人民之權利、利益或增加其負擔，即具有行政處分之性質。

13 **(B)**。依行政程序法第128條第1項，行政處分於法定救濟期間經過後，具有下列各款情形之一者，相對人或利害關係人得向行政機關申請撤銷、廢止或變更之。但相對人或利害關係人因重大過失而未能在行政程序或救濟程序中主張其事由者，不在此限：一、具有持續效力之行政處分所依據之事實事後發生有利於相對人或利害關係人之變更者。二、發生新事實或發現新證據者，但以如經斟酌可受較有利益之處分者為限。三、其他具有相當於行政訴訟法所定再審事由且足以影響行政處分者。

14 **(D)**。依行政程序法第126條第1項規定，原處分機關依第一百二十三條第四款、第五款規定廢止授予利益之合法行政處分者，對受益人因信賴該處分致遭受財產上之損失，應給予合理之補償。

又同法第123條第3款規定，授予利益之合法行政處分，有下列各款情形之一者，得由原處分機關依職權為全部或一部之廢止：三、附負擔之行政處分，受益人未履行該負擔者。

受益人未履行該負擔致行政處分廢止者，不屬原處分機關應給予合理之補償情形。

15 **(C)**。主管機關為維持匯率參與外匯市場操作，雖具有行政上的目的，但本質仍受限於市場供需法則之支配，而屬純粹參與交易之行為之私經濟行政，非謂公權力行政中的高權行政，自不屬行政契約。

16 **(B)**。(A)依行政程序法第165條規定，本法所稱行政指導，謂行政機關在其職權或所掌事務範圍內，為實現一定之行政目的，以輔導、協助、勸告、建議或其他不具法律上強制力之方法，促請特定人為一定作為或不作為之行為。(C)依行政程序法第167條第2項規定，前項明示，得以書面、言詞或其他方式為之。如相對人請求交付文書時，除行政上有特別困難外，應以書面為之。(D)規制性之行政指導，有違法、錯誤，造成人民之損害，通說可依國家賠償法第2條提請國家賠償；法務部（83）法律字第15163號行政函釋同此見解：「行政院機關發布參考資訊其對象為不特定之多數人，似與「行政指導」不同。然該行為為公法上事實行為，應屬於國家賠償法第二條第二項所稱「行使公權力」行為。

17 **(D)**。(A)依司法院大法官釋字第156號解釋，主管機關變更都市計畫，係公法上之單方行政行為，如直接限制一定區域內人民之權利、利益或增加其負擔，即具有行政處分之性質。(B)依司法院大法官釋字第742號解釋文後段，都市計畫之訂定（含定期通盤檢討之變更），影響人民權益甚鉅。(C)依司法院大法官釋字第742號解釋文前段，都市計畫擬定計畫機關依規定所為定期通盤檢討，對原都市計畫作必要之變更，屬法規性質，並非行政處分。惟如其中具體項目有直接限制一定區域內特定人或可得確定多數人之權益或增加其負擔者，基於有權利即有救濟之憲法原則，應許其就該部分提起訴願或行政訴訟以資救濟，始符憲法第十六條保障人民訴願權與訴訟權之意旨。

18 **(C)**。依行政執行法第9條第1項規定，義務人或利害關係人對執行命令、執行方法、應遵守之程序或其他侵害利益之情事，得於執行程序終結前，向執行機關聲明異議。

19 **(D)**。依行政程序法：(A)、(B)第37條規定，當事人於行政程序中，除得自行提出證據外，亦得向行政機關申請調查事實及證據。但行政機關認為無調查之必要者，得不為調查，並於第四十三條之理由中敘明之。(C)第39條規定，行政機關基於調查事實及證據之必要，得以書面通知相關之人陳述意見。通知書中應記載詢問目的、時間、地點、得否委託他人到場及不到場所生之效果。(D)第9條規定，行政機關就該管行政程序，應於當事人有利及不利之情形，一律注意。

20 **(C)**。依行政訴訟法第116條第2項規定，行政訴訟繫屬中，行政法院認為原處分或決定之執行，將發生難於回復之損害，且有急迫情事者，得依職權或依聲請裁定停止執行。但於公益有重大影響，或原告之訴在法律上顯無理由者，不得為之。甲得向行政法院聲請停止主管機關核發焚化爐營運許可（行政處分）之執行（生效）。

21 **(B)**。依行政罰法第41條第1項規定，物之所有人、持有人、保管人或利害關係人對扣留不服者，得向扣留機關聲明異議。

22 **(C)**。依訴願法第93條第2條規定，原行政處分之合法性顯有疑義者，或原行政處分之執行將發生難以回復之損害，且有急迫情事，並非為維護重大公共利益所必要者，受理訴願機關或原行政處分機關得依職權或依申請，就原行政處分之全部或一部，停止執行。

23 **(C)**。依行政訴訟法第112條第3項規定，反訴之請求如專屬他行政法院管轄，或與本訴之請求或其防禦方法不相牽連者，不得提起。

24 **(B)**。依法務部75年3月28日（75）法律字第3567號行政函釋，按國家賠償法第三條所謂之「公有」，並非專指國家或其他公法人所有，凡公共設施由國家或地方自治團體設置或事實上處於管理狀態，即有國家賠償法之適用。查既成道路之土地雖屬私人所有，但既供公眾通行多年，已因時效完成而有公用地役關係之存在，此項道路之土地，即已成為他有公物中之公共用物，行政法院四十五年判字第八號著有判例，本案肇事地點之產業道路如符合前揭要件，又確有道路主管機關負責管理與養護，其行政主體亦因公用地役關係之存在而取得該道路之管理權者，貴府（高雄市政府）來函說明二認為宜有國家賠償法第三條第一項之適用，本部敬表贊同。

25 (＃)。(C)依行政程序法第127條第3項規定，行政機關依前二項規定請求返還時，「應」以書面行政處分確認返還範圍，並限期命受益人返還之。(D)依法務部108年7月19日法律字第10803509930號行政函釋要旨，行政訴訟法第8、196條規定參照，公法上不當得利返還請求權，可能是行政主體對人民之請求權，可能是人民對行政主體之請求權，亦可能是行政主體相互間之請求權。本題考選部公告選(C)或(D)均給分。

NOTE

111年 地特四等

( ) **1** 關於習慣法作為行政法法源之說明，下列何者錯誤？ (A)習慣法作為行政法之法源，行政程序法定有明文 (B)習慣法不得牴觸現行法令 (C)習慣法不得違背公序良俗 (D)公用地役關係屬於習慣法。

( ) **2** 依司法院大法官解釋意旨，關於行政機關依法剝奪人民身體自由之正當法律程序，下列敘述何者正確？ (A)原則上比照刑事被告之司法程序，同一處理 (B)行政機關得以行政處分剝奪人民身體自由 (C)行政機關決定是否剝奪人身自由時，應舉行聽證，以確保人民之防禦權 (D)無論理由為何，行政機關應事先聲請法院同意後，始可剝奪人身自由。

( ) **3** 行政處分之受益人有下列何種情形時，其信賴利益仍值得保護？ (A)對於重要事項提供不正確資料，致使行政機關依該資料而作成行政處分 (B)以賄賂方法，使行政機關作成行政處分 (C)因輕微過失而不知行政處分違法 (D)明知行政處分違法。

( ) **4** 依現行法規定，農田水利會改制後，其組織性質為何？ (A)行政法人 (B)行政機關 (C)公法社團法人 (D)公法營造物法人。

( ) **5** 都市計畫定期通盤檢討，如其內容不涉及直接限制該區特定對象人民之權益，該通盤檢討之法律性質為下列何者？ (A)事實行為 (B)法規 (C)行政處分 (D)觀念通知。

( ) **6** 依據行政程序法之規定，下列敘述何者錯誤？ (A)行政機關，係指代表國家、地方自治團體表示意思而不具獨立法定地位之組織 (B)受託行使公權力之個人或團體，於委託範圍內，視為行政機關 (C)行政機關為發揮共同一體之行政機能，應於其權限範圍內互相協助 (D)行政機關之管轄權，依其組織法規或其他行政法規定之。

( ) **7** 有關地方自治事項，下列敘述何者正確？ (A)地方自治事項須有法律之授權 (B)地方自治團體對於自治事項，依據現行法規定，原則上得自行立法並執行之 (C)自治事項基本上必須受到國家之合法性及合目的性監督 (D)由於憲法特別重視地方自治，一旦為自治事項，無須受到任何監督。

( ) **8** 教育部於防疫期間作出公告，禁止公私立高中以下學校之教職員生出國，屬於下列何者行政行為？ (A)行政規則 (B)對人一般處分 (C)行政指導 (D)政府資訊公開。

( ) **9** 關於行政程序法之資訊公開規定，下列敘述何者錯誤？ (A)行政機關委託私人行使公權力時，委託之事項及法規依據應對外公開，並刊登政府公報及新聞紙 (B)行政規則應下達下級機關或屬官，無須登載於政府公報發布 (C)行政程序法所定之閱覽卷宗，以主張或維護法律上利益有必要作為前提 (D)行政程序終結後、法定救濟期間經過前，行政程序當事人均得依據行政程序法申請閱覽卷宗。

( ) **10** 公務員應恪守誓言，忠心努力，依法律、命令所定執行其職務。為下列何者所規定？ (A)宣誓條例 (B)公務員懲戒法 (C)公務員服務法 (D)公務人員考績法。

( ) **11** 教育部將私立大學教師升等評審之審查業務，交由私立大學辦理，為下列何種行為？ (A)委辦 (B)委任 (C)行政助手 (D)委託私人行使公權力。

( ) **12** 關於公務員服務法之公務人員之兼職規範，下列敘述何者錯誤？ (A)公務員兼任非以營利為目的之事業或團體之職務，受有報酬者，應經服務機關同意 (B)公務員除法令規定外，不得兼任他項公職；其依法令兼職者，不得兼薪 (C)公務員於大學兼課無須經服務機關同意 (D)公務員於其離職後3年內，不得擔任與其離職前5年內之職務直接相關之營利事業董事、監察人、經理、執行業務之股東或顧問。

( ) **13** 公務員因違法執行職務經移送懲戒法院懲戒法庭第一審判處新臺幣40萬元罰款，如其對於第一審之判決不服時，應如何提起救濟？ (A)不得再行救濟 (B)得上訴於懲戒法庭第二審 (C)得向地方法院行政訴訟庭提起行政訴訟 (D)得向公務人員保障暨培訓委員會提起復審。

( ) **14** 關於政務官之敘述，下列何者錯誤？ (A)政務官原則上無任用資格之限制 (B)政務官不適用公務人員退休法之規定，亦無退職年齡或服務年資之限制 (C)政務官不適用公務人員考績法之懲處規定 (D)有法定任期之政務官亦得隨時命其去職。

( ) **15** 依司法實務見解，下列何者非屬對公務員作成之行政處分？ (A)申誡 (B)停職處分 (C)留任原機關但調離主管職務 (D)銓敘部作成之考績審定。

( ) **16** 關於公務人員之專案考績，下列敘述何者錯誤？ (A)專案考績，於有重大功過時行之 (B)專案考績必要時得與平時考核功過相抵銷 (C)一次記二大功專案考績，自主管機關核定之日起執行 (D)一次記二大過專案考績，自確定之日起執行。

( ) **17** 下列何者得依公務人員保障法規定提起救濟？ (A)以機要人員進用之區長 (B)各機關僱用之駐衛警察 (C)依行政院與所屬中央及地方各機關約僱人員僱用辦法僱用之約僱人員 (D)教育人員任用條例公布施行前已進用未經銓敘合格之公立學校職員。

( ) **18** 依實務見解，下列何者為公共用物？ (A)已通車之關渡大橋 (B)警務人員使用之警槍 (C)私人向行政院農業委員會林務局承租之礦業用地 (D)公立醫院之醫療器材。

( ) **19** 直轄市政府依廢棄物清理法公告，民眾必須使用專用垃圾袋，始得將垃圾投入垃圾車。前述公告與垃圾車清運垃圾兩種行為之法律性質分別為何？ (A)公告為行政處分；清運行為係執行行政處分之行為 (B)公告為行政契約；清運行為係實現行政契約之給付行為 (C)公告為法規命令；清運行為係行政事實行為 (D)公告為行政指導；清運行為係行政處分。

( ) **20** 由行政機關所作成之內部函釋，其內容如具備抽象性通案規定要素者，屬於下列何者？ (A)法律 (B)法規命令 (C)行政計畫 (D)行政規則。

( ) **21** 甲申請於某山區經營乳牛畜養場，經營業主管機關核准多年後，其畜養場區經水利主管機關依法劃入水庫集水區，並擬禁止甲繼續經營。營業主管機關應如何處理？ (A)職權廢止甲之經營許可，並給予合理補償 (B)基於公益而撤銷甲之經營許可，毋庸補償 (C)職權廢止甲之經營許可，且毋庸給予補償 (D)基於公益而撤銷甲之經營許可，但需補償。

( ) **22** 下列何者構成行政處分之負擔？ (A)主管機關核發便利商店之營業許可時，附加「不得販賣菸酒給兒童或未滿18歲之青少年」之要求 (B)林業主管機關核發造林獎勵金時，要求受獎人同意接受主管機關之指導，善加管理林木，不可擅自拔除 (C)普通駕駛人年滿75歲，須經體檢合格及通過認知功能測驗後，換發駕照，始得繼續駕駛 (D)核發外國人觀光簽證時，註記「在國內停留期間不得從事工作或營業」。

( ) **23** 下列何者非屬行政處分？ (A)公物之提供公用 (B)地方政府將某路段劃設禁止停車之紅線 (C)公告集水區遷村作業實施計畫 (D)以號誌燈指揮汽機車駕駛。

( ) **24** 關於行政處分附款之敘述，下列何者錯誤？ (A)行政機關享有裁量權時，得為附款 (B)附款之作用係在補充或限制行政處分之效力 (C)不服附款中之負擔，原則上得單獨對之提起行政救濟 (D)於個別處分中附加附款，必須要有法律明文規定始得為之。

( ) **25** 依據司法實務見解，下列何者非屬行政契約？ (A)全民健保特約 (B)委託行使公權力協議 (C)國民住宅承租契約 (D)公費生契約。

( ) **26** 主管機關依法調查後仍不能確定納稅義務人之營業額，依據行政程序法與納稅義務人簽訂行政契約，此等行政契約稱為： (A)行政和解契約 (B)行政仲裁契約 (C)行政斡旋契約 (D)行政調處契約。

( ) **27** 有關行政指導，下列敘述何者錯誤？ (A)不具法律上之強制力 (B)應以書面為之 (C)相對人拒絕指導時行政機關即應停止 (D)促請特定人為一定作為或不作為之行為。

( ) **28** 關於行政罰法所規定罰鍰與行政執行法所規定怠金之區別，下列敘述何者正確？ (A)罰鍰係督促履行將來義務之手段，怠金係對過去違法行為予以制裁 (B)罰鍰針對同一事件得連續處罰，怠金須遵守一行為不二罰原則 (C)罰鍰屬於行政罰，怠金為行政執行罰 (D)罰鍰須事先告誡，怠金則無須告誡。

( ) **29** 甲違反營業場所管制法規，遭人向主管機關檢舉。於機關調查期間，其裁罰依據之法律所定的裁罰上限從1百萬元罰鍰，修正提高至2百萬元罰鍰。主管機關應依舊法或新法認定裁罰金額之上限，理由何在？ (A)新法，因法律明定以裁處時之法律為準 (B)舊法，應適用最有利於受處罰者之規定 (C)新法，應適用不真正溯及既往原則認定 (D)舊法，因法律明定以行為時為基準時點。

( ) **30** 下列何者非屬行政罰法之法定阻卻違法事由？ (A)依據上級公務員指示所為違反刑法之職務命令行為 (B)依法令之行為 (C)正當防衛之行為 (D)緊急避難之行為。

( ) **31** 關於沒入之敘述，下列何者錯誤？ (A)沒入之決定性質為行政處分 (B)不屬於受處罰者所有之物，符合一定要件時仍得沒入 (C)第三人明知某物得予沒入，為阻礙沒入而價購取得該物所有權後，仍得沒入該物 (D)沒入為從罰，不得單獨宣告沒入。

( ) **32** 依行政執行法規定，關於執行程序之敘述，下列何者錯誤？ (A)義務人對於執行方法得於執行程序終結前，向執行機關聲明異議 (B)行為或不行為義務之強制執行，由原處分機關移送法務部行政執行署所屬行政執行分署執行 (C)執行機關遇到須在管轄區域外執行之情況，得於必要時請求其他機關協助 (D)執行人員於執行時應對義務人出示足以證明身分之文件。

( ) **33** 依司法院大法官解釋意旨，管收處分係以下列何者執行方式，拘束義務人身體以強制其履行公法上金錢給付義務？ (A)直接執行 (B)直接強制 (C)即時強制 (D)間接強制。

( ) **34** 甲因個人學術研究所需，向衛生福利部請求提供：「有關新冠肺炎確診病患年齡及出入境紀錄與境內活動範圍調查表。」依政府資訊公開法，衛生福利部的處理方式，下列何者應不包括在內？ (A)甲請求提供之資訊，與維護其個人法律上之利益無關，衛生福

利部應予拒絕 (B)甲請求提供之資訊，涉及特定個人權益，衛生福利部應先以書面通知特定人 (C)衛生福利部應於受理甲申請提供政府資訊之日起15日內，作成准駁之決定 (D)衛生福利部應就有侵害個人隱私之部分不予提供，僅就其他部分公開或提供。

( ) **35** 若郵務人員遞送稅單時，因無法送交應受送達人，又無同居人、受雇人或大樓管理員可代收，於110年3月8日合法辦理寄存送達，將稅單寄存於送達地之郵局，應受送達人於同年3月23日前往領取該稅單，該寄存送達生效日期為何？ (A)110年3月8日 (B)110年3月19日 (C)110年3月23日 (D)110年4月7日。

( ) **36** 下列何者非屬行政程序法規定之陳情事由？ (A)人民對於民意機關立法行為違失之舉發 (B)人民對於行政上權益之維護 (C)人民對於行政法令之查詢 (D)人民對於行政興革之建議。

( ) **37** 關於行政特徵的描述，下列何者不屬之？ (A)行政目的之達成，僅得以干預性措施為之 (B)行政乃係追求利益的國家作用 (C)行政乃係積極主動的國家作用 (D)行政應受法的支配，兼及合法與合目的性。

( ) **38** 下列何者得適用行政程序法之程序規定？ (A)立法院限制記者採訪之區域與時間 (B)直轄市政府不動產糾紛調處委員會對出租人作出不利之調處決定 (C)因護照相片模糊拒絕發給外國人入境簽證 (D)因消防檢查不合格而命令賣場停止營業。

( ) **39** 訴願事件涉及下列何者，受理訴願機關僅就原行政處分之合法性進行審查決定？ (A)考試院之權限 (B)委託行使公權力 (C)人民團體之設立 (D)地方自治事項。

( ) **40** 有關訴願之提起，下列敘述何者正確？ (A)當事人應於行政處分送達日起30日內提起 (B)利害關係人於行政處分公告期滿後，已逾3年者，不得提起 (C)得以口頭提起 (D)已逾法定期間提起之訴願，訴願管轄機關應為駁回之決定。

( ) **41** 許可外國留學生於本國居留之同時附加不得工作之限制，此限制為下列何種行政處分之附款？ (A)期限 (B)條件 (C)負擔 (D)期間。

(　　) **42** 人民提起撤銷訴訟，請求撤銷徵收處分，行政法院審理後之判決主文為：「原告之訴駁回；原處分違法。」依行政訴訟法之規定，下列敘述何者錯誤？ (A)行政法院於判決時，應考量原告之權利救濟及社會公益 (B)此判決結果顯示法律安定之考量重於原告權益所受之損害 (C)行政法院之判決雖宣告原徵收處分違法，但行政機關無須返還土地 (D)判決宣示原告之訴駁回，原告因徵收處分所受之損害即不得受賠償。

(　　) **43** 居住於臺北市之甲對交通部徵收其位於高雄市之土地，提起確認徵收無效之訴，下列何法院有管轄權？ (A)臺灣臺北地方法院行政訴訟庭 (B)臺北高等行政法院 (C)臺灣高雄地方法院行政訴訟庭 (D)高雄高等行政法院。

(　　) **44** 下列何項行為發生之爭議，非屬行政法院審判權範圍？ (A)稅務爭議不服訴願決定 (B)政府採購審標爭議不服申訴審議判斷 (C)選舉爭議之當選無效訴訟 (D)教師升等爭議不服教育部之再申訴決定。

(　　) **45** 甲收受某國稅局遺產稅補繳稅款通知書，其不服時應提起下列何種訴訟？ (A)撤銷訴訟 (B)一般給付訴訟 (C)違法確認訴訟 (D)課予義務訴訟。

(　　) **46** 關於行政訴訟裁判費之徵收，下列敘述何者正確？ (A)訴訟費用由敗訴之當事人負擔，但如為情況判決時，則由被告負擔之 (B)起訴，適用簡易訴訟程序之事件不徵收裁判費，適用通常訴訟程序之事件則徵收之 (C)上訴均不徵收裁判費，抗告則徵收之 (D)抗告均不徵收裁判費，上訴則徵收之。

(　　) **47** 關於國家賠償，下列敘述何者錯誤？ (A)國家賠償請求權人依國家賠償法規定，不得請求其所失利益 (B)人民因警察使用槍械造成損害之案件，應優先適用警械使用條例之規定請求賠償 (C)國家賠償之請求權，自請求權人知有損害時起，因2年間不行使而消滅 (D)外國人須其國家依條約或其國家法令或慣例，以我國人民得在其國家與其國人享受同等權利者為限，始得向我國請求國家賠償。

(　　) **48** 依國家賠償法第3條之規定，下列何者不成立國家賠償責任？　(A)市立公園滑梯損壞造成兒童受傷　(B)市立醫院委外經營，手扶梯老舊故障，造成病患摔傷　(C)砲兵部隊依相關規定操演槍砲訓練，砲彈意外超出射程炸毀民房　(D)市立美術館展品基座破損，展品傾倒壓傷遊客。

(　　) **49** 關於損失補償之成立要件，下列敘述何者錯誤？　(A)須屬於行使公權力之行為　(B)須為違法行為　(C)侵害須達嚴重程度或已構成特別犧牲　(D)須對財產或其他權利造成損害。

(　　) **50** 公務員怠於執行職務，致人民自由或權利遭受損害，國家應負損害賠償責任，下列敘述何者錯誤？　(A)公務員怠於執行職務應與損害之間具相當因果關係　(B)須公務員怠於執行職務，且對該職務之執行已無不作為之裁量餘地　(C)以被害人對於公務員怠於執行之職務行為有公法上請求權為必要　(D)因天然災害或其他不可抗力所致人民權利受損，仍得求償。

解答與解析

（答案標示為#者，表官方曾公告更正該題答案。）

1 **(A)**。習慣法乃客觀上須存在一特定之行為方式，長期受普遍及一致之遵行；主觀上須對於該行為方式產生法之確信。
而依司法院大法官釋字第601號解釋，以大法官在整體司法人員職位體系上之地位及憲法上應有之職位，訂其適用範圍及支領標準，既副司法人員補助費之支給目的，無違於相同職務應領取相同工作補助費之實質平等原則，與大法官之憲法上職位亦無牴觸。司法院大法官依此支領司法人員補助費（嗣改稱司法人員專業加給），自屬有據。且此一法規經行政院、立法院及司法院等憲法機關五十餘年先後反覆適用，而被確信具有法效力之規範。

2 **(B)**。有關行政機關依法剝奪人民身體自由之正當法律程序，依司法院大法官釋字第588號解釋：(A)惟刑事被告與非刑事被告之人身自由限制，畢竟有其本質上之差異，是其必須踐行之司法程序或其他正當法律程序，自非均須同一不可。(C)管收係於一定期間內拘束人民身體自由於一定之處所，亦屬憲法第八條第一項所規定之「拘禁」，其於決定管收之前，自應踐行必要之程序、即由中立、公正第三者之法院審問，並使法定義務人到場為程序之參與，除藉之以明管收之是否合乎法定要件暨有無管收之必要外，並使法定義務人得有防禦之機會，提出有利之相關抗辯以供法院調查，期以實現憲法對人身自由之保障。(D)參行政執行法第36條規定以下，行政機關為阻止犯罪、危害之發生或避免急迫危險，而有即時處置之必要時，得為即時強制。即時強制方法如下：一、對於人之管束。行政機關並非一律須事先聲請法院同意後，始可剝奪人身自由。

3 **(C)**。依行政程序法第119條第3款規定，受益人有下列各款情形之一者，其信賴不值得保護：三、明知行政處分違法或因重大過失而不知者。

4 **(B)**。改制後為農田水利署為行政機關

5 **(B)**。依司法院大法官釋字第156號解釋，主管機關變更都市計畫，係公法上之單方行政行為，如直接限制一定區域內人民之權利、利益或增加其負擔，即具有行政處分之性質，其因而致使特定人或可得確定之多數人之權益遭受不當或違法之損害者，依照訴願法第一條、第二條第一項及行政訴訟法第一條之規定，自應許其提起訴願或行政訴訟，以資救濟。始符憲法保障人民訴願權或行政訴訟權之本旨。

故可知定期通盤檢討之都市計畫，如內容不涉及直接限制該區特定對象人民之權益，該通盤檢討之法律性質為行政機關基於法律授權，對多數不特定人民就一般事項所作抽象之對外發生法律效果之法規命令。

6 **(A)**。依行政程序法第2條第2項規定，本法所稱行政機關，係指代表國家、地方自治團體或其他行政主體表示意思，從事公共事務，具有單獨法定地位之組織。

7 **(B)**。依地方制度法第2條規定：

(A)第2款，本法用詞之定義如下：二、自治事項：指地方自治團體依憲法或本法規定，得自為立法並執行，或法律規定應由該團體辦理之事務，而負其政策規劃及行政執行責任之事項。(C)、(D)第3款，本法用詞之定義如下：委辦事項：指地方自治團體依法律、上級法規或規章規定，在上級政府指揮監督下，執行上級政府交付辦理之非屬該團體事務，而負其行政執行責任之事項。

補充：另依司法院大法官釋字第553號解釋，蓋地方自治團體處理其自治事項與承中央主管機關之命辦理委辦事項不同，前者中央之監督僅能就適法性為之，其情形與行政訴訟中之法院行使審查權相似（參照訴願法第七十九條第三項）；後者除適法性之外，亦得就行政作業之合目的性等實施全面監督。

8 **(B)**。依行政程序法第92條規定，本法所稱行政處分，係指行政機關就公法上具體事件所為之決定或其他公權力措施而對外直接發生法律效果之單方行政行為。前項決定或措施之相對人雖非特定，而依一般性特徵可得確定其範圍者，為一般處分，適用本法有關行政處分之規定。有關公物之設定、變更、廢止或其一般使用者，亦同。

9 **(B)**。依行政程序法第160條規定，行政規則應下達下級機關或屬官。

行政機關訂定前條第二項第二款之行政規則，應由其首長簽署，並登載於政府公報發布之。

10 **(C)**。依公務員服務法第1條規定，公務員應恪守誓言，忠心努力，依法律、命令所定執行其職務。

11 **(D)**。依司法院大法官釋字第462號解釋，各大學校、院、系（所）教師評審委員會關於教師升等評審之權限，係屬法律在特定範圍內授予公權力之行使，其對教師升等通過與否之決定，與教育部學術審議委員會對教師升等資格所為之最後審定，於教師之資格等身分上之權益有重大影響，均應為訴願法及行政訴訟法上之行政處分。

12 **(C)**。依公務員服務法第15條第4項規定，公務員兼任教學或研究工作或非以營利為目的之事業或團體職務，應經服務機關（構）同意；機關（構）首長應經上級機關（構）同意。但兼任無報酬且未影響本職工作者，不在此限。

13 **(B)**。依公務員懲戒法第64條規定，當事人對於懲戒法庭第一審之終局判決不服者，得於判決送達後二十日之不變期間內，上訴於懲戒法庭第二審。但判決宣示或公告後送達前之上訴，亦有效力。

14 **(D)**。依司法院大法官釋字第589號解釋，故為貫徹任期保障之功能，對於因任期保障所取得之法律上地位及所生之信賴利益，即須充分加以保護，避免其受損害，俾該等人員得無所瞻顧，獨立行使職權，始不違背憲法對該職位特設任期保障之意旨，並與憲法上信賴保護原則相符。

15 **(C)**。依最高行政法院104年8月份第2次庭長法官聯席會議(一)決議：甲由主管人員調任為同一機關非主管人員，但仍以原官等官階任用並敘原俸級及同一陞遷序列，雖使其因此喪失主管加給之支給，惟基於對機關首長統御管理及人事調度運用權之尊重，且依公務人員俸給法第2條第5款規定，主管加給係指本俸、年功俸以外，因所任「職務」性質，而另加之給與，並非本於公務人員身分依法應獲得之俸給，故應認該職務調任，未損及既有之公務員身分、官等、職等及俸給等權益，不得提起行政訴訟請求救濟。

16 **(B)**。依公務人員考績法第12條第2項規定，前項第二款一次記二大功之標準，應於施行細則中明定之。專案考績不得與平時考核功過相抵銷。

17 **(D)**。依公務人員保障法第102條第1項第1款規定，下列人員準用本法之規定：一、教育人員任用條例公布施行前已進用未經銓敘合格之公立學校職員。

18 **(A)**。公共公物指的是由行政主體所直接提供，供公眾可以自由在該物一般使用的範圍內，無需特別許可就可以使用的公物，例如：道路、橋梁、廣場等。

19 **(C)**。本題直轄市政府使用公告形式，說明依廢棄物清理法授權，規定將垃圾投入垃圾車者須使用專用垃圾袋。顯為針對不特定多數人（未就身分為限制）之一般事項為抽象規定（非特定具體事件），而不配合者便不得將垃圾投入垃圾車（具禁止效力）。

而依行政程序法第150條規定，本法所稱法規命令，係指行政機關基於法律授權，對多數不特定人民就一般事項所作抽象之對外發生法律效果之規定。法規命令之內容應明列其法律授權之依據，並不得逾越法律授權之範圍與立法精神。

可知本題所示之公告為法規命令，而清運行為不會產生規制效力，僅會造成某種事實態樣之呈現，而屬行政事實行為。

補充：廢棄物清理法第12條第2項，執行機關得視指定清除地區之特性，增訂前項一般廢棄物分類、貯存、排出之規定，並報其上級主管機關備查；同法第50條第2款，有下列情形之一者，處新臺幣一千二百元以上六千元以下罰鍰。經限期改善，屆期仍未完成改善者，按日連續處罰：二、違反第十二條之規定。

20 **(D)**。依行政程序法第159條規定，本法所稱行政規則，係指上級機關對下級機關，或長官對屬官，依其權限或職權為規範機關內部秩序及運作，所為非直接對外發生法規範效力之一般、抽象之規定。行政規則包括下列各款之規定：一、關於機關內部之組織、事務之分配、業務處理方式、人事管理等一般性規定。二、為協助下級機關或屬官統一解釋法令、認定事實、及行使裁量權，而訂頒之解釋性規定及裁量基準。

21 **(A)**。本題所述情形，主管機關應依行政程序法第123條第4款規定，授予利益之合法行政處分，有下列各款情形之一者，得由原處分機關依職權為全部或一部之廢止：四、行政處分所依據之法規或事實事後發生變更，致不廢止該處分對公益將有危害者認定之；再依同法第126條第1項規定，原處分機關依第一百二十三條第四款、第五款規定廢止授予利益之合法行政處分者，對受益人因信賴該處分致遭受財產上之損失，應給予合理之補償。

故主管機關應依職權廢止甲之經營許可，並給予合理補償。

22 **(B)**。依最高行政法院100年度判字第227號判決，依行政程序法第93條第1項前段、第2項第3款及第123條第3款、第125條所明定有關行政處分之負擔規範。農委會對於獎勵造林實施要點第5點規定之造林人，給與獎勵金，其獎勵金之發給，係屬具有裁量權行政機關之授益行政處分；而造林獎勵金領取人，於領取獎勵金時，所書立內載：「同意接受林業主管機關之指導，善加管理經營造林木竹，使之長大成林，不可任其荒廢或擅自拔除毀損；如有違背，應加利息賠償已領取之獎勵金」，核屬準負擔附款之性質，則於受益人未履行該負擔時，原行政處分機關自得依職權為全部或一部之廢止。

23 **(C)**。依司法院大法官釋字第542號解釋，行政機關內部作業計畫，經公告或發布實施，性質上為法規之一種；其未經公告或發布，但具有規制不特定人權利義務關係之效用，並已為具體行政措施之依據者，則屬對外生效之規範，與法規命令或行政規則相當，亦得為本院審查對象。

24 **(D)**。依行政程序法第93條第1項規定，行政機關作成行政處分有裁量權時，得為附款。無裁量權者，以法律有明文規定或為確保行政處分法定要件之履行而以該要件為附款內容者為限，始得為之。

25 **(C)**。依司法院大法官釋字第540號解釋，國民住宅經主管機關核准出售、出租或貸款自建，並已由該機關代表國家或地方自治團體與承購人、承租人或貸款人分別訂立買賣、租賃或借貸契約者，此等契約即非行使公權力而生之公法上法律關係。

26 **(A)**。依行政程序法第136條規定，行政機關對於行政處分所依據之事實或法律關係，經依職權調查仍不能確定者，為有效達成行政目的，並解決爭執，得與人民和解，締結行政契約，以代替行政處分。

27 **(B)**。依行政程序法第167條規定，行政機關對相對人為行政指導時，應明示行政指導之目的、內容、及負責指導者等事項。前項明示，得以書面、言詞或其他方式為之。如相對人請求交付文書時，除行政上有特別困難外，應以書面為之。

28 **(C)**。(A)依行政罰法第1條前段規定，違反行政法上義務而受罰鍰、沒入或其他種類行政罰之處罰時，適用本法；依行政執行法第30條第1項規定，依法令或本於法令之行政處分，負有行為義務而不為，其行為不能由他人代為履行者，依其情節輕重處怠金。可知罰鍰才係對過去違法行為予以制裁、怠金係督促履行將來義務之手段。(B)依行政罰法第24條第1項前段規定，一行為違反數個行政法上義務規定而應處罰鍰者，依法定罰鍰額最高之規定裁處；依行政執行法第31條第1項規定，經依前條規定處以怠金，仍不履行其義務者，執行機關得連續處以怠金。可知罰鍰須遵守一行為不二罰原則、怠金針對同一事件得連續處罰。(D)依行政罰法第42條前段規定，行政機關於裁處前，應給予受處罰者陳述意見之機會；依行政執行法第31條第2項規定，連續處以怠金前，仍應依第二十七條之規定以書面限期履行。怠金於執行前應先踐行告誡程序。

29 **(B)**。依行政罰法第5條規定，行為後法律或自治條例有變更者，適用裁處時之法律或自治條例。但裁處前之法律或自治條例有利於受處罰者，適用最有利於受處罰者之規定。

30 **(A)**。依行政罰法第11條第2項規定，依所屬上級公務員職務命令之行為，不予處罰。但明知職務命令違法，而未依法定程序向該上級公務員陳述意見者，不在此限。

31 (D)。依社會秩序維護法第23條規定，沒入，與其他處罰併宣告之。但有左列各款情形之一者，得單獨宣告沒入：一、免除其他處罰者。二、行為人逃逸者。三、查禁物。

32 (B)。依行政執行法第4條第1項規定，行政執行，由原處分機關或該管行政機關為之。但公法上金錢給付義務逾期不履行者，移送法務部行政執行署所屬行政執行處執行之。

33 (D)。依司法院大法官釋字第588號解釋，行政執行法關於「管收」處分之規定，係在貫徹公法上金錢給付義務，於法定義務人確有履行之能力而不履行時，拘束其身體所為間接強制其履行之措施，尚非憲法所不許。

34 (A)。依行政程序法第46條第1項規定，當事人或利害關係人得向行政機關申請閱覽、抄寫、複印或攝影有關資料或卷宗。但以主張或維護其法律上利益有必要者為限。

35 (A)。依司法院大法官釋字第797號解釋，行政程序法第74條關於寄存送達於依法送達完畢時即生送達效力之程序規範，尚屬正當，與憲法正當法律程序原則之要求無違。

補充：雖行政程序法第74條第3項規定僅有：「寄存機關自收受寄存文書之日起，應保存三個月。」，不像訴願法第47條第3項準用行政訴訟法第73條第3項規定（寄存送達自寄存之日起經十日發生效）如此明確，但大法官認此屬立法形成自由，不影響合憲性。

36 (A)。依行政程序法第168條規定，人民對於行政興革之建議、行政法令之查詢、行政違失之舉發或行政上權益之維護，得向主管機關陳情。

37 (A)。行政機關具行政行為之形式選擇自由，依行政態樣、內容與目的等不同，分為干預行政或給付行政。前者係干預人民權利，限制其自由或財產，或課予人民義務或負擔的行政作用；後者係有關社會救助、社會保險、提供生活必需品、給與經濟補助、提供文化服務等行為而言。

38 (D)。依行政程序法第3條規定：

(A)第2項第1款，下列機關之行政行為，不適用本法之程序規定：一、各級民意機關。(B)第3項第5款，下列事項，不適用本法之程序規定：五、有關私權爭執之行政裁決程序。(C)第3項第2款，下列事項，不適用本法之程序規定：二、外國人出、入境、難民認定及國籍變更之行為。

39 (D)。依訴願法第79條第3項規定，訴願事件涉及地方自治團體之地方自治事務者，其受理訴願之上級機關僅就原行政處分之合法性進行審查決定。

40 (B)。依訴願法規定：

(A)第14條第1項，訴願之提起，應自行政處分達到或公告期滿之次日起三十日內為之。(C)第14條第3項，訴願之提起，以原行政處分機關或受理訴願機關收受訴願書之日期為準。(D)第77條第2款，訴願事件有左列各款情形之一者，應為不受理之決定：二、提起訴願逾法定期間或未於第五十七條但書所定期間內補送訴願書者。

41 (C)。依行政程序法第93條規定，行政機關作成行政處分有裁量權時，得為附款。無裁量權者，以法律有明文規定或為確保行政處分法定要件之履行而以該要件為附款內容者為限，始得為之。前項所稱之附款如下：一、期限。二、條件。三、負擔。四、保留行政處分之廢止權。五、保留負擔之事後附加或變更。
其中「負擔」係指於授益處分中附加對相對人之規制，課予其為一定之作為或不作為之義務。

42 (D)。本題涉及考點「情況判決」，指行政法院受理撤銷訴訟，發現原行政處分雖違法，但撤銷或變更對公益有重大損害，經斟酌原告所受損害、賠償程度、防止方法及其他一切情事，認原處分或決定的撤銷或變更顯與公益相違背時，得駁回原告之訴，此規範於行政訴訟法第198條第1項；又同條第2項亦有規定，應於判決主文中諭知原處分或決定違法。
並依同法第199條規定，行政法院為前條判決時，應依原告之聲明，將其因違法處分或決定所受之損害，於判決內命被告機關賠償。原告未為前項聲明者，得於前條判決確定後一年內，向行政法院訴請賠償。

43 (D)。依行政訴訟法第15條第1項規定，因不動產徵收、徵用或撥用之訴訟，專屬不動產所在地之行政法院管轄；另依行政訴訟法第104-1條第1項前段規定，適用通常訴訟程序之事件，以高等行政法院為第一審管轄法院。

44 (C)。依行政訴訟法第10條規定，選舉罷免事件之爭議，除法律別有規定外，得依本法提起行政訴訟；而依公職人員選舉罷免法第128條規定，選舉、罷免訴訟程序，除本法規定者外，準用民事訴訟法之規定。但關於捨棄、認諾、訴訟上自認或不爭執事實效力之規定，不在準用之列。
故選舉無效、當選無效、罷免無效之訴，為公法上爭議之例外，依民事訴訟程序，由普通法院審理之訴訟案件。

45 (A)。補稅通知的性質應為負擔之行政處分，依行政訴訟法第4條第1項規定，人民因中央或地方機關之違法行政處分，認為損害其權利或法律上之利益，經依訴願法提起訴願而不服其決定，或提起訴願逾三個月不為決定，或延長訴願決定期間逾二個月不為決定者，得向行政法院提起撤銷訴訟。

46 (A)。依行政訴訟法規定：
(B)第98條第2項，起訴，按件徵收裁判費新臺幣四千元。適用簡易訴訟程序之事件，徵收裁判費新臺幣二千元。(C)第98-2條第1項，上訴，依第九十八條第二項規定，加徵裁判費二分之一。(D)第98-4條，抗告，徵收裁判費新臺幣一千元。

47 **(A)**。依國家賠償法第5條規定，國家損害賠償，除依本法規定外，適用民法規定。

又民法第216條規定，損害賠償，除法律另有規定或契約另有訂定外，應以填補債權人所受損害及所失利益為限。

48 **(C)**。依國家賠償法第3條第2項規定，前項設施委託民間團體或個人管理時，因管理欠缺致人民生命、身體、人身自由或財產受損害者，國家應負損害賠償責任。

又同法第2條第2項規定，公務員於執行職務行使公權力時，因故意或過失不法侵害人民自由或權利者，國家應負損害賠償責任。公務員怠於執行職務，致人民自由或權利遭受損害者亦同。

則不論是將砲兵部隊操演槍砲視為公共設施管理又或為公務員執行職務行使公權力，本題依選項提示係依相關規定訓練，故皆不符合國家賠償法相關要件，因國家的合法行為致使其權益遭受損害，人民得依循救濟之管道為請求損失補償。

49 **(B)**。依最高行政法院95年12月7日裁字第2730號行政裁定，對於損失補償成立要件之相關解釋：

(1)須屬於行使公權力之合法行為；(2)須對財產或其他權利之侵害；(3)侵害須達嚴重程度或已構成特別犧牲；(4)須相對人或利害關係人有值得保護之利益；(5)須基於公益之必要性；(6)補償義務須有法規之依據始得請求。

50 **(#)**。依司法院大法官釋字第469號解釋：

(C)解釋文：……若公務員對於職務之執行，雖可使一般人民享有反射利益，人民對於公務員仍不得請求為該職務之行為者，縱公務員怠於執行該職務，人民尚無公法上請求權可資行使，以資保護其利益，自不得依上開規定請求國家賠償損害。(D)理由書：……凡公務員職務上之行為符合：行使公權力、有故意或過失、行為違法、特定人自由或權利所受損害與違法行為間具相當因果關係之要件，而非純屬天然災害或其他不可抗力所致者，被害人即得分就積極作為或消極不作為，依上開法條前段或後段請求國家賠償……。本題考選部公告選(C)或(D)均給分。

112年 高考三級

甲、申論題

一、A市政府為管理市內攤販經營事業，制定攤販管理自治條例。其中規定，攤販經營許可申請，如涉及私人土地，而不違反現行法令規定者，應檢具所有權人同意書。市民丙申請經營攤販位於他人丁之所有土地上，於申請時檢附所有權人丁之同意書，市政府發給許可證。於證件背面註記注意事項：核准設攤地點涉及私人土地經所有權人提出異議時，應於一個月內提供所有權人同意書，逾期未補正者，本府得註銷許可證之效力。丙開始經營後，丁欲收回租地，向A市政府表示異議，市政府遂要求丙提出同意書，逾期將廢止許可證。一個月期間過後，丙未能提出同意書，故市政府以B函註銷許可證。請問：B函是否合法？

解 A市政府依行政程序法第123條第2款，原處分機關保留行政處分之廢止權規定，以B函註銷丙攤販經營許可證，是為依法進行授益處分之廢止，應屬合法：

(一)本題之證件背面註記注意事項，屬行政處分之附款：

1.行政程序法第92條規定，行政處分乃行政機關就公法上具體事件，所為之決定或其他公權力措施，而對外直接發生法律效果之單方行政行為；A市政府依攤販管理自治條例，許可市民丙之攤販經營許可申請，是為在公法上具體事件（依自治條例管理室內攤販經營事業），為直接對外部發生法律效果之單方行政行為（做出許可丙經營攤販之決定），故屬合法授益之行政處分。

2.行政程序法第93條規定，行政機關作成行政處分有裁量權時，得為附款，又附款種類包括期限、條件、負擔、保留行政處分之廢止權、保留負擔之事後附加或變更等。

3.本題之證件背面註記注意事項，為核准設攤地點涉及私人土地經所有權人提出異議時，應於一個月內提供所有權人同意書，逾期未補正者，本府得註銷許可證之效力；此註記所述應提供之文件，為發生特定情形即所有權人提出異議時，方須提供同意書，未能於期限內提出機關方註銷該許可之效力，故為機關預先保留行政處分之廢止權。

(二) B函之性質為廢止授益處分：

1.行政程序法第123條規定，授予利益之合法行政處分，於法規准許廢止者、原處分機關保留行政處分之廢止權者、附負擔之行政處分，受益人未履行該負擔者、行政處分所依據之法規或事實事後發生變更，致不廢止該處分對公益將有危害者、或其他為防止或除去對公益之重大危害者，有上述其中一種情形出現，便可由原處分機關依職權為全部或一部之廢止。

2.本題因土地所有權人丁提出異議，縱使丙於前申請時有取得丁之同意書，惟依司法院大法官釋字第776號解釋，同意使用土地之關係消滅時（如依法終止土地使用關係等），主管機關亦得依職權或依鄰地所有人之申請，廢止原核可之變更使用執照，並解除套繪管制，始符憲法第15條保障人民財產權之意旨。故丙須因應丁於其開始經營後，始表示異議之新的意思表示，依許可證註記之附款，於一個月內提供所有權人丁之同意書。

3.今丙未能於一個月內提供丁之同意書，構成註記中保留廢止權所指情狀，故A市政府依行政程序法第123條第2款之規定，得以B函廢止其許可證，該廢止之作成有其依據，實屬合法。

(三) 由於丙於所有權人丁提出異議後，無法於一個月期限內提出丁之同意書，證明所有權人有同意其使用之情事，為合於憲法第15條保障所有權人之財產權意旨，A市政府得以依行政程序法第123條第2款規定，以B函廢止原處分。

二、甲檢具陳情書向某政府乙機關陳情，主張甲所有建物（下稱系爭建物）之相鄰建物違法施工裝潢，因其室內裝修廠商未具施工許可證，為保障系爭建物之安全，乃訴求乙禁止相鄰建物繼續施工。乙回復甲略以：經查系爭建物之相鄰建物，業已委託設計建築師及合格室內裝修廠商施工，其施工期間及竣工查驗之結構安全，併由設計建築師簽證負責；且該址業由審查機構之審查人員辦理竣工審查，並取得室內

裝修合格證明在案等語。甲不服，循序提起行政訴訟。試問：甲有無請求乙對檢舉內容為事實調查予以裁罰之公法上請求權，並具提起行政訴訟之原告適格？

解 甲向乙機關陳情相鄰建物違法施工，該陳情不具請求行政機關為事實調查予以裁罰之公法上請求權，自無法作為提起課與義務訴訟之依據，故甲欠缺原告適格：

(一)乙機關對甲陳情之回復，不屬於行政處分：

1.行政程序法第92條規定，行政處分係指行政機關就公法上具體事件所為之決定或其他公權力措施而對外直接發生法律效果之單方行政行為；反之當行政行為不以發生法律效果為目的，而係以發生事實效果為目的，不會產生規制效力時，則屬於行政事實行為。

2.而實務見解依最高行政法院91年裁字第1475號裁定，向主管機關檢舉他人違法，經主管機關調查結果，認為所檢舉事項不成立，而對檢舉人之函覆，是否為行政處分，端視法律是否賦與檢舉人向國家請求制止、處罰被檢舉人之權利或法律所保護之法益是否及於檢舉人之私益而定。

3.本案甲之陳情檢舉僅促成乙機關進行調查、制止與處罰等公權力實施，然後續主管機關之函覆，僅係函復檢舉調查之結果，未對甲發生任何影響權利或義務之法律效果，而屬事實通知而非行政處分。

(二)甲未有權利或法律上利益受損害，其請求欠缺公法上之請求權，不具訴訟權能，自非原告適格：

1.依行政訴訟法第5條，人民因中央或地方機關對其依法申請之案件，於法令所定期間內應作為而不作為（或予以駁回），認為其權利或法律上利益受損害者，經依訴願程序後，得向行政法院提起請求該機關應為行政處分或應為特定內容之行政處分之訴訟。

2.依最高行政法院99年度6月份庭長法官聯席會議，法律規範行政機關執行職務的目的在於保護「公共利益」，不涉及特定人生命、身體、重大財產，人民並沒有請求機關為裁處、制止之權，行政機關的答復性質為觀念通知，並未對外發生法律效果，陳情檢舉之人，未有權利或法律上利益有損害，不具有行政訴訟權能。

3.本案甲之陳情檢舉，業經乙機關進行行政調查，並答覆無其陳情內容所述違法情形，於此機關未有行政怠惰情事，陳情人亦無生命、身體、財產危害等權益受損。故甲縱使不服乙機關答復，亦無請求行政機關為事實調查予以裁罰之公法上請求權，其當事人不適格。

(三)綜上所述，該陳情不具請求行政機關為事實調查予以裁罰之公法上請求權，自無法作為提起課與義務訴訟之依據，故甲於本案欠缺行政訴訟之原告適格。

乙、測驗題

( ) **1** 下列何者為行政法之不成文法源？ (A)行政規則 (B)國際條約 (C)公益原則 (D)自治規章。

( ) **2** 供公眾使用之建築物，違反建築法第77條規定，未定期辦理公共安全檢查簽證及申報，行政機關違反先前先通知當事人補辦程序之慣例，即逕行採取裁罰措施，係違反何種行政法一般原理原則？ (A)平等原則 (B)比例原則 (C)禁止不當聯結原則 (D)法律優位原則。

( ) **3** 依據實務見解，納稅義務人因違反稅法規定而受罰鍰處分，惟納稅義務人於行政訴訟程序中死亡，則罰鍰處分應如何處置？ (A)因納稅義務人死亡，法律關係即告消滅，故無法執行該罰鍰處分 (B)由繼承人繼承被繼承人之義務人地位，並繳納罰鍰 (C)納稅義務人死亡後，法院應以欠缺當事人能力為由駁回訴訟 (D)由繼承人於被繼承人遺產範圍內代繳罰鍰。

( ) **4** 關於國家表演藝術中心在組織及任務上之特性，不包括下列何者？ (A)負執行公共事務之任務 (B)具有獨立之法律人格 (C)以企業化之方式營運 (D)所屬人員均具公務人員身分。

( ) **5** 依地方制度法規定，中央主管機關針對直轄市政府所辦理自治事項之監督，下列敘述何者錯誤？ (A)地方政府辦理自治事項得自為立法並執行而負其政策規劃及行政執行責任 (B)地方政府辦理自治事項有違憲法或法律規定時，仍得予以撤銷、變更、廢止或停止其執行 (C)直轄市政府辦理自治事項違法時，由中央主管機關報行政院予以撤銷、變更、廢止或停止其執行 (D)地方政府辦理自治事項若有違背憲法或法律之疑義時，於司法院解釋前，中央主管機關得先予以撤銷之。

( ) **6** 關於機關權限之敘述，下列何者錯誤？ (A)行政機關欲將部分權限委託不相隸屬之行政機關執行，係屬職權事項，故主管機關得依職權辦理權限之委託 (B)行政機關將作成行政處分權限移轉予他機關時，則撤銷權之行使，應於權限移轉後改由承受其業務機關為之 (C)行政處分無效事由之所謂「缺乏事務管轄權限」，應限縮於重大明顯之情事 (D)行政機關得依法規將部分權限委任相隸屬之行政機關執行。

( ) **7** 下列何者係公務員服務法許可公務員從事之行為？ (A)取得職務上有直接管理權限營利事業10%之股份 (B)未經服務機關許可兼任教學職務 (C)未經服務機關許可兼任民間基金會董事長 (D)休假時間受邀出席研討會分享攝影技巧，並支領演講出席費。

( ) **8** 下列公法上財產請求權，何者不因2年間不行使而消滅？ (A)經服務機關核准之加班費 (B)執行職務時，發生意外致受傷應發給之慰問金 (C)執行職務墊支之必要費用 (D)經服務機關核准實施公務人員一般健康檢查之費用。

( ) **9** 關於公務員之懲戒程序，下列敘述何者錯誤？ (A)懲戒案件係由懲戒法院設懲戒法庭，合議審理並裁判之 (B)公務員懲戒案件之審理制度係採一級一審 (C)應受懲戒行為，自行為終了之日起，至案件繫屬懲戒法院之日止，已逾10年者，不得予以休職之懲戒 (D)公務員雖非執行職務，但其個人行為若致嚴重損害政府信譽，亦應受懲戒。

( ) **10** 行政機關發布命令，禁止餐廳營業時間超過晚上9點。下列敘述何者錯誤？ (A)該命令須送立法院審查 (B)該命令之訂定須有法律授權 (C)該命令屬於行政規則 (D)該命令應刊登政府公報或新聞紙。

( ) **11** 關於受託行使公權力之私人或團體，下列敘述何者錯誤？ (A)受委託者於受託範圍內得作出行政處分 (B)授權之法律有明定受託者得訂定法規命令者，受託之私人或團體不需委託機關特別授權，即得發布法規命令 (C)受委託者即使無法律授權，亦得將其受託之權限再委託其他私人或團體 (D)受委託者於受託範圍內得立於機關之地位作出事實行為。

( ) **12** 財政部以營利事業欠稅為由，函請內政部移民署限制營利事業負責人出境，並通知營利事業負責人。下列敘述何者錯誤？ (A)限制出境之決定乃係行政處分 (B)限制出境之決定係內政部移民署所作成的行政處分 (C)內政部移民署所為限制出境之決定屬多階段行政處分 (D)營利事業負責人不得以不服財政部通知為由向行政院提起訴願。

( ) **13** 行政機關發現經其核准受領疫情紓困補助的受益人，有重複領取情形，於其撤銷原處分後，應採取何種方式追回溢發之款項？ (A)作成書面行政處分確認返還範圍，並限期命受益人返還 (B)向行政法院提起一般給付訴訟 (C)向民事法院提起請求返還不當得利訴訟 (D)直接移送法務部行政執行署所屬分署執行。

( ) **14** 行政處分於法定救濟期間經過後，當事人仍得於一定情形下申請撤銷、廢止或變更之。下列敘述何者錯誤？ (A)具有持續效力之行政處分，其依據之事實事後發生有利變更者，相對人或利害關係人得提出申請 (B)該項申請應自法定救濟期間經過後3個月內為之 (C)雖有重新開始程序之原因，行政機關如認為原處分為正當者，仍應駁回該申請 (D)相對人或利害關係人因過失未能在行政程序中主張其事由者，即不得提出該項申請。

( ) **15** 有關行政契約，下列敘述何者錯誤？ (A)行政程序法所規定的行政契約類型，有和解契約與雙務契約 (B)行政機關與人民締結行政契約後，為確保人民信賴利益，不得調整契約內容與終止契約 (C)行政契約之締結，原則上須以書面為之 (D)行政契約中，如行政機關與人民互負給付義務，雙方之給付應相當，且具備合理關聯。

( ) **16** 下列何者屬於行政事實行為？ (A)拆除違章建築 (B)行政院發布徵兵規則 (C)警察指揮交通 (D)行人穿越道之交通標線。

( ) **17** 藥事法規定不具藥商資格販賣藥品者，處新臺幣3萬元以上200萬元以下罰鍰。甲於網路上販售從國外買回的藥品，被查獲違反前述藥事法規定，其請求依據行政罰法第19條規定免予處罰，承辦此案之公務人員應如何處理？ (A)若甲販賣藥品之獲利低於3萬元，得免予處罰 (B)若甲為初次違規，得免予處罰 (C)若藥品尚未售出，得免予處罰 (D)甲之情形無法適用行政罰法第19條免予處罰之規定。

( ) **18** 甲積欠交通違規罰單新臺幣18,000元，主管機關經催繳後仍未繳納，移送行政執行。依行政執行法之規定，下列敘述何者正確？ (A)如甲於執行程序終結前死亡，未留有遺產，執行機關應向甲之繼承人為執行 (B)如甲於執行程序終結前繳清罰鍰，其應以聲明異議之方式請求終止執行 (C)如執行機關發現甲顯有財產卻故意不繳納，且已出境1次，得限制甲之住居 (D)如甲對於執行機關限制住居之命令不服，經聲明異議遭駁回後，得直接提起撤銷訴訟。

( ) **19** 依據政府資訊公開法，關於政府資訊公開，下列敘述何者錯誤？ (A)政府資訊可由政府機關主動公開，亦得應人民申請被動公開 (B)申請政府資訊之公開，不以主張或維護法律上利益有必要為前提 (C)對於政府資訊公開申請之決定不服者，得依法提起行政救濟 (D)經申請公開之政府資訊涉及第三人權益，經其明確表示不同意公開時，政府機關應即作成不予公開之決定。

( ) **20** 下列何者非訴願審理機關審理訴願案件應遵循之原則？ (A)書面審查原則 (B)職權調查原則 (C)不利益變更禁止原則 (D)停止執行原則。

( ) **21** 軍校生甲，因行為失當，遭學校開除學籍。學校擬對甲求償已領取之公費，應循何種方式？ (A)以行政處分令甲賠償 (B)直接依強制執行法聲請強制執行 (C)向行政法院提起一般給付之訴 (D)向民事法院提起訴訟。

( ) **22** 多數當事人關於訴訟標的之權利義務關係，在事實上或法律上有同一或同類原因時，有關訴訟程序之敘述，下列何者錯誤？ (A)可以成立共同訴訟，一同擔任原告或被告 (B)如果當事人分別起訴，法院得命其合併辯論及合併裁判 (C)共同訴訟之訴訟標的有合一確定必要時，共同訴訟人中一人不利於全體之行為，效力不及於全體共同訴訟人 (D)共同訴訟之訴訟標的無論有無合一確定必要，當事人合意停止訴訟後，續行訴訟必須經全體同意。

( ) **23** 依行政訴訟法規定之都市計畫審查程序，行政法院審查認定都市計畫違法時，下列何者非判決主文得宣告之內容？ (A)都市計畫違法者，宣告無效或違法 (B)都市計畫發布後始發生違法原因者，應宣告自違法原因發生時起失效 (C)同一都市計畫中未經原告請求，而與原告請求宣告無效之部分具不可分關係，經法院審查認定違法者，併宣告撤銷 (D)依法僅得為違法之宣告者，應宣告其違法。

( ) **24** 某市政府自行興建設置之公立醫院委託私立醫學院經營，因原先所設置之手扶梯未定期保養而故障，導致病患摔傷。下列敘述何者正確？ (A)公共設施委託私人管理，因管理欠缺致人民身體受損害者，負國家賠償責任 (B)私立醫學院與病患間雖係私法關係，仍不得依民法向醫院求償 (C)委託屬公法關係，故病患不得依民法向醫院求償 (D)如病患為外國人者，則無法依國家賠償法求償。

( ) **25** 下列何者非屬政府應給予損失補償之適例？ (A)公務員死亡後，所屬機關收回配住之宿舍 (B)警察依法追捕逃犯，遭逃犯衝撞警車，不慎導致路人甲受重傷 (C)消防隊為進入火場救火，移除窄巷內之機車，致機車受損 (D)主管機關就都市計畫道路用地，在徵收之前埋設地下公用管線。

解答與解析

(答案標示為#者，表官方曾公告更正該題答案。)

1 (C)。產生法律之源頭，即法源依據，行政法之法源依是否由立法機關制訂通過，可分為：

(1)成文法源：A.憲法。B.法律。C.國際法。D.命令。E.自治規章。

(2)不成文法法源：A.習慣。B.法理。C.判例。D.學說。E.解釋。F.外國法。G.國際法。H.一般法律原則等。

不成文法非經由國內一定制定程序，無法直接於國內發生效力，而須經國家承認始能發生法的拘束力。

2 (A)。行政機關對於某類事件反覆為相同處理時，將產生行政先例，而基於憲法上平等原則的要求，行政程序法第6條規定：「行政行為，非有正當理由，不得為差別待遇。」

是以，行政機關就同類事件行使裁量權時，如果沒有正當理由，即應受行政先例之拘束，不得為相異的處理，此即行政自我拘束原則。倘若行政機關對於同類事件，在欠缺正當理由的情況下，未遵循行政先例，反而作成不同的處理時，即屬違反平等原則。本題有提及「違反先前先通知當事人補辦程序之慣例，即逕行採取裁罰措施」此顯然違反平等原則。

3 **(D)**。依司法院大法官釋字第621號解釋文，行政執行法第十五條規定：「義務人死亡遺有財產者，行政執行處得逕對其遺產強制執行」，係就負有公法上金錢給付義務之人死亡後，行政執行處應如何強制執行，所為之特別規定。罰鍰乃公法上金錢給付義務之一種，罰鍰之處分作成而具執行力後，義務人死亡並遺有財產者，依上開行政執行法第十五條規定意旨，該基於罰鍰處分所發生之公法上金錢給付義務，得為強制執行，其執行標的限於義務人之遺產。

4 **(D)**。依國家表演藝術中心設置條例第2條規定，本中心為行政法人，監督機關為文化部；再依行政法人法第20條第1項規定，行政法人進用之人員，依其人事管理規章辦理，不具公務人員身分，其權利義務關係，應於契約中明定。

5 **(D)**。依地方制度法第75條第8項規定，直轄市政府、縣（市）政府或鄉（鎮、市）公所，辦理自治事項有無違背憲法、法律、中央法規、縣規章發生疑義時，得聲請司法院解釋之；在司法院解釋前，不得予以撤銷、變更、廢止或停止其執行。

6 **(A)**。依行政程序法第15條第2項規定，行政機關因業務上之需要，得依法規將其權限之一部分，委託不相隸屬之行政機關執行之。並非選項(A)依職權辦理。

7 **(D)**。依公務員法：

(A)第14條第4項，公務員所任職務對營利事業有直接監督或管理權限者，不得取得該營利事業之股份或出資額。(B)第15條第4項，公務員兼任教學或研究工作或非以營利為目的之事業或團體職務，應經服務機關（構）同意；機關（構）首長應經上級機關（構）同意。但兼任無報酬且未影響本職工作者，不在此限。(C)第14條第2項，前項經營商業，包括依公司法擔任公司發起人或公司負責人、依商業登記法擔任商業負責人，或依其他法令擔任以營利為目的之事業負責人、董事、監察人或相類似職務。但經公股股權管理機關（構）指派代表公股或遴薦兼任政府直接或間接投資事業之董事、監察人或相類似職務，並經服務機關（構）事先核准或機關（構）首長經上級機關（構）事先核准者，不受前項規定之限制。(D)第15條第6項，公務員得於法定工作時間以外，依個人才藝表現，獲取適當報酬，並得就其財產之處分、智慧財產權及肖像權之授權行使，獲取合理對價。

8 **(B)**。依公務人員保障法第24-1條第1款第1目，下列公務人員之公法上財產請求權，其消滅時效期間依本法行之：一、因十年間不行使而消滅者：(一)執行職務時，發生意外致受傷、失能或死亡應發給之慰問金。

9 **(B)**。依公務員懲戒法第82條第1項，懲戒法庭第二審判決，於宣示時確定；不宣示者，於公告主文時確定。

另立法院於109年5月22日三讀通過《公務員懲戒法修正草案》及《公務員懲戒委員會組織法修正草案》，改制懲戒法院，建立一級二審。

10 **(C)**。依行政程序法第159條第1項，本法所稱行政規則，係指上級機關對下級機關，或長官對屬官，依其權限或職權為規範機關內部秩序及運作，所為非直接對外發生法規範效力之一般、抽象之規定。

本題機關發布之命令，為禁止餐廳營業時間超過晚上9點，顯已對外直接發生法律效果，不屬於行政規則範疇。

11 **(C)**。依司法院大法官釋字第524號解釋，凡立法者透過法規授權特定機關發布命令，則該機關不得推諉卸責，將權限再度移轉給其他行政機關。例如法律指定衛生福利部發布命令，不能轉由下級機關健保署制定命令。因為行政機關的法規命令制定權是由國會所賦予，因此只有被指定的機關才能制定法規命令。學說上稱此為「轉委任之禁止」或「二度授權禁止」。

12 **(D)**。依最高行政法院91年判字第2319號判例要旨，行政處分之作成，須二個以上機關本於各自職權先後參與者，為多階段行政處分。此際具有行政處分性質者，原則上為最後階段之行政行為，即直接對外發生法律效果部分。人民對多階段行政處分如有不服，固不妨對最後作成行政處分之機關提起訴訟，惟行政法院審查之範圍，則包含各個階段行政行為是否適法。

本題最後作成就公法上具體事件所為之決定或其他公權力措施，而對外直接發生法律效果之單方行政行為，方屬行政處分者，為內政部移民署限制出境之處分，財政部之通知不屬之。

13 **(A)**。依行政程序法第127條第3項有關受益人不當得利返還義務之規定，行政機關依前二項規定請求返還時，應以書面行政處分確認返還範圍，並限期命受益人返還之。

14 **(D)**。依行政程序法第128條第1項但書規定，相對人或利害關係人因重大過失而未能在行政程序或救濟程序中主張其事由者，行政處分於法定救濟期間經過後，不得申請撤銷、廢止或變更處分。

15 **(B)**。依行政程序法第146條第1項，行政契約當事人之一方為人民者，行政機關為防止或除去對公益之重大危害，得於必要範圍內調整契約內容或終止契約。

16 **(A)**。行政事實行為是與行政法的法律行為相對之行為，其作用非為產生、變更或消滅行政法之權利與義務關係等法律效果，而是為產生事實效果之行為。參吳庚教授之分類，常見的有：內部行為、觀念通知、實施行為、強制措施等。

17 (D)。依行政罰法第19條第1項規定，違反行政法上義務應受法定最高額新臺幣三千元以下罰鍰之處罰，其情節輕微，認以不處罰為適當者，得免予處罰。本題甲違反之藥事法規為處罰3萬元以上200萬元以下罰鍰，無法適用行政罰法第19條免予處罰之規定。

18 (D)。參最高行政法院107年4月份第1次庭長法官聯席會議決議意旨，行政執行法第9條規定之聲明異議，並非向執行機關而是向其上級機關為之，此已有由處分機關之上級機關進行行政內部自我省察之功能。是以立法者應無將行政執行法第9條所規定之聲明異議作為訴願前置程序之意。因此，倘若聲明異議人已對於具有行政處分性質之執行命令不服，經依行政執行法第9條規定之聲明異議程序，應認相當於已經訴願程序，其應可直接提起撤銷訴訟。

19 (D)。依政府資訊公開法第12條第2項規定，前項政府資訊涉及特定個人、法人或團體之權益者，應先以書面通知該特定個人、法人或團體於十日內表示意見。但該特定個人、法人或團體已表示同意公開或提供者，不在此限。

20 (D)。依訴願法第93條第1項規定，原行政處分之執行，除法律另有規定外，不因提起訴願而停止。

21 (C)。依司法院大法官釋字第348號解釋之意旨，學生簽立志願書（家長出具保證書）給軍警學校，是雙方透過合意，將相關規定作為拘束雙方之內容。志願書或保證書之性質，應屬行政契約。故軍警學校在學生有違約情形發生時，自得依據契約約定，向學生或家長請求賠償。

而依行政訴訟法第8條第1項規定，人民與中央或地方機關間，因公法上原因發生財產上之給付或請求作成行政處分以外之其他非財產上之給付，得提起給付訴訟。因公法上契約發生之給付，亦同。

故本題軍校對學生之賠償請求權既是基於雙方簽訂之行政契約，則軍校擬對學生甲求償已領取之公費，依現行法應向行政法院提起一般給付訴訟。

22 (D)。依行政訴訟法第40條第1項規定，共同訴訟人各有續行訴訟之權。

23 (C)。依行政訴訟法第237-28條第1項後段規定，同一都市計畫中未經原告請求，而與原告請求宣告無效之部分具不可分關係，經法院審查認定違法者，併宣告無效。

24 (A)。依國家賠償法第3條第2項規定，公共設施委託民間團體或個人管理時，因管理欠缺致人民生命、身體、人身自由或財產受損害者，國家應負損害賠償責任。

25 (A)。

(1)依最高行政法院95年12月7日裁字第2730號行政裁定相關解釋，

損失補償成立要件為：須屬於行使公權力之合法行為；須對財產或其他權利之侵害；侵害須達嚴重程度或已構成特別犧牲；須相對人或利害關係人有值得保護之利益；須基於公益之必要性；補償義務須有法規之依據始得請求。

(2)再依司法院大法官釋字第557號解釋文指出，行政機關、公立學校或公營事業機構，為安定現職人員生活，提供宿舍予其所屬人員任職期間居住，本屬其依組織法規管理財物之權限內行為；至因退休、調職等原因離職之人員，原應隨即歸還其所使用之宿舍，惟為兼顧此等人員生活，非不得於必要時酌情准其暫時續住以為權宜措施。

(3)可知機關配住之宿舍，係屬以私法形式所為之行政行為，在行政法上自可被定位為「私經濟性質的給付行政」應屬「使用借貸之法律關係」，自不屬於政府應給予損失補償之適例。

NOTE

112年 普考

( ) **1** 下列何者非屬成文法法源？ (A)議會自律規則 (B)國際條約 (C)一般法律原則 (D)行政規則。

( ) **2** 關於法規命令之訂定與生效，下列敘述何者錯誤？ (A)法規命令依法應經上級機關核定者，於核定後始得發布 (B)法規命令之發布，應刊登於政府公報或新聞紙 (C)任何人得於公告期間內針對法規命令之草案提出意見 (D)法規命令乃行政權行使，受司法違憲之審查，惟不受立法權之審查。

( ) **3** 下列何者非屬行政程序法明定之一般法律原則？ (A)對等互惠原則 (B)誠實信用原則 (C)比例原則 (D)平等原則。

( ) **4** 行政機關對於法律構成要件之涵攝，除有明顯瑕疵外，行政法院應予尊重之情形，為下列何者？ (A)裁量收縮至零 (B)裁量瑕疵 (C)判斷餘地 (D)計畫裁量。

( ) **5** 關於給付行政之敘述，下列何者正確？ (A)給付行政全屬公權力之行使，均為公法事件 (B)農民健康保險之給付事項屬給付行政，為公法事件 (C)給付行政與干涉行政相同，均受嚴格之法律保留原則所拘束 (D)金融機構辦理清寒學生助學貸款，屬公法性質之給付行政。

( ) **6** 某公立高中學生無照騎乘機車，受記大過一次之處分。其不服時，依司法院大法官解釋，得提起何種之救濟？ (A)得依法提起相應之行政爭訟程序 (B)因非屬退學或類此之處分，故不得提起救濟 (C)只得依循校內救濟途徑提起救濟 (D)應依民事程序請求救濟。

( ) **7** 關於行政法人之概念，下列敘述何者錯誤？ (A)行政法人所涉及公權力程度較低 (B)係為執行特定公共事務，依法律設立之公法人 (C)行政法人之經費必須全數自籌 (D)人民對於行政法人所為行政處分不服，應向監督機關提起訴願。

( ) **8** 關於行政機關之敘述，下列何者錯誤？ (A)行政機關為具有單獨法定地位之組織 (B)國家設立之行政機關為實體法上權利主體 (C)地方行政機關代表地方自治團體為意思表示 (D)行政機關為從事公共事務之組織。

( ) **9** 依地方制度法規定，下列何者為地方自治團體？ (A)臺灣省 (B)臺北市中正區建國里 (C)桃園市中壢區 (D)宜蘭市。

( ) **10** 關於行政機關之管轄，下列敘述何者錯誤？ (A)同一事件，數行政機關依規定均有管轄權者，由受理在先之機關管轄 (B)數行政機關於管轄權有爭議時，由主張管轄之機關協議 (C)人民對指定管轄之決定，不得聲明不服 (D)行政機關應於其權限範圍內互相協助。

( ) **11** 若衛生福利部將違反傳染病防治規定案件之裁罰委由該部疾病管制署辦理，此種情形屬於下列何者？ (A)權限委託 (B)權限委任 (C)委辦 (D)職務協助。

( ) **12** 依據公務人員保障法，關於公務人員停職與復職之規定，下列敘述何者錯誤？ (A)停職期間不具公務人員身分，故不得執行職務 (B)公務人員非依法律，不得予以停職 (C)於停職事由消滅後3個月內得申請復職 (D)未於期間內申請復職者，服務機關或其上級機關人事單位應負責查催。

( ) **13** 依據公務人員考績法之規定，曠職日數最低須符合下列何者得為一次記二大過處分？ (A)曠職繼續達2日，或1年累積達5日者 (B)曠職繼續達3日，或1年累積達7日者 (C)曠職繼續達4日，或1年累積達7日者 (D)曠職繼續達4日，或1年累積達10日者。

( ) **14** 公務員年終考績考列丙等者，應循何種途徑提起救濟？ (A)向懲戒法院提起再審議 (B)向服務機關提起申訴 (C)向公務人員保障暨培訓委員會提起復審 (D)向上級機關提起訴願。

( ) **15** 下列何者不適用公務員服務法？ (A)志願士兵 (B)公營事業機構服務人員 (C)直轄市、縣（市）長 (D)公立學校聘任之教師。

( ) **16** 關於國家表演藝術中心於我國行政組織法之敘述，下列何者正確？ (A)該中心在行政組織法之定位為私法人 (B)該中心所需要之預算

完全來自政府預算 (C)該中心所聘用的新進人員原則上不具有公務員身分 (D)依法該中心無法自行擬具營運計畫及目標。

( ) **17** 公務人員甲認為機關長官在職務監督時發布的命 ，雖未涉及刑事法律，但有牴觸行政法規的疑義，甲應如何處置？ (A)甲依公務員服務法，負有服從義務，如發生違法責任，概由長官承擔 (B)甲應依公務員服務法向長官提出意見陳述，提出後仍應服從命令 (C)甲應依公務人員保障法先向長官報告，如長官認未違法並以書面署名下達指示時，即應服從 (D)甲應依職務忠誠原則自行判斷，如屬重大違法情事，得拒絕服從。

( ) **18** 關於公物之概念，下列敘述何者正確？ (A)公物為不融通物，故無私法所有權 (B)公物之標的限於有體物 (C)公物皆應以行政處分提供公用 (D)國有財產與公物概念不同。

( ) **19** 關於法規命令無效，下列敘述何者錯誤？ (A)牴觸上級機關之命令 (B)未經法律授權而限制人民權利 (C)同時使用不確定法律概念、裁量規定與概括條款 (D)其訂定依法應經其他機關核准，而未經核准。

( ) **20** 依中央法規標準法規定，各機關依其法定職權或基於法律授權訂定之行政命令，於下達或發布後，應如何處置？ (A)送行政院核定 (B)送立法院審查 (C)送司法院備查 (D)送監察院審核。

( ) **21** 關於行政程序法第128條規定，得申請重新開啟行政程序事由之敘述，下列何者錯誤？ (A)行政處分作成後始發現之有利證據 (B)作成行政處分之時，具有重要性之事實，其後不復存在 (C)行政處分主文與理由顯有矛盾 (D)行政處分教示救濟期間錯誤。

( ) **22** 關於附負擔之授益處分，下列何者非屬受益人未履行該負擔所生之法律效果？ (A)原處分機關得強制執行該負擔 (B)原處分機關得廢止該授益處分 (C)原處分機關得使該授益處分溯及既往失其效力 (D)原處分機關得因受益人未履行負擔而裁處行政罰。

( ) **23** 警察機關命令集會遊行群眾離開特定場所，其法律性質為何？ (A)對物的一般處分 (B)對人的一般處分 (C)法規命令 (D)行政規則。

( ) **24** 下列何者非屬國立大學所為之行政處分？ (A)發給畢業生畢業證書 (B)對違反獎懲辦法之學生記一大過 (C)通知學生繳納停車費用 (D)對於學生學期總成績之評定。

( ) **25** 關於和解契約，下列敘述何者錯誤？ (A)須事實與法律關係主觀上不明，如客觀上不明則不得和解 (B)須該不明確之事實無法經由職權調查排除 (C)須當事人兩造相互退讓 (D)須為有效達成行政目的。

( ) **26** 依實務見解，下列何者屬於行政契約？ (A)甲醫療院所與衛生福利部中央健康保險署締結全民健保特約 (B)乙與私立大學簽訂教師聘任契約 (C)丙向高雄市政府承租國民住宅 (D)丁向財政部國有財產署購買國有土地。

( ) **27** 下列何者非屬行政事實行為？ (A)拆除違章建築 (B)興建道路 (C)公告某市立公園開放供民眾使用 (D)依集會遊行法，對不服解散命令之遊行者強制驅離。

( ) **28** 裁罰所適用之法規中「公告」內容之變更，應如何適用行政罰法之規定？ (A)係屬事實上之變更，並非處罰法律有所變更，故無從新從輕原則適用 (B)係屬事實及處罰法律皆有所變更，故有從新從輕原則適用 (C)係屬處罰法律有所變更，故有從新從輕原則適用 (D)係屬事實及處罰法律皆未有變更，故無從新從輕原則適用。

( ) **29** 行政罰法有關單一行為及數行為之處罰規定，下列敘述何者錯誤？ (A)數行為違反同一或不同行政法上義務之規定者，應為整體性評價處罰之 (B)一行為違反數個行政法上義務規定而應處罰鍰者，依法定罰鍰額最高之規定裁處 (C)一行為違反社會秩序維護法及其他行政法上義務規定而應受處罰，如已裁處拘留者，不再受罰鍰之處罰 (D)一行為同時觸犯刑事法律及違反行政法上義務規定者，原則上依刑事法律處罰之。

( ) **30** 下列何者非屬行政罰法規定原則上不予處罰之情形？ (A)行為時因精神障礙，致欠缺依其辨識而行為之能力者 (B)行為人不知其行為違反行政法上義務 (C)未滿14歲人之行為 (D)緊急避難。

(　　) **31** 下列何者非屬行政罰法規定之處罰種類？　(A)拘留　(B)沒入　(C)公布照片　(D)輔導教育。

(　　) **32** 關於即時強制，下列敘述何者錯誤？　(A)即時強制扣留之物，以軍器、凶器及其他危險物為限　(B)即時強制以人民有違反行政法上義務為前提　(C)即時強制方法包括對於人之管束　(D)行政機關為阻止犯罪，而有即時處置之必要時，得為即時強制。

(　　) **33** 關於怠金，下列敘述何者錯誤？　(A)適用於義務人不履行義務，而該義務不能由他人代為履行之強制執行方法　(B)得與罰金同時併科　(C)可連續科以怠金，但應注意比例原則　(D)逾期未繳納之怠金，得移送行政執行。

(　　) **34** 依行政執行法規定，針對公法上金錢給付義務人顯有逃匿之虞時，下列何者不屬於執行機關得採取之措施？　(A)命其提供相當擔保，限期履行　(B)對其施以人之管束　(C)聲請法院裁定管收之　(D)限制其住居。

(　　) **35** 依政府資訊公開法規定，下列敘述何者錯誤？　(A)受理申請提供政府資訊之行政機關，應於受理之日起15日內，為准駁之決定　(B)受理申請更正政府資訊內容之行政機關，應於受理之日起30日內，為准駁之決定　(C)申請提供之政府資訊涉及特定個人之權益者，得以書面通知該特定人，於10日內表達意見　(D)申請提供之政府資訊已在該政府機關官方網頁上公告者，得以告知查詢方式替代提供。

(　　) **36** 遊民甲寒冬深夜於公園公廁地面鋪紙板睡覺，警察乙為防止其受凍，遂強行安置甲於派出所內，該行為法律性質為何？　(A)行政協助　(B)行政命令　(C)行政指導　(D)即時強制。

(　　) **37** 關於行政送達，下列敘述何者正確？　(A)應為送達之處所不明者，得為公告送達　(B)於外國或境外為送達者，應為公示送達　(C)應受送達人無正當理由拒絕收領文書時，得為留置送達　(D)對於公務員為送達者，應囑託該管主管機關為之。

(　　) **38** 關於一行為違反數個行政法上義務規定而應受處罰鍰，下列敘述何者錯誤？　(A)同一行為人做出不同之違法行為，適用一行為

人不二罰原則 (B)行為人不同，應分別處罰 (C)依法定罰鍰額最高之規定裁處 (D)一行為不二罰原則為現代民主法治國家之基本原則。

( ) **39** 人民提起訴願時，誤向原處分機關或訴願管轄機關以外之他機關提起時，收受訴願書之他機關應如何處理？ (A)為不受理決定 (B)以決定駁回之 (C)將該事件移送於原行政處分機關，並通知訴願人 (D)通知訴願人取回其訴願書重新提出訴願。

( ) **40** 某私立大學生甲遭受退學處分，在經過校內申訴程序後，擬再進行行政爭訟程序，下列敘述何者正確？ (A)甲不得提起行政爭訟 (B)甲應向該私立大學提起訴願 (C)甲應向教育部提起訴願 (D)甲可直接提起行政訴訟。

( ) **41** 下列何者非屬合法之訴願類型？ (A)對於負擔處分之撤銷訴願 (B)自治團體對上級監督機關之行政處分之訴願 (C)確認已失效行政處分為違法之訴願 (D)怠為處分之課予義務訴願。

( ) **42** 關於地方法院行政訴訟庭審理交通裁決事件，下列敘述何者錯誤？ (A)對於交通裁決書表示不服，應逕行提起行政訴訟，依法不須經訴願程序 (B)交通裁決事件的訴訟類型僅有撤銷訴訟及一般給付之訴 (C)交通裁決事件由獨任法官審理，其裁判得不經言詞辯論為之 (D)交通裁決事件徵收裁判費用，惟金額較簡易訴訟程序低。

( ) **43** 下列何者不適用行政程序法公法上請求權時效之規定？ (A)行政機關對投標廠商追繳已發還之押標金 (B)人民對行政機關之不當得利返還請求權 (C)行政機關本於行政契約所生之請求權 (D)行政機關廢止授予利益之行政處分。

( ) **44** 住家鄰近軍事機場之人民，因戰機夜間起降噪音過大，影響個人健康，擬請求行政法院判命戰機不得於夜間起降。人民應提起何種行政訴訟類型？ (A)撤銷訴訟 (B)課予義務訴訟 (C)違法確認訴訟 (D)一般給付訴訟。

( ) **45** 關於行政訴訟之管轄，下列敘述何者正確？ (A)因不動產之物權或法律關係涉訟者，專屬不動產所在地之行政法院管轄 (B)因行政契約涉訟者，如經當事人定有債務履行地，得由該履行地之法院管轄 (C)因公法上之保險事件涉訟者，於投保單位為原告時，得由其主事務所所在地之行政法院管轄 (D)關於公務員職務關係之訴訟，得由公務員住居所地之行政法院管轄。

( ) **46** 有關行政訴訟之都市計畫審查程序，下列敘述何者正確？ (A)都市計畫審查程序以審查法規性質之都市計畫為限 (B)不服都市計畫之變更，應先提起訴願，未獲救濟始得提起都市計畫審查訴訟 (C)為維護公共利益，人民得依都市計畫審查程序請求變更都市計畫 (D)都市計畫發布機關收受起訴狀後，應在2個月內重新自我審查是否合法。

( ) **47** 下列何者不得請求行政上之損失補償？ (A)既成道路之徵收 (B)捷運施工時造成民房龜裂之情形 (C)授予利益之合法行政處分，為除去對於公益之危害，而由原處分機關依職權廢止者 (D)土地徵收致土地上之違章建築改良物須拆除。

( ) **48** 關於國家賠償法，下列敘述何者正確？ (A)國家賠償法施行前公務員違法行為所生之損害，不適用國家賠償法 (B)公務員違法執行職務之行為，造成外國人產生損害時，不適用我國國家賠償法 (C)公務員違法執行職務之行為，造成民營公司損害時，應優先適用民法 (D)公務員違法執行職務之行為，對人民產生損害，無其他求償規定時，始適用國家賠償法。

( ) **49** 在經適當警告或標示的開放山域、水域，人民從事冒險或具危險性活動時，因公共設施設置或管理有欠缺而權利受損害，依據國家賠償法，下列何者為國家得減輕賠償責任之事由？ (A)主管機關未獲求援呼救致未及時援助 (B)人民須事前向主管機關申請許可 (C)人民受損害之地點須在自然公物內之設施 (D)人民所受之損害須非財產上之權利。

( ) **50** 下列造成人民權益受損之情形，何者不適用國家賠償法？ (A)環境保護局清潔隊清運垃圾時與民眾發生車禍 (B)電力公司設置之輸電塔傾倒壓毀農作物 (C)受監理機關委託檢驗汽車之車廠在檢驗時損毀民眾車輛 (D)臺鐵火車站月台座椅朽壞使旅客跌落受傷。

解答與解析

（答案標示為#者，表官方曾公告更正該題答案。）

1 (C)。產生法律之源頭即為法源，行政法之法源依是否由立法機關制訂通過，可分為：

(1)成文法源：A.憲法。B.法律。C.國際法。D.命令。E.自治規章。

(2)不成文法法源：A.習慣。B.法理。C.判例。D.學說。E.解釋。F.外國法。G.國際法。H.一般法律原則等。

其中一般法律原則，是指不限定於特別之事項，而得普遍適用於各行政法領域之法律原則，屬於不成文法；不成文法非經由國內一定制定程序，無法直接於國內發生效力，而須經國家承認始能發生法的拘束力，例如行政程序法第5條規定行政行為之內容應明確，即為法律明確性原則。

2 (D)。依行政程序法第150條規定，本法所稱法規命令，係指行政機關基於法律授權，對多數不特定人民就一般事項所作抽象之對外發生法律效果之規定。

故依中央法規標準法第7條規定，各機關依其法定職權或基於法律授權訂定之命令，應視其性質分別下達或發布，並即送立法院。以及立法院職權行使法第60條第1項規定，各機關依其法定職權或基於法律授權訂定之命令送達立法院後，應提報立法院會議。綜上可知法規命令仍受立法權之審查。

3 (A)。對等互惠原則，是指在國際關係和條約中，一個國家公民或法人從另一國處獲得的優惠、利益、懲罰等，應當以同樣的方式回報。另依行政程序法：(B)第8條規定，行政行為，應以誠實信用之方法為之，並應保護人民正當合理之信賴。(C)第7條規定，行政行為，應依下列原則為之：一、採取之方法應有助於目的之達成。二、有多種同樣能達成目的之方法時，應選擇對人民權益損害最少者。三、採取之方法所造成之損害不得與欲達成目的之利益顯失均衡。(D)第6條規定，行政行為，非有正當理由，不得為差別待遇。

4 (C)。一般認為「判斷餘地」理論，係指對於行政機關有判斷餘地之不確定法律概念，法院原則上應尊重行政機關之判斷而不加以審查。而依最高行政法院106年度判字第661號判決所認，法院對「適用判斷餘地理論之法律涵攝」事項，所得行使之有限度法律審查，其審查內容不外是「判斷基礎之資訊完足性與正確性是否具備」，以及「判斷過程中相關之程序規範（正當法律程序規範）是否曾被忠實踐履」以及「判斷有無附上可供專業論辯之必要判斷理由說明」。

5 (B)。給付行政是以「行政目的」而與秩序行政有所區別，前者目的是為照顧人民之各種授益性行政活動；後者則是為維持社會秩序。而私經濟行政則是由「法律形式」與公權力行政有所區隔，藉由該行政行為所適用的法律為公法或私法，來區分此行政行為的性質。(A)給付行政亦可透過私法為之，如司法院大法官釋字540號解釋，國宅申請人與主管機關訂立私法上買賣，租賃等契約，其間並無權力服從關係，乃屬於私經濟措施。(C)法律保留原則於給付行政措施，因未限制人民自由權利，其受法律規範密度，自較限制人民權益者之干涉行政寬鬆。(D)助學貸款屬金錢消費借貸契約，係經當事人間基於平等地位之合意所為，且內容與民法一般消費借貸契約無異，難謂具有公權力性質。但如於學校審查學生是否符合就學貸款申請資格，便屬單方高權行為而具有公法性質。

6 **(A)**。依司法院大法官釋字第784號解釋，本於憲法第16條保障人民訴訟權之意旨，各級學校學生認其權利因學校之教育或管理等公權力措施而遭受侵害時，即使非屬退學或類此之處分，亦得按相關措施之性質，依法提起相應之行政爭訟程序以為救濟，無特別限制之必要。

7 **(C)**。依行政法人法第33條規定，行政法人成立年度之政府核撥經費，得由原機關（構）或其上級機關在原預算範圍內調整因應，不受預算法第六十二條及第六十三條規定之限制。故行政法人之經費有國家核撥，並非全數自籌。

8 **(B)**。依行政程序法第2條第2項規定，本法所稱行政機關，係指代表國家、地方自治團體或其他行政主體表示意思，從事公共事務，具有單獨法定地位之組織。

9 **(D)**。依地方制度法第14條，直轄市、縣（市）、鄉（鎮、市）為地方自治團體，依本法辦理自治事項，並執行上級政府委辦事項。宜蘭市為鄉（鎮、市）之性質，故為地方自治團體公法人。

10 **(B)**。依行政程序法第13條第1項規定，同一事件，數行政機關依前二條之規定均有管轄權者，由受理在先之機關管轄，不能分別受理之先後者，由各該機關協議定之，不能協議或有統一管轄之必要時，由其共同上級機關指定管轄。無共同上級機關時，由各該上級機關協議定之。

11 **(B)**。依行政程序法第15條第1項規定，行政機關得依法規將其權限之一部分，委任所屬下級機關執行之。

12 **(A)**。依公務人員保障法第9-1條第2項規定，公務人員於停職、休職或留職停薪期間，仍具公務人員身分。但不得執行職務。

13 **(D)**。依公務人員考績法第12條第3項第8款規定，非有左列情形之一者，不得為一次記二大過處分：八、曠職繼續達四日，或一年累積達十日者。

14 **(C)**。依公務人員保障法第25條第1項規定，公務人員對於服務機關或人事主管機關（以下均簡稱原處分機關）所為之行政處分，認為違法或顯然不當，致損害其權利或利益者，得依本法提起復審。又同法第4條第2項規定，公務人員提起之復審、再申訴事件，由公務人員保障暨培訓委員會審議決定。

15 **(D)**。依司法院大法官釋字第308號解釋，公立學校聘任之教師不屬於公務員服務法第二十四條所稱之公務員。惟兼任學校行政職務之教師，就其兼任之行政職務，則有公務員服務法之適用。

16 **(C)**。依國家表演藝術中心設置條例：(A)第2條規定，本中心為行政法人；其監督機關為文化部。(B)第4條第1項規定，本中心經費來源如下：一、政府之核撥及捐（補）助。二、受託研究及提供服務之收入。三、國內外公私立機構、團體及個人之捐贈。四、營運及產品之收入。五、其他收入。(C)第25條第1項，本中心進用之人員，依本中心人事管理規章辦理，不具公務人員身分，其權利義務關係應於契約中明定。(D)第23條第2項規定，本中心應訂定年度營運計畫及預算，提經董事會通過後，報請監督機關備查。

17 **(C)**。依公務人員保障法第17條第1項規定，公務人員對於長官監督範圍內所發之命令有服從義務，如認為該命令違法，應負報告之義務；該管長官如認其命令並未違法，而以書面署名下達時，公務人員即應服從；其因此所生之責任，由該長官負之。但其命令有違反刑事法律者，公務人員無服從之義務。

18 **(D)**。(A)公物之融通性受到限制，其不融通性效果在於不得作為交易標的，而保障公有之物為能直接供公眾使用，故其所有或管理機關便不得將之私有化，但現實中多有「他有公物」之存在，此類公物所有權歸屬於私人，但事實上提供給不特定之大眾所使用，如私人所有之既成道路。(B)依司法院大法官釋字第678號解釋，非為有體物之無線電波頻率屬於全體國民之公共資源，為避免無線電波頻率之使用互相干擾、確保頻率和諧使用之效率，以維護使用電波之秩序及公共資源，增進重要之公共利益，政府自應妥慎管理。(C)依司法院大法官釋字第806號解釋，於公用公物之一般使用（Gemeingebrauch）範圍內，人民毋須另經許可，即可參與其使用。故非皆應以行政處分提供公用。(D)依國有財產法第4條第1項規定，國有財產區分為公用財產與非公用財產兩類；同條第3項規定，非公用財產，係指公用財產以外可供收益或處分之一切國有財產。

19 **(C)**。依行政程序法第158條第1項規定，法規命令，有下列情形之一者，無效：一、牴觸憲法、法律或上級機關之命令者。二、無法律之授權而剝奪或限制人民之自由、權利者。三、其訂定依法應經其他機關核准，而未經核准者。

20 **(B)**。依中央法規標準法第7條規定，各機關依其法定職權或基於法律授權訂定之命令，應視其性質分別下達或發布，並即送立法院。

21 **(D)**。行政程序法第128條規定，行政處分於法定救濟期間經過後，具有下列各款情形之一者，相對人或利害關係人得向行政機關申請撤銷、廢止或變更之。但相對人或利害關係人因重大過失而未能在行政程序或救濟程序中主張其事由者，不在此限：一、具有持續效力之行政處分所依據之事實事後發生有利於相對人或利害關係人之變更者。二、發生新事實或發現新證據者，但以如經斟酌可受較有利益之處分者為限。三、其他具有相當於行政訴訟法所定再審事由且足以影響行政處分者。

22 **(D)**。依行政執行法第27條第1項規定，依法令或本於法令之行政處分，負有行為或不行為義務，經於處分書或另以書面限定相當期間履行，逾期仍不履行者，由執行機關依間接強制或直接強制方法執行之。
另參最高行政法院97年度判字第541號判決要旨，授益處分附有負擔義務者，授益人應履行該負擔，如不履行者，行政機關得強制執行，因此，授益人不服該負擔者，得對於該負擔單獨提起行政爭訟。

23 **(B)**。依行政程序法第92條第2項規定，前項決定或措施之相對人雖非特定，而依一般性特徵可得確定其範圍者，為一般處分，適用本法有關行政處分之規定。有關公物之設定、變更、廢止或其一般使用者，亦同。
相對人若非特定，但可得特定時，即為本項前段所指之對人的一般處分。

24 **(C)**。依行政程序法第92條第1項規定，本法所稱行政處分，係指行政機關就公法上具體事件所為之決定或其他公權力措施而對外直接發生法律效果之單方行政行為。
通知學生繳納停車費用，僅係校方單就一定事實的認識而向相對人表示的事實行為，而以告知或通知的形式為之，該通知性質上屬於使用者付費之觀念通知，而非屬行政處分。

25 **(A)**。依行政程序法第136條規定，行政機關對於行政處分所依據之事實或法律關係，經依職權調查仍不能確定者，為有效達成行政目的，並解決爭執，得與人民和解，締結行政契約，以代替行政處分。
另參法務部99年12月30日法律字第0999055890號函說明，和解契約一般認為應具備下列要件始得為之：(1)須事實或法律關係不確定。兼指在主觀及客觀上不明。(2)須該不確定狀況無法經由職權調查排除。不明之狀況經行政機關依職權調查，仍不能確定時，始得締結和解契約。(3)締結和解契約符合行政目的，並解決爭執。(4)須雙方當事人互相退讓。所謂和解者，本質上即必須雙方當事人互相退讓妥協，如僅當事人一方向他方全面屈服，即非和解。

26 **(A)**。依司法院大法官釋字第533號解釋意旨，中央健康保險局依其組織法規係國家機關，為執行其法定之職權，就辦理全民健康保險醫療服務有關事項，與各醫事服務機構締結全民健康保險特約醫事服務機構合約，約定由特約醫事服務機構提供被保險人醫療保健服務，以達促進國民健康、增進公共利益之行政目的，故此項合約具有行政契約之性質。

27 **(C)**。依行政程序法第92條第2項規定，前項決定或措施之相對人雖非特定，而依一般性特徵可得確定其範圍者，為一般處分，適用本法有關行政處分之規定。有關公物之設定、變更、廢止或其一般使用者，亦同。

既公園公告開放民眾使用，係屬公物之設定，可知其為一般處分；另拆除、興建、強制驅離等，顯為執行範疇而屬行政事實行為。

28 **(A)**。依行政罰法第5條規定，行為後法律或自治條例有變更者，適用裁處時之法律或自治條例。但裁處前之法律或自治條例有利於受處罰者，適用最有利於受處罰者之規定。

而裁罰涉及之適用法規，如為公告內容之變更，該變更依最高行政法院92年度判字第1797號裁判要旨，管制物品重行公告，乃是行政上適應當時情形所為事實上之變更，並非處罰法律有所變更，自不得據為廢止處罰之認定，無論公告內容之如何變更，其效力皆僅及於以後之行為，殊無溯及既往而使公告以前之違法行為受何影響之理，即無從新從輕原則之適用。

29 **(A)**。依行政罰法第25條規定，數行為違反同一或不同行政法上義務之規定者，分別處罰之。

30 **(B)**。依行政罰法第8條規定，不得因不知法規而免除行政處罰責任。但按其情節，得減輕或免除其處罰。

31 **(A)**。依行政罰法第2條規定，本法所稱其他種類行政罰，指下列裁罰性之不利處分：一、限制或禁止行為之處分：限制或停止營業、吊扣證照、命令停工或停止使用、禁止行駛、禁止出入港口、機場或特定場所、禁止製造、販賣、輸出入、禁止申請或其他限制或禁止為一定行為之處分。二、剝奪或消滅資格、權利之處分：命令歇業、命令解散、撤銷或廢止許可或登記、吊銷證照、強制拆除或其他剝奪或消滅一定資格或權利之處分。三、影響名譽之處分：公布姓名或名稱、公布照片或其他相類似之處分。四、警告性處分：警告、告誡、記點、記次、講習、輔導教育或其他相類似之處分。

32 **(B)**。依法務部107年2月14日法律字第10703502330號函釋要旨，即時強制並不以人民有違反行政法上義務為前提，然而因即時強制之方法對人民權益影響較大，除必須具備緊急性與必要性之一般要件外，行政執行法第37條至第40條更規定須具備特別要件，始得實施。

33 **(B)**。依行政執行法第30條規定，係依法令或本於法令之行政處分，負有行為義務而不為，其行為不能由他人代為履行者（或負有不行為義務而為之者），依其情節輕重處一定數額之怠金。

而罰金是構成刑法上的犯罪，經過法院判決後所受到的處罰；罰鍰則是違反行政義務後，經過行政機關的決定所受到的處罰。故怠金得與罰鍰併科（內政部97年11月24日內授中辦地字第0970053633號函同此意旨），卻不得與罰金同時併科。

34 **(B)**。依行政執行法第17條規定：(A)、(D)第1項第2款，義務人有下列情形之一者，行政執行處得命其提供相當擔保，限期履行，並得限制其住居：二、顯有逃匿之虞。(C)第6項第2款，行政執行官訊問義務人後，認有下列各款情形之一，而有管收必要者，行政執行處應自拘提時起二十四小時內，聲請法院裁定管收之：二、顯有逃匿之虞。

35 **(C)**。依政府資訊公開法第12條第2項，前項政府資訊涉及特定個人、法人或團體之權益者，「應」先以書面通知該特定個人、法人或團體於十日內表示意見。但該特定個人、法人或團體已表示同意公開或提供者，不在此限。

36 **(D)**。依行政執行法第36條第1項規定，行政機關為阻止犯罪、危害之發生或避免急迫危險，而有即時處置之必要時，得為即時強制。

同條第2項第1款，即時強制方法如下：一、對於人之管束。同法第37條第1項第4款，對於人之管束，以合於下列情形之一者為限：四、其他認為必須救護或有害公共安全之虞，非管束不能救護或不能預防危害者。

37 **(C)**。(A)、(B)依行政程序法第78條第1項規定，對於當事人之送達，有下列各款情形之一者，行政機關「得依申請，准為公示送達」：一、應為送達處所不明者。……三、於外國或境外為送達，不能依86條之規定辦理或預知雖依該規定辦理而無效者。(D)另對於特殊身分之送達，規範於同法第87條至第90條，包括駐外人員、現役軍人、在監所人和有治外法權人等，並無公務員。

38 **(A)**。依行政罰法第24條第2項規定，前項違反行政法上義務行為，除應處罰鍰外，另有沒入或其他種類行政罰之處罰者，得依該規定併為裁處。但其處罰種類相同，如從一重處罰已足以達成行政目的者，不得重複裁處。並無適用適用一行為人不二罰原則情形。

39 **(C)**。依訴願法第61條規定，訴願人誤向訴願管轄機關或原行政處分機關以外之機關作不服原行政處分之表示者，視為自始向訴願管轄機關提起訴願。前項收受之機關應於十日內將該事件移送於原行政處分機關，並通知訴願人。

40 **(C)**。依司法院大法官釋字第382號解釋，各級學校依有關學籍規則或懲處規定，對學生所為退學或類此之處分行為，足以改變其學生身分並損及其受教育之機會，自屬對人民憲法上受教育之權利有重大影響，此種處分行為應為訴願法及行政訴訟法上之行政處分。受處分之學生於用盡校內申訴途徑，未獲救濟者，自得依法提起訴願及行政訴訟。

再依訴願法第10條，依法受中央或地方機關委託行使公權力之團體或個人，以其團體或個人名義所為之行政處分，其訴願之管轄，向原委託機關提起訴願。則私立大學受教育部委託行使公權力所為之退學處分，自屬行政處分，故甲得依訴願法向原委託機關教育部提起訴願。

41 **(C)**。依司法院大法官釋字第213號解釋，撤銷行政處分為目的之訴訟，乃以行政處分之存在為前提，如在起訴時或訴訟進行中，該處分事實上已不存在時，自無提起或續行訴訟之必要；首開判例，於此範圍內，與憲法保障人民訴訟權之規定，自無牴觸。惟行政處分因期間之經過或其他事由而失效者，如當事人因該處分之撤銷而有可回復之法律上利益時，仍應許其提起或續行訴訟，前開判例於此情形，應不再援用。

42 **(B)**。依行政訴訟法第237-1條第1項規定，本法所稱交通裁決事件如下：一、不服道路交通管理處罰條例第八條及第三十七條第六項之裁決，而提起之撤銷訴訟、確認訴訟。二、合併請求返還與前款裁決相關之已繳納罰鍰或已繳送之駕駛執照、計程車駕駛人執業登記證、汽車牌照。

不服交通裁決之救濟，行政訴訟法第2編第3章「交通裁決事件訴訟程序」章允許提起之訴訟種類，並非僅限於撤銷訴訟，亦可提起確認訴訟或給付訴訟。

43 **(D)**。依行政程序法第117條第2款規定，違法行政處分於法定救濟期間經過後，原處分機關得依職權為全部或一部之撤銷；其上級機關，亦得為之。但有下列各款情形之一者，不得撤銷：二、受益人無第一百十九條所列信賴不值得保護之情形，而信賴授予利益之行政處分，其信賴利益顯然大於撤銷所欲維護之公益者。

44 **(D)**。依行政訴訟法第8條第1項規定，人民與中央或地方機關間，因公法上原因發生財產上之給付或請求作成行政處分以外之其他非財產上之給付，得提起給付訴訟。因公法上契約發生之給付，亦同。

另依最高行政法院107年度判字第698號判決內文，國家之侵害行為如屬行政事實行為，此項侵害事實即屬行政訴訟法第8條第1項所稱之「公法上原因」，受害人民得主張該行政事實行為違法，損害其權益，依行政訴訟法第8條第1項規定提起一般給付訴訟，請求行政機關作成行政處分以外之其他非財產上給付，以排除該侵害行為。

45 **(C)**。依行政訴訟法：(A)第15條規定，因不動產徵收、徵用或撥用之訴訟，專屬不動產所在地之行政法院管轄。除前項情形外，其他有關不動產之公法上權利或法律關係涉訟者，「得」由不動產所在地之行政法院管轄。(B)第13條第1項規定，對於公法人之訴訟，由其「公務所所在地」之行政法院管轄。其以公法人之機關為被告時，由「該機關所在地」之行政法院管轄。(C)第15-2條第2項規定，前項訴訟事件於投保單位為原告時，得由其主事務所或主營業所所在地之行政法院管轄。(D)第15-1條規定，關於公務員職務關係之訴訟，得由公務員「職務所在地」之行政法院管轄。

46 **(D)**。(A)依司法院大法官釋字第742號解釋意旨，增訂都市計畫審查程序的之相關規定後，未來不問都市計畫法律定性為何，一概均得循統一的救濟途徑提起行政訴訟，以方便人民起訴及實務操作，故將來人民提起都市計畫審查訴訟，無須再就系爭都市計畫加以定性，都市計畫審查訴訟的提起、程序、效力均依本法專章的規定，以避免因都市計畫法律定性的困難，造成人民提起行政訴訟時的困擾。(B)都市計畫審查訴訟，性質上為確認訴訟，但並非行政訴訟法第6條規定的類型。鑑於我國行政訴訟法第6條確認訴訟並不採訴願前置。因此都市計畫審查程序亦不採訴願先行，原告不須經訴願程序，即得提起都市計畫審查訴訟。(C)依行政訴訟法第237-18條第1項規定，人民、地方自治團體或其他公法人認為行政機關依都市計畫法發布之都市計畫違法，而直接損害、因適用而損害或在可預見之時間內將損害「其權利或法律上利益」者，得依本章規定，以核定都市計畫之行政機關為被告，逕向管轄之高等行政法院提起訴訟，請求宣告該都市計畫無效。(D)行政訴訟法第237-21條第2項前段規定，被告收受起訴狀繕本後，應於二個月內重新檢討原告請求宣告無效之都市計畫是否合法，並分別依下列規定辦理。

47 **(D)**。依最高行政法院98年度判字第433號判決意旨，違章建築改良物，依建築法令規定，本不許存在，應予拆除，該建築改良物之所有權人就建築改良物之本身，並無正當之繼續存在利益，並非憲法第15條保障之財產權，縱因土地之徵收致該建築改良物須拆除，只是回復其本然之狀態，無特別犧牲之可言。

48 **(A)**。依國家賠償法：(B)第15條規定，本法於外國人為被害人時，以依條約或其本國法令或慣例，中華人得在該國與該國人享受同等權利者為限，適用之。(C)、(D)第2條第2項前段規定，公務員於執行職務行使公權力時，因故意或過失不法侵害人民自由或權利者，國家應負損害賠償責任；又同法第5條規定，國家損害賠償，除依本法規定外，適用民法規定。原則上並無優先適用民法或其他法律，例外於同法第6條規定，國家損害賠償，本法及民法以外其他法律有特別規定者，適用其他法律。

49 **(C)**。依國家賠償法第3條第4項規定，於開放之山域、水域等自然公物內之設施，經管理機關、受委託管理之民間團體或個人已就使用該設施為適當之警告或標示，而人民仍從事冒險或具危險性活動，得減輕或免除國家應負之損害賠償責任。

50 **(B)**。台灣電力公司係公司組織之國營事業機關，依國有財產法第4條第1項第3款規定，僅其股份為公用財產，其餘之財產或設備，應屬私法人之公司所有，而非國有之公用財產（臺灣高等法院108年上國易字第5號民事判決及最高法院87年度台上字第1197號判決參照）。因此，電力公司造成之損失，仍應由該公司自行擔負，而與國家賠償法無關。

NOTE

112年 司法三等

一、空氣污染防制法第85條第1項規定：「依本法處罰鍰者，其額度應依污染源種類、污染物項目、程度、特性及危害程度裁處，其違規情節對學校有影響者，應從重處罰。」第2項規定：「前項裁罰之準則，由中央主管機關定之。」中央主管機關據此訂定「移動污染源違反空氣污染防制法裁罰準則」。該準則第1條規定：「本準則依空氣污染防制法（以下簡稱本法）第八十五條第二項規定訂定之。」第7條規定：「汽車所有人違反本法第四十四條第一項規定，其罰鍰額度如下：一、機車：(一)逾規定期限未實施排放空氣污染物定期檢驗者，處新臺幣五百元。……」（空氣污染防制法第44條第1項規定：「汽車應實施排放空氣污染物定期檢驗，……。」第80條第1項規定：「未依第四十四條第一項規定實施排放空氣污染物定期檢驗者，處汽車所有人新臺幣五百元以上一萬五千元以下罰鍰。」）試問：

(一)「移動污染源違反空氣污染防制法裁罰準則」之法律性質為何？

(二)若主管機關A向來對於逾規定期限未實施排放空氣污染物定期檢驗之機車所有人，皆依該準則第7條第1款第1目規定裁處新臺幣（下同）5百元罰鍰，卻對違規之機車所有人甲裁處1千元罰鍰，則A對甲之裁處已違反行政法上之那一項原則？

解 (一)「移動污染源違反空氣污染防制法裁罰準則」之法律性質應為「裁量性行政規則」：

1.依中央法規標準法第3條規定，各機關發布之命令，得依其性質，稱規程、規則、細則、辦法、綱要、標準或準則，故「移動污染源違反空氣污染防制法裁罰準則」屬於本條所指之命令範疇內；又我國行政命令體系上多採二分法，即由法律授權行政主管機關訂定者為法規命令、由行政機關依職權訂定者為行政規則，分別規範於行政程序法第150條及第159條。

2.本題所示之「移動污染源違反空氣污染防制法裁罰準則」，其類型應屬於「行政規則」：

(1)依行政程序法第150條規定，法規命令，係指行政機關基於法律授權，對多數不特定人民就一般事項所作抽象之對外發生法律效果之規定；又司法院大法官釋字第367號解釋將進一步區分為「得涉及憲法上一般人民自由權利之法律具體明確授權之法規命令」及「僅得就細節性技術性事項規範之法律概括授權法規命令」。

(2)另依行政程序法第159條規定，行政規則，係指上級機關對下級機關，或長官對屬官，依其權限或職權為規範機關內部秩序及運作，所為非直接對外發生法規範效力之一般、抽象之規定；包括「關於機關內部之組織、事務之分配、業務處理方式、人事管理等一般性規定」和「為協助下級機關或屬官統一解釋法令、認定事實、及行使裁量權，而訂頒之解釋性規定及裁量基準。」

(3)今「移動污染源違反空氣污染防制法裁罰準則」並非直接對一般人民產生效力，而係供機關或屬關於行駛裁量權時進行參酌，對外產生之效力為「間接生效」，故應屬行政程序法第159條所指之行政規則。

3.再者，該準則於第7條規定：「……逾規定期限未實施排放空氣污染物定期檢驗者，處新臺幣五百元。……」顯為配合空氣污染防制法第80條第1項規定：「未依第四十四條第一項規定實施排放空氣污染物定期檢驗者，處汽車所有人新臺幣五百元以上一萬五千元以下罰鍰。」進行裁量範圍之訂定，且亦合於空氣污染防制法第85條授權之裁罰範圍內，確符合行政程序法關於行政規則定義之為協助下級機關或屬官統一解釋法令、認定事實、及行使裁量權，而訂頒之解釋性規定及裁量基準。

(二)主管機關A對甲之裁處應係違反「平等原則」及其衍生之「行政自我拘束原則」：

1.行政程序法第6條規定，行政行為，非有正當理由，不得為差別待遇。此即為平等原則之明文化規定。所謂平等原則，係指相同的事件應為相同的處理，不同的事件則應為不同的處理。更且平等原則在行政法上衍生出三個子原則，分別為禁止主張違法的平等、禁止恣意與行政自我拘束原則。

2.行政自我拘束原則係指行政機關於作成行政行為時，如無正當的理由，則應受合法之行政先例或行政慣例之所拘束。行政自我拘束原則之適用應符合：(1)須有行政先例存在、(2)行政先例須合法、(3)行政機關本身具有裁量權等三要件。行政自我拘束原則常被用於具有間接外部效力之行政規則，是以行政規則雖僅於行政機關與公務員發生內部拘束力，而對於之一般人民並無外部效力，惟行政規則仍會因「行政自我拘束原則」而產生「事實上對外效力」。故行政機關所為之行政行為如違反該已有行政先例存在之行政規則，相對人或利害關係人得主張行政機關之作為違反「行政自我拘束原則」而提起行政救濟。

3.今主管機關A依題示之準則進行裁處，必須考量該準則前業已反覆依法適用而產生之行政先例，若A對甲之裁處案件，並無正當理由可不依該準則裁處罰鍰額度，顯然違反行政法上平等原則衍生之「行政自我拘束原則」。

二、甲為某部會首長，購買A公司之股票，行政院以甲取得A公司股票違反公務員服務法為由，將其移送懲戒法院審理。經懲戒法院審理結果，認為甲確實取得A公司之股票但數量不多，而判決甲記過一次。試問：甲是否適用公務員服務法之規定？懲戒法院此一判決是否合法？請附具理由說明之。

解 (一)甲適用公務員服務法之規定：

1.依公務員服務法第2條第1項規定，本法適用於受有俸給之文武職公務員及公營事業機構純勞工以外之人員。又俸給不僅指現行文官官等官俸表所定級俸而言，其他法令所定國家公務員之俸給亦屬之。

2.依政務人員退職撫卹條例第2條第1項規定，政務人員指依憲法規定由總統任命、依憲法規定由總統提名，經立法院同意任命、依憲法規定由行政院院長提請總統任命等有給之人員，或前述以外之特任、特派人員，或其他依法律規定之中央或地方政府比照簡任第十二職等以上職務之人員，故部會首長屬於政務人員。

3.本題甲雖非經考試合格銓敘進用之公務人員，惟其擔任部會首長時，確有受領國家給付之俸給薪資，故仍屬公務員服務法適用範圍內。

(二)本題懲戒法院此一判決未臻合法：

1.依公務員服務法第14條第4項規定，公務員所任職務對營利事業有直接監督或管理權限者，不得取得該營利事業之股份或出資額；則甲是否違反本條規定，尚需釐清甲是否對A公司具直接監督或管理權限。

2.惟依公務員懲戒法第2條規定，公務員有違法執行職務、怠於執行職務或其他失職行為，或非執行職務之違法行為，致嚴重損害政府之信譽等行為，有懲戒之必要者，應受懲戒；又同法第9條第4項規定，政務人員因係藉由任命取得公職身分，隨政黨進退、政策變更而定去留，而不適用休職、降級和記過等懲戒處分。

3.故懲戒法院對其做成記過之判決，違反公務員懲戒法第9條第4項規定，此一懲戒判決難謂合法。

(三)綜上所述，甲雖然涉及違反公務員服務法第14條規定，而有可能受懲戒處分，惟其為政務人員之身分而不適用記過處分，故本題懲戒判決違背法令，甲可據此提出救濟。

三、甲居住於臺北市，原為位於新北市A幼兒園之教保服務人員。甲於110年5月間因體罰幼生乙致其身體受傷而遭人向新北市主管機關B檢舉，經B查證屬實而將甲移送法辦，並經地方法院刑事判決成立過失傷害罪，處拘役15日。判決之後B另依行為時法規規定，作成甲3年不得於教保服務機構服務之行政處分。甲主張該處分違法，因其居住於臺北市，B就本案並無管轄權；且地方法院已判處其拘役，該處分違反一事不二罰原則。試問：甲之主張是否有理由？請附具理由說明之。

解 (一)新北市主管機關B對本案具有管轄權：

1.依行政罰法第29條第1項，違反行政法上義務之行為，由行為地、結果地、行為人之住所、居所或營業所、事務所或公務所所在地之主管機關管轄。

2.對於本題甲所涉案件，具管轄權者包括行為人甲住所地之台北市之事業主管機關、任職及案件行為地之新北市之事業主管機關，故甲為違法行為之行為地，即新北市之主管機關B，亦具有對該事物之土地管轄權限。

3.故甲對於管轄權之主張無理由。

(二)本題系爭處分並無違反一事不二罰原則：

1.依行政罰法第26條第1項，一行為同時觸犯刑事法律及違反行政法上義務規定者，依刑事法律處罰之。但其行為應處以其他種類行政罰或得沒入之物而未經法院宣告沒收者，亦得裁處之，此一規定便係行政法上一事不二罰之法理原則。

2.一行為同時觸犯刑事法律及違反行政法上義務規定時，由於刑罰與行政罰同屬對不法行為之制裁，而刑罰之懲罰作用較強，故依刑事法律處罰，即足資警惕時，實無一事二罰再處行政罰之必要。且刑事法律處罰，由法院依法定程序為之，較符合正當法律程序，應予優先適用。但罰鍰以外之沒入或其他種類行政罰，因兼具維護公共秩序之作用，為達行政目的，行政機關仍得併予裁處，故為第一項但書規定。

3.本題甲體罰乙致傷之行為，前經地方法院判處拘役，拘役指一日以上、六十日未滿之自由刑，屬人身自由限制之處罰；而新北市主管機關B依甲行為時法規，作成甲於一定期間不得於教保機構服務之行政處分，此種禁止效果除與前述限制人身自由有別，拘役之自由刑係就甲侵害乙之身體法益所為違反刑法之懲罰，而禁止任職於教保相關機構則係由執業及幼童安全角度出發，且係依據教保服務人員條例所為行政制裁，目的上明顯不同。

(三)綜上所述，甲之主張皆無理由。

四、A縣為保護自然環境，避免光害對於野生動物與觀星活動之影響，特制定「A縣光害防治自治條例」。該條例規定A縣特定區域內之商家旅店於晚上10時後須熄燈，或使用防光害燈具；違反者，處新臺幣（下同）1萬元以上3萬元以下罰鍰。甲為位於該區域內之民宿，某日卻違反前揭規定，A縣政府遂裁處甲1萬2千元罰鍰。甲不服，向中央主管機關（即訴願管轄機關）B提起訴願。試問：若B認為原裁處不當，其得否撤銷原處分？請附具理由說明之。

解 本題中央主管機關（即訴願管轄機關）B，僅得對系爭處分進行合法性審查，不得對認原裁處不當進行處分撤銷：

(一) B機關為本案訴願管轄機關：

1.依訴願法第1條第1項，人民對於中央或地方機關之行政處分，認為違法或不當，致損害其權利或利益者，得依本法提起訴願。但法律另有規定者，從其規定；又同法第81條第1項，訴願有理由者，受理訴願機關應以決定撤銷原行政處分之全部或一部，並得視事件之情節，逕為變更之決定或發回原行政處分機關另為處分。但於訴願人表示不服之範圍內，不得為更不利益之變更或處分。

2.另關於具訴願管轄權機關，依訴願法第4條第3款，不服縣（市）政府之行政處分者，向中央主管部、會、行、處、局、署提起訴願；則對於縣政府裁處之行政處分，可受理訴願者為中央之主管機關。

3.本案A縣政府對民宿業者甲裁處行政罰鍰之處分，甲不服該處分，得依法向中央主管機關提起訴願，請求撤銷原處分。

(二) 涉及地方自治事務之訴願案件，上級機關僅得審查原處分之合法性：

1.依地方制度法第2條規定，指地方自治團體依憲法或本法規定，得自為立法並執行，或法律規定應由該團體辦理之事務，而負其政策規劃及行政執行責任之事項屬於自治事項；而地方自治團體依法律、上級法規或規章規定，在上級政府指揮監督下，執行上級政府交付辦理之非屬該團體事務，而負其行政執行責任之事項屬於委辦事項。

2.A縣為保護自然環境，避免光害對於野生動物與觀星活動之影響，此屬於該地方團體事務，故因此制定之「A縣光害防治自治條例」顯非委辦事項而屬於自治事項；又訴願法第79條第3項規定，訴願事件涉及地方自治團體之地方自治事務者，其受理訴願之上級機關僅就原行政處分之合法性進行審查決定。

3.則本案中央主管機關即訴願管轄機關，雖得受理甲不服A縣政府裁處處分所提起之訴願，惟依訴願法第79條第3項規定，僅得就該處分為合法性審查，不得因認裁處目的不當而撤銷原處分。

(三)綜上所述，本題B機關僅得對A縣政府裁處甲之罰鍰處分進行合法性審查，而不得認處分目的不當而進行撤銷。

NOTE

112年 司法四等（書記官）

一、A國立大學教師甲於民國111年8月1日提出升等副教授之申請，經系教評委員會、院教評委員會、校教評委員會審議後，均決議該升等案不通過。在該評議程序中，系教評委員會及院教評委員會均僅通知甲師決議結果為不通過，得於一定期間內對決議結果提出申覆，但未有任何說明及理由，亦未附上會議紀錄。甲師主張系、院教評委員會應提出評議理由及會議紀錄，供其閱覽，否則無法提出對自己實質有利的申覆內容。該系、院教評委員會則認為其決議為行政內部擬稿，非行政處分，不必提供給甲師閱覽。試問：甲師之主張是否有理由？

解 (一)教評委員會之決議結果通知，性質屬於行政處分，該處分既以書面形式為之，依法應記明理由：

1.依司法院大法官釋字第462號解釋，各大學校、院、系（所）教師評審委員會關於教師升等評審之權限，係屬法律在特定範圍內授予公權力之行使，其對教師升等通過與否之決定，與教育部學術審議委員會對教師升等資格所為之最後審定，於教師之資格等身分上之權益有重大影響，均應為訴願法及行政訴訟法上之行政處分。

2.而依行政程序法第97條規定，書面之行政處分屬於未限制人民之權益、處分相對人或利害關係人無待處分機關之說明已知悉或可知悉作成處分之理由、大量作成之同種類行政處分或以自動機器作成之行政處分依其狀況無須說明理由、一般處分經公告或刊登政府公報或新聞紙、有關專門知識、技能或資格所為之考試、檢定或鑑定等程序、或依法律規定無須記明理由等其中一種情形者，始得不記明理由。

3.本題教評委員會對甲所為升等決議結果通知，具行政處分性質，則以書面做成便應依行政程序法第96條規定記載主旨、事實、理由及其法令依據等，則今就評議結果未有任何說明及理由，與上開條文規定不符，有違正當法律程序原則。

(二)甲就系爭決議之會議紀錄，依資訊分離原則，僅涉及基礎事實部分可申請提供閱覽：

1.依行政程序法第46條第1項規定，當事人或利害關係人得向行政機關申請閱覽、抄寫、複印或攝影有關資料或卷宗。但以主張或維護其法律上利益有必要者為限；同條第2項第1款，行政機關對前項之申請，除有下列情形之一者外，不得拒絕：一、行政決定前之擬稿或其他準備作業文件。另政府資訊公開法第18條第1項第3款，政府資訊屬於下列各款情形之一者，應限制公開或不予提供之：三、政府機關作成意思決定前，內部單位之擬稿或其他準備作業。但對公益有必要者，得公開或提供之。

2.然111年度高等行政法院法律座談會第6號就政府資訊公開法相關規定持「部分肯定」說，認倘上開資料中係關於「基礎事實」（例如：關於公務員之工作、操行、學識、才能；教師之教學、訓輔、服務、品德生活、處理行政等具體事實），且可與辦理該考績而屬應保密（限制公開或不予提供）之內部單位擬稿、相關會議紀錄或其他準備作業等文件分開或遮蔽者，因該基礎事實或資訊文件並非（或等同）函稿、或簽呈意見本身，無涉洩漏決策過程之內部意見溝通或思辯資訊，依「資訊分離原則」仍應公開之。

3.故本題教評委員會於甲申請升等之審議會議，倘該會議紀錄中涉及決議作成之基礎事實，則因不涉及內部之意見交流與思辯，自非屬內部單位之擬稿或其他準備作業資料，而不得拒絕提供予甲申請閱覽。

(三)綜上所述，甲師認委員會應供其閱覽評議理由之主張有理由；而會議紀錄之主張，僅限於涉及基礎事實相關部分有理由。

二、甲為A大學之專任教師。A大學於民國105年9月接獲乙學生通報甲師疑似性騷擾行為後，組成調查小組進行調查，作成調查報告，經該校性平會調查後於105年12月20日作成決議：甲師多次碰觸乙生隱私部位並寄發色情圖片予乙生，該行為已達性騷擾情節重大，依教師法第14條第1項第5款及第4項規定，予以解聘，於甲師解聘尚未生效前，移送該校教師評審委員會（下稱學校教評會）予以停聘。A大學於106年1月20日以B

函通知甲師並報請教育部同意。教育部以106年6月13日C函（下稱原處分）回復A大學，同意照辦。A大學以106年6月16日函通知甲師，自該函送達之次日起生效。甲師不服原處分，提起訴願遭到駁回。甲師仍不服，提起行政訴訟。試問：行政法院得否推翻A大學性平會調查報告中對事實部分的認定？

解 (一)原則上法院可以審查「不確定法律概念」，然若構成「判斷餘地」則除構成「判斷瑕疵」外，法院原則上仍須尊重：

1.所謂不確定法律概念，係指法律之構成要件其用語可能因具一般性、普遍性或抽象性，而不夠明確，故只能從具體個案上判斷是否與該不確定法律概念合致。並且不確定法律概念係出現於法律構成要件中，針對事實如何涵攝於法律構成要件，本即屬法院認事用法的權限，因此針對行政機關適用不確定法律概念是否正確，法院原則上有審查之權限。

2.依司法院大法官釋字第432號解釋，立法上適當運用不確定法律概念或概括條款而為相應之規定，雖立法使用抽象概念者，苟其意義非難以理解，且為受規範者所得預見，並可經由司法審查加以確認，即不得謂與前揭原則相違。

3.又釋字第553號解釋，不確定法律概念經常涉及許多複雜的主客觀評價事實，雖法院原則上享有最終決定權，但於涉及高度專業性或屬人性事項時，法院應例外尊重行政機關「將該事實涵攝至不確定法律概念中」之「事實判斷」，此即所稱行政機關之「判斷餘地」，此際法院應降低審查密度，僅機關具違法之判斷瑕疵時，始得介入審查。

(二)若不屬於高度屬人性之評定、高度科技性之判斷、計畫性政策之決定或獨立專家委員會之判斷，自不構成「判斷餘地」：

1.依行政訴訟法第189條第1項規定，行政法院為裁判時，應斟酌全辯論意旨及調查證據之結果，依論理及經驗法則判斷事實之真偽。但別有規定者，不在此限；以及同法第125條第1項規定，行政法院應依職權調查事實關係，不受當事人事實主張及證據聲明之拘束。故法院原則上應依職權查明為裁判基礎之事實關係，據以認定事實並進而為法律之涵攝，以審查處分之合法性及確保有效權利保護。

2.承前，教師法第14條第1項第5款所稱「有性騷擾或性霸凌行為」，屬不確定法律概念之規範概念，而此不確定規範概念之解釋及涵攝，係對於具體個案事實所為之評價，尚非屬具有高度屬人性之評定、高度科技性之判斷、計畫性政策之決定或獨立專家委員會之判斷。故A大學性平會就該事件所為決定之合法性，並不構成判斷餘地，行政法院得為全面之審查。

3.行政法院依其職權調查事實，如認A大學性平會有事實認定錯誤之情況時，自得推翻該調查報告中「對事實部分之認定」。

(三)綜上所述，行政法院得推翻A大學性平會調查報告中，與不確定法律概念無涉之對事實部分的認定。

三、甲為A警察局轄下某分局之警員。甲擬報考中央警察大學（下稱警大）110學年度某研究所碩士班在職全時生，填具「報考在職全時生申請表」，請求A警察局審查其報考資格並選送其應試，經A警察局以民國110年2月5日B函（下稱系爭函）回復略以：A警察局援例採一致性限制報考在職全時進修碩士班，並退還甲上開申請表，不予個案審核。甲提起申訴，經A警察局作成申訴決定略以：「考量治安維護警力需求、員警身心照護及勤務合理正常化，A警察局採限制報考在職全時進修之行政管理措施，並依規定於110年1月29日函告周知，未有違誤。」甲不服提起再申訴，經公務人員保障暨培訓委員會再申訴決定駁回，甲繼而提起行政訴訟，聲明：確認系爭函違法。試問：行政法院應如何決定？

解 (一)系爭B函性質屬「觀念通知」，又甲雖得依法提起申訴、再申訴，但難謂權益受限制甚鉅：

1.依行政程序法第92條第1項規定，本法所稱行政處分，係指行政機關就公法上具體事件所為之決定或其他公權力措施而對外直接發生法律效果之單方行政行為。而今A警察局退還甲申請報考在職全時班表，不予個案審核，並相關回復之B函僅為前110年1月29日函告周知之單純事實敘述，並未對外直接發生法律上效果，自非行政處分。

2.又機關基於業務需要選送公務人員進修，須經服務機關審查通過並有機關首長核定，公務人員本無請求服務機關選送其參加全時進修之公法上權利，服務機關對於是否選送公務人員參加全時進修所為決定，屬其內部之管理措施，未經核定選送之公務人員僅得提起申訴、再申訴，此有最高行政法院111年度抗字第42號裁定實務見解同此意旨。

3.本案依提示，A警察局援例採一致性限制所屬警員報考在職全時進修碩士班，不涉及對人民提供給付，並一致性限制對其所屬人員無差別對待；且110年1月29日函告週知之內容，亦僅針對限制報考在職全時進修而非一律禁止，難謂該行政管理措施影響權益甚鉅。

(二)系爭B函非屬行政處分且無影響甲之權益，已可循序提起申訴及再申訴，自不得再提起行政訴訟以為救濟：

1.依行政訴訟法第6條第1項規定，提起確認行政處分違法訴訟，須請求確認違法之對象為行政處分，若對非行政處分提起確認違法訴訟，應認其起訴不備要件，且其情形無法補正，依行政訴訟法第107條第1項第10款規定，以裁定駁回之。

2.雖依司法院大法官釋字第785號解釋，人民因其公務人員身分，與其服務機關或人事主管機關發生公法上爭議，認其權利遭受違法侵害，或有主張權利之必要，自得按相關措施與爭議之性質，依法提起相應之行政訴訟，並不因其公務人員身分而異其公法上爭議之訴訟救濟途徑之保障。是以公務人員認其權利受違法侵害或有主張其權利之必要時，原即得按相關措施之性質，依法提起相應之行政訴訟，請求救濟，與憲法第16條保障人民訴訟權之意旨均尚無違背。

3.惟基於權力分立原則，行政機關內部之管理措施或有關工作條件之處置，如未涉違法性判斷，純屬妥當性爭議之範疇者，因對於公務人員權利之干預顯屬輕微，難謂構成侵害，司法權並不介入審查，干預行政權之運作，公務人員如有不服，依公務人員保障法相關規定提起申訴、再申訴為已足，不得再提起行政訴訟救濟。

(三)綜上所述，系爭B函既屬觀念通知，故其即屬同法第107條第1項第10款規定之起訴不備其他要件，且其情形又難謂影響權益甚鉅，是本案行政法院應以「裁定駁回」警員甲「聲明系爭函違法」所提之訴訟。

四、甲為私立高級商業職業學校，係於民國84年間經改制前臺灣省政府教育廳（改制後為教育部國民及學前教育署，下稱國教署）准予籌設創校。國教署於107年2月23日向甲學校發出A函，依私立學校法第70條第2項規定命甲學校停辦。嗣後甲學校未能依高級中等以下學校及其分校分部設立變更停辦辦法（下稱停辦辦法）所定期限，於111年1月16日前完成恢復辦理、新設私立學校，或與其他學校法人合併，而且未依規定主動陳報國教署核定解散，經國教署於111年6月8日以B函（下稱原處分）依私立學校法第72條第2項規定令甲學校即日起辦理解散。甲學校不服，對原處分提起訴願，並為本件停止執行之聲請，經行政法院以C裁定駁回。甲學校對C裁定不服，遂提起抗告。試問：本案有無停止執行之必要？

解 (一)行政法上有關暫時權利保護之停止執行制度，簡述如下：

1.依訴願法第93條第2、3項規定，原行政處分之合法性顯有疑義者，或原行政處分之執行將發生難以回復之損害，且有急迫情事，並非為維護重大公共利益所必要者，受理訴願機關或原行政處分機關得依職權或依申請，就原行政處分之全部或一部，停止執行。前項情形，行政法院亦得依聲請，停止執行。另行政訴訟法第116條第3項規定，於行政訴訟起訴前，如原處分或決定之執行將發生難於回復之損害，且有急迫情事者，行政法院亦得依受處分人或訴願人之聲請，裁定停止執行。但於公益有重大影響者，不在此限。

2.承前可知我國現行暫時權利保護之停止原處分執行制度，係基於前述法規分別將「行政處分之合法性顯有疑義」及「原告之訴在法律上顯無理由（或顯不合法）」列為「得停止執行」及「不得停止執行」之情形，以符合停止執行制度。原則上對獲得撤銷訴訟勝訴判決確定之受處分人或訴願人，可提供有效法律保護之基本精神；惟如聲請人之本案訴訟並無顯會勝訴或敗訴之情形，則應審究原處分之執行是否會發生難於回復之損害，且有急迫情事，以及停止執行對公益有無重大影響等要件，以決定之。

3.故有關停止執行成立之要件，包括原處分或決定之執行將發生難以回復之損害、具有急迫情事、停止執行對公共利益無重大影響以及聲請人於該案件中非顯無理由（或顯不合法）者。

(二) 甲遲未依A函指示，始於數年後接獲B函而面臨即日解散之情形，可歸責於自身因素造成，難謂原處分顯無理由或顯不合法所致：

1.國教署於107年2月23日向甲校發出A函命停辦，嗣後甲校未能依停辦辦法所定期限，於111年1月16日前完成恢復辦理、新設私立學校，或與其他學校法人合併，而且未依規定主動陳報國教署核定解散，經國教署於111年6月8日以B函令甲校即日起辦理解散。

2.甲校對B函不服提起訴願，後經C裁定駁回，導致B函之處分執行，使甲校面臨即將解散之急迫情形，此實係因甲校於107年2月23日至111年1月16日間，未依A函指示依法辦理相關措施，而可歸責於自身因素造成。依最高行政法院111年度抗字第291號裁定之實務見解，不應准許停止執行，否則無異鼓勵過咎行為，殊與公平正義原則有違。

3.是以抗告論旨如指摘C裁定違誤，請求廢棄，為無理由，應予駁回。

(三) 綜上所述，本案無停止執行之必要。

NOTE

112年 司法四等（法警、執行員）

(　　) **1** 下列何者非屬行政法之法源？ (A)外國立法例 (B)自治規章 (C)法定預算 (D)司法院解釋。

(　　) **2** 關於行政行為明確性原則之敘述，下列何者錯誤？ (A)明確性原則要求行政行為之內容必須明確，使人民知悉規制之內容 (B)明確性原則之目的，係為追求行政行為之可預見性 (C)行政機關作成沒入處分時，沒入之標的已滅失，係違反明確性原則 (D)行政機關之裁罰處分，未記載罰鍰數額，係違反明確性原則。

(　　) **3** 有關法律保留之敘述，下列何者錯誤？ (A)執行法律之細節性、技術性次要事項，則得由主管機關發布命令為必要之規範 (B)以法律授權主管機關發布命令為補充規定時，其授權應符合具體明確之原則 (C)剝奪人民生命或限制人民身體自由者，得以制定命令之方式為之 (D)何種事項應以法律直接規範或得委由命令予以規定，與所謂規範密度有關。

(　　) **4** 行政機關訂定裁罰基準，未考量違規行為之間距或其他因素，而單僅以違規次數之累計作為加重裁罰金額之原因。此舉最可能違反何種裁量原則？ (A)裁量逾越 (B)裁量怠惰 (C)裁量濫用 (D)裁量過當。

(　　) **5** 下列何者屬於受委託行使公權力？ (A)義勇消防隊員於消防隊員指揮下進行消防救災 (B)義勇交通警察接受交通警察指揮操作交通號誌 (C)民間公司拖吊車受交通警察指揮拖吊違規車輛 (D)交通部委託汽車修理廠辦理定期汽車檢驗事務。

(　　) **6** 關於行政法之法律關係，下列敘述何者錯誤？ (A)其當事人僅限於國家與人民，不包括國家與公務員 (B)人民主觀之公權利，包括消極防禦權與積極請求權 (C)國家作為公權力主體，得課人民作為、

不作為義務 (D)地方自治團體亦得作為公權利主體，對國家主張給付請求。

( ) **7** 下列何者非屬公法人？ (A)國家表演藝術中心 (B)臺北市 (C)新竹縣 (D)農會。

( ) **8** 依據中央行政機關組織基準法之規定，關於行政機關名稱之敘述，下列何者錯誤？ (A)稱部者，屬一級機關 (B)稱委員會者，屬二級機關 (C)稱署者，屬三級機關 (D)稱分局者，屬四級機關。

( ) **9** 依地方制度法規定，自治條例與中央機關基於法律授權訂定之法規命令發生牴觸時，其效力為何？ (A)自治條例無效 (B)法規命令無效 (C)兩者均有效，依特別法優先於普通法，決定適用順序 (D)兩者均有效，依後法優先於前法，決定適用順序。

( ) **10** 法規未規定行政機關之管轄權致無法定土地管轄者，應如何定之？ (A)關於不動產之事件，依不動產所有人之戶籍地 (B)關於企業經營之事件，依經營企業之處所 (C)關於自然人之事件，依其指定之處所所在地 (D)關於法人之事件，依其負責人之住所地。

( ) **11** 關於數行政機關對於管轄權有爭議時之處理，下列敘述何者正確？ (A)由其共同上級機關決定之，無共同上級機關時，由行政院定之 (B)由其共同上級機關決定之，無共同上級機關時，由法務部定之 (C)人民對行政機關所為指定管轄之決定，得向其上級機關聲明異議 (D)人民對行政機關所為指定管轄之決定，不得聲明不服。

( ) **12** 公務人員如已敘年功俸最高俸級，其年終考績列乙等時，應給與多少俸給總額之一次獎金？ (A)半個月 (B)1個月 (C)1個半月 (D)2個月。

( ) **13** 下列人員何者不適用公務人員保障法？ (A)法定機關依法任用之有給專任人員 (B)公立學校編制內職員 (C)外交領事人員 (D)政務人員。

( ) **14** 關於公務員權利之敘述，下列何者錯誤？ (A)對於尚未請領之退休金依法不得強制執行 (B)公務員之身分非有法定原因並經法定程序

不得剝奪 (C)公務員對於國家負有忠誠義務所以禁止結社與罷工 (D)公務員得因婚喪疾病分娩之原因依法請假。

( ) **15** 下列何者非屬公務人員考績之類別？ (A)另予考績 (B)專案考績 (C)年終考績 (D)平時考績。

( ) **16** 關於現職政務人員懲戒處分之敘述，下列何者正確？ (A)得予以免除職務或休職 (B)得予以記過或申誡 (C)得予以罰款或減俸 (D)得予以剝奪或減少退休金。

( ) **17** 關於公務員公法上財產請求權之消滅時效，下列敘述何者錯誤？ (A)依法執行職務涉訟輔助之費用為10年 (B)執行職務墊支之必要費用為2年 (C)執行職務時，發生意外致受傷應發給之慰問金為10年 (D)經服務機關核准之加班費為5年。

( ) **18** 關於公物之敘述，下列何者錯誤？ (A)國家直接為公共目的提供人民使用之有體物為公物 (B)公物以提供公眾使用為前提，所以必屬國家所有 (C)道路橋樑等直接供公眾使用者，稱為公共用物 (D)僅供軍隊使用之戰車，稱為行政（公物）用物。

( ) **19** 下列何者非行政機關訂定之規範？ (A)臺北市各機關單位預算執行要點 (B)建築技術規則 (C)法務部辦理採購作業要點 (D)臺中市石虎保育自治條例。

( ) **20** 依司法院大法官解釋意旨，有關行政命令之敘述，下列何者正確？ (A)涉及人民自由權利之限制者，如時效制度，得以法律授權主管機關發布命令為補充規定時，其授權應符合具體明確之原則 (B)有關給付行政措施，為補充法律規定不足時，得發布規範行政體系內部事項之行政規則為之替代 (C)有關與執行法律之細節性、技術性次要事項，縱因而對人民產生不便或輕微影響，亦得由主管機關發布命令為必要之規範 (D)徵收土地之要件及程序，得以法律明確授權之命令予以規定，且須法有明示其授權之目的、範圍及內容並符合具體明確之要件。

( ) **21** 附加於授益處分之特定作為、不作為或忍受義務者，為下列何項附款？ (A)條件 (B)廢止保留 (C)期限 (D)負擔。

(　) **22** 具有持續效力之行政處分所依據之事實，事後發生有利於相對人之變更者，得依下列何項程序，向行政機關申請撤銷、廢止或變更原處分？ (A)行政程序之重新進行 (B)行政程序之再議 (C)行政程序之再審 (D)行政程序之覆審。

(　) **23** 關於行政處分效力之敘述，下列何者錯誤？ (A)相對人不自動履行行政處分規制之義務時，原則上行政機關不得對其行政執行 (B)下命處分一旦生效，即有執行力 (C)行政處分因其存續力而對後行政處分產生構成要件效力 (D)行政處分原則上受有效之推定。

(　) **24** 依實務見解，下列人事行政行為，何者非屬行政處分？ (A)核定請假之決定 (B)核定先行停職之決定 (C)平時考核之不予敘獎決定 (D)年資部分不採計之決定。

(　) **25** 依實務之見解，關於公立學校與其教師間之法律關係，下列敘述何者錯誤？ (A)公立學校與教師間，係以行政契約性質之聘約建立之公法法律關係 (B)公立學校與教師間，雖存在公法法律關係，惟仍可能在個別事件成立私法法律關係 (C)公立學校與教師間之關係，係透過契約而成立，停聘仍屬契約行為，非屬行政處分 (D)公立學校教師與學校間就解聘發生爭執，屬公法性質得提起行政訴訟。

(　) **26** 關於行政契約之敘述，下列何者正確？ (A)行政契約非法律行為 (B)行政機關得單方決定契約之成立無須相對人同意 (C)行政契約屬於公權力行政 (D)行政契約成立後，原則上須經許可始生效力。

(　) **27** 依行政程序法規定，關於行政機關處理陳情，下列敘述何者正確？ (A)受理機關認為人民之陳情有理由者，應採取適當之措施 (B)陳情之重要內容不明確者，受理機關應為不受理之決定 (C)依法得提起訴願之事項，受理機關得不予處理，無庸告知陳情人 (D)陳情僅得以書面為之。

(　) **28** 有關行政罰法上之一行為不二罰原則，下列敘述何者錯誤？ (A)違法之事實是否為一行為，必須就具體個案之事實情節，依據行為人主觀之犯意、構成要件之實現等因素綜合判斷決定 (B)倘行為人不同，或雖行為人相同但非屬同一行為，而係數行為違反同一或不同行政法上義務之規定者，則應分別處罰 (C)乃為避免因法律規定之錯綜複雜，致人民之同一行為，遭受數個不同法律之處罰，而承受過度不利之後果 (D)違法之事實是否為一行為，係就法規與法規間之關連，或抽象事實予以抽象之判斷。

( ) **29** 依行政罰法規定，關於沒入，下列敘述何者錯誤？ (A)沒入之物，除本法或其他法律另有規定者外，以屬於受處罰者所有為限 (B)不屬於受處罰者所有之物，因所有人之故意或重大過失，致使該物成為違反行政法上義務行為之工具者，不得裁處沒入 (C)得沒入之物，受處罰者於受裁處沒入前，予以處分、使用或以他法致不能裁處沒入者，得裁處沒入其物之價額 (D)得沒入之物，受處罰者於受裁處沒入後，予以處分、使用或以他法致不能執行沒入者，得追徵其物之價額。

( ) **30** 依司法院釋字第753號解釋意旨，違反全民健康保險醫事服務機構特約及管理辦法之違約記點，其法律性質為下列何者？ (A)事實行為 (B)警告性處分 (C)違約通知 (D)影響名譽之不利益處分。

( ) **31** 因正當防衛行為過當致違反行政法上之義務者，有關減輕罰鍰之處罰，下列何者正確？ (A)不得逾法定罰鍰最高額之1/2，亦不得低於法定罰鍰最低額之1/2 (B)不得逾法定罰鍰最高額之1/2，亦不得低於法定罰鍰最低額之1/3 (C)不得逾法定罰鍰最高額之1/3，亦不得低於法定罰鍰最低額之1/2 (D)不得逾法定罰鍰最高額之1/3，亦不得低於法定罰鍰最低額之1/3。

( ) **32** 關於行政執行，下列何者屬於間接強制之方法？ (A)扣留動產 (B)封閉住宅 (C)處以怠金 (D)斷水斷電。

( ) **33** 依實務見解，關於行政執行法規定之聲明異議制度，若聲明異議未獲救濟者，下列敘述何者正確？ (A)異議人得再聲明不服 (B)異議人得提起民事訴訟 (C)異議人應先提起訴願 (D)異議人得直接提起行政訴訟。

( ) **34** 關於行政執行法上之代履行，下列敘述何者錯誤？ (A)代履行為間接強制之一種強制方法 (B)適用於行為義務而不作為，其行為能由他人代為履行者 (C)義務人不為繳納代履行費用時，行政機關得連續處以怠金 (D)代履行費用屬公法上金錢給付義務。

( ) **35** 行政機關不得拒絕當事人申請閱覽關於下列何種事項之卷宗？ (A)依法規規定有保密必要之一般公務機密 (B)涉及職業秘密事項 (C)涉及營業秘密事項 (D)合議制機關之會議紀錄。

( ) **36** 依行政程序法規定，下列何者非屬公務員在行政程序中應自行迴避之事由？ (A)曾為該事件當事人之代理人 (B)曾參與該事件之前階段程序 (C)於該事件曾為鑑定人 (D)本人就該事件與當事人有共同義務人之關係。

( ) **37** 申請政府資訊公開之方式或要件不備，不能補正或屆期不補正者，得採取下列何項措施？ (A)移送法院簡易庭裁決 (B)駁回申請 (C)移請上級機關決定 (D)舉行聽證。

( ) **38** 下列何種程序，應適用行政程序法？ (A)國家安全保障事項之行為 (B)外國人出、入境之行為 (C)教育機構為達成教育目的所為處分學生之行為 (D)犯罪矯正機關為達成收容目的所為之行為。

( ) **39** 依我國現行法規定，下列何者為訴願之先行程序？ (A)教師法之再申訴程序 (B)全民健康保險之爭議審議程序 (C)公務人員對於人事行政處分之復審程序 (D)政府採購法之申訴程序。

( ) **40** 依傳染病防治法規定，主管機關在中央為衛生福利部，在直轄市為直轄市政府。臺北市政府對於違反居家隔離者依法處6萬元罰鍰，如對於該裁罰處分不服時，訴願管轄機關為下列何者？ (A)行政院 (B)衛生福利部 (C)臺北市政府 (D)法務部。

( ) **41** 甲對於某國立大學以其未繳交校園交通違規罰款為由扣留其畢業證書之行為向教育部提起訴願，惟在訴願決定前該大學同意並通知甲返校領取畢業證書，訴願委員會應為何種訴願決定？ (A)訴願有理由 (B)訴願無理由 (C)訴願不受理 (D)訴願暫時停止審理。

( ) **42** 下列何者應提起課予義務訴訟？ (A)請求違約軍費生賠償所受領之公費待遇及津貼 (B)請求重新核發建物測量成果圖 (C)請求更正行政指導 (D)請求身心障礙者日間照顧費用補助。

( ) **43** 甲欲參加國家考試，報名後考選部以其資格不符而拒絕其報考，甲若仍希望參加該次考試，依法應如何請求救濟？ (A)立即向行政法院提起確認無效之訴 (B)立即向行政法院聲請定暫時狀態之假處分 (C)立即向行政法院聲請停止執行之假處分 (D)立即向行政法院提起撤銷之訴。

( ) **44** 關於收容聲請事件程序之敘述，下列何者正確？ (A)收容聲請事件，以高等行政法院為第一審管轄法院 (B)行政法院審理收容異議、續予收容及延長收容之聲請事件，應訊問受收容人 (C)行政法院認收容異議、停止收容之聲請為無理由者，應以判決駁回之 (D)收容聲請事件，除別有規定外，準用通常訴訟程序之規定。

( ) **45** 不服依道路交通管理處罰條例所為之交通裁決，原則上應向下列何者尋求法律救濟？ (A)向裁決機關之上級機關提起訴願 (B)向地方法院簡易庭聲明異議 (C)向地方法院行政訴訟庭提起行政訴訟 (D)向高等行政法院提起行政訴訟。

( ) **46** 人民認為行政機關依都市計畫法發布之都市計畫違法而損害其權利，應如何提起救濟？ (A)向核定都市計畫機關之上級機關提起訴願，請求撤銷該都市計畫 (B)向管轄之地方法院行政訴訟庭提起訴訟，請求法院命核定計畫之行政機關發布特定內容之都市計畫 (C)向管轄之高等行政法院提起訴訟，請求法院命核定計畫之行政機關發布特定內容之都市計畫 (D)向管轄之高等行政法院提起訴訟，請求宣告該都市計畫無效。

( ) **47** 關於國家賠償法規定所稱執行職務之行為，下列敘述何者錯誤？ (A)指公務員行使其職務上之權力且與其所掌之公務有關之行為 (B)須在公務員權限範圍內 (C)行為與職務在外觀、時間或處所具有密切關連 (D)行為應與職務內容具有密切關聯性。

(　) **48** 關於公益徵收概念之敘述，下列何者錯誤？　(A)徵收之標的僅限於土地　(B)徵收必須給予合理補償　(C)徵收之公益目的必須特定　(D)徵收原則上必須有法律依據。

(　) **49** 對於同一國家賠償事件，數機關均應負損害賠償責任時，下列敘述何者錯誤？　(A)被請求之賠償義務機關，應以書面通知未被請求之賠償義務機關參加協議　(B)未被請求之賠償義務機關未參加協議者，應自行與請求權人進行協議　(C)請求權人得對賠償義務機關中之一機關，或數機關，或其全體同時或先後，請求全部或一部之損害賠償　(D)請求權人如同時或先後向賠償義務機關請求全部或一部之賠償時，應載明其已向其他賠償義務機關請求賠償之金額或申請回復原狀之內容。

(　) **50** 下列何者非屬國家賠償法上所定之「公共設施」？　(A)臺北市凱達格蘭大道　(B)出租給私人企業經營之公有設施　(C)私人所有之既成道路　(D)公立學校之校舍。

解答與解析

（答案標示為#者，表官方曾公告更正該題答案。）

1 (A)。產生法律之源頭即為法源，行政法之法源依是否由立法機關制訂通過，可分為：
(1)成文法源：A.憲法。B.法律。C.國際法。D.命令。E.自治規章。
(2)不成文法法源：A.習慣。B.法理。C.判例。D.學說。E.解釋。F.外國法。G.國際法。H.一般法律原則等。
實務上，我國法院多有間接適用外國法之判決，亦有將外國立法例之原則直接或間接適用於判決；甚至於立法或修法時，亦有於立法理由中敘明其參考之立法例，以增強其論述。惟其仍非屬法源之一，如違反我國法律之強制或禁止規定，及違背公共秩序或善良風俗時，則不宜適用外國立法例。

2 (C)。行政行為明確性原則規範於行政程序法第5條規定，行政行為之內容應明確。意指行政行為之內容應明白確定，具有可理解性、可預見性及可審查性。沒入處分如執行標的為金錢者，應具有可替代性。
故沒入之標的財物如已花用一空者，自得就義務人其他財產執行沒收，並無行政行為不明確之問題。

3 (C)。司法院大法官釋字第443號解釋，至何種事項應以法律直接規範或得委由命令予以規定，與所謂規範密度有關，應視規範對象、內容或法益本身及其所受限制之輕重而容許合理之差異：諸如剝奪人民生命或限制人民身體自由者，必須遵守罪刑法定主義，以制定法律之方式為之；涉及人民其他自由權利之限制者，亦應由法律加以規定，如以法律授權主管機關發布命令為補充規定時，其授權應符合具體明確之原則；若僅屬與執行法律之細節性、技術性次要事項，則得由主管機關發布命令為必要之規範，雖因而對人民產生不便或輕微影響，尚非憲法所不許。

4 (＃)。以下參考翁岳生著，《行政法與現代法治國家》，第56頁：
行政裁量指行政機關基於法律的明示授權或消極默許，於適用法規時，本於行政目的，於數種可能之法律效果中，自行斟酌選擇一適當之行為為之即合目的性之選擇，而法院之審查則受限制，而未遵守相關限制即為裁量瑕疵，以下四種分別說明：

(1)裁量逾越：指行政機關行使裁量權之結果，超越法律授權的範圍。如機關對人民最高科處1,000元罰鍰，實際上卻科處5,000元。

(2)裁量濫用：指行政機關作成之裁量與法律授權之目的不符，或出於不相關之動機或違背一般法律原則。如營業稅法第51條規定逃漏營業稅者，應按所漏稅額科處1至10倍罰鍰，但為達成財政收入預算計畫目，不論個案情節輕重，一律課處最重10倍罰鍰。

(3)裁量怠惰：指行政機關依法有裁量權，但因故意或過失而消極地不行使。例如：無照駕駛得科5千元以下罰鍰，但不論個案情節輕重，一律課5千元最高罰鍰。

(4)裁量過當：指行政機關違背基本權行及行政一般原則。如建築主管機關對於無關公共安全與他人權益之舊有違章建築，係採分期分區分階段進行拆除，在無其他特別正當理由情況下，惟獨對於某甲之違建，不按上述既定拆除方針處理，而單獨優先予以拆除，即可能違反行政自我拘束原則與平等原則，而有裁量瑕疵（參見47年判字第26號判例）。本題考選部公告選(B)或(C)均給分。

5 (D)。依行政程序法第2條第3項規定，受託行使公權力之個人或團體，於委託範圍內，視為行政機關；同法第16條第1項規定，行政機關得依法規將其權限之一部分，委託民間團體或個人辦理。
今汽車修理廠辦理汽車之定期檢驗，該檢驗結果將決定車主是否能合法駕駛該車輛於道路上，則車主如逾期送驗或檢驗不合格，便會影響其合法駕駛權利，此已涉及公權力行使，又是將權限移轉予個人或團體，故屬委託行使公權力。

6 (A)。依行政程序法第20條規定，本法所稱之當事人如下：一、申請人及申請之相對人。二、行政機關所為行政處分之相對人。三、與行政機關締結行政契約之相對人。四、行政機關實施行政指導之相對人。五、對行政機關陳情之人。六、其他依本法規定參加行政程序之人。

7 (D)。公法人指的是以公法規定為依據所成立的法人，包括國家、地方自治團體和行政法人三種；而農會屬於公益性質的社團法人，並非公法人、行政法人或財團法人，在性質上屬於所謂的非政府組織。

8 **(A)**。依中央行政機關組織基準法第6條第1項，行政機關名稱定名如下：一、院：一級機關用之。二、部：二級機關用之。三、委員會：二級機關或獨立機關用之。四、署、局：三級機關用之。五、分署、分局：四級機關用之。

9 **(A)**。依地方制度法第30條第2項規定，自治規則與憲法、法律、基於法律授權之法規、上級自治團體自治條例或該自治團體自治條例牴觸者，無效。

10 **(B)**。依行政程序法第12條第2款規定，不能依前條第一項定土地管轄權者，依下列各款順序定之：二、關於企業之經營或其他繼續性事業之事件，依經營企業或從事事業之處所，或應經營或應從事之處所。

11 **(D)**。依行政程序法第14條第1項規定，數行政機關於管轄權有爭議時，由其共同上級機關決定之，無共同上級機關時，由各該上級機關協議定之。

同條第4項規定，人民對行政機關依本條所為指定管轄之決定，不得聲明不服。

12 **(C)**。依公務人員考績法第7條第2款規定，年終考績獎懲依左列規定：二、乙等：晉本俸一級，並給與半個月俸給總額之一次獎金；已達所敘職等本俸最高俸級或已敘年功俸級者，晉年功俸一級，並給與半個月俸給總額之一次獎金；已敘年功俸最高俸級者，給與一個半月俸給總額之一次獎金。

13 **(D)**。依公務人員保障法第3條規定，本法所稱公務人員，係指法定機關（構）及公立學校依公務人員任用法律任用之有給專任人員。

14 **(C)**。依公務人員協會法第1條第1項規定，公務人員為加強為民服務、提昇工作效率、維護其權益、改善工作條件並促進聯誼合作，得組織公務人員協會。

15 **(D)**。依公務人員考績法第3條規定，公務人員考績區分如左：

一、年終考績：係指各官等人員，於每年年終考核其當年一至十二月任職期間之成績。

二、另予考績：係指各官等人員，於同一考績年度內，任職不滿一年，而連續任職已達六個月者辦理之考績。

三、專案考績：係指各官等人員，平時有重大功過時，隨時辦理之考績。

16 **(C)**。依公務人員懲戒法第9條第1項規定，公務員之懲戒處分如下：一、免除職務。二、撤職。三、剝奪、減少退休（職、伍）金。四、休職。五、降級。六、減俸。七、罰款。八、記過。九、申誡。

又同條第4項規定，第一項第四款、第五款及第八款之處分於政務人員不適用之。故政務人員不適用休職、降級及記過等三種懲戒。

17 **(D)**。依公務人員保障法第24-1條第2款規定，下列公務人員之公法上財產請求權，其消滅時效期間依本法行之：二、因二年間不行使而消滅者：(一)經服務機關核准實施公務人員一般健康檢查之費用。(二)經服務機關核准之加班費。(三)執行職務墊支之必要費用。

18 **(B)**。公物原則上不得被公用徵收，公用徵收之對象僅為私人所有之物，故公物原則上不得被徵收；但於例外情況，例如私有之公物用土地，仍得依特定目的徵收，不過此時之公物所有權仍在私人。

19 **(D)**。依中央法規標準法第3條規定，各機關發布之命令，得依其性質，稱規程、規則、細則、辦法、綱要、標準或準則。

20 **(C)**。(A)依司法院大法官釋字第723號解釋，消滅時效制度之目的在於尊重既存之事實狀態，及維持法律秩序之安定，與公益有關，且與人民權利義務有重大關係，不論其係公法上或私法上之請求權消滅時效，均須逕由法律明定，自不得授權行政機關衡情以命令訂定或由行政機關依職權以命令訂之，始符憲法第二十三條法律保留原則之意旨。(B)依司法院大法官釋字第524號解釋，若法律就保險關係之內容授權以命令為補充規定者，其授權應具體明確，且須為被保險人所能預見。又法律授權主管機關依一定程序訂定法規命令以補充法律規定不足者，該機關即應予以遵守，不得捨法規命令不用，而發布規範行政體系內部事項之行政規則為之替代。(D)依司法院大法官釋字第409號解釋，徵收土地對人民財產權發生嚴重影響，舉凡徵收土地之各項要件及應踐行之程序，法律規定應不厭其詳。有關徵收目的及用途之明確具體、衡量公益之標準以及徵收急迫性因素等，均應由法律予以明定，俾行政主管機關處理徵收事件及司法機關為適法性審查有所依據。

21 **(D)**。依最高行政法院97年度判字第541號判決要旨，行政機關作成行政處分有裁量權時，得為附款，行政程序法第93條第1項前段定有明文。而附款者，乃行政機關以條件、負擔、期限或保留廢棄權等方式，附加於行政處分之主要內容的意思表示。又負擔係指附加於授益處分之特定作為、不作為或忍受的義務而言，就負擔之本質言之，原非不可單獨以行政處分之形態表現，但因附隨於授益處分而成為附款之一種。

22 **(A)**。依行政程序法第129條規定，行政機關認前條之申請為有理由者，應撤銷、廢止或變更原處分；認申請為無理由或雖有重新開始程序之原因，如認為原處分為正當者，應駁回之。

又同法第128條第1項第1款規定，行政處分於法定救濟期間經過後，具有下列各款情形之一者，相對人或利害關係人得向行政機關申請撤銷、廢止或變更之。但相對人或利害關係人因重大過失而未能在行政程序或救濟程序中主張其事由者，不在此限：一、具有持續效力之行政處分所依據之事實事後發生有利於相對人或利害關係人之變更者。

23 (A)。依行政執行法第27條第1項規定，依法令或本於法令之行政處分，負有行為或不行為義務，經於處分書或另以書面限定相當期間履行，逾期仍不履行者，由執行機關依間接強制或直接強制方法執行之。

24 (A)。依公務人員保障暨培訓委員會109年9月22日第12次委員會議通過人事行政行為一覽表，核定請假屬於管理措施。

25 (#)。本題考選部原公告之答案仍係以「最高行政法院98年7月份第1次庭長法官聯席會議」為依據，合先敘明。

該會議決議解聘、停聘、不續聘為行政處分：

「公立學校教師因具有教師法第14條第1項各款事由之一，經該校教評會依法定組織（教師法第29條第2項參照）及法定程序決議通過予以解聘、停聘或不續聘，並由該公立學校依法定程序通知當事人者，應係該公立學校依法律明文規定之要件、程序及法定方式，立於機關之地位，就公法上具體事件，所為得對外發生法律效果之單方行政行為，具有行政處分之性質。」

惟憲法法庭111年憲判字第11號判決，針對公立大學「解聘」教師改採「公法上契約意思表示」之見解，後續適用效果範圍是否會衍伸到其他公立高中職以下學校，仍待觀察。後考選部公告本題一律給分。

26 (C)。依司法院大法官釋字第533號解釋，中央健康保險局與各醫事服務機構締結全民健康保險特約醫事服務機構合約，約定由特約醫事服務機構提供被保險人醫療保健服務，以達促進國民健康、增進公共利益之行政目的，故此項合約具有行政契約之性質。締約雙方如對契約內容發生爭議，屬於公法上爭訟事件，依行政訴訟法之規定，應循行政訴訟途徑尋求救濟。

27 (A)。依行政程序法第171條第1項規定，受理機關認為人民之陳情有理由者，應採取適當之措施；認為無理由者，應通知陳情人，並說明其意旨。

28 (D)。依法務部108年03月13日法律字第10803503320號行政函釋，違法之事實是否為「一行為」，乃個案判斷之問題，並非僅就法規與法規間之關連，或抽象事實予以抽象之判斷，而係必須就具體個案之事實情節，依據行為人主觀之犯意、構成要件之實現、受侵害法益及所侵害之法律效果，斟酌被違反行政法上義務條文之文義、立法意旨、制裁之意義、期待可能性與社會通念等因素綜合判斷決定之。

29 (B)。依行政罰法第22條第1項規定，不屬於受處罰者所有之物，因所有人之故意或重大過失，致使該物成為違反行政法上義務行為之工具者，仍得裁處沒入。

30 (B)。依行政罰法第2條第4款規定，本法所稱其他種類行政罰，指下列裁罰性之不利處分：四、警告性處分：警告、告誡、記點、記次、講習、輔導教育或其他相類似之處分。

31 **(D)**。依行政罰法第12條規定，對於現在不法之侵害，而出於防衛自己或他人權利之行為，不予處罰。但防衛行為過當者，得減輕或免除其處罰；又同法第18條第3項規定，依本法規定減輕處罰時，裁處之罰鍰不得逾法定罰鍰最高額之二分之一，亦不得低於法定罰鍰最低額之二分之一；同時有免除處罰之規定者，不得逾法定罰鍰最高額之三分之一，亦不得低於法定罰鍰最低額之三分之一。但法律或自治條例另有規定者，不在此限。

32 **(C)**。依行政執行法第28條第1項規定，前條所稱之間接強制方法如下：一、代履行。二、怠金。

33 **(D)**。依最高行政法院97年12月份第3次庭長法官聯席會議決議意旨，現行法並無禁止義務人或利害關係人於聲明異議而未獲救濟後向法院聲明不服之明文規定，是義務人或利害關係人如不服執行機關之直接上級主管機關所為異議決定者，仍得依法提起行政訴訟，至何種執行行為可以提起行政訴訟或提起何種類型之行政訴訟，應依執行行為之性質及行政訴訟法相關規定，個案認定。其具行政處分之性質者，應依法踐行訴願程序，自不待言。

34 **(C)**。依行政執行法第34條規定，代履行費用或怠金，逾期未繳納者，移送行政執行處依第二章之規定執行之。

35 **(D)**。依政府資訊公開法第7條第1項第10款規定，下列政府資訊，除依第十八條規定限制公開或不予提供者外，應主動公開：十、合議制機關之會議紀錄。

36 **(B)**。依行政程序法第32條規定，公務員在行政程序中，有下列各款情形之一者，應自行迴避：一、本人或其配偶、前配偶、四親等內之血親或三親等內之姻親或曾有此關係者為事件之當事人時。二、本人或其配偶、前配偶，就該事件與當事人有共同權利人或共同義務人之關係者。三、現為或曾為該事件當事人之代理人、輔佐人者。四、於該事件，曾為證人、鑑定人者。

37 **(B)**。依政府資訊公開法第11條規定，申請之方式或要件不備，其能補正者，政府機關應通知申請人於七日內補正。不能補正或屆期不補正者，得逕行駁回之。

38 **(C)**。依行政程序法第3條第3項規定，下列事項，不適用本法之程序規定：一、有關外交行為、軍事行為或國家安全保障事項之行為。二、外國人出、入境、難民認定及國籍變更之行為。三、刑事案件犯罪偵查程序。四、犯罪矯正機關或其他收容處所為達成收容目的所為之行為。五、有關私權爭執之行政裁決程序。六、學校或其他教育機構為達成教育目的之內部程序。七、對公務員所為之人事行政行為。八、考試院有關考選命題及評分之行為。

39 **(B)**。訴願先行程序指人民在提起訴願前，須先向原處分機關尋求行政救濟之制度，要否尚不得依訴願法提起訴願；常見訴願先行程序名稱包括有申訴（大學法）、申複（集會遊行法）、異議（海關緝私條例）、復查（稅捐稽徵法）、再審查（專利法）、複核（兵役施行法）、復核（藥事法）、審議（全民健康保險法）、聲明異議（貿易法）等。

40 **(B)**。依訴願法第4條第5款規定，訴願之管轄如左：五、不服直轄市政府之行政處分者，向中央主管部、會、行、處、局、署提起訴願。

41 **(C)**。依訴願法第77條第6款規定，訴願事件有左列各款情形之一者，應為不受理之決定：六、行政處分已不存在者。

42 **(D)**。依行政訴訟法第5條規定，人民因中央或地方機關對其依法申請之案件，於法令所定期間內應作為而不作為，認為其權利或法律上利益受損害者，經依訴願程序後，得向行政法院提起請求該機關應為行政處分或應為特定內容之行政處分之訴訟。人民因中央或地方機關對其依法申請之案件，予以駁回，認為其權利或法律上利益受違法損害者，經依訴願程序後，得向行政法院提起請求該機關應為行政處分或應為特定內容之行政處分之訴訟。另其他選項可提起之訴訟，(A)為人民與中央或地方機關因公法上原因發生財產上給付之一般給付訴訟、(B)(C)為請求作成行政處分以外之其他非財產上給付之一般給付訴訟。

43 **(B)**。依行政訴訟法第298第2項規定，於爭執之公法上法律關係，為防止發生重大之損害或避免急迫之危險而有必要時，得聲請為定暫時狀態之處分。故甲向行政法院請求暫時給予考試資格，蓋若等到法院將本案訴訟審理完後，考試有可能已經辦理完畢，即使最後人民勝訴，仍無法獲得權利保護，故為防止發生重大損害，應請求行政法院予以定暫時狀態假處分，給予考試資格。

44 **(B)**。依行政訴訟法：(A)第237-11條第1項規定，收容聲請事件，以地方行政法院為第一審管轄法院。(C)第237-14條第1項規定，行政法院認收容異議、停止收容之聲請為無理由者，應以裁定駁回之。認有理由者，應為釋放受收容人之裁定。(D)第237-17條第2項規定，收容聲請事件，除本章別有規定外，準用簡易訴訟程序之規定。

45 **(C)**。依行政訴訟法第237-2條規定，交通裁決事件，得由原告住所地、居所地、所在地或違規行為地之地方行政法院管轄。

46 **(D)**。依行政訴訟法第237-18條第1項規定，人民、地方自治團體或其他公法人認為行政機關依都市計畫法發布之都市計畫違法，而直接損害、因適用而損害或在可預見之時間內將損害其權利或法律上利益者，得依本章規定，以核定都市計畫之行政機關為被告，逕向管轄之高等行政法院提起訴訟，請求宣告該都市計畫無效。

47 **(B)**。依國家賠償法第2條第2項規定，公務員於執行職務行使公權力時，因故意或過失不法侵害人民自由或權利者，國家應負損害賠償責任。公務員怠於執行職務，致人民自由或權利遭受損害者亦同。蓋因目前實務見解，並不以公務員主觀上有執行職務的意思為必要，只要客觀上、外觀上依社會觀念認為是公務員執行職務、行使公權力之行為即可。

48 **(A)**。依司法院大法官釋字第400號解釋，憲法第十五條關於人民財產權應予保障之規定，旨在確保個人依財產之存續狀態行使其自由使用、收益及處分之權能，並免於遭受公權力或第三人之侵害，俾能實現個人自由、發展人格及維護尊嚴。如因公用或其他公益目的之必要，國家機關雖得依法徵收人民之財產，但應給予相當之補償，方符憲法保障財產權之意旨。故可知，徵收之標的並未限於土地。

49 **(B)**。依國家賠償法施行細則第15條第2項規定，未被請求之賠償義務機關未參加協議者，被請求之賠償義務機關，應將協議結果通知之，以為處理之依據。

50 **(B)**。依臺灣高等法院107年重上國字第11號民事判決，國家賠償法所謂公共設施，需基於公眾共同之利益與需要，而提供與公眾使用之各類有體物或附屬該物之設備，事實上由國家或地方自治團體處於管理狀態，始足當之。出租給私人企業經營之公有設施，其管理狀態已然非屬由國家或地方自治團體進行，故不屬於國家賠償法第3條第1項、第9條所謂公共設施。

NOTE

112年 地特三等

甲、申論題

一、某甲原係財政部國有財產署（下稱國產署）北區分署所屬秘書室書記，其於民國106年12月6日奉命赴臺北市大安區國有房屋現場履勘時，因後退轉身時踩空臺階摔跤，致受有右側足部挫傷、右側第五蹠骨非移位閉鎖性骨折等傷害。某甲於107年10月間，依107年6月27日修正發布之公務人員執行職務意外傷亡慰問金發給辦法（下稱慰問金發給辦法）第4條第1項第1款第6目規定，申請發給受傷慰問金新臺幣1萬元。國產署北區分署認慰問金發給辦法第3條第1項規定所稱意外，如係因當事人疏忽所致事故，且該事故非屬突發性外來危險引起者，即非屬意外事故，否准其申請。某甲不服該否准，經向公務人員保障暨培訓委員會提起復審遭駁回，擬續行司法救濟。試問：依據我國法制及實務，公務人員慰問金之發給的性質為何？某甲欲主張慰問金發給辦法違反法律保留原則是否有理由？

【參考法條】

107年6月27日修正發布之公務人員執行職務意外傷亡慰問金發給辦法

第1條：「本辦法依公務人員保障法（以下簡稱本法）第二十一條第三項規定訂定之。」

第3條第1項：「本辦法所稱意外，指非由疾病引起之突發性的外來危險事故。」

第4條第1項第1款第6目：「慰問金發給標準如下：一、受傷慰問金：(六)連續住院未滿十四日或未住院而須治療七次以上者，發給新臺幣一萬元。」公務人員保障法。第19條：「公務人員執行職務之安全應予保障。各機關對於公務人員之執行職務，應提供安全及衛生之防護措施；其有關辦法，由考試院會同行政院定之。」

第21條第2、3項：「公務人員執行職務時，發生意外致受傷、失能或死亡者，應發給慰問金。但該公務人員有故意或重大過失情事者，得不發或減發慰問金。前項慰問金發給辦法，由考試院會同行政院定之。」

解 (一)公務人員慰問金之發給，為職災補償的性質：

1.根據憲法第18條規定，人民享有服公職的權利，這條款旨在保障人民依法從事公務，並由此衍生享有的身分保障、俸給、退休金等權利。公務人員與國家之間的職務關係屬於公法範疇，國家對公務人員有提供俸給及退休金的義務，以保障其生活。同時，公務人員對國家負有執行職務及忠誠的責任；國家對於公務人員的照顧義務，不應僅限於俸給及退休金，還應擴展至因公務而造成的傷病照顧，這樣才能確保公務人員無後顧之憂地履行職責。這樣的照顧屬於公務人員職業安全保障的一部分，也是憲法第18條保護公職權利的內涵。

2.而依憲法法庭112年憲判字第15號判決見解，無論政府採取何種方式支付，均是為了照護因執行職務而意外失能或死亡的公務人員，這種照護本質上屬於職災補償的範疇。

3.綜上所述，慰問金的發給是因公務人員受傷、失能或死亡而對其或其遺屬的一種法定給予。雖然以「慰問金」為名，但其實質具有職災補償的性質，體現了國家照護公務人員的責任。

(二)甲欲主張慰問金發給辦法違反法律保留原則，為有理由：

1.有關「公務人員執行職務意外傷亡慰問金發給辦法」之法源依據為公務人員保障法第21條第3項規定，該條第2、3項載明：「公務人員執行職務時，發生意外致受傷、失能或死亡者，應發給慰問金。但該公務人員有故意或重大過失情事者，得不發或減發慰問金。前項慰問金發給辦法，由考試院會同行政院定之。」

2.前揭規定係國家對公務人員執行職務發生意外所為保障，乃憲法保障人民服公職權之具體化，有關「公務人員執行職務時，發生意外……」，基於國家對人民服公職權之保障意旨，其所稱之「意外」，本不限於單純因外來危險源所致之事故，尚應包含因公務人員本身之疏忽所致者。

3.是故，公務人員執行職務意外傷亡慰問金發給辦法第3條第1項：「本辦法所稱意外，指非由疾病引起之突發性的外來危險事故。」其中於「外來危險事故」等要件，係增加授權法源所無之限制，牴觸憲法第18條人民服公職權之保障意旨。

二、交通部觀光署（前為「交通部觀光局」）為協助各直轄市及縣（市）政府執行違法旅宿管理工作（包含稽查、取締、輔導等），保障合法業者及維護旅客權益，特訂定「交通部觀光局協助地方政府執行違法旅宿管理工作補助要點」，規範內容包含補助對象、得申請補助之辦理事項、申請作業、審查程序、補助數額上限及比例、核銷、執行績效考評等事項。請說明本要點之法律性質、意涵及效力。

解 (一)有關「交通部觀光局協助地方政府執行違法旅宿管理工作補助要點」（下稱要點）之法律性質為行政規則：

1.行政程序法第159條第1項規定，本法所稱行政規則，係指上級機關對下級機關，或長官對屬官，依其權限或職權為規範機關內部秩序及運作，所為非直接對外發生法規範效力之一般、抽象之規定。

2.而題揭之要點，係交通部觀光署為協助各地方政府，執行旅宿業管理之工作，規範內容包含補助對象、得申請補助之辦理事項、申請作業、審查程序、補助數額上限及比例、核銷、執行績效考評等事項。

3.是以皆非直接對外發生法規範效力之規定，自屬機關依權限或職權為規範內部秩序及運作之行政規則。

(二)前揭要點意涵復依行政程序法第159條第2項規定說明，為作業性行政規則：

1.行政程序法第159條第2項規定，行政規則包括下列各款之規定：

(1)關於機關內部之組織、事務之分配、業務處理方式、人事管理等一般性規定。

(2)為協助下級機關或屬官統一解釋法令、認定事實、及行使裁量權，而訂頒之解釋性規定及裁量基準。

2.前揭要點訂定目的在於交通部觀光署為協助各地方政府，執行旅宿業管理之工作，規範內容包含補助對象、得申請補助之辦理事項、申請作業、審查程序、補助數額上限及比例、核銷、執行績效考評等事項，以保障合法業者及維護旅客權益。

3.則地方政府需依據本要點的規定，提出補助申請及相關執行計畫，並由觀光署進行審查及補助核銷；該要點對地方政府具有指導性及參考性，但對外則無強制的法律效力。地方政府如未遵循本要點的程序辦理執行業務，可能影響人民補助的申請及審核結果，但並不會直接構成違法之情事。

(三)綜上所述，交通部觀光局協助地方政府執行違法旅宿管理工作補助要點，為直接對內發生法律效果之行政規則，但亦有可能間接對外部人民產生效力。

乙、測驗題

( ) **1** 下列何者非屬行政法之法源？ (A)自治規則 (B)最高行政法院大法庭裁定 (C)所得稅法施行細則 (D)平等原則。

( ) **2** 有關比例原則之敘述，下列何者錯誤？ (A)比例原則在於要求方法與目的之均衡，不得為達目的而不擇手段 (B)比例原則亦適用於是否違反平等原則之審查 (C)比例原則源於誠信原則，同屬帝王條款 (D)比例原則不僅拘束行政，亦拘束立法及司法。

( ) **3** 依司法院解釋意旨，下列何者非屬公法事件？ (A)勞動部勞工保險局墊償雇主積欠工資後之代位求償 (B)私立大學勒令學生退學 (C)對於私立大學教師升等不通過決定 (D)人民依國有財產法規定，申請讓售國有非公用財產類之不動產經否准所生爭議。

( ) **4** 關於中央選舉委員會之敘述，下列何者錯誤？ (A)為合議制機關 (B)超越黨派，獨立行使職權 (C)行政院院長提名委員後，即無人事監督權 (D)立法院對於委員之人選決定，享有制衡權力。

( ) **5** 下列何者為行政法人法所稱之行政法人？ (A)國家表演藝術中心 (B)高雄市政府 (C)臺北市建築師公會 (D)財團法人海峽交流基金會。

( ) **6** 行政機關之管轄權不得依下列何者定之？ (A)作業要點 (B)法律 (C)自治條例 (D)法規命令。

( ) **7** 懲戒法院審理同一行為應受刑罰及懲戒處分之案件時，下列敘述何者正確？ (A)已受刑罰處罰者，應為免議之判決 (B)已受罰款處罰者，不得再為懲戒處分 (C)在刑事審判中者，原則上不停止懲戒審理程序 (D)已受自由刑判決確定者，不得再為懲戒處分。

( ) **8** 關於公務員之定義與範圍，下列敘述何者錯誤？ (A)公務人員任用法所定之公務人員，包括定有官、職等之文職事務官，以及定有官等、官階之（武職）軍、士官 (B)機要人員屬於公務人員任用法所定義之公務人員，惟其機關長官得隨時將其免職，機關長官離職時亦應隨同離職 (C)公務員服務法所定之公務員，包括領有俸給之文武職公務員及公營事業純勞工以外之人員 (D)刑法所定之公務員，包括依法令行使職權或從事於公務者，及受託行使公權力之私人。

( ) **9** 關於公務員權利義務，下列敘述何者錯誤？ (A)公務員於任職期間，不得經營商業，但得兼任私人企業之監察人 (B)公務員即使依法令兼職，亦不得兼薪 (C)公務員於離職後3年內，不得擔任與其離職前5年內之職務直接相關之營利事業顧問 (D)公務員得經服務機關之同意，兼任非營利事業之職務。

( ) **10** 交通部發布發展觀光條例裁罰標準，屬於下列何種行政行為？ (A)行政處分 (B)行政規則 (C)法規命令 (D)行政指導。

( ) **11** 下列何者得以法規命令規範之？ (A)對於因全民健康保險所生之權利義務 (B)課予納稅之義務 (C)時效制度 (D)特別公課徵收之要件及程序。

( ) **12** 人民甲欲申請建築許可，經乙機關審查通過並發給執照。在該建築許可的法定救濟期間經過後，乙機關才發現該建築許可之作成具有瑕疵，欲加以撤銷。下列敘述何者正確？ (A)基於依法行政原則，該違法之建築許可不得作為甲的信賴基礎 (B)即使當初是因為甲提供錯誤之資料，致使乙作成該建築許可時，甲仍然可主張信賴保護 (C)縱使甲之信賴值得保護，但經權衡信賴利益與公益之後，乙仍然可以撤銷該建築許可，只是應給予補償 (D)若該建築許可經乙撤銷後，原則上自撤銷之日起失其效力。

( ) **13** 下列何者非屬行政處分？ (A)經濟部標準檢驗局於申請後，認定受檢驗商品為合格 (B)人民未經申請集會而集會，警察舉牌命令立即解散集會遊行 (C)衛生主管機關在官方網站上公告傳染病大流行，促請民眾於公眾聚集場所配戴口罩 (D)主管機關對於未履行拆除義務之違建行為人發出通知，告戒7日後將逕行拆除。

( ) **14** 甲因欠稅超過新臺幣1,000萬元，財政部因而依稅捐稽徵法第24條第3項規定函請內政部移民署限制甲出境，嗣經該署向甲核發限制出境之處分。下列敘述何者正確？ (A)該限制出境處分係屬根據機關間權限委託所作成之行政處分 (B)該限制出境處分係屬多階段之行政處分 (C)該限制出境處分係屬根據機關間權限委任所作成之行政處分 (D)該限制出境處分係屬對人之一般處分。

( ) **15** 依行政程序法規定，關於雙務契約之締結，下列敘述何者錯誤？(A)行政機關與人民得締結雙務契約，互負給付義務 (B)雙務契約之締結，以行政機關有裁量權為限 (C)契約應載明人民給付之特定用途 (D)人民與機關之給付義務應相當，且有正當合理之關聯。

( ) **16** 依行政程序法規定，行政機關擬訂法規命令時，應於政府公報或新聞紙公告。該公告之法律性質為何？ (A)行政處分 (B)行政契約 (C)行政事實行為 (D)行政命令。

( ) **17** 下列何者屬裁罰性之不利處分？ (A)證券商自受領證券業務特許證照，逾3個月未開始營業，遭主管機關撤銷其特許 (B)外國船舶因違反海洋污染防治法所生之損害賠償責任，在未履行前，遭港口管理機關限制船舶及相關船員離境 (C)全民健康保險醫事服務機構因違反相關法令，遭衛生福利部中央健康保險署停止特約 (D)招標機關將廠商借用他人名義或證件之行為刊登於政府採購公報。

( ) **18** 關於即時強制之損失補償，下列敘述何者正確？ (A)損失補償，應以回復原狀為原則，例外以金錢為之 (B)損失補償不以補償實際所受之特別損失為限 (C)因可歸責於該人民之事由，執行機關依法實施即時強制，致其生命、身體或財產遭受特別損失時，得請求補償 (D)損失補償，應於知有損失後，2年內向執行機關請求之。但自損失發生後，經過5年者，不得為之。

(　　) **19** 關於行政程序法聽證，下列敘述何者正確？ (A)須有法律規定作為舉行聽證之依據 (B)得為預備聽證，必要時亦得再為聽證 (C)經聽證程序作成之行政處分，無後續救濟管道 (D)聽證以不公開為原則。

(　　) **20** 依實務見解，人民甲依訴願法第2條規定提起訴願，受理訴願機關尚未作成決定前，應作為之乙機關已作成行政處分，而甲仍對於乙機關所作成之處分向訴願機關表示不服，此時受理訴願機關應如何處理？ (A)訴願機關應續行訴願程序，對嗣後所為之行政處分進行審查 (B)不論該處分有利或不利於訴願人，皆應依訴願法第82條第2項規定駁回訴願 (C)因乙機關已作成行政處分，甲之訴願無理由，應駁回其訴願 (D)因乙機關已作成行政處分，甲已無權利保護必要，應駁回其訴願。

(　　) **21** 甲縣政府委由其所屬乙鄉公所辦理委辦事件所為之行政處分，處分相對人丙若要提起訴願，依法何機關為訴願管轄機關？ (A)甲縣政府 (B)乙鄉公所 (C)甲縣政府或乙鄉公所由丙擇一即可 (D)甲縣政府之直接上級機關。

(　　) **22** 下列何者非屬一般給付訴訟所得請求之內容？ (A)稅捐稽徵機關辦理退稅，誤將退稅款匯入他人帳戶，向該他人請求返還 (B)行政契約之相對人因故不履行契約，行政機關請求其履行 (C)人民請求主管機關勿作成裁處沒入之處分 (D)人民請求主管機關作成營業補貼處分。

(　　) **23** 有關行政訴訟審判權之敘述，下列何者正確？ (A)依道路交通管理處罰條例裁處罰鍰事件，歸屬地方法院刑事庭管轄 (B)地方議會侵害議員之質詢權，由行政法院審理 (C)受懲戒之律師對於律師懲戒委員會之決議不服者，由行政法院審理 (D)違法羈押事件，由行政法院審理。

(　　) **24** 關於人民請求國家賠償，下列敘述何者錯誤？ (A)國家賠償請求權，自請求權人知有損害時起，因2年間不行使而消滅 (B)國家賠償法所稱知有損害，須知有損害事實及國家賠償責任之原因事

實 (C)普通法院關於行政處分違法之認定，有拘束行政法院之效力 (D)公務員有故意或重大過失時，賠償機關對之有求償權。

( ) **25** 下列何者不可能成立損失補償責任？ (A)捷運施工，動用重機具開挖地下通道，造成附近民房發生龜裂傾斜 (B)陸軍砲兵實施實彈射擊演練，砲彈意外偏離靶區造成私有農地上之高價值水果作物遭到毀損 (C)為防治傳染病，管理人配合主管機關就已經證實媒介傳染病之動物予以撲殺、銷毀 (D)國家公園管理處已為僅供公務用之禁止通行標示與危險警告，民眾仍執意抄捷徑而行走無護欄之公務棧道，發生墜谷意外。

解答與解析

（答案標示為#者，表官方曾公告更正該題答案。）

1 (#)。 本題經考選部公告，答案更正為一律給分。

(1) 產生法律之源頭即為法源，行政法之法源依是否由立法機關制訂通過，可分為：

A. 成文法源：a.憲法。b.法律。c.國際法。d.命令。e.自治規章。

B. 不成文法法源：a.習慣。b.法理。c.判例。d.學說。e.解釋。f.外國法。g.國際法。h.一般法律原則等。

(2) 而最高行政法院大法庭裁定，依法院組織法第51條之10、行政法院組織法第15條之10均規定，大法庭之裁定對提案庭提交之案件有拘束力，但不及於其他訴訟案件；亦即大法庭裁定後，提案庭就該提交案件，應依據大法庭裁定所表示的法律見解，作成本案終局裁判。核與判例選編、決議是最高法院在具體個案之外，以司法行政作用表示法律見解，且具有法規範般之通案之拘束力，有本質的不同。

2 (C)。比例原則是衡量手段是否過度的判斷標準，認為手段與目的之間必須適當，司法院大法官解釋多次引憲法第23條為比例原則之依據。而此與誠信原則概念之個人在行使權利或履行義務時，要公平衡量當事人雙方的利益與期望，且權利人及義務人同樣受誠實信用原則的規範，用以實現公平正義與維護法律秩序的原則有別。

3 (A)。司法院大法官釋字第595號解釋文略以：
……勞保局依法墊償勞工工資後，得以自己名義，代位行使最優先受清償權（以下簡稱工資債權）」，據此以觀，勞工保險局以墊償基金所墊償者，原係雇主對於勞工私法上之工資給付債務；其以墊償基金墊償後取得之代位求償權（即民法所稱之承受債權，下同），乃基於法律規定之債權移轉，其私法債權之性質，並不因由國家機關行使而改變。勞工保險局與雇主間因歸墊債權所生之私法爭執，自應由普通法院行使審判權。

4 (C)。中央選舉委員會依行政院組織法第2條，為行政院設下列相當中央二級獨立機關；再依中央行政機關組織基準法第21條第1項但書，相當二級機關之獨立機關，其合議制成員中屬專任者，應先經立法院同意後任命之。

另依中央選舉委員會組織法第3條第6項，本會主任委員、副主任委員及委員有下列情形之一者，得由行政院院長予以免職：一、因罹病致無法執行職務。二、違法、廢弛職務或其他失職行為。三、因案受羈押或經起訴。行政院院長仍有人事監督權。

5 (A)。行政法人法第2條，行政法人指國家及地方自治團體以外，由中央目的事業主管機關，為執行特定公共任務，依法律設立具人事及財務自主性之公法人。

國家表演藝術中心設置條例第2條第1項規定，本中心為行政法人；其監督機關為文化部。

6 (A)。行政程序法第11條第1項，行政機關之管轄權，依其組織法規或其他行政法規定之。

中央法規標準法第2、3條，法律得定名為法、律、條例或通則。各機關發布之命令，得依其性質，稱規程、規則、細則、辦法、綱要、標準或準則。作業要點不屬之。

7 (C)。公務員懲戒法：

(A)第56條，懲戒案件有下列情形之一者，應為免議之判決：一、同一行為，已受懲戒法院之判決確定。二、受褫奪公權之宣告確定，認已無受懲戒處分之必要。三、已逾第二十條規定之懲戒處分行使期間。

(B)(D)第22條第2項，同一行為已受刑罰或行政罰之處罰者，仍得予以懲戒。其同一行為不受刑罰或行政罰之處罰者，亦同。

(C)第39條，同一行為，在刑事偵查或審判中者，不停止審理程序。但懲戒處分牽涉犯罪是否成立者，懲戒法庭認有必要時，得裁定於第一審刑事判決前，停止審理程序。

8 (A)。公務人員任用法第9條，公務人員之任用，應具有左列資格之一：一、依法考試及格。二、依法銓敘合格。三、依法升等合格。特殊性質職務人員之任用，除應具有前項資格外，如法律另有其他特別遴用規定者，並應從其規定。

另陸海空軍軍官士官任官條例第1條，陸海空軍軍官、士官之任官，依本條例之規定。

9 (A)。公務員服務法第14條第1項及第2項前段，公務員不得經營商業。前項經營商業，包括依公司法擔任公司發起人或公司負責人、依商業登記法擔任商業負責人，或依其他法令擔任以營利為目的之事業負責人、董事、監察人或相類似職務。

10 (C)。行政程序法第150條第1項，本法所稱法規命令，係指行政機關基於法律授權，對多數不特定人民就一般事項所作抽象之對外發生法律效果之規定。

另中央法規標準法第3條，各機關發布之命令，得依其性質，稱規程、規則、細則、辦法、綱要、標準或準則。

11 **(A)**。司法院大法官釋字第524號解釋理由書略以：

……全民健康保險為強制性之社會保險，攸關全體國民之福祉至鉅，故對於因保險所生之權利義務應有明確之規範，並有法律保留原則之適用，與商業保險之內容主要由當事人以契約訂定者有別。若法律就保險關係之內容授權以命令為補充規定者，其授權應具體明確，且須為被保險人所能預見。

12 **(C)**。行政程序法第120條第1項，授予利益之違法行政處分經撤銷後，如受益人無前條所列信賴不值得保護之情形，其因信賴該處分致遭受財產上之損失者，為撤銷之機關應給予合理之補償。

13 **(C)**。行政程序法第165條，本法所稱行政指導，謂行政機關在其職權或所掌事務範圍內，為實現一定之行政目的，以輔導、協助、勸告、建議或其他不具法律上強制力之方法，促請特定人為一定作為或不作為之行為；今衛生主管機關對前往官方網站瀏覽之不特定民眾，所為因傳染病大流行、促請於公眾聚集場所配戴口罩之公開警示，係行政機關以公告方式或其他方式發布，對一般民眾提供資訊行為，不具有法律效果。

14 **(B)**。依最高行政法院91年判字第2319號判例要旨，行政處分之作成，須二個以上機關本於各自職權先後參與者，為多階段行政處分。此際具有行政處分性質者，原則上為最後階段之行政行為，即直接對外發生法律效果部分。人民對多階段行政處分如有不服，固不妨對最後作成行政處分之機關提起訴訟，惟行政法院審查之範圍，則包含各個階段行政行為是否適法。

本題最後作成就公法上具體事件所為之決定、或其他公權力措施，而對外直接發生法律效果之單方行政行為，方屬行政處分者，為內政部移民署限制出境之處分，財政部之通知不屬之。

15 **(B)**。行政程序法第137條第2項，行政處分之作成，行政機關無裁量權時，代替該行政處分之行政契約所約定之人民給付，以依第九十三條第一項規定得為附款者為限。雙務契約之締結，不以行政機關有裁量權為限。

16 **(C)**。行政院89年2月17日法規委員會第232次會議決議，法規命令發布之形式，如未踐行發布程序（即所謂「應刊登政府公報或新聞紙」），屬於未生效力狀態。故該公告屬於程序要件，並非對人民產生特定法律效果，而為行政事實行為。

17 (D)。

(1) 政府採購法第101條第1項第2款，機關辦理採購，發現廠商有下列情形之一，應將其事實、理由及依第一百零三條第一項所定期間通知廠商，並附記如未提出異議者，將刊登政府採購公報：二、借用或冒用他人名義或證件投標者。

(2) 又最高行政法院101年度6月份第1次庭長法官聯席會議決議：

機關因廠商有政府採購法第101條第1項各款情形，依同法第102條第3項規定刊登政府採購公報，即生同法第103條第1項所示於一定期間內不得參加投標或作為決標對象或分包廠商之停權效果，為不利之處分。

其中第3款、第7款至第12款事由，縱屬違反契約義務之行為，既與公法上不利處分相連結，即被賦予公法上之意涵，如同其中第1款、第2款、第4款至第6款為參與政府採購程序施用不正當手段，及其中第14款為違反禁止歧視之原則一般，均係違反行政法上義務之行為，予以不利處分，具有裁罰性，自屬行政罰，應適用行政罰法第27條第1項所定3年裁處權時效。

其餘第13款事由，乃因特定事實予以管制之考量，無違反義務之行為，其不利處分並無裁罰性，應類推適用行政罰裁處之3年時效期間。

18 (D)。行政執行法第41條：

(A)(B)第2項，前項損失補償，應以金錢為之，並以補償實際所受之特別損失為限。

(C)第1項，人民因執行機關依法實施即時強制，致其生命、身體或財產遭受特別損失時，得請求補償。但因可歸責於該人民之事由者，不在此限。

(D)第4項，損失補償，應於知有損失後，二年內向執行機關請求之。但自損失發生後，經過五年者，不得為之。

19 (B)。行政程序法：

(A)第107條，行政機關遇有下列各款情形之一者，舉行聽證：一、法規明文規定應舉行聽證者。二、行政機關認為有舉行聽證之必要者。

(B)第58條第1項，行政機關為使聽證順利進行，認為必要時，得於聽證期日前，舉行預備聽證。

(C)第109條，不服依前條（第108條經聽證之行政處分規定）作成之行政處分者，其行政救濟程序，免除訴願及其先行程序。

(D)第59條第1項，聽證，除法律另有規定外，應公開以言詞為之。

20 (A)。最高行政法院101年度2月份庭長法官聯席會決議：

如訴願係請求作成處分，則應作為之機關已為行政處分，應作為而不作為之情形已不存在，訴願無實益，受理訴願機關依訴願法第82條第2項規定駁回並無不法。

如訴願係請求為特定內容之行政處

分，惟應作為機關所為處分不利於訴願人，應認訴願人已對該不利處分有不服之表示，受理訴願機關應續行訴願程序，就該不利之處分為實體審酌，如受理訴願機關依訴願法第82條第2項規定駁回，並非適法。

結論為應依訴願聲明為不同處理。

21 **(A)**。訴願法第9條，直轄市政府、縣（市）政府或其所屬機關及鄉（鎮、市）公所依法辦理上級政府或其所屬機關委辦事件所為之行政處分，為受委辦機關之行政處分，其訴願之管轄，比照第四條之規定，向受委辦機關之直接上級機關提起訴願。

又同法第4條第1款，訴願之管轄如左：一、不服鄉（鎮、市）公所之行政處分者，向縣（市）政府提起訴願。

22 **(D)**。一般給付訴訟之定義，規範於行政訴訟法第8條第1項，人民與中央或地方機關間，因公法上原因發生財產上之給付或請求作成行政處分以外之其他非財產上之給付，得提起給付訴訟。因公法上契約發生之給付，亦同。

故請求作成行政處分者便非屬一般給付訴訟之範疇。

23 **(B)**。(A)行政訴訟法第237-2條，交通裁決事件，得由原告住所地、居所地、所在地或違規行為地之地方行政法院管轄。

(B)按地方議會由議員組成，由議員合議行使上開地方議會之職權；個別議員於議會定期會開會時，對地方首長及相對主管有施政總質詢及業務質詢之職權（地方制度法第48條規定參照）。議會之議會程序及議會紀律事項，如侵害議員基於地方制度法之質詢權，因此項爭議涉及法律規定賦與議員之職權行使及權利，行政法院自應進行審查。

(C)司法院大法官釋字第378號解釋理由書摘錄，受懲戒之律師對於律師懲戒委員會之決議不服者，得請求覆審，律師懲戒覆審委員會所為之決議，即屬法院之終審裁判，並非行政處分或訴願決定，自不得再行提起行政爭訟。

(D)違法羈押事件所涉為刑事訴訟法，故應屬普通法院審理。

24 **(C)**。行政訴訟法第12條，民事或刑事訴訟之裁判，以行政處分是否無效或違法為據者，應依行政爭訟程序確定之。前項行政爭訟程序已經開始者，於其程序確定前，民事或刑事法院應停止其審判程序。

25 **(D)**。

(1) 損失補償係國家基於公共利益的必要性，依法行使公權力，以致特定人權益受到某種程度的特別犧牲，為了彌補該特定人所受到損失，因此加以補償的措施。目的乃針對適法行政作用為之，也就是基於正當原因或公共利益。

(2) 另因國家賠償法第3條第1項規定，公共設施因設置或管理有欠缺，致人民生命、身體、人身自由或財產受損害者，國家應負損害賠償責任。故涉及公共設施之管理賠償屬無過失責任。

(3) 惟依同條第3項，前二項情形，於開放之山域、水域等自然公物，經管理機關、受委託管理之民間團體或個人已就使用該公物為適當之警告或標示，而人民仍從事冒險或具危險性活動，國家不負損害賠償責任。

NOTE

112年 地特四等

( ) **1** 下列何者非屬行政法之法源？ (A)憲法法庭之判決 (B)行政法院座談會之決議 (C)條約 (D)自治規章。

( ) **2** 關於私經濟行政，下列敘述何者錯誤？ (A)經濟部水利署委請民間業者裝設水位測量感應器，屬於私經濟行政 (B)臺北市市場處出租公有攤位予攤商，屬於私經濟行政 (C)財政部公開標售國有土地之地上權，收取權利金，屬於私經濟行政 (D)環境部對業者課徵回收清除處理費，屬於私經濟行政。

( ) **3** 有關依法行政原則，下列敘述何者錯誤？ (A)法律優位原則又稱消極依法行政原則 (B)法律保留原則又稱積極依法行政原則 (C)人民違反行政法上義務之處罰構成要件，得以施行細則定之 (D)干預行政行為，須有法律規定或授權方得為之。

( ) **4** 關於行政裁量，下列敘述何者錯誤？ (A)行政機關對法律效果之選擇屬於行政裁量 (B)法院原則上尊重行政裁量之決定 (C)行政裁量區分為決定裁量與選擇裁量 (D)行政裁量並無違法問題。

( ) **5** 下列何者並不具有公課的性質？ (A)租稅 (B)規費 (C)罰鍰 (D)社會保險費。

( ) **6** 下列何種情形不發生具體之行政法律關係？ (A)主管機關命營業人停止營業 (B)對公法上金錢給付義務人之管收 (C)人民向主管機關申請專利權 (D)立法院制定道路交通管理處罰條例。

( ) **7** 依行政法人法規定，有關行政法人之設置，下列敘述何者錯誤？ (A)係目的事業主管機關為執行特定公共事務所設置 (B)地方政府依法不得設置行政法人 (C)行政法人係依法律設置的公法人 (D)行政法人須具有專業需求或須強化成本效益。

( ) **8** 依地方制度法規定，地方自治團體係屬於下列何種行政主體？ (A)私法人 (B)公法人 (C)行政法人 (D)公法財團法人。

( ) **9** 關於獨立機關之敘述，下列何者正確？ (A)相當二級機關之獨立機關，其合議制成員屬專任者，由一級機關首長任命之 (B)相當二級機關之獨立機關，其合議制成員屬專任者，應依政黨比例代表任命之 (C)相當三級獨立機關之合議制成員，由一級機關首長任命之 (D)相當三級獨立機關之合議制成員，應由總統提名，經立法院同意後任命之。

( ) **10** 關於行政處分效力之敘述，下列何者錯誤？ (A)違法行政處分於法定救濟期間經過後，僅原處分機關之上級機關得撤銷該行政處分 (B)書面之行政處分自送達相對人及已知之利害關係人起發生效力 (C)一般處分除另訂不同日期者外，自公告日或刊登政府公報、新聞紙最後登載日起發生效力 (D)行政處分應以證書方式作成而未給予證書者，無效。

( ) **11** 關於機關權限及管轄規定，下列敘述何者正確？ (A)上級機關依法規將特定事項委由所屬下級機關執行，稱為權限委託 (B)權限委任會造成機關管轄權移轉之效果 (C)行政機關依法規將其權限之一部分，委託不相隸屬之行政機關執行之，稱為權限委任 (D)不服受委任機關辦理委任事件所為之行政處分，應向委任機關或其直接上級機關提起訴願。

( ) **12** 同一事件，當數行政機關均有管轄權，亦即發生管轄競合時，下列敘述何者正確？ (A)應優先由各機關協議定之 (B)不能分別受理之先後，由各該機關協議定之 (C)不能協議或有統一管轄之必要時，由行政院決定之 (D)無共同上級機關時，由行政院決定之。

( ) **13** 下列何者並非公務人員保障法之保障對象？ (A)公營事業依法任用之人員 (B)行政院政務委員 (C)公務人員三級考試一般行政錄取，參加基礎訓練之學員 (D)私立科技大學改制為國立時，未具任用資格之留用人員。

( ) **14** 依公務員服務法規定，公務員對於長官監督範圍內所發之命令有服從義務。下列敘述何者錯誤？ (A)公務員認為該命令違法時，應負報告義務 (B)公務員進行報告後，長官仍認為該命令未違法，並以書面署名下達時，公務員仍應服從之 (C)長官以書面署名下達後，即使該命令違反刑事法律規定，公務員亦應服從之　(D)公務員請求長官以書面署名下達遭拒後，即視為命令已撤回。

(　　) **15** 下列何者屬於公務人員懲處之種類？　(A)休職　(B)免職　(C)撤職　(D)降級。

(　　) **16** 不服下列何種行為應適用公務人員申訴之程序？　(A)機關評定試用人員成績不合格　(B)長官對下屬之曠職核定　(C)機關對下屬不予敘獎　(D)長官核定出差。

(　　) **17** 關於公物，下列敘述何者正確？　(A)公共用公物係指直接供一般民眾通常利用之物　(B)國家使用地方自治團體之土地，須為徵收補償　(C)針對公有土地，可依民法時效取得制度，取得所有權　(D)私人所有之土地，不得成為公物。

(　　) **18** 下列何者非屬行政機關？　(A)國家發展委員會　(B)行政院訴願審議委員會　(C)公平交易委員會　(D)考試院。

(　　) **19** 關於法規命令之訂定程序，下列敘述何者正確？　(A)雖無法律授權，亦得由機關長官訂定、發布法規命令　(B)法規命令訂定專屬行政機關職權，一般人民團體不得提議　(C)雖無急迫情事但為行政效率，法規命令草案無須公告徵求意見　(D)數機關會同訂定法規命令經上級機關或共同上級機關核定後，應會銜發布。

(　　) **20** 關於行政規則，下列敘述何者錯誤？　(A)行政規則得直接對外發生效力　(B)行政機關訂定裁量基準，應由其首長簽署，並登載於政府公報發布　(C)行政規則由行政機關依職權訂定，不須經法律授權　(D)行政規則具有拘束訂定機關、其下級機關及屬官之效力。

(　　) **21** 關於行政處分，下列敘述何者錯誤？　(A)中央選舉委員會於選舉後為當選之公告，其性質係對選舉結果所為之確認，故該公告為確認處分　(B)依實務見解，對於違反道路交通管理處罰條例者開具之舉發通知，係為暫時性之行政處分　(C)基於行政處分之完整性，行政處分只要有一部分無效之情形，該行政處分當然全部無效　(D)附廢止保留之行政處分，除法律有明文規定者外，於行政機關廢止該行政處分時，人民不得請求信賴保護之損失補償。

(　　) **22** 關於行政處分無效，下列敘述何者錯誤？　(A)不能由書面處分中得知處分機關者　(B)內容對任何人均屬不能實現者　(C)所要求或許可之行為構成犯罪者　(D)有誤寫誤算之錯誤者。

(　　) **23** 下列何者非屬行政處分之附款？　(A)甲申請於某地經營觀光旅館，主管機關核發許可，並附記：夜間經營產生之噪音不得超過法定標準值　(B)乙公司申請與他公司為聯合行為，主管機關作成許可處分，並附記：限期1年　(C)丙申請於某地設置化學工廠，主管機關核發許可，並附記：工廠於0時至上午6時不得操作　(D)丁申請於某地經營餐廳，主管機關核發許可，並附記：將來有必要時，得命其加裝防止噪音之設備。

(　　) **24** 衛生福利部為因應新冠肺炎之全球大流行，發布下列公告：「於醫院服務之醫事人員及社工人員禁止前往第三級旅遊警告地區，因會議、公務或其他特殊原因欲前往者，應經所屬醫院報衛生福利部同意。」上述公告之行政行為性質為何？　(A)行政規則　(B)行政契約　(C)行政指導　(D)行政處分。

(　　) **25** 下列何者非屬行政契約？　(A)公立國民小學與廠商締結之工程採購契約　(B)全民健康保險特約醫事服務機構合約　(C)主管機關委託民間車廠辦理汽車定期檢驗契約　(D)公立學校與教師締結之聘任契約。

(　　) **26** 關於行政程序法規定之公法上請求權，下列敘述何者錯誤？　(A)公法上之請求權於請求權人為行政機關時，原則上因5年間不行使而消滅　(B)公法上請求權之時效，因行政機關為實現該權利所作成之行政處分而中斷　(C)公法上之請求權於請求權人為人民時，原則上因5年間不行使而消滅　(D)公法上請求權因時效完成而當然消滅。

(　　) **27** 關於行政指導，下列敘述何者錯誤？　(A)得對不特定人為之　(B)係為實現特定行政目的　(C)不具有法律上強制力　(D)得促請被指導之人不作為。

(　　) **28** 下列何者非屬裁罰性不利處分？　(A)甲違規停車，收到裁處新臺幣1,200元之罰鍰通知單　(B)乙欠稅達新臺幣1,500萬元，收到限制出

境之通知單 (C)丙因酒後駕車，遭當場吊扣駕駛執照1年 (D)丁雇主因終止勞動契約而未發給勞工資遣費，遭主管機關公布其姓名。

( ) **29** 主管機關依傳染病防治法規定，對於曾與傳染病病人接觸之甲，命遷入指定之處所檢查並實施管制或隔離。該行政措施之法律性質為何？ (A)行政處分 (B)對物之一般處分 (C)行政命令 (D)觀念通知。

( ) **30** 依行政罰法規定，甲違反行政法上義務而應受處罰，依當時法律得處罰鍰3,000至6,000元，行政機關於第一次裁處時，裁處4,000元。甲不服，提起訴願後，訴願決定撤銷原處分命重為適法處分後，法律修正為得處罰鍰1,000至3,000元。行政機關之第二次裁處時，應如何適用法律？ (A)以第一次裁處時之法律為基準，且不得為更不利益之罰鍰 (B)以第一次裁處時之法律為基準，於法定裁量範圍內重為裁量 (C)以第二次裁處時之法律為基準，且不得為最高額度之罰鍰 (D)以第二次裁處時之法律為基準，於法定裁量範圍內重為裁量。

( ) **31** 依行政罰法規定，衛生福利部食品藥物管理署作成之扣留決定，相對人不服時，應向何機關聲明異議？ (A)衛生福利部 (B)衛生福利部食品藥物管理署 (C)高等行政法院 (D)行政院。

( ) **32** 下列何者非屬行政執行法規定之行為或不行為義務？ (A)自行拆除違建 (B)繳納罰鍰 (C)參加道安講習 (D)公司提交帳冊接受主管機關檢查。

( ) **33** 關於即時強制，下列敘述何者錯誤？ (A)人民因執行機關依法實施即時強制，致其生命、身體或財產遭受特別損失時，得請求補償 (B)對於住宅、建築物或其他處所之進入，以人民之生命、身體、財產有迫切之危害，非進入不能救護者為限 (C)行政機關為阻止犯罪、危害之發生或避免急迫危險，而有即時處置之必要時，得為即時強制 (D)即時強制行為之對人管束，得視情況延長至48小時。

( ) **34** 依行政執行法規定，下列何者非屬終止行政執行之原因？ (A)義務已全部履行或執行完畢者 (B)執行目的有難以實現之虞者 (C)行政處分或裁定經撤銷或變更確定者 (D)義務之履行經證明為不可能者。

( ) **35** 關於聽證，下列敘述何者正確？ (A)聽證之進行以不公開為原則 (B)當事人認為主持人於聽證程序進行中所為之處置不當者，不得聲明異議 (C)行政機關為使聽證順利進行，認為必要時，得於聽證期日前，舉行預備聽證 (D)當事人一部無故缺席者，主持人不得逕行終結聽證。

( ) **36** 關於行政機關間請求協助，下列敘述何者錯誤？ (A)行政機關執行職務時，得向所屬之下級機關請求職務協助 (B)行政執行機關於必要時，得依法請求其他機關協助 (C)對於在軍隊服役之軍人為行政送達者，應囑託該管軍事機關或長官為之 (D)由被請求機關協助執行，顯較經濟者，得請求職務協助。

( ) **37** 關於政府資訊公開，下列敘述何者錯誤？ (A)政府機關作成意思決定前，內部單位之擬稿，均不得公開 (B)依法核定為國家機密應秘密事項，應限制公開 (C)政府資訊例外不公開之規定，在要件解釋上應該從嚴 (D)政府資訊含有應限制公開之事項者，應將限制公開之部分移除後，僅就其他部分公開之。

( ) **38** 下列何者非屬行政程序法所規定之陳情事由？ (A)行政法令之查詢 (B)行政違失之舉發 (C)行政上權益之維護 (D)向監察院請求提出彈劾案。

( ) **39** 關於訴願制度，下列敘述何者錯誤？ (A)訴願決定亦屬行政處分 (B)訴願決定對於受委託行使公權力之團體有拘束力 (C)訴願決定因提起行政訴訟之期間經過而未起訴者，該訴願決定具有形式存續力 (D)訴願決定撤銷原行政處分，並命原處分機關作成適法之處分，原處分機關仍有自行認事用法之權限，不受訴願決定意旨之拘束。

( ) **40** 有隸屬關係之下級機關依法辦理上級機關所委由處理事件所為之行政處分，其訴願管轄機關為何？ (A)受委託機關 (B)委託機關之直接上級機關 (C)委任機關指定之機關 (D)受委任機關之直接上級機關。

( ) **41** 下列何者不得為訴願人？ (A)祭祀公業 (B)國家運動訓練中心 (C)經濟部經濟法制司 (D)未經認許之外國公司。

( ) **42** 依行政訴訟法規定，關於撤銷訴訟，下列敘述何者正確？ (A)針對已消滅之行政處分，應提起撤銷訴訟 (B)人民之申請案遭受拒絕時，應提起撤銷訴訟 (C)針對僅屬不當之行政處分，亦可提起撤銷訴訟以資救濟 (D)撤銷訴訟進行中，原處分已執行且無回復原狀之可能時，原告如有即受確認判決之利益，法院得依其聲請，確認該行政處分違法。

( ) **43** 下列何者非屬行政法院為情況判決時得處理之方式？ (A)於判決主文中諭知原處分或決定違法 (B)依原告聲明命被告機關賠償因違法處分所受之損害 (C)駁回原告之訴 (D)撤銷原處分，由原處分機關另為適法之處分。

( ) **44** 下列何者得直接作為國家賠償之賠償義務機關？ (A)私立大學附設醫院 (B)中華郵政股份有限公司 (C)高雄捷運股份有限公司 (D)國家電影及視聽文化中心。

( ) **45** 關於行政訴訟，下列敘述何者正確？ (A)提起行政訴訟，得於同一程序中，合併請求損害賠償或其他財產上給付 (B)對於行政處分不服時，應直接向行政法院提起訴訟 (C)行政訴訟採三級三審制 (D)行政訴訟不徵收裁判費。

( ) **46** 行政機關徵收甲之土地，卻未於法定期間內發給補償金，致使徵收處分失其效力。若甲主張依該徵收處分所成立之法律關係因失效而不存在，則其應提起何種訴訟類型？ (A)撤銷訴訟 (B)課予義務訴訟 (C)一般給付訴訟 (D)確認訴訟。

( ) **47** 警察執勤中見爛醉之甲騎機車，未施以對人之即時強制管束任其離去，致甲隨後肇事身亡，下列敘述何者正確？ (A)警察機關於此情形屬於怠於執行職務，構成國家賠償責任 (B)甲之死亡屬於國家賠償法中之自願從事冒險或危險性活動，不構成國家賠償責任 (C)警察機關並未對甲有違法不當之攔檢，自不負國家賠償責任 (D)即時強制係為公共利益而設，無國家賠償法適用之餘地。

( ) **48** 關於國家賠償法上公共設施之國家賠償責任，下列敘述何者錯誤？ (A)損害係因公共設施之利用而產生 (B)該公共設施之設置或管理有欠缺 (C)賠償範圍限於生命、身體或財產之損害 (D)設置與管理之欠缺與損害間有相當因果關係。

( ) **49** 有關國家賠償制度，下列敘述何者錯誤？ (A)人民因國家機關違法行使公權力受損害者，不得請求所失之利益 (B)人民依國家賠償法規定以書面向賠償義務機關請求賠償，賠償義務機關應即與其協議 (C)國家賠償請求權之消滅時效，不適用行政程序法第131條第1項之規定 (D)國家賠償之訴，除國家賠償法另有規定外，適用民事訴訟法之規定。

( ) **50** 下列何種情形，國家對於人民不負損失補償責任？ (A)臺中市為辦理都市更新須拆除或遷移土地改良物 (B)國家表演藝術中心之樓梯濕滑，致參觀民眾跌倒受傷 (C)高雄市政府基於公益之考量，廢止授益處分 (D)新北市政府為興建輕軌，在私人土地下方埋設管線。

解答與解析

(答案標示為#者，表官方曾公告更正該題答案。)

1 (B)。產生法律之源頭，即法源依據，行政法之法源依是否由立法機關制訂通過，可分為：

(1) 成文法源：A.憲法。B.法律。C.國際法。D.命令。E.自治規章。

(2) 不成文法法源：A.習慣。B.法理。C.判例。D.學說。E.解釋。F.外國法。G.國際法。H.一般法律原則等。

而111年1月4日施行之憲法訴訟新制，依憲法訴訟法第37條規定，憲法法庭之判決，有拘束各機關及人民之效力；各機關並有實現判決內容之義務。故憲法法庭之判決亦屬行政法之法源。

2 (D)。司法院大法官釋字第788號解釋理由書摘錄：

廢棄物清理法有關回收清除處理費，係基於環保公益目的，性質上可解為具有行為引導目的之其他非稅捐性質之管制性環境公課（環境引導公課）。

3 (C)。

(1) 行政罰法第4條，違反行政法上義務之處罰，以行為時之法律或自治條例有明文規定者為限。故本題選法規命令層級的施行細則選項(C)。

(2) 惟依司法院大法官釋字第619號解釋摘錄，對於人民違反行政法上義務之行為處以裁罰性之行政處分，涉及人民權利之限制，其處罰之構成要件及法律效果，應由法律定之，以命令為之者，應有法律明確授權，始符合憲法第二十三條法律保留原則之意旨。

(3)故行政罰法應不限定於法律，有明確授權之法規命令在法律所定之效果下，補充規定特定罰則之構成要件，亦不違反處罰法定主義；是以施行細則如經法律明確授權，亦符合依法行政原則。

4 **(D)**。行政程序法第10條，行政機關行使裁量權，不得逾越法定之裁量範圍，並應符合法規授權之目的。

5 **(C)**。司法院大法官釋字第426號解釋認為，國家為一定政策目標之需要，對於有特定關係之國民所課徵之公法上負擔，並限定其課徵所得之用途，在學理上稱為特別公課，乃現代工業先進國家常用之工具。罰鍰的意義則是行政機關對於違反行政法規的人民所做的處罰，而與其他三者不同。

6 **(D)**。「具體之行政法律關係」係指針對特定人、事、物之行政行為（如行政處分）；而國會立法顯然是為具有拘束力之抽象法規範，而與前述具體之法律關係有別。

7 **(B)**。行政法人法第41條，本法於行政院以外之中央政府機關，設立行政法人時，準用之。經中央目的事業主管機關核可之特定公共事務，直轄市、縣（市）得準用本法之規定制定自治條例，設立行政法人。

8 **(B)**。地方制度法第2條第1款，本法用詞之定義如下：一、地方自治團體：指依本法實施地方自治，具公法人地位之團體。省政府為行政院派出機關，省為非地方自治團體。

9 **(C)**。中央行政機關組織基準法第21條第1項，獨立機關合議制之成員，均應明定其任職期限、任命程序、停職、免職之規定及程序。但相當二級機關之獨立機關，其合議制成員中屬專任者，應先經立法院同意後任命之；其他獨立機關合議制成員由一級機關首長任命之。

10 **(A)**。行政程序法第117條前段，違法行政處分於法定救濟期間經過後，原處分機關得依職權為全部或一部之撤銷；其上級機關，亦得為之。

11 **(B)**。行政程序法：

(A)(B)第15條第1項，行政機關得依法規將其權限之一部分，委任所屬下級機關執行之。

(C)第15條第2項，行政機關因業務上之需要，得依法規將其權限之一部分，委託不相隸屬之行政機關執行之。→應為委託而非委任。

(D)訴願法第8條，有隸屬關係之下級機關依法辦理上級機關委任事件所為之行政處分，為受委任機關之行政處分，其訴願之管轄，比照第四條之規定，向受委任機關或其直接上級機關提起訴願。

12 **(B)**。行政程序法第13條第1項，同一事件，數行政機關依前二條之規定均有管轄權者，由受理在先之機關管轄，不能分別受理之先後者，由各該機關協議定之，不能協議或有統一管轄之必要時，由其共同上級機關指定管轄。無共同上級機關時，由各該上級機關協議定之。

13 (B)。公務人員保障法第102條第1項，下列人員準用本法之規定：

一、教育人員任用條例公布施行前已進用未經銓敘合格之公立學校職員。

二、私立學校改制為公立學校未具任用資格之留用人員。→(D)

三、公營事業依法任用之人員。→(A)

四、各機關依法派用、聘用、聘任、僱用或留用人員。

五、應各種公務人員考試錄取參加訓練之人員，或訓練期滿成績及格未獲分發任用之人員。→(C)

14 (C)。公務員服務法第3條：

(A)(B)(C)第1項，公務員對於長官監督範圍內所發之命令有服從義務，如認為該命令違法，應負報告之義務；該管長官如認其命令並未違法，而以書面署名下達時，公務員即應服從；其因此所生之責任，由該長官負之。但其命令有違反刑事法律者，公務員無服從之義務。

(D)第2項，前項情形，該管長官非以書面署名下達命令者，公務員得請求其以書面署名為之，該管長官拒絕時，視為撤回其命令。

15 (B)。公務人員考績法第12條第1項，各機關辦理公務人員平時考核及專案考績，分別依左列規定：

一、平時考核：獎勵分嘉獎、記功、記大功；懲處分申誡、記過、記大過。於年終考績時，併計成績增減總分。平時考核獎懲得互相抵銷，無獎懲抵銷而累積達二大過者，年終考績應列丁等。

二、專案考績，於有重大功過時行之；其獎懲依左列規定：(二)一次記二大過者，免職。

16 (D)。公務人員保障法第77條第1項，公務人員對於服務機關所為之管理措施或有關工作條件之處置認為不當，致影響其權益者，得依本法提起申訴、再申訴。

另參酌公務人員保障暨培訓委員會發布「人事行政行為一覽表」：

(A)貳、任免銓審遷調/一、試用/(二)評定試用成績不及格，定性為行政處分。

(B)伍、服務差勤/八、曠職/(二)曠職核定／登記，定性改認為行政處分。

(C)陸、考核獎懲/三、平時考核敘獎/(二)不予敘獎，定性改認為行政處分。

(D)伍、服務差勤/三、國內出差審核登記及差旅費核發/(一)核定出差，定性為管理措施。

17 (A)。(A)公共公物指的是由行政主體所直接提供，供公眾可以自由在該物一般使用的範圍內，無需特別許可就可以使用的公物，例如：道路、橋梁、廣場等。

(B)國家徵收補償、徵用對象為人民，如為使用地方自治團體之土地，係依國有不動產撥用要點辦理。

(C)最高法院72年台上字第5040號裁判要旨略謂，公有公用物或公有公共用物（前者為國家或公共團體以公有物供自己用，後者提供公眾共同使用，以下統稱為公物），具有不融通性，不適用民法上取得時效之規定。

(D)最高法院94年台上字第2327號民事判例要旨略謂，既成道路的土地雖屬私有，但既供公眾通行，已因時效完成而有公用地役關係存在而取得該道路的管理權，倘因設置或管理的欠缺而造成人民的損害，即有本法第3條的適用。

18 **(B)**。行政院訴願審議委員會，其目的在發揮行政機關自我省察之行政監督功能，故雖屬機關內部設立之合議制組織，然於法制上，其向被認為係屬學理上所稱「獨立行使職權之委員會」。

19 **(D)**。行政程序法：

(A)第150條第2項，法規命令之內容應明列其法律授權之依據，並不得逾越法律授權之範圍與立法精神。

(B)第152條第1項，法規命令之訂定，除由行政機關自行草擬者外，並得由人民或團體提議為之。

(C)第154條第1項前段，行政機關擬訂法規命令時，除情況急迫，顯然無法事先公告周知者外，應於政府公報或新聞紙公告，載明下列事項……。

(D)第157條第2項，機關會同訂定之法規命令，依法應經上級機關或共同上級機關核定者，應於核定後始得會銜發布。

20 **(A)**。行政程序法第159條第1項，本法所稱行政規則，係指上級機關對下級機關，或長官對屬官，依其權限或職權為規範機關內部秩序及運作，所為非直接對外發生法規範效力之一般、抽象之規定。

21 **(C)**。行政程序法第112條，行政處分一部分無效者，其他部分仍為有效。但除去該無效部分，行政處分不能成立者，全部無效。

22 **(D)**。行政程序法第111條，行政處分有下列各款情形之一者，無效：

一、不能由書面處分中得知處分機關者。→(A)

二、應以證書方式作成而未給予證書者。

三、內容對任何人均屬不能實現者。→(B)

四、所要求或許可之行為構成犯罪者。→(C)

五、內容違背公共秩序、善良風俗者。

六、未經授權而違背法規有關專屬管轄之規定或缺乏事務權限者。

七、其他具有重大明顯之瑕疵者。

23 **(A)**。行政程序法第93條，行政機關作成行政處分有裁量權時，得為附款。無裁量權者，以法律有明文規定或為確保行政處分法定要件之履行而以該要件為附款內容者為限，始得為之。前項所稱之附款如下：

一、期限。→(B)

二、條件。
三、負擔。
四、保留行政處分之廢止權。→(C)
五、保留負擔之事後附加或變更。→(D)

24 **(D)**。
(1) 行政程序法第92條第2項，前項決定或措施之相對人雖非特定，而依一般性特徵可得確定其範圍者，為一般處分，適用本法有關行政處分之規定。有關公物之設定、變更、廢止或其一般使用者，亦同。
(2) 該禁令規範對象為「於醫院服務之醫事人員及社工人員」，屬於依一般性特徵可得確定其範圍者；亦為針對具體事件「因應新冠肺炎之全球大流行」所為「禁止前往第三級旅遊警告地區」管理措施。故該公告之禁令本身的性質較偏向為一般處分。

25 **(A)**。法務部（90）法律字第029825號函釋：
「政府採購法」則係以政府機關、公立學校、公營事業辦理工程之定作、財物之買受、定製、承租及勞務之委任或僱傭等私經濟行政為適用範圍（該法第二條、第三條及其立法說明參），有關等採購事項，應依政府採購法及其子法之規定判斷之，似不生行政程序法之適用問題。

26 **(C)**。行政程序法第131條第1項，公法上之請求權，於請求權人為行政機關時，除法律另有規定外，因五年間不行使而消滅；於請求權人為人民時，除法律另有規定外，因十年間不行使而消滅。

27 **(A)**。行政程序法第165條，本法所稱行政指導，謂行政機關在其職權或所掌事務範圍內，為實現一定之行政目的，以輔導、協助、勸告、建議或其他不具法律上強制力之方法，促請特定人為一定作為或不作為之行為。

28 **(B)**。最高行政法院96年度判字第1746號行政判決略以：行政機關依稅捐稽徵法第24條第3項、限制出境實施辦法第2條第1項規定，所為限制當事人出境之處分，雖會對當事人發生不利之結果，惟因該處分不具裁罰性，僅屬保全之措施，非屬行政罰。

29 **(A)**。司法院大法官釋字第690號解釋意見書提及：
主管機關對於採行隔離的公權力處置，可能作成行政處分、一般處分或是頒布行政命令的方式。採行行政處分者，主要是針對具體的感染病人或是疑似感染或高危險群者。這種對於個人所施予的公權力處分，是對個人產生最大、且最具體明確之拘束；採行一般處分者，則是對不特定，但可以確定的相對人所為之規範（行政程序法第九十二條第二項）。這在隔離處置上經常可見，例如：主管機關宣布某一地區為疫區，不准人民自由出入。則在疫區內人民，固然不得離開疫區，外人亦不得進入，此即為一般處分之隔離措施。反之，對少數染病者或感染之虞者，所為之隔離於一定處所之處分，即為行政處分。而主管機關同時宣布該一定處所為隔離區，即宣示不特定其他人民皆不可進入該隔離區，即具有一般處分之性質。

30 **(D)**。行政罰法第5條，行為後法律或自治條例有變更者，適用裁處時之法律或自治條例。但裁處前之法律或自治條例有利於受處罰者，適用最有利於受處罰者之規定。

31 **(B)**。行政罰法第41條第1項，物之所有人、持有人、保管人或利害關係人對扣留不服者，得向扣留機關聲明異議。

32 **(B)**。行政執行法施行細則第2條，本法第二條所稱公法上金錢給付義務如下：一、稅款、滯納金、滯報費、利息、滯報金、怠報金及短估金。二、罰鍰及怠金。三、代履行費用。四、其他公法上應給付金錢之義務。

33 **(D)**。行政執行法第37條，對於人之管束，以合於下列情形之一者為限：一、瘋狂或酗酒泥醉，非管束不能救護其生命、身體之危險，及預防他人生命、身體之危險者。二、意圖自殺，非管束不能救護其生命者。三、暴行或鬥毆，非管束不能預防其傷害者。四、其他認為必須救護或有害公共安全之虞，非管束不能救護或不能預防危害者。前項管束，不得逾二十四小時。

34 **(B)**。

(1) 行政執行法第8條第1項，行政執行有下列情形之一者，執行機關應依職權或因義務人、利害關係人之申請終止執行：一、義務已全部履行或執行完畢者。二、行政處分或裁定經撤銷或變更確定者。三、義務之履行經證明為不可能者。

(2) 另同法第6條第1項第4款，執行機關遇有下列情形之一者，得於必要時請求其他機關協助之：四、執行目的有難於實現之虞者。

35 **(C)**。行政程序法：

(A)第59條第1項，聽證，除法律另有規定外，應公開以言詞為之。

(B)第63條第1項，當事人認為主持人於聽證程序進行中所為之處置違法或不當者，得即時聲明異議。

(C)第58條第1項，行政機關為使聽證順利進行，認為必要時，得於聽證期日前，舉行預備聽證。

(D)第62條第2項第7款，主持人於聽證時，得行使下列職權：七、當事人一部或全部無故缺席者，逕行開始、延期或終結聽證。

36 **(A)**。行政程序法第19條第2項前段，行政機關執行職務時，有下列情形之一者，得向無隸屬關係之其他機關請求協助。

37 **(A)**。政府資訊公開法第18條第1項第3款，政府資訊屬於下列各款情形之一者，應限制公開或不予提供之：三、政府機關作成意思決定前，內部單位之擬稿或其他準備作業。但對公益有必要者，得公開或提供之。

38 **(D)**。行政程序法第168條，人民對於行政興革之建議、行政法令之查詢、行政違失之舉發或行政上權益之維護，得向主管機關陳情。

39 **(D)**。訴願法第95條，訴願之決定確定後，就其事件，有拘束各關係機關之效力；就其依第十條提起訴願之事件，對於受委託行使公權力之團體或個人，亦有拘束力。

40 **(D)**。訴願法第8條，有隸屬關係之下級機關依法辦理上級機關委任事件所為之行政處分，為受委任機關之行政處分，其訴願之管轄，比照第四條之規定，向受委任機關或其直接上級機關提起訴願。

41 **(C)**。訴願法第18條，自然人、法人、非法人之團體或其他受行政處分之相對人及利害關係人得提起訴願。

另依中央行政機關組織基準法第25條第1項第1款第2目，機關之內部單位層級分為一級、二級，得定名如下：一、一級內部單位：(二)司：二級機關部之業務單位用之。

42 **(D)**。(A)針對已消滅之行政處分，應提起確認訴訟；依行政訴訟法第6條第1項，確認行政處分無效及確認公法上法律關係成立或不成立之訴訟，非原告有即受確認判決之法律上利益者，不得提起之。其確認已執行而無回復原狀可能之行政處分或已消滅之行政處分為違法之訴訟，亦同。

(B)人民之申請案遭受拒絕時，應提起課與義務訴訟；依行政訴訟法第5條第2項，人民因中央或地方機關對其依法申請之案件，予以駁回，認為其權利或法律上利益受違法損害者，經依訴願程序後，得向行政法院提起請求該機關應為行政處分或應為特定內容之行政處分之訴訟。

(C)撤銷訴訟係針對違法之行政處分；依行政訴訟法第4條第1項，人民因中央或地方機關之違法行政處分，認為損害其權利或法律上之利益，經依訴願法提起訴願而不服其決定，或提起訴願逾三個月不為決定，或延長訴願決定期間逾二個月不為決定者，得向行政法院提起撤銷訴訟。

43 **(D)**。行政訴訟法：

(A)第198條第2項，前項情形，應於判決主文中諭知原處分或決定違法。

(B)第199條第1項，行政法院為前條判決時，應依原告之聲明，將其因違法處分或決定所受之損害，於判決內命被告機關賠償。

(C)第198條第1項，行政法院受理撤銷訴訟，發現原處分或決定雖屬違法，但其撤銷或變更於公益有重大損害，經斟酌原告所受損害、賠償程度、防止方法及其他一切情事，認原處分或決定之撤銷或變更顯與公益相違背時，得駁回原告之訴。

44 **(D)**。依國家賠償法第14條，本法於其他公法人準用之。而依國家電影及視聽文化中心設置條例第2條，本中心為行政法人；其監督機關為文化部。

45 **(A)**。行政訴訟法：

(A)第7條，提起行政訴訟，得於同一程序中，合併請求損害賠償或其他財產上給付。

(B)第4條第1項，人民因中央或地方機關之違法行政處分，認為損害其權利或法律上之利益，經依訴願法提起訴願而不服其決定，或提起訴願逾三個月不為決定，或延長訴願決定期間逾二個月不為決定者，得向行政法院提起撤銷訴訟。

(C)行政訴訟原則採三級二審制。

(D)第98條第1項，訴訟費用指裁判費及其他進行訴訟之必要費用，由敗訴之當事人負擔。但為第一百九十八條之判決時，由被告負擔。

46 **(D)**。最高行政法院100年度1月份第1次庭長法官聯席會議決議：

民國89年7月1日行政訴訟法修正施行前，土地經徵收並完成所有權登記。嗣原所有權人主張該管地政機關未於法定期限內發給補償費致徵收失效，依修正後行政訴訟法第6條第1項規定，提起確認徵收法律關係不存在訴訟。

47 **(A)**。國家賠償法第2條第2項，公務員於執行職務行使公權力時，因故意或過失不法侵害人民自由或權利者，國家應負損害賠償責任。公務員怠於執行職務，致人民自由或權利遭受損害者亦同。

48 **(C)**。國家賠償法第3條第1項，公共設施因設置或管理有欠缺，致人民生命、身體、人身自由或財產受損害者，國家應負損害賠償責任。

49 **(A)**。國家賠償法第5條，國家損害賠償，除依本法規定外，適用民法規定；又民法第216條，損害賠償，除法律另有規定或契約另有訂定外，應以填補債權人所受損害及所失利益為限。依通常情形，或依已定之計劃、設備或其他特別情事，可得預期之利益，視為所失利益。

50 **(B)**。國家賠償法第3條第1項，公共設施因設置或管理有欠缺，致人民生命、身體、人身自由或財產受損害者，國家應負損害賠償責任。

113年 高考三級

甲、申論題

一、某甲因於臺北市工作，因此於文山區考試院附近，向房東某乙租賃頂樓加蓋房屋一間供居住，因屬違建不具房屋稅稅籍，111年8月1日向內政部線上申請3百億元中央擴大租金補貼專案計畫補貼，內政部審查通過並於111年9月1日起每月領有3600元租金補貼。但112年5月1日時內政部清查後發現，某甲所租的房屋未具房屋稅稅籍，因此不符合111年8月某甲申請時之「三百億元中央擴大租金補貼專案計畫補貼作業規定」的規定。就此，內政部可否撤銷該補貼，而當事人會申請補貼乃因為工作所得不佳，家庭環境不好，因此無法負擔臺北市高額房租，且已經領取之房租補貼已繳交給房東，無法返還，請問內政部有無可以解決的方式？

解 (一)內政部如認定甲具信賴保護基礎，且信賴利益大於欲維護之公益，自得不予撤銷受益人甲之租金補貼，反之則否：

1.依行政程序法第117條，違法行政處分於法定救濟期間經過後，原處分機關得依職權為全部或一部之撤銷；其上級機關，亦得為之。但有下列各款情形之一者，不得撤銷：一、撤銷對公益有重大危害者。二、受益人無第一百十九條所列信賴不值得保護之情形，而信賴授予利益之行政處分，其信賴利益顯然大於撤銷所欲維護之公益者；又同法第119條規定，受益人有下列各款情形之一者，其信賴不值得保護：一、以詐欺、脅迫或賄賂方法，使行政機關作成行政處分者。二、對重要事項提供不正確資料或為不完全陳述，致使行政機關依該資料或陳述而作成行政處分者。三、明知行政處分違法或因重大過失而不知者。

2.是以內政部審查通過對甲的租金補貼，屬於違法之授益處分，而違法的授益處分撤銷，會受到上述條文的限制，即相對人有信賴的表現，且其信賴利益值得保護，便具有信賴基礎；行政機關欲撤銷該違法授益處分，必須兼顧相對人的信賴利益，如未有不值得保護的法定情形，而信賴授予利益之行政處分，其信賴利益顯然大於撤銷所欲維護之公益者，便不得撤銷。行政機關基於信賴保護原則即不得撤銷該違法授益處分，此即信賴保護之「存續保護」。

3.受益人甲的租金補貼申請，如未具有行政程序法第119條規定信賴利益不值得保護之情形，且甲已將該補貼繳交給房東，運用於申請之目的，顯具有信賴表現的事實。今如內政部審認甲的信賴利益顯然大於撤銷欲維護的公益，經衡酌公益與受益人的信賴利益，得採取存續保護，不撤銷對甲的補貼處分；反之如認甲知曉（或有重大過失而不知）其所租賃之房屋屬違建不具房屋稅稅籍，而不符申請資格，則構成上述信賴利益不值得保護之情形，或縱使認甲信賴利益值得保護、惟公益維護大於私益保護時，內政部自得依職權撤銷補助處分，並得依同法第127條規定，要求甲應返還因該處分所受領之給付，即返還不當得利。

(二)承前，如內政部依職權撤銷補助，又甲已無法返還：

1.依行政程序法第127條第1、2項，授予利益之行政處分，其內容係提供一次或連續之金錢或可分物之給付者，經撤銷、廢止或條件成就而有溯及既往失效之情形時，受益人應返還因該處分所受領之給付。其行政處分經確認無效者，亦同。前項返還範圍準用民法有關不當得利之規定。

2.又民法第182條第1項，不當得利之受領人，不知無法律上之原因，而其所受之利益已不存在者，免負返還或償還價額之責任。

3.是故如內政部如經審認，認甲之信賴利益雖值得保護，但為維護大於私益之公益而撤銷系爭授益行政處分時，亦可依上述規定準用民法條文，免除善意之甲返還不當得利價額之責任。

(三)綜上所述，經衡量甲有無信賴利益和是否大於欲維護之公益，內政部得裁量是否撤銷；又如甲為善意無資力者，亦可依法免除其返還責任。

二、A長照機構與B直轄市政府衛生局（下稱B衛生局）簽有「B直轄市特約長期照顧家庭照顧者喘息服務行政契約書」（下稱行政契約），提供相關喘息服務，行政契約中有A長照機構依行政程序法第148條自願接受執行之約定。B衛生局發現A長照機構有虛報費用之情事，依行政契約之約定可處虛報費用金額10倍之違約金，合計新臺幣50萬元。B衛生局遂限期通知甲繳納，催繳函並有「若逾期不履行，本局依法移送行政執行分署強制執行」之記載。假設A長照機構甲逾期仍未繳還公費，B衛生局得否以催繳函為執行名義移送該管行政執行分署強制執行？

解 (一)行政契約得為強制執行之名義：

1.行政程序法第148條第1項，行政契約約定自願接受執行時，債務人不為給付時，債權人得以該契約為強制執行之執行名義

2.是以行政契約如雙方有約定自願接受執行者，於債務人不為給付時，債權人得以該契約為強制執行之執行名義，不經法院判決，即得以契約之約定為執行名義，向地方行政法院聲請強制執行；且依99年度高等行政法院法律座談會提案七決議見解，如僅人民一方自願接受執行者，不生公共利益考量之問題，不在行政程序法第148條第2項規範之內，毋庸地方自治團體行政首長之認可，即可作為執行名義。

3.A長照機構與B直轄市政府衛生局簽有「B直轄市特約長期照顧家庭照顧者喘息服務行政契約書」，契約中有A長照機構依行政程序法第148條自願接受執行之約定，是以本案行政契約不須經法院裁判確定，即可取得與行政處分類似之執行力。

(二)B衛生局毋庸以催繳函為執行名義，移送行政執行分署強制執行：

1.承前，系爭行政契約中約定債務人不履約時自願接受強制執行，債權人便不必提起一般給付訴訟，得不經行政法院判決，即得以該行政契約為執行名義，向地方行政法院聲請強制執行。

2.經查A長照機構與B衛生局雙方於系爭行政契約中，約定有行政程序法第148條自願接受執行之規定，則A長照機構不履約時自願接受強

制執行，債權人B衛生局無須提起一般給付訴訟，且得不經行政法院判決，即逕以該行政契約為執行名義，向地方行政法院聲請強制執行。

(三)綜上所述，B衛生局對於A長照機構遲未繳納違約金50萬元，不得以催繳函為執行名義，亦不得移送行政執行分署強制執行。B衛生局應依行政程序法第148條規定，以該行政契約為強制執行名義，向地方行政法院聲請強制執行。

乙、測驗題

( ) **1** 關於依法行政之敘述，下列何者錯誤？ (A)執行法律之細節性、技術性次要事項，由行政機關發布命令為必要之規範，不違反法律保留原則 (B)法律優位原則又稱為消極的依法行政原則 (C)給付行政措施，只要預算允許，即無須適用法律保留原則 (D)對於人民違反行政法上義務之裁罰，其處罰之構成要件，應以法律或法律明確授權之命令定之。

( ) **2** 依司法院大法官解釋意旨，關於信賴保護原則所需衡酌之事項，不包括下列何者？ (A)法秩序變動所追求之政策目的 (B)國家財政負擔之能力 (C)修法過程中可決票數之多寡 (D)值得保護之信賴利益的輕重。

( ) **3** 依司法實務見解，下列事件所涉之爭議，何者應由普通法院審判？(A)對大學教師所為教師升等不通過 (B)大學生必修科目成績不及格，以致於無法如期畢業 (C)依據國有林地濫墾地補辦清理作業要點申請訂立租地契約未受准許 (D)退役軍職人員與臺灣銀行訂立優惠存款契約所生之給付利息爭議。

( ) **4** 關於地方自治，下列敘述何者正確？ (A)基於地方自治，中央不得要求地方分擔全民健保保險費之補助 (B)關於自治事項，地方不得以自治法規另定較中央法規更高之限制標準 (C)地方自治條例與中央法規牴觸者，中央主管機關應起訴請求行政法院判決自治條例無效 (D)地方自治團體應作為而不作為而危害公益，中央機關於情形急迫時得代行處理。

( ) **5** 下列何者非屬公法人？ (A)新竹縣五峰鄉 (B)新北市新店區 (C)國家運動訓練中心 (D)國家表演藝術中心。

( ) **6** 關於行政管轄權之敘述，下列何者正確？ (A)同一事件二機關依法皆有管轄權，由受理在後之機關處理對人民較為便捷時，應由受理在後之機關管轄 (B)原行政機關因組織法規變更，合併至他機關時，有關機關管轄事務變更之公告，應由原行政機關辦理公告 (C)二行政機關發生管轄權爭議時，該爭議應由共同上級機關之上級機關決定之 (D)行政機關將其權限之一部分，委託民間團體辦理，應將其委託事項公告，並刊登政府公報或新聞紙。

( ) **7** 依現行法令規定，關於公務人員之任用，下列敘述何者正確？ (A)曾服公務有貪污行為，經緩刑判決確定，不得任用為公務人員 (B)現任公務人員因犯偽造文書罪，經有罪判決並已執行完畢，不得再任公務人員 (C)初任各官等之試用人員，基於業務需要，經指名商調，得於試用期間調任其他職系職務 (D)公務人員得經依法銓敘合格而取得任用資格。

( ) **8** 關於公務員之懲戒與懲處，下列敘述何者錯誤？ (A)得為公務員之懲戒者，係懲戒法院 (B)得為公務員之懲處者，係公務員服務之機關 (C)薦任第九職等或相當九職等以下之公務員，關於其懲戒，行政首長或其主管機關首長得逕送懲戒法院審理 (D)懲戒法庭就移送之懲戒案件，不得對被付懲戒人先行裁定停止職務。

( ) **9** 公務人員甲因執行公務屢有違失，年終獲乙等之考績評定，如甲欲提起行政救濟，下列敘述何者正確？ (A)甲不得對乙等考績評定提起任何救濟 (B)甲可依申訴、再申訴程序尋求救濟；針對再申訴決定，無法向行政法院提起行政訴訟 (C)甲可依申訴、再申訴程序尋求救濟；針對再申訴決定，可向行政法院提起行政訴訟 (D)甲可依復審程序尋求救濟；如對復審決定不服，可向行政法院提起行政訴訟。

( ) **10** 關於命令之合法性審查，下列敘述何者正確？ (A)立法院認定命令違法，得議決通知原訂定機關更正或廢止，逾期未為更正或廢止者，該命令失效 (B)法官對於命令無違憲審查權，自不得拒絕適用 (C)法官僅得審查具法規命令性質之都市計畫，對於其他法規命令均無違法審查權 (D)各法院就其審理之案件，對裁判上所應適用之命令，認有牴觸憲法，得聲請憲法法庭為宣告違憲之判決。

( ) **11** 關於行政函釋與行政規則之敘述，下列何者錯誤？ (A)國防部基於職權訂定執行兵役法第43條免除本次教育勤務點閱召集範圍基準表，其性質屬解釋性行政規則 (B)主管機關就行政法規所為之釋示，係闡明法規之原意，應自法規生效之日起有其適用 (C)行政程序法施行前，行政機關發布之解釋性函釋，嗣後未編入由該機關編撰之法律彙編中，即表示行政機關廢止該函釋 (D)性質屬於裁量基準之行政規則，應由機關首長簽署，並登載於政府公報發布之。

( ) **12** 行政機關所為下列行為，何者直接對外發生法律效力？ (A)土地登記簿標示部其他登記事項欄中「本土地涉及違法地目變更，土地使用管制仍應受原『田』地目之限制」之註記 (B)人民團體經核准立案後，將選任職員簡歷冊報請主管機關核備 (C)戶政機關以催告函通知甲辦理戶籍撤銷登記，否則將依法逕為登記 (D)公務人員經評定年終考績考列丙等。

( ) **13** 教育部對於私立大學停聘其教師之核准，其法律性質為何？ (A)形成私法效果之行政處分 (B)對人一般處分 (C)對物一般處分 (D)事實行為。

( ) **14** 關於處分機關救濟期間之告知，下列敘述何者錯誤？ (A)處分機關未告知救濟期間，致相對人或利害關係人遲誤者，如自處分書送達後1年內聲明不服時，視為於法定期間內所為 (B)處分機關告知之救濟期間有錯誤時，應由該機關以通知更正之，並自通知送達之翌日起算法定期間 (C)處分機關告知之救濟期間較法定期間為長者，處分機關雖以通知更正，如相對人或利害關係人信賴原告知之救濟期間，致無法於法定期間內提起救濟，而於原告知之期間內為之者，視為於法定期間內所為 (D)處分機關告知之救濟期間錯誤未為更正，致相對人或利害關係人遲誤者，如自處分書送達後3年內聲明不服時，視為於法定期間內所為。

( ) **15** 衛生福利部中央健康保險署與各醫事服務機構締結全民健康保險特約醫事服務機構合約，若雙方對於該合約內容有爭議時，應向下列何者尋求救濟？ (A)憲法法庭 (B)交通法庭 (C)行政法院 (D)地方法院。

( ) **16** 關於給付行政與法律保留原則之關係，下列敘述何者正確？ (A)給付行政不適用法律保留原則 (B)給付行政一律適用法律保留原則 (C)給予中小學生成績優良獎勵，應經地方立法機關制定自治條例作為依據 (D)給付行政如涉及公共利益之重大事項者，應有法律或法律明確之授權為依據。

( ) **17** 一行為同時違反三項行政法義務規定。A規定：罰鍰3,000元至6,000元，沒入實施違法行為的器械設備；B規定：罰鍰2,500元至4,000元；C規定：罰鍰1,500元至8,000元，並應參加6小時講習。主管機關所為裁罰，下列何者正確？ (A)裁處罰鍰不得超過6,000元，且一併裁處沒入及講習 (B)裁處罰鍰不得低於2,500元，且不得一併裁處其他種類處罰 (C)裁處罰鍰不得低於3,000元，且得一併裁處沒入及講習 (D)應就三項規定分別裁處罰鍰，且一併裁處沒入及講習。

( ) **18** 甲欠繳稅款，經稽徵機關催繳不理後移送該管行政執行分署執行。該管行政執行分署因而將甲名下之房屋予以查封。甲對該執行命令不服，而欲提起救濟，下列敘述何者正確？ (A)甲得依稅捐稽徵法第35條規定，對該執行命令申請復查 (B)甲得依行政執行法第9條規定，對該執行命令聲明異議，遭駁回後提起訴願 (C)甲得依行政執行法第9條規定，對該執行命令聲明異議，遭駁回後直接提起行政訴訟 (D)甲得依訴願法第1條第1項規定，直接對該執行命令提起訴願。

( ) **19** 依行政程序法規定，下列敘述何者錯誤？ (A)舉行聽證應預先公告者，行政機關應將法定相關事項，登載於政府公報或以其他適當方法公告之 (B)行政機關將其權限之一部分委任或委託，應將該事項及法規依據公告之，並刊登政府公報或新聞紙 (C)行政機關經裁併之公告事項，自公告之日起算至第3日起發生移轉管轄權之效力

(D)當事人或利害關係人得向行政機關申請閱覽有關資料或卷宗，但以主張其事實上利益有必要者為限。

(　) **20** 關於訴願決定，下列敘述何者錯誤？　(A)未經法定先行程序而逕行提起訴願之案件，嗣後亦未補正者，應作成不受理之決定　(B)訴願案件雖符合程式要件，惟實體上無理由，應作成駁回訴願之決定　(C)對於違法或不當行政處分提起訴願而有理由者，應作成撤銷原處分之決定，並視情形發回原處分機關另為處分或自為變更原處分　(D)對於行政機關怠為處分而提起訴願者，應作成確認原處分機關違法之決定，並自為一定之處分。

(　) **21** 臺東縣政府函成功鎮公所代為公告現有巷道，甲所有之土地屬於該現有巷道之一部分，下列敘述何者正確？　(A)認定現有巷道之主管機關為臺東縣成功鎮公所　(B)認定現有巷道之公告，自公告日起第3日生效　(C)現有巷道之認定，涉及人民財產權之限制，因行政處分未個別送達給相對人甲，故對甲不生效力　(D)甲不服該公告應向內政部提起訴願。

(　) **22** 有關行政法院之管轄，下列敘述何者正確？　(A)於高等行政法院增設地方行政訴訟庭，專責部分之第一審通常訴訟程序事件、簡易訴訟程序、交通裁決、收容聲請等事件　(B)當事人不服由高等行政法院地方行政訴訟庭所作成之判決，而提出上訴由最高行政法院管轄　(C)以高等行政法院地方行政訴訟庭為第一審管轄法院之事件，高等行政法院高等行政訴訟庭依通常訴訟程序審理並為判決者，最高行政法院應以高等行政法院高等行政訴訟庭無管轄權而廢棄原判決　(D)聲請人、受裁定人或內政部移民署對高等行政法院地方行政訴訟庭所為收容聲請事件之裁定不服者，應向最高行政法院為抗告。

(　) **23** 下列何者屬於行政秩序罰？　(A)工廠負責人不遵行主管機關依法所為之停工命令，被判處有期徒刑併科罰金　(B)人民不履行行政法上之義務，遭行政機關科處怠金　(C)律師違反律師法規定而受懲戒　(D)電信事業未經核准擅自架設電臺，依法沒入電臺之設備或器材。

( ) **24** 關於國家賠償之敘述，下列何者正確？ (A)公共設施因設置或管理有欠缺，致人民受損害，如有其他應負責之人，國家不負賠償責任 (B)於開放之自然公物，經管理機關已就使用該公物為適當之警告，而人民仍從事冒險或具危險性活動，國家不負損害賠償責任 (C)國家因採購公務所需之文具造成之損害，亦屬國家賠償責任 (D)有審判職務之公務員，因執行職務侵害人民自由或權利，就其參與審判或追訴案件犯職務上之罪，經第一審判決有罪，負國家賠償責任。

( ) **25** 人民因正當使用合法藥物所生之藥害，得依藥害救濟法請求救濟，此之所謂「救濟」，其法律上定性為何？ (A)民事損害賠償 (B)國家賠償 (C)刑事訴訟附帶民事賠償 (D)基於社會衡平所為之行政補償。

解答與解析

（答案標示為#者，表官方曾公告更正該題答案。）

1 (C)。司法院大法官釋字第443號解釋理由書略以：
關於給付行政措施，其受法律規範之密度，自較限制人民權益者寬鬆，倘涉及公共利益之重大事項者，應有法律或法律授權之命令為依據之必要，乃屬當然。

2 (C)。司法院大法官釋字第589號解釋文略以：
如何保障其信賴利益，究係採取減輕或避免其損害，或避免影響其依法所取得法律上地位等方法，則須衡酌法秩序變動所追求之政策目的、國家財政負擔能力等公益因素及信賴利益之輕重、信賴利益所依據之基礎法規所表現之意義與價值等為合理之規定。

3 (D)。司法院大法官釋字第787號解釋意旨略以：
退除役軍職人員與臺灣銀行股份有限公司訂立優惠存款契約，因該契約所生請求給付優惠存款利息之事件，性質上屬私法關係所生之爭議，其訴訟應由普通法院審判；具體理由為臺灣銀行固基於其與國防部之約定，辦理退除役軍職人員退伍金優存事務與利息之給付事宜。惟其內容不外涉及優存戶開戶存款後，雙方之存款、利息計算與給付等，與公權力之行使無關。

4 (D)。(A)司法院大法官釋字第550號解釋理由書提及，地方自治團體受憲法制度保障，其施政所需之經費負擔乃涉及財政自主權之事項，固有法律保留原則之適用，於不侵害其自主權核心領域之限度內，基於國家整體施政需要，中央依據法律使地方分擔保險費之補助，尚非憲法所不許。

(B)司法院大法官釋字第738號解釋理由書提及，地方自治團體就轄區內電子遊樂場業營業場所之距離限制，得訂定比中央法律規定更為嚴格之要求，該解釋亦認中央制定之電子遊戲場業管理條例第11條規定已明文賦予地方主管機關核發、撤銷及廢止電子遊戲場業營業級別證及辦理相關事項登記之權。故地方於不牴觸中央法規之範圍內，自得就法律所定自治事項，以自治條例為因地制宜之規範。

(C)地方制度法第30條第1項，自治條例與憲法、法律或基於法律授權之法規或上級自治團體自治條例牴觸者，無效；同條第4項前段，第一項及第二項發生牴觸無效者，分別由行政院、中央各該主管機關、縣政府予以函告。

(D)地方制度法第76條第1項，直轄市、縣（市）、鄉（鎮、市）依法應作為而不作為，致嚴重危害公益或妨礙地方政務正常運作，其適於代行處理者，得分別由行政院、中央各該主管機關、縣政府命其於一定期限內為之；逾期仍不作為者，得代行處理。但情況急迫時，得逕予代行處理。

5 **(B)**。公法人是以公法規定為依據所成立的法人，包括國家、地方自治團體和行政法人三種；其中地方自治團體指依地方制度法第2條第1款所定義的實施地方自治的團體，行政法人則是依行政法人法第2條的定義，指由中央目的事業主管機關，為執行特定公共事務所設立的法人組織。

(A)依地方制度法第14條，直轄市、縣（市）、鄉（鎮、市）為地方自治團體，依本法辦理自治事項，並執行上級政府委辦事項。

(C)國家運動訓練中心設置條例第2條第1項規定，本中心為行政法人；其監督機關為教育部。

(D)國家表演藝術中心設置條例第2條第1項規定，本中心為行政法人；其監督機關為文化部。

6 **(D)**。行政程序法：

(A)第13條第1項，同一事件，數行政機關依前二條之規定均有管轄權者，由受理在先之機關管轄，不能分別受理之先後者，由各該機關協議定之，不能協議或有統一管轄之必要時，由其共同上級機關指定管轄。無共同上級機關時，由各該上級機關協議定之。

(B)第11條第3項，行政機關經裁併者，前項公告得僅由組織法規變更後之管轄機關為之。

(C)第14條第1項，數行政機關於管轄權有爭議時，由其共同上級機關決定之，無共同上級機關時，由各該上級機關協議定之。

7 **(D)**。公務人員任用法：

(A)第28條第1項第4款，有下列情事之一者，不得任用為公務人員：四、曾服公務有貪污行為，經有罪判決確定或通緝有案尚未結案。→緩刑判決確定未在列。

(B)第28條第1項第5款，有下列情事之一者，不得任用為公務人員：五、犯前二款以外之罪，判處有期徒刑以上之刑確定，尚未執行或執行未畢。但受緩刑宣告者，不在此限。→已執行完畢不影響任用資格。

(C)第20條第8項，試用人員於試用期間不得調任其他職系職務。

8 (D)。公務員懲戒法第5條第1項，懲戒法庭對於移送之懲戒案件，認為情節重大，有先行停止職務之必要者，得裁定先行停止被付懲戒人之職務，並通知被付懲戒人所屬主管機關。

9 (D)。

(1) 司法院大法官釋字第785號解釋意旨，保訓會通盤檢討保障法所定復審及申訴、再申訴救濟範圍，並以109年10月5日公保字第1091060302號函所附人事行政行為一覽表函知中央及地方各主管機關人事機構，就公務人員對於考績（成）評定等次，不論甲、乙、丙或丁等評定，均認屬行政處分，對該等處分不服者，均改依保障法所定復審程序請求救濟。

(2) 另憲法法庭111年憲判字第11號判決指出，如果措施的性質屬於行政處分，再申訴的決定視同訴願決定，不服再申訴決定，可以提起行政訴訟。

10 (A)。(B)司法院大法官釋字第216號解釋意旨，各機關依其職掌就有關法規為釋示之行政命令，法官於審判案件時，固可予以引用，但仍得依據法律，表示適當之不同見解，並不受其拘束，本院釋字第一三七號解釋即係本此意旨；司法行政機關所發司法行政上之命令，如涉及審判上之法律見解，僅供法官參考，法官於審判案件時，亦不受其拘束。

(C)法官非僅審查具法規命令性質之都市計畫，對於其他法規命令亦有違法審查權。

(D)行政訴訟法第178-1條，行政法院就其受理事件，對所應適用之法律位階法規範，聲請憲法法庭判決宣告違憲者，應裁定停止訴訟程序。

11 (C)。行政程序法第174-1條，本法施行前，行政機關依中央法規標準法第七條訂定之命令，須以法律規定或以法律明列其授權依據者，應於本法施行後二年內，以法律規定或以法律明列其授權依據後修正或訂定；逾期失效。

行政機關發布之解釋性函釋並不因嗣後是否編入由該機關編撰之法律彙編中影響其效力。

12 (D)。(A)最高行政法院99年度3月第1次庭長法官聯席會議決議見解，地政登記的「登記事項欄註記」，在實務認定由於註記並未有法律效果之產生，性質上應屬於「行政事實行為」，而非「行政處分」。

(B)最高行政法院105年1月份第2次庭長法官聯席會議決議見解，經主管機關核備時，僅係對資料作形式審查後，所為知悉送件之人民團體選任職員簡歷事項之觀念通知，對該等職員之選任，未賦予任何法律效果，並非行政處分。

(C)最高行政法院104年11月份第1次庭長法官聯席會議見解，於法定事由發生時人民即有申請登記之義務，並非因戶政機關催告始創設之新義務，尚難謂該催告對受催告者產生有容忍戶政機關逕為登記之義務，足見該催告函尚未發生獨立之法律規制效力，自難認為行政處分。

13 **(A)**。最高行政法院109年判字第312號判決要旨，私立大學與所聘任教師間乃私法契約關係，私立大學所為之停聘通知，係單方中止雙方私法上聘任契約之意思表示，核屬私法契約之行為，並非行政處分；教育部對於該停聘行為之核准，具有使該停聘行為發生法律效力之作用，方為形成私法效果之行政處分。

14 **(D)**。行政程序法第98條第3項，處分機關未告知救濟期間或告知錯誤未為更正，致相對人或利害關係人遲誤者，如自處分書送達後一年內聲明不服時，視為於法定期間內所為。

15 **(C)**。司法院大法官釋字第533號解釋文略以：

保險醫事服務機構與中央健康保險局締結前述合約，如因而發生履約爭議，經該醫事服務機構依全民健康保險法第五條第一項所定程序提請審議，對審議結果仍有不服，自得依法提起行政爭訟。

16 **(D)**。司法院大法官釋字第443號解釋理由書略以：

關於給付行政措施，其受法律規範之密度，自較限制人民權益者寬鬆，倘涉及公共利益之重大事項者，應有法律或法律授權之命令為依據之必要，乃屬當然。

17 **(C)**。行政罰法第24條第1、2項，一行為違反數個行政法上義務規定而應處罰鍰者，依法定罰鍰額最高之規定裁處。但裁處之額度，不得低於各該規定之罰鍰最低額。前項違反行政法上義務行為，除應處罰鍰外，另有沒入或其他種類行政罰之處罰者，得依該規定併為裁處。但其處罰種類相同，如從一重處罰已足以達成行政目的者，不得重複裁處。

本題規定罰鍰額度上限最高為8,000元、下限最高為3,000元，故裁處罰鍰額度為3,000～8,000元之間。

18 **(C)**。最高行政法院107年4月份第1次庭長法官聯席會議要旨，對具行政處分性質之執行命令不服，經依行政執行法第9條之聲明異議程序，應認相當於已經訴願程序，聲明異議人可直接提起撤銷訴訟。

19 **(D)**。行政程序法第46條第1項，當事人或利害關係人得向行政機關申請閱覽、抄寫、複印或攝影有關資料或卷宗。但以主張或維護其法律上利益有必要者為限。→非事實上利益。

20 **(D)**。訴願法第82條第1項，對於依第二條第一項提起之訴願，受理訴願機關認為有理由者，應指定相當期間，命應作為之機關速為一定之處分。

21 **(D)**。訴願法第4條第3款，訴願之管轄如左：三、不服縣（市）政府之行政處分者，向中央主管部、會、行、處、局、署提起訴願。

22 **(A)**。行政訴訟法第3-1條，本法所稱高等行政法院，指高等行政法院高等行政訴訟庭；所稱地方行政法院，指高等行政法院地方行政訴訟庭。

(B)同法第263-1條第1項，對於地方行政法院之終局判決，除法律別有規定外，得依本章規定上訴於管轄之高等行政法院。

(C)同法第256-1條第1項，以地方行政法院為第一審管轄法院之事件，高等行政法院依通常訴訟程序審理並為判決者，最高行政法院不得以高等行政法院無管轄權而廢棄原判決。

(D)同法第237-16條第1項，聲請人、受裁定人或移民署對地方行政法院所為收容聲請事件之裁定不服者，應於裁定送達後五日內抗告於管轄之高等行政法院。對於抗告法院之裁定，不得再為抗告。

23 **(D)**。行政秩序罰主要係對於過去的違法行為加以制裁為目的，依據行政罰法第1條，違反行政法上義務而受罰鍰、沒入或其他種類行政罰之處罰時，適用本法。但其他法律有特別規定者，從其規定。

24 **(B)**。國家賠償法：

(A)第3條第1項，公共設施因設置或管理有欠缺，致人民生命、身體、人身自由或財產受損害者，國家應負損害賠償責任；同條第5項，第一項、第二項及前項情形，就損害原因有應負責任之人時，賠償義務機關對之有求償權。

(C)國家因採購公務所需之文具造成之損害，核其性質為私經濟行政中之行政輔助行為，並無國家賠償法之適用。

(D)第13條，有審判或追訴職務之公務員，因執行職務侵害人民自由或權利，就其參與審判或追訴案件犯職務上之罪，經判決有罪確定者，適用本法規定。

25 **(D)**。司法院大法官釋字第767號解釋理由書意旨，有關藥害救濟、犯罪被害人之補償制度為社會補償，係基於社會衡平所為之行政補償，其性質為特別社會福利救濟措施；藥害救濟的立法目的是在「減少」人民在社會中所遭受「可能發生但是無可歸責的剩餘風險」，並非傳統意義的國家賠償責任或損失補償責任。

113年 普考

( ) **1** 法律規定電子遊戲場業之營業場所應距離學校50公尺，但某直轄市自治條例卻規定為800公尺，依司法院解釋意旨，下列敘述何者正確？ (A)該自治條例無效，因違反法律優位原則 (B)該自治條例無效，因違反法律保留原則 (C)該自治條例有效，因後法優先於前法 (D)該自治條例有效，因地方有自治權限。

( ) **2** 下列何者須以法律或法律明確授權之命令為依據始得為之？ (A)開放公共空間供街頭藝人展演 (B)命法定傳染病之確診者居家隔離 (C)興建橋樑並提供公用 (D)提供空氣品質預報。

( ) **3** 有關溯及既往與信賴保護原則之敘述，下列何者正確？ (A)基於信賴保護原則，法規之適用均不得溯及既往 (B)真正溯及既往係指新制定之法規，適用於該法規生效前已完結之法律事實 (C)不真正溯及既往係指新制定之法規，僅適用於該法規生效後發生之法律事實 (D)不真正溯及既往之法規，不用考量人民對於舊法是否有值得保護之信賴。

( ) **4** 教師及學校之教育或管理措施，即使構成權利之侵害，學生得據以提起行政爭訟請求救濟，但法院及其他行政爭訟機關應予教師及學校較高之尊重。此屬下列何種概念？ (A)行政保留 (B)裁量餘地 (C)專業判斷餘地 (D)法規制定裁量。

( ) **5** 下列何者非屬私經濟行政行為？ (A)中央銀行為穩定匯市，購買黃金外幣 (B)行政機關與得標廠商締結採購契約 (C)自來水公司提供配水服務 (D)直轄市政府依自治條例規定，同意相對人利用下水道附掛有線電視纜線並收取使用費。

( ) **6** 關於公、私法法律關係之敘述，下列何者錯誤？ (A)國宅之出租，屬私法關係 (B)政府發行公債，屬公法關係 (C)國立大學醫學系與其公費學生間，屬公法關係 (D)公立學校教師之聘任，屬公法關係。

(　　) 7 關於直轄市山地原住民區之敘述，下列何者錯誤？ (A)為地方自治團體 (B)置區長1人，由市長依法任用 (C)區民代表會為該區之立法機關 (D)其自治除法律另有規定外，準用地方制度法關於鄉（鎮、市）之規定。

(　　) 8 依地方制度法規定，上級政府對於下級政府所陳報之事項加以審查，並作成決定，以完成該事項之法定效力。此種審查與決定稱為下列何者？ (A)核定 (B)通報 (C)備查 (D)知會。

(　　) 9 下列何者為獨立機關？ (A)教育部訴願審議委員會 (B)公平交易委員會 (C)國家科學及技術委員會 (D)金融監督管理委員會。

(　　) 10 關於行政機關管轄權之敘述，下列何者正確？ (A)數機關就同一事件均有管轄權者，即由共同上級機關指定管轄 (B)依據管轄法定原則，管轄權之更動應依法規或依行政契約為之 (C)依據管轄法定原則，管轄權僅能依據法律定之 (D)關於不動產事件，不能依行政程序法第11條定土地管轄時，依不動產所在地定之。

(　　) 11 國稅之稽徵屬財政部所屬國稅局之職務權限，學理上稱為何種管轄？ (A)事物管轄 (B)土地管轄 (C)層級管轄 (D)功能管轄。

(　　) 12 關於公務人員之年終考績獎懲，下列敘述何者錯誤？ (A)公務員考績受列甲等，晉本俸一級，並給與1個月俸給總額之一次獎金 (B)公務員考績受列乙等，晉本俸一級，並給與半個月俸給總額之一次獎金 (C)公務員考績受列丙等，晉本俸一級，無額外獎金 (D)公務員考績受列丁等，受免職處分。

(　　) 13 關於公務員懲戒之敘述，下列何者為錯誤？ (A)公務員懲戒程序為一級二審制 (B)公務員因同一行為已受懲戒，即不再受懲處 (C)同一違法行為經法院判決確定其刑事責任後，仍得再予以懲戒 (D)政務人員之懲戒處分，只適用撤職與申誡。

(　　) 14 關於公務人員服從義務之敘述，下列何者正確？ (A)主管長官與兼管長官同時所發命令不同時，公務人員應向共同上級長官報告 (B)公務人員對於長官所發命令之合法性如有疑義，得隨時陳述，但無報告義務 (C)公務人員對於長官所發之命令有絕對服從義務 (D)長官所發命令有違反刑事法律者，公務員無服從之義務。

( ) **15** 依行政執行法規定，義務人經命其提供相當擔保，限期履行，屆期不履行亦未提供相當擔保，於下列何種情形得聲請法院裁定拘提？ (A)顯有逃匿之虞 (B)顯有履行義務之可能，故意不履行 (C)就應供強制執行之財產有隱匿或處分之情事 (D)經命其報告財產狀況，不為報告或為虛偽之報告。

( ) **16** 關於公務人員保障法規定之調處程序，下列敘述何者正確？ (A)復審人、再申訴人之代理人應提出經特別委任之授權證明，始得參與調處 (B)復審人、再申訴人及有關機關，無正當理由，於指定期日不到場者，視為調處不成立，不得另定調處期日 (C)於多數人共同提起保障事件之調處，多數人之代表人須徵得全體復審人或再申訴人過半數之書面同意為之 (D)保障事件審理中，公務人員保障暨培訓委員會僅得依申請而進行調處。

( ) **17** 下列何者非屬公務員服務法適用之對象？ (A)未兼行政職之中央研究院研究員 (B)台糖公司資產營運處處長 (C)國防部軍醫局副局長 (D)新北市政府財政局主任秘書。

( ) **18** 依法應迴避之公務員而未迴避所作成之行政處分其效力為何？ (A)效力未定 (B)得廢止 (C)得撤銷 (D)無效。

( ) **19** 關於行政程序法法規命令之規定，下列敘述何者錯誤？ (A)法規命令之訂定，除由行政機關自行草擬外，亦得由人民或團體提議為之 (B)行政機關訂定法規命令，應舉行聽證 (C)法規命令依法應經上級機關核定者，應於核定後始得發布 (D)法規命令之發布，應刊登政府公報或新聞紙。

( ) **20** 關於地方制度法制定自治法規之規定，下列何者正確？ (A)自治法規、委辦規則依規定應經其他機關核定者，至遲應於核定文送達各該地方行政機關15日內公布或發布 (B)自治法規、委辦規則須經上級政府或委辦機關核定者，核定機關至遲應於2個月內為核定與否之決定 (C)自治條例經地方立法機關議決後，函送各該地方行政機關，地方行政機關收到後，至遲應於20日內公布 (D)地方立法機關得訂定自律規則，並報各該上級政府備查。

( ) **21** 下列何者非屬行政處分？ (A)區公所公告公墓廢止使用 (B)鄉公所公告某公園開放使用 (C)稅捐稽徵機關送達之稅捐繳納通知書 (D)警察機關對交通違規檢舉人通知其檢舉不成立。

( ) **22** 下列何者屬於行政處分無效之情形？ (A)主管機關對於未經申請者，逕核發營業許可 (B)主管機關要求特定工廠須於6個月內改善污染排放，並禁止日後不得排放污染物質 (C)主管機關對於任意丟棄廢棄物者處罰，而處分時該行為人已死亡 (D)新北市政府環境保護局針對於臺北市轄區內傾倒廢土者開立罰單。

( ) **23** 主管機關因公益理由，使已核發之建築執照效力不復存在，此行為之法律性質為何？ (A)合法授益處分之廢止 (B)合法授益處分之撤銷 (C)違法授益處分之廢止 (D)違法授益處分之撤銷。

( ) **24** 徵兵機關就役男兵役體位所為之判定，其法律性質為何？ (A)行政事實行為 (B)確認處分 (C)下命處分 (D)形成處分。

( ) **25** 下列何者非行政程序法所規定之行政契約類型？ (A)雙務契約 (B)和解契約 (C)隸屬契約 (D)任務契約。

( ) **26** 關於行政契約與行政處分之敘述，下列何者錯誤？ (A)兩者同屬行政機關對個別事件所為具有對外效力之行政行為 (B)行政契約之一部無效者，原則上其他部分仍為有效；行政處分一部分無效者，原則上全部無效 (C)除法令有特別規定者外，行政機關作成行政處分有形式選擇自由時，得締結行政契約以替代行政處分 (D)行政契約之締結，原則上應以書面為之；行政處分原則上得以書面、言詞或其他方式為之。

( ) **27** 關於行政法上觀念通知之敘述，下列何者正確？ (A)不發生規制之法律效果 (B)屬於私經濟行政行為 (C)不受法規支配之行政行為 (D)其爭議由民事法院審理。

( ) **28** 下列何種行政行為屬於行政罰？ (A)因受益人未履行負擔，主管機關廢止原先核發之營業許可 (B)因受益人提供錯誤資訊，主管機關撤銷先前作成之建築許可 (C)稅捐稽徵機關為保全稅捐，限制欠稅人民出境 (D)事業經營者因違反營業法規，遭主管機關勒令停業。

( ) **29** 關於行政罰法規定之敘述，下列何者正確？ (A)我國行政罰法採取法定原則，對所有違反行政法義務者皆予以處罰 (B)行為後法律有所變動時，行政罰法採取從新從輕原則 (C)基於公平及平等原則，行政罰法未規定阻卻違法事由 (D)違反行政法義務之處罰，得因時因地制宜由主管機關任意制定。

( ) **30** 汽車駕駛人違規行駛，受記點處分，該法律性質為何？ (A)剝奪資格之處分 (B)警告性處分 (C)下命處分 (D)影響名譽之處分。

( ) **31** 下列何者非屬行政執行方法中之直接強制？ (A)解除占有 (B)註銷證照 (C)代履行 (D)斷絕營業所必須之電力。

( ) **32** 關於行政執行不利處置之敘述，下列何者錯誤？ (A)怠金為間接強制方法 (B)不利處置非僅怠金一種 (C)怠金得連續裁處 (D)不服怠金裁處者得提起訴願。

( ) **33** 關於行政執行之限制住居，下列敘述何者正確？ (A)義務人滯欠金額合計未達新臺幣20萬元，不得限制住居。但義務人已出境達2次者，不在此限 (B)義務人經合法通知，無正當理由而不到場，得限制其住居 (C)執行機關得不命義務人提供相當擔保，限期履行，而僅限制其住居 (D)義務人已按法定應繼分繳納遺產稅款、罰鍰及加徵之滯納金、利息，仍得限制住居。

( ) **34** 行政程序法關於行政機關調查事實及證據之規定，下列敘述何者錯誤？ (A)行政機關實施勘驗時，應通知當事人到場。但不能通知者，不在此限 (B)當事人僅得向行政機關申請調查事實及證據，不得自行提出證據 (C)行政機關得要求當事人或第三人提供必要之文書、資料或物品 (D)行政機關得選定適當之人以書面為鑑定，必要時，得通知鑑定人到場說明。

( ) **35** 關於政府資訊公開之敘述，下列何者錯誤？ (A)政府資訊中若有含限制公開事項，因情事變更已無限制公開必要者，政府機關應受理申請提供 (B)政府機關就人民申請提供、更正或補充政府資訊所為之決定，其性質為行政處分 (C)政府資訊公開有侵害個人隱私者，為維護公益即得公開 (D)政府資訊之公開若足以妨害刑事被告受公正之裁判時，行政機關應限制公開。

(　　) **36** 下列何種行政處分之作成，得不給予相對人陳述意見之機會？(A)因違反環保法規，對工廠開立罰單　(B)廢止加油站之設立許可　(C)撤銷餐廳之營業許可　(D)以電腦印製之大量稅單。

(　　) **37** 下列何種事項有行政程序法程序規定之適用？　(A)有關外交行為、軍事行為或國家安全保障事項之行為　(B)外國人出、入境、難民認定及國籍變更之行為　(C)犯罪矯正機關或其他收容處所為達成收容目的所為之行為　(D)學校對學生所為改變學生身分之行為。

(　　) **38** 環境部委託某機車行檢驗廢氣排放，甲之機車因檢驗員操作不當而受損，甲得依據下列何法請求賠償？　(A)國家賠償法　(B)行政程序法　(C)訴願法　(D)行政訴訟法。

(　　) **39** 關於訴願期間之敘述，下列何者錯誤？　(A)利害關係人知悉一般處分後，如該處分經公告生效已超過3年，不得提起訴願　(B)訴願人以掛號郵寄方式提起訴願，以交郵當日之郵戳為準　(C)訴願人委任事務所在臺北市之律師為代理人，向行政院提起訴願，訴願期間之計算不得扣除在途期間　(D)訴願人因天災而遲誤訴願期間超過1年者，不得向受理訴願機關申請回復原狀。

(　　) **40** 國立大學學生甲對學校所為之記過處分，經依法提出申訴，仍不服申訴評議決定時，應如何救濟？　(A)甲得以申訴決定違法或不當且侵害其權益，逕向教育部提起再申訴　(B)甲得以申訴決定違法且侵害其權利，逕向行政法院提起撤銷訴訟　(C)甲得以申訴決定違法或不當且侵害其權益，逕向教育部提起訴願　(D)甲得以申訴決定違法且侵害其權益，以該學校為被告，逕提起國家賠償訴訟。

(　　) **41** 關於訴願之管轄，下列敘述何者正確？　(A)不服鄉公所之行政處分者，向縣政府所屬各級機關提起訴願　(B)不服縣政府所屬各級機關之行政處分者，向中央主管部、會、行、處、局、署提起訴願　(C)不服中央各部、會、行、處、局、署所屬機關之行政處分者，向各部、會、行、處、局、署提起訴願　(D)不服中央各院之行政處分者，向總統府提起訴願。

( ) **42** 下列公法上爭議何者由行政法院所審理？ (A)政黨違憲解散案 (B)總統彈劾案 (C)選舉罷免事件 (D)收容聲請事件。

( ) **43** 主管機關命甲自行拆除違建，甲對此處分不服提起訴願，於訴願審議期間，主管機關已將該違建拆除完畢，若其訴願經駁回，甲仍不服，應提起何種訴訟以為救濟？ (A)撤銷訴訟 (B)課予義務訴訟 (C)違法確認訴訟 (D)一般給付訴訟。

( ) **44** 依行政程序法之規定，下列何者非屬法規命令無效情形？ (A)牴觸憲法或法律者 (B)無法律之授權而剝奪或限制人民之自由、權利者 (C)其訂定應經其他機關核准，而未經核准者 (D)尚未經立法院同意備查者。

( ) **45** 關於行政訴訟訴訟費用之敘述，下列何者正確？ (A)適用簡易訴訟程序之事件，徵收裁判費新臺幣4,000元 (B)依行政訴訟法第198條為情況判決時，其訴訟費用由被告負擔 (C)基於行政訴訟之公益性，行政訴訟由國家負擔訴訟費用 (D)當事人無資力支出訴訟費用者，行政法院得依職權以裁定准予訴訟救助。

( ) **46** 甲之外籍配偶乙向我國駐外使領館申請入臺簽證，但經調查甲、乙婚姻真實性尚有可疑之處，乃拒絕核發簽證。依憲法法庭裁判意旨，下列敘述何者正確？ (A)因入臺簽證僅外國人須申請，甲非申請人故無提起行政救濟之權利 (B)甲與乙僅具有事實上或情感上之利害關係，故甲不得提起行政救濟 (C)基於維護婚姻與家庭關係，甲得提起課予義務訴訟尋求救濟 (D)因配偶經營共同生活之婚姻自由受侵害，甲得對該拒絕處分提起撤銷訴訟尋求救濟。

( ) **47** 關於因公共設施設置或管理有欠缺，人民請求國家賠償之敘述，下列何者錯誤？ (A)賠償義務機關，係指公共設施之管理機關 (B)管理機關，係指法令所定之管理機關或依法代為管理之機關 (C)設施雖非由國家設置，但事實上由其管理，並直接供公共或公務目的使用，仍屬國家賠償法所稱之公共設施 (D)公共設施因設置或管理，致人民人身自由受損害者，國家不負損害賠償責任。

(　) **48** 關於國家賠償之敘述，下列何者正確？ (A)國家賠償請求權人，只能請求所受損害，不得請求其所失利益 (B)國家負損害賠償責任者，應以金錢為之。但以回復原狀為適當者，得依請求，回復損害發生前原狀 (C)國家賠償之請求權，自損害發生時起，因2年間不行使而消滅 (D)外國人為被害人時，不得請求國家賠償。

(　) **49** 關於國家賠償法所規定之公務員國家賠償責任，下列敘述何者正確？ (A)給付行政措施，不生公務員國家賠償責任 (B)受委託行使公權力者，於行使公權力時，亦適用公務員國家賠償責任 (C)為求人民權利保障之完整性，縱使公務員並無故意或過失，亦構成公務員國家賠償責任 (D)為使人民權利獲得全面性之保障，故公務員之不法行為與損害發生間，不以具有因果關係為必要。

(　) **50** 有關行政裁量，下列敘述何者正確？ (A)主管機關基於對外國人原國籍之厭惡，否准其歸化申請，乃裁量之濫用 (B)行政機關於訂定裁罰基準後，即不得於個案裁處時再為裁量 (C)法規授予行政機關裁量時，法院即不得審查該裁量決定 (D)法規授予行政機關裁量時，上級機關亦不得訂定統一之裁量基準。

解答與解析

（答案標示為#者，表官方曾公告更正該題答案。）

1 (D)。司法院大法官釋字第738號解釋理由書略以：
中央為管理電子遊戲場業制定電子遊戲場業管理條例，於該條例第十一條賦予地方主管機關核發、撤銷及廢止電子遊戲場業營業級別證及辦理相關事項登記之權，而地方倘於不牴觸中央法規之範圍內，就相關工商輔導及管理之自治事項（地方制度法第十八條第七款第三目、第十九條第七款第三目參照），以自治條例為因地制宜之規範，均為憲法有關中央與地方權限劃分之規範所許。

2 (B)。司法院大法官釋字第443號解釋文略以：
憲法第十條規定人民有居住及遷徙之自由，旨在保障人民有任意移居或旅行各地之權利。若欲對人民之自由權利加以限制，必須符合憲法第二十三條所定必要之程度，並以法律定之或經立法機關明確授權由行政機關以命令訂定。

3 (B)。法務部民國105年02月01日法律字第10503502670號行政函釋要旨：
法規原則上於法規生效後始有適用，是謂法規不溯既往原則，但溯

及既往之結果如係對受規範人有利，且對法安定性並無重大影響，則尚非不可，而是否回溯適用為政策考量，宜由主管機關決定

4 **(C)**。司法院大法官釋字第784號解釋理由書略以：
至學校基於教育目的或維持學校秩序，對學生所為之教育或管理等公權力措施（例如學習評量、其他管理、獎懲措施等），是否侵害學生之權利，則仍須根據行政訴訟法或其他相關法律之規定，依個案具體判斷，尤應整體考量學校所採取措施之目的、性質及干預之程度，如屬顯然輕微之干預，即難謂構成權利之侵害。又即使構成權利之侵害，學生得據以提起行政爭訟請求救濟，教師及學校之教育或管理措施，仍有其專業判斷餘地，法院及其他行政爭訟機關應予以較高之尊重，自不待言。

5 **(D)**。
(1) 最高行政法院91年7月份庭長法官聯席會議(一)要旨略以：
惟公物使用關係之性質，縱有收取費用之情事，亦非必然屬私經濟關係；凡地方政府機關核准公營事業使用公有土地，其核准行為究係基於公權力作用所為之行政行為，抑係本於雙方意思合致所為之私經濟行為，應視個案內容及所依據之法令而定。
(2) 是以直轄市政府依自治條例規定，同意相對人利用下水道附掛有線電視纜線之行為，性質上顯非基於與上訴人意思合致之私法上行為，而係本於行政主體之公權力所為決定之行政行為，自應屬公法性質，且其間所生之公物利用關係，應歸屬於公法關係。

6 **(B)**。司法院大法官釋字第386號解釋理由書略以：
國家為支應重大建設發行之無記名中央政府建設公債，係以發行債票方式籌集資金，國庫對公債債票持有人所負之給付義務，本質上與自然人或公私法人為發行人，對無記名證券持有人負擔以證券所載之內容而為給付之義務，並無不同。

7 **(B)**。地方制度法第83-2條，直轄市之區由山地鄉改制者，稱直轄市山地原住民區（以下簡稱山地原住民區），為地方自治團體，設區民代表會及區公所，分別為山地原住民區之立法機關及行政機關，依本法辦理自治事項，並執行上級政府委辦事項。山地原住民區之自治，除法律另有規定外，準用本法關於鄉（鎮、市）之規定；其與直轄市之關係，準用本法關於縣與鄉（鎮、市）關係之規定。
故地方制度法特別將改制為直轄市後山地鄉改制而成的區定為「直轄市山地原住民區」，且準用同法之鄉、鎮、縣轄市相關規定，使其得以擁有地方自治權限。直轄市山地原住民區區長為民選，並得由區民直接選舉「區民代表」組成「區民代表會」。

8 **(A)**。地方制度法第2條第4款，本法用詞之定義如下：

四、核定：指上級政府或主管機關，對於下級政府或機關所陳報之事項，加以審查，並作成決定，以完成該事項之法定效力之謂。

9 **(B)**。行政院組織法第9條，行政院設下列相當中央二級獨立機關：
一、中央選舉委員會。二、公平交易委員會。三、國家通訊傳播委員會。

10 **(D)**。行政程序法：
(A)第13條，同一事件，數行政機關依前二條之規定均有管轄權者，由受理在先之機關管轄，不能分別受理之先後者，由各該機關協議定之，不能協議或有統一管轄之必要時，由其共同上級機關指定管轄。無共同上級機關時，由各該上級機關協議定之。
(B)第11條第5項，管轄權非依法規不得設定或變更。
(C)第11條第1項，行政機關之管轄權，依其組織法規或其他行政法規定之。（此處法規包括法律、法律明確授權之法規命令、自治條例、自治規則及委辦規則等）
(D)第12條第1款，不能依前條第一項定土地管轄權者，依下列各款順序定之：一、關於不動產之事件，依不動產之所在地。

11 **(A)**。管轄權於行政法學理上可分為：
(1) 事物管轄：係指行政機關執行特定行政任務之權限，即以客觀事務類別來做區分標準。
(2) 土地管轄：係指行政機關可行使事物管轄的地域範圍，原則上應先確認特定行政機關享有事務管轄權後，方有劃分土地管轄之必要。
(3) 層級管轄：係指行政機關按其層級構造，分配由某一層級之行政機關掌理特定行政任務。

至選項(D)之功能管轄屬為行政訴訟之管轄權分類，而與本題較為無涉。

12 **(C)**。公務人員考績法第7條第1項，年終考績獎懲依左列規定：
一、甲等：晉本俸一級，並給與一個月俸給總額之一次獎金；已達所敘職等本俸最高俸級或已敘年功俸級者，晉年功俸一級，並給與一個月俸給總額之一次獎金；已敘年功俸最高俸級者，給與二個月俸給總額之一次獎金。
二、乙等：晉本俸一級，並給與半個月俸給總額之一次獎金；已達所敘職等本俸最高俸級或已敘年功俸級者，晉年功俸一級，並給與半個月俸給總額之一次獎金；已敘年功俸最高俸級者，給與一個半月俸給總額之一次獎金。
三、丙等：留原俸級。
四、丁等：免職。

13 **(D)**。公務員懲戒法第9條第4項，第一項第四款、第五款及第八款之處分於政務人員不適用之。
又同法條第1項，公務員之懲戒處分如下：一、免除職務。二、撤職。三、剝奪、減少退休（職、伍）金。四、休職。五、降級。六、減俸。七、罰款。八、記過。九、申誡。

14 (D)。公務員服務法：
(A)第4條，公務員對於兩級長官同時所發命令，以上級長官之命令為準；主管長官與兼管長官同時所發命令，以主管長官之命令為準。
(B)(C)(D)第3條第1項，公務員對於長官監督範圍內所發之命令有服從義務，如認為該命令違法，應負報告之義務；該管長官如認其命令並未違法，而以書面署名下達時，公務員即應服從；其因此所生之責任，由該長官負之。但其命令有違反刑事法律者，公務員無服從之義務。

15 (A)。行政執行法第17條第3項，義務人經行政執行處依第一項規定命其提供相當擔保，限期履行，屆期不履行亦未提供相當擔保，有下列情形之一，而有強制其到場之必要者，行政執行處得聲請法院裁定拘提之：
一、顯有逃匿之虞。二、經合法通知，無正當理由而不到場。

16 (A)。公務人員保障法：
(A)第86條第2項，前項之代理人，應提出經特別委任之授權證明，始得參與調處。
(B)第86條第3項，復審人、再申訴人，或其代表人、經特別委任之代理人及有關機關，無正當理由，於指定期日不到場者，視為調處不成立。但保訓會認為有成立調處之可能者，得另定調處期日。
(C)第85條第2項，前項調處，於多數人共同提起之保障事件，其代表人非徵得全體復審人或再申訴人之書面同意，不得為之。
(D)第85條第1項，保障事件審理中，保訓會得依職權或依申請，指定副主任委員或委員一人至三人，進行調處。

17 (A)。公務員服務法第2條，本法適用於受有俸給之文武職公務員及公營事業機構純勞工以外之人員。前項適用對象不包括中央研究院未兼任行政職務之研究人員、研究技術人員。

18 (C)。法務部民國107年7月3日法律字第10703509710號行政函釋說明二略以：至如行政處分之作成由應迴避之公務員參與作成行政處分，而未構成重大明顯之瑕疵時，屬於得撤銷之行政處分（陳敏著，行政法總論，100年9月7版，第382頁參照）。

19 (B)。行政程序法第155條，行政機關訂定法規命令，得依職權舉行聽證。

20 (D)。地方制度法：
(A)第32條第2項，自治法規、委辦規則依規定應經其他機關核定者，應於核定文送達各該地方行政機關三十日內公布或發布。
(B)第32條第3項，自治法規、委辦規則須經上級政府或委辦機關核定者，核定機關應於一個月內為核定與否之決定；逾期視為核定，由函報機關逕行公布或發布。但因內容複雜、關係重大，須較長時間之審查，經核定機關具明理由函告延長核定期限者，不在此限。

(C)第32條第1項，自治條例經地方立法機關議決後，函送各該地方行政機關，地方行政機關收到後，除法律另有規定，或依第三十九條規定提起覆議、第四十三條規定報請上級政府予以函告無效或聲請司法院解釋者外，應於三十日內公布。

(D)第31條第1項，地方立法機關得訂定自律規則。

21 **(D)**。

(1) 最高行政法院105年度裁字第441號裁定略以：

檢舉逃漏稅之規範目的乃為維護國家之稅收，並防止逃漏稅捐等公共利益，檢舉人之檢舉僅在促使主管稽徵機關依職權而介入並發動調查，且賦予主管稽徵機關作為或不作為之裁量權限，檢舉人並無請求主管稽徵機關為特定作為之法律上請求權。

(2) 並最高行政法院99年度6月份庭長法官聯席會議（四）決議理由略以：

對檢舉人依法檢舉事件，主管機關依該檢舉進行調查後，所為不予處分之復函，僅在通知檢舉人，主管機關就其檢舉事項所為調查之結果，其結果因個案檢舉事項不同而有不同，法律並未規定發生如何之法律效果。縱使主管機關所為不予處分之復函，可能影響檢舉人其他權利之行使，乃事實作用，而非法律作用。系爭復函既未對外直接發生法律效果，自非行政處分。

22 **(C)**。(A)行政程序法第114條第1項第1款，違反程序或方式規定之行政處分，除依第一百十一條規定而無效者外，因下列情形而補正：一、須經申請始得作成之行政處分，當事人已於事後提出者。

(B)通知限期改善之行政處分，依題意未見無效之處。

(C)司法院大法官釋字第621號解釋理由略以：

行政罰鍰係人民違反行政法上義務，經行政機關課予給付一定金錢之行政處分。行政罰鍰之科處，係對受處分人之違規行為加以處罰，若處分作成前，違規行為人死亡者，受處分之主體已不存在，喪失其負擔罰鍰義務之能力，且對已死亡者再作懲罰性處分，已無實質意義，自不應再行科處。

(D)行政程序法第115條，行政處分違反土地管轄之規定者，除依第一百十一條第六款規定而無效者外，有管轄權之機關如就該事件仍應為相同之處分時，原處分無須撤銷。

23 **(A)**。行政程序法第123條第4款，授予利益之合法行政處分，有下列各款情形之一者，得由原處分機關依職權為全部或一部之廢止：四、行政處分所依據之法規或事實事後發生變更，致不廢止該處分對公益將有危害者。

24 **(B)**。

(1) 司法院大法官釋字第459號解釋理由略以：

兵役體位之判定，係徵兵機關就役男應否服兵役及應服何種兵役所為之決定而對外直接發生法律效果之單方行政行為，此種決定行為，對役男在憲法上之權益有重大影響，應為訴願法及行政訴訟法上之行政處分。

(2) 確認處分是對於既存事實之法律關係存在與否確認，以及對人之地位或物之性質在法律上具有重要意義事項的認定。

25 **(D)**。行政程序法：

(A)雙務契約規範於第137條，第1項，行政機關與人民締結行政契約，互負給付義務者，應符合下列各款之規定：一、契約中應約定人民給付之特定用途。二、人民之給付有助於行政機關執行其職務。三、人民之給付與行政機關之給付應相當，並具有正當合理之關聯。

(B)和解契約規範於第136條，行政機關對於行政處分所依據之事實或法律關係，經依職權調查仍不能確定者，為有效達成行政目的，並解決爭執，得與人民和解，締結行政契約，以代替行政處分。

(C)行政契約當事人地位不平等之情形，即為隸屬契約。

(D)行政法學理上並無此種契約稱謂。

26 **(B)**。行政程序法第112條，行政處分一部分無效者，其他部分仍為有效。但除去該無效部分，行政處分不能成立者，全部無效；同法第143條，行政契約之一部無效者，全部無效。但如可認為欠缺該部分，締約雙方亦將締結契約者，其他部分仍為有效。

27 **(A)**。法務部108年9月4日法律字第10803513300號函釋略以：

行政程序法第92條第1項規定，所謂行政處分，係指中央或地方行政機關就公法上具體事件所為之決定或其他公權力措施而對外直接發生法律效果之單方行政行為而言；又所謂「觀念通知」，係指行政機關對外所為公法上之單方行為，純屬單純之意思通知，對於當事人申請事項並無准駁之表示，而不生法律上之任何效果（最高行政法院108年裁字第731號裁定參照）。

28 **(D)**。

(1) 行政罰法第2條，本法所稱其他種類行政罰，指下列裁罰性之不利處分：

一、限制或禁止行為之處分：限制或停止營業、吊扣證照、命令停工或停止使用、禁止行駛、禁止出入港口、機場或特定場所、禁止製造、販賣、輸出入、禁止申請或其他限制或禁止為一定行為之處分。

二、剝奪或消滅資格、權利之處分：命令歇業、命令解散、撤銷或廢止許可或登記、吊銷證照、強制拆除或其他剝奪或消滅一定資格或權利之處分。

三、影響名譽之處分：公布姓名或名稱、公布照片或其他相類似之處分。

四、警告性處分：警告、告誡、記點、記次、講習、輔導教育或其他相類似之處分。

(2) 選項(A)(B)所涉及之撤銷或廢止許可或登記情形，並非受益人違反行政法上義務而加以處罰，此時並不具裁罰性質；選項(C)最高行政法院98年1310號裁定，依稅捐稽徵法§24所為之限制財產移轉、設定他項權利登記、限制其減資或註銷登記及限制出境之處分，該處分不具裁罰性，僅屬保全措施，而非裁罰性不利處分。

29 **(B)**。行政罰法：

(A)(D)第4條，違反行政法上義務之處罰，以行為時之法律或自治條例有明文規定者為限。

(B)第5條，行為後法律或自治條例有變更者，適用裁處時之法律或自治條例。但裁處前之法律或自治條例有利於受處罰者，適用最有利於受處罰者之規定。

(C)第11~13條，分別規範依法令及依職務命令之行為、正當防衛和緊急避難等阻卻違法事由。

30 **(B)**。行政罰法第2條第4款，本法所稱其他種類行政罰，指下列裁罰性之不利處分：四、警告性處分：警告、告誡、記點、記次、講習、輔導教育或其他相類似之處分。

31 **(C)**。行政執行法第28條，前條所稱之間接強制方法如下：

一、代履行。二、怠金。

前條所稱之直接強制方法如下：

一、扣留、收取交付、解除占有、處置、使用或限制使用動產、不動產。二、進入、封閉、拆除住宅、建築物或其他處所。三、收繳、註銷證照。四、斷絕營業所必須之自來水、電力或其他能源。五、其他以實力直接實現與履行義務同一內容狀態之方法。

32 **(D)**。行政執行法第9條第1項，義務人或利害關係人對執行命令、執行方法、應遵守之程序或其他侵害利益之情事，得於執行程序終結前，向執行機關聲明異議。

33 **(B)**。行政執行法第17條：

(A)第2項第1款，前項義務人有下列情形之一者，不得限制住居：一、滯欠金額合計未達新臺幣十萬元。但義務人已出境達二次者，不在此限。

(B)(C)第1項第6款，義務人有下列情形之一者，行政執行處得命其提供相當擔保，限期履行，並得限制其住居：六、經合法通知，無正當理由而不到場。

(D)第2項第2款，前項義務人有下列情形之一者，不得限制住居：二、已按其法定應繼分繳納遺產稅款、罰鍰及加徵之滯納金、利息。但其繼承所得遺產超過法定應繼分，而未按所得遺產比例繳納者，不在此限。

34 **(B)**。行政程序法第37條，當事人於行政程序中，除得自行提出證據外，亦得向行政機關申請調查事實及證據。但行政機關認為無調查之必要者，得不為調查，並於第四十三條之理由中敘明之。

35 **(C)**。

(1) 政府資訊公開法第18條第1項第6款，政府資訊屬於下列各款情形之一者，應限制公開或不予提供之：六、公開或提供有侵害個人隱私、職業上秘密或著作權人之公開發表權者。但對公益有必要或為保護人民生命、身體、健康有必要或經當事人同意者，不在此限。

(2) 是否為維護公益而得公開，尚須審酌有無比要和經比例原則之檢視。

36 **(D)**。行政程序法第103條，有下列各款情形之一者，行政機關得不給予陳述意見之機會：

一、大量作成同種類之處分。

二、情況急迫，如予陳述意見之機會，顯然違背公益者。

三、受法定期間之限制，如予陳述意見之機會，顯然不能遵行者。

四、行政強制執行時所採取之各種處置。

五、行政處分所根據之事實，客觀上明白足以確認者。

六、限制自由或權利之內容及程度，顯屬輕微，而無事先聽取相對人意見之必要者。

七、相對人於提起訴願前依法律應向行政機關聲請再審查、異議、復查、重審或其他先行程序者。

八、為避免處分相對人隱匿、移轉財產或潛逃出境，依法律所為保全或限制出境之處分。

37 **(D)**。行政程序法第3條第3項，下列事項，不適用本法之程序規定：

一、有關外交行為、軍事行為或國家安全保障事項之行為。二、外國人出、入境、難民認定及國籍變更之行為。三、刑事案件犯罪偵查程序。四、犯罪矯正機關或其他收容處所為達成收容目的所為之行為。五、有關私權爭執之行政裁決程序。六、學校或其他教育機構為達成教育目的之內部程序。七、對公務員所為之人事行政行為。八、考試院有關考選命題及評分之行為。

38 **(A)**。國家賠償法第4條第1項，受委託行使公權力之團體，其執行職務之人於行使公權力時，視同委託機關之公務員。受委託行使公權力之個人，於執行職務行使公權力時亦同；再同法第2條第2項，公務員於執行職務行使公權力時，因故意或過失不法侵害人民自由或權利者，國家應負損害賠償責任。公務員怠於執行職務，致人民自由或權利遭受損害者亦同。

39 **(B)**。訴願法第14條第3項，訴願之提起，以原行政處分機關或受理訴願機關收受訴願書之日期為準。

此與行政程序法規定有別，第49條，

基於法規之申請，以掛號郵寄方式向行政機關提出者，以交郵當日之郵戳為準。

40 **(C)**。

(1) 司法院大法官釋字第784號解釋文略以：
本於憲法第16條保障人民訴訟權之意旨，各級學校學生認其權利因學校之教育或管理等公權力措施而遭受侵害時，即使非屬退學或類此之處分，亦得按相關措施之性質，依法提起相應之行政爭訟程序以為救濟，無特別限制之必要。

(2) 則訴願法第4條第6款，訴願之管轄如左：六、不服中央各部、會、行、處、局、署所屬機關之行政處分者，向各部、會、行、處、局、署提起訴願。

(3) 爰本題國立大學學生甲，不服大學之記過處分，應向教育部提起訴願。

41 **(C)**。訴願法第4條，訴願之管轄如左：

一、不服鄉（鎮、市）公所之行政處分者，向縣（市）政府提起訴願。→(A)

二、不服縣（市）政府所屬各級機關之行政處分者，向縣（市）政府提起訴願。→(B)

三、不服縣（市）政府之行政處分者，向中央主管部、會、行、處、局、署提起訴願。

四、不服直轄市政府所屬各級機關之行政處分者，向直轄市政府提起訴願。

五、不服直轄市政府之行政處分者，向中央主管部、會、行、處、局、署提起訴願。

六、不服中央各部、會、行、處、局、署所屬機關之行政處分者，向各部、會、行、處、局、署提起訴願。→(C)

七、不服中央各部、會、行、處、局、署之行政處分者，向主管院提起訴願。

八、不服中央各院之行政處分者，向原院提起訴願。→(D)

42 **(D)**。(A)憲法訴訟法第77條，政黨之目的或行為，危害中華民國之存在或自由民主之憲政秩序者，主管機關得聲請憲法法庭為宣告政黨解散之判決。

(B)中華民國憲法增修條文第4條第7項，立法院對於總統、副總統之彈劾案，須經全體立法委員二分之一以上之提議，全體立法委員三分之二以上之決議，聲請司法院大法官審理，不適用憲法第九十條、第一百條及增修條文第七條第一項有關規定。

(C)公職人員選舉罷免法第126條，選舉、罷免訴訟之管轄法院，依下列之規定：

一、第一審選舉、罷免訴訟，由選舉、罷免行為地之該管地方法院或其分院管轄，其行為地跨連或散在數地方法院或分院管轄區域內者，各該管地方法院或分院俱有管轄權。二、不服地方法院或分院第一審判決而上訴之選舉、罷免訴訟事件，由該管高等法院或其分院管轄。

(D)行政訴訟法第237-11條，收容聲請事件，以地方行政法院為第一審管轄法院。前項事件，由受收容人所在地之地方行政法院管轄，不適用第十三條之規定。

43 (C)。該違建已被拆除，則訴願標的行政處分業已消滅，甲自不具訴願之一般合法性要件，該訴願自不受理。是以僅得依行政訴訟法第6條第1項改提起確認訴訟，即確認行政處分無效及確認公法上法律關係成立或不成立之訴訟，非原告有即受確認判決之法律上利益者，不得提起之。其確認已執行而無回復原狀可能之行政處分或已消滅之行政處分為違法之訴訟，亦同。

44 (D)。行政程序法第158條第1項，法規命令，有下列情形之一者，無效：

一、牴觸憲法、法律或上級機關之命令者。二、無法律之授權而剝奪或限制人民之自由、權利者。三、其訂定依法應經其他機關核准，而未經核准者。

而各機關發布之行政命令則應送立法院備查，立法院得依法交付委員會審查，若發現其中有違反、變更或牴觸法律情形，或應以法律規定事項而以命令定之者，均得經院會議決通知原訂頒機關於2個月內更正或廢止；逾期未更正或廢止者，該命令始失效。

45 (B)。行政訴訟法：

(A)第98條第2項，起訴，按件徵收裁判費新臺幣四千元。適用簡易訴訟程序之事件，徵收裁判費新臺幣二千元

(B)(C)第98條第1項，訴訟費用指裁判費及其他進行訴訟之必要費用，由敗訴之當事人負擔。但為第一百九十八條之判決時，由被告負擔。

(D)第101條，當事人無資力支出訴訟費用者，行政法院應依聲請，以裁定准予訴訟救助。但顯無勝訴之望者，不在此限。

46 (D)。111年憲判字第20號【請求准許發給外籍配偶居留簽證案】判決主文：

最高行政法院103年8月份第1次庭長法官聯席會議決議：「外籍配偶申請居留簽證經主管機關駁回，本國配偶……提起課予義務訴訟，行政法院應駁回其訴」，僅係就是否符合提起課予義務訴訟之要件所為決議，其固未承認本國（籍）配偶得以自己名義提起課予義務訴訟，惟並未排除本國（籍）配偶以其與外籍配偶共同經營婚姻生活之婚姻自由受限制為由，例外依行政訴訟法第4條規定提起撤銷訴訟之可能。於此範圍內，上開決議尚未牴觸憲法第22條保障本國（籍）配偶之婚姻自由與第16條保障訴訟權之意旨。

47 (D)。國家賠償法第3條第1項，公共設施因設置或管理有欠缺，致人民生命、身體、人身自由或財產受損害者，國家應負損害賠償責任。

48 (B)。國家賠償法：

(A)第5條，國家損害賠償，除依本法

規定外，適用民法規定；又民法第216條，損害賠償，除法律另有規定或契約另有訂定外，應以填補債權人所受損害及所失利益為限。依通常情形，或依已定之計劃、設備或其他特別情事，可得預期之利益，視為所失利益。

(B)第7條第1項，國家負損害賠償責任者，應以金錢為之。但以回復原狀為適當者，得依請求，回復損害發生前原狀。

(C)第8條第1項，賠償請求權，自請求權人知有損害時起，因二年間不行使而消滅；自損害發生時起，逾五年者亦同。

(D)第15條，本法於外國人為被害人時，以依條約或其本國法令或慣例，中華民國人得在該國與該國人享受同等權利者為限，適用之。

49 **(B)**。(A)最高法院80年台上字第525號判決：「所謂行使公權力，係指公務員居於國家機關之地位，行使統治權作用之行為而言。並包括運用命令及強制等手段干預人民自由及權力之行為，以及提供給付、服務、救濟、照顧等方法，增進公共及社會成員利益，以達成國家任務之行為。如國家機關立於私法主體之地位，從事一般行政之補助行為，如購置行政業務所需之物品或處理行政業務相關之物品，自與公權力之行使無關，不生國家賠償之問題。」是以，除私經濟作用外之一切公法性質的行政活動即為公權力之行使，皆有國家賠償法之適用。

(B)國家賠償法第4條第1項，受委託行使公權力之團體，其執行職務之人於行使公權力時，視同委託機關之公務員。受委託行使公權力之個人，於執行職務行使公權力時亦同。

(C)國家賠償法第2條第2項，公務員於執行職務行使公權力時，因故意或過失不法侵害人民自由或權利者，國家應負損害賠償責任。公務員怠於執行職務，致人民自由或權利遭受損害者亦同。

(D)最高法院101年度台上字第1243號民事判決要旨，按國家賠償責任之成立，以公務員不法之行為，與損害之發生，有相當因果關係為要件。

50 **(A)**。行政裁量瑕疵可以分為「裁量逾越」、「裁量濫用」與「裁量怠惰」三種類型，其中裁量濫用指的是行政機關行使裁量權時，違反法律授予裁量的目的、疏漏沒有審酌應加以考量的觀點、或摻雜與事件無關的動機、違反平等原則、比例原則、信賴保護原則等一般法律原則或憲法保障的基本權利等。

113年　司法三等（書記官）

一、行政程序法第4條規定：「行政行為應受法律及一般法律原則之拘束」，其中「一般法律原則」，是否包括「期待可能性」原則？此一原則應如何適用？

解 (一)行政法的一般法律原則：

1.行政程序法第4條，行政行為應受法律及一般法律原則之拘束；且應不限於明文列舉之原理原則，蓋因行政法之一般法律原則，意指貫穿行政法全部領域的普遍法理，而可為隨時補充法律或命令之法源。

2.關於行政法一般法律原則，如於行政程序法明文加以規定者，即包括第4至10條所規定之依法行政原則、明確性原則、平等原則、比例原則、誠信原則、信賴保護原則、平等原則、合義務性裁量原則，另尚有同法第94、137條禁止不當連結原則、第147條情事變更原則。

3.是以一般法律原則具有作為行政機關行為規範之效力，如有違反，並生實體上違法之效果，因此亦得作為裁判規範，而具有法源效力。

(二)期待可能原則亦屬一般法律原則：

1.所謂「期待可能原則」，指凡行政法律關係之相對人因行政法規、行政處分或行政契約等公權力行為而負有公法上之作為或不作為義務者，均須以有期待可能性為前提。是公權力行為課予人民義務者，依客觀情事勢並參酌義務人之特殊處境，在事實上或法律上無法期待人民遵守時，上開行政法上義務即應受到限制或歸於消滅，否則不啻強令人民於無法期待其遵守義務之情況下，為其不得已違背義務之行為，背負行政上之處罰或不利益，此即所謂行政法上之期待可能性原則，乃是人民對公眾事務負擔義之界限。

2.復依行政程序法第111條第3款，行政處分有下列各款情形之一者，無效：三、內容對任何人均屬不能實現者；又依司法院大法官釋字第575號解釋意旨，法治國家比例原則要求國家行為應不得逾越期待可能性之範圍，行政機關的行為違反期待可能原則，實無期待人民履行或遵守的可能性。此皆屬期待可能原則之體現。

3.故行政行為如違反期待可能性原則，如該行政行為屬行政處分，依行政程序法第111條規定當屬違法處分；若為行政義務將以行政罰處之時，則得為阻卻違法事由；又如為行政契約時，因難以期待相對人履行，構成阻卻責任事由。

(三)綜上所述，行政行為應該受到一般法律原則之拘束，其中包括了期待可能性原則。

二、行政執行是否得以受執行義務人已具有「保單價值準備金」之「人壽保險契約」為執行標的？若可以，行政執行分署應如何就該「人壽保險契約」執行？

解 (一)行政執行得以受執行義務人已具有保單價值準備金之人壽保險契約為執行標的：

1.依行政執行法第11條第1項前段，義務人依法令或本於法令之行政處分或法院之裁定，負有公法上金錢給付義務，有下列情形之一，逾期不履行，經主管機關移送者，由行政執行處就義務人之財產執行之。

2.而依最高法院108年度台抗大字第897號大法庭裁定見解，認為保單價值應歸屬於繳納保險費之「要保人」，蓋因要保人具有將保單價值轉變為金錢給付之請求權利，該請求權便為義務人之實質財產權，又無一身專屬性，而得由債權人聲請強制執行。再者，金錢債權執行扣押時並不限於執行時業已存在之債權，包括義務人將來可能發生之債權亦可為執行標的。

3.故行政執行分署就義務人為受益人時之保險契約金錢債權、以及義務人為要保人之保單準備金，皆可納為應執行金額範圍內作為執行標的，因而聲請執行法院核發執行命令，於法有據。

(二)行政執行分署應依強制執行法規定，聲請執行法院應發扣押命令禁止義務人收取或為其他處分，並禁止保險公司向義務人：

1.依行政執行法第26條規定，關於本章之執行，除本法另有規定外，準用強制執行法之規定；復依強制執行法第115條第1項，就債務人對於第三人之金錢債權為執行時，執行法院應發扣押命令禁止債務人收取或為其他處分，並禁止第三人向債務人清償。

2.故行政執行分署可依行政執行法第26條準用強制執行法第115條規定，聲請執行法院核發扣押命令，禁止受執行義務人向保險公司收取或處分，其基於人壽保險契約所生對保險公司之金錢債權，保險公司亦不得對受執行義務人進行清償。

3.另行政執行分署亦可準用前揭強制執行法條文第2項規定，聲請執行法院核發收取命令或將該債權移轉，使行政執行分署得代位終止受義務人之人壽保險契約後，請求給付解約金。

三、公務員對於其職務監督範圍內長官所下命令，有如何之服從義務？現行公務員服務法有如何規定？

解 (一)公務員服從義務係基於行政一體性：

1.依司法院大法官釋字第613號解釋，所謂行政一體原則，係因行政旨在執行法律，處理公共事務，形成社會生活，追求全民福祉，進而實現國家目的，雖因任務繁雜、多元，而須分設不同部門，使依不同專業配置不同任務，分別執行，惟設官分職目的絕不在各自為政，而是著眼於分工合作，蓋行政必須有整體之考量，無論如何分工，最終仍須歸屬最高行政首長統籌指揮監督，方能促進合作，提昇效能，並使具有一體性之國家有效運作。

2.並於憲法53條明定，行政院為國家最高行政機關，其目的在於維護行政一體，使所有國家之行政事務，除憲法別有規定外，均納入以行政院為金字塔頂端之層級式行政體制掌理，經由層級節制，最終並均歸由位階最高之行政院之指揮監督。

3.是故公務員之服從義務，係基於行政一體性，公務員有上命下從之組織特性。

(二)公務員服務法相關規定：

1.現行公務員服務法係於111年修正，參酌公務人員保障法第17條規定，修正公務員服從義務規定；公務員對於長官監督範圍內所發之命令有服從義務，如認為該命令違法，應負報告之義務；該管長官如認其命令並未違法，而以書面署名下達時，公務員即應服從；其因此所生之責任，由該長官負之。但其命令有違反刑事法律者，公務員無服從之義務。

2.舊法之公務員服務法於相關規範內，僅就長官於其監督範圍內所發之命令，屬官有服從之義務，但如有意見得隨時陳述等規定文字，惟仍未明示公務員於有意見陳述時有無服從義務，相當於無論命令是否合法，公務員皆有服從義務之疑慮。

3.另現行公務員服務法亦有規範，公務員對於長官監督範圍內所發之命令，如認為該命令違法，然該管長官非以書面署名下達命令者，公務員得請求其以書面署名為之，該管長官拒絕時，視為撤回其命令。

四、本國籍配偶對於其外籍配偶在臺灣居留簽證未能獲准，是否得提起訴訟？應提起何種訴訟？

解 (一)本國籍配偶對於其外籍配偶在臺灣居留簽證未能獲准，得提起訴訟救濟：

1.依釋憲實務見解，所謂訴訟權之保障是指，基於有權利即有救濟之憲法原則，人民權利或法律上利益遭受侵害時，必須給予向法院提起訴訟，請求依正當法律程序公平審判，以獲及時有效救濟之機會。

2.而於本國人與外國人成立婚姻關係之情形，若行政機關否准外籍配偶來臺簽證之申請，勢必影響本國（籍）與外籍配偶之共同經營婚姻生活，而限制其婚姻自由；且依司法院大法官釋字第791號解釋意旨，憲法第22條所保障之婚姻自由，除保障人民是否結婚與跟何人結婚外，還包括與配偶共同形成與經營其婚姻關係之權利。

3.是故對於婚姻自由之限制，外籍配偶固得依法提起行政救濟，本國（籍）配偶亦應有適當之行政救濟途徑，始符合憲法第16條保障人民，有權利即有救濟之訴訟權意旨。

(二)本國籍配偶對於其外籍配偶在臺灣居留簽證未能獲准，得提起撤銷訴訟：

1.依最高行政法院103年8月份第1次庭長法官聯席會議決議，法令上既未賦予第三人有申請之公法上請求權，第三人即不可能因主管機關之駁回該項申請而有權利或法律上利益受損害之情形，故該第三人對該駁回申請行政處分即不具備訴訟權能，其對該行政處分提起前開課予義務訴訟，亦屬當事人不適格，應認其訴為顯無理由而以判決駁回。

2.然於憲法法庭111年憲判字第20號判決指出，該決議僅就得否提起「課予義務訴訟」進行討論，由於依課予義務訴訟請求相關機關核發簽證之權利，屬於持外國護照者「專屬之權利」，其固未承認本國（籍）配偶得以自己名義提起課予義務訴訟之權利，因此於此範圍內，該最高行政法院決議並未與憲法保障人民婚姻自由與訴訟權之意旨相牴觸。

3.但並未排除本國（籍）配偶以其與外籍配偶共同經營婚姻生活之婚姻自由受限制為由，例外依行政訴訟法第4條規定提起撤銷訴訟之可能。故對於相關機關拒發簽證之處分，在法律性質上為具侵害人民權利或法律上利益之「不利處分」，因同時會影響本國籍配偶之婚姻自由，其自然可以依行政訴訟法第4條提起「撤銷訴訟」以保障其訴訟權。

113年 司法四等（書記官）

一、科學園區某甲公司欲申請設立新製程之晶圓廠，因而向A市政府申請建照，該管機關之處分如下，其合法性如何？
(一)申請案核准，但要求甲須於期限內做好污水回收處理設備。
(二)甲須捐贈該市文化基金新臺幣2000萬元，方允許設立新廠房。

解 (一)A市政府核准甲公司申請設立晶圓廠之建照申請，但要求甲須於期限內做好污水回收處理設備，屬依行政目的需要所為之附款，該附款具合法性：

1.依行政程序法第93條第1項規定，行政機關作成行政處分有裁量權時，得為附款。無裁量權者，以法律有明文規定或為確保行政處分法定要件之履行而以該要件為附款內容者為限，始得為之；又依同法第94條規定，行政處分之附款不得違背行政處分之目的，並應與該處分之目的有正當合理之關聯。

2.本案甲公司係為建置晶圓工廠而向A市政府申請建照，經A市府核准其申請，但要求甲須於期限內做好污水回收處理設備，此為附加在一定期限內之作為義務，屬於行政程序法第93條第2項所指「負擔」之附款，而為核准建照之授益處分附加要件。

3.承上，A市政府核准甲公司建置晶圓廠之申請，考量晶圓產業具有之用水高污染特性，作成授益性行政處分時，依其裁量權限附加負擔，在一定期限內做好處理污水設備，該附款負擔之內容與行政目的之需求具高度合理關聯，A市政府附加之附款屬具合法性。

(二)A市政府要求甲公司須捐贈該市文化基金新臺幣2000萬元，方允許設立新廠房，違反不當聯結禁止原則，而屬違法：

1.依行政程序法第94條規定，行政處分之附款不得違背行政處分之目的，並應與該處分之目的有正當合理之關聯；又按行政法理之「不當聯結禁止原則」，係指行政機關行使公權力、從事行政活動，不得將不具事理上關聯的事項與其所欲採取的措施或決定相互結合，尤其行政機關對人民課以一定的義務或負擔，或造成人民其他的不利益時，其採取的手段與所欲追求的目的之間，必須存有合理的關係連結。

2.A市政府核准建照之授益處分，其附加要求甲公司須捐贈該市文化基金新臺幣2000萬元，方允許設立新廠房；惟文化基金與晶圓廠設置並無實質內在關聯或合理正當之連結關係，該A市政府的行政處分其所附加的負擔，將不具有事理上關聯的事項結合，對相對人不利之處置或課予義務，而有違「不當聯結禁止原則」。

3.承上，A市政府核准甲公司建照之授益處分，附加須捐贈該市文化基金新臺幣2000萬元之要件，並不具合法性。

二、甲公司（以下簡稱甲）係外籍看護工之仲介業者，替乙女士辦理聘僱外籍看護工相關事宜。惟甲在該看護工受僱期間，於其薪資內以「本國所得稅」、「安家費貸款」等名目，超收規定標準以外的其他費用，合計新臺幣（下同）10萬元。該案經媒體揭露並引發社福團體關注，A縣政府（以下簡稱A）遂根據就業服務法第40條第1項第5款之規定，以甲所收受之不正利益10萬元為基礎，處以同法第66條第1項規定（10至20倍）的最高額度罰鍰，即200萬元罰鍰。甲以A於該處分中，未明白表示其處以最高20倍罰鍰之理由，有違「明確性原則」，並主張A未曾訂定相關裁罰基準，只為應付輿論壓力，對於初犯者處以最高罰鍰，不符裁量原則。甲之主張是否有理由？

解 (一)A縣政府裁處甲公司之處分中，未記明處以最高20倍罰鍰之理由，違反行政行為明確性原則：

1.依行政程序法第5條，行政行為之內容應明確。是基於憲法法治國原則導出之明確性原則所制定，意指行政行為的內容，應該力求具體明確，使人民得以依循，對於人民重要的自由、權利法益之限制剝奪，該行政行為之內容應明確，使當事人得以事先預見及考量。

2.又同法第5條及第96條第1項規定定有明文，行政處分以書面為之者，應記載如足以辨別受處分人之個資、處分主旨事實理由及其法令依據、處分機關和權利救濟途徑等，是為明確性原則之體現。

3.今A縣政府對甲公司違反就業服務法之情事，以其所超收規定標準以外之10萬元費用，認定屬收受之不正利益，因而處以20倍之最高額度罰鍰200萬元；惟A縣政府於該處分書內，並未明白表示其處以最高20倍罰鍰之理由，該裁處行為屬欠缺前揭規定明文應記載之事項，甲無從得知機關衡量裁罰金額之依據，而有違明確性原則。

(二)另A縣政府之裁罰具有裁量瑕疵，而欠缺合法性：

1.依行政程序法第10條，行政機關行使裁量權，不得逾越法定之裁量範圍，並應符合法規授權之目的。

2.是以行政機關於法律規定的構成要件該當時，基於法律授權得決定是否讓法律效果生效、或選擇不同的行為方式和效果，此即所謂行政裁量。惟裁量並非自由或任意，機關應為「合義務性裁量」，裁量之行使必須在法律授權範圍內，並合於法律授權的目的及一般法律原則的拘束，不得有裁量逾越及裁量濫用的情形。如有違反便係裁量瑕疵，而屬違法之行政處分。

3.依題所示，A縣政府未曾訂定相關裁罰基準，承前所述於裁罰金額亦無具體衡量事由，逕對於初犯者(即甲公司)處以最高罰鍰；如不予裁量逕為處分，即為裁量之怠惰；而如係為輿論壓力所致，而加以裁處最高額罰鍰，則該裁量顯係受到不相關因素動機影響之裁量濫用。

(三)綜上所述，A縣政府認甲公司有違反就業服務法情形，惟未就相關規定制定裁罰基準，而處以不正利益的最高20倍罰鍰計200萬元，又未敘明具體衡酌事由，而屬裁量瑕疵之情形，系爭處分違法，甲之主張有理由。

三、我國「行政執行法」對於行政法上「行為或不行為之義務」有其直接與間接的強制手段。請就相關規定由輕而重，分析行政執行之執行種類以及機關可採之執行方法。

解 (一)干涉人民法益較輕者為間接強制執行：

1.代履行：

(1)代履行規範於行政執行法第29條，該條第1項規定，依法令或本於法令之行政處分，負有行為義務而不為，其行為能由他人代為履行者，執行機關得委託第三人或指定人員代履行之。

(2)可知代履行是針對得由第三人代替履行之作為義務所規範，並不必以先有行政秩序罰為必要，只要有違反行政義務之存在便可代履行之。

(3)而代履行衍伸的費用，因費用之產生係可歸責於不法行為之人，而由違反行政義務之人負擔，故依該條第2項規定，由執行機關估計其數額，命義務人繳納；其繳納數額與實支不一致時，退還其餘額或追繳其差額。

2.怠金：

(1)怠金規範於行政執行法第30條，依法令或本於法令之行政處分，負有行為義務而不為，其行為不能由他人代為履行者，依其情節輕重處新臺幣5,000元以上30萬元以下怠金；依法令或本於法令之行政處分，負有不行為義務而為之者，亦同。

(2)承上，同法第31條亦規定，經依前條規定處以怠金，仍不履行其義務者，執行機關得連續處以怠金；是故怠金性質屬「執行罰」而非「秩序罰」，可連續為之而不違反「一事不二罰原則」。

(3)惟裁處怠金對於原行政裁罰處分，亦為一獨立之行政處分，故仍須以書面為之。

(二)干涉人民法益較重者為直接強制執行：

1.啟動直接強制之要件：

(1)依行政執行法第32條，經間接強制不能達成執行目的，或因情況急迫，如不及時執行，顯難達成執行目的時，執行機關得依直接強制方法執行之。

(2)蓋因直接強制係行政機關以直接實力加諸義務人之身體或財物，使其直接實現行政處分所命義務之內容，其手段措施影響人民的權利甚鉅，故須符合前述之要件，行政機關始得為之。

2.直接強制執行之種類規範於行政執行法第28條第2項，直接強制方法包括：

(1)扣留、收取交付、解除占有、處置、使用或限制使用動產、不動產。

(2)進入、封閉、拆除住宅、建築物或其他處所。

(3)收繳、註銷證照。

(4)斷絕營業所必須之自來水、電力或其他能源。

(5)其他以實力直接實現與履行義務同一內容狀態之方法。

四、近年國人熱衷於郊山健走與溯溪等親近大自然的活動，對於自然環境設施之利用頻率增加。但也因山林、水域幅員廣大，加上自然保育之要求，整建不宜加諸過多的人工干預設施。今有甲自行沿野溪旁之步道健走，途中遇午後雷雨溪水上漲，因恐山洪暴發無法通行，遂強行渡過攔砂壩折返。惟甲於半渡之時失足滑落，且頭部撞擊溪石導致昏迷，其後又因溪水暴漲溺水死亡。甲之家屬認為該步道既然開放給公眾使用，即應具有足夠的安全設施，故對步道負有管理權責之鄉公所A（以下簡稱A）提出國家賠償請求。A認為攔砂壩乃水利機關所設，並非步道之附屬設施，鄉公所並非負責機關。且其設置目的在阻擋砂石，平日雖亦有民眾抄捷徑通行，但A已在兩端設置警告標誌。又甲於溪水暴漲時仍強行渡河，乃自陷危險，故主張國賠責任不成立。請問本案是否應成立國家賠償？

解 (一)有關鄉公所A認為攔砂壩乃水利機關所設，並非步道之附屬設施，鄉公所並非負責機關，此主張無理由：

1.依地方制度法第20條第6款，下列各款為鄉（鎮、市）自治事項：六、關於營建、交通及觀光事項如下：(一)鄉（鎮、市）道路之建設及管理。(二)鄉（鎮、市）公園綠地之設立及管理。（三）鄉（鎮、市）交通之規劃、營運及管理。（四）鄉（鎮、市）觀光事業。

2.是以鄉公所轄區範圍內之交通規劃、營運及管理和觀光事業，皆屬於鄉公所權責事項。

3.又A主張攔砂壩其設置目的在阻擋砂石，平日雖亦有民眾抄捷徑通行，顯見A知曉攔砂壩可為民眾通行之用，但未加以禁止民進入，僅係設置警告標誌而非禁止通行標示，鄉公所A確係攔砂壩之安全管理角色，故主張非負責機關無理由。

(二)有關A認為攔沙壩兩端已設置警告標誌，又甲乃自陷危險，故國賠責任不成立，此主張無理由：

1.依國家賠償法第3條第1項，公共設施因設置或管理有欠缺，致人民生命、身體、人身自由或財產受損害者，國家應負損害賠償責任；可知國家賠償係採無過失責任賠償主義，不以故意或過失為責任要件，祇須有公有公共設施因設置或管理有欠缺，致人民生命、身體或財產受損害，國家或其他公法人即應負賠償責任，至國家或其他公法人對該設置或管理之欠缺有無故意或過失，或於防止損害之發生已否善盡其注意義務，均非所問。

2.又公共設施之設置或管理之欠缺所生之國家賠償責任，雖採無過失責任主義，惟仍須符合「設置或管理有欠缺」、「設置或管理之欠缺與人民受損害間具有相當因果關係」之構成要件，始足當之，非謂人民受有損害之結果係因公有公共設施所造成者，國家即需負賠償責任。亦即在公有公共設施因設置或管理有欠缺之情況下，依客觀之觀察，通常會發生損害者，即為有因果關係，如必不生該等損害或通常亦不生該等損害者，則不具有因果關係。

3.是以A雖於攔砂壩之兩端設置警告標誌，如該警告標誌並非禁止通行或大雨時勿通行等內容，則A就攔砂壩之設置和管理便屬有所欠缺，而與甲之死亡間有相當因果關係存在，A應依國家賠償法第3條第1項之規定負損害賠償責任，自屬有據；反之A所設警告標誌如已載明禁止通行或切勿強行渡過之危險，則甲確為自陷危險之舉，此時A得以「得減輕或免除」國家應負之損害賠償責任。

(三)綜上所述，A對系爭攔砂壩負管理之責，又相關警告標誌如未載明切勿強行渡過之危險，尚難認其已盡警告義務之責任，而無從解免國家賠償責任，反之則得「得減輕或免除」國家應負之損害賠償責任。

113年 司法四等（法警、執行員）

( ) **1** 下列何者非屬應以法律或法規命令規定之事項？ (A)人民之權利、義務 (B)獨立機關之組織 (C)其他重要事項 (D)對人民僅產生不便或輕微影響之細節性、技術性次要事項。

( ) **2** 下列何者並非行政程序法明文規定的行政法一般原理原則？ (A)明確性原則 (B)平等原則 (C)誠信原則 (D)公私協力原則。

( ) **3** 關於依法行政與裁量，下列敘述何者正確？ (A)如法律規定「情節重大者，得令其停工或停業」，係指主管機關僅能在「停工或停業」中擇一處罰，並無不予處罰的權限 (B)法條中使用「得」字者，均可解為裁量之規定 (C)行政機關依裁量權所為罰鍰處分，違反最高科處5倍之罰鍰時，僅可由行政法院撤銷之 (D)受理訴願機關對於下級機關所為裁量處分之當否，無權進行審查。

( ) **4** 依身心障礙者權益保障法第43條第2項規定，民營事業員工總數達法定人數以上，而未進用有就業能力之身心障礙者達法定人數時，應定期向主管機關之身心障礙者就業基金繳納差額補助費，此差額補助費之性質為何？ (A)罰鍰 (B)規費 (C)稅捐 (D)代金。

( ) **5** 下列事項不適用行政程序法之程序規定，其中何者屬「特別法律關係」之典型類型？ (A)有關外交行為、軍事行為或國家安全保障事項之行為 (B)對公務員所為之人事行政行為 (C)外國人出、入境、難民認定及國籍變更之行為 (D)刑事案件犯罪偵查程序。

( ) **6** 依地方制度法規定，關於自治法規之敘述，下列何者正確？ (A)自治法規經地方立法機關通過，並由各該行政機關公布者，稱自治規則 (B)自治法規由地方行政機關訂定，並發布或下達者，稱自治條例 (C)關於地方自治團體及所營事業機構之組織，應以自治規則訂定之 (D)委辦規則應函報委辦機關核定後發布之。

( ) **7** 依中央行政機關組織基準法規定，關於行政機關之名稱，下列敘述何者正確？ (A)一級機關之名稱使用「部」 (B)二級機關之名稱使用「委員會」 (C)三級機關之名稱使用「分局」 (D)四級機關之名稱使用「署」。

( ) **8** 關於地方制度法中之用詞定義，下列敘述何者正確？ (A)委辦事項是指地方自治團體負政策規劃及行政執行責任之事項 (B)自治事項是指地方自治團體執行上級政府交付辦理之非屬該團體事務 (C)核定是指上級政府對於下級政府所陳報之事項，有權審查並作成決定，以完成該事項之法定效力 (D)備查是指下級政府得自為立法並執行，但無法自行完成法定效力，而應送上級政府審查。

( ) **9** 有關職務協助、委任與委託之敘述，下列何者錯誤？ (A)職務協助與權限委託無隸屬關係；權限委任則有隸屬關係 (B)職務協助無公告要求；委任與委託則應公告、並刊登在政府公報 (C)職務協助與權限委託可以拒絕；權限委任原則上不可拒絕 (D)職務協助所需費用由請求機關負擔；權限委託由受委託機關負擔。

( ) **10** 同一事件，數行政機關均有管轄權者，原則上由何機關管轄？ (A)由受理在先之機關管轄 (B)由受理在後之機關管轄 (C)由共同上級機關管轄 (D)由行政院管轄。

( ) **11** 懲戒法院為懲戒處分時，下列何者非屬公務員懲戒法規定應審酌之事項？ (A)行為人之品行 (B)行為人之學經歷 (C)行為所生之損害 (D)行為人之生活狀況。

( ) **12** 下列何者非屬公務員懲戒法所定之懲戒方式？ (A)停職 (B)免除職務 (C)休職 (D)撤職。

( ) **13** 依現行法規定，關於停職之敘述，下列何者正確？ (A)停職為懲戒處分之一種 (B)停職人員不具公務人員身分，亦不得執行職務 (C)停職人員於停職事由消滅後3個月內，得申請復職 (D)復職令送達停職人員後，即生復職之法律效果。

( ) **14** 下列何者應隨政黨輪替同進退？ (A)司法院大法官 (B)監察院審計長 (C)考試院考試委員 (D)經濟部部長。

( ) **15** 依公務人員考績法規定，下列何者非屬得考列丁等之情形？ (A)品行不端或違反有關法令禁止事項，嚴重損害公務人員聲譽，有確實證據者 (B)怠忽職守，稽延公務，造成重大不良後果，有確實證據者 (C)挑撥離間或誣控濫告，情節重大，經疏導無效，有確實證據者 (D)不聽指揮，破壞紀律，情節重大，有確實證據者。

( ) **16** 依現行法規定，關於公務員義務之敘述，下列何者正確？ (A)對於長官所為任何命令，只要違反法律規定，一律不須遵守 (B)為澄清吏治，現行法要求所有公務人員皆須申報其財產 (C)公務員必須專心其職務，完全不得兼職 (D)公務員無論何等職位，皆有利益衝突之迴避義務。

( ) **17** 有關公營造物之利用關係，下列敘述何者錯誤？ (A)公營造物之利用，是否為公法關係，應從使用規則之內容判斷之 (B)公營造物係公法之組織型態時，營造物主體仍得自由決定其利用關係 (C)公營造物係公法之組織型態時，其利用關係須採公法關係 (D)公營造物用物之利用關係，可能是公法關係，亦可能是私法關係。

( ) **18** 關於解釋性行政規則之敘述，下列何者正確？ (A)下達後對人民生效 (B)可於送達首長後，逕行刊載於新聞紙 (C)目的在協助下級機關或屬官統一解釋法令 (D)於對外發布後，始生對外之效力。

( ) **19** 關於行政程序法所規定之法規命令，下列敘述何者正確？ (A)行政機關得依職權，自行訂定法規命令 (B)法規命令之訂定，除由行政機關自行草擬者外，亦得由人民或團體提議為之 (C)行政機關擬訂法規命令時，除有重大公益之需求外，毋庸於政府公報或新聞紙公告 (D)法規命令具有間接對外之法律效力。

( ) **20** 甲為申請低收入戶之補助，而以書面向主管機關詢問應檢附之資料，主管機關函覆甲申請應檢附之資料。該函覆之法律性質為何？ (A)法規命令 (B)觀念通知 (C)行政處分 (D)公法契約。

( ) **21** 下列何者不是一般處分？ (A)土地徵收處分 (B)將行道樹予以移除 (C)禁止停車標線之劃設 (D)警察機關對於違法集會遊行所為解散命令。

( ) **22** 關於行政處分附款之敘述，下列何者錯誤？ (A)行政處分附負擔之附款被撤銷，不影響行政處分之效力 (B)行政處分之附款無效，行政處分不當然無效 (C)行政處分附停止條件之附款，該條件具執行力 (D)行政處分經撤銷後，其附款隨之失效。

( ) **23** 民眾向行政機關申請核發租金補貼，經核定發放補貼後，發現其租賃契約係偽造，該機關撤銷核發補貼之行政處分時，依法應如何請求返還該租金補貼？ (A)向民事法院起訴請求返還 (B)依行政執行法逕予強制執行 (C)另行作成書面行政處分命受領人返還 (D)向行政法院聲請調解。

( ) **24** 依行政程序法規定，關於行政契約之效力，下列敘述何者錯誤？ (A)行政契約之一部無效者，全部無效。但欠缺該部分，締約雙方亦將締結契約者，其他部分仍為有效 (B)代替行政處分之行政契約，行政處分應屬無效者，該契約亦屬無效 (C)代替行政處分之行政契約，行政處分有得撤銷之違法原因，並為締約雙方所明知者，其效力為無效 (D)行政契約準用民法規定之結果為無效者，其效力仍屬有效。

( ) **25** 關於行政契約之敘述，下列何者錯誤？ (A)行政機關原則上得締結行政契約以代替行政處分 (B)行政機關原則上得以行政處分，命人民履行行政契約上之金錢給付義務，移送行政執行 (C)不同於行政處分為單方行為，行政契約為雙方行為 (D)除依性質或法規規定不得締約外，公法上法律關係得以行政契約設定之。

( ) **26** 衛生福利部疾病管制署依據世界各國不同之疾病傳染狀況，發布「國際旅遊疫情建議等級」，該建議等級之性質為何？ (A)行政事實行為 (B)行政規則 (C)一般處分 (D)法規命令。

( ) **27** 依行政程序法規定，關於行政指導之敘述，下列何者錯誤？ (A)係指行政機關在其職權範圍內，為實現一定行政目的，以不具法律上強制力之方法，促請特定人為一定作為或不作為之行為 (B)行政機關為行政指導時，應注意有關法規規定之目的，不得濫用 (C)相對人明確拒絕指導時，行政機關仍得繼續為之，但應給予相對人陳述意見之機會 (D)行政機關對相對人為行政指導時，應明示行政指導之目的、內容及負責指導者等事項。

( ) 28 關於行政罰之管轄競合，下列敘述何者錯誤？ (A)一個違反行政法上義務之行為，數個機關依法均有管轄權者，由處理在先之機關管轄 (B)一個違反數個行政法上義務之行為而應處罰鍰，數個機關均有管轄權者，由法定罰鍰數額最高之機關管轄 (C)一個違反數個行政法上義務之行為而應處罰鍰，數個機關均有管轄權者，法定罰鍰相同時由處理在先之機關管轄 (D)一個違反數個行政法上義務之行為而應受沒入之處罰者，由處理在先之機關裁處。

( ) 29 下列何者非屬行政罰法之裁罰性不利處分？ (A)勒令違規營業之商店歇業 (B)公布違法添加食品添加物之食品業者商號名稱 (C)對違規之汽車駕駛人予以記點 (D)對欠稅之納稅義務人為拘提及管收。

( ) 30 甲竊取乙客運公司合法申請設置之加儲油設施後，甲即非法銷售油品，經主管機關查獲並予以裁罰。下列敘述何者正確？ (A)加儲油設施屬於乙所有，主管機關不得扣留、沒入之 (B)主管機關得扣留加儲油設施 (C)主管機關應沒入乙之加儲油設施 (D)若乙有過失，主管機關得沒入加儲油設施。

( ) 31 關於行政執行法即時強制方法之 敘述，下列何者正確？ (A)得對人施以羈押 (B)對人之管束，應事先取得法官裁定 (C)為預防危害之必要，得逕行沒入危險物 (D)若人民之生命有迫切危害，非進入不能救護者，可進入住宅。

( ) 32 下列何者不適用行政執行法上拘提管收之規定？ (A)義務人為未成年人者，其法定代理人 (B)義務人死亡者，其繼承人 (C)義務人死亡者，其遺產管理人 (D)義務人破產者，其破產管理人。

( ) 33 關於怠金之敘述，下列何者錯誤？ (A)怠金為對不履行行政法上義務之人所為之強制手段 (B)就同一事件得連續處以怠金 (C)怠金之法定數額為新臺幣5千元以上30萬元以下 (D)對怠金之科處不服者，得直接提起行政訴訟。

( ) **34** 關於政府資訊公開法之敘述，下列何者正確？ (A)限於政府機關基於公權力行政而作成或取得之政府資訊，始有政府資訊公開法之適用 (B)人民向行政機關申請提供政府資訊遭拒絕時，不得提起行政救濟 (C)合議制機關之會議紀錄，原則上應主動公開 (D)內部單位之擬稿或其他準備作業，應不公開或提供。

( ) **35** 下列何者非屬行政程序當事人之程序權利？ (A)陳述意見 (B)參與聽證 (C)閱覽卷宗 (D)選定鑑定人。

( ) **36** 依行政程序法規定，下列何者非屬公務員應自行迴避之事由？ (A)於該事件曾為證人 (B)曾為該事件當事人之輔佐人 (C)其四親等姻親為事件當事人 (D)其前配偶為事件當事人。

( ) **37** 某行政處分記載：「如有不服該處分，應自處分書送達之次日起20日內，提起訴願」，關於該救濟期間記載錯誤之處理，下列何者不符行政程序法之規定？ (A)處分機關發現有誤，通知更正後，其相對人之訴願期間自該通知送達翌日起重新起算 (B)行政處分相對人如信賴該記載，於處分書送達翌日起之第50日始提起訴願，應視為於法定期間內提起訴願 (C)行政處分既已記載得提起訴願之救濟期間為20日，相對人之訴願期間即應遵守 (D)處分機關未更正，致相對人未能於處分書送達次日起30日內提起訴願；若相對人自處分書送達後1年內提起訴願，仍可視為於法定期間內所為。

( ) **38** 當事人就同一事件曾提起訴願經撤回後，又再次提起訴願，訴願管轄機關應為下列何種處置？ (A)命原處分機關先行重新審查 (B)不受理之決定 (C)無理由之決定 (D)轉送行政法院。

( ) **39** 依司法院解釋意旨，位處於臺北市之私立大學對大學生甲施以退學處分，甲不服，應向下列何者提起訴願？ (A)教育部 (B)臺北市政府 (C)行政院 (D)臺北市政府教育局。

( ) **40** 關於訴願事件涉及地方自治團體地方自治事務時，受理訴願機關應如何處理？ (A)應就原處分之合法性及適當性進行審查 (B)若發現地方自治團體所為裁罰處分僅裁量不當時，得逕以訴願決定變更原處分之裁罰額度或處罰方法 (C)若發現地方自治團體所為原處分違法時，依法應撤銷原處分，或撤銷原處分並限期原處分機關另為適法之處分 (D)認地方自治團體所為違法處分之撤銷對公益有重大損害，仍應駁回其訴願。

( ) **41** 訴願決定機關以寄存送達方式送達訴願決定書，下列敘述何者正確？ (A)訴願法就此指示訴願決定機關準用行政程序法送達之規定 (B)為求慎重應寄存於自治或警察機關，不得寄存於郵務機構 (C)自寄存完成時起即發生送達之效力 (D)寄存機關自收受寄存文書之日起，應保存2個月。

( ) **42** 關於行政訴訟之停止執行規定，下列敘述何者錯誤？ (A)關於停止執行或撤銷停止執行之裁定，不得為抗告 (B)起訴前，如原處分或決定之執行將發生難於回復之損害，且有急迫情事者，行政法院原則上得依受處分人之聲請，裁定停止執行 (C)原處分或決定之執行，原則上不因提起行政訴訟而停止 (D)停止執行之裁定，得停止原處分或決定之效力、處分或決定之執行或程序之續行之全部或部分。

( ) **43** 下列何者適用行政訴訟法之簡易訴訟程序？ (A)有關內政部移民署之行政收容事件涉訟 (B)學生不服私立高中對其所為記大過處分而涉訟 (C)不服行政機關所為新臺幣58萬元罰鍰處分而涉訟 (D)不服行政機關所為暫停營業處分而涉訟。

( ) **44** 依實務見解，消防機關因撲滅火災導致附近民宅受損而予以補償，若受損屋主認為補償金過少時，應提起何種訴訟類型？ (A)確認訴訟 (B)國家賠償訴訟 (C)課予義務訴訟 (D)一般給付訴訟。

( ) **45** 依司法院解釋意旨，如民眾向財政部國有財產署依國有財產法第52條之2申請讓售國有非公用財產類之不動產，經該署否准時，應向何法院請求救濟？ (A)行政法院 (B)民事法院 (C)懲戒法院 (D)憲法法庭。

( ) **46** 關於都市計畫審查訴訟之要件，下列敘述何者錯誤？ (A)鄉（鎮、市）層級之地方自治團體得起訴對都市計畫表示不服 (B)被告機關為都市計畫之核定機關，發布機關不具有被告適格 (C)以在未來將發生損害為要件，如已發生損害應循國家賠償救濟 (D)須向都市計畫區所在地高等行政法院高等行政訴訟庭起訴。

( ) **47** 依司法院解釋意旨，國家給予受無罪判決確定而受羈押之受害人金錢補償，其性質屬於下列何者？ (A)生活扶助 (B)特別犧牲 (C)社會救助 (D)刑事司法補助。

( ) **48** 下列何者非屬國家賠償法之公務員？ (A)公立學校教師 (B)市府垃圾車之駕駛 (C)台糖小火車之駕駛 (D)於上班途中公務車之駕駛。

( ) **49** 關於因公務員之作為所生之國家賠償責任，下列敘述何者正確？ (A)適用國家賠償法之公務員，僅限於依公務人員任用法所任命之公務員 (B)受委託行使公權力之個人於其執行職務行使公權力時，視同委託機關之公務員 (C)行使公權力之行為，僅限於運用命令及強制手段干預人民自由及權利之行為 (D)由於我國採取國家自己責任，故公務人員是否有故意或過失在所不問。

( ) **50** 管理機關於開放水域，已就使用該自然公物或人工設施為適當之警告或標示，人民仍從事具危險性活動者，依國家賠償法規定，下列敘述何者正確？ (A)使用人工設施所生之損害，國家不負損害賠償責任 (B)使用自然公物所生之損害，國家不負損害賠償責任 (C)無論係使用自然公物或人工設施所生之損害，國家皆應負損害賠償責任 (D)國家可主張減輕或免除損害賠償責任者，僅限於開放山域，不包括開放水域。

解答與解析

（答案標示為#者，表官方曾公告更正該題答案。）

1 (D)。中央法規標準法第5條，左列事項應以法律定之：
一、憲法或法律有明文規定，應以法律定之者。二、關於人民之權利、義務者。三、關於國家各機關之組織者。四、其他重要事項之應以法律定之者。
而對人民僅產生不便或輕微影響之細節性、技術性次要事項，依司法院大法官釋字第443號解釋理由書見解，得由主管機關發布命令為必要之規範。

2 (D)。行政程序法：
(A)第5條，行政行為之內容應明確。
(B)第6條，行政行為，非有正當理由，不得為差別待遇。
(C)第8條，行政行為，應以誠實信

用之方法為之，並應保護人民正當合理之信賴。

(D)而公私協力原則指的是政府與非政府行為者之間的一種關係模式，並非行政程序法明文規定的行政法一般原理原則。

3 (A)。(A)「得令其停工或停業」為「授與裁量權」的條款，其使行政機關得在立法者所設定的法律效果中，視情形擇一課與當事人；如得不予處罰，須立法者明文「得不處罰」等語。

(B)「得」字並非皆表示得行使裁量權，也有「得為規定」（kannvorschrift）之法律授權的用法。

(C)行政程序法第117條前段，違法行政處分於法定救濟期間經過後，原處分機關得依職權為全部或一部之撤銷；其上級機關，亦得為之。

(D)訴願法第82條，對於依第二條第一項提起之訴願，受理訴願機關認為有理由者，應指定相當期間，命應作為之機關速為一定之處分。受理訴願機關未為前項決定前，應作為之機關已為行政處分者，受理訴願機關應認訴願為無理由，以決定駁回之。

4 (D)。依臺北高等行政法院94年訴字第3703號判決之見解，身心障礙者保護法第31條第2項及第3項法規範，係立法者先對特定範圍之企業課以僱用殘障者之法定義務，而對違反義務者不以行政罰來加以制裁，而改以特別公課之手段。另身心障礙者保護法制定的目的在維護身心障礙者之合法權益及生活，保障其公平參與社會生活之機會，統合政府及民間資源，規劃並推行各項扶助及福利措施。差額補助費則針對違反法律所規定「定額僱用身心障礙者」的單位所課繳的一項公法上金錢給付義務。

5 (B)。特別法律關係亦名特別權力關係，係指國家基於特別的法律原因，對於該特定人民，如公務員、軍人或學生，享有概括的支配權，並使該特定人民立於服從的地位；此與國家基於行政權的作用，而與該特定人民發生一般的權力關係有所不同。

6 (D)。地方制度法：

(A)(B)第25條，直轄市、縣（市）、鄉（鎮、市）得就其自治事項或依法律及上級法規之授權，制定自治法規。自治法規經地方立法機關通過，並由各該行政機關公布者，稱自治條例；自治法規由地方行政機關訂定，並發布或下達者，稱自治規則。

(C)第28條第3款，下列事項以自治條例定之：三、關於地方自治團體及所營事業機構之組織者。

(D)第29條第2項，委辦規則應函報委辦機關核定後發布之；其名稱準用自治規則之規定。

7 (B)。中央行政機關組織基準法第6條第1項，行政機關名稱定名如下：一、院：一級機關用之。二、部：二級機關用之。三、委員會：二級機關或獨立機關用之。四、署、局：三級機關用之。五、分署、分局：四級機關用之。

8 **(C)**。地方制度法第2條，本法用詞之定義如下：

(A)第3款：三、委辦事項：指地方自治團體依法律、上級法規或規章規定，在上級政府指揮監督下，執行上級政府交付辦理之非屬該團體事務，而負其行政執行責任之事項。

(B)第2款：二、自治事項：指地方自治團體依憲法或本法規定，得自為立法並執行，或法律規定應由該團體辦理之事務，而負其政策規劃及行政執行責任之事項。

(C)第4款：四、核定：指上級政府或主管機關，對於下級政府或機關所陳報之事項，加以審查，並作成決定，以完成該事項之法定效力之謂。

(D)第5款：五、備查：指下級政府或機關間就其得全權處理之業務，依法完成法定效力後，陳報上級政府或主管機關知悉之謂。

9 **(D)**。委任規範於行政程序法第15條第1項，行政機關得依法規將其權限之一部分，委任所屬下級機關執行之。委託規範於同法條第2項，行政機關因業務上之需要，得依法規將其權限之一部分，委託不相隸屬之行政機關執行之；以及第16條第1項，行政機關得依法規將其權限之一部分，委託民間團體或個人辦理；另有關費用部分，規範於同法條第3項，第一項委託所需費用，除另有約定外，由行政機關支付之。

職務協助則規範於同法第19條第2項，行政機關執行職務時，有下列情形之一者，得向無隸屬關係之其他機關請求協助；另同法條第7項，被請求機關得向請求協助機關要求負擔行政協助所需費用。其負擔金額及支付方式，由請求協助機關及被請求機關以協議定之；協議不成時，由其共同上級機關定之。

10 **(A)**。行政程序法第13條第1項，同一事件，數行政機關依前二條之規定均有管轄權者，由受理在先之機關管轄，不能分別受理之先後者，由各該機關協議定之，不能協議或有統一管轄之必要時，由其共同上級機關指定管轄。無共同上級機關時，由各該上級機關協議定之。

11 **(B)**。公務員懲戒法第10條，懲戒處分時，應審酌一切情狀，尤應注意下列事項，為處分輕重之標準：

一、行為之動機。二、行為之目的。三、行為時所受之刺激。四、行為之手段。五、行為人之生活狀況。六、行為人之品行。七、行為人違反義務之程度。八、行為所生之損害或影響。九、行為後之態度。

12 **(A)**。公務員懲戒法第9條第1項，公務員之懲戒處分如下：

一、免除職務。二、撤職。三、剝奪、減少退休（職、伍）金。四、休職。五、降級。六、減俸。七、罰款。八、記過。九、申誡。

13 (C)。(A)公務員懲戒法第9條第1項，公務員之懲戒處分如下：
一、免除職務。二、撤職。三、剝奪、減少退休（職、伍）金。四、休職。五、降級。六、減俸。七、罰款。八、記過。九、申誡。

(B)公務人員保障法第9-1條第2項，公務人員於停職、休職或留職停薪期間，仍具公務人員身分。但不得執行職務。

(C)公務人員保障法第10條第1項，經依法停職之公務人員，於停職事由消滅後三個月內，得申請復職；服務機關或其上級機關，除法律另有規定者外，應許其復職，並自受理之日起三十日內通知其復職。

(D)公務人員保障法第11條第2、3項，前項之公務人員於復職報到前，仍視為停職。依第一項應予復職之公務人員，於接獲復職令後，應於三十日內報到，並於復職報到後，回復其應有之權益；其未於期限內報到者，除經核准延長或有不可歸責於該公務人員之事由外，視為辭職。

14 (D)。政務官隨政黨之勢力消長同進退，並無身分上之保障；事務官非具法定原因、非依法定程序，不得免職，在法律上受有嚴格的身分保障。

(A)中華民國憲法增修條文第5條第2項前段，司法院大法官任期八年，不分屆次，個別計算，並不得連任。

(B)審計部組織法第3條，審計長之任期為六年。

(C)考試院組織法第3條第2項，考試院院長、副院長及考試委員之任期為四年。

(D)中華民國憲法第56條，行政院副院長，各部會首長及不管部會之政務委員，由行政院院長提請總統任命之。經濟部長並無固定任期，而為政務官應隨政黨輪替同進退。

15 (D)。公務人員考績法第6條第3項，除本法另有規定者外，受考人在考績年度內，非有左列情形之一者，不得考列丁等：
一、挑撥離間或誣控濫告，情節重大，經疏導無效，有確實證據者。→(C)
二、不聽指揮，破壞紀律，情節重大，經疏導無效，有確實證據者。→(B)
三、怠忽職守，稽延公務，造成重大不良後果，有確實證據者。
四、品行不端，或違反有關法令禁止事項，嚴重損害公務人員聲譽，有確實證據者。→(A)

16 (D)。(A)公務人員保障法第17條第1項但書，但其命令有違反刑事法律者，公務人員無服從之義務。

(B)公職人員財產申報法第2條第2項，前項各款公職人員，其職務係代理者，亦應申報財產。但代理未滿三個月者，毋庸申報。

(C)公務員服務法第15條第2項，公務員除法令規定外，不得兼任領證職業及其他反覆從事同種類行為之業務。但於法定工作時間以外，從事社會公益性質之活動或其他非經常性、持續性之工作，且未影響本職工作者，不在此限。

17 (C)。法務部民國107年1月8日法律字第10603515890號函釋主旨略以：營造物係公法組織形態時，其使用關係可能是公法關係，也可能是私法關係，但並非就各個具體行為予以歸屬之問題，而是就整個利用關係予以歸屬之問題。
故如已為公營造物用物之利用關係，自屬於公法關係。

18 (C)。行政程序法：
(A)第161條，有效下達之行政規則，具有拘束訂定機關、其下級機關及屬官之效力。
(B)第160條第2項，行政機關訂定前條第二項第二款之行政規則，應由其首長簽署，並登載於政府公報發布之。
(C)第159條第2項第2款，行政規則包括下列各款之規定：二、為協助下級機關或屬官統一解釋法令、認定事實、及行使裁量權，而訂頒之解釋性規定及裁量基準。
(D)第159條第1項，本法所稱行政規則，係指上級機關對下級機關，或長官對屬官，依其權限或職權為規範機關內部秩序及運作，所為非直接對外發生法規範效力之一般、抽象之規定。

19 (B)。行政程序法：
(A)(D)第150條第1項，本法所稱法規命令，係指行政機關基於法律授權，對多數不特定人民就一般事項所作抽象之對外發生法律效果之規定。
(B)第152條第1項，法規命令之訂定，除由行政機關自行草擬者外，並得由人民或團體提議為之。
(C)第154條第1項前段，行政機關擬訂法規命令時，除情況急迫，顯然無法事先公告周知者外，應於政府公報或新聞紙公告，載明下列事項。

20 (B)。最高行政法院108年裁字第731號裁定略以：
觀念通知，係指行政機關對外所為公法上之單方行為，純屬單純之意思通知，對於當事人申請事項並無准駁之表示，而不生法律上之任何效果。

21 (#)。本題經考選部公布更正答案：第21題答(A)或(B)或(A)(B)者均給分。
行政程序法第92條，本法所稱行政處分，係指行政機關就公法上具體事件所為之決定或其他公權力措施而對外直接發生法律效果之單方行政行為。前項決定或措施之相對人雖非特定，而依一般性特徵可得確定其範圍者，為一般處分，適用本法有關行政處分之規定。有關公物之設定、變更、廢止或其一般使用者，亦同。

22 (C)。行政法上的執行力，是指行政處分的義務人，於處分生效但未履行處分所載之內容或義務時，行政機關即得採取強制執行手段，而無須等待救濟程序完畢。而停止條件為條件成就時，行政處分之內部效力才會因此開始發生，故行政處分附停止條件之附款，該附款條件並不具執行力。

23 **(C)**。行政程序法第127條第3項，行政機關依前二項規定請求返還時，應以書面行政處分確認返還範圍，並限期命受益人返還之。

24 **(D)**。行政程序法第141條第1項，行政契約準用民法規定之結果為無效者，無效。

25 **(B)**。行政程序法第148條第1項，行政契約約定自願接受執行時，債務人不為給付時，債權人得以該契約為強制執行之執行名義。

毋庸再以行政處分命人民履行契約，移送行政執行。

26 **(A)**。旅遊疫情建議等級為提供民眾進行國際旅遊之行前參考，以供國人了解旅遊目的地區之疫情風險及建議採取措施。

行政程序法第165條，本法所稱行政指導，謂行政機關在其職權或所掌事務範圍內，為實現一定之行政目的，以輔導、協助、勸告、建議或其他不具法律上強制力之方法，促請特定人為一定作為或不作為之行為。

27 **(C)**。行政程序法第166條第2項，相對人明確拒絕指導時，行政機關應即停止，並不得據此對相對人為不利之處置。

28 **(D)**。行政罰法第31條第3項，一行為違反數個行政法上義務，應受沒入或其他種類行政罰者，由各該主管機關分別裁處。但其處罰種類相同者，如從一重處罰已足以達成行政目的者，不得重複裁處。

29 **(D)**。行政罰法第2條，本法所稱其他種類行政罰，指下列裁罰性之不利處分：

一、限制或禁止行為之處分：限制或停止營業、吊扣證照、命令停工或停止使用、禁止行駛、禁止出入港口、機場或特定場所、禁止製造、販賣、輸出入、禁止申請或其他限制或禁止為一定行為之處分。

二、剝奪或消滅資格、權利之處分：命令歇業、命令解散、撤銷或廢止許可或登記、吊銷證照、強制拆除或其他剝奪或消滅一定資格或權利之處分。

三、影響名譽之處分：公布姓名或名稱、公布照片或其他相類似之處分。

四、警告性處分：警告、告誡、記點、記次、講習、輔導教育或其他相類似之處分。

30 **(B)**。行政罰法：

(A)(B)第36條第1項，得沒入或可為證據之物，得扣留之。

(C)第21條，沒入之物，除本法或其他法律另有規定者外，以屬於受處罰者所有為限。

(D)第22條第1項，不屬於受處罰者所有之物，因所有人之故意或重大過失，致使該物成為違反行政法上義務行為之工具者，仍得裁處沒入。

31 **(D)**。行政執行法：

(A)第36條第2項第1款，即時強制方法如下：一、對於人之管束。

(B)第36條第1項，行政機關為阻止犯罪、危害之發生或避免急迫危險，而有即時處置之必要時，得為即時強制。

(C)第38條第1項，軍器、凶器及其他危險物，為預防危害之必要，得扣留之。

32 **(D)**。行政執行法第24條，關於義務人拘提管收及應負義務之規定，於下列各款之人亦適用之：

一、義務人為未成年人或受監護宣告之人者，其法定代理人。

二、商號之經理人或清算人；合夥之執行業務合夥人。

三、非法人團體之代表人或管理人。

四、公司或其他法人之負責人。

五、義務人死亡者，其繼承人、遺產管理人或遺囑執行人。

33 **(D)**。法務部民國93年2月26日法律字第0930005319號函釋說明略以：有關處怠金之處分，係屬間接強制之執行方法，依行政執行法第九條規定，其救濟方法為聲明異議。

34 **(C)**。政府資訊公開法：

(A)第6條，與人民權益攸關之施政、措施及其他有關之政府資訊，以主動公開為原則，並應適時為之。

(B)第20條，申請人對於政府機關就其申請提供、更正或補充政府資訊所為之決定不服者，得依法提起行政救濟。

(D)第18條第1項第3款，政府資訊屬於下列各款情形之一者，應限制公開或不予提供之：三、政府機關作成意思決定前，內部單位之擬稿或其他準備作業。但對公益有必要者，得公開或提供之。

35 **(D)**。行政程序法第41條第1項，行政機關得選定適當之人為鑑定。

36 **(C)**。行政程序法第32條，公務員在行政程序中，有下列各款情形之一者，應自行迴避：

一、本人或其配偶、前配偶、四親等內之血親或三親等內之姻親或曾有此關係者為事件之當事人時。→(C)

二、本人或其配偶、前配偶，就該事件與當事人有共同權利人或共同義務人之關係者。→(D)

三、現為或曾為該事件當事人之代理人、輔佐人者。→(B)

四、於該事件，曾為證人、鑑定人者。→(A)

37 **(C)**。訴願法第14條第1項，訴願之提起，應自行政處分達到或公告期滿之次日起三十日內為之。

另行政程序法第98條第1項，處分機關告知之救濟期間有錯誤時，應由該機關以通知更正之，並自通知送達之翌日起算法定期間。

38 **(B)**。訴願法第77條第7款，訴願事件有左列各款情形之一者，應為不受理之決定：七、對已決定或已撤回之訴願事件重行提起訴願者。

39 **(A)**。司法院大法官釋字第382號解釋文略以：

各級學校依有關學籍規則或懲處規定，對學生所為退學或類此之處分行為，足以改變其學生身分並損及其受教育之機會，自屬對人民憲法上受教育之權利有重大影響，此種處分行為應為訴願法及行政訴訟法上之行政處分。受處分之學生於用盡校內申訴途徑，未獲救濟者，自得依法提起訴願及行政訴訟。

則私立大學受中央教育主管機關委託行使教育權限，而學生退學處分既為行政處分，故依訴願法第10條，依法受中央或地方機關委託行使公權力之團體或個人，以其團體或個人名義所為之行政處分，其訴願之管轄，向原委託機關即教育部提起訴願。

40 **(C)**。訴願法：

(A)(B)第79條第3項，訴願事件涉及地方自治團體之地方自治事務者，其受理訴願之上級機關僅就原行政處分之合法性進行審查決定。→地方自治團體處理其自治事項，中央之監督僅能就適法性為之。

(C)第81條第1項，訴願有理由者，受理訴願機關應以決定撤銷原行政處分之全部或一部，並得視事件之情節，逕為變更之決定或發回原行政處分機關另為處分。但於訴願人表示不服之範圍內，不得為更不利益之變更或處分。

(D)第83條第1項，受理訴願機關發現原行政處分雖屬違法或不當，但其撤銷或變更於公益有重大損害，經斟酌訴願人所受損害、賠償程度、防止方法及其他一切情事，認原行政處分之撤銷或變更顯與公益相違背時，得駁回其訴願。

41 **(D)**。訴願法第47條：

(A)第3項，訴願文書之送達，除前二項規定外，準用行政訴訟法第六十七條至第六十九條、第七十一條至第八十三條之規定。

(B)第1項，訴願文書之送達，應註明訴願人、參加人或其代表人、訴願代理人住、居所、事務所或營業所，交付郵政機關以訴願文書郵務送達證書發送。

(C)第3項準用行政訴訟法第73條第3項，寄存送達，自寄存之日起，經十日發生效力。

(D)第3項準用行政訴訟法第73條第4項，寄存之文書自寄存之日起，寄存機關或機構應保存二個月。

42 **(A)**。行政訴訟法第119條，關於停止執行或撤銷停止執行之裁定，得為抗告。

43 **(A)**。行政訴訟法第229條第2項，下列各款行政訴訟事件，除本法別有規定外，適用本章所定之簡易程序：

一、關於稅捐課徵事件涉訟，所核課之稅額在新臺幣五十萬元以下者。

二、因不服行政機關所為新臺幣五十萬元以下罰鍰處分而涉訟者。

三、其他關於公法上財產關係之訴訟，其標的之金額或價額在新臺幣五十萬元以下者。

四、因不服行政機關所為告誡、警告、記點、記次、講習、輔導教育或其他相類之輕微處分而涉訟者。

五、關於內政部移民署（以下簡稱移民署）之行政收容事件涉訟，或合併請求損害賠償或其他財產上給付者。

六、依法律之規定應適用簡易訴訟程序者。

44 (C)。最高行政法大法庭109年度大字第1號裁定主文：
被徵收土地所有權人對徵收補償價額不服，依土地徵收條例第22條第2項規定以書面提出異議，經主管機關為維持原補償價額之查處，如有不服，循序提起行政訴訟，其訴訟種類應為行政訴訟法第5條第2項規定之課予義務訴訟。

45 (A)。司法院大法官釋字第772號解釋文：
財政部國有財產局（於中華民國102年1月1日起更名為財政部國有財產署）或所屬分支機構，就人民依國有財產法第52條之2規定，申請讓售國有非公用財產類不動產之准駁決定，屬公法性質，人民如有不服，應依法提起行政爭訟以為救濟，其訴訟應由行政法院審判。

46 (C)。行政訴訟法第237-18條第1項，人民、地方自治團體或其他公法人認為行政機關依都市計畫法發布之都市計畫違法，而直接損害、因適用而損害或在可預見之時間內將損害其權利或法律上利益者，得依本章規定，以核定都市計畫之行政機關為被告，逕向管轄之高等行政法院提起訴訟，請求宣告該都市計畫無效。

47 (B)。司法院大法官釋字第670號解釋理由書略以：
是特定人民身體之自由，因公共利益受公權力之合法限制，諸如羈押、收容或留置等，而有特別情形致超越人民一般情況下所應容忍之程度，構成其個人之特別犧牲者，自應有依法向國家請求合理補償之權利，以符合憲法保障人民身體自由及平等權之意旨。

48 (C)。法務部民國92年04月22日法律字第0920012472號函略以：
小火車載運乘客之行為，並非行使公權力之行為，而係屬私經濟行為；另小火車並非直接供公之目的使用之公共設施，而係基於私經濟目的使用之交通工具，與國家賠償法第三條第一項規定：「公有公共設施因設置或管理有欠缺，致人民生命、身體或財產受損害者，國家應負損害賠償責任。」所稱「公共設施」之要件不符。

49 (B)。國家賠償法：
(A)第2條第1項，本法所稱公務員者，謂依法令從事於公務之人員。
(B)第4條第1項，受委託行使公權力之團體，其執行職務之人於行使公權力時，視同委託機關之公務員。受委託行使公權力之個人，於執行職務行使公權力時亦同。
(C)第2條第2項，公務員於執行職務行使公權力時，因故意或過失不法侵害人民自由或權利者，國家應負損害賠償責任。公務員怠於執行職務，致人民自由或權利遭受損害者亦同。→並無種類限制。

(D)第2條第3項，前項情形，公務員有故意或重大過失時，賠償義務機關對之有求償權。

50 **(B)**。國家賠償法第3條：

(A)第1項，公共設施因設置或管理有欠缺，致人民生命、身體、人身自由或財產受損害者，國家應負損害賠償責任。

(B)(C)(D)第3項，前二項情形，於開放之山域、水域等自然公物，經管理機關、受委託管理之民間團體或個人已就使用該公物為適當之警告或標示，而人民仍從事冒險或具危險性活動，國家不負損害賠償責任。

NOTE

NOTE

高普 | 地方 | 各類特考
頻出題庫系列

名師精編題庫・題題精采・上榜高分必備寶典

共同科目

1A031131	法學緒論頻出題庫 榮登金石堂暢銷榜	穆儀、羅格思、章庠	570元
1A571141	國文（作文與測驗）頻出題庫 榮登金石堂暢銷榜	高朋、尚榜	470元
1A581131	法學知識與英文頻出題 榮登博客來暢銷榜	成宜、德芬	530元
1A711141	英文頻出題庫	凱旋	470元
1A801131	中華民國憲法頻出題庫	羅格思	530元

專業科目

1E201141	行政學(含概要)頻出題庫	楊銘	490元
1E591121	政治學概要頻出題庫	蔡力	530元
1E601141	主題式行政法(含概要)混合式超強題庫 榮登博客來、金石堂暢銷榜	尹析	590元
1E611131	主題式行政學(含概要)混合式超強題庫	賴小節	560元
1E621141	政治學(含概要)混合式歷屆試題精闢新解	蔡力	570元
1N021121	心理學概要(包括諮商與輔導)嚴選題庫	李振濤、陳培林	550元

以上定價，以正式出版書籍封底之標價為準

50th 千華五十 築夢踏實

[高普考]

主題式行政法(含概要)混合式超強題庫

編 著 者：尹 析

發 行 人：廖 雪 鳳
登 記 證：行政院新聞局局版台業字第 3388 號
出 版 者：千華數位文化股份有限公司
地址：新北市中和區中山路三段 136 巷 10 弄 17 號
電話：(02)2228-9070　　傳真：(02)2228-9076
客服信箱：chienhua@chienhua.com.tw

法律顧問：永然聯合法律事務所
編輯經理：甯開遠
主　　編：甯開遠
執行編輯：廖信凱
校　　對：千華資深編輯群
設計主任：陳春花
編排設計：陳春花

千華官網／購書

千華蝦皮

出版日期：2025 年 1 月 15 日　　第四版／第一刷

本書如有勘誤或其他補充資料，
將刊於千華官網，歡迎前往下載。